【传世经典 文白对照】

通鉴纪事本末

五

〔宋〕袁 枢 撰

杨寄林 主编

中华书局

通鉴纪事本末

卷第十七

伪楚之乱

晋武帝太元十四年。初,帝既亲政事,威权已出,有人主之量。已而溺于酒色,委事于琅邪王道子。道子亦嗜酒,日夕与帝以酣歌为事。又崇尚浮屠,穷奢极费,所亲昵者皆姝姆、僧尼。左右近习,争弄权柄,交通请托,贿赂公行,官赏滥杂,刑狱谬乱。尚书令陆纳望宫阙叹曰:"好家居,纤儿欲撞坏之邪!"左卫领营将军会稽许营上疏曰:"今台府局吏、直卫武官及仆隶婢儿取母之姓者,本无乡邑品第,皆得为郡守县令,或带职在内,及僧尼乳母,竞进亲党,又受货赂。辄临官领众,政教不均,暴滥无罪,禁令不明,劫盗公行。昔年下书敕群下尽规,而众议兼集,无所采用。臣闻佛者,清远玄虚之神,今僧尼往往依傍法服,五诫粗法尚不能遵,况精妙乎! 而流惑之徒,竞加敬事,

伪楚之乱

东晋孝武帝太元十四年(389)。当初,孝武帝司马曜亲自处理朝政后,威势和大权握在自己手中,很有君主的气度。但不久他就沉溺于美酒女色,把政事交给琅邪王司马道子代管。司马道子也嗜好饮酒,日夜与孝武帝在一起以纵酒歌舞为能事。又崇信佛教,奢侈无度,为此耗费了无数的钱财,所亲近的人都是一些善于诌媚阿谀的老婆子、和尚尼姑之流。孝武帝身边的近臣,都争权夺利,互相交往勾结,请托说情,贿赂盛行于公开场合,晋升官职和赏赐财物既滥又杂,审案判刑冤错混乱。尚书令陆纳望着皇宫感叹道:"这么好的一家住宅,毛头小儿想把它撞毁了呀!"左卫领营将军会稽人许营呈上一道奏疏,说:"现在朝廷小吏、军中武官以及男仆女婢所生养的取母姓的儿子,本没有家乡的品评等第,却都能当上郡守、县令,有的还在朝廷中任职。至于和尚、尼姑、乳娘等,也争相引荐他们的亲戚朋友,并且收受金银财宝。以至于朝廷任用官吏、管辖人民、执行政令与推行教化时没有标准,对无辜的人滥施暴行,没有明确的禁令法规,以致抢劫、偷盗公然进行。前些年,皇上下达书敕命令臣僚们尽力劝谏,而臣僚们也提出了各种建议,但都没有被采纳。我听说佛祖是一位清静简远、玄虚缥缈的神祇,而现在的和尚、尼姑却往往依靠身上的僧侣服装来谋私,佛教中起码的戒条'五戒'尚且不能遵守,更何况佛教的精妙理论呢?而那些四处游荡、煽惑民众的所谓佛教信徒,竟相大做佛事,

又侵渔百姓,取财为惠,亦未合布施之道也。"疏奏,不省。

道子势倾内外,远近奔凑。帝渐不平,然犹外加优崇。侍中王国宝以谗佞有宠于道子,扇动朝众,讽八座启道子宜进位丞相、扬州牧,假黄钺,加殊礼。护军将军南平车胤曰:"此乃成王所以尊周公也。今主上当阳,非成王之比,相王在位,岂得为周公乎?"乃称疾不署。疏奏,帝大怒,而嘉胤有守。

中书侍郎范宁、徐邈为帝所亲信,数进忠言,补正阙失,指斥奸党。王国宝,宁之甥也,宁尤疾其阿谀,劝帝黜之。陈郡袁悦之有宠于道子,国宝使悦之因尼支妙音致书于太子母陈淑媛云:"国宝忠谨,宜见亲信。"帝知之,发怒,托以他事斩悦之。国宝大惧,与道子共谮范宁出为豫章太守。宁临发,上疏言:"今边烽不举而仓库空匮。古者使民岁不过三日,今之劳扰,殆无三日之休,至有生儿不复举养,鳏寡不敢嫁娶。臣恐社稷之忧,厝火积薪,不足喻也。"

十五年,琅邪王道子恃宠骄恣,侍宴酗醉,或亏礼敬。帝浸不能平,欲选时望为藩镇以潜制道子。问于太子左卫

并借此侵夺盘剥百姓，以取得财物为实惠，这也不符合佛教向人请求施舍的道理。"奏疏呈上去后，孝武帝没有看。

司马道子的权势渗透到了朝廷内外，各地的人们，无论远近，都服从司马道子。对这种状况，孝武帝心中渐渐产生了不满，但表面上仍对司马道子十分优容和尊重。侍中王国宝奸佞而擅长阿谀奉承，得到司马道子的宠信，他煽动朝中群臣用婉转的语言要求五部尚书、仆射等八座官向孝武帝上奏章，建议应该晋升司马道子为丞相、扬州牧，并特赐皇帝专用的黄钺，加授特殊的礼仪待遇。护军将军南平人车胤说："这是周成王尊崇周公时所用的待遇。现在皇上还在位，与周成王不同，而相王司马道子任职执政，难道能够成为周公吗？"于是称病不肯在奏章上签名。奏章呈上后，孝武帝大怒，而赞许车胤有自己的节操。

中书侍郎范宁、徐邈为孝武帝所亲近和信任，他们多次竭尽忠诚，进言规劝，纠正错误，弥补缺失，指责奸邪之辈。王国宝是范宁的外甥，范宁极其痛恨他的阿谀谄媚，劝孝武帝把他罢黜。陈郡人袁悦之得到司马道子的宠幸，王国宝让袁悦之通过尼姑支妙音把一封信送给太子的母亲陈淑媛，信中说："王国宝忠诚谨慎，应被亲近和信任。"孝武帝知道这件事后，大发雷霆，就以别的事情为由，把袁悦之杀了。王国宝非常恐惧，与司马道子一起诬陷范宁，把范宁逐出朝廷，贬为豫章郡太守。范宁临行时，向孝武帝上奏疏说："如今边境虽没有燃起烽火，但仓库中空虚匮乏。古时候征发人民服劳役，一年不超过三天，现在的劳役极其繁重，一年之中，人民几乎没有三天的休息，以致有人生下孩子不再养育，鳏夫不敢再娶，寡妇不敢再嫁。我怕国家的忧患，用把火放在柴堆下面来比喻，也不足以说明它的严重。"

十五年(390)，琅邪王司马道子倚仗孝武帝对他的恩宠，骄横强蛮，过于放纵自己，陪同孝武帝宴饮时，经常喝得酩酊大醉，有时对待君主缺少应有的礼节和尊敬。为此，孝武帝愤愤不平，越来越不满，他打算挑选一些当时有声望的人，执掌各州的军政大权，以此暗地里制约司马道子。于是他询问太子左卫

率王雅曰:"吾欲用王恭、殷仲堪何如?"雅曰:"王恭风神简贵,志气方严;仲堪谨于细行,以文义著称。然皆峻狭自是,且干略不长。若委以方面,天下无事,足以守职,若其有事,必为乱阶矣。"帝不从。恭,蕴之子;仲堪,融之孙也。二月,以中书令王恭为都督青兖幽并冀五州诸军事、兖青二州刺史,镇京口。九月,以侍中王国宝为中书令,俄兼中领军。

十六年秋九月癸未,以尚书右仆射王珣为左仆射。珣,桓温之故吏也。

十七年冬十一月癸酉,以黄门郎殷仲堪为都督荆益宁三州诸军事、荆州刺史,镇江陵。仲堪虽有英誉,资望犹浅,议者不以为允。到官,好行小惠,纲目不举。

南郡公桓玄负其才地,以雄豪自处,朝廷疑而不用。年二十三,始拜太子洗马。玄尝诣琅邪王道子,值其酣醉,张目谓众客曰:"桓温晚涂欲作贼,云何?"玄伏地流汗,不能起。由是益不自安,常切齿于道子。后出补义兴太守,郁郁不得志,叹曰:"父为九州伯,儿为五湖长。"遂弃官归国,上疏自讼曰:"先臣勤王匡复之勋,朝廷遗之,臣不复计。至于先帝龙飞,陛下继明,请问谈者,谁之由邪?"疏寝不报。

率王雅道："我想任用王恭、殷仲堪,你觉得怎么样?"王雅说："王恭的风度神情简淡高贵,志气方正严肃;殷仲堪谨慎仔细,连小节都非常在意,并且他的文章又被人们广泛称道。然而这两个人的心胸都很狭小,自以为是,而且缺乏才干谋略。如果交付他们独当一面的重任,天下太平时还足以担当起职守,倘若一旦发生事变,一定会成为灾难的根源。"孝武帝没有听从他的劝告。王恭是王蕴的儿子;殷仲堪是殷融的孙子。二月,孝武帝任命中书令王恭为都督青、兖、幽、并、冀五州诸军事,兖、青二州刺史,镇守京口。九月,任命侍中王国宝为中书令,不久,又兼任中领军。

十六年(391)秋季九月癸未(十四日),孝武帝任命尚书右仆射王珣为左仆射。王珣是桓温的旧部下。

十七年(392)冬季十一月癸酉(初十),孝武帝任命黄门郎殷仲堪为都督荆、益、宁三州诸军事、荆州刺史,镇守江陵。殷仲堪虽有才智过人的美名,但资历威望还比较浅,议论的人认为这并不公允。殷仲堪到任后,喜欢对人施小恩小惠,但对地方的军政大计缺乏有力切实的措施。

南郡公桓玄依仗他的才干和显赫门第,以英雄豪杰自居,但朝廷对他心存疑虑,没有重用他。直到他二十三岁时,才任命他为太子洗马。桓玄曾拜访琅邪王司马道子,正碰上他喝得酩酊大醉,他睁大眼睛对宾客们说:"桓温晚年想当贼作乱,是不是这样?"桓玄伏在地上,满身流汗,爬不起来。自从这件事以后,桓玄心中更加惶恐不安,一直对司马道子极度痛恨。后来,桓玄出京任义兴郡太守,闷闷不乐,觉得自己的志向未能实现,他叹息说:"父亲是九州的领袖,而儿子却当五湖的头目。"于是舍弃官职回到自己的封国,并呈上奏疏自我辩解说:"先父效忠皇室、救助危亡、平定祸乱的功勋,被朝廷忘掉了,这我不再计较。至于先帝取得皇帝之位,陛下接着得以继承帝位,请问那些谈论朝政的人,又是靠谁得来的呢?"奏疏呈上后被搁置在一边,没有上报孝武帝。

玄在江陵，仲堪甚敬惮之。桓氏累世临荆州，玄复豪横，士民畏之，过于仲堪。尝于仲堪听事前戏马，以稍拟仲堪。仲堪中兵参军彭城刘迈谓玄曰："马稍有馀，精理不足。"玄不悦，仲堪为之失色。玄出，仲堪谓迈曰："卿狂人也。玄夜遣杀卿，我岂能相救邪？"使迈下都避之。玄使人追之，迈仅而获免。征虏参军豫章胡藩过江陵，见仲堪，说之曰："桓玄志趣不常，每怏怏于失职，节下崇待太过，恐非将来之计也。"仲堪不悦。藩内弟同郡罗企生为仲堪功曹，藩退，谓企生曰："殷侯倒戈以授人，必及于祸。君不早图去就，后悔无及矣。"

庚寅，立皇子德文为琅邪王，徙琅邪王道子为会稽王。

二十年春三月，皇太子出就东宫，以丹杨尹王雅领少傅。时会稽王道子专权奢纵，嬖人赵牙本出倡优，茹千秋本钱塘捕贼史，皆以诌赂得进。道子以牙为魏郡太守，千秋为骠骑谘议参军。牙为道子开东第，筑山穿池，功用钜万。帝尝幸其第，谓道子曰："府内乃有山，甚善，然修饰太过。"道子无以对。帝去，道子谓牙曰："上若知山是人力所为，尔必死矣！"牙曰："公在，牙何敢死。"营作弥甚。千秋卖官招权，聚货累亿。博平令吴兴闻人奭上疏言之，帝益

桓玄在江陵时，殷仲堪对他十分敬重畏惧。桓氏有好几代人镇守荆州，桓玄又非常刚烈强横，士人平民对他的畏惧，超过殷仲堪。桓玄曾经在殷仲堪办理公事的大厅前面，骑马奔驰，他举起长矛，做出刺杀殷仲堪的样子。殷仲堪的中兵参军彭城人刘迈对桓玄说："驰骏马，举长矛，威武有馀，但从情理上说，却有欠缺。"桓玄很不高兴，殷仲堪为此脸色骤变。桓玄出去后，殷仲堪对刘迈说："你真是发疯了！如果桓玄晚上派人来杀你，我怎么能救你呢？"他让刘迈前往京城躲避桓玄，桓玄派人追杀刘迈，刘迈走得快才得以逃脱，免于一死。征虏参军豫章人胡藩路过江陵，去见殷仲堪，向他建议说："桓玄的志趣不同于平常人，常常因未能得到一个好官职而愤愤不平，您如果对他的尊崇和优待太过分了，恐怕将来会给您带来不利。"殷仲堪听了很不高兴。胡藩的妻弟、同郡人罗企生任殷仲堪的功曹，胡藩从殷仲堪那里回来后，对罗企生说："殷仲堪把戈倒过来将木柄授予别人，自己一定会因此而遭到灾祸。你如果不早点考虑去留，后悔就来不及了。"

庚寅(二十七日)，孝武帝封皇子司马德文为琅邪王，改封琅邪王司马道子为会稽王。

太元二十年(395)春季三月，皇太子司马德宗前往东宫居住，孝武帝任命丹杨尹王雅兼领少傅。当时会稽王司马道子独揽大权，奢侈纵恣，他的亲信赵牙本是倡优出身，茹千秋本是钱塘县的捕贼胥吏，他们都通过谄媚和贿赂而得到升职。司马道子任命赵牙为魏郡太守，茹千秋为骠骑谘议参军。赵牙为司马道子兴建东宅，堆筑假山，开凿池塘，工程的费用十分巨大。孝武帝曾经到过那座住宅，他对司马道子说："住宅内竟然有山，景色非常秀丽，但是修饰得太过分了。"司马道子无言以对。孝武帝离开后，司马道子对赵牙说："皇上如果知道山是人工造成的，你就死定了！"赵牙说："有您在，我赵牙怎么敢死。"于是更大规模兴建住宅。茹千秋卖官鬻爵，扩充权势，聚集起数亿的财产。博平县令吴兴人闻人奭上奏疏述说司马道子的这些事情，孝武帝更加

恶道子,而逼于太后,不忍废黜。乃擢时望及所亲幸王恭、郗恢、殷仲堪、王珣、王雅等,使居内外要任,以防道子。道子亦引王国宝及国宝从弟琅邪内史绪以为心腹。由是朋党竞起,无复向时友爱之欢矣。太后每和解之。中书侍郎徐邈从容言于帝曰:"汉文明主,犹悔淮南;世祖聪达,负愧齐王。兄弟之际,实为深慎。会稽王虽有酗媟之累,宜加弘贷,消散群议,外为国家之计,内慰太后之心。"帝纳之,复委任道子如故。

二十一年,帝嗜酒,流连内殿,醒治既少,外人罕得进见。张贵人宠冠后宫,后宫皆畏之。秋九月庚申,帝与后宫宴,妓乐尽侍。时贵人年近三十,帝戏之曰:"汝以年亦当废矣,吾意更属少者。"贵人潜怒,向夕,帝醉,寝于清暑殿。贵人遍饮宦者酒,散遣之,使婢以被蒙帝面,弑之,重赂左右,云"因魇暴崩"。时太子暗弱,会稽王道子昏荒,遂不复推问。王国宝夜叩禁门,欲入为遗诏,侍中王爽拒之曰:"大行晏驾,皇太子未至,敢入者斩!"国宝乃止。爽,恭之弟也。辛酉,太子即皇帝位,大赦。

癸亥,有司奏:会稽王道子宜进位太傅、扬州牧,假黄钺,诏内外众事动静咨之。安帝幼而不慧,口不能言,

憎恶司马道子,只是迫于皇太后的压力,不忍心废黜他。于是,孝武帝擢升当时有名望而且又是自己亲近和宠幸的王恭、郗恢、殷仲堪、王珣、王雅等人,派他们担任朝廷内外的重要官职,来防备司马道子。司马道子也选用王国宝及王国宝的堂弟琅邪内史王绪作为自己的心腹。于是,朝廷中党派竞相出现,孝武帝和司马道子之间不再有往日那种友爱欢融。皇太后经常为他们和解。中书侍郎徐邈心平气和地对孝武帝说:"汉文帝是一位圣明的君主,尚且后悔对淮南王刘长的处理;世祖晋武帝聪明豁达,也深感有愧于齐王司马攸。处理兄弟之间的关系,确实应该十分慎重。会稽王司马道子虽有因喝醉酒而对皇上不恭敬的缺失,但应该宽厚相待,予以原谅,这样才能消除大家的议论,对外是从国家利益考虑,对内可安慰皇太后的心。"孝武帝接受了他的意见,又像从前一样信任司马道子,把政事交付他办理。

太元二十一年(396),孝武帝嗜酒无度,流连于后宫之中,头脑清醒过问朝政的时候很少,宫外人很难见到他。张贵人在后宫嫔妃中最得宠,后宫中的人都很畏惧她。秋季九月庚申(二十日),孝武帝与后宫嫔妃一同宴饮,歌妓乐师都在一旁侍奉助兴。当时张贵人年龄已近三十,孝武帝和她开玩笑说:"按你的年龄,也该失宠了,我心里更喜欢年轻的。"张贵人内心愤恨,傍晚,孝武帝大醉,睡在清暑殿。张贵人赏酒给所有的宦官喝,把他们都打发走,指使婢女用被子蒙住孝武帝的脸,把他闷死,然后重金贿赂身边的侍从,声称"皇上因为做恶梦受惊吓,突然驾崩"。当时皇太子愚昧懦弱,会稽王司马道子昏庸荒淫,于是不再追究孝武帝的死因。王国宝深夜叩宫城大门,想进宫草拟孝武帝遗诏,侍中王爽拦住他说:"皇上驾崩,皇太子还没有到,有敢先进宫的人,斩首!"王国宝这才放弃了进宫的念头。王爽是王恭的弟弟。辛酉(二十一日),皇太子继承皇位,颁令大赦天下。

癸亥(二十三日),有关部门上奏:会稽王司马道子应晋升为太傅、扬州牧,特赐黄钺。皇帝下诏书命令朝廷内外的各类政事,全由司马道子裁决。东晋安帝司马德宗从小就不聪明,不会说话,

至于寒暑饥饱亦不能辨,饮食寝兴皆非己出。母弟琅邪王德文,性恭谨,常侍左右,为之节适,始得其宜。

　　初,王国宝党附会稽王道子,骄纵不法,屡为御史中丞褚粲所纠。国宝起斋,侔清暑殿,孝武帝甚恶之。国宝惧,遂更求媚于帝而疏道子,帝复宠昵之。道子大怒,尝于内省面责国宝,以剑掷之,旧好尽矣。及帝崩,国宝复事道子,与王绪共为邪谄,道子更惑之,倚为心腹。遂参管朝权,威震内外,并为时之所疾。

　　王恭入赴山陵,每正色直言,道子深惮之。恭罢朝,叹曰:"榱栋虽新,便有黍离之叹!"绪说国宝,因恭入朝,劝相王伏兵杀之,国宝不许。道子欲辑和内外,乃深布腹心于恭,冀除旧恶。而恭每言及时政,辄厉声色。道子知恭不可和协,遂有相图之志。

　　或劝恭因入朝以兵诛国宝,恭以豫州刺史庾楷士马甚盛,党于国宝,惮之,不敢发。王珣谓恭曰:"国宝虽终为祸乱,要之罪逆未彰,今遽先事而发,必大失朝野之望。况拥强兵窃发于京辇,谁谓非逆! 国宝若遂不改,恶布天下,然后

甚至到了冷热饥饱也不能分辨的程度,喝水吃饭、睡觉起床也都不能自己料理。他同母的弟弟琅邪王司马德文生性恭顺谨慎,他经常在安帝身边帮忙照顾,安排照料安帝的生活,才使各种事情能够正常进行。

当初,王国宝依附于会稽王司马道子,成为他的党羽,因而骄矜放纵、横行不法,屡次受到御史中丞褚粲的弹劾。王国宝兴建起居馆舍,堪与宫中的清暑殿媲美,孝武帝很憎恶他。王国宝惶恐,就转而向孝武帝献媚,疏远了司马道子,孝武帝又对王国宝十分宠信和亲近。司马道子大怒,曾在宫中当面斥责王国宝,并用剑投掷他,多年的友好关系完全断绝。等到孝武帝驾崩,王国宝又依附司马道子,他与王绪一起用奸邪谄媚的手段奉承司马道子,司马道子又被他所迷惑,倚重他,把他当作心腹。于是王国宝参与掌管朝政,声威震动朝廷内外,同时也受到当时人的痛恨。

王恭回京参加孝武帝的葬礼,经常严肃而直言劝谏,司马道子深深地忌惮他。王恭在退朝回家时,叹息说:"屋椽栋梁虽是新的,但已有宫室中长满禾黍的感叹!"王绪建议王国宝,乘王恭进京朝见的机会,劝说司马道子埋下伏兵,把王恭杀了,王国宝不同意。司马道子想调和朝廷内外的矛盾,就对王恭推心置腹,用心结交,希望能尽释前嫌。但每当王恭谈到当时的朝政时,总是神情严厉、语气激烈地加以指责。司马道子明白,王恭是不可能与他妥协合作的,于是就产生了图谋陷害他的念头。

有人劝说王恭乘着进京朝见,派兵士杀掉王国宝,王恭因豫州刺史庾楷兵马强盛,而且又与王国宝是同一帮派,心存顾忌,不敢发动事变。王珣对王恭说:"王国宝虽然最终会成为祸害,不过,总的说来,他的叛逆罪行还未明白地显露出来,现在急急忙忙地抢先发动事变,一定会使朝野上下大失所望。何况现在掌握着强大军队,在京城私下发动事变,谁会说这不是叛逆行为?王国宝如果最后还是不肯悔改,他的罪恶就会传布天下,到那时,再

顺众心以除之,亦无忧不济也。"恭乃止。既而谓珣曰:"比来视君一似胡广。"珣曰:"王陵廷争,陈平慎默,但问岁晏何如耳。"

冬十月甲申,葬孝武帝于隆平陵。王恭还镇,将行,谓道子曰:"主上谅闇,冢宰之任,伊、周所难,愿大王亲万机,纳直言,放郑声,远佞人。"国宝等愈惧。

安帝隆安元年春正月己亥朔,帝加元服,改元。以左仆射王珣为尚书令。领军将军王国宝为左仆射,领选,仍加后将军、丹杨尹。会稽王道子悉以东宫兵配国宝,使领之。

夏四月,仆射王国宝、建威将军王绪依附会稽王道子,纳贿穷奢,不知纪极。恶王恭、殷仲堪,劝道子裁损其兵权,中外恟恟不安。恭等各缮甲勒兵,表请北伐。道子疑之,诏以盛夏妨农,悉使解严。

恭遣使与仲堪谋讨国宝等。桓玄以仕不得志,欲假仲堪兵势以作乱,乃说仲堪曰:"国宝与君诸人素已为对,唯患相毙之不速耳。今既执大权,与王绪相表里,其所回易,无不如志。孝伯居元舅之地,必未敢害之。君为先帝所拔,超居方任,人情皆以君为虽有思致,非方伯才。彼若

顺应大众的心愿，把他铲除，就不必担心不会成功了。"王恭这才放弃了发动事变的念头。事后，王恭对王珣说："近来我看你真像胡广。"王珣说："王陵因为在朝廷上争执而失去官位，陈平在一旁谨慎地默不作声，后来却为安定汉朝做出了很大的贡献，任何事情只需要看它最后的结局怎么样。"

冬季十月甲申（十四日），孝武帝被葬在隆平陵。王恭返回京口，将要动身时，对司马道子说："皇上守丧期间，宰相的重任，即使是伊尹、周公也会感到困难，希望大王能亲自处理各种军政大事，听取直率的忠言，弃去郑国的淫荡音乐，疏远邪佞的小人。"王国宝等人更加惶恐。

东晋安帝隆安元年（397）春季正月己亥，这天是初一，安帝司马德宗行加冠礼，改年号。任命左仆射王珣为尚书令。任命领军将军王国宝为左仆射，主管官吏的任免升降，仍加授后将军、丹杨尹。会稽王司马道子把东宫的守卫部队全部分配给王国宝，让王国宝统领。

夏季四月，仆射王国宝、建威将军王绪依附于会稽王司马道子，仗势收受贿赂，穷奢极侈，无法无天已经到了极点。他们憎恶王恭、殷仲堪，于是便劝司马道子裁减王、殷二人的兵权，因此朝廷内外人心惶惶，动荡不安。王恭等人各自都在整顿军备，部署军队，上奏表请求北上讨伐。司马道子怀疑王恭等人的动机，通过安帝下诏书，以盛夏出兵妨碍农业为由，命令军队全部解除严阵以待的状态。

王恭派使者与殷仲堪谋划讨伐王国宝等人的事情。桓玄因为在当官的道路上很不如意，想凭借殷仲堪的军队势力发难作乱，于是向殷仲堪建议说："王国宝与你们这些人向来是死对头，他只是担心不能很快地消灭你们。如今他已执掌了大权，与王绪内外配合，相互勾结，他们所干的事情，没有一件不能如愿以偿的。王恭是皇上的舅父，王国宝一定不会加害于他。你是先帝所提拔的，超越常规地担当一个地方的重任。人们心里都认为你虽有才情文思，但不是可以统率一方的人才。他们如果

发诏征君为中书令,用殷觊为荆州,君何以处之?"仲堪曰:
"忧之久矣,计将安出?"玄曰:"孝伯疾恶深至,君宜潜与
之约,兴晋阳之甲以除君侧之恶,东西齐举。玄虽不肖,愿
帅荆、楚豪杰,荷戈先驱,此桓、文之勋也。"仲堪心然之,乃
外结雍州刺史郗恢,内与从兄南蛮校尉觊、南郡相陈留江
绩谋之。觊曰:"人臣当各守职分,朝廷是非,岂藩屏之所
制也!晋阳之事,不敢预闻。"仲堪固邀之,觊怒曰:"吾进
不敢同,退不敢异。"绩亦极言其不可。觊恐绩及祸,于坐
和解之。绩曰:"大丈夫何至以死相胁邪!江仲元行年六
十,但未获死所耳!"仲堪惮其坚正,以杨佺期代之。朝廷
闻之,征绩为御史中丞。觊遂称散发,辞位,仲堪往省之,
谓觊曰:"兄病殊为可忧。"觊曰:"我病不过身死,汝病乃当
灭门。宜深自爱,勿以我为念!"郗恢亦不肯从。仲堪疑未
决,会王恭使至,仲堪许之,恭大喜。甲戌,恭上表罪状国
宝,举兵讨之。

　　初,孝武帝倚任王珣,及帝暴崩,不及受顾命,珣一旦
失势,循默而已。丁丑,王恭表至,内外戒严,道子问珣曰:
"二藩作逆,卿知之乎?"珣曰:"朝政得失,珣弗之预,王、
殷作难,何由可知!"王国宝惶惧,不知所为,遣数百人戍

颁下诏书,征召你回京任中书令,任命殷觊为荆州刺史,你怎么来应付?"殷仲堪说:"我担忧这件事已经很久了,你觉得该怎么办?"桓玄说:"王恭疾恶如仇,你应该秘密地与他约定,发动晋阳的军队,以清除君主身边的奸恶之徒,东西两方一齐出击。我桓玄虽然没有出息,但愿意率领荆、楚地区的英雄豪杰,持矛握戈,充当先锋,这是当年齐桓公、晋文公的功勋呀!"殷仲堪心里很同意他的建议。于是,对外结交雍州刺史郗恢,在内与堂兄南蛮校尉殷觊、南郡相陈留人江绩一同谋划此事。殷觊说:"当臣僚的应该各自恪守职责本分,朝廷的是非,难道是镇守一方的地方官员所能插手过问的?晋阳出兵的事情,我不敢参与讨论。"殷仲堪执意要他参与,殷觊怒气冲冲地说:"我向前不敢与你共同做这件事,但后退也不敢反对你做这件事。"江绩也极力劝说殷仲堪不能这么做。殷觊怕江绩因此事遭受灾祸,就在座位上从中调解。江绩说:"大丈夫怎么会害怕别人用死来威胁他呢!我江仲元,年龄已六十了,只是还没有找到一个死的地方而已。"殷仲堪顾忌他的刚直方正,任命杨佺期接替他的官职。朝廷得知这一消息,征召江绩进京任御史中丞。接着,殷觊称因服用寒食散药效发作,辞去官职。殷仲堪前去探望他,他对殷觊说:"堂兄的病很让人担忧。"殷觊说:"我的病只不过使我自己死去,你的病可要使满门灭绝。你应该好好地珍惜自己,不要为我担忧!"郗恢也不肯顺从殷仲堪。殷仲堪犹豫不决,这时正好王恭的使者到达,殷仲堪同意了王恭的提议,王恭非常高兴。甲戌(初七),王恭上奏表列举王国宝的罪状,发动军队讨伐。

当初,孝武帝倚重信任王珣,等到孝武帝突然驾崩,王珣来不及接受孝武帝的临终嘱托,成为顾命大臣,于是王珣一下子就失去了权势,他虽照常办理公务,但默不作声,不再发表任何政见。丁丑(初十),王恭的奏表到达京城,京城内外,戒严备战。司马道子问王珣说:"两个藩镇叛变,你知道吗?"王珣说:"朝廷政务的得失,我都没有参与。王恭、殷仲堪反叛作难,我从哪里得知!"王国宝惊惶恐惧,不知该怎么办,他派遣了几百个人去戍守

竹里,夜遇风雨,各散归。王绪说国宝矫相王之命召王珣、
车胤杀之,以除时望,因挟君相发兵以讨二藩。国宝许之。
珣、胤至,国宝不敢害,更问计于珣。珣曰:"王、殷与卿素
无深怨,所竞不过势利之间耳。"国宝曰:"将曹爽我乎?"
珣曰:"是何言欤!卿宁有爽之罪,王孝伯岂宣帝之俦邪?"
又问计于胤,胤曰:"昔桓公围寿阳,弥时乃克。今朝廷遣
军,恭必城守。若京口未拔而上流奄至,君将何以待之?"
国宝尤惧,遂上疏解职,诣阙待罪。既而悔之,诈称诏复其
本官。道子暗懦,欲求姑息,乃委罪国宝,遣骠骑谘议参军
谯王尚之收国宝付廷尉。尚之,恬之子也。甲申,赐国宝
死,斩绪于市,遣使诣恭,深谢愆失。恭乃罢兵还京口。国
宝兄侍中恺、骠骑司马愉并请解职,道子以恺、愉与国宝异
母,又素不协,皆释不问。戊子,大赦。

殷仲堪虽许王恭,犹豫不敢下。闻国宝等死,乃始抗
表举兵,遣杨佺期屯巴陵。道子以书止之,仲堪乃还。

会稽世子元显,年十六,有俊才,为侍中,说道子以王、
殷终必为患,请潜为之备。道子乃拜元显征虏将军,以其
卫府及徐州文武悉配之。

竹里,半夜遇到大风大雨,人们四散逃走,各自返回。王绪建议王国宝假传相王司马道子的命令,召王珣、车胤来,把他们杀了,以消除世人对他们的期望,然后挟持安帝和宰相司马道子,征发军队讨伐两个藩镇。王国宝同意了。但王珣、车胤来了以后,王国宝又不敢杀害他们,反而向王珣请教应付这个局面的计策。王珣说:"王恭、殷仲堪与你向来没有深仇大恨,所争夺的不过是权势利益罢了。"王国宝说:"他们想把我当作曹爽吗?"王珣说:"这是什么话呢?你难道有曹爽那样的大罪恶,而王恭难道是晋宣帝司马懿一类的人物吗?"王国宝又向车胤询问计策,车胤说:"从前,桓温包围寿阳,费时很久才攻克。倘若朝廷派遣军队进攻,王恭一定会据城坚守。如果京口未被攻破,而殷仲堪的军队从长江上游蜂拥而来,你打算怎么对付?"王国宝更加害怕,于是上疏辞去所有官职,前往宫门听候处置。但奏疏呈上后不久,王国宝又后悔了,他伪称孝武帝下诏恢复他的官职。司马道子愚昧懦弱,只想暂时平息此事,于是把罪责全推到王国宝身上,他派遣骠骑谘议参军谯王司马尚之逮捕王国宝,交给廷尉问罪。司马尚之是司马恬的儿子。甲申(十七日),有诏书下达,命王国宝自杀,将王绪斩首在街市上,派遣使者前往王恭处,对自己的过失,深表歉意。王恭这才撤退军队,返回京口。王国宝的哥哥侍中王恺、骠骑司马王愉一同请求辞职,司马道子认为王恺、王愉与王国宝不是一个母亲所生,而且向来不和,都不再追究。戊子(二十一日),颁令大赦。

殷仲堪虽然答应王恭一起声讨王国宝,但仍犹豫不决,不敢率军东下。后来得知王国宝等人已死的消息,这才开始上疏朝廷,出动军队,派遣杨佺期去屯驻巴陵。司马道子写信阻止他,殷仲堪才率军返回。

会稽王世子司马元显,年龄十六岁,才智出众,任侍中,他提醒司马道子,认为王恭、殷仲堪最终一定会造成祸患,请司马道子暗中做好防备。司马道子于是任命司马元显为征虏将军,并将自己的卫队及徐州州府的文武官员,全部配备给司马元显。

司徒左长史王廞，导之孙也，以母丧居吴。王恭之讨王国宝也，版廞行吴国内史，使起兵于东方。廞使前吴国内史虞啸父等入吴兴、义兴召募兵众，赴者万计。未几，国宝死，恭罢兵，符廞去职，反丧服。廞以起兵之际，诛异己者颇多，势不得止，遂大怒，不承恭命，使其子泰将兵伐恭，笺于会稽王道子，称恭罪恶。道子以其笺送恭。五月，恭遣司马刘牢之帅五千人击泰，斩之。又与廞战于曲阿，众溃，廞单骑走，不知所在。收虞啸父下廷尉，以其祖潭有功，免为庶人。

二年，会稽王道子忌王、殷之逼，以谯王尚之及弟休之有才略，引为腹心。尚之说道子曰："今方镇强盛，宰相权轻，宜密树腹心于外以自藩卫。"道子从之，以其司马王愉为江州刺史，都督江州及豫州之四郡军事，用为形援。日夜与尚之谋议，以伺四方之隙。

秋七月，桓玄求为广州，会稽王道子忌玄，不欲使居荆州，因其所欲，以玄为督交广二州军事、广州刺史。玄受命而不行。豫州刺史庾楷以道子割其四郡使王愉督之，上疏言："江州内地，而西府北带寇戎，不应使愉分督。"朝廷不许。楷怒，遣其子鸿说王恭曰："尚之兄弟复秉机权，过于国宝。欲假朝威削弱方镇，惩艾前事，为祸不测。今及其谋议未成，宜早图之。"恭以为然，以告殷仲堪、桓玄。

司徒左长史王廞是王导的孙子，因为母亲守丧而居住在吴国。王恭起兵讨伐王国宝的时候，自行委派王廞代理吴国内史的职务，命他在京城的东方起兵。王廞派前吴国内史虞啸父等人前往吴兴、义兴招募兵士，应募而来的有万人。不久，王国宝死了，王恭停止军事行动，通知王廞离职，返回家中继续服丧。王廞因为起兵期间，杀了很多反对自己的人，形势已不允许自己停止，于是大怒，不接受王恭的命令，派他的儿子王泰率军进攻王恭，并写信给会稽王司马道子，陈述王恭的罪恶。司马道子把他的信送给王恭。五月，王恭派遣司马刘牢之率领五千人攻打王泰，斩杀了他。又与王廞在曲阿交战，王廞军队溃败，王廞单独一人骑马逃走，不知道去了哪里。朝廷逮捕虞啸父，交付廷尉问罪，因他的祖父虞潭对朝廷有功绩，免去他的官职，贬为平民。

二年（398），会稽王司马道子忌恨王恭、殷仲堪的逼迫，因谯王司马尚之及他的弟弟司马休之有才干谋略，就把他们纳为自己的心腹亲信。司马尚之建议司马道子说："现在地方藩镇十分强盛，而宰相的权力削弱了，应该将您的亲信分别安插到外地去，作为自己的屏藩护卫。"司马道子采纳了他的意见，任命他的司马王愉为江州刺史，都督江州及豫州的四郡军事，用作形势上的外援。司马道子日夜与司马尚之谋划商议，观察等候四方的可乘之机。

秋季七月，桓玄请求担任广州刺史一职，会稽王司马道子忌恨桓玄，不想让桓玄住在荆州，就顺着他的意愿，任命他为督交、广二州军事、广州刺史。桓玄接受任命后没有动身前往。豫州刺史庾楷因司马道子分割他的四个郡让王愉管辖，上奏疏说："江州位于内地，而西府的北面与胡寇相连，不应分给王愉管辖。"朝廷不予准许。庾楷大怒，派他的儿子庾鸿前去游说王恭说："司马尚之兄弟又执掌了机要大权，威势超过了王国宝。他们想借朝廷的权威来削弱地方藩镇的力量，用过去的事情作鉴戒，怕灾祸的到来难以预测。现在他们的谋划还未成熟，应早作谋划。"王恭觉得他说得对，就将上述意见转告给殷仲堪、桓玄。

仲堪、玄许之,推恭为盟主,刻期同趣京师。

时内外疑阻,津逻严急,仲堪以斜绢为书,内箭簳中,合镝漆之,因庾楷以送恭。恭发书,绢文角戾,不复能辨仲堪手书,疑楷诈为之,且谓仲堪去年已违期不赴,今必不动,乃先期举兵。司马刘牢之谏曰:"将军,国之元舅;会稽王,天子叔父也。会稽王又当国秉政,向为将军戮其所爱王国宝、王绪,又送王廞书,其深伏将军已多矣。顷所授任,虽未允惬,亦非大失。割庾楷四郡以配王愉,于将军何损!晋阳之甲,岂可数兴乎!"恭不从,上表请讨王愉、司马尚之兄弟。

道子使人说楷曰:"昔我与卿,恩如骨肉,帐中之饮,结带之言,可谓亲矣。卿今弃旧交,结新援,忘王恭畴昔陵侮之耻乎!若欲委体而臣之,使恭得志,必以卿为反覆之人,安肯深相亲信!首身且不可保,况富贵乎!"楷怒曰:"王恭昔赴山陵,相王忧惧无计,我知事急,寻勒兵而至,恭不敢发。去年之事,我亦俟命而动。我事相王,无相负者。相王不能拒恭,反杀国宝及绪,自尔已来,谁敢复为相王尽力者!庾楷实不能以百口助人屠灭。"时楷已应恭檄,正征士马。信返,朝廷忧惧,内外戒严。

殷仲堪、桓玄也同意这一看法,他们推举王恭为盟主,并约定日期,一起进军京城。

当时,京城与外地藩镇之间互相猜忌,交通阻隔,渡口关卡巡逻盘问得很严格,形势十分紧张。殷仲堪用斜裁的绢帛写信,密藏在箭杆中,装上箭头,涂上油漆,通过庾楷送交王恭。王恭拆开信后,因绢帛斜角的纹路扭曲紊乱,不再能辨别出是否殷仲堪亲手所写,于是怀疑是庾楷伪造的,再说殷仲堪去年已有违背约定、不按时进军的行为,王恭认为殷仲堪今年也一定不会出兵,就决定在约定的日期以前起兵。司马刘牢之劝谏说:"将军您是国家的皇舅,会稽王是皇上的叔父。会稽王又在朝廷上执掌国政,以前曾为将军您杀了他所宠爱的王国宝、王绪,又把王廞的书信送交给您,他对将军已经十分尊敬畏惧了。最近他所做的几项任命,虽然不是很恰当,但也没有什么严重过失。割去庾楷的四个郡配给王愉,对将军又有什么损失?晋阳军队清君侧的行动,难道可以屡次发起吗?"王恭没有听从他的意见,上奏表请求讨伐王愉和司马尚之兄弟。

司马道子派人游说庾楷说:"从前,我与你的恩情如同骨肉兄弟,帷帐之中,相对酣饮,欢融结交,屈膝晤谈,可称亲密无间。如今你遗弃往日的好友,另结新的帮手,难道忘却了王恭过去凌侮你的耻辱了吗?如果你依附于王恭,当他的臣僚,一旦王恭的野心得逞了,一定认为你是个反复无常的小人,怎么肯深深地亲近你信任你。这样,连身躯和头颅尚且不能保全,更何况荣华富贵呢?"庾楷大怒说:"王恭昔日进京参加先帝的葬礼,相王你忧虑恐惧,束手无策,我知道事情紧急,不久就率军抵达京城,王恭不敢发动事变。去年事变时,我也在等候命令,准备行动。我侍奉相王,没有对不起他的地方。相王不能抵御王恭,反而杀了王国宝和王绪,从那时以来,还有谁敢再为相王效忠尽力?我庾楷实在不能将我全家一百多口人交给别人杀尽。"当时庾楷已响应了王恭的讨伐檄文,正在征集兵马。庾楷的回信送来后,朝廷上下忧虑恐惧,京城内外戒严。

　　会稽世子元显言于道子曰："前不讨王恭,故有今日之难。今若复从其欲,则太宰之祸至矣。"道子不知所为,悉以事委元显,日饮醇酒而已。元显聪警,颇涉文义,志气果锐,以安危为己任。附会之者,谓元显神武,有明帝之风。

　　殷仲堪闻恭举兵,自以去岁后期,乃勒兵趣发。仲堪素不习为将,悉以军事委南郡相杨佺期兄弟,使佺期帅舟师五千为前锋,桓玄次之,仲堪帅兵二万,相继而下。佺期自以其先汉太尉震至父亮,九世皆以才德著名,矜其门地,谓江左莫及。有以比王珣者,佺期犹恚恨。而时流以其晚过江,婚宦失类,佺期及兄广、弟思平、从弟孜敬皆粗犷,每排抑之。佺期常慷慨切齿,欲因事际以逞其志,故亦赞成仲堪之谋。八月,佺期、玄奄至湓口,王愉无备,惶遽奔临川,玄遣偏将军追获之。

　　秋九月辛卯,加会稽王道子黄钺,以世子元显为征讨都督。遣卫将军王珣、右将军谢琰将兵讨王恭,谯王尚之将兵讨庾楷。己亥,谯王尚之大破庾楷于牛渚,楷单骑奔桓玄。会稽王道子以尚之为豫州刺史,弟恢之为骠骑司马、丹杨尹,允之为吴国内史,休之为襄城太守,各拥兵马以为己援。乙巳,桓玄大破官军于白石。玄与杨佺期进至

会稽王世子司马元显对司马道子说:"上次不讨伐王恭,所以有今天的灾难。现在如果再满足他的要求,那么宰相的灾祸就要临头了。"司马道子不知道应该怎么办,就把军政大事全部交付给司马元显处理,自己每天只是大饮美酒而已。司马元显聪慧机警,读过很多书,通晓文章的精义,志向远大,办事果敢敏锐,把天下的安危当作自己的责任。附从他的人都说司马元显神明英武,有晋明帝司马绍的风范。

殷仲堪得知王恭起兵的消息,自己觉得有去年没有按期出兵的愧疚,就率军急速进发。殷仲堪一向不熟悉领兵作战,所以把军事事务全部交付给南郡相杨佺期兄弟。他派杨佺期率长江水师五千人作为先锋,桓玄跟随在他们后面,殷仲堪亲自率领两万士兵,相继东下。杨佺期自认为从他的祖先东汉太尉杨震直至他的父亲杨亮,九代人都以才能德行闻名于世,因此很为自己的家世门第而自负,觉得东晋的人士没有一个比得上他。有人拿他与王珣相比,杨佺期还大为愤恨。然而,当时的名士们却因为杨家渡过长江,来到江南的时间较晚,在婚姻和做官方面没有遵守血缘门第的原则,杨佺期以及他的哥哥杨广、弟弟杨思平、堂弟杨孜敬,性格都很粗犷,所以常常排斥压制他们。杨佺期心中愤恨,经常慷慨激昂、咬牙切齿地谈到这一状况,他正想利用某种机会来实现自己的志向,所以也赞成殷仲堪的计划。八月,杨佺期、桓玄突然抵达浔口,王愉没有防备,惊恐仓皇地逃奔临川,桓玄派遣偏将军追击,生擒了王愉。

秋季九月辛卯(初二),朝廷加授会稽王司马道子黄钺,任命世子司马元显为征讨都督。派遣卫将军王珣、右将军谢琰率军征讨王恭,派遣谯王司马尚之率军征讨庾楷。己亥(初十),谯王司马尚之在牛渚大败庾楷的军队,庾楷独自骑马投奔桓玄。会稽王司马道子任命司马尚之为豫州刺史,任命司马尚之的弟弟司马恢之为骠骑司马、丹杨尹,司马允之为吴国内史,司马休之为襄城郡太守,让他们各自拥有军队作为自己的外援。乙巳(十六日),桓玄在白石大败朝廷的军队。桓玄与杨佺期率军挺进到

横江,尚之退走,恢之所领水军皆没。丙午,道子屯中堂,元显守石头。己酉,王珣守北郊,谢琰屯宣阳门以备之。

　　王恭素以才地陵物,既杀王国宝,自谓威无不行。仗刘牢之为爪牙而但以部曲将遇之。牢之负其才,深怀耻恨。元显知之,遣庐江太守高素说牢之,使叛恭,许事成即以恭位号授之。又以道子书遗牢之,为陈祸福。牢之谓其子敬宣曰:"王恭昔受先帝大恩,今为帝舅,不能翼戴王室,数举兵向京师,吾不能审恭之志,事捷之日,必能为天子相王之下乎?吾欲奉国威灵以顺讨逆,何如?"敬宣曰:"朝廷虽无成、康之美,亦无幽、厉之恶,而恭恃其兵威,暴蔑王室。大人亲非骨肉,义非君臣,虽共事少时,意好不协。今日讨之,于情义何有?"恭参军何澹之知其谋,以告恭。

　　恭以澹之素与牢之有隙,不信。乃置酒请牢之,于众中拜之为兄,精兵坚甲,悉以配之,使帅帐下督颜延为前锋。牢之至竹里,斩延以降。遣敬宣及其婿东莞太守高雅之还袭恭。恭方出城曜兵,敬宣纵骑横击之,恭兵皆溃。恭将入城,雅之已闭城门。恭单骑奔曲阿,素不习马,髀中生疮。曲阿人殷确,恭故吏也,以船载恭,将奔桓玄。至长

横江,司马尚之撤退,司马恢之率领的水军全部被消灭。丙午(十七日),司马道子屯居中堂指挥,命司马元显防守石头城。己酉(二十日),命王珣屯守北郊,谢琰屯驻宣阳门守备。

　　王恭一向倚仗自己的才能和地位欺凌别人,杀了王国宝以后,自以为他的威势已通行无阻。王恭依靠刘牢之为帮手,但只是把他当作普通的部曲将领来对待。刘牢之因有才能而自负,深感羞耻和怨恨。司马元显知道这件事后,就派遣庐江郡太守高素前去游说刘牢之,让他背叛王恭,许诺事成以后,就把王恭的官位转授给他。高素又把司马道子写的信交给刘牢之,为他陈述祸福利害。刘牢之对他的儿子刘敬宣说:"王恭昔日蒙受先帝的大恩,如今又是皇上的舅父,不能作为羽翼来拥戴、保护皇家,反而几次发兵,进军京师。我无法详尽地了解王恭的用心,到了进军告捷那一天,他一定会甘心处在天子、相王之下吗?我想尊奉国家的威势神灵,顺从朝廷的命令,讨伐叛逆,你觉得怎么样?"刘敬宣说:"朝廷虽然没有周成王、周康王那样的完美,但也没有周幽王、周厉王那样的暴虐,而王恭却恃仗他的军队威力,轻慢皇家。大人您与王恭,从亲情上讲,并不是骨肉同胞;从道义上讲,并不是君主与臣僚。虽共事过一段时间,但情意并不融洽。今天讨伐他,有什么感情道义上的顾忌?"王恭的参军何澹之知道了他们的密谋,把这件事告诉了王恭。

　　王恭因何澹之一向与刘牢之有嫌隙,所以不相信他的话。于是,王恭设酒宴请刘牢之,并在大庭广众之下拜刘牢之为义兄。王恭把精锐部队和精良的装备全部配属给刘牢之,派他率帐下督颜延担任大军的先锋。刘牢之到达竹里时,斩杀了颜延,向朝廷投降。他派遣他的儿子刘敬宣以及他的女婿东莞郡太守高雅之率军返回,袭击王恭。王恭正好率军出城,炫耀武力,刘敬宣派出骑兵,拦腰攻击,王恭的军队全部溃败。王恭打算逃入城中,但是高雅之已经关闭了城门。王恭只得独自一人骑马逃奔曲阿,他向来没有练习过骑马,所以大腿磨破生疮。曲阿人殷确是王恭的旧部下,他用船载着王恭,打算投奔桓玄。到达长

塘湖，为人所告，获之，送京师，斩于倪塘。恭临刑，犹理须鬓，神色自若，谓监刑者曰："我暗于信人，所以至此。原其本心，岂不忠于社稷邪！但令百世之下知有王恭耳。"并其子弟党与皆死。以刘牢之为都督兖、青、冀、幽、并、徐、扬州晋陵诸军事，以代恭。

俄而杨佺期、桓玄至石头，殷仲堪至芜湖。元显自竹里驰还京师，遣丹杨尹王恺等发京邑士民数万人据石头以拒之。佺期、玄等上表理王恭，求诛刘牢之。牢之帅北府之众驰赴京师，军于新亭。佺期、玄见之失色，回军蔡洲。朝廷未知西军虚实，仲堪等拥众数万，充斥郊畿，内外忧逼。

左卫将军桓脩，冲之子也，言于道子曰："西军可说而解也，脩知其情矣。殷、桓之下，专恃王恭，恭既破灭，西军沮恐。今若以重利啗玄及佺期，二人必内喜。玄能制仲堪，佺期可使倒戈，取仲堪矣。"道子纳之，以玄为江州刺史，召郗恢为尚书，以佺期代恢为都督梁雍秦三州诸军事、雍州刺史。以脩为荆州刺史，权领左卫文武之镇，又令刘牢之以千人送之。黜仲堪为广州刺史，遣仲堪叔父太常茂宣诏，敕仲堪回军。

冬十月，殷仲堪得诏书，大怒，趣桓玄、杨佺期进军。玄等喜于朝命，欲受之，犹豫未决。仲堪闻之，遽自芜湖南归，遣使告谕蔡洲军士曰："汝辈不各自散归，吾至江陵，尽诛汝馀口。"佺期部将刘系帅二千人先归。玄等大惧，狼狈

塘湖时，被人告发，被捕获，押送到京城，在倪塘斩首。王恭临刑时，还梳理了一下胡须和鬓发，从容不迫，神态自若，他对监刑官说："我自己糊涂，轻易相信了别人，所以落到今天这个地步。追究我的本意，难道不忠于国家吗？只希望百世以后，有人知道有个王恭。"王恭的子弟和党羽也全部被一同处死。朝廷任命刘牢之为都督兖、青、冀、幽、并、徐、扬州、晋陵诸军事，以代替王恭。

不久，杨佺期、桓玄抵达石头城，殷仲堪到达芜湖。司马元显从竹里快马返回京城，派遣丹杨尹王恺等人征发京城士人平民数万人据守石头城抵御。杨佺期、桓玄等人上奏表为王恭申辩，请求诛杀刘牢之。刘牢之率领北府的军队急速奔赴京城，驻扎在新亭。杨佺期、桓玄看见刘牢之前来，大惊失色，撤退到蔡洲。朝廷不知道西路叛军的虚实，殷仲堪等人部下的数万军队布满京畿地区，朝廷内有忧患，外受逼迫。

左卫将军桓脩是桓冲的儿子，他对司马道子说："西路叛军可通过游说来使它瓦解，我知道他们的内情。殷仲堪、桓玄以下的将领，全都指望王恭，王恭兵败身死以后，西路叛军十分沮丧和惶恐。现在如果用重利去引诱桓玄和杨佺期，他们二人心中一定会暗暗高兴。桓玄能够制约殷仲堪，杨佺期也可能倒戈叛变，反军攻击殷仲堪。"司马道子采纳了他的意见，任命桓玄为江州刺史，召回郗恢任尚书，任命杨佺期接替郗恢为都督梁、雍、秦三州诸军事、雍州刺史。又任命桓脩为荆州刺史，暂时统领左卫将军府中的文武部下前往江陵，又命令刘牢之派一千人护送桓脩上任。贬黜殷仲堪为广州刺史，派遣殷仲堪的叔父太常殷茂前去宣读诏书，敕令殷仲堪撤退军队。

冬季十月，殷仲堪得到诏书，大怒，催促桓玄、杨佺期进军攻击。桓玄等人知道朝廷对他们的任命后很高兴，想接受，却又有些犹豫不决。殷仲堪得知这一消息，立即从芜湖率军向南返回，并派使者向蔡洲的将士们宣告说："你们如果不离开营地，各自返回，等我回到江陵，就把你们留在江陵的家人全部杀光。"杨佺期的部将刘系率领二千人率先返回。桓玄等人大为恐慌，狼狈地

西还,追仲堪至寻阳,及之。仲堪既失职,倚玄等为援,玄等亦资仲堪兵,虽内相疑阻,势不得不合。乃以子弟交质,壬午,盟于寻阳,俱不受朝命,连名上疏申理王恭,求诛刘牢之及谯王尚之,并诉仲堪无罪,独被降黜。朝廷深惮之,内外骚然。乃复罢桓脩,以荆州还仲堪,优诏慰谕,以求和解,仲堪等乃受诏。御史中丞江绩劾奏桓脩专为身计,疑误朝廷,诏免脩官。

初,桓玄在荆州,所为豪纵,仲堪亲党皆劝仲堪杀之,仲堪不听。及在寻阳,资其声地,推玄为盟主,玄愈自矜倨。杨佺期为人骄悍,玄每以寒士裁之,佺期甚恨,密说仲堪以玄终为患,请于坛所袭之。仲堪忌佺期兄弟勇健,恐既杀玄,不可复制,苦禁之。于是各还所镇。玄亦知佺期之谋,阴有取佺期之志,乃屯于夏口,引始安太守济阴卞范之为长史以为谋主。是时,诏书独不赦庾楷,玄以楷为武昌太守。

三年夏四月,以世子元显为扬州刺史。元显以庐江太守张法顺为谋主。

冬十二月,殷仲堪恐桓玄跋扈,乃与杨佺期结婚为援。佺期屡欲攻玄,仲堪每抑止之。玄恐终为殷、杨所灭,乃告执政,求广其所统。执政亦欲交构,使之乖离,乃加玄都督

向西返回，尾追殷仲堪，追到寻阳才追上。殷仲堪失去了荆州刺史的官职后，必须倚仗桓玄等人作为外援，而桓玄等人也要依靠殷仲堪资助兵力，虽然内部互相猜忌，不能同心同德，但形势又迫使他们不得不合作。于是他们互相交换子弟作为人质，壬午（二十三日），在寻阳缔结盟约，一同拒绝朝廷的命令，连名上奏疏为王恭申辩，请求诛杀刘牢之和谯王司马尚之，并申诉殷仲堪无罪，而被贬黜。朝廷上下大为恐慌，内外一片骚乱。于是又罢黜了桓脩，把荆州刺史的官职还授给殷仲堪，下诏书予以安慰，想求得和解，殷仲堪等人这才接受了诏书。御史中丞江绩上奏章弹劾桓脩专为自己的利益考虑，使朝廷受蒙蔽而采取了错误的措施，朝廷下诏免去桓脩的官职。

当初，桓玄居住在荆州时，所作所为都十分强横霸道，殷仲堪的亲友党羽都劝殷仲堪杀了桓玄，殷仲堪不听。等到他们在寻阳结盟时，为了利用桓家的声望门第，就推举桓玄为盟主，于是桓玄更加自尊自大，骄横傲慢。杨佺期的性格骄傲凶悍，桓玄经常把他作为门第低微的寒门人士来压制他，杨佺期心中非常忿恨，就秘密地向殷仲堪建议，说桓玄最终会成为祸患，请求在筑坛结盟的地方袭杀桓玄。殷仲堪顾忌杨佺期兄弟勇武刚健，怕杀了桓玄以后，不再能控制他们，就苦苦地加以劝阻。结盟以后，他们各自返回自己镇守的藩镇。桓玄也知道杨佺期的阴谋，暗中产生算计杨佺期的念头，于是将军队屯驻在夏口，选任始安郡太守济阳人卞范之为长史，把他作为自己主要的谋士。当时，诏书独独不赦免庾楷，桓玄就任命庾楷为武昌郡太守。

三年（399）夏季四月，朝廷任命会稽王世子司马元显为扬州刺史。司马元显任用庐江郡太守张法顺为自己的主要谋士。

冬季十二月，殷仲堪怕桓玄专横跋扈，就与杨佺期结成姻亲，互相援助。杨佺期屡次想进攻桓玄，殷仲堪每次都阻止了他。桓玄怕最终会被殷仲堪、杨佺期所消灭，就向朝廷中的执政者陈述，要求扩大自己的管辖范围。朝中执政者也想与桓玄交好，从而使他们三个人的同盟离散瓦解，于是便加授桓玄为都督

荆州四郡军事，又以玄兄伟代佺期兄广为南蛮校尉。佺期
忿惧。杨广欲拒桓伟，仲堪不听，出广为宜都、建平二郡太
守。杨孜敬先为江夏相，玄以兵袭而劫之，以为谘议参军。

佺期勒兵建牙，声云援洛，欲与仲堪共袭玄。仲堪虽
外结佺期而内疑其心，苦止之，犹虑弗能禁，遣从弟遹屯
于北境，以遏佺期。佺期既不能独举，又不测仲堪本意，乃
解兵。

仲堪多疑少决，谘议参军罗企生谓其弟遵生曰："殷侯
仁而无断，必及于难。吾蒙知遇，义不可去，必将死之。"

是岁，荆州大水，平地三丈，仲堪竭仓廪以赈饥民。桓
玄欲乘其虚而伐之，乃发兵西上，亦声言救洛。与仲堪书
曰："佺期受国恩而弃山陵，宜共罪之。今当入沔讨除佺
期，已顿兵江口。若见与无贰，可收杨广杀之；如其不尔，
便当帅兵入江。"时巴陵有积谷，玄先遣兵袭取之。梁州刺
史郭铨当之官，路经夏口，玄诈称朝廷遣铨为己前锋，乃授
以江夏之众，使督诸军并进，密报兄伟令为内应。伟遑遽
不知所为，自赍疏示仲堪。仲堪执伟为质，令与玄书，辞甚
苦至。玄曰："仲堪为人无决，常怀成败之计，为儿子作虑，
我兄必无忧也！"

荆州四郡军事,又任命桓玄的哥哥桓伟接替杨佺期的哥哥杨广出任南蛮校尉。杨佺期既愤恨又惶恐。杨广想阻止桓伟就任,殷仲堪不听从他的主意,派杨广出外担任宜都、建平二郡太守。杨孜敬先前任江夏郡相,桓玄派兵袭击并劫持了他,任命他为谘议参军。

　　杨佺期出动军队,建立牙旗,声称援救洛阳,其实打算与殷仲堪一同袭击桓玄。殷仲堪虽然表面上与杨佺期结盟,但内心却怀疑杨佺期的用意,所以苦苦劝阻杨佺期,还担心不能止住他,就派遣堂弟殷遹率军屯驻在州境北面,以此遏制杨佺期。杨佺期既不能单独行动,又猜不透殷仲堪的原本用意,只得停止军事行动。

　　殷仲堪生性多疑,办事缺少决断,谘议参军罗企生对他的弟弟罗遵生说:"殷侯他为人仁爱,但办事缺乏果断,一定会因此而遭受灾祸。我蒙受殷侯的知遇之恩,从道义上说,我不能离他而去,日后必定会为他而死。"

　　这一年,荆州遭受大水灾,平地水深三丈,殷仲堪拿出仓库中的所有存粮来赈济饥饿的灾民。桓玄想乘他们财力空虚、粮草缺乏的机会进攻他们,就出动军队向西挺进,也声称救援洛阳。他写信给殷仲堪,说:"杨佺期身受国家的恩惠,却背叛朝廷,我们应该共同诛讨他的罪行。现在我准备顺着沔水而上,征讨铲除杨佺期,我已将军队屯驻在江口。如果你的意见与我一致而没有二心的话,可以逮捕杨广,把他杀了;如果不然,我将即刻率军进入长江。"当时巴陵还有储存的粮草,桓玄先派军袭击夺取。梁州刺史郭铨正好前去上任,路过夏口,桓玄伪称朝廷派遣郭铨当自己的前锋,就把江夏的军队交给郭铨率领,派郭铨监督各路军队同时前进,并秘密通知他的哥哥桓伟,要他当内应。桓伟情急惊慌,不知道该怎么办,就自己拿着桓玄的来信送去给殷仲堪看。殷仲堪扣留桓伟为人质,命令桓伟写信给桓玄,信中语气非常悲苦。桓玄说:"殷仲堪为人缺乏决断能力,常常思前顾后,患得患失,他要为儿子考虑,我兄长一定不会有难!"

　　仲堪遣殷遹帅水军七千至西江口，玄使郭铨、苻宏击之，遹等败走。玄顿巴陵，食其谷。仲堪遣杨广及弟子道护等拒之，皆为玄所败。江陵震骇。

　　城中乏食，以胡麻廪军士。玄乘胜至零口，去江陵二十里，仲堪急召杨佺期以自救。佺期曰："江陵无食，何以待敌！可来见就，共守襄阳。"仲堪志在全军保境，不欲弃州逆走，乃绐之曰："比来收集，已有储矣。"佺期信之，帅步骑八千，精甲耀日，至江陵，仲堪唯以饭饷其军。佺期大怒曰："今兹败矣！"不见仲堪，与其兄广共击玄。玄畏其锐，退军马头。明日，佺期引兵急击郭铨，几获之。会玄兵至，佺期大败，单骑奔襄阳。仲堪出奔酂城。玄遣将军冯该追佺期及广，皆获而杀之，传首建康。佺期弟思平，从弟尚保、孜敬逃入蛮中。仲堪闻佺期死，将数百人将奔长安。至冠军城，该追获之，还至柞溪，逼令自杀，并杀殷道护。仲堪奉天师道，祷请鬼神，不吝财贿，而啬于周急。好为小惠以悦人，病者自为胗脉分药。用计倚伏烦密，而短于鉴略，故至于败。

　　仲堪之走也，文武无送者，惟罗企生从之。路经家门，弟遵生曰："作如此分离，何可不一执手！"企生旋马授手，

殷仲堪派殷遹率领水军七千人抵达西江口,桓玄派郭铨、符宏率军攻击,殷遹等人军败退走。桓玄驻军于巴陵,食用当地的粮食。殷仲堪派杨广以及自己的侄子殷道护等人抵御桓玄,都被桓玄打败。江陵一带为此震动惊骇。

江陵城中缺乏粮食,只能用胡麻给兵士充饥。桓玄乘胜进军到零口,距离江陵仅二十里,殷仲堪急忙召杨佺期来援救自己。杨佺期说:"江陵没有粮食,用什么来抗击敌军? 你可以到我这里来,共同坚守襄阳。"殷仲堪的用意在于用全部的军队来保住自己辖治的地域,不想放弃州境后退逃亡,就欺骗杨佺期说:"近来征集到了很多粮草,已经有所储备。"杨佺期相信了他,率领步兵骑兵八千人,精良的铠甲在太阳下闪耀光芒,进军到江陵,但殷仲堪只能用米饭来供应杨佺期的军队。杨佺期大怒,说:"今日我们就要在此失败了!"不再与殷仲堪见面,与他的哥哥杨广共同攻击桓玄。桓玄畏惧他们的锐气,退军驻扎在马头。第二天,杨佺期率军急速地猛攻郭铨,差一点俘获郭铨。这时正好桓玄率军到达,杨佺期大败,他单人匹马逃奔襄阳。殷仲堪出城逃往郧城。桓玄派将军冯该追击杨佺期和杨广,将他们二人都捕获并且杀了,然后将他们的人头送到京城建康,向朝廷献捷。杨佺期的弟弟杨思平、堂弟杨尚保、杨孜敬,都逃到了蛮族地区。殷仲堪听说杨佺期已死,率领数百人打算前去长安,投奔后秦。到达冠军城时,冯该率军追到,俘获了殷仲堪,返回到柞溪时,逼迫殷仲堪自杀,并且杀了殷道护。殷仲堪信奉天师道,祭祀祈祷鬼神时,毫不吝惜财物,但救济贫苦急困的人,却十分吝啬。平时喜好用小恩小惠来取悦别人。有人生病,殷仲堪亲自为病人诊脉,开药方。谋划计策时,起伏正反,面面俱到,考虑得十分琐细烦密,但缺乏精深的识见和远大的谋略,所以落到军败身亡的地步。

殷仲堪出逃的时候,文武部下没有一个人去送行,只有罗企生跟随他。罗企生路过自己家门时,他的弟弟罗遵生说:"在这样的情况下告别分离,怎么能不握一下手!"罗企生回马伸出手来,

遵生有力,因牵下之,曰:“家有老母,去将何之?”企生挥泪曰:“今日之事,我必死之。汝等奉养,不失子道。一门之中,有忠与孝,亦复何恨!”遵生抱之愈急,仲堪于路待之,见企生无脱理,策马而去。及玄至,荆州人士无不诣玄者,企生独不往,而营理仲堪家事。或曰:“如此,祸必至矣!”企生曰:“殷侯遇我以国士,为弟所制,不得随之共殄丑逆,复何面目就桓求生乎!”玄闻之怒,然待企生素厚,先遣人谓曰:“若谢我,当释汝。”企生曰:“吾为殷荆州吏,荆州败,不能救,尚何谢为!”玄乃收之,复遣人问企生欲何言。企生曰:“文帝杀嵇康,嵇绍为晋忠臣,从公乞一弟以养老母!”玄乃杀企生而赦其弟。

四年春三月,桓玄既克荆、雍,表求领荆、江二州。诏以玄为都督荆司雍秦梁益宁七州诸军事、荆州刺史,以中护军桓脩为江州刺史。玄上疏固求江州。于是进玄督八州及扬豫八部诸军事,复领江州刺史。玄辄以兄伟为雍州刺史,朝廷不能违。又以从子振为淮南太守。

五年冬十二月,桓玄表其兄伟为江州刺史,镇夏口。司马刁畅为辅国将军,督八郡军事,镇襄阳。遣其将皇甫敷、冯该戍湓口。移沮、漳蛮二千户于江南,立武宁郡。更招集流民,立绥安郡。诏征广州刺史刁逵、豫章太守郭昶之,玄皆留不遣。

罗遵生强壮有力，就握住罗企生的手，把他拉下马来，说："家中有老母亲，你离开家打算到哪里去？"罗企生擦去眼泪说："遇到今天这样的事情，我必须为此而死。你们好好奉养母亲，不要丧失做儿子的孝道。一家之中，有忠有孝，还有什么遗恨！"罗遵生把他抱得更紧了，殷仲堪在路旁等候他，看见罗企生不能挣脱他弟弟的手臂，就鞭策马匹离去了。等到桓玄到达，荆州人士没有不去晋见桓玄的，唯独罗企生一人不去，而只是经营管理着殷仲堪的家事。有人说："你这样做，大祸一定会临头！"罗企生说："殷侯他将我作为全国推重仰望的人士来对待，我被弟弟所牵制，不能追随他共同诛灭叛逆的丑类，还有什么面目去见桓玄请求活命呢？"桓玄得知罗企生的这番话，大怒，不过他一直待罗企生很好，所以先派人对罗企生说："如果向我道歉，我就放过你，不再追究。"罗企生说："我是殷荆州属下的官吏，殷荆州失败而我不能救他，还有什么可以道歉的？"于是桓玄逮捕了罗企生，又派人去询问罗企生有什么话要说。罗企生说："晋文帝司马昭杀了嵇康，而嵇康的儿子嵇绍是晋朝廷的忠臣。向明公您请求，留下我的一个弟弟，让他奉养老母亲。"桓玄于是杀了罗企生，赦免了他的弟弟。

四年（400）春季三月，桓玄攻克荆州、雍州后，上奏表请求兼管荆、江二州。朝廷下诏书任命桓玄为都督荆、司、雍、秦、梁、益、宁七州诸军事、荆州刺史，任命中护军桓脩为江州刺史。桓玄上奏疏，坚持请求兼管江州。于是晋升桓玄督八州及扬、豫八部诸军事，再兼任江州刺史。桓玄就任命他的哥哥桓伟为雍州刺史，朝廷也不能违背他。桓玄又任侄子桓振为淮南郡太守。

五年（401）冬季十二月，桓玄上奏表推荐他的哥哥桓伟任江州刺史，镇守夏口。推荐司马刁畅任辅国将军、督八郡军事，镇守襄阳。又派遣他的将领皇甫敷、冯该戍守湓口。把沮水、漳水一带的二千户蛮族迁移到长江以南，设立武宁郡。又招集流亡难民，设立绥安郡。朝廷下诏征召广州刺史刁逵、豫章郡太守郭昶之回京城，桓玄把他们都留住，不遣送他们离开。

玄自谓有晋国三分之二，数使人上己符瑞，欲以惑众。又致笺于会稽王道子曰："贼造近郊，以风不得进，以雨不致火，食尽故去耳，非力屈也。昔国宝死后，王恭不乘此威入统朝政，足见其心非侮于明公也，而谓之不忠。今之贵要腹心，有时流清望者谁乎？岂可云无佳胜？直是不能信之耳！尔来一朝一夕，遂成今日之祸。在朝君子皆畏祸不言，玄忝任在远，是以披写事实。"元显见之，大惧。

张法顺谓元显曰："桓玄承藉世资，素有豪气，既并殷、杨，专有荆楚，第下之所控引止三吴耳。孙恩为乱，东土涂地，公私困竭，玄必乘此纵其奸凶，窃用忧之。"元显曰："为之奈何？"法顺曰："玄始得荆州，人情未附，方务绥抚，未暇他图。若乘此际使刘牢之为前锋，而第下以大军继进，玄可取也。"元显以为然。会武昌太守庾楷以玄与朝廷构怨，恐事不成，祸及于己，密使人自结于元显，云："玄大失人情，众不为用，若朝廷遣军，己当为内应。"元显大喜，遣张法顺至京口，谋于刘牢之，牢之以为难。法顺还，谓元显曰："观牢之言色，必贰于我，不如召入杀之。不尔，败人大事。"元显不从。于是大治水军，征兵装舰，以谋讨玄。

桓玄自认为已占有东晋国土的三分之二,多次让人向自己上报吉兆瑞符,想以此来迷惑大众。又写信给会稽王司马道子说:"贼寇进逼京城,到达近郊,因风向不利而没能进军,因连日下雨而无法纵火,最后因粮食吃完的缘故离去了,并不是因为他们的力量受到挫折。昔日,王国宝死后,王恭没有乘当时的威势进入京城,接管朝廷大权,足以证明他对明公您并无欺侮之心,而您却说他不忠。现在您那些位居高官要职的心腹亲信,被时人称誉、有清高名望的,有谁呢?难道可以说没有这种声名卓著、地位显贵的人吗?只是您不能信任重用他们罢了。如此一来,朝朝夕夕,终于酿成今天的大祸。朝中官员都害怕惹祸而不敢直言,我桓玄远在外地任职,所以敢于披露事实真相。"司马元显看见这封信,非常恐慌。

张法顺对司马元显说:"桓玄凭借他的家世名望和资产,又向来有豪迈之气,吞并殷仲堪、杨佺期以后独占了荆、楚一带广大地区,阁下您所能控制的仅仅是三吴地区罢了。孙恩叛乱,东部的国土荒凉困苦,官府和民间都陷于贫穷困乏的境地中,桓玄必定会乘这个机会,大肆施展奸恶凶暴的手段,我私下为此担忧。"司马元显说:"对此该怎么办?"张法顺说:"桓玄刚得到荆州,人心还未归附他,他正在努力安抚,没有时间做其他的图谋。如果乘这个机会,派刘牢之当先锋,而阁下您率大军随后挺进,可以制服桓玄。"司马元显认为他说得对。这时正好武昌郡太守庾楷因桓玄与朝廷结怨,怕万一桓玄的企图失败,灾难会降临到自己头上,就秘密地派人与司马元显交好,称:"桓玄大失人心,部众都不肯听从他的命令。如果朝廷派遣军队讨伐,我将作为内应。"司马元显非常高兴,派张法顺到京口与刘牢之一同谋划,刘牢之认为这件事很困难。张法顺返回京城,对司马元显说:"我观察刘牢之的语气神色,觉得他一定对我们存有二心,不如把他召回京城杀了,不然的话,他会败坏大事。"司马元显没有接受他的建议。于是,大力整治水军,征发兵士,装备舰只,制定计策准备讨伐桓玄。

元兴元年春正月庚午朔,下诏罪状桓玄。以尚书令元显为骠骑大将军、征讨大都督、都督十八州诸军事、加黄钺,又以镇北将军刘牢之为前锋都督,前将军谯王尚之为后部,因大赦,改元,内外戒严。加会稽王道子太傅。

元显欲尽诛诸桓。中护军桓脩,骠骑长史王诞之甥也,诞有宠于元显,因陈脩等与玄志趣不同,元显乃止。诞,导之曾孙也。

张法顺言于元显曰:"桓谦兄弟每为上流耳目,宜斩之以杜奸谋。且事之济不,系在前军,而牢之反覆,万一有变,则祸败立至,可令牢之杀谦兄弟以示无贰心,若不受命,当逆为其所。"元显曰:"今非牢之,无以敌玄。且始事而诛大将,人情不安。"再三不可。又以桓氏世为荆土所附,桓冲特有遗惠,而谦,冲之子也,乃自骠骑司马除都督荆益宁梁四州诸军事、荆州刺史,欲以结西人之心。

东土遭孙恩之乱,因以饥馑,漕运不继。桓玄禁断江路,商旅俱绝,公私匮乏,以麸、橡给士卒。玄谓朝廷方多忧虞,必未暇讨己,可以蓄力观衅。及大军将发,从兄太傅长史石生密以书报之。玄大惊,欲完聚保江陵。长史卞范之曰:"明公英威振于远近,元显口尚乳臭,刘牢之大失物情,若兵临近畿,示以祸福,土崩之势可翘足而待,何有延

元兴元年（402）春季正月庚午这天是初一，朝廷下诏书列举桓玄的罪状。任命尚书令司马元显为骠骑大将军、征讨大都督、都督十八州诸军事，加授黄钺。又任命镇北将军刘牢之为前锋都督，任命前将军谯王司马尚之为后部。并且颁令大赦，改年号，京城内外戒严。加授会稽王司马道子为太傅。

司马元显想把留在乐城的桓家人全部杀了。中护军桓脩是骠骑长史王诞的外甥，王诞得到司马元显的宠信，王诞极力向司马元显陈述，说桓脩等人与桓玄的志趣完全不同，司马元显这才放弃了杀桓家人的念头。王诞是王导的曾孙。

张法顺对司马元显说："桓谦兄弟一直为长江上游的桓玄充当耳目，刺探消息，打听军情，应该把他们斩首，以杜绝类似奸邪阴谋的发生。而且大事能否成功，关键在于前锋，但刘牢之反复无常，万一发生事变，那么灾祸和失败就会立即到来。可以命令刘牢之斩杀桓谦兄弟，以此表示没有二心，如果他不肯接受命令，我们就应当在灾祸还未来临时，先谋划对策。"司马元显说："如今除了刘牢之，没有人能与桓玄匹敌。再说，军事行动刚开始就诛杀大将，容易使得人心不安。"张法顺再三要求，而司马元显最终也没同意。又因桓家世代都受荆州民众的拥戴，荆州地区一直顺附桓家，其中桓冲尤其在当地留下了使人感怀的恩惠，而桓谦正是桓冲的儿子，于是司马元显将桓谦从骠骑司马擢升为都督荆、益、宁、梁四州诸军事、荆州刺史，想以此来笼络西方民众的心。

东部国土遭到孙恩叛乱的影响，于是出现了大饥荒，通过水路往京城运粮食也无法继续。桓玄又封锁了长江水路交通，商贩和旅客都被阻塞，不论官府和民间，物资都非常匮乏，朝廷只能把麸皮、橡子发给士兵充饥。桓玄认为朝廷正有多种忧患，一定没有时间来讨伐自己，这样就可以养精蓄锐，等待时机。等到朝廷大军将要出动，桓玄的堂兄太傅长史桓石生秘密地送信告诉他。桓玄大吃一惊，他打算修好城郭，集聚军民，坚守江陵。长史卞范之说："明公您英名威望远近传播，司马元显乳臭未干，刘牢之大失人心，如果您率军逼近京畿，向他们讲明祸福利害关系，朝廷军队土崩瓦解的形势，举足之间就可见到，为什么要请

敌入境，自取穷蹙者乎！"玄从之，留桓伟守江陵，抗表传檄，罪状元显，举兵东下。檄至，元显大惧。二月丙午，帝饯元显于西池，元显下船而不发。

桓玄发江陵，虑事不捷，常为西还之计。及过寻阳，不见官军，意甚喜，将士之气亦振。庾楷谋泄，玄囚之。

丁巳，诏遣齐王柔之以驺虞幡宣告荆、江二州，使罢兵。玄前锋杀之。柔之，宗之子也。丁卯，玄至姑孰，使其将冯该等攻历阳，襄城太守司马休之婴城固守。玄军断洞浦，焚豫州舟舰。豫州刺史谯王尚之帅步卒九千阵于浦上，遣武都太守杨秋屯横江。秋降于玄军。尚之众溃，逃于涂中，玄捕获之。司马休之出战而败，弃城走。

刘牢之素恶骠骑大将军元显，恐桓玄既灭，元显益骄恣，又恐己功名愈盛，不为元显所容。且自恃材武，拥强兵，欲假玄以除执政，复伺玄之隙而自取之，故不肯讨玄。元显日夜昏酣，以牢之为前锋，牢之骤诣门，不得见，及帝出饯元显，遇之公坐而已。

牢之军溧洲，参军刘裕请击玄，牢之不许。玄使牢之族舅何穆说牢之曰："自古戴震主之威，挟不赏之功而能自全者，谁邪？越之文种，秦之白起，汉之韩信，皆事明主，为之尽力，功成之日，犹不免诛夷，况为凶愚者之用乎！君

敌入境，自寻绝路呢？"桓玄接受了他的意见，留下桓伟防守江陵，上奏表申辩，并向各地传布檄文，列举司马元显的罪状，举兵东下。檄文传到京城，司马元显大为恐惧。二月丙午(初七)，晋安帝在西池为司马元显饯行，司马元显登上战船，但不出发。

桓玄从江陵出发后，担心事情不能成功，常作向西返回的打算。等到过了寻阳，仍没有见到朝廷军队，桓玄心中非常高兴，军中将士的士气也振作起来。庾楷的阴谋败露，桓玄囚禁了他。

丁巳(十八日)，朝廷下诏派遣齐王司马柔之携带"驺虞幡"前去向荆、江二州宣告，命令二州休战。桓玄的前锋把司马柔之杀了。司马柔之是司马宗的儿子。丁卯(二十八日)，桓玄率军抵达姑孰，派他的将领冯该等人进攻历阳，襄城郡太守司马休之绕城布防，据城固守。桓玄的军队切断了洞浦的对外交通，焚毁了豫州州府属下的船舰。豫州刺史谯王司马尚之率领步兵九千人在洞浦布阵，派遣武都郡太守杨秋率军屯驻在横江。杨秋向桓玄的军队投降。司马尚之的军队溃败，逃到涂河边上，桓玄军队捕获了司马尚之。司马休之出城迎战，被打败，弃城逃走。

刘牢之一向厌恶骠骑大将军司马元显，担心桓玄被消灭后，司马元显会更加骄横纵恣，又担心自己的功劳名望越来越高，不能被司马元显所容忍。而且刘牢之自恃雄才威武，拥有强大的军队，因而想借桓玄之手除掉司马元显等朝中执政者，再寻找桓玄方面的漏洞，伺机除掉桓玄，取而代之，所以不肯尽力讨伐桓玄。司马元显日夜狂饮昏睡，任命刘牢之为前锋，刘牢之突然上门求见，没有见到，等到晋安帝出宫为司马元显饯行时，二人才在宴会的座位上见了一面。

刘牢之率军驻扎在溧洲，参军刘裕请求进攻桓玄，刘牢之不准许。桓玄派刘牢之的堂舅何穆前去游说刘牢之，说："自古以来的臣僚，拥有了震慑君主的威势，建立了无法再加赏赐的功勋，而能保全自己的，有谁呢？越国的文种，秦国的白起，汉朝的韩信，都事奉英明的君主，为他们效忠尽力，等到大功告成的时候，仍免不了被诛灭，何况是被凶暴愚昧的主人所任用呢？你

如今日战胜则倾宗,战败则覆族。欲以此安归乎! 不若翻
然改图,则可以长保富贵矣。古人射钩、斩祛,犹不害为
辅佐,况玄与君无宿昔之怨乎!"时谯王尚之已败,人情愈
恐。牢之颇纳穆言,与玄交通。东海中尉东海何无忌,牢
之之甥也,与刘裕极谏,不听。其子骠骑从事中郎敬宣谏
曰:"今国家衰危,天下之重在大人与玄。玄藉父、叔之资,
据有全楚,割晋国三分之二,一朝纵之使陵朝廷,玄威望既
成,恐难图也,董卓之变,将在今矣。"牢之怒曰:"吾岂不
知! 今日取玄如反覆手耳。但平玄之后,令我奈骠骑何!"
三月乙巳朔,牢之遣敬宣诣玄请降。玄阴欲诛牢之,乃与
敬宣宴饮,陈名书画共观之,以安悦其意。敬宣不知觉,玄
佐吏莫不相视而笑。玄板敬宣为谘议参军。

元显将发,闻玄已至新亭,弃船,退屯国子学。辛未,
陈于宣阳门外。军中相惊,言玄已至南桁,元显引兵欲还
宫。玄遣人拔刀随后大呼曰:"放仗!"军人皆崩溃,元显乘
马走入东府,唯张法顺一骑随之。元显问计于道子,道子
但对之涕泣。玄遣太傅从事中郎毛泰收元显送新亭,缚于
舫前而数之。元显曰:"为王诞、张法顺所误耳。"

现在如果战胜了，家族毁亡；战败了，家族覆灭。你难道还打算就这样平安地回去？不如反过来改变自己的主意，另做其他打算，那么就可以长久地保持荣华富贵了。古代人有射中君主带钩，砍断君主衣袖的，但仍不影响他们成为君主的辅佐大臣，何况桓玄与你并无旧恨宿怨呀。"当时，谯王司马尚之已军败被擒，人心更加惶恐，刘牢之认为何穆说得很对，于是便与桓玄联络交往。东海中尉东海人何无忌是刘牢之的外甥，他与刘裕一起极力劝谏刘牢之，刘牢之不接受。刘牢之的儿子骠骑从事中郎刘敬宣劝谏说："现在国家衰弱危急，天下兴衰治乱的关键，在于大人您和桓玄。桓玄凭借他父亲、叔父的声望地位，占据着原楚国的全部地盘，割据了三分之二的晋朝国土，一旦放纵他，让他凌辱朝廷，桓玄的威望就会更高，到那时，恐怕就难以对付他了，董卓发动事变的历史，将在今天重演了。"刘牢之发怒，说："我难道不知道这一点！今日要制服桓玄，易如反掌，但平定了桓玄以后，让我怎么对付骠骑大将军司马元显？"三月乙巳这天是初一，刘牢之派遣刘敬宣去见桓玄，请求投降。桓玄内心想杀掉刘牢之，就设酒宴与刘敬宣共饮，并陈列名人书画与刘敬宣一同观赏，以此来安抚刘敬宣的心，取得他的好感。刘敬宣没有察觉桓玄的用意，而桓玄手下的辅佐官吏无不相视暗笑。桓玄暂时任命刘敬宣为谘议参军。

司马元显将要出发的时候，听说桓玄已经到达新亭，于是弃船退军，屯驻在国子学。辛未（初三），在宣阳门外排列军阵。军中将士惊慌失措，传言桓玄已抵达南桁，司马元显想要率军回宫。桓玄派出的先头部队拔刀突击，在朝廷军队后面紧紧追击，并大喊："放下武器！"朝廷军队全部崩溃，司马元显骑马逃入东府，身边只有张法顺一人骑马跟随。司马元显询问司马道子有什么办法来应对，司马道子只是对着他哭泣不止。桓玄派太傅从事中郎毛泰逮捕司马元显，押送到新亭，然后把他捆绑在船头上，历数他的种种罪状。司马元显说："都是被王诞、张法顺迷惑耽误罢了。"

壬申,复隆安年号。帝遣侍中劳玄于安乐渚。玄入京师,称诏解严。以玄总百揆,都督中外诸军事、丞相、录尚书事、扬州牧、领徐荆江三州刺史,假黄钺。玄以桓伟为荆州刺史,桓谦为尚书左仆射,桓脩为徐、兖二州刺史,桓石生为江州刺史,卞范之为丹杨尹。

初,玄之举兵,侍中王谧奉诏诣玄,玄亲礼之。及玄辅政,以谧为中书令。谧,导之孙也。新安太守殷仲文,觊之弟也,玄姊为仲文妻。仲文闻玄克京师,弃郡投玄,玄以为谘议参军。刘迈往见玄,玄曰:“汝不畏死,而敢来邪?”迈曰:“射钩斩袪,并迈为三。”玄悦,以为参军。

癸酉,有司奏会稽王道子醻纵不孝,当弃市。诏徙安成郡。斩元显及东海王彦璋、谯王尚之、庾楷、张法顺、毛泰等于建康市。桓脩为王诞固请,得流岭南。

玄以刘牢之为会稽内史。牢之曰:“始尔,便夺我兵,祸其至矣。”刘敬宣请归谕牢之使受命,玄遣之。敬宣劝牢之袭玄,牢之犹豫不决,移屯班渎,私告刘裕曰:“今当北就高雅之于广陵,举兵以匡社稷,卿能从我去乎?”裕曰:“将军以劲卒数万,望风降服,彼新得志,威震天下,朝野人情皆已去矣,广陵岂可得至邪!裕当反服还京口耳。”何无忌谓裕曰:“我将何之?”裕曰:“吾观镇北必不免,卿可随我还

壬申(初四)，恢复隆安年号。晋安帝派遣侍中到安乐渚慰劳桓玄。桓玄进入京城，宣称奉诏书解除戒严。朝廷任命桓玄总管文武百官，都督中外诸军事、丞相、录尚书事、扬州牧，兼徐、荆、江三州刺史，加授黄钺。桓玄任命桓伟为荆州刺史，桓谦为尚书左仆射，桓脩为徐、兖二州刺史，桓石生为江州刺史，卞范之为丹杨尹。

　　当初，桓玄起兵时，侍中王谧曾奉诏前往江陵到桓玄那里，桓玄以礼相待，对他十分优厚。等到桓玄掌握朝廷大权，就任命王谧为中书令。王谧是王导的孙子。新安郡太守殷仲文是殷觊的弟弟，桓玄的姐姐是殷仲文的妻子。殷仲文得知桓玄攻克京师的消息后，放弃新安郡前来投奔桓玄，桓玄任命他为谘议参军。刘迈前去见桓玄，桓玄说："你不怕死吗，还敢来见我啊？"刘迈说："射带钩的管仲，斩衣袖的勃鞮，加上我刘迈，正好是三个人。"桓玄很高兴，任命他为参军。

　　癸酉(初五)，有关部门上奏会稽王司马道子酗酒、不孝，应当斩首，弃尸示众。晋安帝下诏，把司马道子贬逐到安成郡。把司马元显及东海王司马彦璋、谯王司马尚之、庾楷、张法顺、毛泰等人斩首于建康街市上。桓脩极力为王诞求情，王诞才免于一死，得以流放岭南。

　　桓玄任命刘牢之为会稽内史。刘牢之说："一开始就要剥夺我的兵权，恐怕大祸就要临头了。"刘敬宣向桓玄请求回京口劝告刘牢之，要他接受任命，桓玄就放刘敬宣回去了。刘敬宣回到京口后，却劝说刘牢之袭击桓玄，刘牢之犹豫，拿不定主意，于是移军屯驻于班渎，私下里告诉刘裕说："现在我将率军北上，到广陵与高雅之会合，起兵挽救国家，你能跟随我前去吗？"刘裕说："将军您率数万精兵，望风迎降，归附桓玄，桓玄他就在最近实现了心愿，威望震动天下，从朝廷到民间，人心都已经归顺到他那里去了，您怎么能到得了广陵呢？我刘裕将脱下军服，穿上普通服装，返回京口。"何无忌对刘裕说："我该怎么办呢？"刘裕说："依我看，镇北将军刘牢之一定难逃一死，你可以跟随我返回

京口。桓玄若守臣节,当与卿事之;不然,当与卿图之。"

于是牢之大集僚佐,议据江北以讨玄。参军刘袭曰:"事之不可者莫大于反。将军往年反王兖州,近日反司马郎君,今复反桓公,一人三反,何以自立!"语毕,趋出,佐吏多散走。牢之惧,使敬宣之京口迎家,失期不至。牢之以为事已泄,为玄所杀,乃帅部曲北走,至新洲,缢而死。敬宣至,不暇哭,即渡江奔广陵。将吏共殡敛牢之,以其丧归丹徒。玄令斫棺斩首,暴尸于市。

桓玄让丞相、荆江徐三州,改授太尉、都督中外诸军事、扬州牧、领豫州刺史,总百揆。司马休之、刘敬宣、高雅之俱奔洛阳,求救于秦。

夏四月,太尉玄出屯姑孰,辞录尚书事,诏许之。而大政皆就谘焉,小事则决于尚书令桓谦及卞范之。自隆安以来,中外之人厌于祸乱。及玄初至,黜奸佞,擢隽贤,京师欣然,冀得少安。既而玄奢豪纵逸,政令无常,朋党互起,陵侮朝廷,裁损乘舆供奉之具,帝几不免饥寒,由是众心失望。三吴大饥,户口减半,会稽减什三四,临海、永嘉殆尽,富室皆衣罗纨,怀金玉,闭门相守饿死。

秋八月,太尉玄讽朝廷以玄平元显功封豫章公,平殷、杨

京口。桓玄如果遵守臣僚的节操，我将与你一起事奉他；如果不那样，我将与你一起想办法对付他。"

于是，刘牢之召集部下，商议占据长江北岸来讨伐桓玄的计划。参军刘袭说："在不能做的事情中，没有比谋反更大的了。将军您前几年反叛王恭，最近反叛司马元显，现在又要反叛桓玄，一个人三次反叛，还用什么自立于世上？"说罢，急步走了出去，其他辅佐官吏也多四散离去。刘牢之害怕了，派刘敬宣前去京口迎接家眷，约定的时间已过，家眷还未到。刘牢之以为反叛的事情已经泄露，家眷已被桓玄杀害，就率领他的部下向北逃走，到达新洲时，刘牢之自缢而死。刘敬宣到达时，来不及哭泣，就渡过长江投奔广陵。刘牢之手下的将领吏员们共同装殓刘牢之，将灵柩运回丹徒。桓玄下令劈开棺木，斩下刘牢之的头，暴尸于街市。

桓玄辞让了丞相和荆、江、徐三州刺史的职位，改任太尉、都督中外诸军事、扬州牧，兼豫州刺史，总管文武百官。司马休之、刘敬宣、高雅之一同投奔洛阳，向后秦请求救援。

夏季四月，太尉桓玄出京城，屯驻于姑孰，辞去录尚书事一职，晋安帝下诏同意。但朝中有重大政务，都要到姑孰向桓玄请示，日常小事则由尚书令桓谦及卞范之决定。从晋安帝即位的隆安元年以来，各地人士都很厌恶祸患战乱。当桓玄刚刚来到京城的时候，罢黜奸佞，擢升英杰贤才，京城中呈现出一派喜悦的气氛，人们希望能有个稍微安定一些的局面。但不久，桓玄骄奢侈横暴，恣肆纵逸，政令多变化无常，朋党纷纷出现，凌辱朝廷，裁减皇家车马轿舆等用具，晋安帝几乎要挨饿受冻，因此民众大失所望。三吴地区发生大饥荒，户口数目减少一半，其中会稽郡减少十分之三四，而临海郡、永嘉郡的百姓几乎全部死亡。富豪之家都穿着绫罗绸缎，怀里揣着金玉珠宝，关闭大门，守在家中活活饿死。

秋季八月，太尉桓玄用含蓄的语言暗示朝廷，让朝廷以他平定司马元显有功为理由，封他为豫章公，又以平定殷仲堪、杨佺期

功封桂阳公,并本封南郡如故。玄以豫章封其子昇,桂阳封其兄子俊。

冬十月,太尉玄杀吴兴太守高素、将军竺谦之及谦之从兄朗之、刘袭并袭弟季武,皆刘牢之北府旧将也。袭兄冀州刺史轨邀司马休之、刘敬宣、高雅之等共据山阳,欲起兵攻玄,不克而走。将军袁虔之、刘寿、高长庆、郭恭等皆往从之,将奔魏。至陈留南,分为二辈:轨、休之、敬宣奔南燕,虔之、寿、长庆、恭奔秦。

冬十二月,太尉玄使御史杜林防卫会稽文孝王道子至安成,林承玄旨,鸩道子,杀之。

袁虔之等至长安,秦王兴问曰:"桓玄才略何如其父?卒能成功乎?"虔之曰:"玄乘晋室衰乱,盗据宰衡,猜忌安忍,刑赏不公,以臣观之,不如其父远矣。玄今已执大柄,其势必将篡逆,正可为他人驱除耳。"兴善之,以虔之为广州刺史。

二年二月乙卯,以太尉玄为大将军。丁巳,玄杀冀州刺史孙无终。

玄上表请帅诸军扫平关、洛,既而讽朝廷下诏不许,乃云:"奉诏故止。"玄初欲饰装,先命作轻舸,载服玩、书画。或问其故,玄曰:"兵凶战危,脱有意外,当使轻而易运。"众皆笑之。

秋八月,荆州刺史桓伟卒,大将军玄以桓脩代之。从

有功为理由，封他为桂阳公，并保持他原来受封的南郡公的爵位。桓玄将豫章公的爵位转封给他的儿子桓昇，将桂阳公的爵位转封给他的侄子桓俊。

冬季十月，太尉桓玄杀了吴兴郡太守高素、将军竺谦之以及竺谦之的堂兄竺朗之、刘袭以及刘袭的弟弟刘季武，这些人都是原来刘牢之北府军的旧部将。刘袭的哥哥冀州刺史刘轨邀请司马休之、刘敬宣、高雅之等人共同据守山阳，想要起兵进攻桓玄，不能取胜，因而退走。将军袁虔之、刘寿、高长庆、郭恭等人都前去追随他们，打算投奔北魏。到达陈留南面时，这些人分为两路，刘轨、司马休之、刘敬宣投奔南燕，袁虔之、刘寿、高长庆、郭恭投奔后秦。

冬季十二月，太尉桓玄派御史杜林前往安成郡监护会稽文孝王司马道子，杜林按照桓玄的指示，让司马道子喝下毒酒，把他杀了。

袁虔之等人到达长安后，后秦王姚兴询问他们说："桓玄的才能谋略比他的父亲怎么样，最终能成功吗？"袁虔之说："桓玄乘晋朝廷衰弱混乱的机会，窃据宰相的职位，猜忌成性，刻薄残忍，刑罚赏赐都不公平，依臣下我看来，桓玄远远不如他的父亲。桓玄现在已经执掌大权，从他的趋势看，日后肯定要篡夺皇位，谋逆犯上，而这正好为其他人驱除他提供了机会。"姚兴认为他的分析很精辟，就任命袁虔之为广州刺史。

二年(403)二月乙卯(二十二日)，晋朝廷任命太尉桓玄为大将军。丁巳(二十四日)，桓玄杀了冀州刺史孙无终。

桓玄上奏表请求率领各军北上扫平关中、河洛地区，但随后又暗示朝廷下诏不准许，于是就声称："遵照诏书的指示，所以停止北伐的行动。"桓玄开始时还打算整治行装，先下令建造轻便的快船，装载服饰玩物、名人字画，有人问他为什么这样做。桓玄说："军事行动充满凶险，战事危机四伏，万一发生意外，如果船只轻便，更容易运走东西。"众人都笑话他。

秋季八月，荆州刺史桓伟去世，大将军桓玄任命桓脩替代他。从

事中郎曹靖之说玄曰："谦、脩兄弟专据内外，权势太重。"玄乃以南郡相桓石康为荆州刺史。石康，豁之子也。

九月，侍中殷仲文、散骑常侍卞范之劝大将军玄早受禅，阴撰九锡文及册命。以桓谦为侍中、开府、录尚书事，王谧为中书监、领司徒，桓胤为中书令，加桓脩抚军大将军。胤，冲之孙也。丙子，册命玄为相国，总百揆，封十郡，为楚王，加九锡，楚国置丞相以下官。

桓谦私问彭城内史刘裕曰："楚王勋德隆重，朝廷之情，咸谓宜有揖让，卿以为何如？"裕曰："楚王，宣武之子，勋德盖世，晋室微弱，民望久移，乘运禅代，有何不可？"谦喜曰："卿谓之可，即可耳。"

新野人庾仄，殷仲堪之党也，闻桓伟死，石康未至，乃起兵袭雍州刺史冯该于襄阳，走之。仄有众七千，设坛，祭七庙，云"欲讨桓玄"，江陵震动。石康至州，发兵攻襄阳，仄败，奔秦。

冬十月，楚王玄上表请归藩，使帝作手诏固留之。又诈言钱塘临平湖开，江州甘露降，使百僚集贺，用为己受命之符。又以前世皆有隐士，耻于己时独无，求得西朝隐士安定皇甫谧六世孙希之，给其资用，使隐居山林。征为著作郎，使希之固辞不就，然后下诏旌礼，号曰高士，时人谓之"充隐"。又欲废钱用谷、帛及复肉刑，制作纷纭，志无一定，

事中郎曹靖之提醒桓玄说:"桓谦、桓脩兄弟分别占据着朝廷内外的重要官位,权势太大了。"桓玄就任命南郡相桓石康为荆州刺史。桓石康是桓豁的儿子。

九月,侍中殷仲文、散骑常侍卞范之鼓动大将军桓玄早点夺取皇位接受禅让,暗中撰写加授九锡以及让位的册命文书。朝廷任命桓谦为侍中、开府、录尚书事,王谧为中书监、兼司徒,桓胤为中书令,加授桓脩为抚军大将军。桓胤是桓冲的孙子。丙子(十六日),朝廷下诏任命桓玄为相国,总管文武百官,封为楚王,封地有十个郡,加授九锡,他所辖的楚国可设置丞相以下文武官员。

桓谦暗中询问彭城郡内史刘裕说:"楚王功高德重,朝廷上下的心愿,都认为应该实行禅让了,你认为怎么样?"刘裕说:"楚王是南郡宣武公桓温的孙子,功勋恩德,超绝当世。晋皇室衰朽微弱,民心早已改变,顺从天意,接受禅让,取代晋朝,自为皇帝,有什么不可以?"桓谦高兴地说:"你说可以就一定可以。"

新野人庾仄是殷仲堪的党羽,听说桓伟已死,而桓石康还未到达荆州上任,于是发动军队,在襄阳袭击雍州刺史冯该,赶走了冯该。庾仄有部众七千人,他设立祭坛,祭祀晋皇室七世宗庙,声称"准备讨伐桓玄",江陵为此震惊骚动。桓石康到荆州上任后,出动军队进攻襄阳,庾仄战败,投奔后秦。

冬季十月,楚王桓玄上奏表请求准许他返回封国,随即又让晋安帝亲笔书写诏书,极力挽留他。又伪称钱塘临平湖水突然盈满,江州天上降下甘露,指使文武百官集体道贺,作为自己接受天命的吉符祥兆。又因为以前改朝换代时,都有名望很高的隐士不出来做官,桓玄为自己这个时候偏偏没有隐士而感到羞愧,于是寻求到西晋隐士安定人皇甫谧的第六世孙皇甫希之,供给他钱财物品,让他隐居在山林中。随后让朝廷下诏书征召他进京任著作郎,同时又让皇甫希之坚决推辞,不肯就职,然后再下诏书褒扬,称他为"高士",但当时人都称他为"充数的隐士"。桓玄又打算废除钱币,改用谷米、丝帛作为实物货币,并且还打算恢复肉刑,各种法令政规纷纷纭纭地拟定出来,但没有固定的想法,

变更回复,卒无所施行。性复贪鄙,人士有法书、好画及佳园宅,必假蒲博而取之。尤爱珠玉,未尝离手。

十一月,诏楚王玄行天子礼乐,妃为王后,世子为太子。丁丑,卞范之为禅诏,使临川王宝逼帝书之。宝,晞之曾孙也。庚辰,帝临轩,遣兼太保、领司徒王谧奉玺绶,禅位于楚。壬午,帝出居永安宫。癸未,迁太庙神主于琅邪国,穆章何皇后及琅邪王德文皆徙居司徒府。百官诣姑孰劝进。十二月庚寅朔,玄筑坛于九井山北。壬辰,即皇帝位。册文多非薄晋室,或谏之,玄曰:"揖让之文,正可陈之于下民耳,岂可欺上帝乎!"大赦,改元永始。以南康之平固县封帝为平固王,降何后为零陵县君,琅邪王德文为石阳县公,武陵王遵为彭泽县侯。追尊父温为宣武皇帝,庙号太祖,南康公主为宣皇后,封子昇为豫章王。以会稽内史王愉为尚书仆射,愉子相国左长史绥为中书令。绥,桓氏之甥也。戊戌,玄入建康宫,登御坐而床忽陷,群下失色。殷仲文曰:"将由圣德深厚,地不能载。"玄大悦。梁王珍之国臣孔朴奉珍之奔寿阳。珍之,晞之曾孙也。辛亥,桓玄迁帝于寻阳。癸丑,纳桓温神主于太庙。桓玄临听讼观阅囚徒,罪无轻重,多得原放。有干舆乞者,时或恤之。其好行小惠如此。

所以翻来覆去，不断改变，最终没有一项真正施行。桓玄生性又非常贪婪卑鄙，别人有法书、好画及好的园林住宅，他必定借用蒲博等赌博手段攫取，占为己有。尤其喜爱珍珠宝玉，整日把玩，从不离手。

十一月，晋安帝下诏书，命楚王桓玄使用天子的礼乐，王妃称为王后，世子称为太子。丁丑(十八日)，卞范之草拟晋安帝禅让的诏书，派临川王司马宝逼迫晋安帝亲笔抄写这份诏书。司马宝是司马晞的曾孙。庚辰(二十一日)，晋安帝司马德宗来到正殿外的平台上，派兼太保、兼司徒王谧手捧玉玺绶带，禅让皇位给楚王。壬午(二十三日)，晋安帝搬出皇宫，居住在永安宫。癸未(二十四日)，将晋皇室太庙中的祖先牌位迁到琅邪封国。穆章何皇后及琅邪王司马德文都迁居于司徒府。文武百官都前往姑孰拜见桓玄，劝桓玄即皇帝位。十二月庚寅这天是初一，桓玄在九井山北麓筑起高坛。壬辰(初三)，桓玄即皇帝之位。即位的册文中对晋皇室有很多指责，有人加以劝谏，但桓玄说："禅让皇位的文书，正是说给天下平民百姓听的，难道能欺骗上帝吗!"大赦天下，改年号为永始。将南康郡的平固县封给晋安帝，封他为平固王，将何皇后降为零陵县君，将琅邪王司马德文降为石阳县公，将武陵王司马遵降为彭泽县侯。桓玄追尊他的父亲桓温为宣武皇帝，庙号为太祖，追尊他的母亲南康公主为宣皇后。又封他的儿子桓昇为豫章王。任命会稽内史王愉为尚书仆射，王愉的儿子相国左长史王绥为中书令。王绥是桓家的外甥。戊戌(初九)，桓玄进入建康宫，坐上皇帝御座时，御座突然塌陷，群臣大惊失色。殷仲文说："肯定是因为陛下的圣德深厚沉重，连大地也负载不住了。"桓玄非常高兴。梁王司马珍之的封国臣僚孔朴保护司马珍之逃奔寿阳。司马珍之是司马晞的曾孙。辛亥(二十二日)，桓玄将晋安帝迁到寻阳。癸丑(二十四日)，桓玄将桓温的牌位送进太庙。桓玄亲自到听讼观审查囚徒，不论罪行是轻还是重，大多得到宽恕释放。有拦住车马求乞的人，有时也能得到他的怜悯和赏赐。桓玄就是喜欢像这样施行小恩小惠。

三年春正月,桓玄立其妻刘氏为皇后。刘氏,乔之曾孙也。玄以其祖彝以上名位不显,不复追尊立庙。散骑常侍徐广曰:"'敬其父则子悦',请依故事立七庙。"玄曰:"礼,太祖东向,左昭右穆。晋立七庙,宣帝不得正东向之位,何足法也!"秘书监卞承之谓广曰:"若宗庙之祭果不及祖,有以知楚德之不长矣。"广,邈之弟也。

玄自即位,心常不自安。二月己丑朔,夜,涛水入石头,流杀人甚多,谨哗震天。玄闻之惧,曰:"奴辈作矣!"

玄性苛细,好自矜伐。主者奏事,或一字不体,或片辞之谬,必加纠摘,以示聪明。尚书答诏误书"春蒐"为"春蒐",自左丞王纳之以下,凡所关署,皆被降黜。或手注直官,或自用令史,诏令纷纭,有司奉答不暇。而纪纲不治,奏案停积,不能知也。又性好游畋,或一日数出。迁居东宫,更缮宫室,土木并兴,督迫严促,朝野骚然,思乱者众。

玄遣使加益州刺史毛璩散骑常侍、左将军。璩执留玄使,不受其命。璩,宝之孙也。玄以桓希为梁州刺史,分命诸将戍三巴以备之。璩传檄远近,列玄罪状,遣巴东太守柳约之、建平太守罗述、征虏司马甄季之击破希等,仍帅众进屯白帝。

元兴三年(404)春季正月,桓玄立他的妻子刘氏为皇后。刘氏是刘乔的曾孙女。桓玄因为他祖父桓彝以上的祖先,名望地位都不显赫,不再追加尊号、建立宗庙。散骑常侍徐广说:"'尊敬他的父亲,做儿子的自然高兴',请按照前代惯例,建立七代祖先的宗庙。"桓玄说:"按照礼制规定,太祖庙面向东方,接下来的先帝庙,左边三庙称'昭',右边三庙称'穆'。晋皇室建立祖先七庙,晋宣帝司马懿却不能处在面向正东的位置上,有什么值得效法的!"秘书监卞承之对徐广说:"如果宗庙中的祭祀真的不将祖先列进去,就可以看出楚国的国运不会长久。"徐广是徐邈的弟弟。

　　桓玄自从即位后,经常心神不安。二月己丑这天是初一,夜晚,江水掀起波涛,灌入石头城,淹死很多人,呼救叫喊之声震动天地。桓玄听到后非常恐惧,说:"奴才们造反了!"

　　桓玄生性苛刻琐细,喜欢炫耀自己的才能。主管某部门的官员上奏章陈述政事,只要有一个字写得不合规范,或者有一句话表达有错误,他一定要挑出来加以纠正,以显示自己的聪明。尚书回复诏书时误将"春蒐"写作"春菟",自左丞王纳之以下,凡是看过这份文书,或在文书上签过名的官员,全被降职或免官。桓玄有时亲自书写诏书给宫中值班的官员,有时亲自指派低级的令史干一些具体的事,诏书命令纷纭烦琐,有关官员来不及应答回复。而朝廷中的重要政务却没有加以治理,奏章公文因没有时间处置层层积压,他却根本不可能知道。桓玄又生性爱好出游打猎,有时一天外出好几次。迁到东宫居住,重新修缮宫殿,大兴土木,督工严厉紧迫。从朝廷官员到老百姓都为此骚动不安,想作乱发难的人越来越多。

　　桓玄派使臣加授益州刺史毛璩为散骑常侍、左将军。毛璩拘捕扣留了桓玄的使臣,不接受任命。毛璩是毛宝的孙子。桓玄任命桓希为梁州刺史,分别命令各将领戍守三巴以防备毛璩。毛璩向远近地区传布檄文,列举桓玄的罪状,派遣巴东郡太守柳约之、建平郡太守罗述、征虏司马甄季之打败桓希等人,于是率部众进驻白帝。

玄以桓弘为青州刺史，镇广陵；刁逵为豫州刺史，镇历阳。弘，脩之弟；逵，彝之子也。

初，太原王元德及弟仲德为苻氏起兵攻燕主垂，不克，来奔，朝廷以元德为弘农太守。仲德见桓玄称帝，谓人曰："自古革命诚非一族，然今之起者恐不足以成大事。"

平昌孟昶为青州主簿，桓弘使昶至建康，玄见而悦之，谓刘迈曰："素士中得一尚书郎，卿与共州里，宁相识否？"迈素与昶不善，对曰："臣在京口，不闻昶有异能，唯闻父子纷纷更相赠诗耳。"玄笑而止。昶闻而恨之。既还京口，裕谓昶曰："草间当有英雄起，卿颇闻乎？"昶曰："今日英雄有谁，正当是卿耳！"

于是裕、毅、无忌、元德、仲德、昶及裕弟道规、任城魏咏之、高平檀凭之、琅邪诸葛长民、河内太守陇西辛扈兴、振威将军东莞童厚之，相与合谋起兵。道规为桓弘中兵参军，裕使毅就道规及昶于江北，共杀弘，据广陵。长民为刁逵参军，使长民杀逵，据历阳。元德、扈兴、厚之在建康，使之聚众攻玄为内应，刻期齐发。

孟昶妻周氏富于财，昶谓之曰："刘迈毁我于桓公，使我一生沦陷，我决当作贼。卿幸早离绝，脱得富贵，相迎不晚也。"周氏曰："君父母在堂，欲建非常之谋，岂妇人所能谏！事之不成，当于奚官中奉养大家，义无归志也。"昶怅然，

桓玄任命桓弘为青州刺史,镇守广陵;任命刁逵为豫州刺史,镇守历阳。桓弘是桓脩的弟弟;刁逵是刁彝的儿子。

　　当初,太原人王元德及他的弟弟王仲德,响应苻氏前秦的号召聚众起兵,进攻后燕国主慕容垂,不能取胜,前来投奔东晋,朝廷任命王元德为弘农郡太守。王仲德看见桓玄称帝,对人说:"自古以来,改朝换代,革去前朝国命的确实不止一个家族,但今天崛起的那一个,恐怕不足以完成大事业。"

　　平昌人孟昶担任青州主簿,桓弘派孟昶前往建康,桓玄接见他以后,非常欣赏他,对刘迈说:"我在出身寒门的人士中找到了一位尚书郎,你与他是同乡,你可认识他?"刘迈平常与孟昶的关系很不融洽,就回答说:"我在京口时,不曾听说孟昶有什么特殊的才能,只是听说他们父子之间频繁不断地写诗互相赠送罢了。"桓玄听后大笑,于是打消了擢升孟昶的念头。孟昶听到这件事后,非常怨恨刘迈。孟昶回到京口后,刘裕对孟昶说:"草莽之中将有英雄崛起,你听到什么消息了吗?"孟昶说:"今天的英雄还有谁,正应该是你呀!"

　　于是刘裕、刘毅、何无忌、王元德、王仲德、孟昶以及刘裕的弟弟刘道规、任城人魏咏之、高平人檀凭之、琅邪人诸葛长民、河内郡太守陇西人辛扈兴、振威将军东莞人童厚之,互相联合起来,密谋起兵。刘道规担任桓弘的中兵参军,刘裕派刘毅前去长江北面与刘道规和孟昶会合,共同击杀桓弘,占据广陵。诸葛长民担任刁逵的参军,刘裕命诸葛长民击杀刁逵,占据历阳。王元德、辛扈兴、童厚之都在建康,刘裕命他们聚集部众进攻桓玄,作为内应。约定日期,一起发动政变。

　　孟昶的妻子周氏家产富有,孟昶对她说:"刘迈在桓玄面前诋毁我,使我一生沉沦落寞,我决定将要当叛贼。你最好早点与我断绝关系,万一以后我能得到荣华富贵,再迎接你回来也不晚。"周氏说:"夫君你的父母都在世,想实行一个特殊的计划,难道是我一个妇人所能劝谏的! 如果大事不能成功,我即使沦为奴婢也会奉养公婆,从道义上说,我绝无回娘家的念头。"孟昶怅然若失,

久之而起。周氏追昶坐,曰:"观君举措,非谋及妇人者,不过欲得财物耳。"因指怀中儿示之曰:"此而可卖,亦当不惜。"遂倾赀以给之。昶弟颙妻,周氏之从妹也,周氏绐之曰:"昨夜梦殊不祥,门内绛色物宜悉取以为厌胜。"妹信而与之,遂尽缝以为军士袍。

何无忌夜于屏风里草檄文,其母,刘牢之姊也,登橙密窥之,泣曰:"吾不及东海吕母明矣。汝能如此,吾复何恨!"问所与同谋者,曰:"刘裕。"母尤喜,因为言玄必败、举事必成之理以劝之。

乙卯,裕托以游猎,与无忌收合徒众,得百馀人。丙辰,诘旦,京口城开,无忌著传诏服,称敕使,居前,徒众随之齐入,即斩桓脩以徇。脩司马刁弘帅文武佐吏来赴,裕登城,谓之曰:"郭江州已奉乘舆返正于寻阳,我等并被密诏,诛除逆党,今日贼玄之首已当枭于大航矣。诸君非大晋之臣乎,今来欲何为!"弘等信之,收众而退。

裕问无忌曰:"今急须一府主簿,何由得之?"无忌曰:"无过刘道民。"道民者,东莞刘穆之也。裕曰:"吾亦识之。"即驰信召焉。时穆之闻京口谨噪声,晨起,出陌头,属与信会。穆之直视不言者久之,既而返室,坏布裳为袴,往

坐了很久才起身出去。周氏追出来,叫孟昶回屋坐下,说:"看你的举止,并不是遇事要与妇人商量的那种人,你告诉我这件事,只不过想得到财物资助罢了。"于是她指着怀中的儿子让孟昶看,说:"如果他可卖钱,我也将不珍惜。"随即,她把全部的家产交给了孟昶。孟昶弟弟孟颙的妻子是周氏的堂妹,周氏骗她说:"我昨天夜晚做了一个梦很不吉祥,你最好将家里的红布全部给我,用来作厌胜物品,镇住鬼魅。"堂妹信以为真,把红布全交给了堂姐,周氏就用这些的红色布帛全部缝制成军士战袍。

何无忌深夜躲在屏风里面草拟檄文,他的母亲是刘牢之的姐姐,她爬上凳子偷看儿子的举动,哭着说:"我不如东海吕母那样明事理。你能够这样做,我还有什么遗恨!"询问儿子与他同谋的还有谁,何无忌回答说:"刘裕。"他的母亲更加高兴,于是又向儿子论述了桓玄一定失败、兴举大事一定成功的道理,以此勉励儿子。

乙卯(二十七日),刘裕伪称出外游猎,与何无忌集合部众,共有一百多人。丙辰(二十八日),清晨,京口城门打开,何无忌身穿传递诏书的使者的服装,自称是朝廷信使,走在前面,部众跟在他身后一齐进入城门,就这样斩杀了桓脩,砍下他的首级示众。桓脩的司马刁弘率领州中的文武官员及助手前来救难,刘裕登上城头,对他们说:"江州刺史郭昶之已拥戴皇上在寻阳恢复正统皇位,我们都接受了皇上的密诏,诛杀叛逆之党,现在叛贼桓玄的人头可能已经被悬挂在建康的大航桥上了。各位不都是大晋朝的臣僚吗?如今前来想干什么?"刁弘等人相信了刘裕的话,召集众人回去了。

刘裕询问何无忌说:"现在急需一位府中主簿,从什么地方可以请到这样一个人?"何无忌说:"没有比刘道民更合适的人选了。"刘道民是东莞人刘穆之的别名。刘裕说:"我也认识他。"于是就派人快马送信,前去召他来任职。当时刘穆之听到京口方向人声喧哗,因此一大早起来,走上街头了解情况,恰巧与送信的人相遇。看了刘裕的信以后,刘穆之两眼发直,不言不语地呆站了很久,随后返回家中,撕破了布衣服,打好裹腿布,前去

见裕。裕曰:"始举大义,方造艰难,须一军吏甚急,卿谓谁堪其选?"穆之曰:"贵府始建,军吏实须其才,仓猝之际,略当无见逾者。"裕笑曰:"卿能自屈,吾事济矣。"即于坐署主簿。

孟昶劝桓弘其日出猎,天未明,开门出猎人。昶与刘毅、刘道规帅壮士数十人直入,弘方啖粥,即斩之,因收众济江。裕使毅诛刁弘。

先是,裕遣同谋周安穆入建康报刘迈,迈虽酬许,意甚惶惧。安穆虑事泄,乃驰归。玄以迈为竟陵太守,迈欲亟之郡,是夜,玄与迈书曰:"北府人情云何?卿近见刘裕何所道?"迈谓玄已知其谋,晨起,白之。玄大惊,封迈为重安侯。既而嫌迈不执安穆,使得逃去,乃杀之,悉诛元德、扈兴、厚之等。

众推刘裕为盟主,总督徐州事,以孟昶为长史,守京口,檀凭之为司马。彭城人应募者,裕悉使郡主簿刘钟统之。丁巳,裕帅二州之众千七百人,军于竹里,移檄远近,声言益州刺史毛璩已定荆楚,江州刺史郭昶之奉迎主上返正于寻阳,镇北参军王元德等并帅部曲保据石头,扬武将军诸葛长民已据历阳。

玄移还上宫,召侍官皆入止省中。加扬州刺史新安王桓谦征讨都督,以殷仲文代桓脩为徐、兖二州刺史。谦等请亟遣兵击裕。玄曰:"彼兵锐甚,计出万死,若有蹉跌,则

见刘裕。刘裕说："刚开始兴举起义大事，正处在事事艰难的初创阶段，非常急切地需要一名军中贤员，你说谁是合适的人选？"刘穆之说："您的军府刚刚建立，军吏的任用确实要选到合适的人才，在仓促的情况之下，恐怕没有人比得上我。"刘裕笑着说："你能委屈自己担任这个职位，我们的事就能成功了。"于是就在座位上任命刘穆之为主簿。

孟昶劝说桓弘在这一天出城打猎，天还未亮，就打开城门，放打猎的人出城。孟昶与刘毅、刘道规率领精壮武士数十人，径直闯入州府，桓弘正在吃粥，他们就此斩杀了桓弘，随即召集部队，渡过长江。刘裕又派刘毅前去诛杀了刁弘。

在此以前，刘裕派遣同谋的周安穆前去建康将起兵的事情告诉刘迈，刘迈虽答应参与起兵，但心里却非常惶恐。周安穆担心事情泄露，就快马返回。桓玄任命刘迈为竟陵郡太守，刘迈想赶快离开京城，前往竟陵上任，但当天晚上，桓玄写给刘迈一封信，说："北府那里的人心怎么样？你最近见到刘裕时，说些什么话？"刘迈以为桓玄已经知道他们的密谋，早晨起来，就把密谋起兵的事情报告了桓玄。桓玄大吃一惊，封刘迈为重安侯。随后又怨恨刘迈没有拘捕周安穆，让他得以逃走，就杀了刘迈，并将王元德、辛扈兴、童厚之等人全部诛杀。

大家推举刘裕当盟主，总督徐州军政事务。任命孟昶为长史，镇守京口，任命檀凭之为司马。彭城应募参加义军的人，刘裕把他们都交给郡主簿刘钟统领。丁巳（二十九日），刘裕率领兖、徐二州的军队一千七百人，驻扎在竹里，向远近各地传布讨伐桓玄的檄文，声称益州刺史毛璩已平定了荆、楚地区，江州刺史郭昶之已在寻阳拥戴皇上恢复皇位，镇北参军王元德等人一同率领部下据守石头城，扬武将军诸葛长民已占据了历阳。

桓玄从东宫迁回皇宫，召侍从官吏都住进宫中。加授扬州刺史新安王桓谦为征讨都督，任命殷仲文替代桓脩为徐、兖二州刺史。桓谦等人请求急速派遣军队进攻刘裕，桓玄说："他的军队锐气很盛，考虑到此次起兵是万死一生，如果有什么失误，那么

彼气成而吾事去矣,不如屯大众于覆舟山以待之。彼空行二百里,无所得,锐气已挫,忽见大军,必惊愕。我案兵坚阵,勿与交锋,彼求战不得,自然散走,此策之上也。"谦等固请击之,乃遣顿丘太守吴甫之、右卫将军皇甫敷相继北上。

玄忧惧特甚。或曰:"裕等乌合微弱,势必无成,陛下何虑之深?"玄曰:"刘裕足为一世之雄;刘毅家无儋石之储,摴蒱一掷百万;何无忌酷似其舅。共举大事,何谓无成!"

初,袁真杀朱宪,宪弟绰逃奔桓温。温克寿阳,绰辄发真棺,戮其尸。温怒,将杀之,桓冲请而免之。绰事冲如父,冲薨,绰呕血而卒。刘裕克京口,以绰子龄石为建武参军。三月戊午朔,裕军与吴甫之遇于江乘。将战,龄石言于裕曰:"龄石世受桓氏厚恩,不欲以兵刃相向,乞在军后。"裕义而许之。甫之,玄骁将也,其兵甚锐。裕手执长刀,大呼以冲之,众皆披靡,即斩甫之。进至罗落桥,皇甫敷帅数千人逆战,宁远将军檀凭之败死。裕进战弥厉,敷围之数重,裕倚大树挺战。敷曰:"汝欲作何死!"拔戟将刺之,裕瞋目叱之,敷辟易。裕党俄至,射敷中额而踣,裕援刀直进。敷曰:"君有天命,以子孙为托。"裕斩之,厚抚其

他们的气势就形成了,而我们的大势就失去了。不如将大军屯
驻在覆舟山,严阵以待。他们一路进军,空跑二百里,没有什么收
获,锐气已遭到挫伤,忽然发现我们的大军在前面,一定会大为惊
愕。我们按兵不动,坚守阵地,不与他们交战,他们求战而不能
战,自然会军心动摇,四散退走,这是克敌制胜的上策。"桓谦等
人极力请求攻击刘裕,桓玄就派顿丘郡太守吴甫之、右卫将军皇
甫敷先后率军北上,前往京口。

　　桓玄极其忧虑恐惧。有人说:"刘裕等人是乌合之众,力量
微弱,反叛一定不会成功,陛下您为什么如此忧虑?"桓玄说:"刘
裕确实是一代英雄;刘毅家中穷得连一石的储粮也没有,但赌博
时却一次下注百万;何无忌酷似他的舅父刘牢之。这些人共同
兴举大事,怎么能说不会成功呢?"

　　当初,袁真诛杀朱宪,朱宪的弟弟朱绰逃奔桓温。桓温攻克
寿阳后,朱绰就掘出了袁真的棺材,砍杀袁真的尸体。桓温大怒,
想要杀掉朱绰,桓冲为他求情,桓温才免他一死。朱绰像侍奉父
亲一样地侍奉桓冲,后来桓冲去世,朱绰伤痛过度,吐血而死。刘
裕攻克京口,任命朱绰的儿子朱龄石为建武参军。三月戊午这天
是初一,刘裕军队与吴甫之的军队在江乘相遇。将要交战时,朱
龄石对刘裕说:"我朱龄石一家世代受桓家厚恩,不想用刀枪与他
们相对,请求您允许让我跟在大部队的后面。"刘裕认为他这样
做符合道义,同意了他的要求。吴甫之是桓玄手下的勇将,他的
军队锐气很盛。刘裕手握长刀,身先士卒,大声呼喊,向前冲锋,
吴甫之的部众都溃败逃散,于是斩杀了吴甫之。刘裕军队挺进到
罗落桥,皇甫敷率领数千人迎战,宁远将军檀凭之战败身死。刘
裕更加猛烈地进攻,皇甫敷把刘裕包围了好几层,刘裕背靠大树
奋力苦战。皇甫敷说:"你打算怎么死?"拔出长戟想直刺刘裕,
刘裕怒目痛斥皇甫敷,皇甫敷被他的勇猛镇住,退避下来。不一
会儿,刘裕的部众赶到,用箭射中皇甫敷的额头,皇甫敷坠下马
来,刘裕提刀直逼上去。皇甫敷说:"你有上天授予的大命,我想
把我的子孙托付给你。"刘裕斩杀了皇甫敷,然后优厚地抚恤他的

孤。裕以檀凭之所领兵配参军檀祗。祗,凭之之从子也。

玄闻二将死,大惧,召诸道术人推算及为厌胜。问群臣曰:"朕其败乎?"吏部郎曹靖之对曰:"民怨神怒,臣实惧焉。"玄曰:"民或可怨,神何为怒?"对曰:"晋氏宗庙,飘泊江滨,大楚之祭,上不及祖,此其所以怒也。"玄曰:"卿何不谏?"对曰:"辇上君子皆以为尧、舜之世,臣何敢言!"玄默然。使桓谦及游击将军何澹之屯东陵,侍中、后将军卞范之屯覆舟山西,众合二万。

己未,裕军食毕,悉弃其馀粮,进至覆舟山东,使赢弱登山,张旗帜为疑兵,数道并前,布满山谷。玄侦候者还,云"裕军四塞,不知多少"。玄益忧恐,遣武卫将军庾赜之帅精卒副援诸军。谦等士卒多北府人,素畏伏裕,莫有斗志。裕与刘毅等分为数队,进突谦陈。裕以身先之,将士皆殊死战,无不一当百,呼声动天地。时东北风急,因纵火焚之,烟炎熛天,鼓噪之音震动京邑,谦等诸军大溃。

玄时虽遣军拒裕,而走意已决,潜使领军将军殷仲文具舟于石头。闻谦等败,帅亲信数千人,声言赴战,遂将其子昇、兄子濬出南掖门。遇前相国参军胡藩,执马鞚谏曰:"今羽林射手犹有八百,皆是义故。西人受累世之恩,不驱

子女。刘裕把檀凭之率领的士兵分配给参军檀祗指挥。檀祗是檀凭之的侄子。

桓玄得知两员大将战死，非常恐慌，他召请许多术士巫师为他推算命运吉凶，并希望用厌胜的法术镇住刘裕军队。桓玄询问大臣们说："我难道要失败了吗？"吏部郎曹靖之回答说："人民怨恨，神灵愤怒，我确实感到很害怕。"桓玄说："人民或许可能怨恨，但神灵为什么愤怒？"曹靖之回答说："晋皇室的宗庙，漂泊流落在长江之滨，大楚皇朝的祭祀没有将自己上代的祖先包括在内，这就是神灵愤怒的原因。"桓玄说："你为什么不加以劝谏？"曹靖之回答说："朝廷上的达官显宦们都认为现在是唐尧、虞舜的太平盛世，我怎么敢说话！"桓玄沉默不语。他派桓谦以及游击将军何澹之率军屯驻东陵，侍中、后将军卞范之率军屯驻覆舟山的西面，部众合起来有两万人。

己未（初二），刘裕军队吃完饭以后，把剩馀的粮食全部扔掉，进军到覆舟山东面，派瘦弱的士兵登上山头，竖起旗帜作为疑兵，几路军队齐头并进，布满了山谷。桓玄派出的侦探返回，报告说"刘裕军队布满各处，探不清究竟有多少人"。桓玄更加忧虑恐慌，他派武卫将军庾赜之率领精兵前去援助各路军队。桓谦等人军队中的士兵有很多是北府军的旧人，他们一向敬畏佩服刘裕，没有斗志。刘裕与刘毅等人将士兵分成几队，进军突击桓谦的阵地。刘裕身先士卒，将士们都殊死决战，无不以一当百，喊杀之声震天动地。当时，东北风骤起，刘裕乘风势纵火焚烧敌军，烟火冲天，擂鼓喊杀之声震动了京城，桓谦等各路军队大败溃散。

桓玄当时虽然派遣军队抵御刘裕，但已决定逃走，他暗中派遣领军将军殷仲文在石头城准备好船只。听说桓谦等人战败后，桓玄率领亲信数千人，声称要赶赴前线作战，随即带着他的儿子桓昇和侄子桓濬出南掖门。路上遇见前相国参军胡藩，胡藩抓住桓玄的马笼头劝谏说："现在羽林射手还有八百人，都是感怀您恩义的老部下。西方的荆州军人受桓家几代的恩德，不挥

令一战,一旦舍此,欲安之乎!"玄不对,但举策指天。因鞭马而走,西趋石头,与仲文等浮江南走。经日不食,左右进粗饭,玄咽不能下,昇抱其胸而抚之,玄悲不自胜。

　　裕入建康,王仲德抱元德子方回出候裕,裕于马上抱方回与仲德对哭。追赠元德给事中,以仲德为中兵参军。裕止桓谦故营,遣刘钟据东府。庚申,裕屯石头城,立留台百官,焚桓温神主于宣阳门外,造晋新主,纳于太庙。遣诸将追玄,尚书王嘏帅百官奉迎乘舆,诛玄宗族在建康者。裕使臧熹入宫,收图书、器物,封闭府库。有金饰乐器,裕问熹:"卿得无欲此乎?"熹正色曰:"皇上幽逼,播越非所,将军首建大义,勤劳王家,虽复不肖,实无情于乐。"裕笑曰:"聊以戏卿耳。"熹,焘之弟也。

　　壬戌,玄司徒王谧与众议推裕领扬州,裕固辞。乃以谧为侍中、领司徒、扬州刺史、录尚书事。谧推裕为使持节、都督扬徐兖豫青冀幽并八州诸军事、徐州刺史,刘毅为青州刺史,何无忌为琅邪内史,孟昶为丹杨尹,刘道规为义昌太守。
　　裕始至建康,诸大处分皆委于刘穆之,仓猝立定,无不允惬。裕遂托以腹心,动止谘焉。穆之亦竭节尽诚,无所遗隐。时晋政宽弛,纲纪不立,豪族陵纵,小民穷蹙,重以司马元显政令违舛,桓玄虽欲厘整,而科条繁密,众莫之

令他们决一死战，一旦舍弃了他们，您还想求得安生吗？"桓玄没有回答，只是举鞭指了指天，就鞭打马匹，急速离去。他向西奔往石头城，与殷仲文等人乘船顺着长江向南逃走。桓玄一整天没有吃饭，左右侍从送上粗饭，桓玄咽不下去，桓昇抱着父亲按摩他的胸口，桓玄悲伤得无法控制自己。

刘裕进入建康，王仲德抱着王元德的儿子王方回走出家门，在路旁等候刘裕，刘裕在马上抱过王方回，与王仲德相对哭泣。刘裕追赠王元德为给事中，任命王仲德为中兵参军。刘裕住进桓谦原来的大营中，派刘钟占领东府。庚申(初三)，刘裕移驻于石头城，设立留守官衙的文武百官，在宣阳门外焚烧桓温的牌位，另行制作晋皇室祖先的新牌位，送入太庙中。派遣将领们追击桓玄，尚书王嘏率领文武百官奉迎晋安帝司马德宗，诛杀仍留在建康的桓玄家族成员。刘裕派臧熹到皇宫中去收检图书、珍宝器物，查收封闭库房。其中有各种金银饰品和乐器等，刘裕问臧熹："你难道不想得到这些东西吗？"臧熹严肃地说："皇上受到幽禁和迫害，流落到他不该去的地方，将军您首先倡建大义，为皇家辛勤劳累，我虽然不能像您一样，但也实在没有心思去享乐。"刘裕笑着说："我与你开个玩笑罢了。"臧熹是臧焘的弟弟。

壬戌(初五)，桓玄的司徒王谧与众官员商议推举刘裕兼掌扬州，刘裕坚决推辞。于是任命王谧为侍中、兼司徒、扬州刺史、录尚书事。王谧推举刘裕为使持节、都督扬、徐、兖、豫、青、冀、幽、并八州诸军事、徐州刺史；刘毅为青州刺史；何无忌为琅邪内史；孟昶为丹杨尹；刘道规为义昌郡太守。

刘裕刚到建康时，各种重大事务都交付给刘穆之处理，刘穆之虽然在仓促之间加以裁决办理，但没有一件事不办得恰到好处的。于是，刘裕将他作为自己的心腹，凡有行动，都要征求他的意见。刘穆之也竭尽忠诚，没有什么遗漏和保留。当时，东晋朝廷政治法令宽缓松弛，纲常纪律很不健全，豪门大族强横骄纵，小民百姓穷困窘迫，又因为司马元显的政令荒谬杂乱，桓玄虽然想加以整顿治理，但法规条目过于烦琐细密，百姓无所适

从。穆之斟酌时宜，随方矫正。裕以身范物，先以威禁，内外百官皆肃然奉职。不盈旬日，风俗顿改。

初，诸葛长民至豫州，失期，不得发。刁逵执长民，槛车送桓玄。至当利而玄败，送人共破槛出长民，还趣历阳。逵弃城走，为其下所执，斩于石头，子侄无少长皆死，唯赦其季弟给事中骋。逵故吏匿其弟子雍送洛阳，秦王兴以为太子中庶子。裕以魏咏之为豫州刺史，镇历阳，诸葛长民为宣城内史。

初，裕名微位薄，轻狡无行，盛流皆不与相知，惟王谧独奇贵之，谓裕曰："卿当为一代英雄。"裕尝与刁逵拇蒱，不时输直，逵缚之马柳。谧见之，责逵而释之，代之还直。由是裕深憾逵而德谧。

　　萧方等曰：夫蛟龙潜伏，鱼虾亵之。是以汉高赦雍齿，魏武免梁鹄，安可以布衣之嫌而成万乘之隙也！今王谧为公，刁逵亡族，酬恩报怨，何其狭哉！

丁卯，刘裕迁镇东府。
桓玄至寻阳，郭昶之给其器用、兵力。辛未，玄逼帝西上，刘毅帅何无忌、刘道规等诸军追之。玄留龙骧将军何澹之、前将军郭铨与郭昶之守湓口。

丙戌，刘裕称受帝密诏，以武陵王遵承制总百官行事。因大赦，惟桓玄一族不宥。

从。刘穆之根据当时的实际情况，斟酌考虑，随时因事加以矫正。刘裕本人以身作则，先用威势在朝廷内外确立法禁，文武百官勤谨地严守自己的职责。不到十日，官风民俗大为改观。

当初，诸葛长民前往豫州，错过了约定起事的日期，不能发动起义。刁逵逮捕了诸葛长民，用囚车送往建康桓玄处。囚车到达当利时，桓玄已兵败出逃，押送囚车的人一同打破囚车，放出诸葛长民，急速返回历阳。刁逵弃城逃走，被他的部下擒获，斩首于石头城，刁逵的儿子、侄子等，全家不论老幼，都被处死，仅赦免了他的小弟弟给事中刁骋。刁逵的老部下把刁逵的侄子刁雍藏起来，送往洛阳，后秦王姚兴任命刁雍为太子中庶子。刘裕任命魏咏之为豫州刺史，镇守历阳，诸葛长民为宣城内史。

当初，刘裕名望卑微，官位低贱，生性轻浮狡狯，品行不端，社会上层的显贵人士都不同他交往，只有王谧认为他是个奇才，对他十分推重爱惜。王谧对刘裕说："你将会成为一代英雄。"刘裕曾与刁逵赌博，赌输了不及时还赌债，刁逵把他绑在拴马柱上。王谧看见了，责备刁逵并释放了刘裕，并代刘裕偿还了赌债。因此，刘裕深深地怨恨刁逵，对王谧感恩戴德。

　　　萧方等评论说：蛟龙在水底潜伏的时候，鱼虾也会轻慢它。所以汉高祖刘邦赦免了雍齿，魏武帝曹操赦免了梁鹄，怎么可以因平民时的怨恨而用帝王的威势来加以报复呢！如今王谧位居三公，而刁逵被灭掉了家族，酬还恩惠，报复怨仇，度量是何等的狭小啊！
丁卯（初十），刘裕将军府迁往东府。

桓玄逃到寻阳，郭昶之供给他各种物品用具，补充兵力。辛未（十四日），桓玄逼迫晋安帝与他一同向西逃窜，刘毅率领何无忌、刘道规等各路军队紧紧追击。桓玄留下龙骧将军何澹之、前将军郭铨和郭昶之一起防守湓口。

丙戌（二十九日），刘裕声称接受了晋安帝的秘密诏书，让武陵王司马遵承奉皇上制命总管文武百官，主持朝政。于是大赦天下，只有桓玄一族不予宽恕。

刘敬宣、高雅之谋杀南燕王备德，推司马休之为主。雅之邀刘轨同谋，轨不从。谋颇泄，敬宣等南走，南燕人收轨杀之，追及雅之，又杀之。敬宣、休之至淮、泗间，闻桓玄败，遂来归，刘裕以敬宣为晋陵太守。

夏四月己丑，武陵王遵入居东宫，内外毕敬。迁除百官称制书，教称令书。以司马休之监荆益梁宁秦雍六州诸军事、领荆州刺史。

庚寅，桓玄挟帝至江陵，桓石康纳之。玄更署置百官，以卞范之为尚书仆射。自以奔败之后，恐威令不行，乃更增峻刑罚，众益离怨。殷仲文谏，玄怒曰：“今以诸将失律，天文不利，故还都旧楚。而群小纷纷，妄兴异议，方当纠之以猛，未可施之以宽也。”荆、江诸郡闻玄播越，有上表奔问起居者，玄皆不受，更令所在贺迁新都。初，王谧为玄佐命元臣，玄之受禅，谧手解帝玺绶。及玄败，众谓谧宜诛，刘裕特保全之。刘毅尝因朝会，问谧玺绶所在。谧内不自安，逃奔曲阿。裕笺白武陵王，迎还复位。

桓玄兄子歆引氐帅杨秋寇历阳，魏咏之帅诸葛长民、刘敬宣、刘钟共击破之，斩杨秋于练固。
玄使武卫将军庾稚祖、江夏太守桓道恭帅数千人就何澹之等共守溢口。何无忌、刘道规至桑落洲。庚戌，澹之等引舟师

刘敬宣、高雅之密谋杀掉南燕国主慕容备德,推举司马休之为国主。高雅之邀请刘轨一同谋划举事,刘轨不肯听从他们。密谋的内容有所泄露,刘敬宣等人向南逃走,南燕人逮捕了刘轨,把他杀了,又派人追上高雅之,也把他杀了。刘敬宣、司马休之逃到淮河、泗水之间,听到桓玄失败的消息,于是返回东晋,刘裕任命刘敬宣为晋陵郡太守。

夏季四月己丑(初二),武陵王司马遵入住东宫,朝廷内外全都恭敬听命。司马遵任免文武百官的命令称为"制书",行政命令的公文称为"令书"。任命司马休之为监荆、益、梁、宁、秦、雍六州诸军事、兼荆州刺史。

庚寅(初三),桓玄挟持晋安帝到达江陵,桓石康接纳了他们。桓玄重新设置文武百官,任命卞范之为尚书仆射。桓玄自己认为失败奔逃以后,怕臣下不服从他的权威和命令,于是变本加厉,增加了许多峻刻的刑罚,大家更加怨恨他,人心愈益离散。殷仲文加以劝谏,桓玄大怒说:"如今是因为将领们作战不听调度,天象又有所不利,所以才返回大楚的旧都江陵。而小人们议论纷纷,乱发奇谈怪论,正应当采用严猛的手段加以纠正,不可实行宽和的政策。"荆州、江州所属各郡听说桓玄流亡在外,有人上奏表请安问候的,桓玄全不接受,反而命令各地将上表改成恭贺皇帝迁居新都。当初,王谧是辅佐桓玄夺取皇位的首要功臣,桓玄接受禅让时,王谧亲手解开晋安帝身上的玉玺绶带。等到桓玄失败,大家都说王谧应当被诛杀,刘裕特地出面保全了他。刘毅曾借着朝会的机会,向王谧询问玉玺印绶的下落。王谧内心惶恐不安,逃奔到曲阿。刘裕写信给武陵王司马遵,向他说明情况,把王谧接回来,恢复原来的官位。

桓玄的侄子桓歆引导氐族首领杨秋进攻历阳,魏咏之率诸葛长民、刘敬宣、刘钟共同把他们击败,在练固斩杀了杨秋。

桓玄派遣武卫将军庾稚祖、江夏郡太守桓道恭率领数千人前去会合何澹之等人,与他们一起守卫湓口。何无忌、刘道规率军挺进桑落洲。庚戌(二十三日),何澹之等人率领水军

逆战。澹之常所乘舫羽仪旗帜甚盛。无忌曰："贼帅必不居此，欲诈我耳，宜亟攻之。"众曰："澹之不在其中，得之无益。"无忌曰："今众寡不敌，战无全胜，澹之既不居此舫，战士必弱，我以劲兵攻之，必得之。得之，则彼势沮而我气倍，因而薄之，破贼必矣。"道规曰："善！"遂往攻而得之，因传呼曰："已得何澹之矣！"澹之军中惊扰，无忌之众亦以为然，乘胜进攻澹之等，大破之。无忌等克湓口，进据寻阳，遣使奉送宗庙主祏还京师。加刘裕都督江州诸军事。

桑落之战，胡藩所乘舰为官军所烧，藩全铠入水，潜行三十许步，乃得登岸。时江陵路已绝，乃还豫章。刘裕素闻藩为人忠直，引参领诸军事。

桓玄收集荆州兵，曾未三旬，有众二万，楼船、器械甚盛。甲寅，玄复帅诸军挟帝东下，以苻宏领梁州刺史，为前锋。又使散骑常侍徐放先行，说刘裕等曰："若能旋军散甲，当与之更始，各授位任，令不失分。"刘裕以诸葛长民都督淮北诸军事，镇山阳。以刘敬宣为江州刺史。

刘毅、何无忌、刘道规、下邳太守平昌孟怀玉帅众自寻阳西上，五月癸酉，与桓玄遇于峥嵘洲。毅等兵不满万人，而玄战士数万，众惮之，欲退还寻阳。道规曰："不可！彼众我寡，强弱异势，今若畏懦不进，必为所乘，虽至寻阳，岂

迎战。何澹之平常所乘的指挥舰，仪仗旗帜十分壮观。何无忌说："逆贼统帅一定不在这艘战舰上，他们是想欺骗我们罢了，我们应当急攻他们。"众人说："既然何澹之不在舰上，攻夺此舰也没有什么用处。"何无忌说："现在我们寡不敌众，作战很难取得全胜，既然何澹之不在这艘战舰上，此舰士兵的战斗力一定比较弱，我们用精壮的士兵进攻他们，一定能够夺得此舰。夺得后，他们的气势就会低落，而我们的气势就会倍增，然后乘势进逼攻击，一定能够打败逆贼。"刘道规说："好主意。"于是上前猛攻夺得此舰，随即互相传话，大喊道："已经擒获了何澹之！"何澹之军中的士兵听见喊声后，震惊骚乱，何无忌的部众也信以为真，乘胜进攻何澹之等人，把他们打得大败。何无忌等人攻克湓口，又进军占领寻阳，派遣使者奉送晋皇室宗庙中的祖先牌位和装牌位的石盒返回京城。朝廷加授刘裕为都督江州诸军事。

在桑落洲之战中，胡藩所乘的战舰被何无忌等人的朝廷军队焚烧，胡藩全身穿着铠甲，跳入水中，在水中潜行三十馀步才登上河岸。当时，通往江陵的道路已被切断，胡藩就返回豫章。刘裕一向听说胡藩为人忠良正直，就任用他为参领诸军事。

桓玄征发召集荆州的兵马，不到三十天，就得到两万人，楼船战舰和武器装备也很齐全充足，阵容十分壮观。甲寅（二十七日），桓玄又率领各路军队，挟持晋安帝向东挺进，任命符宏兼梁州刺史，作为前锋。又派散骑常侍徐放先行出发。前去劝说刘裕等人，说："倘若能撤军遣散士兵，将与各位一起除旧布新，从头开始，分别授予各位高官显位，绝对不会让你们失望。"刘裕任命诸葛长民为都督淮北诸军事，镇守山阳；任命刘敬宣为江州刺史。

刘毅、何无忌、刘道规、下邳郡太守平昌人孟怀玉率领军队从寻阳向西挺进，五月癸酉（十七日），与桓玄的军队在峥嵘洲相遇。刘毅等人的军队不满一万人，而桓玄的军队有数万人，众人惧怕桓玄，想退回寻阳。刘道规说："不能撤退。敌军人数众多而我军人少，强弱的气势本来就很明显，现在如果我们畏惧懦弱，不敢进攻，一定会被他们乘势追杀，即使回到寻阳，又怎么

能自固！玄虽窃名雄豪，内实恇怯。加之已经奔败，众无固心。决机两阵，将雄者克，不在众也。"因麾众先进，毅等从之。玄常漾舸于舫侧以备败走，由是众莫有斗心。毅等乘风纵火，尽锐争先。玄众大溃，烧辎重夜遁。郭铨诣毅降。

玄故将刘统、冯稚等聚党四百人袭破寻阳城。毅遣建威将军刘怀肃讨平之。怀肃，怀敬之弟也。

玄挟帝单舸西走，留永安何皇后及王皇后于巴陵。殷仲文时在玄舰，求出别船收集散卒，因叛玄，奉二后奔夏口，遂还建康。

己卯，玄与帝入江陵。冯该劝使更下战，玄不从。欲奔汉中就桓希，而人情乖沮，号令不行。庚辰，夜中，处分欲发，城内已乱，乃与亲近腹心百馀人乘马出城西走。至城门，左右于暗中斫玄，不中，其徒更相杀害，前后交横。玄仅得至船，左右分散，惟卞范之在侧。

辛巳，荆州别驾王康产奉帝入南郡府舍，太守王腾之帅文武为侍卫。
玄将之汉中。屯骑校尉毛脩之，璩之弟子也，诱玄入蜀，玄从之。宁州刺史毛璠，璩之弟也，卒于官。璩使其兄孙祐之及参军费恬帅数百人送璠丧归江陵，壬午，遇玄于枚回洲。

能自保固守！桓玄虽然窃取了英雄豪杰的名声，但内心其实非常怯懦，再加上他已经失败奔逃过一回，部众没有坚定的斗志。两军决战，将领勇猛的一方取胜，并不在于士兵人数的多少。"于是刘道规指挥部众率先进攻，刘毅等人紧随在他们后面。桓玄常让一条快船漂随在指挥舰旁边，准备一旦失败，就可以快速逃走，因此他的部众都没有斗志。刘毅等人乘着风势纵火焚烧敌方战舰，投入全部精锐部队进行攻击，将士争先恐后，奋勇拼杀。桓玄的军队大败溃散，焚烧了辎重军械，趁夜逃走。郭铨前往刘毅军中投降。

桓玄的旧部将刘统、冯稚等人聚集起同党四百人，攻破寻阳城。刘毅派遣建威将军刘怀肃率军讨伐平定了寻阳。刘怀肃是刘怀敬的弟弟。

桓玄挟持晋安帝，乘着一艘船向西逃走，将永安何皇后及王皇后留在巴陵。殷仲文当时正在桓玄的船上，他请求乘另外的船只出去招收聚集被打散的士兵，于是背叛了桓玄，护送两位皇后，投奔夏口，随后返回建康。

己卯（二十三日），桓玄与晋安帝回到江陵。冯该建议桓玄再次率军东下决战，桓玄没有接受，他打算投奔汉中与桓希会合，但这时人心沮丧，离心离德，桓玄的号令已不能实行了。庚辰（二十四日）半夜，桓玄下令准备出发，但城内已十分混乱，桓玄于是与他的心腹亲信一百多人骑马出城向西逃走。到达城门时，桓玄的左右侍从中有人在暗中用刀砍桓玄，没有砍中，于是桓玄的部下就互相残杀，乱作一团。桓玄只身逃到船上，左右侍从已四散离去，只剩下卞范之陪在他身边。

辛巳（二十五日），荆州别驾王康产奉迎晋安帝进入南郡府舍之中，太守王腾之率领文武官员作为侍卫。

桓玄打算前往汉中。屯骑校尉毛脩之是毛璩的侄子，他诱骗桓玄前往蜀地，桓玄听从了。宁州刺史毛璠是毛璩的弟弟，死在官任上。毛璩派他哥哥的孙子毛祐之及参军费恬率领数百人护送毛璠的灵柩返回江陵，壬午（二十六日），他们在枚回洲与桓玄相遇。

祐之、恬迎击玄,矢下如雨,玄嬖人丁仙期、万盖等以身蔽玄,皆死。益州督护汉嘉冯迁抽刀,前欲击玄,玄拔头上玉导与之,曰:"汝何人,敢杀天子!"迁曰:"我杀天子之贼耳!"遂斩之,又斩桓石康、桓濬、庾赜之,执桓昇送江陵,斩于市。乘舆反正于江陵,以毛脩之为骁骑将军。甲申,大赦,诸以畏逼从逆者一无所问。戊寅,奉神主于太庙。刘毅等传送玄首,枭于大桁。

毅等既战胜,以为大事已定,不急追蹑,又遇风,船未能进,玄死几一旬,诸军犹未至。时桓谦匿于沮中,扬武将军桓振匿于华容浦,玄故将王稚徽戍巴陵,遣人报振云:"桓歆已克京邑,冯稚复克寻阳,刘毅诸军并中路败退。"振大喜,聚党得二百人,袭江陵,桓谦亦聚众应之。闰月己丑,复陷江陵,杀王康产、王腾之。振见帝于行宫,跃马奋戈,直至阶下,问桓昇所在。闻其已死,瞋目谓帝曰:"臣门户何负国家,而屠灭若是!"琅邪王德文下床谓曰:"此岂我兄弟意邪!"振欲杀帝,谦苦禁之,乃下马,敛容致拜而出。壬辰,振为玄举哀,立丧庭,谥曰武悼皇帝。

癸巳,谦等帅群臣奉玺绶于帝曰:"主上法尧禅舜,今楚祚不终,百姓之心复归于晋矣。"以琅邪王德文领徐州刺史,振为都督八州诸军事、荆州刺史,谦复为侍中、卫将军,

毛祐之、费恬率众人迎面攻击桓玄,射出的箭如同下雨,桓玄宠爱的心腹亲信丁仙期、万盖等人用自己的身体遮挡乱箭,保护桓玄,都被射死。益州督护汉嘉人冯迁抽刀在手,逼上前去,想击杀桓玄,桓玄拔下头上的玉导送给他,说:"你是什么人,竟敢杀天子!"冯迁说:"我杀的是天子的叛贼。"于是斩杀了桓玄,又斩杀了桓石康、桓濬、庾赜之,擒获桓昇并将他送往江陵,在街市上斩首。晋安帝在江陵复位,任命毛脩之为骁骑将军。甲申(二十八日),大赦天下,因受威逼而被迫跟从桓玄叛逆的各名官员,一律不加追究。戊寅(二十二日),奉迎晋皇室宗庙中的祖先牌位返回建康,送入太庙。刘毅等人把桓玄的人头送到建康,悬挂在大桁上示众。

刘毅等人在峥嵘洲战胜桓玄后,认为大事已定,没有随着桓玄的行踪紧追不舍,又遇上大风,船只不能前进,所以,桓玄死后差不多有十天了,刘毅的各路军队还未抵达江陵。当时,桓谦躲藏在沮中,扬武将军桓振躲藏在华容浦。桓玄的老部将王稚徽戍守巴陵,他派人向桓振报告,说:"桓歆已经攻克了京口,冯稚又攻克了寻阳,刘毅各路军队都在中途失败退走。"桓振非常高兴,聚集起同党二百人,袭击江陵,桓谦也聚集部众响应。闰五月己丑(初三),又攻陷了江陵,杀了王康产、王腾之。桓振到行宫去见晋安帝,跃马举戈,一直闯到台阶下,向晋安帝询问桓昇的下落。听说桓昇已死,桓振怒目圆睁,对晋安帝说:"我们桓家有什么地方对不起国家,竟然被屠灭成这个样子!"琅邪王司马德文下床对桓振说:"这样做难道是我们兄弟的意思吗?"桓振想杀掉晋安帝,桓谦苦苦地阻止他,桓振才下马,克制住怒气,向晋安帝行拜礼后退出。壬辰(初六),桓振为桓玄举行哀悼仪式,设立丧礼庭堂进行祭奠,定谥号为"武悼皇帝"。

癸巳(初七),桓谦等人率领群臣将玉玺绶带奉还给晋安帝,说:"皇上效法唐尧禅位给虞舜,现在楚国的国运已经终止,百姓之心又归附于晋皇室了。"晋安帝任命琅邪王司马德文兼徐州刺史,桓振为都督八州诸军事、荆州刺史,桓谦恢复侍中、卫将军的原职,

加江、豫二州刺史。帝侍御左右，皆振之腹心。

振少薄行，玄不以子姪齿之。至是，叹曰："公昔不早用我，遂致此败。若使公在，我为前锋，天下不足定也。今独作此，安归乎？"遂纵意酒色，肆行诛杀。谦劝振引兵下战，己守江陵，振素轻谦，不从其言。

刘毅至巴陵，诛王稚徽。何无忌、刘道规进攻桓谦于马头，桓蔚于龙泉，皆破之。蔚，秘之子也。

无忌欲乘胜直趣江陵，道规曰："兵法屈申有时，不可苟进。诸桓世居西楚，群小皆为竭力，振勇冠三军，难与争锋。且可息兵养锐，徐以计策縻之，不忧不克。"无忌不从。振逆战于灵溪，冯该以兵会之，无忌等大败，死者千馀人。退还寻阳，与刘毅等上笺请罪。刘裕以毅节度诸军，免其青州刺史。桓振以桓蔚为雍州刺史，镇襄阳。

柳约之、罗述、甄季之闻桓玄死，自白帝进军至枝江，闻何无忌等败于灵溪，亦引兵退。俄而述、季之皆病，约之诣桓振伪降，欲谋袭振，事泄，振杀之。约之司马时延祖、涪陵太守文处茂收其馀众，保涪陵。

六月，毛璩遣将攻汉中，斩桓希，璩自领梁州。

刘敬宣在寻阳，聚粮缮船，未尝无备，故何无忌等虽败退，赖以复振。冬十月，桓玄兄子亮自称江州刺史，寇豫

加授江、豫二州刺史。晋安帝身边的侍从仆役,都是桓振的心腹亲信。

桓振年幼时就品行不端,桓玄不把他作为自己的子侄辈对待。等到了这个时候,桓振叹息着说:"桓公昔日不早点任用我,终于导致这样的溃败。如果桓公还在世,我当前锋,要平定天下是不在话下的。如今我独自支撑大局,我的归宿又在哪里呢?"于是纵情任性,沉溺于美酒女色,肆无忌惮地大行诛杀。桓谦劝桓振率军东下攻战,自己镇守江陵,桓振一向轻视桓谦,没有听从他的话。

刘毅抵达巴陵,诛杀了王稚徽。何无忌、刘道规在马头进攻桓谦,在龙泉进攻桓蔚,把他们都打败了。桓蔚是桓秘的儿子。

何无忌想乘胜直扑江陵,刘道规说:"兵法上说,退却和进攻,都有一定的时机,不可以苟且冒进。桓氏家族世代居住在原楚国的西部地区,当地民众都为他们效忠尽力,桓振的勇猛为三军之冠,很难与他争胜。如果可以休军息兵,养精蓄锐,慢慢地使用计谋来牵制他,不怕不能战胜他。"何无忌没有听从他的话。桓振在灵溪迎战何无忌,冯该率军与桓振会合,共同作战,何无忌等人大败,战死千余人。撤军退回寻阳,何无忌与刘毅等向刘裕上书请罪。刘裕让刘毅协调节度几支军队的主帅,免去他的青州刺史一职。桓振任命桓蔚为雍州刺史,镇守襄阳。

柳约之、罗述、甄季之听说桓玄已死,从白帝进军到枝江,得知何无忌等人在灵溪战败的消息,也率军退回。不久,罗述、甄季之都患了病,柳约之去见桓振,假装向他投降,想密谋袭击桓振,计划泄露,桓振把他杀了。柳约之的司马时延祖、涪陵郡太守文处茂召集柳约之剩余的部众,退保涪陵。

六月,毛璩派遣将领进攻汉中,斩杀了桓希,毛璩自兼梁州刺史。

刘敬宣在寻阳聚集粮食,修缮船只,并不是没有防备的,所以何无忌等人虽然败退,但得到了刘敬宣的后勤补充以后,又重振了军威。冬季十月,桓玄的侄子桓亮自称江州刺史,袭击豫

章，敬宣击破之。刘毅、何无忌、刘道规复自寻阳西上，至夏口。桓振遣镇东将军冯该守东岸，扬武将军孟山图据鲁山城，辅国将军桓仙客守偃月垒，众合万人，水陆相援。毅攻鲁山城，道规攻偃月垒，无忌遏中流，自辰至午，二城俱溃，生禽山图、仙客，该走石城。

十二月，刘毅等进克巴陵。毅号令严整，所过百姓安悦。刘裕复以毅为兖州刺史。桓振以桓放之为益州刺史，屯西陵。文处茂击破之，放之走还江陵。

是岁，晋民避乱，襁负之淮北者道路相属。

义熙元年春正月，南阳太守扶风鲁宗之起兵袭襄阳，桓蔚走江陵。己丑，刘毅等诸军至马头。桓振挟帝出屯江津，遣使求割江、荆二州，奉送天子，毅等不许。辛卯，宗之击破振将温楷于柞溪，进屯纪南。振留桓谦、冯该守江陵，引兵与宗之战，大破之。刘毅等击破冯该于豫章口，桓谦弃城走。毅等入江陵，执卞范之等，斩之。桓振还，望见火起，知城已陷，其众皆溃，振逃于涢川。

乙未，诏大处分悉委冠军将军刘毅。戊戌，大赦，改元，惟桓氏不原。以桓冲忠于王室，特宥其孙胤。以鲁宗之为雍州刺史，毛璩为征西将军、都督益梁秦凉宁五州诸军事，璩弟瑾为梁、秦二州刺史，瑗为宁州刺史。刘怀肃追斩冯该于石城。桓谦、桓怡、桓蔚、桓谧、何澹之、温楷皆奔

章郡,刘敬宣打败了桓亮的军队。刘毅、何无忌、刘道规再度从寻阳向西进军,抵达夏口。桓振派遣镇东将军冯该防守长江东岸,派遣扬武将军孟山图据守鲁山城,派遣辅国将军桓仙客据守偃月垒,各路军队合起来共有一万人,水中与陆上互相呼应支援。刘毅进攻鲁山城,刘道规进攻偃月垒,何无忌控过江中水军,从早晨激战到中午,鲁山城和偃月垒的守军全都溃败,孟山图、桓仙客被活捉,冯该逃奔石城。

十二月,刘毅等人进军攻克巴陵。刘毅号令严明统一,军人经过的地方,百姓安定喜悦。刘裕又任刘毅为兖州刺史。桓振任命桓放之为益州刺史,率军屯驻在西陵。文处茂击败了桓放之,桓放之逃回江陵。

这一年,东晋民众躲避战乱,背负幼儿,搀扶老弱,逃往淮河以北的人,在道路上接连不断。

义熙元年(405)春季正月,南阳郡太守扶风人鲁宗之起兵袭击襄阳,桓蔚逃奔江陵。己丑(初七),刘毅等各路军队抵达马头。桓振挟持晋安帝出江陵,屯驻在江津,并派遣使者去见刘毅,要求以割让江、荆二州为条件,送还晋安帝,刘毅等人不同意。辛卯(初九),鲁宗之在柞溪击败了桓振的部将温楷,进军屯驻于纪南。桓振留下桓谦、冯该防守江陵,自己率军与鲁宗之交战,大败了鲁宗之的军队。刘毅等人在豫章口击败了冯该,桓谦放弃江陵城出逃。刘毅等人进入江陵,拘捕下范之等人,将他们斩首。桓振率军返回,远远望见江陵城中火光冲天,知道江陵城已经失陷,他的军队全部溃散,桓振逃往涢川。

乙未(十三日),晋安帝下诏,将朝廷重大政事的处理权全部交付给冠军将军刘毅。戊戌(十六日),颁令大赦天下,改年号,只有桓氏一族不予宽恕。因桓冲忠诚于晋皇室,所以特别赦免他的孙子桓胤一人。任命鲁宗之为雍州刺史;任命毛璩为征西将军、都督益、梁、秦、凉、宁五州诸军事;任命毛璩的弟弟毛瑾为梁、秦二州刺史,另一个弟弟毛瑗为宁州刺史。刘怀肃追击冯该,在石城斩杀了冯该。桓谦、桓怡、桓蔚、桓谧、何澹之、温楷都逃奔

秦。怡,弘之弟也。

二月丁巳,留台备法驾迎帝于江陵,刘毅、刘道规留屯夏口,何无忌奉帝东还。

三月,桓振自郧城袭江陵,荆州刺史司马休之战败,奔襄阳,振自称荆州刺史。建威将军刘怀肃自云杜引兵驰赴,与振战于沙桥。刘毅遣广武将军唐兴助之,临阵斩振,复取江陵。

甲午,帝至建康。乙未,百官诣阙请罪,诏令复职。

尚书殷仲文以朝廷音乐未备,言于刘裕,请治之。裕曰:“今日不暇给,且性所不解。”仲文曰:“好之自解。”裕曰:“正以解则好之,故不习耳。”

庚子,以琅邪王德文为大司马,武陵王遵为太保,刘裕为侍中、车骑将军、都督中外诸军事,徐、青二州刺史如故,刘毅为左将军,何无忌为右将军、督豫州扬州五郡军事、豫州刺史,刘道规为辅国将军、督淮北诸军事、并州刺史,魏咏之为征虏将军、吴国内史。裕固让不受。加录尚书事,又不受,屡请归藩。诏百僚敦劝,帝亲幸其第。裕惶惧,复诣阙陈请,乃听归藩。以魏咏之为荆州刺史,代司马休之。

初,刘毅尝为刘敬宣宁朔参军,时人或以雄杰许之。敬宣曰:“夫非常之才自有调度,岂得便谓此君为人豪邪! 此君之性,外宽而内忌,自伐而尚人,若一旦遭遇,亦当以陵上

后秦。桓怡是桓弘的弟弟。

二月丁巳(初五),建康的东晋留守政府备齐了皇帝专用的车驾仪仗,前往江陵迎接晋安帝,刘毅、刘道规留军屯驻于夏口,何无忌护送晋安帝向东返回建康。

三月,桓振从郧城出兵,袭击江陵,荆州刺史司马休之战败,逃奔襄阳,桓振自称荆州刺史。建威将军刘怀肃从云杜率军急速奔赴江陵,在沙桥与桓振交战,刘毅派遣广武将军唐兴前去助战,就在两军对阵中斩杀了桓振,重新夺回了江陵。

甲午(十三日),晋安帝抵达建康。乙未(十四日),文武百官前往宫门请罪,晋安帝下诏书,命百官恢复原来的官职。

尚书殷仲文因朝廷的音乐设施不够完备,向刘裕述说,请求加以整治。刘裕说:"现在没有时间来使它完备,而且我生性不懂音乐。"殷仲文说:"如果你喜爱音乐,自然就会懂了。"刘裕说:"正是因为懂了就会喜爱它,所以我才不去学习它。"

庚子(十九日),朝廷任命琅邪王司马德文为大司马;任命武陵王司马遵为太保;任命刘裕为侍中、车骑将军、都督中外诸军事,徐、青二州刺史的官职仍然保留;任命刘毅为左将军;任命何无忌为右将军、督豫州、扬州五郡军事、豫州刺史;任命刘道规为辅国将军、督淮北诸军事、并州刺史;任命魏咏之为征虏将军、吴国内史。刘裕坚决辞让,不肯接受任命。朝廷加授录尚书事,刘裕又不肯接受,屡次请求返回他的属地。朝廷下诏,命文武百官恳切地劝说刘裕留在朝中,晋安帝也亲自前往刘裕的宅第中劝说。刘裕心中惶恐害怕,再次到宫门陈述理由,请求返回,朝廷这才同意他返回属地。朝廷任命魏咏之为荆州刺史,来接替司马休之的职位。

当初,刘毅曾担任宁朔将军刘敬宣的参军,当时有人赞许刘毅是英雄豪杰。刘敬宣说:"和平常的人才不一样,自然会有卓绝的才能和宽宏的度量,怎么能够随口就说刘毅这个人是英雄豪杰呢? 这个人的性格,外表宽厚而内心忌刻,喜欢自我夸耀,总是想高人一等。一旦有机会掌握了权势,准会因犯上

取祸耳。"毅闻而恨之。及敬宣为江州,辞以无功,不宜授任先于毅等,裕不许。毅使人言于裕曰:"刘敬宣不豫建义。猛将劳臣,方须叙报,如敬宣之比,宜令在后。若使君不忘平生,正可为员外常侍耳。闻已授郡,实为过优。寻复为江州,尤用骇愤。"敬宣愈不自安,自表解职,乃召还为宣城内史。

　　桓玄馀党桓亮、苻宏等拥众寇乱郡县者以十数,刘毅、刘道规、檀祗等分兵讨灭之,荆、湘、江、豫皆平。夏五月,诏以毅为都督淮南等五郡军事、豫州刺史,何无忌为都督江东五郡军事、会稽内史。

　　二年冬十月,尚书论建义功,奏封刘裕豫章郡公,刘毅南平郡公,何无忌安城郡公,自馀封赏有差。

而招致灾祸。"刘毅得知刘敬宣所说的这番话后，非常怨恨刘敬宣。等到朝廷任命刘敬宣为江州刺史时，刘敬宣以自己没有功劳，不应先于刘毅等人接受任命为理由而向朝廷推辞，但刘裕没有准许。刘毅派人向刘裕进言说："刘敬宣当初没有参与我们的起义行动。现在正需要对勇猛的将领和劳苦的臣僚的功劳加以整理，按功劳大小确定次序，上报朝廷，像刘敬宣这类人，应当让他们排在后面。如果使君您不忘记过去的交情，那么可以任他为员外散骑常侍就行了。听说已任命他为郡太守，确实过于优厚了，随即又任命他为江州刺史，这就更使人惊骇叹息了。"刘敬宣心中更加不安，自己上奏表，要求解除他的职务，于是朝廷将他召回京城，改任他为宣城内史。

　　桓玄剩馀的党羽桓亮、苻宏等人仍拥有一部分军队，他们四处攻击，侵扰了十数个郡县，刘毅、刘道规、檀祗等人分别率领军队讨伐并消灭了他们，荆州、湘州、江州、豫州都被平定了。夏季五月，朝廷下诏，任命刘毅为都督淮南等五郡军事、豫州刺史，任命何无忌为都督江东五郡军事、会稽内史。

　　二年（406）冬季十月，尚书评定起义勤王的功劳，奏报晋安帝批准，封刘裕为豫章郡公，封刘毅为南平郡公，封何无忌为安城郡公，其馀有功人员，也按照等级分别封爵或赏赐。

卢循之乱

晋安帝隆安二年。初，琅邪人孙泰学妖术于钱唐杜子恭，士民多奉之。王珣恶之，流泰于广州。王雅荐泰于孝武帝，云知养性之方，召还，累官至新安太守。泰知晋祚将终，因王恭之乱，以讨恭为名，收合兵众，聚货钜亿，三吴之人多从之。识者皆忧其为乱，以中领军元显与之善，无敢言者。冬十二月，会稽内史谢𬨎发其谋，己酉，会稽王道子使元显诱而斩之，并其六子。兄子恩逃入海，愚民犹以为泰蝉蜕不死，就海中资给恩。恩乃聚合亡命得百馀人，以谋复仇。

三年，会稽世子元显，性苛刻，生杀任意。发东土诸郡免奴为客者，号曰乐属，移置京师，以充兵役，东土嚣然苦之。

冬十月，孙恩因民心骚动，自海岛帅其党杀上虞令，遂攻会稽。会稽内史王凝之，羲之之子也，世奉天师道，不出

卢循之乱

东晋安帝隆安二年（398）。当初，琅邪人孙泰从钱唐人杜子恭那里学会了妖术，很多士人平民都信奉他。王珣对此十分厌恶，把孙泰流放到广州。王雅把孙泰推荐给晋孝武帝，说他通晓养生长寿的法术，孝武帝把孙泰召回京城，授给他官职，几次升迁后，最后做到新安郡太守。孙泰知道晋朝的国运将要终止，就趁着王恭起兵叛乱的机会，以讨伐王恭为名，集聚军队，积蓄起亿万的财物，三吴地区有很多人追随他。有见识的人都担心他会叛乱，因中领军司马元显与他友善，二人关系密切，所以没有人敢揭露他。冬季十二月，会稽内史谢辅告发了孙泰的阴谋，己酉（二十二日），会稽王司马道子派司马元显诱捕了孙泰，把他还有他的六个儿子一同斩首。孙泰的侄子孙恩逃到海岛上，一些愚昧的民众仍认为孙泰只不过像蝉脱壳而去一样，并没有死，便前往海中向漂泊在海岛上的孙恩提供资助。于是，孙恩纠集亡命之徒，共有一百多人，谋划报仇。

三年（399），会稽王世子司马元显，生性苛刻，滥用生杀大权。征发东部各郡中免除官奴身份而成为佃客的人，称为"乐属"，迁移到京城，充当士兵，东部地区的百姓因此忧愁不已，悲苦不堪。

冬季十月，孙恩借着民心骚动的机会，率领他的党羽，从海岛出发，渡海上岸，杀掉了上虞县令，接着就进攻会稽。会稽内史王凝之是王羲之的儿子，家中世代信奉天师道，他既不出

兵,亦不设备,日于道室稽颡跪咒。官属请出兵讨恩,凝之曰:"我已请大道,借鬼兵守诸津要,各数万,贼不足忧也。"及恩渐近,乃听出兵,恩已至郡下。甲寅,恩陷会稽,凝之出走,恩执而杀之,并其诸子。凝之妻谢道蕴,奕之女也,闻寇至,举措自若,命婢肩舆,抽刀出门,手杀数人,乃被执。吴国内史桓谦、临海太守新秦王崇、义兴太守魏隐皆弃郡走。于是会稽谢铖、吴郡陆瓌、吴兴丘尪、义兴许允之、临海周胄、永嘉张永等及东阳、新安凡八郡人,一时起兵,杀长吏以应恩,旬日之中,众数十万。吴兴太守谢邈、永嘉太守司马逸、嘉兴公顾胤、南康公谢明慧、黄门郎谢冲、张琨、中书郎孔道等皆为恩党所杀。邈、冲,皆安之弟子也。时三吴承平日久,民不习战,故郡县兵皆望风奔溃。

恩据会稽,自称征东将军,逼人士为官属,号其党曰"长生人",民有不与之同者,戮及婴孩,死者什七八。醢诸县令以食其妻子,不肯食者,辄支解之。所过掠财物,烧邑屋,焚仓廪,刊木,堙井,相帅聚于会稽,妇人有婴儿不能去者,投于水中,曰:"贺汝先登仙堂,我当寻后就汝。"恩表会稽王道子及世子元显之罪,请诛之。

自帝即位以来,内外乖异,石头以南皆为荆、江所据,以西皆豫州所专,京口及江北皆刘牢之及广陵相高雅之所

兵应战，也不加强防备，每天只是在道室中磕头跪拜，念诵咒语。下属官吏请他出兵讨伐孙恩，王凝之说："我已请来了得道大仙，借鬼兵防守各处要冲，每处各有数万鬼兵，这些贼寇不值得担忧。"等到孙恩逐渐逼近，王凝之才同意下属出兵迎战，但这时孙恩已兵临会稽城下了。甲寅（初二），孙恩攻陷会稽，王凝之出城逃走，孙恩抓获了他，把他还有他的儿子们一并杀了。王凝之的妻子谢道蕴是谢奕的女儿，她听说贼寇来了，镇定自若，举动从容不迫，命婢女抬着轿子，拔刀出门，亲手杀了好几个贼寇后才被俘。吴国内史桓谦、临海郡太守新蔡王司马崇、义兴郡太守魏隐都放弃郡城逃走。于是会稽人谢鍼、吴郡人陆瓌、吴兴人丘尫、义兴人许允之、临海人周胄、永嘉人张永等以及东阳、新安等共八个郡的人，一时间纷纷起兵，杀掉东晋的地方官吏，响应孙恩，十日之内，聚集起数十万人。吴兴郡太守谢邈、永嘉郡太守司马逸、嘉兴公顾胤、南康公谢明慧、黄门郎谢冲、张琨、中书郎孔道等人都被孙恩的同党诛杀。谢邈、谢冲都是谢安的侄子。当时，三吴地区已经太平了很长时间，当地民众都不擅长打仗，所以各郡县的士兵都望风披靡，溃散奔逃。

孙恩占据会稽，自称征东将军，逼迫当地人士充当他的下属官吏，称他的同党为"长生人"，民众中凡有不愿成为他们同伙的，不仅本人，而且连家中的婴孩也一起杀掉，当地居民有十分之七八被他们杀死。他们把县令们剁成肉酱，让县令的妻子儿女吃，不肯吃的，就会被他们肢解分尸。他们每经过一个地方，就掠夺财物，焚烧居民房屋和政府仓库，砍伐树木，填塞水井，他们纷纷前往会稽集聚。妇女中有携带婴儿，不能离开家乡前去的，就把婴儿扔进水中，说："祝贺你先登神仙天堂，我随后就到你那里去。"孙恩上奏表，历数会稽王司马道子及其世子司马元显的罪状，请求诛杀他们。

自从晋安帝即位以来，京城内外事变动乱不断，石头城以南的地区全都被荆州、江州刺史占据，以西的地区又都被豫州刺史所独占，京口及长江以北地区都被刘牢之和广陵相高雅之所

制，朝政所行，惟三吴而已。及孙恩作乱，八郡皆为恩有，畿内诸县，盗贼处处蜂起，恩党亦有潜伏在建康者，人情危惧，常虑窃发，于是内外戒严。加道子黄钺，元显领中军将军，命徐州刺史谢琰兼督吴兴、义兴军事以讨恩。刘牢之亦发兵讨恩，拜表辄行。

冬十二月，谢琰击斩许允之，迎魏隐还郡。进击丘尪，破之，与刘牢之转斗而前，所向辄克。琰留屯乌程，遣司马高素助牢之，进临浙江。诏以牢之都督吴郡诸军事。

牢之引刘裕为参军事，使将数十人觇贼。遇贼数千人，即迎击之，从者皆死，裕坠岸下。贼临岸欲下，裕奋长刀仰斫杀数人，乃得登岸，仍大呼逐之，贼皆走，裕所杀伤甚众。刘敬宣怪裕久不返，引兵寻之，见裕独驱数千人，咸共叹息。因进击贼，大破之，斩获千馀人。

初，恩闻八郡响应，谓其属曰：“天下无复事矣，当与诸君朝服至建康。”既而闻牢之临江，曰：“我割浙江以东，不失作句践！”戊申，牢之引兵济江，恩闻之曰：“孤不羞走。”遂驱男女二十馀万口东走，多弃宝物、子女于道，官军竞取之，恩由是得脱，复逃入海岛。高素破恩党于山阴，斩恩所署吴郡太守陆瓌、吴兴太守丘尪、馀姚令吴兴沈穆夫。

控制，朝廷的政令只能在三吴地区推行。等到孙恩叛乱时，三吴地区的八个郡都被孙恩占有，京畿内的各个县，盗贼蜂拥而起，四处出没，孙恩的同党也有暗藏在建康城中的，因此人们内心惶恐，常常担心事变会秘密酝酿，突然爆发，于是朝廷只好宣布内外实行戒严。朝廷加授司马道子黄钺，任命司马元显兼中军将军，任命徐州刺史谢琰兼督吴兴、义兴军事来指挥军队讨伐孙恩。刘牢之也出兵讨伐孙恩，奏上表疏后，不等回复，就立即率军出发了。

冬季十二月，谢琰攻击并斩杀了许允之，迎接太守魏隐返回郡城。又进军攻击丘尪，将他击败，与刘牢之一起转战各处，不断前进，所向无敌，每战皆胜。谢琰留军屯驻在乌程，派遣司马高素协助刘牢之，进逼浙江。朝廷下诏任命刘牢之为都督吴郡诸军事。

刘牢之任命刘裕为参军事，派他率领数十人侦察贼寇的行动。途中遭遇贼寇数千人，刘裕便上前迎战，随从刘裕的人员都战死了，刘裕也跌落在河岸之下。贼寇站在岸边，打算下去杀他，刘裕奋力挥舞长刀，仰面杀了好几个人后，才得以上岸，于是大声呼喊追杀，贼寇全都逃走，刘裕杀死和砍伤了很多贼寇。刘敬宣奇怪刘裕这么长时间还没返回，就率军寻找他，看见刘裕独自一人追赶着数千人，大家同声感叹。随即乘机向前攻击贼寇，把他们打得大败，斩杀、俘虏了一千多人。

当初，孙恩听说八郡都有人响应他，就对他的下属说："天下不再有大事了，我将与你们一起穿上朝廷官服，前往建康。"不久，听说刘牢之已率军进逼浙江，孙恩又说："我割据浙江以东地区，不失为越王句践那样的一方诸侯。"戊申（二十六日），刘牢之率军渡过浙江，孙恩得知这一消息后，说："我不认为逃走就是耻辱。"于是驱赶着男男女女二十多万人向东逃走，将很多财宝、男女孩童丢弃在道路上，官军竞相夺取，孙恩因此得以逃脱，再度逃入海岛。高素在山阴击败孙恩的同党，斩杀了孙恩所任命的吴郡太守陆瓌、吴兴郡太守丘尪、馀姚县令吴兴人沈穆夫。

东土遭乱，企望官军之至，既而牢之等纵军士暴掠，士民失望，郡县城中无复人迹，月馀乃稍有还者。朝廷忧恩复至，以谢琰为会稽太守、都督五郡军事，帅徐州文武戍海浦。

四年夏五月，谢琰以资望镇会稽，不能绥怀，又不为武备。诸将咸谏曰："贼近在海浦，伺人形便，宜开其自新之路。"琰不从，曰："苻坚之众百万，尚送死淮南。孙恩小贼，败死入海，何能复出！若其果出，是天欲杀之也。"既而恩寇浃口，入馀姚，破上虞，进及邢浦，琰遣参军刘宣之击破之，恩退走。少日，复寇邢浦，官军失利，恩乘胜径进。己卯，至会稽。琰尚未食，曰："要当先灭此贼而后食。"因跨马出战，兵败，为帐下都督张猛所杀。吴兴太守庾桓恐郡民复应恩，杀男女数千人，恩转寇临海。朝廷大震，遣冠军将军桓不才、辅国将军孙无终、宁朔将军高雅之拒之。

冬十一月，高雅之与孙恩战于馀姚，雅之败，走山阴，死者什七八。诏以刘牢之都督会稽等五郡，帅众击恩，恩走入海。牢之东屯上虞，使刘裕戍句章。吴国内史袁崧筑沪渎垒以备恩。

五年春二月丙子，孙恩出浃口，攻句章，不能拔。刘牢之击之，恩复走入海。

三月，孙恩北趣海盐，刘裕随而拒之，筑城于海盐故治。恩日来攻城，裕屡击破之，斩其将姚盛。城中兵少不敌，

东部各郡县遭受动乱，盼望着朝廷官军到来。不久，刘牢之等人放纵士兵恣意劫掠，士人平民大失所望，郡县城中再也看不到人们的行迹，一个多月后才逐渐有人返回家园。朝廷担心孙恩卷土重来，任命谢琰为会稽郡太守，都督五郡军事，率领徐州文武官员守备东海沿线地区。

四年（400）夏季五月，谢琰凭借他的门第和声望镇守会稽，既不能安抚百姓，又不整治武备。手下的将领们都劝谏他说："孙恩贼寇近在沿海，一直在窥探形势，等待机会，我们应该为他们开辟一条悔过自新的道路。"谢琰不同意，说："苻坚的军队有一百万人，尚且自己到淮南来送死。孙恩不过是小小的贼寇，死伤惨败，逃入海中，怎么可能再出来作乱？如果他真的出来作乱，这是上天存心要诛杀他了。"不久，孙恩侵扰浃口，进入馀姚，攻破上虞，挺进到邢浦，谢琰派遣参军刘宣之击败了他们，孙恩撤走。没过几天，孙恩又侵扰邢浦，官军在交战中失利，孙恩乘胜直进。己卯（三十日），孙恩抵达会稽。当时谢琰还没有吃饭，他说："待我先消灭了这帮贼寇，然后再吃饭。"随即跨上马背，出城迎战，战败，谢琰被帐下都督张猛诛杀。吴兴郡太守庾桓担心当地民众再次响应孙恩，杀了男女数千人。孙恩转而侵扰临海。朝廷大为震惊，派遣冠军将军桓不才、辅国将军孙无终、宁朔将军高雅之率军抵御。

冬季十一月，高雅之与孙恩在馀姚交战，高雅之战败，逃往山阴，士兵有十分之七八被杀死。朝廷下诏任命刘牢之都督会稽等五郡，率军攻击孙恩，孙恩又逃入海中。刘牢之向东进军，屯驻在上虞，派刘裕驻守句章，吴国内史袁崧修筑沪渎垒，用来防备孙恩。

五年（401）春季二月丙子（初一），孙恩从浃口出发，进攻句章，未能攻克。刘牢之攻击孙恩，孙恩再次逃入海中。

三月，孙恩向北直趋海盐，刘裕紧追不放，与他抵抗，在海盐故城修筑城墙。孙恩每天都来进攻城池，刘裕屡次击败了他们，斩杀了孙恩手下的将领姚盛。城中士兵太少，难以与孙恩抗衡，

裕夜偃旗匿众,明晨开门,使羸疾数人登城。贼遥问刘裕所在,曰:"夜已走矣。"贼信之,争入城。裕奋击,大破之。恩知城不可拔,乃进向沪渎,裕复弃城追之。

海盐令鲍陋遣子嗣之帅吴兵一千,请为前驱。裕曰:"贼兵甚精,吴人不习战,若前驱失利,必败我军,可在后为声势。"嗣之不从。裕乃多伏旗鼓。前驱既交,诸伏皆出,裕举旗鸣鼓,贼以为四面有军,乃退。嗣之追之,战没。裕且战且退,所领死伤且尽,至向战处,令左右脱取死人衣以示闲暇。贼疑之,不敢逼。裕大呼更战,贼惧而退,裕乃引归。

夏五月,孙恩陷沪渎,杀吴国内史袁崧,死者四千人。

六月甲戌,孙恩浮海奄至丹徒,战士十馀万,楼船千馀艘,建康震骇。乙亥,内外戒严,百官入居省内。冠军将军高素等守石头,辅国将军刘袭栅断淮口,丹杨尹司马恢之戍南岸,冠军将军桓谦等备白石,左卫将军王嘏等屯中堂,征豫州刺史谯王尚之入卫京师。

刘牢之自山阴引兵邀击恩,未至而恩已过,乃使刘裕自海盐入援。裕兵不满千人,倍道兼行,与恩俱至丹徒。裕众既少,加以涉远疲劳,而丹徒守军莫有斗志。恩帅众鼓噪,登蒜山,居民皆荷担而立。裕帅所领奔击,大破之,

刘裕在夜晚收起旗帜，埋伏下军队。第二天早晨，打开城门，派几名老弱残兵登上城楼。贼寇远远地向他们询问刘裕在哪里，他们说："昨天夜里已经逃走了。"贼寇相信了他们的话，争相入城。刘裕指挥伏兵奋力攻击，大败贼寇。孙恩知道不能攻克海盐城，于是转头向沪渎进军，刘裕又放弃海盐城，尾随追击。

海盐县令鲍陋派遣他的儿子鲍嗣之率领吴地士兵一千人，请求当前锋。刘裕说："贼寇军队十分精锐，吴地人不熟习作战，如果前锋失利，一定会使我们全军失败，你们可以殿后，以壮声势。"鲍嗣之不同意刘裕的意见。刘裕就埋伏下许多旗帜和战鼓。前锋与贼寇交战后，各路埋伏全部出动，刘裕高举旗帜，军士也摇旗擂鼓，贼寇以为四面都有官军，就向后撤退。鲍嗣之率军追击，战死。刘裕边战边退，所率领的军队，几乎全部伤亡，退到先前接战的地方，刘裕命令身边的士兵去脱取阵亡者的衣服，以此显示从容不迫。贼寇怀疑其中有诈，不敢进逼。刘裕大声喊叫，再次投入战斗，贼寇畏惧，赶快撤退，刘裕这才撤退返回。

夏季五月，孙恩攻陷沪渎垒，杀了吴国内史袁崧，杀死四千人。

六月甲戌（初一），孙恩率领部众乘船从海上进入长江，突然抵达丹徒，战士有十多万，楼船有一千多艘，建康城中震动惊骇。乙亥（初二），京城内外戒严，文武百官住进官署内，日夜办公。冠军将军高素等人驻守石头城，辅国将军刘袭用木栅截断淮口，丹杨尹司马恢之防守长江南岸，冠军将军桓谦等人守备白石，左卫将军王嘏等人率军屯聚台城之外的中堂。征召豫州刺史谯王司马尚之率军前来保卫京城。

刘牢之率军从山阴出发，准备拦击孙恩军队，还没有赶到，孙恩军队已经过去，于是派刘裕从海盐返回到京城支援。刘裕的军队不满一千人，他们以加倍的速度日日夜夜急行军，与孙恩的军队同时到达丹徒。刘裕军队的人数既少，又加上长途跋涉，士兵们十分疲劳，而丹徒的守军又没有斗志。于是孙恩率领部众擂鼓呐喊，登上蒜山，丹徒居民都肩挑行李站着，准备随时可以出逃。刘裕率领部下急速扑向敌方，进行攻击，大败了敌军，

投崖赴水死者甚众,恩狼狈仅得还船。然恩犹恃其众,寻复整兵径向京师。后将军元显帅兵拒战,频不利。会稽王道子无他谋略,唯日祷蒋侯庙。恩来渐近,百姓恟惧。谯王尚之帅精锐驰至,径屯积弩堂。恩楼船高大,溯风不得疾行,数日乃至白石。恩本以诸军分散,欲掩不备。既而知尚之在建康,复闻刘牢之已还,至新洲,不敢进而去,浮海北走郁洲。恩别将攻陷广陵,杀三千人。宁朔将军高雅之击恩于郁洲,为恩所执。

秋八月,诏以刘裕为下邳太守,讨孙恩于郁洲,累战,大破之。恩由是衰弱,复缘海南走,裕亦随而邀击之。

冬十一月,刘裕追孙恩至沪渎、海盐,又破之,俘斩以万数,恩遂自浃口远窜入海。

元兴元年春三月,孙恩寇临海,临海太守辛景击破之。恩所虏三吴男女,死亡殆尽,恩恐为官军所获,乃赴海死,其党及妓妾从死者以百数,谓之"水仙"。馀众数千人复推恩妹夫卢循为主。循,谌之曾孙也,神采清秀,雅有材艺。少时,沙门惠远尝谓之曰:"君虽体涉风素,而志存不轨,如何?"太尉玄欲抚安东土,乃以循为永嘉太守。循虽受命,而寇暴不已。

夏五月,卢循自临海入东阳,太尉桓玄遣抚军中兵参军刘裕将兵击之,循败走永嘉。

孙恩的部众从山崖上摔下，跳入水中淹死的很多，孙恩狼狈地仅仅逃回到船上，才保住了性命。然而孙恩仍依仗他们人多势众，不久后又重新整顿军队，直接向京城进军。后将军司马元显率军迎战，屡次失利。会稽王司马道子没有其他谋略，只是天天到蒋侯庙中去祈祷。孙恩逐渐逼近建康，百姓惶恐惊慌，谯王司马尚之率领精锐部队急速赶来，径直进驻于积弩堂。孙恩的楼船又高又大，逆风航行不能快速前进，好几天才到达白石。孙恩本来认为各路官军兵力分散，打算趁朝廷没有防备而发动突袭。不久就知道司马尚之的军队已经在建康，又听说刘牢之已率军回援，抵达新洲，孙恩不敢再继续前进，于是率军离去，乘船从海路向北前往郁洲。孙恩手下的别将率领另外一支军队攻陷了广陵，杀了三千人。宁朔将军高雅之在郁洲攻击孙恩，被孙恩的军队俘获。

秋季八月，朝廷下诏任命刘裕为下邳太守，进军郁洲讨伐孙恩，经过多次交战，大败孙恩军队。孙恩从此之后日益衰弱，又沿着海岸南逃，刘裕也紧随孙恩，不断拦击。

冬季十一月，刘裕追击孙恩到沪渎、海盐，又大败孙恩，俘虏、斩杀了约一万人。于是孙恩又从浃口逃窜到海中，远离陆地。

元兴元年（402）春季三月，孙恩侵扰临海郡，临海郡太守辛景将他击败。孙恩所俘虏的三吴地区的男子妇女，几乎全都死了，孙恩害怕被官军俘获，就投入海中，自杀而死。他的党羽及女妓侍妾跟从他投海自杀的约有一百多人，都被称为“水仙”。孙恩的剩馀部众数千人又推举孙恩的妹夫卢循为首领。卢循是卢谌的曾孙，他神采清秀，多才多艺。年轻时，僧侣惠远曾对他说：“你虽然体貌风雅恬淡，但内心却有违反法纪、犯上作乱的念头，怎么办？”太尉桓玄想用安抚的手段来恢复东部各郡县的安定，就任命卢循为永嘉郡太守。卢循虽然接受了任命，但仍不断地侵害劫掠当地民众。

夏季五月，卢循从临海郡进入东阳郡，太尉桓玄派遣抚军中兵参军刘裕率军攻击，卢循战败逃回永嘉。

二年春正月，卢循使司马徐道覆寇东阳。二月辛丑，建武将军刘裕击破之。道覆，循之姊夫也。

秋八月，刘裕破卢循于永嘉，追至晋安，屡破之，循浮海南走。

三年，卢循寇南海，攻番禺。广州刺史濮阳吴隐之拒守百馀日。冬十月壬戌，循夜袭城而陷之，烧府舍、民室俱尽，执吴隐之。循自称平南将军，摄广州事，聚烧骨为共冢，葬于洲上，得骷髅三万馀枚。又使徐道覆攻始兴，执始兴相阮腆之。

义熙元年，卢循遣使贡献。时朝廷新定，未暇征讨。夏四月壬申，以循为广州刺史，徐道覆为始兴相。循遗刘裕益智粽，裕报以续命汤。

循以前琅邪内史王诞为平南长史。诞说循曰："诞本非戎旅，在此无用。素为刘镇军所厚，若得北归，必蒙寄任，公私际会，仰答厚恩。"循甚然之。刘裕与循书，令遣吴隐之还，循不从。诞复说循曰："将军今留吴公，公私非计。孙伯符岂不欲留华子鱼邪？但以一境不容二君耳。"于是循遣隐之与诞俱还。

六年。初，徐道覆闻刘裕北伐，劝卢循乘虚袭建康，循不从。道覆自至番禺说循曰："本住岭外，岂以理极于此，传之子孙邪？正以刘裕难与为敌故也。今裕顿兵坚城之下，未有还期，我以此思归死士掩击何、刘之徒，如反掌耳。不乘此机而苟求一日之安，朝廷常以君为腹心之疾。若裕

二年(403)春季正月,卢循派司马徐道覆进犯东阳郡。二月辛丑(初八),建武将军刘裕率军击败了徐道覆。徐道覆是卢循的姐夫。

秋季八月,刘裕在永嘉打败卢循,追击到晋安,又多次打败卢循,卢循乘船从海路向南逃走。

三年(404),卢循侵扰南海,进攻番禺。广州刺史濮阳人吴隐之坚守抗击了一百多天。冬季十月壬戌(初九),卢循趁夜袭击,攻陷了城池,将官府、民宅全部烧毁,俘虏了吴隐之。卢循自称平南将军,执掌广州军政事务,把烧焦的尸骨聚集起来,在水洲上挖掘一座大坟,埋在一起,聚起的骸骨有三万多具。又派徐道覆进攻始兴郡,俘虏了始兴相阮腆之。

义熙元年(405),卢循派遣使者向朝廷贡献物品。当时东晋朝廷刚刚安定,顾不上前去征讨。夏季四月壬申(二十一日),朝廷任命卢循为广州刺史,任命徐道覆为始兴相。卢循赠送刘裕益智粽,刘裕回赠卢循续命汤。

卢循任命前琅邪内史王诞为平南长史。王诞游说卢循说:"我王诞原本不是军旅出身,留在这里没有什么用处。我一向受到刘镇军的厚待,如果能够返回北方,他一定会委任我官职。不管是为公为私,如果有机会,我一定会报答您的大恩。"卢循认为他的话很有道理。刘裕写信给卢循,要他遣送吴隐之返回,卢循不答应。王诞又去说服卢循说:"将军您现在留住吴隐之,在公私两个方面都是失策。孙策难道不想留住华歆吗?只是因为一国容不得两位君主罢了。"于是,卢循遣送吴隐之与王诞二人一同返回。

六年(410)。当初,徐道覆得知刘裕北伐的消息,鼓动卢循乘虚袭击建康,卢循不听。徐道覆亲自到番禺劝说卢循,他说:"我们住在五岭以南的地区,难道你认为是因为合理才这样,并将这么一块地方传给子孙吗?正是因为刘裕军队强大,我们难以与他对抗的缘故。现在刘裕军队困在坚固的城池之下,没有归期,我们利用这些思念回归三吴家乡而敢于拼死作战的士兵,突袭何无忌、刘毅之辈,易如反掌。如果不乘此良机起事,只想苟且求得一时的安定,朝廷会一直把你视为心腹之患。如果刘裕

平齐之后,息甲岁馀,以玺书征君,裕自将屯豫章,遣诸将帅锐师过岭,虽复以将军之神武,恐必不能当也。今日之机,万不可失。若先克建康,倾其根蒂,裕虽南还,无能为也。君若不同,便当帅始兴之众直指寻阳。"循甚不乐此举,而无以夺其计,乃从之。

初,道覆使人伐船材于南康山,至始兴,贱卖之,居人争市之,船材大积而人不疑。至是,悉取以装舰,旬日而办。循自始兴寇长沙,道覆寇南康、庐陵、豫章,诸守相皆委任奔走。道覆顺流而下,舟楫甚盛。时克燕之问未至,朝廷急征刘裕。裕方议留镇下邳,经营司、雍,会得诏书,乃以韩范为都督八郡军事、燕郡太守,封融为勃海太守,檀韶为琅邪太守。戊申,引兵还。韶,祗之兄也。久之,刘穆之称范、融谋反,皆杀之。

安成忠肃公何无忌自寻阳引兵拒卢循。长史邓潜之谏曰:"国家安危,在此一举。闻循兵舰大盛,势居上流,宜决南塘,守二城以待之,彼必不敢舍我远下。蓄力养锐,俟其疲老,然后击之,此万全之策也。今决成败于一战,万一失利,悔将无及。"参军殷阐曰:"循所将之众皆三吴旧贼,百战馀勇,始兴溪子,拳捷善斗,未易轻也。将军宜留屯豫章,征兵属城,兵至合战,未为晚也。若以此众轻进,殆必

平定了齐地的南燕以后，休兵一年多，然后由皇帝下诏书，征召你前去京城，刘裕亲自率军屯驻于豫章，派遣将领们率精锐部队越过五岭，将军您即使再英勇神武，恐怕也一定无法抵挡。现在的机会，万万不可丧失。如果先攻克建康，倾覆了他们的根基，刘裕即使向南回军，也无能为力了。您如果不同意，我就要独自率领始兴的军队，直奔寻阳了。"卢循非常不愿意举兵起事，但又没有理由反驳徐道覆的计划，于是就听从了他。

当初，徐道覆派人到南康山砍伐造船用的木材，运到始兴，廉价出售，当地居民争相购买，造船木材在始兴大量地存积，而人们对此并没有什么怀疑。等到徐道覆起兵的时候，将这些木材全部征来建造船舰，十天左右就完成了。卢循从始兴出发，进犯长沙，徐道覆进犯南康、庐陵、豫章，这些地方的官员都弃官奔逃。徐道覆顺着赣江向下游挺进，舟船众多，装备优良，阵容非常盛大。当时，攻克南燕的消息还没有传到建康，朝廷紧急征召刘裕回军。刘裕正与部下商议留兵镇守下邳，以谋取司州、雍州，正在这时接到了诏书，于是任命韩范为都督八郡军事、燕郡太守，任命封融为勃海郡太守，任命檀韶为琅邪郡太守。二月戊申（二十六日），刘裕率军返回。檀韶是檀祇的哥哥。过了一段时间后，刘穆之声称韩范、封融谋划反叛，把两人都杀了。

安成忠肃公何无忌率军从寻阳出发，抗击卢循。长史邓潜之劝谏说："国家安危，在此一举。听说卢循的士兵和船舰数量众多，装备优良，阵容很强盛，而且处在上游，我们应当决开南塘，坚守豫章、寻阳二城严阵以待，他们一定不敢绕过我们远向下游挺进。我们养精蓄锐，等到他们疲惫时，再攻击他们，这是万无一失的计策。现在通过一次会战来决定胜负，万一失利，将会后悔莫及。"参军殷阐说："卢循率领的军队，都是三吴地区以前的贼寇，是经历了上百次战斗后留存下来的勇士，徐道覆的始兴兵都是蛮族之人，拳脚敏捷，勇猛善斗，不可轻视。将军应留军屯驻豫章，征调其他地方的军队前来豫章，等各路军队到达后，再合兵会战，也不算晚。如果只用现在这些兵力轻率进攻，恐怕一定

有悔。"无忌不听。三月壬申,与徐道覆遇于豫章,贼令强弩数百登西岸小山邀射之。会西风暴急,飘无忌所乘小舰向东岸。贼乘风以大舰逼之,众遂奔溃。无忌厉声曰:"取我苏武节来!"节至,执以督战。贼众云集,无忌辞色无挠,握节而死。于是中外震骇。朝议欲奉乘舆北走,就刘裕。既而知贼未至,乃止。

刘裕至下邳,以船载辎重,自帅精锐步归。至山阳,闻何无忌败死,虑京邑失守,卷甲兼行,与数十人至淮上,问行人以朝廷消息。行人曰:"贼尚未至,刘公若还,便无所忧。"裕大喜。将济江,风急,众咸难之。裕曰:"若天命助国,风当自息,若其不然,覆溺何害!"即命登舟,舟移而风止。过江,至京口,众乃大安。夏四月癸未,裕至建康。以江州覆没,表送章绶,诏不许。

青州刺史诸葛长民、兖州刺史刘藩、并州刺史刘道怜各将兵入卫建康。藩,豫州刺史毅之从弟也。毅闻卢循入寇,将拒之而疾作。既瘳,将行,刘裕遗毅书曰:"吾往习击妖贼,晓其变态。贼新获奸利,其锋不可轻。今修船垂毕,当与弟同举。克平之日,上流之任,皆以相委。"又遣刘藩往,谕止之。毅怒,谓藩曰:"往以一时之功相推耳,汝便

会后悔的。"何无忌没有听从他们的建议。三月壬申（二十日），何无忌军队与徐道覆军队在豫章相遇，贼寇徐道覆命令数百名强弩射手登上西岸的小山，向官军发箭猛射。正在这时，突然刮起猛烈的西风，把何无忌所乘的小船吹向东岸，贼寇乘着风势驾着大船直逼上来，于是官军溃散奔逃。何无忌厉声说道："把我的苏武符节拿来！"手下人送上符节，何无忌手持符节督战。贼寇军队从四面涌来，但何无忌的言辞神色没有显出丝毫的屈服，最后紧握符节战死。于是朝廷内外大为震惊。朝廷大臣们商议，想护送晋安帝向北逃到刘裕那里，不久，得知贼寇军队还未逼近京城，才放弃了出逃的计划。

刘裕抵达下邳，用船只运载辎重，自己率领精锐部队步行返回。到达山阳时，得知何无忌军败身亡的消息，刘裕担心京城失守，下令脱下铠甲，日夜兼程，急行赶回，带领数十人先行到达长江边，向行人询问朝廷的消息。行人说："贼寇还未到达京城，刘公您如果能够及时返回，就没有什么可担忧的。"刘裕非常高兴。将要渡过长江时，风刮得很大，大家都觉得很难渡过江去。刘裕说："如果天命帮助国家，大风应当自己停息。如果不是这样，翻船淹死又有什么关系！"随即下令军队上船，船一移动，大风就停止了。渡过长江，到达京口，大家的心才大为安定。夏季四月癸未（初二），刘裕到达建康。因江州沦陷，刘裕上奏表请求送还印信绶带，朝廷下诏不准许。

青州刺史诸葛长民、兖州刺史刘藩、并州刺史刘道怜分别率军进入建康守卫。刘藩是豫州刺史刘毅的堂弟。刘毅听到卢循北上进犯的消息，打算出兵阻击，但突然患病。等疾病痊愈，将要出发，刘裕派人给刘毅送信，说："我以前多次攻击妖贼，知道他们变化多端。这些妖贼刚刚获得奸邪的胜利，他们的锐气很盛，不可轻视。现在船舰马上就要修造完毕，我将与老弟你一同举兵进攻。等打败妖贼，平定叛乱的时候，我将把长江上游的重任，全部委托给你。"又派刘藩前去劝刘毅暂时停止出兵。刘毅发怒，对刘藩说："以前不过因一时的功劳推举刘裕为首领，你就

谓我真不及刘裕邪!"投书于地,帅舟师二万发姑孰。

循之初入寇也,使徐道覆向寻阳,循自将攻湘中诸郡。荆州刺史刘道规遣军逆战,败于长沙。循进至巴陵,将向江陵。徐道覆闻毅将至,驰使报循曰:"毅兵甚盛,成败之事,系之于此,宜并力摧之。若此克捷,江陵不足忧也。"循即日发巴陵,与道覆合兵而下。五月戊午,毅与循战于桑落洲,毅兵大败。弃船,以数百人步走,馀众皆为循所虏,所弃辎重山积。

初,循至寻阳,闻裕已还,犹不信。既破毅,乃得审问,与其党相视失色。循欲退还寻阳,攻取江陵,据三州以抗朝廷。道覆谓宜乘胜径进,固争之。循犹豫累日,乃从之。

己未,大赦。裕募人为兵,赏之同京口赴义之科。发民治石头城。议者谓宜分兵守诸津要,裕曰:"贼众我寡,若分兵屯守,则测人虚实。且一处失利,则沮三军之心。今聚众石头,随宜应赴,既令彼无以测多少,又于众力不分。若徒旅转集,徐更论之耳。"

朝廷闻刘毅败,人情恂惧。时北师始还,将士多创病,建康战士不盈数千。循既克二镇,战士十馀万,舟车百里不绝,楼船高十二丈,败还者争言其强盛。孟昶、诸葛长民

认为我真的比不上刘裕吗!"他把刘裕的信扔在地上,率领两万水军从姑孰出发。

卢循刚开始向北进犯时,派徐道覆进军寻阳,卢循自己率军进攻湘中各郡。荆州刺史刘道规派遣军队迎战,在长沙被打败。卢循挺进到巴陵,打算进攻江陵。徐道覆听说刘毅即将来到,派使者快马报告卢循说:"刘毅军队很强大,成功还是失败,取决于这次会战。我们应当同心合力摧毁刘毅军队。如果这一仗能够取胜,江陵就不值得担忧了。"卢循当天就从巴陵出发,与徐道覆会师,顺江而下。五月戊午(初七),刘毅军队与卢循军队在桑落洲大战,刘毅军队大败。他扔掉船只,只带着几百名士兵步行逃走,其馀部众都被卢循俘虏,丢弃的辎重军械,堆积如山。

当初,卢循抵达寻阳时,听说刘裕已经返回,还不相信。击败刘毅后,才审问俘虏得到证实,他与部下面面相觑,大惊失色。卢循想退军返回寻阳,进攻并占领江陵,据守三州以此与朝廷对抗。徐道覆认为应该乘胜直进,并坚持自己的意见。卢循犹豫了好多天,才听从了徐道覆的意见。

己未(初八),朝廷颁令大赦。刘裕招募百姓充实兵力,赏赐的规格与当时在京口起兵讨伐桓玄时相同。征发民众修筑石头城。商议的人认为应该分别派遣军队防守各个重要关口,刘裕说:"贼寇人数众多,我军人少,如果分散兵力,驻守各个关口,那么就会让贼寇探出我们的虚实。而且如果有一处失利,就会使全军的军心沮丧。现在将军队聚集在石头城,随着形势的变化和需要,派遣军队前往应战,既可以让他们无法判断出我们有多少军队,又可使我们的兵力不分散。如果各地的军队都能辗转前来集结,那么再做别的打算。"

东晋朝廷得知刘毅战败的消息,人心惶恐惊慌。当时北伐的军队刚刚返回,将士中有很多人带有伤病,而建康原有的守军又不超过几千人。卢循攻克江陵、豫章二州后,士兵已多达十多万人,舟船车马浩浩荡荡绵延百里看不到头,楼船高达十二丈,战败后逃回来的士兵争相述说贼寇的强盛。孟昶、诸葛长民

欲奉乘舆过江,裕不听。初,何无忌、刘毅之南讨也,昶策其必败,已而果然。至是,又谓裕必不能抗循,众颇信之,惟龙骧将军东海虞丘进廷折昶等,以为不然。中兵参军王仲德言于裕曰:"明公命世作辅,新建大功,威震六合,妖贼乘虚入寇,既闻凯还,自当奔溃。若先自遁逃,则势同匹夫,号令何以威物! 此谋若立,请从此辞。"裕甚悦。昶固请不已,裕曰:"今重镇外倾,强寇内逼,人情危骇,莫有固志。若一旦迁动,便自土崩瓦解,江北亦岂可得至! 设令得至,不过延日月耳。今兵士虽少,自足一战。若其克济,则臣主同休。苟厄运必至,我当横尸庙门,遂其由来以身许国之志,不能窜伏草间苟求存活也。我计决矣,卿勿复言!"昶恚其言不行,且以为必败,因请死。裕怒曰:"卿且申一战,死复何晚!"昶知裕终不用其言,乃抗表自陈曰:"臣裕北讨,众并不同,唯臣赞裕行计,致使强贼乘间,社稷危逼,臣之罪也。谨引咎以谢天下。"封表毕,仰药而死。

乙丑,卢循至淮口,中外戒严。琅邪王德文都督宫城诸军事,屯中堂皇,刘裕屯石头,诸将各有屯守。裕子义隆始四岁,裕使谘议参军刘粹辅之,镇京口。粹,毅之族弟也。

打算保护晋安帝渡过长江,刘裕不同意。起初,何无忌、刘毅南下征讨卢循时,孟昶预测他们一定失败,后来二人果然失败了。到这时,孟昶又认为刘裕一定不能抵抗卢循,大家很相信他的话,只有龙骧将军东海人虞丘进在朝廷上驳斥孟昶等人,认为他们的看法不对。中兵参军王仲德对刘裕说:"明公您以传扬于世的英名,做朝廷的辅佐,新近又建立了大功,声威震动天地四方,妖贼乘虚进犯,得知您凯旋的消息,自然会奔逃溃散。如果我们自己先逃走了,其实就同普通人一样了,这样,他的号令怎么会具有威势呢? 出逃的计谋如果被接受,请让我从此告辞。"刘裕听了十分高兴。孟昶坚持请求出逃,不肯罢休,刘裕说:"如今朝廷的重兵正镇压外部的倾覆力量,而强盛的贼寇又在内部紧逼,人心惶恐惊骇,形势危急,大家都没有坚定的信心。皇上一旦迁移,我方就会自己土崩瓦解,长江以北虽然不远,又怎么能够到达! 即使能够到达,也不过是拖延一些时间罢了。现在士兵虽少,但仍足以一战。如果能成功,那么君臣同享欢乐;如果厄运一定要临头,我也应当死在晋室宗庙门口,实现我平生以身报国的志向,绝不会逃窜躲藏在荒草泽野之间,苟且保全自己的性命。我的决心已定,你不要再说了!"孟昶怨恨自己的建议未被接受,并且认为必定会失败,就请求先将他处死。刘裕大怒说:"你暂且奋力打一仗,再去死又晚了多少呢?"孟昶知道刘裕最终还是不会采纳他的意见,就上奏表自我陈述说:"刘裕北上讨伐时,大家都不同意,只有我赞同刘裕的行动计划,以致让强贼利用了这一机会,国家面临危亡,这都是我的罪过。我诚恳地承认罪责,以此来向天下人道歉。"他把奏表封好呈上后,便喝下毒药自杀了。

乙丑(十四日),卢循军队到达淮口,京城内外戒备森严。琅邪王司马德文都督宫城诸军事,屯兵于中堂大殿,刘裕屯驻于石头城,其他将领也各率军队驻守要冲。刘裕的儿子刘义隆刚四岁,刘裕派谘议参军刘粹辅佐他,镇守京口。刘粹是刘毅同族的弟弟。

裕见民临水望贼,怪之,以问参军张劭,劭曰:“若节钺未反,民奔散之不暇,亦何能观望! 今当无复恐耳。”裕谓将佐曰:“贼若于新亭直进,其锋不可当,宜且回避,胜负之事未可量也。若回泊西岸,此成禽耳。”

徐道覆请于新亭至白石焚舟而上,数道攻裕。循欲以万全为计,谓道覆曰:“大军未至,孟昶便望风自裁。以大势言之,自当计日溃乱。今决胜负于一朝,乾没求利,既非必克之道,且杀伤士卒,不如案兵待之。”道覆以循多疑少决,乃叹曰:“我终为卢公所误,事必无成。使我得为英雄驱驰,天下不足定也。”

裕登石头城望循军,初见引向新亭,顾左右失色。既而回泊蔡洲,乃悦。于是众军转集。裕恐循侵轶,用虞丘进计,伐树栅石头淮口,修治越城,筑查浦、药园、廷尉三垒,皆以兵守之。

刘毅经涉蛮、晋,仅能自免,从者饥疲,死亡什七八。丙寅,至建康,待罪。裕慰勉之,使知中外留事。毅乞自贬,诏降为后将军。

卢循伏兵南岸,使老弱乘舟向白石,声言悉众自白石步上。刘裕留参军沈林子、徐赤特戍南岸,断查浦,戒令坚守勿动。裕及刘毅、诸葛长民北出拒之。林子曰:“妖贼此言,未必有实,宜深为之防。”裕曰:“石头城险,且淮栅甚固,留卿在后,足以守之。”林子,穆夫之子也。

刘裕看见民众到江水边上观望贼寇，很奇怪，向参军张劭询问这件事情，张劭说："如果将军您没有返回，民众四散奔逃还来不及，又怎么能到水边观望？现在他们应该不再恐慌了。"刘裕对部下将领说："贼寇如果从新亭直接进攻，他们的兵锋势不可挡，应当暂且避开，谁胜谁败就不可推测了。如果他们的战舰迁回到西岸的蔡洲停泊，这就要束手就擒了。"

徐道覆请求在新亭到白石之间，焚毁船舰，全军上岸，分几路一起进攻刘裕。卢循想采用万无一失的策略，他对徐道覆说："我们大军还未到达，孟昶就望风自杀了。从大势上来说，对方在近日将会自动溃乱。现在要以一朝的大战来决定胜负，想依靠侥幸来求得胜利，这既不是必胜之道，而且会使士兵遭受很大的伤亡，不如按兵不动，等待他们送上门来。"徐道覆因卢循疑虑重重，缺乏决断能力，就叹息道："我最终要被卢公所耽误，大事必定不能成功。假如我能被一位英雄重用，为他纵横驰骋，平定天下是不在话下的。"

刘裕登上石头城观望卢循军队，起初看见他们向新亭进发，回头看看身边的人而脸色骤变。不久又看见他们回船停泊于蔡洲，才高兴起来。于是各路军队辗转集结。刘裕怕卢循侵袭，突破防守，就采用了虞丘进的计策，砍伐树木作栅栏，拦在石头城、淮口外面。修治越城，兴筑查浦、药园、廷尉三个堡垒，都派兵防守。

刘毅战败奔逃后，穿过蛮族地区及晋朝廷管辖下的地区，仅能逃出一命，随从他的人因饥饿疲惫，死去的有十分之七八。丙寅（十五日），刘毅到达建康，等待处罚。刘裕安慰勉励他，派他知中外留事。刘毅自求贬谪，于是朝廷下诏将他降职为后将军。

卢循在南岸埋伏军队，派年老体弱的士兵乘船驶向白石，声称全军要从白石登陆。刘裕留下参军沈林子、徐赤特守备南岸，切断查浦通道，严令他们坚守阵地，不准出动。刘裕及刘毅、诸葛长民率军向北出动，进行抗击。沈林子说："妖贼这番话，不一定是事实，应当多加防备。"刘裕说："石头城险要，而且淮口的栅栏十分坚固，留你在后面，完全可以守住这里。"沈林子是沈穆夫的儿子。

庚辰,卢循焚查浦,进至张侯桥。徐赤特将击之,林子曰:"贼声往白石而屡来挑战,其情可知。吾众寡不敌,不如守险以待大军。"赤特不从,遂出战。伏兵发,赤特大败,单舸奔淮北。林子及将军刘钟据栅力战,朱龄石救之,贼乃退。循引精兵大上,至丹杨郡。裕帅诸军驰还石头,斩徐赤特,解甲久之,乃出陈于南塘。

卢循寇掠诸县无所得,谓徐道覆曰:"师老矣,不如还寻阳,并力取荆州,据天下三分之二,徐更与建康争衡耳。"秋七月庚申,循自蔡洲南还寻阳,留其党范崇民将五千人据南陵。甲子,裕使辅国将军王仲德、广川太守刘钟、河间内史兰陵蒯恩、中军谘议参军孟怀玉等帅众追循。

八月,刘裕还东府,大治水军,遣建威将军会稽孙处、振武将军沈田子帅众三千自海道袭番禺。田子,林子之兄也。众皆以为"海道艰远,必至为难,且分撤见力,非目前之急"。裕不从,敕处曰:"大军十二月之交必破妖虏,卿至时,先倾其巢窟,使彼走无所归也。"

江州刺史庾悦以鄱阳太守虞丘进为前驱,屡破卢循兵,进据豫章,绝循粮道。
九月,刘毅固求追讨卢循,长史王诞密言于刘裕曰:"毅既丧败,不宜复使立功。"裕从之。冬十月,裕帅兖州刺史刘藩、宁朔将军檀韶、冠军将军刘敬宣等南击卢循,以刘毅监太尉留府,后事皆委焉。癸巳,裕发建康。

庚辰（二十九日），卢循纵火焚烧查浦，进军到张侯桥。徐赤特打算攻击他们，沈林子说："贼寇声称前往白石，却屡次来这里挑战，由此可看出他们的意图。我们寡不敌众，不如据险坚守，以等待大军返回。"徐赤特没有听从他的意见，最终还是率军出战了。贼寇伏兵一起出动，徐赤特大败，乘着一条船逃奔淮北。沈林子以及将军刘钟凭借栅栏，奋力苦战，朱龄石也率军前来救援，贼寇这才退走。卢循又率领精兵大举进攻，到达丹杨郡。刘裕率领各路军队赶回石头城，将徐赤特斩首，让将士解甲休整了好久，才率军出城在南塘设立阵地。

卢循侵扰劫掠各县而一无所获，他对徐道覆说："军队疲惫了，不如返回寻阳，合力攻取荆州，占据天下三分之二的地盘，再慢慢与建康抗争。"秋季七月庚申（初十），卢循从蔡洲向南返回寻阳，留下他的党羽范崇民率五千人据守南陵。甲子（十四日），刘裕派辅国将军王仲德、广川郡太守刘钟、河间内史兰陵人蒯恩、中军谘议参军孟怀玉等人率军追击卢循。

八月，刘裕返回东府，大力整治水军，派遣建威将军会稽人孙处、振武将军沈田子率军三千从海路袭击番禺。沈田子是沈林子的哥哥。大家都认为"海路艰险遥远，一定很难到达，而且，分散了现在的兵力，并非目前的紧急事务"。刘裕没有听从大家的意见，他命令孙处说："大军在十二月初的时候，一定会打败妖贼，你到达番禺后，先摧毁他们的巢穴，使他们逃窜时没有地方可以返回。"

江州刺史庾悦任命鄱阳郡太守虞丘进为前锋，多次击败卢循军队，进军占据豫章，切断了卢循运粮的通道。

九月，刘毅坚决请求带兵追击征讨卢循，长史王诞秘密地向刘裕进言说："刘毅既然已经战败，丧失了军队和权力，不应再让他建立军功。"刘裕听从了他的话。冬季十月，刘裕率领兖州刺史刘藩、宁朔将军檀韶、冠军将军刘敬宣等南下攻击卢循，任命刘毅为监太尉留府，将后方的事务全部委托给他。癸巳（十四日），刘裕率军从建康出发。

徐道覆帅众三万趣江陵,奄至破冢。时鲁宗之已还襄阳,追召不及,人情大震。或传循已平京邑,遣道覆来为刺史,江、汉士民感刘道规焚书之恩,无复贰志。道规使刘遵别为游军,自拒道覆于豫章口,前驱失利。遵自外横击,大破之,斩首万馀级,赴水死者殆尽,道覆单舸走还湓口。初,道规使遵为游军,众咸以为强敌在前,唯患众少,不应分割见力,置无用之地。及破道覆,卒得游军之力,众心乃服。

王仲德等闻刘裕大军且至,进攻范崇民于南陵。崇民战舰夹屯西岸。十一月,刘钟自行觇贼,大雾,贼钩得其舸。钟因帅左右攻舰户,贼遽闭户拒之,钟乃徐还,与仲德共攻崇民,崇民走。

卢循兵守广州者不以海道为虞。庚戌,孙处乘海奄至,会大雾,四面攻之,即日拔其城。处抚其旧民,戮循亲党,勒兵谨守,分遣沈田子等击岭表诸郡。

刘裕军雷池。卢循扬声不攻雷池,当乘流径下。裕知其欲战,十二月己卯,进军大雷。庚辰,卢循、徐道覆帅众数万塞江而下,前后莫见舳舻之际。裕悉出轻舰,帅众军齐力击之。又分步骑屯于西岸,先备火具。裕以劲弩射循军,因风水之势以蹙之。循舰悉泊西岸,岸上军投火焚之,

徐道覆率部众三万人直扑江陵，突然到达破冢。当时鲁宗之已返回襄阳，追召他回来已经来不及了，于是人心大为震恐。有人传言说卢循已占据京城，派遣徐道覆前来当刺史。但江、汉一带的士人平民感怀刘道规焚烧书信，不加追究的恩德，不再存有二心。刘道规派刘遵另外率领一支军队作为游击部队，自己率军在豫章口抵御徐道覆，前锋在交战中失利。刘遵率军从外面拦腰横击徐道覆的军队，将他们打得大败，斩杀了一万多人，其余的人大多投水而死，整个军队几乎被消灭，徐道覆仅坐一条船逃回溢口。起初，刘道规派刘遵率军游击时，大家都认为强大的敌军正在面前，只担心自己军队的人数太少，不应再分割现有的兵力，将它放到无用的地方去。等到击败徐道覆，并且最终是依靠了游击军的力量时，大家才心悦诚服。

王仲德等人听说刘裕的大军将要到达，就在南陵向范崇民发动进攻。范崇民的战舰分别停泊在南北两岸，呈夹击长江的形势。十一月，刘钟亲自前去侦察敌情，当时大雾弥漫，贼寇用钩子钩住了刘钟所乘的那艘船。刘钟乘机率领左右随从进攻对方的船舱门，贼寇急忙关闭了船舱门进行抵抗，于是刘钟从容地返回，与王仲德一同进攻范崇民，范崇民逃跑。

卢循留下镇守广州的军队，不认为海路有什么值得担忧的。庚戌（初二），孙处率军乘船突然从海路抵达，当时正逢大雾，官军从四面进攻，当天就攻克了广州城。孙处安抚原广州的居民，诛杀了卢循的亲属党羽，管束部队，小心防守，又分别派遣沈田子等人率军攻击五岭以南的各郡。

刘裕率军驻扎在雷池，卢循扬言不进攻雷池，将要顺流直下。刘裕知道他打算出战，十二月己卯（初一），刘裕进军到大雷。庚辰（初二），卢循、徐道覆率军数万顺长江而下，舟船塞满江面，前后望不见边际。刘裕出动所有的轻快战舰，率各路军队一同合力攻击。又分派步骑兵集聚在西岸，准备好纵火用具。刘裕命令强弩手猛射卢循军队，利用风向水势逼近攻杀。卢循的战舰全部停泊在西岸，岸上的官军向下投掷火具，焚烧贼寇战舰，

烟炎涨天。循兵大败,走还寻阳。将趣豫章,乃悉力栅断左里。丙申,裕军至左里,不得进。裕麾兵将战,所执麾竿折,幡沉于水,众并怪惧。裕笑曰:"往年覆舟之战,幡竿亦折,今者复然,贼必破矣。"即攻栅而进,循兵虽殊死战,弗能禁。循单舸走,所杀及投水死者凡万馀人。纳其降附,宥其逼略,遣刘藩、孟怀玉轻军追之。循收散卒,尚有数千人,径还番禺。道覆走保始兴。裕版建威将军褚裕之行广州刺史。裕之,裒之曾孙也。裕还建康。刘毅恶刘穆之,每从容与裕言穆之权太重,裕益亲任之。

七年春正月,刘藩帅孟怀玉等诸将追卢循至岭表。二月壬午,怀玉克始兴,斩徐道覆。

三月,卢循行收兵至番禺,遂围之,孙处拒守二十馀日。沈田子言于刘藩曰:"番禺城虽险固,本贼之巢穴。今循围之,或有内变。且孙季高众力寡弱,不能持久,若使贼还据广州,凶势复振矣。"夏四月,田子引兵救番禺,击循,破之,所杀万馀人。循走,田子与处共追之,又破循于苍梧、郁林、宁浦。会处病,不能进,循奔交州。

初,九真太守李逊作乱,交州刺史交趾杜瑗讨斩之。瑗卒,朝廷以其子慧度为交州刺史。诏书未至,循袭破合浦,径向交州。慧度帅州府文武拒循于石埼,破之。循馀

烟火冲天。卢循军队大败,逃回寻阳。卢循打算直扑豫章,于是全力竖起栅栏,截断左里通路。丙申(十八日),刘裕大军抵达左里,无法前进。刘裕指挥军队将要进攻时,他手中所拿的指挥旗的旗杆突然折断,旗帜沉入水中,大家都很奇怪惊惧。刘裕笑着说:"当年在覆舟山之战时,旗杆也曾折断过,今天又这样,贼寇一定会被打败。"随即进军攻击栅栏,卢循军队虽拼死力战,也无法阻挡官军。卢循只身乘船逃走,他的士兵被斩杀的及投水淹死的共有一万多人。刘裕收编了投降归附的士兵,赦免了那些因受逼迫而参与叛乱的人士,派遣刘藩、孟怀玉率领轻装部队追击卢循。卢循收罗被打散的士兵,还有几千人,直接撤回番禺。徐道覆退守始兴。刘裕未通过朝廷,自己指派建威将军褚裕之代理广州刺史。褚裕之是褚裒的曾孙。刘裕返回建康。刘毅憎恶刘穆之,常从容地对刘裕说起刘穆之权势太大,但刘裕却更加信任刘穆之。

七年(411)春季正月,刘藩率领孟怀玉等多位将领,追击卢循到达五岭以南地区。二月壬午(初五),孟怀玉攻克始兴,斩杀徐道覆。

三月,卢循一边行军,一边招收士兵,到达番禺,于是包围了番禺,孙处率军抵抗坚守了二十多天。沈田子对刘藩说:"番禺城虽然险要坚固,但原本是贼寇的巢穴。如今卢循包围了它,或许城内会发生事变。而且孙处的兵力薄弱,不能坚持很久,如果让贼寇回军占据广州,他们的凶狠气势就会重新振作。"夏季四月,沈田子率军救援番禺,攻击卢循,大败贼军,斩杀了一万多人。卢循逃走,沈田子与孙处合兵追击,又在苍梧、郁林、宁浦连续打败了卢循军队。正在这时,孙处患病,不能进军追击,于是卢循逃向交州。

当初,九真郡太守李逊叛乱,交州刺史交趾人杜瑗征讨并斩杀李逊。杜瑗去世,朝廷任命他的儿子杜慧度为交州刺史。任命的诏书还未送到,卢循攻破了合浦,径直进军交州,杜慧度率领州府文武官员在石埼抵御卢循,将卢循打败。卢循剩余的

众犹三千人,李逊馀党李脱等结集俚獠五千馀人以应循。庚子,循晨至龙编南津。慧度悉散家财以赏军士,与循合战,掷雉尾炬焚其舰,以步兵夹岸射之,循众舰俱然,兵众大溃。循知不免,先鸩妻子,召妓妾问曰:"谁能从我死者?"多云:"雀鼠贪生,就死实难。"或云:"官尚当死,某岂愿生!"乃悉杀诸辞死者,因自投于水。慧度取其尸斩之,并其父子及李脱等,函七首送建康。

部众还有三千人,李逊的馀党李脱等人聚集俚獠族五千多人响应卢循。庚子(二十四日),早晨,卢循率部众到达龙编南渡口。杜慧度散尽家中全部财产来犒赏士兵,与卢循交战,杜慧度军队投掷雉尾型火炬焚烧卢循的战舰,并派步兵在两岸夹射卢循军队,卢循的战舰全都烧了起来,军队完全崩溃。卢循知道无法逃脱一死了,他先毒死了妻子儿女,然后把女妓侍妾们召来问道:"谁能跟从我一同死?"她们中的多数人都说:"鸟雀老鼠尚且贪图活命,要一同去死实在很难。"也有人说:"官人您尚且要死,我怎么还会希望活着!"于是卢循把那些不愿跟从他同死的人全部杀了,随后自己也投水自杀。杜慧度打捞起他的尸体,砍下头颅,再加上卢循的父亲、儿子及李脱等人共七颗人头,装入木匣中,送往都城建康。

谯纵之乱

晋安帝义熙元年。初,毛璩闻桓振陷江陵,帅众三万顺流东下,将讨之,使其弟西夷校尉瑾、蜀郡太守瑗出外水,参军巴西谯纵、侯晖出涪水。蜀人不乐远征,晖至五城水口,与巴西阳昧谋作乱。纵为人和谨,蜀人爱之,晖、昧共逼纵为主。纵不可,走投于水。引出,以兵逼纵登舆。纵又投地,叩头固辞,晖缚纵于舆。还,袭毛瑾于涪城,杀之,推纵为梁、秦二州刺史。春二月,璩至略城,闻变,奔还成都,遣参军王琼将兵讨之,为纵弟明子所败,死者什八九。益州营户李腾开城纳纵兵,杀璩及弟瑗,灭其家。纵称成都王,以从弟洪为益州刺史,以明子为巴州刺史,屯白帝。于是蜀大乱,汉中空虚,氐王杨盛遣其兄子平南将军抚据之。

二年春正月,益州刺史司马荣期击谯明子于白帝,破之。秋九月,刘裕闻谯纵反,遣龙骧将军毛脩之将兵与司马荣期、文处茂、时延祖共讨之。脩之至宕渠,荣期为其参军杨承祖所杀,承祖自称巴州刺史,脩之退还白帝。

谯纵之乱

东晋安帝义熙元年(405)。起初,毛璩听说桓振攻陷了江陵,就率军三万人顺着长江东下,打算讨伐桓振。他派他的弟弟西夷校尉毛瑾、蜀郡太守毛瑗,沿着外水进发;派参军巴西人谯纵、侯晖沿着涪水进发。蜀地将士不愿出外远征,侯晖抵达五城水口时,与巴西人阳昧密谋叛乱。谯纵为人和蔼谨慎,蜀地人士很敬爱他,侯晖、阳昧一同逼迫谯纵当他们的首领。谯纵不肯,逃走并投入水中。叛军将他救出,用武器逼迫谯纵上车。谯纵又扑到地上,向众人叩头,执意推辞,最后,侯晖将谯纵绑在车上。叛军返回,在涪城袭击毛瑾,将他杀了,推举谯纵为梁、秦二州刺史。春季二月,毛璩抵达略城,得知兵变的消息,急速返回成都,派遣参军王琼率军讨伐叛军,被谯纵的弟弟谯明子击败,所率军队阵亡的有十之八九。益州营户李腾打开城门,放谯纵的叛军进城,叛军杀了毛璩及他的弟弟毛瑗,诛灭了他们全家。谯纵自称成都王,任命他的堂弟谯洪为益州刺史,任命谯明子为巴州刺史,屯驻在白帝。于是,巴蜀地区大乱,汉中一带空虚,氐王杨盛派遣他的侄子平南将军杨抚占据了汉中。

二年(406)春季正月,益州刺史司马荣期在白帝攻打谯明子,将他打败。秋季九月,刘裕听说谯纵反叛,派遣龙骧将军毛脩之率军与司马荣期、文处茂、时延祖共同讨伐他。毛脩之抵达宕渠,司马荣期被他的参军杨承祖杀死,杨承祖自称巴州刺史,毛脩之退回白帝。

三年秋八月,毛脩之与汉嘉太守冯迁合兵击杨承祖,斩之。脩之欲进讨谯纵,益州刺史鲍陋不可。脩之上表言:"人之所以重生,实有生理可保。臣之情地,生涂已竭,所以借命朝露者,庶凭天威诛夷仇逆。今屡有可乘之机,而陋每违期不赴。臣虽效死寇庭,而救援理绝,将何以济!"刘裕乃表襄城太守刘敬宣帅众五千伐蜀,以刘道规为征蜀都督。九月,谯纵称藩于秦。

四年夏五月,谯纵遣使称藩于秦,又与卢循潜通。纵上表请桓谦于秦,欲与之共击刘裕。秦王兴以问谦,谦曰:"臣之累世,著恩荆、楚,若得因巴、蜀之资,顺流东下,士民必翕然响应。"兴曰:"小水不容巨鱼,若纵之才力自足办事,亦不假君以为鳞翼。宜自求多福。"遂遣之。谦至成都,虚怀引士。纵疑之,置于龙格,使人守之。谦泣谓诸弟曰:"姚主之言神矣!"

秋七月,刘敬宣既入峡,遣巴东太守温祚以二千人出外水,自帅益州刺史鲍陋、辅国将军文处茂、龙骧将军时延祖由垫江转战而前。谯纵求救于秦,秦王兴遣平西将军姚赏、南梁州刺史王敏将兵二万赴之。敬宣军至黄虎,去成都五百里。纵辅国将军谯道福悉众拒嶮,相持六十馀日,敬宣不得进。食尽,军中疾疫,死者太半,乃引军还。敬宣

三年（407）秋季八月，毛修之与汉嘉郡太守冯迁合兵进攻杨承祖，将他斩杀。毛修之打算进军讨伐谯纵，益州刺史鲍陋认为不行。毛修之向朝廷上奏表说："人所以看重生命，实在是因为有着可以保全生命的理由。我现在的情形和处境，已不再有生存下去的理由，所以还要十分短暂地借用一下这条性命，只是希望依靠上天的威势，诛灭屠杀仇敌和叛匪罢了。现在多次出现可乘的良机，但鲍陋总是违反约定的时间，不肯与我合兵进攻。我虽决心奋战于贼寇巢穴，以死报效朝廷，然而救援断绝，将要靠什么取得成功呢？"于是刘裕上奏表推荐襄城太守刘敬宣率军五千人讨伐谯纵的西蜀王国，任命刘道规为征蜀都督。九月，谯纵归附后秦，自称是后秦的藩属。

四年（408）夏季五月，谯纵派遣使者前往后秦，向后秦称臣，又与卢循暗中来往。谯纵向后秦上奏表，请求派桓谦南下，打算与他一同攻击刘裕。后秦王姚兴询问桓谦对这件事的意见，桓谦说："我们桓家好几代人都对荆、楚地区的民众有着恩德，如果能够利用巴、蜀的资助，顺长江东下，士人平民一定会纷纷响应。"姚兴说："小沟小溪中，容不下巨大的鱼，如果谯纵的才能和力量足以自己办成事情，也不会借助你充当他的鳞甲羽翼。你应该自己多加保重。"于是送桓谦南下。桓谦来到成都，谦恭虚心地接纳各方人士，谯纵对他产生了疑心，将他软禁在龙格，派人看守他。桓谦哭泣着对他的弟弟们说："姚主的话真是神算啊！"

秋季七月，刘敬宣进入三峡后，派遣巴东太守温祚率军二千人从外水进军，自己率领益州刺史鲍陋、辅国将军文处茂、龙骧将军时延祖从垫江转战前进。谯纵向后秦请求救援，后秦王姚兴派遣平西将军姚赏、南梁州刺史王敏率军二万前去援救谯纵。刘敬宣的军队抵达黄虎，距离成都五百里。谯纵西蜀王国的辅国将军谯道福集中全部兵力，凭借险要的地势进行抵抗，双方相持六十多天，刘敬宣无法前进。粮食吃完，军中又流行疾病瘟疫，有一大半的士兵病死，于是刘敬宣只好率军退了回去。刘敬宣

坐免官,削封三分之一,荆州刺史刘道规以督统降号建威将军。九月,刘裕以敬宣失利,请逊位。诏降为中军将军,开府如故。刘毅欲以重法绳敬宣,裕保护之。何无忌谓毅曰:"奈何以私憾伤至公!"毅乃止。

五年春正月,秦王兴遣使册拜谯纵为大都督、相国、蜀王,加九锡,承制封拜,悉如王者之仪。

六年秋八月,谯纵遣侍中谯良等入见于秦,请兵以伐晋。纵以桓谦为荆州刺史,谯道福为梁州刺史,帅众二万寇荆州。秦王兴遣前将军苟林帅骑兵会之。

江陵自卢循东下,不得建康之问,群盗互起。荆州刺史刘道规遣司马王镇之帅天门太守檀道济、广武将军彭城到彦之入援建康。道济,祗之弟也。镇之至寻阳,为苟林所破。卢循闻之,以林为南蛮校尉,分兵配之,使乘胜伐江陵,声言徐道覆已克建康。桓谦于道召募义旧,民投之者二万人。谦屯枝江,林屯江津,二寇交逼,江陵士民多怀异心。道规乃会将士告之曰:"桓谦今在近道,闻诸长者颇有去就之计,吾东来文武足以济事。若欲去者,本不相禁。"因夜开城门,达晓不闭。众咸惮服,莫有去者。

雍州刺史鲁宗之帅众数千自襄阳赴江陵。或谓宗之情未可测,道规单马迎之,宗之感悦。道规使宗之居守,委以

为此被免去官职，削除三分之一的封地，荆州刺史刘道规因此从督统的名号贬降为建威将军。九月，刘裕因刘敬宣征讨西蜀王国失利，请求朝廷准许自己辞去官位。晋安帝下诏将刘裕降为中军将军，开府设置属官仍然照旧。刘毅想用苛重的处罚来惩治刘敬宣，刘裕则对刘敬宣加以保护。何无忌对刘毅说："怎么能因私人的怨恨，伤害到国家的公事？"刘毅这才放弃了原先的念头。

五年（409）春季正月，后秦王姚兴派遣使者前往西蜀王国送上册命，任命谯纵为大都督、相国，封为蜀王，加授九锡礼仪待遇，可承后秦王制命在当地任官封爵，其他各类礼仪规格完全同君王一样。

六年（410）秋季八月，谯纵派遣侍中谯良等人前去后秦朝见，请求派兵征伐东晋。谯纵任命桓谦为荆州刺史，任命谯道福为梁州刺史，率军二万进犯荆州。后秦王姚兴派遣前将军苟林率领骑兵与他们会师。

江陵自从卢循率军东下以后，一直得不到建康朝廷方面的消息，于是成群的盗贼纷纷而起。荆州刺史刘道规派遣司马王镇之率领天门太守檀道济、广武将军彭城人到彦之前往建康援救。檀道济是檀祇的弟弟。王镇之到达寻阳，被苟林打败。卢循听到这个消息，任命苟林为南蛮校尉，分出一部分兵力配备给他，派他乘胜征伐江陵，宣称徐道覆已经攻克了建康。桓谦在进军途中招募感怀桓家恩义的旧部众，投奔归附他的民众有二万人。桓谦屯驻在枝江，苟林屯驻在江津，两路寇军交相进逼，江陵城中很多士人平民都怀着背叛之心。于是刘道规召集将士，向他们宣告："如今桓谦就在附近，听说各位长辈都有离去的打算。我们从东部来这里的文武官员，足以办成事情。如果有人想离去，我本不打算加以禁止。"随即就在夜里打开了城门，通宵达旦不关闭。众人都畏惧佩服，没有人离开。

雍州刺史鲁宗之率领部众数千人，从襄阳奔赴江陵。有人说鲁宗之的意图还不可预测，但刘道规却单人匹马前去迎接，鲁宗之既感动又高兴。刘道规让鲁宗之留在江陵坚守，把他当作

腹心，自帅诸军攻谦。诸将佐皆曰：“今远出讨谦，其胜难必。苟林近在江津，伺人动静，若来攻城，宗之未必能固。脱有蹉跌，大事去矣。”道规曰：“苟林愚懦，无他奇计，以吾去未远，必不敢向城。吾今取谦，往至便克。沈疑之间，已自还返。谦败则林破胆，岂暇得来！且宗之独守，何为不支数日！”乃驰往攻谦，水陆齐进。谦等大陈舟师，兼以步骑，战于枝江。檀道济先进陷陈，谦等大败。谦单舸奔苟林，道规追斩之。还，至涌口，讨林，林走，道规遣谘议参军临淮刘遵帅众追之。初，谦至枝江，江陵士民皆与谦书，言城内虚实，欲为内应。至是检得之，道规悉焚不视，众于是大安。九月，刘遵斩苟林于巴陵。冬十一月癸丑，益州刺史鲍陋卒。谯道福陷巴东，杀守将温祚、时延祖。

八年冬十一月，太尉裕谋伐蜀，择元帅而难其人。以西阳太守朱龄石既有武干，又练吏职，欲用之。众皆以为龄石资名尚轻，难当重任，裕不从。十二月，以龄石为益州刺史，帅宁朔将军臧熹、河间太守蒯恩、下邳太守刘钟等伐蜀，分大军之半二万人以配之。熹，裕之妻弟，位居龄石之右，亦隶焉。

裕与龄石密谋进取，曰：“刘敬宣往年出黄虎，无功而退。贼谓我今应从外水往，而料我当出其不意犹从内水

心腹亲信,自己率领各路军队进攻桓谦。他属下的将领们都说:"现在出城远行,征讨桓谦,能否胜利很难说定。苟林就驻扎在江津,离城很近,他一直在窥测我们的动静,如果他来攻城,鲁宗之未必能够固守,万一有什么闪失,大势就去了。"刘道规说:"苟林愚昧懦弱,没有什么惊人的计谋,他认为我们离城不远,一定不敢来攻城。我们这次进攻桓谦,进军到那里,立刻就能取得胜利,苟林还在疑虑犹豫的时候,我们就已返回。桓谦失败了,苟林就会吓破了胆,怎么还顾得上来攻城? 再说鲁宗之独自守城,怎么可能连几天也坚持不住!"于是率军急速前往攻击桓谦,水陆两路齐头并进。桓谦等人出动全部水军,摆开阵势,加上步骑兵,与刘道规在枝江大战。檀道济率先进攻,冲锋陷阵,桓谦等人大败。桓谦乘一只船向苟林驻地逃奔,刘道规追上他并将他斩首。刘道规率军返回,到达涌口,进攻苟林,苟林逃走,刘道规派遣谘议参军临淮人刘遵率军追击。当初,桓谦到达枝江时,江陵的士人平民都写信给桓谦,述说城中的虚实动静,想为桓谦充当内应。等到打败桓谦,在桓谦营地中寻检到这些信,刘道规把信全部烧掉,一封也不看,江陵百姓从此人心非常安定。九月,刘遵在巴陵斩杀了苟林。冬季十一月癸丑(初五),益州刺史鲍陋去世。谯道福攻陷巴东,杀死太守温祚、将领时延祖。

八年(412)冬季十一月,太尉刘裕谋划讨伐西蜀王国,选择统帅,难以找到合适的人选。因西阳郡太守朱龄石既有军事韬略,又熟悉文武职务,打算起用他为统帅。众人都认为朱龄石的资历和名望还不够,难以担当这一重任,刘裕没有听从他们的意见。十二月,任命朱龄石为益州刺史,率领宁朔将军臧熹、河间太守蒯恩、下邳太守刘钟等讨伐西蜀王国,分出大军的一半二万人,配属给朱龄石。臧熹是刘裕妻子的弟弟,官位比朱龄石高,也隶属于朱龄石。

刘裕与朱龄石秘密策划进军作战的计划,刘裕说:"刘敬宣当年进军到黄虎,不能取胜而退回。叛贼认为我们这次征讨本应从外水进军,同时又预料,我们一定会为了出其不意,仍从内水

来也。如此，必以重兵守涪城以备内道。若向黄虎，正堕其计。今以大众自外水取成都，疑兵出内水，此制敌之奇也。"而虑此声先驰，贼审虚实，别有函书封付龄石，署函边曰："至白帝乃开。"诸军虽进，未知处分所由。

毛脩之固请行。裕恐脩之至蜀，必多所诛杀，土人与毛氏有嫌，亦当以死自固，不许。

九年夏六月，朱龄石等至白帝发函书，曰："众军悉从外水取成都，臧熹从中水取广汉，老弱乘高舰十馀，从内水向黄虎。"于是诸军倍道兼行。谯纵果命谯道福将重兵镇涪城，以备内水。

龄石至平模，去成都二百里。纵遣秦州刺史侯晖、尚书仆射谯诜帅众万馀屯平模，夹岸筑城以拒之。龄石谓刘钟曰："今天时盛热，而贼严兵固险，攻之未必可拔，祗增疲困。且欲养锐息兵以伺其隙，何如？"钟曰："不然。前扬声言大众向内水，谯道福不敢舍涪城。今重军猝至，出其不意，侯晖之徒已破胆矣。贼阻兵守险者，是其惧不敢战也。因其凶惧，尽锐攻之，其势必克。克平模之后，自可鼓行而进，成都必不能守矣。若缓兵相守，彼将知人虚实。涪军忽来，并力拒我，人情既安，良将又集，此求战不获，军食无

挺进。这样,他们肯定会用重兵防守涪城,以此防备内水的道路。如果我们进军黄虎,正中了他们的计谋。现在我们率大军从外水挺进,直取成都,再派一些部队作疑兵,从内水进军,迷惑对方,这是克敌制胜的妙计。"刘裕担心这一计划事先泄露出去,使叛贼了解讨伐大军的虚实动向,就另外写了一道秘密军令,封起来后交付给朱龄石,封套边上写:"到达白帝后再拆开。"于是各路军队虽然向前推进,但不知道具体的进军路线和计划。

毛脩之坚持请求随大军同行,刘裕担心毛脩之到达巴蜀地区后,一定会大肆屠杀,而当地居民与毛家有怨恨,也将会拼死固守,所以不准许他的请求。

九年(413)夏季六月,朱龄石等人抵达白帝,拆开信封,军令上说:"大军全部从外水挺进,直取成都,臧熹从中水攻取广汉,老弱士兵乘高大的战舰十多艘,从内水向黄虎进军。"于是各路军队以加倍的速度,日夜兼程,急行前进。谯纵果然命令谯道福率领重兵镇守涪城,防备内水。

朱龄石抵达平模,距离成都二百里。谯纵派遣秦州刺史侯晖、尚书仆射谯诜率军一万多人驻守平模,在岷江两岸修筑城堡来抵抗官军。朱龄石对刘钟说:"现在正赶上天气太热,而叛贼的防守又很严密,据险固守,发动攻击不一定能够攻克,只是白白地增加军队的疲劳困顿。我想暂且休兵一段时间,养精蓄锐,等待有隙可乘的时候再进攻,你觉得怎么样?"刘钟说:"不能这样。在此以前,我们宣称大军向内水挺进,谯道福不敢离开涪城。现在主力部队突然到达这里,这是他们完全没有意料到的,侯晖之辈已经吓破了胆。叛贼所以阻断通路,据险防守,是因为他心中恐惧,不敢出战。乘他们惊恐不安之机,出动全部的精锐部队,全力攻击,从形势上分析,我们一定能够攻克。攻克平模以后,就可以擂响战鼓,昂首挺进,成都必定无法防守。如果我们放缓进攻,采取守势,他们将会知道我们的虚实。谯道福的涪城军队会迅速前来,与平模守军会师,合力抵抗我们。这样,他们人心安定,良将会集,到那时,我们求战不能取胜,军粮无法

资,二万馀人悉为蜀子虏矣。"龄石从之。

诸将以水北城地险兵多,欲先攻其南城。龄石曰:"今屠南城,不足以破北,若尽锐以拔北城,则南城不麾自散矣。"秋七月,龄石帅诸军急攻北城,克之,斩侯晖、谯诜。引兵回趣南城,南城自溃。龄石舍船步进。谯纵大将谯抚之屯牛脾,谯小苟塞打鼻。臧熹击抚之,斩之,小苟闻之,亦溃。于是纵诸营屯望风相次奔溃。

戊辰,纵弃成都出走,尚书令马耽封府库以待晋师。壬申,龄石入成都,诛纵同祖之亲,馀皆按堵,使复其业。纵出成都,先辞墓,其女曰:"走必不免,祇取辱焉。等死,死于先人之墓可也。"纵不从。谯道福闻平模不守,自涪引兵入赴,纵往投之。道福见纵,怒曰:"大丈夫有如此功业而弃之,将安归乎!人谁不死,何怯之甚也!"因投纵以剑,中其马鞍。纵乃去,自缢死,巴西人王志斩其首以送龄石。道福谓其众曰:"蜀之存亡,实系于我,不在谯王。今我在,犹足一战。"众皆许诺。道福尽散金帛以赐众,众受之而走。道福逃于獠中,巴民杜瑾执送之,斩于军门。

供应,二万多人就会全部成为蜀人的俘虏了。"朱龄石听从了他的意见。

　　将领们因为岷江北岸的城堡地势险要,守军较多,而想先进攻南岸的城堡。朱龄石说:"现在即使屠灭了南岸的城堡,也无助于攻破北岸的城堡,如果出动全部精锐部队攻克北岸城堡,那么南岸城堡不用挥兵进攻,就会自己溃散了。"秋季七月,朱龄石率领各路军队猛烈进攻北岸城堡,将其攻克,斩杀了侯晖、谯诜。然后率军回头扑向南岸城堡,南城守军自行崩溃。朱龄石舍弃船舰,步行进军。谯纵的大将谯抚之驻守牛脾,谯小苟在打鼻阻挡。臧熹攻击谯抚之,将他斩杀,谯小苟得知这一消息,部下也溃散了。于是谯纵属下各支军队的营地,也都望风瓦解,相继溃散奔逃。

　　戊辰(初五),谯纵放弃成都逃走,尚书令马耽封存王府库房,等待东晋军队接收。壬申(初九),朱龄石进入成都,诛杀与谯纵同族的亲属,其馀人都安居原来的住所,不加惊扰,让他们恢复正常的产业和生活。谯纵逃出成都,先到祖墓上告辞,他的女儿说:"即使逃走也一定逃脱不了一死,只会遭受更多的侮辱。既然是等死,那么就死在祖先的坟墓前吧!"谯纵不肯听从她的话。谯道福得知平模失守的消息,从涪城率军回来援救,谯纵就前去投奔他。谯道福看见谯纵,大怒说:"大丈夫有这样大的功业,却轻易地抛弃掉,你打算逃到哪里去呢?人,有谁能不死,为什么害怕成这个样子!"于是拔出佩剑,投掷谯纵,剑刺中了谯纵的马鞍。谯纵逃走,最后自缢而死,巴西人王志砍下他的头颅,送给朱龄石。谯道福对他的部众说:"西蜀王国的存亡,其实关键在于我,而不在于大王谯纵。如今我仍在这里,还足以决一死战。"部众们都满口答应。谯道福散发所有的金银财宝,赏赐给部众,但部众接受了赏赐后都逃走了。谯道福逃到獠族地区,巴人杜瑾擒获了谯道福,送交朱龄石,朱龄石在军营门前将他斩首。

　　龄石徙马耽于越巂,耽谓其徒曰:"朱侯不送我京师,欲灭口也,吾必不免。"乃盥洗而卧,引绳而死。须臾,龄石使至,戮其尸。诏以龄石进监梁、秦州六郡诸军事,赐爵丰城县侯。

朱龄石将马耽迁徙到越巂，马耽对他的部属说："朱侯不送我去京城，是想杀人灭口，我一定逃脱不了一死。"于是盥洗一番后躺在床上，自缢而死。不一会儿，朱龄石的使者到达，砍下他的头颅。晋安帝下诏，任命朱龄石监梁、秦州六郡诸军事，封为丰城县侯。

吕光据姑臧

晋孝武帝太元七年秋九月,车师前部王弥寘、鄯善王休密驮入朝于秦,请为乡导,以伐西域之不服者,因如汉法置都护以统理之。秦王坚以骁骑将军吕光为使持节、都督西域征讨诸军事,与凌江将军姜飞、轻车将军彭晃、将军杜进、康盛等总兵十万,铁骑五千,以伐西域。光,略阳氐酋婆楼之子也。阳平公融谏曰:"西域荒远,得其民不可使,得其地不可食,汉武征之,得不补失。今劳师万里之外,以踵汉氏之过举,臣窃惜之。"不听。

八年春正月,秦吕光发长安,以鄯善王休密驮、车师前部王弥寘为乡导。冬十二月,秦吕光行越流沙三百馀里,焉耆等诸国皆降,惟龟兹王帛纯拒之,婴城固守,光进军攻之。

九年秋七月,龟兹王帛纯窘急,重赂狯胡以求救。狯胡王遣其弟呐龙、侯将馗帅骑二十馀万,并引温宿、尉头等诸国兵合七十馀万以救龟兹。秦吕光与战于城西,大破之。帛纯出走,王侯降者三十馀国。光入其城,城如长安市邑,

吕光据姑臧

晋孝武帝太元七年（382）秋季九月，车师前部王弥寘、鄯善王休密驮，前往前秦朝见，请求充当向导，讨伐西域地区不肯臣服的各国，依照以前汉朝廷的方法，设置都护进行统辖治理。前秦天王苻坚任命骁骑将军吕光为使持节、都督西域征讨诸军事，与凌江将军姜飞、轻车将军彭晃、将军杜进、康盛等人统领士兵十万，铁骑兵五千，讨伐西域。吕光是略阳羌族首领婆楼的儿子。阳平公苻融劝谏说："西域荒凉遥远，获得那里的人民不能驱使他们，夺得那里的土地无法种植粮食以供食用。汉武帝征伐西域，结果得不偿失。现在烦劳大军，远征万里之外的地方，重蹈汉朝廷的过错，我私下为此感到痛惜。"苻坚没有听从他的劝告。

八年（383）春季正月，前秦骁骑将军吕光率军从长安出发，由鄯善王休密驮、车师前部王弥寘充当向导。冬季十二月，前秦吕光行军穿越流沙三百多里，焉耆等各国都投降了，只有龟兹王帛纯率军抵抗，绕城布防固守，吕光进军攻击。

九年（384）秋季七月，龟兹王帛纯处境窘迫危急，于是向狯胡赠送丰厚的财物，请求救援。狯胡王派遣他的弟弟呐龙、侯将馗率领骑兵二十多万，并且联合温宿、尉头等各国军队，合兵七十多万人去救援龟兹。前秦吕光率军和狯胡等国士兵在城西交战，大败了他们。帛纯出城逃走，王国、侯国投降的有三十多个。吕光进入龟兹都城内，城里街市、住宅的布局与长安相似，

宫室甚盛。光抚宁西域,威恩甚著,远方诸国,前世所不能
服者,皆来归附,上汉所赐节传。光皆表而易之,立帛纯弟
震为龟兹王。八月,秦王坚闻吕光平西域,以光为都督玉
门以西诸军事、西域校尉。道绝,不通。

　　十年春三月,吕光以龟兹饶乐,欲留居之。天竺沙门
鸠摩罗什谓光曰:"此凶亡之地,不足留也。将军但东归,
中道自有福地可居。"光乃大犒将士,议进止,众皆欲还。
乃以驼二万馀头载外国珍宝奇玩,驱骏马万馀匹而还。

　　秋九月,吕光自龟兹还至宜禾,秦凉州刺史梁熙谋闭
境拒之。高昌太守杨翰言于熙曰:"吕光新破西域,兵强气
锐,闻中原丧乱,必有异图。河西地方万里,带甲十万,足
以自保。若光出流沙,其势难敌。高梧谷口险阻之要,宜
先守之而夺其水。彼既穷渴,可以坐制。如以为远,伊吾
关亦可拒也。度此二厄,虽有子房之策,无所施矣!"熙弗
听。美水令键为张统谓熙曰:"今关中大乱,京师存亡不可
知。吕光之来,其志难测,将军何以抗之?"熙曰:"忧之,未
知所出。"统曰:"光智略过人,今拥思归之士,乘战胜之气,
其锋未易当也。将军世受大恩,忠诚夙著,立勋王室,宜在
今日。行唐公洛,上之从弟,勇冠一时,为将军计,莫若奉

宫殿建筑十分雄伟壮观。吕光安抚西域，威望恩德传布得非常广泛，远方各国，前代不能使他们臣服的，也都前来归附，呈上汉朝廷所赐的符节和关防文书。吕光都上奏前秦朝廷，改换成前秦的符节和关文，又改立帛纯的弟弟帛震为龟兹王。八月，前秦天王苻坚得知吕光已平定西域，晋升吕光为都督玉门以西诸军事、西域校尉。道路断绝，诏书无法送达。

十年（385）春季三月，吕光因龟兹物产富饶，生活安乐，打算留在那里定居。天竺僧侣鸠摩罗什对吕光说："这里是一个凶险的地方，不值得留恋。将军只管向东返回，中途自然会有福地可以定居。"于是吕光大设筵席，与将士们宴饮，商议留下还是离去，大家都想返回。吕光就用二万多头骆驼驮载西域各国的金银珍宝、奇异玩物，驱赶骏马一万多匹，率军向东返回。

秋季九月，吕光从龟兹返回，抵达宜禾，前秦凉州刺史梁熙打算封锁边界，拒绝吕光入境。高昌郡太守杨翰对梁熙说："吕光新近打败了西域各国，兵力强盛，气势高昂，得知中原地区丧亡混乱的消息，心里一定会另有图谋。河西地区方圆万里，只要有军队十万，就足以自己割据并保守住这个地盘。如果吕光走出了流沙地区，他的气势就难以对抗了。高梧谷口是一个险阻的要塞，应该先派军队去把守，再切断对方的水源，他们陷入道路阻绝、饥饿干渴的困境后，我们就可以安坐着制服他们。如果认为高梧谷口太过遥远，那么伊吾关也可以据守。吕光如果通过了这两道险关，即使有张良那样的良策，也对他们无可奈何了！"梁熙没有听从他的建议。美水县令、犍为人张统对梁熙说："如今关中地区十分混乱，京师是存是亡还不能知道。吕光前来，他的用意难以预测，将军您用什么办法来抵抗他？"梁熙说："我十分忧虑，但不知道该怎么办。"张统说："吕光的智慧谋略超过他人，现在拥有盼望回归家乡的将士，乘着战胜西域各国的气势，他的兵锋不容易抵挡。将军您世代受天王大恩，一向有竭尽忠诚的美名，为王室建立功勋，应该就在今天。行唐公苻洛是天王苻坚的堂弟，他的勇猛称冠于一时，我为将军考虑，不如拥戴苻洛

为盟主以收众望，推忠义以帅群豪，则光虽至，不敢有异心也。资其精锐，东兼毛兴，连王统、杨璧，合四州之众，扫凶逆，宁帝室，此桓、文之举也。"熙又弗听，杀洛于西海。

　　光闻杨翰之谋，惧，不敢进。杜进曰："梁熙文雅有馀，机鉴不足，终不能用翰之谋，不足忧也。宜及其上下离心，速进以取之。"光从之，进至高昌，杨翰以郡迎降。至玉门，熙移檄责光擅命还师，以子胤为鹰扬将军，与振威将军南安姚皓、别驾卫翰帅众五万拒光于酒泉。敦煌太守姚静、晋昌太守李纯以郡降光。光报檄凉州，责熙无赴难之志，而遏归国之众。遣彭晃、杜进、姜飞为前锋，与胤战于安弥，大破，擒之。于是四山胡、夷皆附于光。武威太守彭济执熙以降，光杀之。

　　光入姑臧，自领凉州刺史，表杜进为武威太守，自馀将佐，各受职位。凉州郡县皆降于光，独酒泉太守宋皓、西郡太守索泮城守不下。光攻而执之，让泮曰："吾受诏平西域，而梁熙绝我归路，此朝廷之罪人，卿何为附之？"泮曰："将军受诏平西域，不受诏乱凉州，梁公何罪而将军杀之？泮但苦力不足，不能报君父之仇耳，岂肯如逆氏彭济之所为乎！主灭臣死，固其常也。"光杀泮及皓。

　　主簿尉祐，奸佞倾险，与彭济同执梁熙，光宠信之。祐谮杀名士姚皓等十馀人，凉州人由是不悦。光以祐为金城太守，

为盟主,以此获取众人的期望,然后推举忠诚信义的人士,率领众多的英雄豪杰,这样,吕光即使到达,也不敢怀有二心。利用他的精锐部队,向东联合毛兴,再联络王统、杨璧,会合四州的军队,扫除凶恶叛逆,安定皇室,这是齐桓公、晋文公那样的事业呀!"梁熙又没有听从他的意见,反而在西海把符洛杀了。

吕光听到杨翰的计谋,心中畏惧,不敢前进。杜进说:"梁熙文雅有馀,但缺乏明察的能力,最终不会采用杨翰的计谋,不值得担忧。应该乘他们上下离心离德的时机,迅速进军来制服他们。"吕光接受了他的意见,进军到高昌,杨翰举郡迎接他们,向吕光投降。大军抵达玉门,梁熙送来檄文,指责吕光擅自下令回军,他任命儿子梁胤为鹰扬将军,与振威将军南安人姚皓、别驾卫翰率军五万在酒泉抵抗吕光。敦煌太守姚静、晋昌太守李纯都献出郡城,向吕光投降。吕光回送檄文到凉州,指责梁熙没有奔赴国难的志向,却遏阻回国的军队。吕光派遣彭晃、杜进、姜飞为前锋,在安弥与梁胤交战,大败梁胤,将他俘获。于是四周山区中的胡夷少数民族部落,都归附吕光。武威太守彭济拘捕了梁熙,向吕光投降,吕光将梁熙杀了。

吕光进入姑臧,自己兼任凉州刺史,上表推荐并任命杜进为武威郡太守,其馀的下属将领也各授予官职。凉州的各个郡县都向吕光投降,只有酒泉郡太守宋皓、西郡太守索泮坚守郡城,难以攻下。吕光最终攻克了二城,擒获了他们二人。他责备索泮说:"我接受诏书平定西域,但梁熙断绝我的归路,这是朝廷的罪人,你为什么要依附他?"索泮说:"将军你受诏平定西域,没有受诏扰乱凉州。梁熙究竟有什么罪过,使得将军你将他杀了?我索泮只是苦于自己的力量不足,不能为主君梁熙报仇,怎么肯干出像叛逆氏人彭济所干的那种事呢!主君灭,臣僚死,这原本就是常事。"吕光杀了索泮和宋皓。

主簿尉祐奸邪谄媚,内心险恶,与彭济一同抓获了梁熙,吕光对他十分宠爱信任。尉祐诬陷并诛杀名士姚皓等十多个人,凉州人士因为此事而非常不高兴。吕光任命尉祐为金城郡太守,

祐至允吾,袭据其城以叛。姜飞击破之,祐奔据兴城。

　　十一年。初,张天锡之南奔也,秦长水校尉王穆匿其世子大豫,与俱奔河西,依秃发思复鞬。思复鞬送于魏安。魏安人焦松、齐肃、张济等聚兵数千人迎大豫为主,攻吕光昌松郡,拔之,执太守王世强。光使辅国将军杜进击之,进兵败,大豫进逼姑臧。王穆谏曰:"光粮丰城固,甲兵精锐,逼之非利,不如席卷岭西,砺兵积粟,然后东向与之争,不及期年,光可取也。"大豫不从,自号抚军将军、凉州牧,改元凤凰,以王穆为长史,传檄郡县,使穆说谕岭西诸郡,建康太守李隰、祁连都尉严纯皆起兵应之,有众三万,保据杨坞。

　　夏四月,张大豫自杨坞进屯姑臧城西,王穆及秃发思复鞬子奚于帅众三万屯于城南。吕光出击,大破之,斩奚于等二万馀级。秋九月,吕光得秦王坚凶问,举军缟素,谥曰文昭皇帝。冬十月,大赦,改元太安。十一月,张大豫自西郡入临洮,掠民五千馀户,保据俱城。十二月,吕光自称使持节、侍中、中外大都督、督陇右河西诸军事、大将军、凉州牧、酒泉公。

　　十二年秋七月,吕光将彭晃、徐炅攻张大豫于临洮,破之。大豫奔广武,王穆奔建康。八月,广武人执大豫送姑臧,斩之。穆袭据酒泉,自称大将军、凉州牧。

　　冬十二月,吕光西平太守康宁自称匈奴王,杀湟河太守强禧以叛。张掖太守彭晃亦叛,东结康宁,西通王穆。光欲自击晃,诸将皆曰:"今康宁在南,伺衅而动,若晃、穆未诛,

尉祐到达允吾，袭击并占据了这座城池，背叛了吕光。吕光派姜飞击败尉祐，尉祐逃奔，据守兴城。

十一年（386）。当初，张天锡向南投奔东晋，前秦长水校尉王穆藏匿起张天锡的世子张大豫，并与他一同逃奔河西，依附秃发思复鞬。秃发思复鞬将张大豫送往魏安。魏安人焦松、齐肃、张济等聚集兵士数千人，迎立张大豫为首领，进攻吕光管辖下的昌松郡，攻克了郡城，俘获了太守王世强。吕光派辅国将军杜进攻击张大豫，杜进战败，张大豫进军逼近姑臧。王穆劝谏说："吕光粮食充足，城池坚固，装备优良，军队精锐，进逼他们没有好处。不如夺取整个岭西地区，整顿军备，积蓄粮草，然后向东与吕光争夺，用不了一年，就可以制服吕光。"张大豫没有听从他的劝告，自号抚军将军、凉州牧，改年号为凤凰，任命王穆为长史，向各郡县传布檄文，派王穆前去岭西各郡游说。建康太守李隅、祁连都尉严纯都起兵响应，于是，聚集起部众三万人，据守杨坞。

夏季四月，张大豫从杨坞进军，驻扎在姑臧城西，王穆以及秃发思复鞬的儿子秃发奚于率军三万屯驻在姑臧城南。吕光率军出击，大败对方，斩杀秃发奚于等两万多人。秋季九月，吕光得知前秦天王苻坚的死讯，下令全军将士穿白色丧服，以示哀悼，追尊苻坚的谥号为"文昭皇帝"。冬季十月，吕光下令大赦，改年号为太安。十一月，张大豫从西郡攻入临洮，劫掠居民五千多户，据守俱城。十二月，吕光自称使持节、侍中、中外大都督、督陇右、河西诸军事、大将军、凉州牧、酒泉公。

十二年（387）秋季七月，吕光率领彭晃、徐炅进攻据守在临洮的张大豫，打败了张大豫。张大豫逃奔广武，王穆逃奔建康。八月，广武人拘捕张大豫，送往姑臧，吕光将他斩首。王穆袭击并占据了酒泉，自称大将军、凉州牧。

冬季十二月，吕光属下的西平太守康宁自称匈奴王，杀死湟河太守强禧，背叛吕光。张掖太守彭晃也叛变，向东联合康宁，向西联络王穆。吕光打算亲自攻击彭晃，将领们都说："现在康宁在我们的南面，正等待时机出动，如果还没能诛杀彭晃、王穆，

康宁复至,进退狼狈,势必大危。"光曰:"实如卿言。然我今不往,是坐待其来也。若三寇连兵,东西交至,则城外皆非吾有,大事去矣。今晃初叛,与宁、穆情契未密,出其仓猝,取之差易耳。"乃自帅骑三万,倍道兼行,既至,攻之二旬,拔其城,诛晃。

初,王穆起兵,遣使招敦煌处士郭瑀。瑀叹曰:"今民将左衽,吾忍不救之邪!"乃与同郡索嘏起兵应穆,运粟三万石以饷之。穆以瑀为太府左长史、军师将军,嘏为敦煌太守。既而穆听谗言,引兵攻嘏,瑀谏不听,出城大哭,举手谢城曰:"吾不复见汝矣!"还而引被覆面,不与人言,不食而卒。吕光闻之曰:"二虏相攻,此成擒也,不可以惮屡战之劳而失永逸之机也。"遂帅步骑二万攻酒泉,克之。进屯凉兴,穆引兵东还,未至,众溃,穆单骑走,驿马令郭文斩其首送之。

十三年,吕光之定凉州也,杜进功居多,光以为武威太守,贵宠用事,群僚莫及。光甥石聪自关中来,光问之曰:"中州人言我为政何如?"聪曰:"但闻有杜进耳,不闻有舅。"光由是忌进而杀之。

光与群僚宴,语及政事,参军京兆段业曰:"明公用法太峻。"光曰:"吴起无恩而楚强,商鞅严刑而秦兴。"业曰:"起丧其身,鞅亡其家,皆残酷之致也。明公方开建大业,

康宁又赶来，我们进退两难，处境狼狈，形势一定非常危险。"吕光说："情况确实像你们所说的那样。但是我如果不前去征讨，就是坐着等待他们前来进攻。倘若这三个叛贼组成联军，东西夹攻，那么姑臧城外就都不再属于我们，大势就去了。如今彭晃刚刚反叛，他与康宁、王穆的交情还不深，我们趁他准备不足而仓促之时，出兵进攻，制服他还是比较容易的。"于是亲自率领骑兵三万，日夜兼程，急速行军，抵达张掖后，攻击了二十天，攻陷了城池，诛杀了彭晃。

　　当初，王穆起兵时，派遣使者召请敦煌处士郭瑀。郭瑀叹息着说："如今人民将要穿左边开襟的衣服，我怎么忍心不救他们呢？"于是与同郡的索嘏聚众起兵，响应王穆，并运去粮食三万石，供给王穆。王穆任命郭瑀为太府左长史、军师将军，任命索嘏为敦煌太守。不久，王穆听信了别人的谗言，率军进攻索嘏，郭瑀加以劝谏，王穆不听。郭瑀出城大哭，对着城举手行礼，抱歉地说："我不再见你了！"返回家中后，拉开被子蒙住自己的脸，不与别人说一句话，绝食而死。吕光听说此事后说："两个敌虏互相攻击，这是俘获他们的好机会，不可畏惧屡次作战的劳苦而丧失一劳永逸的良机。"于是率领步骑兵二万人进攻酒泉，将它攻克。随即进军驻扎在凉兴，王穆率军向东返回，还未到达，军队溃散，王穆自己骑马逃走，驿马县令郭文砍下他的头颅，送给吕光。

　　十三年(388)，吕光平定凉州时，杜进的功劳最多，吕光任命他为武威太守，尊贵宠信，军政大事多交给他办理，其他诸位官员都比不上他。吕光的外甥石聪从关中前来凉州，吕光询问他说："中州地区的人说起我治理政事怎么样？"石聪说："只听说有杜进，没听说有舅舅。"吕光因此而猜忌杜进，把他杀了。

　　吕光与幕僚们宴饮，谈到政治方面的事，参军京兆人段业说："明公您施用刑法太严峻了。"吕光说："吴起当年刻薄寡恩，却使得楚国强大；商鞅运用严峻的刑法，却使得秦国兴盛。"段业说："吴起自身被杀戮，商鞅全家被屠灭，都是因为运用刑法过于残忍严酷而导致这样的下场。明公您才刚刚开始创建帝王大业，

景行尧、舜，犹惧不济，乃慕起、鞅之为治，岂此州士女所望哉！"光改容谢之。

十四年春二月，吕光自称三河王，大赦，改元麟嘉，置百官。光妻石氏、子绍、弟德世自仇池来至姑臧，光立石氏为妃，绍为世子。

十九年秋七月，三河王光以子覆为都督玉门以西诸军事、西域大都护，镇高昌，命大臣子弟随之。

二十一年夏六月，三河王吕光即天王位，国号大凉，大赦，改元龙飞。备置百官，以世子绍为太子，封子弟为公侯者二十人。以中书令王详为尚书左仆射，著作郎段业等五人为尚书。

亦步亦趋地追随唐尧、虞舜,尚且怕不能成功,现在竟然仰慕吴起、商鞅的治国方法,这难道是本州士民们所希望的吗!"吕光改变脸色,感谢段业的忠告。

十四年(389)春季二月,吕光自称三河王,颁令大赦,改年号为麟嘉,设置文武百官。吕光的妻子石氏、儿子吕绍、弟弟吕德世从仇池来到姑臧,吕光立石氏为王妃,立吕绍为世子。

十九年(394)秋季七月,三河王吕光任命儿子吕覆为都督玉门以西诸军事、西域大都护,镇守高昌,命令朝中大臣的子弟随同前去。

二十一年(396)夏季六月,三河王吕光即天王位,国号为大凉,颁令大赦,改年号为龙飞。完备地设置文武百官,确立世子吕绍为太子,被封为公爵、侯爵的吕氏子弟有二十人。任命中书令王详为尚书左仆射,任命著作郎段业等五人为尚书。

乞伏据金城

晋成帝咸和四年。初，陇西鲜卑乞伏述延居于苑川，侵并邻部，士马强盛。及赵亡，述延惧，迁于麦田。述延卒，子傉大寒立。傉大寒卒，子司繁立。

简文帝咸安元年，秦益州刺史王统攻陇西鲜卑乞伏司繁于度坚山，司繁帅骑三万拒统于苑川。统潜袭度坚山，司繁部落五万馀皆降于统，其众闻妻子已降秦，不战而溃。司繁无所归，亦诣统降。秦王坚以司繁为南单于，留之长安，以司繁从叔吐雷为勇士护军，抚其部众。

孝武帝宁康元年，鲜卑勃寒寇掠陇右，秦王坚使乞伏司繁讨之。勃寒请降，遂使司繁镇勇士川。

太元元年，乞伏司繁卒，子国仁立。

八年，秦王坚之入寇也，以乞伏国仁为前将军，领先锋骑。会国仁叔父步颓反于陇西，坚遣国仁还讨之。步颓闻

乞伏据金城

东晋成帝咸和四年（329）。当初，陇西鲜卑族乞伏述延占据着苑川一带，他们侵占吞并了邻近的部落，兵马十分强盛。等到前赵灭亡，乞伏述延非常害怕，就率领部落迁往麦田。乞伏述延去世，儿子乞伏傉大寒即位当部落首领。乞伏傉大寒去世，儿子乞伏司繁即位当部落首领。

东晋简文帝咸安元年（371），前秦益州刺史王统率军进攻居住在度坚山的陇西鲜卑族乞伏司繁，乞伏司繁率领骑兵三万在苑川抵御王统。王统偷袭度坚山，乞伏司繁部落五万多人都向王统投降，乞伏司繁的部众听到自己的妻子儿女已经投降前秦，还未作战就溃散了。乞伏司繁没有地方可以投靠，也前往王统处投降。前秦王苻坚任命乞伏司繁为南单于，把他留在长安，任命乞伏司繁的堂叔乞伏吐雷为勇士护军，安抚乞伏司繁的部众。

东晋孝武帝宁康元年（373），鲜卑族勃寒部落侵扰劫掠陇右，前秦王苻坚派乞伏司繁讨伐勃寒。勃寒请求投降，于是派乞伏司繁镇守勇士川。

太元元年（376），乞伏司繁去世，儿子乞伏国仁即位当部落首领。

八年（383），前秦天王苻坚大举进犯东晋时，任命乞伏国仁为前将军，率领先锋骑兵。恰逢乞伏国仁的叔父乞伏步颓在陇西反叛，苻坚派乞伏国仁返回讨伐乞伏步颓。乞伏步颓听到

之，大喜，迎国仁于路。国仁置酒，大言曰："苻氏疲民逞兵，殆将亡矣，吾当与诸君共建一方之业。"及坚败，国仁遂追胁诸部，有不从者，击而并之，众至十馀万。

十年秋九月，乞伏国仁自称大都督、大将军、单于、领秦河二州牧，改元建义，以乙旃童渥为左相，屋引出支为右相，独孤匹蹄为左辅，武群勇士为右辅，弟乾归为上将军，分其地置武城等十二郡，筑勇士城而都之。

十一年春正月，南安秘宜帅羌、胡五万馀人攻乞伏国仁，国仁将兵五千逆击，大破之。宜奔还南安。秋七月，秘宜与莫侯悌眷帅其众三万馀户降于乞伏国仁，国仁拜宜东秦州刺史，悌眷梁州刺史。

十二年春三月，秦主登以乞伏国仁为大将军、大单于、苑川王。夏六月，苑川王国仁帅骑三万袭鲜卑大人密贵、裕苟、提伦三部于六泉。秋七月，与没弈干、金熙战于渴浑川，没弈干、金熙大败，三部皆降。

十三年夏四月，苑川王国仁破鲜卑越质叱黎于平襄，获其子诘归。六月，苑川王乞伏国仁卒，谥曰宣烈，庙号烈祖。其子公府尚幼，群下推国仁弟乾归为大都督、大将军、大单于、河南王。大赦，改元太初。

秋七月，河南王乾归立其妻边氏为王后。置百官，仿汉制，以南川侯出连乞都为丞相，梁州刺史悌眷为御史大夫，金城边芮为左长史，东秦州刺史秘宜为右长史，武始翟勍为左司马，略阳王松寿为主簿，从弟轲弹为梁州牧，弟益州为秦州牧，屈眷为河州牧。九月，河南王迁都金城。

这个消息后非常高兴,在路上迎接乞伏国仁。乞伏国仁摆设酒宴,夸口说:"苻坚劳乏人民,穷兵黩武,恐怕就要灭亡了,我将与你们共同建立称雄一方的大事业。"等到苻坚失败,乞伏国仁就胁迫周围各部落归附自己,有不服从的,就以武力兼并,部众扩展到十多万人。

十年(385)秋季九月,乞伏国仁自称大都督、大将军、单于,兼秦、河二州牧,改年号为建义。任命乞旃童渥为左相,屋引出支为右相,独孤匹蹄为左辅,武群勇士为右辅,弟弟乞伏乾归为上将军。在所辖领域设置武城等十二个郡,修筑勇士城作为首都。

十一年(386)春季正月,南安人秘宜率领羌族、匈奴族五万多人进攻乞伏国仁,乞伏国仁率军五千迎战,大败对方。秘宜逃回南安。秋季七月,秘宜与莫侯悌眷率领他们的部众三万多户人家向乞伏国仁投降,乞伏国仁任命秘宜为东秦州刺史,任命莫侯悌眷为梁州刺史。

十二年(387)春季三月,前秦皇帝苻登任命乞伏国仁为大将军、大单于、苑川王。夏季六月,苑川王乞伏国仁率领骑兵三万在六泉袭击鲜卑族部落首领密贵、裕苟、提伦的三个部落。秋季七月,乞伏国仁与没弈干、金熙在渴浑川大战,没弈干、金熙大败,三个部落全都归降。

十三年(388)夏季四月,苑川王乞伏国仁在平襄打败鲜卑族越质叱黎,俘虏了他的儿子越质诘归。六月,苑川王乞伏国仁去世,谥号宣烈,庙号烈祖。乞伏国仁的儿子乞伏公府年龄还小,部属们推举乞伏国仁的弟弟乞伏乾归为大都督、大将军、大单于、河南王。颁令大赦,改年号为太初。

秋季七月,河南王乞伏乾归立他的妻子边氏为王后。设置文武百官,仿效汉族政权的制度,任命南川侯出连乞都为丞相,梁州刺史莫侯悌眷为御史大夫,金城人边芮为左长史,东秦州刺史秘宜为右长史,武始人翟勍为左司马,略阳人王松寿为主簿,堂弟乞伏轲弹为梁州牧,弟弟乞伏益州为秦州牧,弟弟乞伏屈眷为河州牧。九月,河南王乞伏乾归将都城迁到金城。

十四年春正月，秦主登以河南王乾归为大将军、大单于、金城王。夏五月，金城王乾归击侯年部，大破之。于是秦、凉、鲜卑、羌、胡多附乾归。冬十一月，枹罕羌彭奚念附于乾归，以奚念为北河州刺史。

十五年冬十二月，越质诘归据平襄，叛金城王乾归。

十六年春正月，金城王乾归击越质诘归，诘归降，乾归以宗女妻之。

十八年，金城王乾归立其子炽磐为太子。炽磐勇略明决，过于其父。

十九年春正月，秦主登遣使拜金城王乾归为左丞相、河南王、领秦梁益凉沙五州牧，加九锡。夏六月，秦主登进封乾归梁王，纳其妹为梁王后。冬十月，秦主崇为梁王乾归所逐，奔陇西王杨定。定与崇共攻乾归，乾归遣凉州牧轲弹、秦州牧益州、立义将军诘归帅骑三万拒之。大败定兵，杀定及崇，斩首万七千级。乾归于是尽有陇西之地。十一月，梁王乾归自称秦王，大赦。

二十年春正月，西秦王乾归以太子炽磐领尚书令，左长史边芮为左仆射，右长史秘宜为右仆射，置官皆如魏武、晋文故事，然犹称大单于、大将军。边芮等领府佐如故。夏六月，西秦王乾归迁于西城。

二十一年，越质诘归帅户二万叛西秦降于秦。

十四年(389)春季正月,前秦皇帝符登任命河南王乞伏乾归为大将军、大单于、金城王。夏季五月,金城王乞伏乾归攻击侯年部落,大败侯年部落。于是,秦州、凉州的百姓以及鲜卑族、羌族、匈奴族人多数归附乞伏乾归。冬季十一月,枹罕羌族的部落首领彭奚念归附乞伏乾归,乞伏乾归任命彭奚念为北河州刺史。

十五年(390)冬季十二月,越质诘归占据平襄,背叛金城王乞伏乾归。

十六年(391)春季正月,金城王乞伏乾归攻击越质诘归,越质诘归投降,乞伏乾归将本宗族的一位女子嫁给越质诘归为妻子。

十八年(393),金城王乞伏乾归立他的儿子乞伏炽磐为太子。乞伏炽磐勇敢而有谋略,明智而善于决断,才干超过他的父亲。

十九年(394)春季正月,前秦皇帝符登派遣使者前去任命金城王乞伏乾归为左丞相、河南王、兼秦、梁、益、凉、沙五州牧,加授九锡礼仪待遇。夏季六月,前秦皇帝符登晋封乞伏乾归为梁王,把妹妹嫁给乞伏乾归为妻,立为梁王后。冬季十月,前秦皇帝符崇被梁王乞伏乾归驱逐,于是他前去投奔陇西王杨定。杨定与符崇一同进攻乞伏乾归,乞伏乾归派遣凉州牧乞伏轲弹、秦州牧乞伏益州、立义将军越质诘归率领骑兵三万抵御杨定军队。大败杨定军队,杀死杨定和符崇,斩杀一万七千人。于是,乞伏乾归完全占有了陇西的土地。十一月,梁王乞伏乾归自称秦王,颁令大赦。

二十年(395)春季正月,西秦王乞伏乾归任命太子乞伏炽磐兼尚书令,左长史边芮为左仆射,右长史秘宜为右仆射,仿照魏武帝曹操、晋文帝司马昭的前例,设置文武百官,但仍称大单于、大将军。边芮等人像过去一样兼大单于府、大将军府的辅佐官员。夏季六月,西秦国王乞伏乾归将都城迁到西城。

二十一年(396),越质诘归率部众二万户人家背叛西秦,投降后秦。

安帝隆安元年春正月,凉王光以西秦王乾归数反覆,举兵伐之。乾归群下请东奔成纪以避之,乾归曰:"军之胜败,在于巧拙,不在众寡。光兵虽众而无法,其弟延勇而无谋,不足惮也。且其精兵尽在延所,延败,光自走矣。"光军于长最,遣太原公纂等帅步骑三万攻金城。乾归帅众二万救之,未至,纂等拔金城。光又遣其将梁恭等以甲卒万馀出阳武下峡,与秦州刺史没弈干攻其东,天水公延以枹罕之众攻临洮、武始、河关,皆克之。乾归使人绐延云:"乾归众溃,奔成纪。"延欲引轻骑追之,司马耿稚谏,延不从,进,与乾归遇,延战死。稚与将军姜显收散卒,还屯枹罕。光亦引兵还姑臧。

夏六月,西秦王乾归征北河州刺史彭奚念为镇卫将军,以镇西将军屋弘破光为河州牧,定州刺史翟瑥为兴晋太守,镇枹罕。

三年秋七月,西秦丞相出连乞都卒。冬十月,以金城太守辛静为右丞相。

四年春正月,西秦王乾归迁都苑川。夏五月,秦征西大将军陇西公硕德将兵五千伐西秦,入自南安峡,西秦王乾归帅诸将拒之,军于陇西。

秋七月,西秦王乾归使武卫将军慕兀等屯守,秦军樵采路绝,秦王兴潜引兵救之。乾归闻之,使慕兀帅中军二万屯柏杨,镇军将军罗敦帅外军四万屯侯辰谷,乾归自将轻骑数千前候秦兵。会大风昏雾,与中军相失,为追骑所逼,

东晋安帝隆安元年（397）春季正月，后凉天王吕光因西秦王乞伏乾归多次出尔反尔，于是出动军队讨伐西秦。乞伏乾归属下的官员们请求向东逃奔成纪，躲避吕光军队，乞伏乾归说："战争的胜与败，决定于指挥的巧拙，不在于军队人数的多少。吕光军队虽然人多，但缺乏纪律，吕光的弟弟吕延有勇无谋，不值得害怕。而且他们的精锐部队全在吕延那里，吕延战败，吕光自然会逃走。"吕光驻扎在长最，他派太原公吕纂等人率领步骑兵三万人进攻金城。乞伏乾归率军二万前去救援，还未到达，吕纂等人已攻克金城。吕光又派遣他的将领梁恭等人率甲士一万多人，沿阳武下峡进军，与秦州刺史没弈干合兵进攻西秦东境；派遣天水公吕延率领枪罕的军队进攻临洮、武始、河关，都攻克了。乞伏乾归派人去哄骗吕延，称："乞伏乾归的军队已经溃败，正逃奔成纪。"吕延想率领轻装骑兵追击，司马耿稚加以劝阻，吕延没有听从，继续率军前进，与乞伏乾归相遇，吕延战死。耿稚与将军姜显收罗被打散的士兵，返回枪罕屯驻。吕光也率军退回姑臧。

夏季六月，西秦国王乞伏乾归征召北河州刺史彭奚念任镇卫将军，任命镇西将军屋引破光为河州牧，任命定州刺史翟瑥为兴晋郡太守，镇守枪罕。

三年（399）秋季七月，西秦丞相出连乞都去世。冬季十月，西秦任命金城太守辛静为右丞相。

四年（400）春季正月，西秦国王乞伏乾归把都城迁到苑川。夏季五月，后秦征西大将军陇西公姚硕德率军五千人征伐西秦，从南安峡进入西秦领土，西秦国王乞伏乾归率将领们抵御，在陇西扎营。

秋季七月，西秦国王乞伏乾归派武卫将军慕兀等人驻守要塞，后秦军队打柴采木的道路被切断，后秦皇帝姚兴秘密地率军前去救援。乞伏乾归听到这一消息后，派慕兀率领中军二万人屯驻在柏杨，派镇军将军罗敦率领外军四万人屯驻在侯辰谷，乞伏乾归亲自率领轻装骑兵数千人前去侦察后秦军队的动静。恰逢狂风骤起，大雾弥漫，于是与中军失去联系，被敌方骑兵追逼，

入于外军。且,与秦战,大败,走归苑川,其部众三万六千皆降于秦。兴进军枹罕。

乾归奔金城,谓诸豪帅曰:"吾不才,叨窃名号,已逾一纪,今败散如此,无以待敌,欲西保允吾。若举国而去,必不得免。卿等留此,各以其众降秦,以全宗族,勿吾随也。"皆曰:"死生愿从陛下。"乾归曰:"吾今将寄食于人,若天未亡我,庶几异日克复旧业,复与卿等相见,今相随而死,无益也。"乃大哭而别。乾归独引数百骑奔允吾,乞降于武威王利鹿孤,利鹿孤遣广武公傉檀迎之,置于晋兴,待以上宾之礼。镇北将军秃发俱延言于利鹿孤曰:"乾归本吾之属国,因乱自尊,今势穷归命,非其诚款,若逃归姚氏,必为国患,不如徙置乙弗之间,使不得去。"利鹿孤曰:"彼穷来归我,而逆疑其心,何以劝来者!"俱延,利鹿孤之弟也。

秦兵既退,南羌梁戈等密招乾归,乾归将应之。其臣屋引阿洛以告晋兴太守阴畅,畅驰白利鹿孤,利鹿孤遣其弟吐雷帅骑三千屯扞天岭。乾归惧为利鹿孤所杀,谓其太子炽磐曰:"吾父子居此,必不为利鹿孤所容。今姚氏方强,吾将归之,若尽室俱行,必为追骑所及,吾以汝兄弟及汝母为质,彼必不疑,吾在长安,彼终不敢害汝也。"乃送炽

进入外军阵地。天亮，与后秦军队交战，西秦军队大败，乞伏乾归逃回苑川，他的部众三万六千人全都向后秦投降。后秦皇帝姚兴进军屯驻在枹罕。

乞伏乾归逃奔到金城，对将领、首长们说："我没有才能，非分地使用帝王的名号，已超过十二年。如今失败溃散到这种地步，没有力量再与敌军对抗，所以打算前往西部据守允吾。如果全部人马一同前去，一定不能幸免。你们还是留在这里，各自率领部众投降后秦，以保全宗族，不要再跟随我。"大家都说："无论生死，都愿追随陛下。"乞伏乾归说："我现在将要到他人那里讨饭吃，如果上天没有灭亡我，或许日后能恢复以前的基业，到那时再与你们相见，现在跟随我一同去死，毫无益处。"于是流泪痛哭，与大家告别。乞伏乾归独自率领数百名骑兵投奔允吾，向南凉武威王秃发利鹿孤请求投降。秃发利鹿孤派遣广武公秃发傉檀前去迎接乞伏乾归，将他安置在晋兴，用贵宾的礼节接待他。镇北将军秃发俱延对秃发利鹿孤说："乞伏乾归原是我们的附属国，乘天下大乱而自己称王，如今形势窘迫，前来归附，并非出于他的真心，如果他再逃奔归附后秦姚家，一定会给我国带来灾难，不如将他迁往乙弗地区安置，使他不能离去。"秃发利鹿孤说："他在走投无路的情况下前来归附我，我们却胡乱猜疑他的用意，我们以后用什么招劝别人前来归附？"秃发俱延是秃发利鹿孤的弟弟。

后秦军队撤退后，南羌族的梁戈等人秘密地召请乞伏乾归，乞伏乾归打算答应他们。他的臣属屋引阿洛将这件事报告给了南凉晋兴太守阴畅，阴畅派人骑快马报告秃发利鹿孤，秃发利鹿孤派遣他的弟弟秃发吐雷率领骑兵三千人前去驻守扣天岭。乞伏乾归害怕被秃发利鹿孤诛杀，对他的太子乞伏炽磐说："我们父子住在这里，一定不会被秃发利鹿孤容留。如今后秦姚家正强，我打算投靠他们，如果我们全家一同前去，一定会被追兵追上。我用你们兄弟以及你们的母亲作为人质，他们一定不再怀疑，而我身在长安，他们终究不敢伤害你们。"于是便遣送乞伏炽

磐等于西平。八月，乾归南奔枹罕，遂降于秦。冬十一月，乞伏乾归至长安，秦王兴以为都督河南诸军事、河州刺史、归义侯。久之，乞伏炽磐欲逃诣乾归，武威王利鹿孤追获之。利鹿孤将杀炽磐，广武公傉檀曰："子而归父，无足深责，宜宥之以示大度。"利鹿孤从之。

五年春二月，秦王兴使乞伏乾归还镇苑川，尽以其故部众配之。夏四月，乞伏乾归至苑川，以边芮为长史，王松寿为司马，公卿、将帅皆降为僚佐、偏裨。

元兴元年夏四月，乞伏炽磐自西平逃归苑川，南凉王傉檀归其妻子。乞伏乾归使炽磐入朝于秦，秦主兴以炽磐为兴晋太守。

义熙二年十一月，乞伏乾归入朝于秦。

三年春正月，秦王兴以乞伏乾归浸强难制，留为主客尚书，以其世子炽磐行西夷校尉，监其部众。

四年，乞伏炽磐以秦政浸衰，且畏秦之攻袭，冬十月，招结诸部二万馀人筑城于嵑嵓山而据之。冬十二月，乞伏炽磐攻彭奚念于枹罕，为奚念所败而还。

五年春二月，乞伏炽磐入见秦太原公懿于上邽，彭奚念乘虚伐之。炽磐闻之，怒，不告懿而归，击奚念，破之，遂围枹罕。乞伏乾归从秦王兴如平凉。炽磐克枹罕，遣人告乾归，乾归逃还苑川。

夏四月，乞伏乾归如枹罕，留世子炽磐镇之，收其众得二万，徙都度坚山。秋七月，乞伏乾归复即秦王位，大赦，

磐等人到西平。八月，乞伏乾归向南逃奔到枹罕，于是向后秦投降。冬季十一月，乞伏乾归到达长安，后秦皇帝姚兴任命他为都督河南诸军事、河州刺史、归义侯。过了一段时间，乞伏炽磐想逃去乞伏乾归处，武威王秃发利鹿孤派人追捕，将他俘获。秃发利鹿孤打算把乞伏炽磐杀了，广武公秃发傉檀说："作为儿子，投奔父亲，没有什么可以大加责备的，应该宽恕他，以显示我们的宽宏气度。"秃发利鹿孤接受了他的意见。

五年（401）春季二月，后秦皇帝姚兴派乞伏乾归返回故地，镇守苑川，并把乞伏乾归原先的部众全部配属给他。夏季四月，乞伏乾归回到苑川，任命边芮为长史，任命王松寿为司马，原西秦王国的公卿、将帅等全都降为辅佐官员和副将。

元兴元年（402）夏季四月，乞伏炽磐从西平逃回苑川，南凉国王秃发傉檀送回他的妻子儿女。乞伏乾归派乞伏炽磐前往后秦朝见，后秦皇帝姚兴任命乞伏炽磐为兴晋太守。

义熙二年（406）十一月，乞伏乾归前往后秦朝见。

三年（407）春季正月，后秦皇帝姚兴因乞伏乾归实力逐渐强大，难以控制，将他留在长安，任主客尚书；任命他的世子乞伏炽磐代理西夷校尉的职务，统领乞伏乾归的部众。

四年（408），乞伏炽磐因为看到后秦的统治逐渐衰弱，同时又畏惧后秦的袭击，冬季十月，召集各部落两万多人在嵚岅山修筑城池进行据守。冬季十二月，乞伏炽磐进攻据守枹罕的彭奚念，被彭奚念打败，率军返回。

五年（409）春季二月，乞伏炽磐前往上邽晋见后秦太原公姚懿，彭奚念乘他后方空虚出兵讨伐。乞伏炽磐听到这个消息后，大怒，没有告诉姚懿就赶忙返回，攻击彭奚念，将彭奚念打败，于是包围了枹罕。乞伏乾归跟从后秦皇帝姚兴前去平凉。乞伏炽磐攻克枹罕，派人告诉乞伏乾归，乞伏乾归逃回苑川。

夏季四月，乞伏乾归从苑川前往枹罕，留下世子乞伏炽磐镇守在那里，自己收罗部众，共得到二万人，把都城迁到度坚山。秋季七月，乞伏乾归重新登上西秦国王之位，颁令大赦天下，

改元更始，公卿以下皆复本位。冬十月，西秦王乾归立夫人边氏为王后，世子炽磐为太子，仍命炽磐都督中外诸军、录尚书事。以屋引破光为河州刺史，镇枹罕。以南安焦遗为太子太师，与参军国大谋。

六年春三月，西秦王乾归攻秦金城郡，拔之。秋七月乙丑，西秦王乾归讨越质屈机等十馀部，降其众二万五千，徙于苑川。八月，乾归复都苑川。九月，西秦王乾归攻秦略阳、南安、陇西诸郡，皆克之，徙民二万五千户于苑川及枹罕。

七年春正月，秦王兴以太常索棱招抚西秦。西秦王乾归遣使送所掠守宰，谢罪请降。兴遣鸿胪拜乾归都督陇西岭北匈奴杂胡诸军事、征西大将军、河州牧、单于、河南王，太子炽磐为镇西将军、左贤王、平昌公。二月，河南王乾归徙鲜卑仆浑部于度坚城，以子敕勃为秦兴太守以镇之。夏四月，河南王乾归徙羌句岂等部众于叠兰城，以兄子阿柴为兴国太守以镇之。五月，复以子木弈干为武威太守，镇嵘峻城。秋八月，河南王乾归攻秦略阳太守姚龙于柏阳堡，克之。冬十一月，进攻南平太守王憬于水洛城，又克之，徙民三千馀户于谭郊，遣乞伏审虔帅众二万城谭郊。十二月，西羌彭利发袭据枹罕，乾归讨之，不克。

八年春正月，河南王乾归复讨彭利发，利发南走，追斩之。以乞伏审虔为河州刺史，镇枹罕，而还。二月，乾归徙都谭郊，命平昌公炽磐镇苑川。

改年号为更始,公卿及以下官员全部恢复原来的官位。冬季十月,西秦国王乞伏乾归立夫人边氏为王后,立世子乞伏炽磐为太子,仍然任命乞伏炽磐为都督中外诸军、录尚书事。又任命屋引破光为河州刺史,镇守枹罕。任命南安人焦遗为太子太师,参与军政大事的决策。

六年(410)春季三月,西秦国王乞伏乾归攻打后秦金城郡,将它攻克。秋季七月乙丑(十五日),西秦国王乞伏乾归讨伐越质屈机等十几个部落,使他们的部众二万五千人归降,将他们迁到苑川。八月,乞伏乾归又将都城迁到苑川。九月,西秦国王乞伏乾归进攻后秦略阳、南安、陇西等郡,全部攻克,将这些地方的二万五千户居民迁到苑川及枹罕。

七年(411)春季正月,后秦皇帝姚兴派太常索稜前去招抚西秦。西秦国王乞伏乾归派使臣送还被劫掠的后秦地方官,并承认罪过,请求投降。姚兴派遣鸿胪前往西秦,任命乞伏乾归为都督陇西岭北匈奴杂胡诸军事、征西大将军、河州牧、单于、河南王,任命太子乞伏炽磐为镇西将军、左贤王、平昌公。二月,河南王乞伏乾归将鲜卑族仆浑部落迁到度坚城,任命他的儿子乞伏敕勃为秦兴太守,并镇守在那里。夏季四月,河南王乞伏乾归将羌族句岂等部落的部众都迁到叠兰城,并任命侄子乞伏阿柴为兴国太守,前往当地进行镇压安抚。五月,又任命儿子乞伏木弈干为武威太守,镇守嵚岒城。秋季八月,河南王乞伏乾归进攻后秦略阳太守姚龙据守的柏阳堡,将其攻克。冬季十一月,又进攻后秦南平太守王憬据守的水洛城,又攻克,把当地的三千多户居民迁到谭郊,派遣乞伏审虔率领部众二万人兴筑谭郊城。十二月,西羌族彭利发袭击并占据了枹罕,乞伏乾归率军前去征讨,未能攻克。

八年(412)春季正月,河南王乞伏乾归再次讨伐彭利发,彭利发向南逃走,乞伏乾归派人追击并斩杀了彭利发。乞伏乾归任命乞伏审虔为河州刺史,镇守枹罕,然后返回。二月,乞伏乾归将都城迁到谭郊,命令平昌公乞伏炽磐镇守苑川。

　　夏六月,乞伏公府弑河南王乾归,并杀其诸子十馀人,走保大夏。平昌公炽磐遣其弟广武将军智达、扬武将军木弈干帅骑三千讨之。以其弟昙达为镇京将军,镇谭郊,骁骑将军娄机镇苑川。炽磐帅文武及民二万馀户迁于枹罕。

　　秋七月,乞伏智达等击破乞伏公府于大夏。公府奔叠兰城,就其弟阿柴。智达等攻拔之,斩阿柴父子五人。公府奔嵘岷南山,追获之,并其四子,辗之于谭郊。八月,乞伏炽磐自称大将军、河南王,大赦,改元永康。葬乾归于枹罕,谥曰武元王,庙号高祖。九月,河南王炽磐以尚书令武始翟勍为相国,侍中、太子詹事赵景为御史大夫,罢尚书令、仆射、尚书六卿、侍中等官。

　　十年冬十月,河南王炽磐复称秦王,置百官。

夏季六月，乞伏公府谋杀了河南王乞伏乾归，并杀死了乞伏乾归的十几个儿子，然后退守大夏。平昌公乞伏炽磐派遣他的弟弟广武将军乞伏智达、扬武将军乞伏木弈干率领骑兵三千人讨伐乞伏公府。又任命他的弟弟乞伏昙达为镇京将军，镇守谭郊，骁骑将军乞伏娄机镇守苑川。乞伏炽磐自己率领文武百官以及二万多户民众，迁往枹罕。

秋季七月，乞伏智达等人在大夏击败乞伏公府。乞伏公府逃奔到叠兰城，投靠他的弟弟乞伏阿柴。乞伏智达等人攻陷了叠兰城，斩杀乞伏阿柴父子五人。乞伏公府逃奔�峗南山，乞伏智达等人追击并俘获了乞伏公府，连同他的四个儿子，在谭郊用车裂方式处死。八月，乞伏炽磐自称大将军、河南王，颁令大赦，改年号为永康。将乞伏乾归安葬在枹罕，谥号武元王，庙号高祖。九月，河南王乞伏炽磐任命尚书令武始人翟勍为相国，任命侍中、太子詹事赵景为御史大夫，撤除尚书令、仆射、尚书六卿、侍中等官位。

十年（414）冬季十月，河南王乞伏炽磐再次称秦王，设置文武百官。

秃发据广武

晋哀帝兴宁三年冬十月,鲜卑秃发椎斤卒,年一百一十,子思复鞬代统其众。椎斤,树机能从弟务丸之孙也。

孝武帝太元十九年。初,秃发思复鞬卒,子乌孤立。乌孤雄勇有大志,与大将纷陁谋取凉州。纷陁曰:"公必欲得凉州,宜先务农讲武,礼俊贤,修政刑,然后可也。"乌孤从之。三河王光遣使拜乌孤冠军大将军、河西鲜卑大都统。乌孤与其群下谋之曰:"可受乎?"皆曰:"吾士马众多,何为属人!"石真若留不对。乌孤曰:"卿畏吕光邪?"石真若留曰:"吾本根未固,小大非敌,若光致死于我,何以待之?不如受以骄之,俟衅而动,蔑不克矣。"乌孤乃受之。

二十年秋七月,秃发乌孤击乙弗、折掘等诸部,皆破降之,筑廉川堡而都之。广武赵振,少好奇略,闻乌孤在廉川,弃家从之。乌孤喜曰:"吾得赵生,大事济矣!"拜左司

秃发据广武

东晋哀帝兴宁三年(365)冬季十月,鲜卑族部落首领秃发椎斤去世,终年一百一十岁,儿子秃发思复鞬接替父亲统领他的部众。秃发椎斤是秃发树机能堂弟秃发务丸的孙子。

东晋孝武帝太元十九年(394)。当初,秃发思复鞬去世,儿子秃发乌孤即位当部落首领。秃发乌孤雄壮勇武,胸怀大志,与大将纷陁策划夺取凉州。纷陁说:"您如果一定要夺得凉州,应先致力农业,加强武备,礼贤下士,整顿并完善纲政和刑法,然后才可以行动。"秃发乌孤听从了他的话。后凉三河王吕光派遣使者前去任命秃发乌孤为冠军大将军、河西鲜卑大都统。秃发乌孤与部属们商议说:"可以接受吗?"大家都说:"我们兵马众多,为什么要当别人的下属!"石真若留没有回答。秃发乌孤说:"你是畏惧吕光吗?"石真若留说:"我们的基础还不稳固,以弱小来对抗强大,无法匹敌,如果吕光一定要灭亡我们,我们用什么来抗拒他呢?不如暂时接受,以此使吕光骄傲自大,然后等待时机再行动,这样就没有什么不能战胜了。"秃发乌孤于是接受任命。

二十年(395)秋季七月,秃发乌孤攻击乙弗、折掘等部落,把这些部落全部打败,使他们归降,然后修筑廉川堡而将其作为都城。广武人赵振自幼喜好奇妙的计策谋略,听说秃发乌孤住在廉川,于是抛弃家小,前去追随秃发乌孤。秃发乌孤非常高兴地说:"我得到赵先生,大事就可以成功了!"于是任命他为左司

马。三河王光封乌孤为广武郡公。

二十一年夏六月，三河王吕光遣使拜秃发乌孤为征南大将军、益州牧、左贤王。乌孤谓使者曰："吕王诸子贪淫，三甥暴虐，远近愁怨，吾安可违百姓之心，受不义之爵乎！吾当为帝王之事耳。"乃留其鼓吹、羽仪，谢而遣之。

安帝隆安元年春正月，秃发乌孤自称大都督、大将军、大单于、西平王，大赦，改元太初。治兵广武，攻凉金城，克之。凉王光遣将军窦苟伐之，战于街亭，凉兵大败。

凉散骑常侍、太常西平郭黁，善天文数术，国人信重之。会荧惑守东井，黁谓仆射王详曰："凉之分野，将有大兵。主上老病，太子暗弱，太原公凶悍，一旦不讳，祸乱必起。吾二人久居内要，彼常切齿，将为诛首矣。田胡王乞基部落最强，二苑之人，多其旧众。吾欲与公举大事，推乞基为主，二苑之众，尽我有也。得城之后，徐更议之。"详从之。黁夜以二苑之众烧洪范门，使详为内应。事泄，详被诛，黁遂据东苑以叛。民间皆言圣人起兵，事无不成，从之者甚众。

凉王光召太原公纂使讨黁。纂司马杨统谓其从兄桓曰："郭黁举事，必不虚发。吾欲杀纂，推兄为主，西袭吕弘，据张掖，号令诸郡，此千载一时也。"桓怒曰："吾为吕氏臣，安享其禄，危不能救，岂可复增其难乎！吕氏若亡，吾

马。后凉三河王吕光封秃发乌孤为广武郡公。

二十一年（396）夏季六月，后凉三河王吕光派遣使者前去任命秃发乌孤为征南大将军、益州牧、左贤王。秃发乌孤对使者说："吕王的儿子们都贪婪淫乱，三个外甥暴虐凶残，远近之人忧愁怨恨，我怎么可以违背百姓的心愿，接受不义的官位爵号呢？我将要自己建立帝王大业。"于是留下吕光送来的乐工、仪仗，向使者道歉并送他回去。

东晋安帝隆安元年（397）春季正月，秃发乌孤自称大都督、大将军、大单于、西平王，大赦天下，改年号为太初。在广武整顿军队，进攻后凉金城，攻克。后凉天王吕光派遣将军窦苟讨伐秃发乌孤，双方在街亭交战，后凉军队大败。

后凉散骑常侍、太常西平人郭黁，精通天文、占卜和方术，国内人士对他十分信任和尊敬。当时恰逢荧惑星停留在井宿，郭黁对仆射王详说："后凉的疆域内，将会发生大规模的战争。天王年老多病，太子昏庸懦弱，太原公吕纂凶残骄悍，一旦天王去世，灾祸战乱一定会发生。我们二人长时间地主管朝廷机要事务，他一直对我们咬牙切齿，我们将会成为他首先诛杀的对象。田胡王乞基部落在各部落中最为强盛，东、西二苑城中的人，有很多是他的旧部众。我打算与明公您一同创立大业，推立王乞基当首领，东、西二苑城中的部众，将全部成为我们的部下。夺得城池以后，再慢慢商量以后的行动。"王详接受了他的建议。郭黁在夜晚率领东、西二苑城的田胡部众焚烧洪范门，让王详做内应。事情泄露，王详被诛杀，郭黁就据守东苑城反叛。民间都传言圣人起兵，事情不会不成功，追随郭黁的人很多。

后凉天王吕光召太原公吕纂返回，派他讨伐郭黁。吕纂的司马杨统对他的堂兄杨桓说："郭黁发动事变，一定不会不做准备就行动。我想杀掉吕纂，推举你当首领，向西袭击吕弘，占领张掖，号令各郡，这是千载难逢的机会呀！"杨桓大怒，说："我们是吕氏的臣属，安然地享受他们的俸禄，他们有危险而不能去援救，难道可以再加重他们的灾难吗！吕氏如果灭亡，我将

为弘演矣!"统至番禾,遂叛归磨。弘,纂之弟也。

纂与西安太守石元良共击磨,大破之。磨得光孙八人于东苑,及败而恚,悉投于锋上,枝分节解,饮其血以盟众,众皆掩目。

凉人张捷、宋生等招集戎、夏三千人,反于休屠城,与磨共推凉后将军杨轨为盟主。轨,略阳氐也。将军程肇谏曰:"卿弃龙头而从蛇尾,非计也。"轨不从,自称大将军、凉州牧、西平公。

纂击破磨将王斐于城西,磨兵势渐衰,遣使请救于秃发乌孤。九月,乌孤使其弟骠骑将军利鹿孤帅骑五千赴之。

二年春正月,杨轨以其司马郭纬为西平相,帅步骑三万北赴郭磨。秃发乌孤遣其弟车骑将军傉檀帅骑一万助轨。轨至姑臧,营于城北。夏四月,凉太原公纂将兵击杨轨,郭磨救之,纂败还。六月,杨轨自恃其众,欲与凉王光决战,郭磨每以天道抑止之。凉常山公弘镇张掖,段业使沮渠男成及王德攻之,光使太原公纂将兵迎之。杨轨曰:"吕弘精兵一万,若与光合,则姑臧益强,不可取矣。"乃与秃发利鹿孤共邀击纂,纂与战,大破之,轨奔王乞基。磨性褊急残忍,不为士民所附。闻轨败走,降西秦,西秦王乾归以为建忠将军、散骑常侍。弘引兵弃张掖东走。

做历史上的弘演。"杨统到达番禾,就背叛吕光,归附郭黁。吕弘是吕纂的弟弟。

吕纂与西安太守石元良共同攻击郭黁,大败郭黁军队。郭黁曾在东苑城俘获了吕光的八个孙子,等到战败后,十分怨恨,就把这八个人全部投到刀锋枪尖上,将他们肢解,然后与将士们一起饮他们的血,作为盟誓,将士们都遮住双眼,不忍心看这一惨状。

后凉人张捷、宋生等招集戎族和汉族三千人,在休屠城反叛后凉,与郭黁共同推举后凉后将军杨轨为盟主。杨轨是略阳的氐人。将军程肇劝谏杨轨说:"你抛弃龙头而跟从蛇尾,不是上策。"杨轨没有听从他的话,自称大将军、凉州牧、西平公。

吕纂在姑臧城的西面击败了郭黁手下的将领王斐,郭黁的军事势力逐渐衰弱,他派遣使者前往秃发乌孤处请求救援。九月,秃发乌孤派遣他的弟弟骠骑将军秃发利鹿孤率领骑兵五千人前去增援。

二年(398)春季正月,杨轨任命他的司马郭纬为西平相,自己率领步骑兵三万人向北进军,援助郭黁。秃发乌孤派遣他的弟弟车骑将军秃发傉檀率领骑兵一万人前去帮助杨轨。杨轨到达姑臧,在城北扎营。夏季四月,后凉太原公吕纂率军攻击杨轨,郭黁率军救援,吕纂战败退回。六月,杨轨倚仗自己军队人数众多,打算与后凉天王吕光决战,郭黁每次都用天意加以阻止。后凉常山公吕弘镇守张掖,北凉建康公段业派沮渠男成以及王德一同进攻吕弘。吕光派太原公吕纂率军迎战北凉军队。杨轨说:"吕弘拥有精兵一万人,如果他与吕光的军队会合,那么姑臧的兵力就更加强大,不可能攻取了。"于是与秃发利鹿孤一同拦击吕纂。吕纂与杨轨、秃发利鹿孤联军交战,大败联军,杨轨投奔王乞基。郭黁性格暴躁偏激,十分残忍,士人平民都不愿归附他。郭黁听到杨轨战败逃走的消息后,就投降西秦,西秦国王乞伏乾归任命他为建忠将军、散骑常侍。吕弘放弃张掖,率军向东撤退。

　　秋九月，杨轨屯廉川，收集夷、夏，众至万馀。王乞基谓轨曰："秃发氏才高而兵盛，且乞基之主也，不如归之。"轨乃遣使降于西平王乌孤。轨寻为羌酋梁饥所败，西奔侈海，袭乙弗鲜卑而据其地。乌孤谓群臣曰："杨轨、王乞基归诚于我，卿等不速救，使为羌人所覆，孤甚愧之。"平西将军浑屯曰："梁饥无经远大略，可一战禽也。"

　　饥进攻西平，西平人田玄明执太守郭倖而代之，以拒饥，遣子为质于乌孤。乌孤欲救之，群臣惮饥兵强，多以为疑。左司马赵振曰："杨轨新败，吕氏方强，洪池以北，未可冀也，岭南五郡，庶几可取。大王若无开拓之志，振不敢言，若欲经营四方，此机不可失也。使羌得西平，华、夷震动，非我之利也。"乌孤喜曰："吾亦欲乘时立功，安能坐守穷谷乎！"乃谓群臣曰："梁饥若得西平，保据山河，不可复制。饥虽骁猛，军令不整，易破也。"遂进击饥，大破之。饥退屯龙支堡。乌孤进攻，拔之，饥单骑奔浇河，俘斩数万。以田玄明为西平内史。乐都太守田瑶、湟河太守张裪、浇河太守王稚皆以郡降，岭南羌、胡数万落皆附于乌孤。

　　冬十一月，杨轨、王乞基帅户数千自归于西平王乌孤。十二月，西平王秃发乌孤更称武威王。
　　三年春正月，武威王乌孤徙治乐都，以其弟西平公利鹿孤镇安夷，广武公傉檀镇西平，叔父素渥镇湟河，若留镇浇河，从弟替引镇岭南，洛回镇廉川，从叔吐若留镇浩亹。

秋季九月，杨轨屯驻在廉川，招收少数民族和汉族人，聚集部众达一万多人。王乞基对杨轨说："秃发家族才能高超，兵力强盛，而且是我王乞基过去的盟主，不如归附他们。"于是杨轨派遣使者向西平王秃发乌孤投降。不久，杨轨被羌族酋长梁饥击败，向西逃往儦海，袭击鲜卑族乙弗部落，占领他们的地盘。秃发乌孤对大臣们说："杨轨、王乞基归降于我，你们不迅速救援他们，让他们被羌人击破，我为此深感惭愧。"平西将军浑屯说："梁饥没有深远的谋略，可以一战就把他制服。"

梁饥进攻西平，西平人田玄明拘捕太守郭倖而取代他，抵御梁饥，并派遣儿子前往秃发乌孤处当人质。秃发乌孤打算救援田玄明，大臣们害怕梁饥兵力强盛，很多人对此事有所疑虑。左司马赵振说："杨轨新近战败，吕光家族正强，洪池岭以北地区，我们无法谋取。洪池岭以南的五郡，或许可以夺取。大王您如果没有开拓疆土的志向，我赵振不敢多说，如果打算谋取土地，建设四方大业，这个机会不可丧失。假使羌人夺得西平，汉族和少数民族都会震动，对我们不利。"秃发乌孤高兴地说："我也打算利用可乘之机建立功业，怎么能坐在这里守住这贫瘠的山谷呢！"于是对大臣们说："梁饥如果夺得西平，凭借山河险要据守，无法再制服他。梁饥虽然骁勇，但号令不严明，容易击破。"随即进军攻击梁饥，大败梁饥军队。梁饥退军屯驻在龙支堡，秃发乌孤继续进攻，攻克了龙支堡，梁饥自己骑马逃奔浇河，秃发乌孤俘虏、斩杀梁饥军队数万人。秃发乌孤任命田玄明为西平内史。乐都太守田瑶、湟河太守张祵、浇河太守王稚都献上郡城归降。洪池岭以南地区几万个羌族、匈奴族部落全都归附秃发乌孤。

冬季十一月，杨轨、王乞基率领数千户部众，自行归附西平王秃发乌孤。十二月，西平王秃发乌孤改称武威王。

三年（399）春季正月，武威王秃发乌孤将都城迁到乐都，任命弟弟西平公秃发利鹿孤镇守安夷；弟弟广武公秃发傉檀镇守西平；叔父秃发素渥镇守湟河、秃发若留镇守浇河；堂弟秃发替引镇守洪池岭以南；堂弟秃发洛回镇守廉川；堂叔秃发吐若留镇守浩亹。

夷、夏俊杰,随才授任,内居显位,外典郡县,咸得其宜。

乌孤谓群臣曰:"陇右、河西,本数郡之地,遭乱,分裂至十馀国,吕氏、乞伏氏、段氏最强,今欲取之,三者何先?"杨统曰:"乞伏氏本吾之部落,终当服从。段氏书生,无能为患,且结好于我,攻之不义。吕光衰耄,嗣子微弱,纂、弘虽有才而内相猜忌,若使浩亹、廉川乘虚迭出,彼必疲于奔命,不过二年,兵劳民困,则姑臧可图也。姑臧举,则二寇不待攻而服矣。"乌孤曰:"善!"

夏六月,乌孤以利鹿孤为凉州牧,镇西平,召车骑大将军傉檀入录府国事。

秋八月,武威王秃发乌孤醉,走马伤胁而卒,遗令立长君。国人立其弟利鹿孤,谥乌孤曰武王,庙号烈祖。利鹿孤大赦,徙治西平。

四年春正月,秃发利鹿孤大赦,改元建和。夏五月,杨轨、田玄明谋杀武威王利鹿孤,利鹿孤杀之。

五年春正月,武威王利鹿孤欲称帝,群臣皆劝之。安国将军鍮勿仑曰:"吾国自上世以来,被发左衽,无冠带之饰,逐水草迁徙,无城郭室庐,故能雄视沙漠,抗衡中夏。今举大号,诚顺民心。然建都立邑,难以避患,储蓄仓库,启敌人心。不如处晋民于城郭,劝课农桑以供资储,帅国

对少数民族和汉族的俊杰人士，都按照他们的才能授予官职，分别任用，有的在朝廷高居显赫的官位，有的在外地掌管郡县，全都安排得十分合适。

秃发乌孤对群臣说："陇右、河西原本只是几个郡的地域，遭受战乱，导致分裂，现在已多达十几个国，吕光家族、乞伏家族、段业家族最强大，如果想吞并他们，应该先吞并三家中的哪一家？"杨统说："乞伏家族原是我们属下的部落，将来终究会服从我们。段业是一介书生，没有能力制造灾难，而且同我们友好往来，进攻他们不符合道义。吕光年老体衰，太子懦弱无能，吕纂、吕弘虽有才干，但内心互相猜忌，如果派浩亹、廉川的军队，乘他们虚弱时轮流出兵攻击，他们一定疲于奔命，不超过两年，后凉就会军队疲惫，人民劳困，姑臧就可以谋取了。夺得姑臧以后，另外两个敌寇不等我们攻打就会臣服了。"秃发乌孤说："好！"

夏季六月，秃发乌孤任命秃发利鹿孤为凉州牧，镇守西平，征召车骑大将军秃发傉檀回都城掌管朝廷机要事务。

秋季八月，南凉武威王秃发乌孤酒醉，骑马快跑时两肋受伤去世，遗嘱命令立年龄较大的人为国王。国内人士拥立秃发乌孤的弟弟秃发利鹿孤继承王位，定秃发乌孤的谥号为"武王"，庙号为"烈祖"。秃发利鹿孤颁令大赦，将都城迁到西平。

四年（400）春季正月，秃发利鹿孤颁令大赦，改年号为建和。夏季五月，杨轨、田玄明密谋杀死武威王秃发利鹿孤，结果秃发利鹿孤把他们二人杀了。

五年（401）春季正月，南凉武威王秃发利鹿孤想要称帝，群臣都劝他进位。安国将军鍮勿仑说："我国从前世以来，披散头发，衣襟左开，没有冠帽腰带之类的服饰，追逐水草，到处迁徙，没有城郭房屋，所以能称雄沙漠，与中原汉族相抗衡。如今改称皇帝尊号，确实是顺应了人民的心愿。然而，建立大小城邑后，就难以躲避祸患，如果把我们的财物储存在仓库中，又容易引起敌人的野心。不如让汉族人民居住在城郭中，勉励督促他们从事耕田植桑，将收获储存起来，用来供给国家，同时再率领本族

人以习战射，邻国弱则乘之，强则避之，此久长之良策也。且虚名无实，徒足为世之质的，将安用之！"利鹿孤曰："安国之言是也。"乃更称河西王，以广武公傉檀为都督中外诸军事、凉州牧、录尚书事。

———

夏六月，河西王利鹿孤命群臣极言得失。西曹从事史暠曰："陛下命将出征，往无不捷，然不以绥宁为先，唯以徙民为务，民安土重迁，故多离叛，此所以斩将拔城而地不加广也。"利鹿孤善之。

元兴元年春三月，河西王秃发利鹿孤寝疾，遗令以国事授弟傉檀。初，秃发思复鞬爱重傉檀，谓诸子曰："傉檀器识，非汝曹所及也。"故诸兄不以传子而传于弟。利鹿孤在位，垂拱而已，军国大事皆委于傉檀。利鹿孤卒，傉檀袭位，更称凉王，改元弘昌，迁于乐都，谥利鹿孤曰康王。是岁，秦王兴遣使拜秃发傉檀为车骑将军、广武公。

三年春二月，南凉王傉檀畏秦之强，乃去年号，罢尚书丞郎官，遣参军关尚使于秦。秦王兴曰："车骑献款称藩，而擅兴兵造大城，岂为臣之道乎？"尚曰："王公设险以守其国，先王之制也。车骑僻在遐藩，密迩勃寇，盖为国家重门之防。不图陛下忽以为嫌。"兴善之。傉檀求领凉州，

人专门进行战斗射箭的训练,邻国衰弱时就吞并它,强大时就避开它,这是目光长远的好计策。再说,皇帝这一虚名没有实质的意义,只足以成为世人的箭靶,有什么用处?"秃发利鹿孤说:"安国将军的话很对。"于是改称河西王,任命广武公秃发傉檀为都督中外诸军事、凉州牧、录尚书事。

夏季六月,南凉河西王秃发利鹿孤下令群臣毫无隐瞒地直言陈述朝政的成功与缺失。西曹从事史暠说:"陛下派遣将领出征,无往不胜。然而不把安抚人民放在首位,只是致力于迁徙人口,人民希望留在原来的土地上安定地生活,不愿意轻易地迁移,所以很多人反叛离散,这就是我们不断斩杀敌人将领,攻陷对方城邑,但领土却没有扩大的原因。"秃发利鹿孤认为他说得很对。

元兴元年(402)春季三月,南凉河西王秃发利鹿孤患病卧床,遗嘱命令将国政事务交付给弟弟秃发傉檀。当初,秃发思复鞬宠爱并看重秃发傉檀,他对儿子们说:"秃发傉檀的度量、才能和识见,不是你们所能比得上的。"所以哥哥们都不将王位传给儿子而传给弟弟。秃发利鹿孤在位的时候,只不过垂衣拱手地上朝听政罢了,并不实际主持朝政。国家军政大事全部交付给秃发傉檀办理。秃发利鹿孤去世,秃发傉檀继承了王位,改称凉王,改年号为弘昌,将都城迁到乐都,定秃发利鹿孤的谥号为康王。这一年,后秦皇帝姚兴派遣使臣前往南凉任命秃发傉檀为车骑将军、广武公。

三年(404)春季二月,南凉国王秃发傉檀畏惧后秦的强大,于是取消自己的年号,撤销尚书丞郎的官位,派遣参军关尚出使后秦。后秦皇帝姚兴说:"车骑将军献上忠诚自称藩臣,但擅自出动军队,建造大城。这难道符合做人臣属的道理吗?"关尚说:"王公设置险关要塞来守卫他们的封国,是先王确立的制度。车骑将军地处偏僻遥远的边地,作为国家的屏障,紧紧靠近强大的敌寇,建城是为国家加强门户的防备,想不到陛下忽然将此作为一种嫌疑。"姚兴认为他说得有道理。秃发傉檀请求兼管凉州,

兴不许。

义熙二年夏六月，秃发傉檀伐沮渠蒙逊，蒙逊婴城固守。傉檀至赤泉而还，献马三千匹、羊三万口于秦。秦王兴以为忠，以傉檀为都督河右诸军事、车骑大将军、凉州刺史，镇姑臧，征王尚还长安。凉州人申屠英等遣主簿胡威诣长安请留尚，兴弗许。威见兴，流涕言曰："臣州奉戴王化，于兹五年，土宇僻远，威灵不接，士民尝胆拭血，共守孤城。仰恃陛下圣德，俯杖良牧仁政，克自保全，以至今日。陛下奈何乃以臣等贸马三千匹、羊三万口。贱人贵畜，无乃不可！若军国须马，直烦尚书一符，臣州三千馀户，各输一马，朝下夕办，何难之有！昔汉武倾天下之资力，开拓河西，以断匈奴右臂。今陛下无故弃五郡之地忠良华族，以资暴虏，岂惟臣州士民坠于涂炭，恐方为圣朝旰食之忧。"兴悔之，使西平人车普驰止王尚，又遣使谕傉檀。会傉檀已帅步骑三万军于五涧，普先以状告之。傉檀遽逼遣王尚。尚出自清阳门，傉檀入自凉风门。

别驾宗敞送尚还长安，傉檀谓敞曰："吾得凉州三千馀家，情之所寄，唯卿一人，奈何舍我去乎！"敞曰："今送旧君，所以忠于殿下也。"傉檀曰："吾新牧贵州，怀远安迩之略如何？"敞曰："凉土虽弊，形胜之地。殿下惠抚其民，收其

姚兴不准许。

　　义熙二年(406)夏季六月,秃发傉檀征伐北凉沮渠蒙逊,沮渠蒙逊绕城设防坚守。秃发傉檀进军抵达赤泉后返回,向后秦贡献马三千匹、羊三万头。后秦皇帝姚兴认为秃发傉檀很忠诚,于是便任命秃发傉檀为都督河右诸军事、车骑大将军、凉州刺史,镇守姑臧,征召原凉州刺史王尚返回长安。凉州人申屠英等派遣主簿胡威前往长安请求留下王尚,姚兴不准许。胡威晋见姚兴,痛哭流涕地说:"我们凉州遵奉君王的教化,至今已经有五年了,处在偏僻遥远的地方,朝廷的威力到不了那里,而士人平民卧薪尝胆,抚平创口,擦去血污,共同坚守这座孤城。仰仗陛下圣明的恩德,依赖好刺史的仁政,才得以保全自己,维持到今天。陛下怎么就能用我们去换取三千匹马、三万头羊,以人为贱,以牲畜为贵,恐怕不行吧!如果国家军政事务上需要马匹,只需烦劳尚书发一道公文,我们凉州三千多户人家,每户交纳一匹马,命令早上下达,事情晚上就可以办成,有什么困难的!从前汉武帝用尽天下的资财人力来开拓河西地区,用以砍断匈奴的右臂。现在陛下无缘无故就抛弃五个郡的土地和忠良的人民,以此资助暴虐的敌虏,这难道仅仅是我们凉州的士人平民陷于极端困苦的境地吗!这恐怕正是朝廷为之心烦得不能按时吃饭的忧患。"姚兴后悔了,派西平人车普骑快马急速赶去阻止王尚,又派遣使者前去通知秃发傉檀。正巧秃发傉檀已经率领步骑兵三万人驻扎在五涧,车普先把情况告诉秃发傉檀,秃发傉檀急忙逼迫王尚,遣送他回长安。王尚从清阳门出城,秃发傉檀从凉风门入城。

　　别驾宗敞护送王尚返回长安,秃发傉檀对宗敞说:"我虽然得到凉州三千多户人家,但心中期望的,只有你一个人,为什么舍弃我离去呢?"宗敞说:"我现在护送以前的长官,正是忠于殿下您。"秃发傉檀说:"我新近管辖你们凉州,怀柔远方,安抚近土,该采用什么策略呢?"宗敞说:"凉州土地虽然贫瘠,但地理位置却非常重要。殿下要安抚凉州的人民,施以恩惠,延揽当地的

贤俊以建功名,其何求不获!"因荐本州文武名士十馀人,傉檀嘉纳之。王尚至长安,兴以为尚书。

傉檀燕群僚于宣德堂,仰视叹曰:"古人有言:'作者不居,居者不作。'信矣。"武威孟祎曰:"昔张文王始为此堂,于今百年,十有二主矣,惟履信思顺者可以久处。"傉檀善之。

秋八月,秃发傉檀以兴城侯文支镇姑臧,自还乐都。虽受秦爵命,然其车服礼仪,皆如王者。冬十一月,秃发傉檀迁于姑臧。

三年秋七月,秃发傉檀复贰于秦,遣使邀乞伏炽磐,炽磐斩其使送长安。九月,秃发傉檀将五万馀人伐沮渠蒙逊,蒙逊与战于均石,大破之。十一月,夏王勃勃帅骑二万击傉檀于支阳,杀伤万馀人而还。傉檀帅众追之,勃勃逆击于阳武下,大破之,杀伤万计。勃勃积尸而封之,号曰髑髅台。

四年夏五月,秦主兴以秃发傉檀外内多难,欲因而取之,使尚书郎韦宗往觇之。傉檀与宗论当世大略,纵横无穷。宗退,叹曰:"奇才英器,不必华夏,明智敏识,不必读书,吾乃今知九州之外,《五经》之表,复自有人也。"归,言于兴曰:"凉州虽弊,傉檀权谲过人,未可图也。"兴曰:"刘勃勃以乌合之众犹能破之,况我举天下之兵以加之乎!"宗

贤才俊杰,利用他们来建立功业,有什么追求不能达到呢!"于是推荐本州著名的文武人才十多名,秃发傉檀十分赞许地采纳了他的建议,任用了他推荐的人才。王尚回到长安,姚兴任命他为尚书。

秃发傉檀在宣德堂设宴款待群臣,他抬头看着殿堂,感叹地说:"古人有这样的说法:'建屋的人,自己不住;住屋的人,自己不建。'真是这样。"武威人孟祎说:"从前,前凉文王张骏最初兴建这座殿堂,至今已将近一百年,经历了十二个主人,只有恪守信义,顺应民心的人,才能长久地居住。"秃发傉檀很赞许他的话。

秋季八月,秃发傉檀留下兴城侯秃发文支镇守姑臧,自己返回乐都。秃发傉檀虽然接受了后秦的官职爵号,但他的车舆、服饰以及各种礼仪的规格,都同君王一样。冬季十一月,秃发傉檀将都城迁到姑臧。

三年(407)秋季七月,秃发傉檀又背叛后秦,他派遣使者前去召请乞伏炽磐,乞伏炽磐斩杀了他的使者,将人头送往长安。九月,秃发傉檀率领五万多人征伐北凉国王沮渠蒙逊,沮渠蒙逊与秃发傉檀在均石交战,大败秃发傉檀。十一月,夏国天王刘勃勃率领骑兵二万人在支阳攻击秃发傉檀,杀死打伤南凉军队一万多人后返回。秃发傉檀率军追击,刘勃勃在阳武下峡迎战,大败南凉军队,杀死打伤近万人。刘勃勃把尸体堆积起来,在尸体上堆封泥土,称为"髑髅台"。

四年(408)夏季五月,后秦皇帝姚兴因秃发傉檀正遭受严重的内忧外患,打算乘此机会吞并南凉,就派尚书郎韦宗前去窥探南凉的虚实。秃发傉檀与韦宗谈论天下大事,探讨分析各国形势,见解精辟,对策万变。韦宗告退后,感叹说:"非凡的才能,杰出的谋略,不一定华夏才有;聪明智慧,敏捷卓识,不一定要读很多书。直到今天我才知道九州之外,儒家《五经》之外,仍有俊杰。"韦宗返回后,对姚兴说:"凉州虽然荒凉贫瘠,但秃发傉檀权变诡诈的能力超过常人,不可算计他。"姚兴说:"刘勃勃用乌合之众尚且能击败他,何况我出动全国的兵力施加到他的头上呢!"韦宗

曰:"不然。形移势变,返覆万端,陵人者易败,戒惧者难攻。傉檀之所以败于勃勃者,轻之也。今我以大军临之,彼必惧而求全。臣窃观群臣才略,无傉檀之比者,虽以天威临之,亦未敢保其必胜也。"兴不听,使其子中军将军广平公弼、后军将军敛成、镇远将军乞伏乾归帅步骑三万袭傉檀,左仆射齐难帅骑二万讨勃勃。吏部尚书尹昭谏曰:"傉檀恃其险远,故敢违慢。不若诏沮渠蒙逊及李暠讨之,使自相困毙,不必烦中国之兵也。"亦不听。

兴遗傉檀书曰:"今遣齐难讨勃勃,恐其西逸,故令弼等于河西邀之。"傉檀以为然,遂不设备。弼济自金城,姜纪言于弼曰:"今王师声言讨勃勃,傉檀犹豫,守备未严,愿给轻骑五千,掩其城门,则山泽之民皆为吾有,孤城无援,可坐克也。"弼不从,进至漠口,昌松太守苏霸闭城拒之。弼遣人谕之使降,霸曰:"汝弃信誓而伐与国,吾有死而已,何降之有!"弼进攻,斩之,长驱至姑臧。傉檀婴城固守,出奇兵击弼,破之,弼退据西苑。城中人王钟等谋为内应,事泄,傉檀欲诛首谋者而赦其馀。前军将军伊力延侯曰:"今强寇在外,而奸人窃发于内,危孰甚焉,不悉坑之,何以惩后!"傉檀从之,杀五千馀人。命郡县悉散牛羊于野,敛成纵兵钞掠。傉檀遣镇北大将军俱延、镇军将军敬归等击之,

说："不是这样。形势转换变化,反反复复,千种万端。仗势欺人的人,容易失败;心怀戒惧的人,他人难以攻取。秃发傉檀之所以败在刘勃勃手中,是因为他轻敌。如果我们用大军进逼他们,他们一定会因畏惧而严密地防备,周全地应付。我私下观察朝中大臣们的才能谋略,没有一个比得上秃发傉檀,即使陛下率军亲征,也不敢保证一定能够取胜。"姚兴没有听从韦宗的话,派他的儿子中军将军广平公姚弼、后军将军敛成、镇远将军乞伏乾归率领步骑兵三万人袭击秃发傉檀,派左仆射齐难率领骑兵二万人讨伐刘勃勃。吏部尚书尹昭劝谏说："秃发傉檀仗恃他们的形势险要和路途遥远,所以敢违背和轻慢我们。不如下诏命令沮渠蒙逊和李暠讨伐他们,使他们双方互相争斗,困顿毁灭,不必烦劳我们中原的兵力。"姚兴还是不接受。

姚兴写信给秃发傉檀说："现在派遣齐难讨伐刘勃勃,怕他向西逃窜,所以命令姚弼等人到河西拦击。"秃发傉檀信以为真,就没有加以防备。姚弼从金城渡过黄河,姜纪对姚弼说："现在朝廷大军声称讨伐刘勃勃,秃发傉檀正在犹豫,防备不严,希望拨给我轻装骑兵五千人,突袭姑臧,直扑城门,这样,城外的居民全归我们所有,姑臧这座孤城没有人去援救,就可坐着攻陷了。"姚弼没有听从他的建议。进军抵达漠口,昌松郡太守苏霸关闭城门抵抗。姚弼派人劝说苏霸,让他投降,苏霸说："你们背信弃义,进攻盟国,我只有一死而已,怎么会投降!"姚弼发动进攻,斩杀苏霸,大军长驱直入,抵达姑臧。秃发傉檀绕城设防坚守,出动奇兵袭击姚弼,击败姚弼,姚弼撤退而据守西苑。姑臧城中居民王钟等人,密谋做姚弼的内应,事情泄露,秃发傉檀打算诛杀主谋而赦免其馀的人。前军将军伊力延侯说："如今强大的敌寇正在城外,奸邪之人却想在城内秘密地发动事变,没有比这更危险的了,如果不将他们全部坑杀,拿什么来警诫以后的人!"秃发傉檀听从了他的建议,坑杀了五千多人。秃发傉檀下令各郡县,让他们将牛羊全部散放到野外,将领敛成放纵士兵掠夺。秃发傉檀派遣镇北大将军秃发俱延、镇军将军敬归等人进行攻击,

秦兵大败,斩首七千馀级。姚弼固垒不出,傉檀攻之,未克。

秋七月,兴遣卫大将军常山公显帅骑二万为诸军后继,至高平,闻弼败,倍道赴之。显遣善射者孟钦等五人挑战于凉风门,弦未及发,傉檀材官将军宋益等迎击,斩之。显乃委罪敛成,遣使谢傉檀,慰抚河外,引兵还。傉檀遣使者徐宿诣秦谢罪。

冬十一月,秃发傉檀复称凉王,大赦,改元嘉平,置百官。立夫人折掘氏为皇后,世子武台为太子,录尚书事。左长史赵晁、右长史郭倖为尚书左、右仆射,昌松侯俱延为太尉。

后秦军队大败，被斩杀七千多人。姚弼固守营垒，不肯出战，秃发傉檀进攻，未能攻克。

秋季七月，姚兴派遣卫大将军常山公姚显，率领骑兵两万人，作为各路军队的后援，到达高平时，听到姚弼战败的消息，就以加倍的速度，急行军奔赴前线。姚显派遣善于射箭的孟钦等五人到姑臧凉风门挑战，弓弦还未拉开，秃发傉檀属下的材官将军宋益等人上前迎击，斩杀了孟钦等人。于是，姚显把罪责推卸给敛成，派遣使者向秃发傉檀道歉，慰问安抚河西地区的人民，率军返回。秃发傉檀派遣使者徐宿前往后秦道歉请罪。

冬季十一月，秃发傉檀再称凉王，颁令大赦，改年号为嘉平，设置文武百官。立夫人折掘氏为皇后，立世子秃发武台为太子，任命他为录尚书事。任命左长史赵晁为尚书左仆射，右长史郭倖为尚书右仆射，昌松侯秃发俱延为太尉。

蒙逊据张掖

　　晋安帝隆安元年。初，张掖卢水胡沮渠罗仇，匈奴沮渠王之后也，世为部帅。凉王光以罗仇为尚书，从光伐西秦。及吕延败死，罗仇弟三河太守麴粥谓罗仇曰："主上荒耄信谗，今军败将死，正其猜忌智勇之时也。吾兄弟必不见容，与其死之无名，不若勒兵向西平，出苕藋，奋臂一呼，凉州不足定也。"罗仇曰："诚如汝言。然吾家世以忠孝著于西土，宁使人负我，我不忍负人也。"光果听谗，以败军之罪杀罗仇及麴粥。罗仇弟子蒙逊，雄杰有策略，涉猎书史，以罗仇、麴粥之丧归葬。诸部多其族姻，会葬者凡万馀人。蒙逊哭谓众曰："吕王昏荒无道，多杀不辜。吾之上世，虎视河西，今欲与诸部雪二父之耻，复上世之业，何如？"众咸称万岁。遂结盟起兵，攻凉临松郡，拔之，屯据金山。

　　夏五月，凉王光遣太原公纂将兵击沮渠蒙逊于忽谷，

蒙逊据张掖

东晋安帝隆安元年（397）。当初，张掖卢水匈奴族沮渠罗仇是匈奴沮渠王的后裔，世代都当部落首领。后凉天王吕光任命沮渠罗仇为尚书，他曾随吕光征伐西秦。等到吕延兵败身死时，沮渠罗仇的弟弟三河太守沮渠麹粥对沮渠罗仇说："主上吕光年迈昏庸，相信谗言，如今大军战败，大将阵亡，正是他猜忌智勇人士的时候。我们兄弟必定不会被他宽容，与其无声无息地死去，不如整顿军队进军西平，穿过茗萆，振臂高呼，平定凉州是轻而易举的事情。"沮渠罗仇说："事情确实像你说的那样。然而我们沮渠家世代以忠孝闻名于西部地区，宁可让别人背弃我，我不忍心背弃别人。"吕光果然听信谗言，用出战失败的罪名杀了沮渠罗仇和沮渠麹粥。沮渠罗仇的侄子沮渠蒙逊，雄武过人而又有奇才大略，阅读过许多经史典籍，他护送沮渠罗仇、沮渠麹粥的灵柩返回故乡安葬。当地部落有很多与沮渠家有族亲或姻亲关系，前来参加葬礼的有一万多人。沮渠蒙逊哭着对大家说："天王吕光年迈昏庸，荒虐无道，诛杀了很多无辜的人。我们的祖先，像猛虎一样雄视着河西地区，准备创建一番大事业，现在我打算与各部落联合，为两位伯父报仇雪耻，恢复祖先的大业，各位觉得怎么样？"大家都高呼万岁。于是结成联盟，聚众起兵，进攻后凉的临松郡，攻克，进军并在金山据守。

夏季五月，后凉天王吕光派太原公吕纂率军在忽谷攻击沮渠蒙逊，

破之。蒙逊逃入山中。蒙逊从兄男成为凉将军,闻蒙逊起兵,亦合众数千屯乐涫。酒泉太守垒澄讨男成,兵败,澄死。男成进攻建康,遣使说建康太守段业曰:"吕氏政衰,权臣擅命,刑杀无常,人无容处。一州之地,叛者相望,瓦解之形昭然在目,百姓嗷然无所依附。府君奈何以盖世之才,欲立忠于垂亡之国!男成等既唱大义,欲屈府君抚临鄙州,使涂炭之馀,蒙来苏之惠,何如?"业不从。相持二旬,外救不至,郡人高逵、史惠等劝业从男成之请。业素与凉侍中房晷、仆射王详不平,惧不自安,乃许之。男成等推业为大都督、龙骧大将军、凉州牧、建康公,改元神玺。以男成为辅国将军,委以军国之任。蒙逊帅众归业,业以蒙逊为镇西将军。光命太原公纂将兵讨业,不克。

二年夏四月,段业使沮渠蒙逊攻西郡,执太守吕纯以归。纯,光之弟子也。于是晋昌太守王德、敦煌太守赵郡孟敏皆以郡降业。业封蒙逊为临池侯,以德为酒泉太守,敏为沙州刺史。

六月,凉常山公弘镇张掖,段业使沮渠男成及王德攻之,光使太原公纂将兵迎之。弘引兵弃张掖东走,段业徙治张掖,将追击弘。沮渠蒙逊谏曰:"归师勿遏,穷寇勿追,此兵家之戒也。"业不从,大败而还,赖蒙逊以免。业城安西,以其将臧莫孩为太守。蒙逊曰:"莫孩勇而无谋,知进

击败沮渠蒙逊。沮渠蒙逊逃入深山之中。沮渠蒙逊的堂兄沮渠男成是后凉的将军，他听到沮渠蒙逊起兵的消息，也聚集部众几千人，屯驻在乐涫。酒泉郡太守垒澄出兵讨伐沮渠男成，军队战败，垒澄阵亡。沮渠男成进攻建康，派遣使者游说建康郡太守段业说："吕家政权已经衰微，掌权的大臣独断专行，滥施刑法，随意杀人，人们没有可以容身的地方。仅仅一个州的地域上，反叛的人比比皆是，土崩瓦解的形势，已明显地呈现在眼前，百姓悲苦哀号而没有人可以依附。府君您为什么用超绝世人的英才，来效忠这个马上就要灭亡的国家！我沮渠男成一众已倡导大义，想委屈府君您安抚管辖本州，使人民在遭受极端的困厄痛苦之后，能蒙受您的恩惠，稍稍恢复生机，您认为怎么样？"段业不肯接受。双方相持了二十天，外面的救兵仍没有来，郡城中的人士高逵、史惠等劝说段业接受沮渠男成的请求。段业一向与后凉侍中房晷、仆射王详之间有着嫌怨，心中一直惶恐不安，于是接受了沮渠男成的请求。沮渠男成等人推举段业为大都督、龙骧大将军、凉州牧、建康公，改年号为神玺。段业任命沮渠男成为辅国将军，将军政大权交付给他。沮渠蒙逊率领部众投奔段业，段业任命沮渠蒙逊为镇西将军。吕光命太原公吕纂率军讨伐段业，未能取胜。

二年（398）夏季四月，段业派沮渠蒙逊进攻西郡，俘获太守吕纯，返回。吕纯是吕光的侄子。于是，晋昌太守王德、敦煌太守赵郡人孟敏，都献出郡城投降段业。段业封沮渠蒙逊为临池侯，任命王德为酒泉太守，任命孟敏为沙州刺史。

六月，后凉常山公吕弘镇守张掖，段业派遣沮渠男成及王德一起进攻吕弘，吕光派遣太原公吕纂率军迎战。吕弘放弃张掖，率军向东撤退。段业将都城迁到张掖，打算追击吕弘。沮渠蒙逊劝谏他说："返回故地的军队，不要遏阻；穷途末路的敌寇，不要追击。这是兵家的戒条。"段业没有接受他的意见，结果大败而回，全靠沮渠蒙逊，才逃脱一死。段业建造西安城，任命他的将领臧莫孩为太守。沮渠蒙逊说："臧莫孩有勇无谋，只知道进攻，

不知退。此乃为之筑冢，非筑城也！"业不从。莫孩寻为吕纂所破。

三年春二月，段业即凉王位，改元天玺。以沮渠蒙逊为尚书左丞，梁中庸为右丞。

五年夏四月，北凉王业惮沮渠蒙逊勇略，欲远之，蒙逊亦深自晦匿。业以门下侍郎马权代蒙逊为张掖太守。权素豪俊，为业所亲重，常轻侮蒙逊。蒙逊谮之于业曰："天下不足虑，惟当忧马权耳。"业遂杀权。

蒙逊谓沮渠男成曰："段公无鉴断之才，非拨乱之主，向所惮者惟索嗣、马权，今皆已死，蒙逊欲除之以奉兄，何如？"男成曰："业本孤客，为吾家所立，恃吾兄弟犹鱼之有水。夫人亲信我而图之，不祥。"蒙逊乃求为西安太守，业喜其出外，许之。

蒙逊与男成约同祭兰门山，而阴使司马许咸告业曰："男成欲以取假日为乱，若求祭兰门山，臣言验矣。"至期，果然。业收男成赐死。男成曰："蒙逊先与臣谋反，臣以兄弟之故，隐而不言。今以臣在，恐部众不从，故约臣祭山而返诬臣，其意欲王之杀臣也。乞诈言臣死，暴臣罪恶，蒙逊必反，臣然后奉王命而讨之，无不克矣。"业不听，杀之。蒙逊泣告众曰："男成忠于段王，而段王无故枉杀之，诸君能为报仇乎？且始者共立段王，欲以安众耳，今州土纷乱，

不知退却,这是为他修筑坟墓,不是为他修筑城池!"段业没有听从他的话。不久,臧莫孩就被吕纂打败。

三年(399)春季二月,段业即北凉国王之位,改年号为天玺。任命沮渠蒙逊为尚书左丞,任命梁中庸为尚书右丞。

五年(401)夏季四月,北凉国王段业畏惧沮渠蒙逊的勇猛善战和足智多谋,打算疏远他,沮渠蒙逊也尽量克制,深深地藏起自己的锋芒。段业任命门下侍郎马权代替沮渠蒙逊担任张掖太守。马权一向豪爽俊逸,为段业所亲信器重,经常轻慢凌侮沮渠蒙逊。沮渠蒙逊在段业面前诬陷马权说:"天下没有什么值得忧虑的,应当担心的只有马权。"于是,段业把马权杀了。

沮渠蒙逊对沮渠男成说:"段公没有鉴别决断的才能,不是平定祸患的领袖人选。以前,我们所顾忌的只有索嗣、马权,如今他们都死了,我沮渠蒙逊打算除掉段业,拥戴哥哥您,您觉得怎么样?"沮渠男成说:"段业原本是一个孤独的外来人,被我们沮渠家所拥立,依赖我们兄弟,好像鱼有了水。别人亲近信任我们,而我们却去谋害他,一定不吉利。"于是沮渠蒙逊请求出任西安太守,段业很高兴他能离开都城,出外任职,准许了他的请求。

沮渠蒙逊与沮渠男成约定一同祭祀兰门山,却暗中派司马许咸向段业告发说:"沮渠男成打算利用休假日发动叛乱,如果他请求前去祭祀兰门山,我的话就应验了。"到了约定的日期,沮渠男成果然向段业请假前去祭祀兰门山。段业逮捕了沮渠男成,迫使他自杀。沮渠男成说:"先前,沮渠蒙逊与我密谋反叛,我因与他是亲族兄弟的缘故,隐瞒了这件事,没有告发。如今因为有我在,他怕部众不听从他的指挥,所以约我前去祭祀兰门山,又反过来诬陷我谋反,他的用意是想让大王杀掉我。我请求大王假称我已被处死,公布我的罪状,沮渠蒙逊一定会反叛,然后我奉大王的命令,前去讨伐他,一定无往不胜。"段业不接受,杀了沮渠男成。沮渠蒙逊哭着对部众说:"沮渠男成忠于大王段业,而段王却无缘无故杀了他,你们各位能为他报仇吗?再说,当初共同拥立段王,是想让他来安定民众,如今本州境内战乱不断,

非段王所能济也。"男成素得众心，众皆愤泣争奋，比至氐池，众逾一万。镇军将军臧莫孩率所部降之，羌、胡多起兵应蒙逊者。蒙逊进壁侯坞。

业先疑右将军田昂，囚之。至是召昂，谢而赦之，使与武卫将军梁中庸共讨蒙逊。别将王丰孙言于业曰："西平诸田，世有反者，昂貌恭而心险，不可信也。"业曰："吾疑之久矣，但非昂无可以讨蒙逊者。"昂至侯坞，帅骑五百降于蒙逊，业军遂溃，中庸亦诣蒙逊降。

五月，蒙逊至张掖，田昂兄子承爱斩关内之，业左右皆散。蒙逊至，业谓蒙逊曰："孤孑然一己，为君家所推，愿丐馀命，使得东还与妻子相见。"蒙逊斩之。

业，儒素长者，无他权略，威禁不行，群下擅命，尤信卜筮、巫觋，故至于败。

沮渠男成之弟富占、将军俱傑帅户五百降于河西王利鹿孤。傑，石子之子也。

夏六月，梁中庸等共推沮渠蒙逊为大都督、大将军、凉州牧、张掖公，赦其境内，改元永安。蒙逊署从兄伏奴为张掖太守、和平侯，弟挐为建忠将军、都谷侯，田昂为西郡太守，臧莫孩为辅国将军，房晷、梁中庸为左右长史，张骘、谢正礼为左右司马。擢任贤才，文武咸悦。

秋九月，沮渠蒙逊所部酒泉、凉宁二郡叛降于西凉，又闻吕隆降秦，大惧，遣其弟建忠将军挐、牧府长史张潜见秦陇西

不是段王所能改善的。"沮渠男成一向受到部众的爱戴,部众们都悲愤痛哭,争相奋起,等进军到达氐池时,部众已超过一万人。镇军将军臧莫孩率领他的部下投降沮渠蒙逊,羌族、匈奴族也有很多人起兵响应沮渠蒙逊。沮渠蒙逊的队伍向前进军到侯坞。

段业起先怀疑右将军田昂,把他囚禁起来。等到这个时候,段业召见田昂,向他道歉并赦免了他,派他与武卫将军梁中庸一同前去讨伐沮渠蒙逊。段业的别将王丰孙对段业说:"西平的田家人,每一代都有反叛的人。田昂外貌恭顺,而内心险恶,不可信任。"段业说:"我也怀疑他很久了,但除了田昂,没有人能够讨伐沮渠蒙逊。"田昂抵达侯坞,率领骑兵五百人,向沮渠蒙逊投降,于是段业军队溃败,梁中庸也前往沮渠蒙逊处投降。

五月,沮渠蒙逊抵达张掖,田昂的侄子田承爱斩杀看守城门的士兵,段业身边的侍从人员全部逃散。沮渠蒙逊入城,段业对沮渠蒙逊说:"我孤单一人,被你们沮渠家推举为王,如今向您请求,希望让我保留下性命,使我能够返回东方,与妻子儿女见面。"沮渠蒙逊还是把他杀了。

段业是一个崇奉儒家之学的、质朴的老先生,没有什么权术谋略,所以威权禁令不能推行,部属们独断专行,平时又特别相信占卜、巫术,所以最终导致败亡。

沮渠男成的弟弟沮渠富占、将军俱僚率领五百户人家向南凉河西王秃发利鹿孤投降。俱僚是俱石子的儿子。

夏季六月,梁中庸等人共同推举沮渠蒙逊为大都督、大将军、凉州牧、张掖公,下令大赦所辖地区,改年号为永安。沮渠蒙逊,任命堂兄沮渠伏奴为张掖太守,封为和平侯;任命弟弟沮渠挐为建忠将军,封为都谷侯。任命田昂为西郡太守,臧莫孩为辅国将军,房晷为左长史,梁中庸为右长史,张骘为左司马,谢正礼为右司马。擢升任用贤能的人才,文武官员都很欣喜。

秋季九月,沮渠蒙逊管辖下的酒泉、凉宁两个郡都叛变投降西凉,后来又听说后凉吕隆投降后秦,沮渠蒙逊十分恐慌,于是派遣他的弟弟建忠将军沮渠挐、牧府长史张潜晋见后秦陇西

公硕德于姑臧，请帅其众东迁。硕德喜，拜潜张掖太守，挈建康太守。潜劝蒙逊东迁。挈私谓蒙逊曰："姑臧未拔，吕氏犹存，硕德粮尽将还，不能久也，何为自弃土宇，受制于人乎！"臧莫孩亦以为然。

蒙逊遣子奚念为质于河西王利鹿孤，利鹿孤不受，曰："奚念年少，可遣挈也。"冬十月，蒙逊复遣使上疏于利鹿孤曰："臣前遣奚念具披诚款，而圣旨未昭，复征弟挈。臣窃以为，苟有诚信，则子不为轻，若其不信，则弟不为重。今寇难未夷，不获奉诏，愿陛下亮之。"利鹿孤怒，遣张松侯俱延、兴城侯文支将骑一万袭蒙逊，至万岁临松，执蒙逊从弟鄯善苟子，虏其民六千馀户。蒙逊从叔孔遮入朝于利鹿孤，许以挈为质，利鹿孤乃归其所掠，召俱延等还。文支，利鹿孤之弟也。

元兴元年，秦王兴遣使拜沮渠蒙逊为镇西将军、沙州刺史、西海侯。

二年秋八月，秦遣使者梁构至张掖，蒙逊问曰："秃发傉檀为公而身为侯，何也？"构曰："傉檀凶狡，款诚未著，故朝廷以重爵虚名羁縻之。将军忠贯白日，当入赞帝室，岂可以不信相待也！圣朝爵必称功，如尹纬、姚晃，佐命之臣，齐难、徐洛，一时猛将，爵皆不过侯伯，将军何以先之

公姚硕德于姑臧,请求准许他率领自己的部众向东迁移。姚硕德非常高兴,任命张潜为张掖太守,沮渠挐为建康太守。返回后,张潜劝沮渠蒙逊向东迁移。沮渠挐私下对沮渠蒙逊说:"姚硕德还未攻克姑臧,吕家王朝仍然存在。姚硕德粮食耗尽后,将会返回,不能长久停留。为什么自己抛弃领土城邑,去受别人的控制呢!"臧莫孩也认为沮渠挐说得对。

沮渠蒙逊派遣儿子沮渠奚念前去南凉河西王秃发利鹿孤那里充当人质,秃发利鹿孤不接受,说:"沮渠奚念年龄太小,可派沮渠挐前来。"冬季十月,沮渠蒙逊再次派遣使者向秃发利鹿孤呈递奏疏,说:"我上次派遣沮渠奚念前来,披肝沥胆,呈献了我的一片诚意,但陛下颁下圣旨,没有明白我的诚意,又征召我的弟弟沮渠挐。我私下认为,如果有诚意,守信义,那么儿子的分量并不轻;如果不守信义,那么弟弟的分量也不重。现在,敌寇造成的灾难还未平定,不敢遵奉诏书,希望陛下谅解。"秃发利鹿孤大怒,派遣张松侯秃发俱延、兴城侯秃发文支率领骑兵一万人袭击沮渠蒙逊,军队抵达万岁、临松,俘获沮渠蒙逊的堂弟沮渠鄯善苟子,掳掠当地居民六千多户。沮渠蒙逊的堂叔沮渠孔遮前往南凉朝见秃发利鹿孤,许诺送沮渠挐来当人质,秃发利鹿孤这才归还了所掳掠的居民,召秃发俱延等人返回。秃发文支是秃发利鹿孤的弟弟。

元兴元年(402),后秦皇帝姚兴派遣使者前去任命沮渠蒙逊为镇西将军、沙州刺史、西海侯。

二年(403)秋季八月,后秦派遣的使者梁构到达张掖,沮渠蒙逊询问他说:"封秃发傉檀为公,而封我为侯,这是为什么?"梁构说:"秃发傉檀凶暴狡诈,并没有明白地显示出他的忠诚,所以朝廷才用看似尊贵的虚名爵位来笼络他。将军您的忠诚可贯白日,本该到朝廷辅助皇家,怎么可以用不信任的态度来对待您!在我们朝廷中,封爵必定同功劳相符,如尹纬、姚晃,都是辅佐皇上开创帝业的功臣,齐难、徐洛,都是当代的著名猛将,封给他们的爵位,都不过是侯爵、伯爵,将军您以什么来超过他们

乎！昔窦融殷勤固让，不欲居旧臣之右，不意将军忽有此问！"蒙逊曰："朝廷何不即封张掖而更远封西海邪？"构曰："张掖，将军已自有之，所以远授西海者，欲广大将军之国耳。"蒙逊悦，乃受命。

　　义熙八年冬十月，沮渠蒙逊迁于姑臧。
　　十一月，沮渠蒙逊即河西王位，大赦，改元玄始，置百官，如凉王光为三河王故事。

　　十四年，河西王蒙逊奉表称藩。拜凉州刺史。

呢？从前，窦融真诚恳切地执意谦让，不愿意自己的官爵比旧日的大臣们高，想不到将军您会忽然问起爵位的事情。"沮渠蒙逊说："朝廷为什么不就近封我为张掖侯，却远远地封我为西海侯呢？"梁构说："张掖，将军已经自己占有了，所以远远地把西海封给您，是想扩大将军的国土呀。"沮渠蒙逊十分高兴，于是接受了任命。

义熙八年(412)冬季十月，沮渠蒙逊将都城迁到姑臧。

十一月，沮渠蒙逊即北凉河西王之位，颁令大赦，改年号为玄始，设置文武百官，一切都按照后凉国王吕光当三河王时的前例。

十四年(418)，北凉河西王沮渠蒙逊向东晋朝廷上奏表，自称藩臣。东晋朝廷任命他为凉州刺史。

秦灭后凉

晋安帝隆安三年冬十二月,凉王光疾甚,立太子绍为天王,自号太上皇帝。以太原公纂为太尉,常山公弘为司徒。谓绍曰:"今国家多难,三邻伺隙,吾没之后,使纂统六军,弘管朝政,汝恭己无为,委重二兄,庶几可济。若内相猜忌,则萧墙之变,旦夕至矣!"又谓纂、弘曰:"永业才非拨乱,直以立嫡有常,偎居元首。今外有强寇,人心未宁,汝兄弟辑睦,则祚流万世;若内自相图,则祸不旋踵矣!"纂、弘泣曰:"不敢。"又执纂手戒之曰:"汝性粗暴,深为吾忧。善辅永业,勿听谗言!"是日,光卒。绍秘不发丧。纂排阁入哭,尽哀而出。绍惧,以位让之,曰:"兄功高年长,宜承大统。"纂曰:"陛下国之冢嫡,臣敢奸之!"绍固让,纂不许。骠骑将军吕超谓绍曰:"纂为将积年,威震内外,临丧不哀,

秦灭后凉

东晋安帝隆安三年(399)冬季十二月,后凉天王吕光病重,于是立太子吕绍为天王,自称"太上皇帝",任命太原公吕纂为太尉,任命常山公吕弘为司徒。吕光对吕绍说:"现在国家多灾多难,三个邻国正在等待可乘之机发动攻击,我死之后,让吕纂统率全国的军队,让吕弘主管朝廷政务,你只要省身克己,保持恭敬的态度,垂衣拱手地坐在王位上,不要做什么事,把军政大权委托给两位哥哥,这样,或许可以渡过难关。如果内部互相猜忌,那么我们自己家中的灾祸,就会马上来临!"吕光又对吕纂、吕弘说:"吕绍并没有拨乱反正的才能,仅仅因为立嫡子为王符合常规,所以高居王位。如今,外有强大的敌寇,内部人心动荡不安。你们兄弟和睦团结,国运王位就能流传万世;如果内部自相谋害,大祸就会立即临头。"吕纂、吕弘哭着说:"我们不敢。"吕光又握着吕纂的手告诫他说:"你性格粗鲁暴躁,深深地为你担忧,要好好辅佐吕绍,不要听信谗言!"当天,吕光去世。吕绍隐瞒消息,不发布吕光的死讯。吕纂闯开阁门,强行入宫,痛哭哀悼,尽情宣泄了自己的悲伤后才出来。吕绍十分惶恐,要把王位让给吕纂,说:"兄长功勋高,年龄比我大,应该继承王位。"吕纂说:"陛下您是国家的嫡长子,我怎么敢冒犯!"吕绍执意推让,吕纂坚决不接受。骠骑将军吕超对吕绍说:"吕纂任大将已经有很多年,声威震慑内外,现在正在父亲的丧事期间,却不悲哀,

步高视远,必有异志,宜早除之。"绍曰:"先帝言犹在耳,奈何弃之!吾以弱年负荷大任,方赖二兄以宁家国,纵其图我,我视死如归,终不忍有此意也。卿勿复言!"纂见绍于湛露堂,超执刀侍侧,目纂请收之,绍弗许。超,光弟宝之子也。

　　弘密遣尚书姜纪谓纂曰:"主上暗弱,未堪多难。兄威恩素著,宜为社稷计,不可徇小节也。"纂于是夜帅壮士数百逾北城,攻广夏门,弘帅东苑之众斧洪范门。左卫将军齐从守融明观,逆问之曰:"谁也?"众曰:"太原公。"从曰:"国有大故,主上新立,太原公行不由道,夜入禁城,将为乱邪?"因抽剑直前,斫纂中额,纂左右禽之。纂曰:"义士也,勿杀!"绍遣虎贲中郎将吕开帅禁兵拒战于端门,吕超帅卒二千赴之,众素惮纂,皆不战而溃。纂入自青角门,升谦光殿。绍登紫阁自杀。吕超奔广武。

　　纂惮弘兵强,以位让弘。弘曰:"弘以绍弟也而承大统,众心不顺,是以违先帝遗命而废之,惭负黄泉!今复逾兄而立,岂弘之本志乎!"纂乃使弘出告众曰:"先帝临终受诏如此。"群臣皆曰:"苟社稷有主,谁敢违者!"纂遂即天王位,大赦,改元咸宁,谥光曰懿武皇帝,庙号太祖。谥绍曰隐王。以弘为大都督、督中外诸军事、大司马、车骑大将军、司隶校尉、录尚书事,改封番禾郡公。

高抬脚步,昂首远视,必定有反叛的心志,应该早点除掉他。"吕绍说:"先帝叮嘱的话仍在耳边,怎么能忘却丢弃!我以二十岁的年纪担负重大的责任,正要依靠两位兄长来安定家族和王国,即使他要谋害我,我也视死如归,终究不忍心有除掉他的念头。你不要再说了!"吕纂在湛露堂晋见吕绍,吕超手握佩刀在一旁侍卫,他用眼睛看着吕纂,示意吕绍,请求逮捕吕纂,吕绍不准许。吕超是吕光的弟弟吕宝的儿子。

吕弘秘密地派遣尚书姜纪对吕纂说:"主上吕绍昏庸懦弱,不能应付多灾多难的局势。兄长的声威恩德一向卓著,应该为国家考虑,不可屈从于小节。"于是,吕纂在夜晚率领精壮武士数百人翻过姑臧北城,攻打中城广夏门,吕弘率领东苑城的部众用斧头砍开中城洪范门。左卫将军齐从驻守融明观,他迎面问那些武士说:"你们是什么人?"众人说:"太原公吕纂。"齐从说:"国家发生了大的变故,主上刚即位,太原公走路不从正道上走,夜晚闯入禁城,是想叛乱吗?"于是拔出佩剑,径直上前砍杀,砍中吕纂的额头,吕纂身边的人把他抓住。吕纂说:"真是一个忠义之士,不要杀他!"吕绍派遣虎贲中郎将吕开率领禁军在端门抵抗,吕超也率领二千士兵赶来增援,但士兵们一向畏惧吕纂,都未经交战就自行溃散了。吕纂从青角门进入宫城,登上谦光殿。吕绍登上紫阁自杀,吕超逃奔广武。

吕纂忌惮吕弘拥有强大的军队,将王位让给吕弘。吕弘说:"吕弘我因为吕绍作为弟弟却继承王位,大家心里不服,所以违背先帝的遗嘱而废黜了他,惭愧地辜负了黄泉之下的父亲!如果再越过哥哥而继承王位,难道会是我吕弘的本意吗!"于是,吕纂让吕弘出宫,向大家宣告说:"先帝临终时,下诏要我们这样做。"群臣都说:"只要国家能有君主,谁敢违抗!"吕纂于是继承了天王之位,颁令大赦,改年号为咸宁。定吕光的谥号为"懿武皇帝",庙号为"太祖"。吕绍的谥号为"隐王"。任命吕弘为大都督、督中外诸军事、大司马、车骑大将军、司隶校尉、录尚书事,改封为番禾郡公。

篡谓齐从曰："卿前斫我，一何甚也！"从泣曰："隐王，先帝所立。陛下虽应天顺人，而微心未达，唯恐陛下不死，何谓甚也！"篡赏其忠，善遇之。

篡叔父征东将军方镇广武，篡遣使谓方曰："超实忠臣，义勇可嘉，但不识国家大体，权变之宜。方赖其用，以济世难，可以此意谕之。"超上疏陈谢，篡复其爵位。

四年春三月，凉王篡以大司马弘功高地逼，忌之。弘亦自疑，遂以东苑之兵作乱，攻篡。篡遣其将焦辨击之，弘众溃，出走。篡纵兵大掠，悉以东苑妇女赏军，弘之妻子亦在中。篡笑谓群臣曰："今日之战何如？"侍中房晷对曰："天祸凉室，忧患仍臻。先帝始崩，隐王废黜；山陵甫讫，大司马称兵；京师流血，昆弟接刃。虽弘自取夷灭，亦由陛下无常棣之恩，当省己责躬以谢百姓。乃更纵兵大掠，囚辱士女，衅自弘起，百姓何罪！且弘妻，陛下之弟妇，弘女，陛下之侄也，奈何使无赖小人辱为婢妾，天地神明，岂忍见此！"遂歔欷流涕。篡改容谢之，召弘妻子置于东宫，厚抚之。

弘将奔秃发利鹿孤，道过广武，诣吕方，方见之，大哭曰："天下甚宽，汝何为至此！"乃执弘送狱，篡遣力士康龙就拉杀之。

吕纂对齐从说:"你上次用剑砍我,岂不是太过分了?"齐从哭泣着说:"隐王吕绍是先帝所立。陛下您虽然上应天命,下顺民心,但我卑微的内心还未理解,当时怕的只是砍不死陛下,怎么说过分呢!"吕纂赞赏他的忠诚,优厚地对待他。

　　吕纂的叔父征东将军吕方镇守广武,吕纂派遣使者对吕方说:"吕超其实是个忠臣,节义和勇气都应该赞许,只是不理解国家的根本利益,不懂得通权达变的道理。我正要依靠并任用他,度过当前的艰难,可以将我的这些意思转告给他。"吕超上疏表白歉意,吕纂恢复了他的爵位。

　　四年(400)春季三月,后凉天王吕纂因大司马吕弘功劳大地位高,觉得对自己是一种威胁,因此非常忌惮吕弘。吕弘也觉得自己受到了吕纂的猜忌,于是率领东苑城的军队发动叛乱,进攻吕纂。吕纂派他的部将焦辨攻击吕弘,吕弘的部众溃败,出城逃走。吕纂放纵士兵大肆劫掠,将东苑的妇女全部赏赐给自己的士兵,吕弘的妻子女儿也在其中。吕纂笑着对大臣们说:"今天这一仗,怎么样?"侍中房晷回答说:"上天降灾祸给后凉王朝,忧患频繁地来临。先帝刚刚去世,隐王就被废黜。王室陵墓的葬礼刚结束,大司马吕弘就起兵叛乱。京师流血,兄弟之间互相厮杀。虽然吕弘是自取灭亡,但也由于陛下没有考虑兄弟的手足亲情,所以应当反省自责,以此向百姓道歉。现在竟然放纵士兵大肆劫掠,囚禁凌辱士人妇女,事端由吕弘引起,百姓们有什么罪过?而且,吕弘的妻子是陛下的弟妇,吕弘的女儿是陛下的侄女,为什么让无赖小人把她们当作婢妾,加以凌辱,天地神明怎么会忍心看到这种情形!"于是唏嘘流泪。吕纂也耸然动容,向他道歉,并召回吕弘的妻子女儿,将他们安置在东宫,非常优厚地抚慰他们。

　　吕弘打算投奔南凉秃发利鹿孤,途中经过广武,就前去探望吕方,吕方见到他,大哭说:"天下很大,你为什么到这里来!"于是拘捕吕弘,送进监狱。吕纂派大力士康龙前往广武,把吕弘摧折杀死。

纂立妃杨氏为后,以后父桓为尚书左仆射、凉都尹。

五年,凉王纂嗜酒好猎,太常杨颖谏曰:"陛下应天受命,当以道守之。今疆宇日蹙,崎岖二岭之间,陛下不兢兢夕惕以恢弘先业,而沈湎游畋,不以国家为事,臣窃危之。"纂逊辞谢之,然犹不悛。

番禾太守吕超擅击鲜卑思盘,思盘遣其弟乞珍诉于纂,纂命超及思盘皆入朝。超惧,至姑臧,深自结于殿中监杜尚。纂见超,责之曰:"卿恃兄弟桓桓,乃敢欺吾,要当斩卿,天下乃定!"超顿首谢。纂本以恐愒超,实无意杀之。因引超、思盘及群臣同宴于内殿。超兄中领军隆数劝纂酒,纂醉,乘步挽车,将超等游禁中。至琨华堂东阁,车不得过,纂亲将窦川、骆腾倚剑于壁,推车过阁。超取剑击纂,纂下车禽超,超刺纂洞胸。川、腾与超格战,超杀之。纂后杨氏命禁兵讨超,杜尚止之,皆舍仗不战。将军魏益多入,取纂首,杨氏曰:"人已死,如土石,无所复知,何忍复残其形骸乎!"益多骂之,遂取纂首以徇曰:"纂违先帝之命,杀太子而自立,荒淫暴虐。番禾太守超顺人心而除之,以安宗庙,凡我士庶,同兹休庆!"

纂叔父巴西公佗、弟陇西公纬皆在北城。或说纬曰:"超为逆乱,公以介弟之亲,仗大义而讨之,姜纪、焦辨在南城,杨桓、田诚在东苑,皆吾党也,何患不济!"纬严兵欲与

吕纂立他的妃子杨氏为王后，任命杨王后的父亲杨桓为尚书左仆射、凉都尹。

　　五年（401），后凉天王吕纂嗜好饮酒，喜爱打猎，太常杨颖劝谏说："陛下顺应天命，应当运用政令制度把王位守住。如今国土日益缩小，局促在二岭之间的崎岖山区。陛下不兢兢业业，忧惧警惕，以恢复光大先帝大业，却沉湎于游猎，不把国家大事放在心上，我私下觉得这样很危险。"吕纂谦恭地向他道歉，但仍不悔改。

　　番禾太守吕超擅自攻击鲜卑族部落首领思盘，思盘派他的弟弟乞珍前去向吕纂控诉，吕纂命令吕超与思盘一同前来朝廷。吕超惶恐，来到姑臧后，想方设法结交殿中监杜尚。吕纂召见吕超，责备他说："你恃仗你们兄弟联合，威风凛凛，竟敢欺凌我，看来应当将你斩首，天下才会安定！"吕超叩头道歉。吕纂原本是想以此来恐吓一下吕超，其实心里并不打算杀他。于是邀请吕超、思盘以及其他文武官员，在内殿一同宴饮。吕超的哥哥中领军吕隆多次向吕纂劝酒，吕纂喝醉了，乘着人力牵拉的步挽车，带着吕超等人游览皇宫。走到琨华堂东小门时，步挽车不能通过小门。吕纂的亲信将领窦川、骆腾，把佩剑靠在墙壁上，推车通过小门。吕超拿起佩剑，向吕纂刺击，吕纂下车去抓吕超，吕超用剑刺穿了吕纂的胸膛。窦川、骆腾同吕超格斗，吕超把二人都杀了。吕纂王后杨氏命令禁军攻击吕超，杜尚加以阻止，禁军士兵都放下武器，不再作战。将军魏益多进入宫中，要砍下吕纂的头颅，杨氏说："人已经死了，就像土石一样，不再有任何知觉，怎么忍心再残损他的尸骸呢！"魏益多辱骂杨氏，最终还是砍下吕纂的头颅，拿到外面示众说："吕纂违背先帝的诏命，谋杀太子，自立为王，荒淫暴虐。番禾太守吕超顺应民心而把他铲除，以此来安定宗庙，凡是我国的士人平民，应一同欢庆！"

　　吕纂的叔父巴西公吕佗、弟弟陇西公吕纬，都在北城。有人劝说吕纬，说："吕超发动叛乱，您以皇弟的名义和亲情，依仗大义讨伐他，又有姜纪、焦辨正在南城，杨桓、田诚正在东苑，都是我们的同党，还担心不成功吗！"吕纬下令军队做战斗准备，打算与

佗共击超。佗妻梁氏止之曰："纬、超俱兄弟之子，何为舍超助纬，自为祸首乎！"佗乃谓纬曰："超举事已成，据武库，拥精兵，图之甚难。且吾老矣，无能为也。"超弟邈有宠于纬，说纬曰："纂贼杀兄弟，隆、超顺人心而讨之，正欲尊立明公耳。方今明公先帝之长子，当主社稷，人无异望，夫复何疑！"纬信之，乃与隆、超结盟，单马入城。超执而杀之。让位于隆，隆有难色。超曰："今如乘龙上天，岂可中下！"隆遂即天王位，大赦，改元神鼎。尊母卫氏为太后，妻杨氏为后。以超为都督中外诸军事、辅国大将军、录尚书事，封安定公，谥纂曰灵帝。

纂后杨氏将出宫，超恐其挟珍宝，命索之。杨氏曰："尔兄弟不义，手刃相屠，我旦夕死人，安用宝为！"超又问玉玺所在，杨氏曰："已毁之矣。"后有美色，超将纳之，谓其父右仆射桓曰："后若自杀，祸及卿宗！"桓以告杨氏，杨氏曰："大人卖女与氐以图富贵，一之谓甚，其可再乎！"遂自杀，谥曰穆后。桓奔河西王利鹿孤，利鹿孤以为左司马。

夏五月，凉王隆多杀豪望以立威名，内外嚣然，人不自保。魏安人焦朗遣使说秦陇西公硕德曰："吕氏自武皇弃世，兄弟相攻，政纲不立，竞为威虐，百姓饥馑，死者过半。今乘其篡夺之际，取之易于反掌，不可失也。"硕德言于秦

吕佗一同攻击吕超,吕佗的妻子梁氏劝止吕佗说:"吕纬、吕超都是你兄弟的儿子,为什么要舍弃吕超而帮助吕纬,使自己成为罪魁祸首呢!"吕佗就对吕纬说:"吕超发动事变已经成功,占据武器库,拥有精锐部队,想要打败他是非常困难的。再说我已老了,不能再有什么作为。"吕超的弟弟吕邈受到吕纬的宠信,他劝说吕纬,说:"吕纂逆贼谋杀兄弟,吕隆、吕超顺应民心讨伐他,正是想尊立明公您为王。当今,明公您是先帝的长子,应当成为国家的君主,人们没有其他的愿望,又有什么可以怀疑的!"吕纬相信了吕邈的话,就与吕隆、吕超结盟,自己骑马进入姑臧城。吕超拘捕了吕纬,将他诛杀。吕超将王位让给吕隆,吕隆流露出为难的神色。吕超说:"现在好像乘着龙飞上天空,怎么可以中途下来!"于是,吕隆即后凉天王之位,颁令大赦,改年号为神鼎。尊立母亲卫氏为太后,立妻子杨氏为王后。任命吕超为都督中外诸军事、辅国大将军、录尚书事,封为安定公。定吕纂谥号为"灵帝"。

　　吕纂王后杨氏将迁出皇宫,吕超怕她带走珍宝,命人向她索取。杨氏说:"你们兄弟不仁不义,亲手拿着刀剑,互相屠杀,我是个很快就要死的人,要珍宝干什么!"吕超又询问玉玺的下落,杨氏说:"已经把它毁掉了。"杨王后容貌美丽,吕超想娶她,就对她的父亲右仆射杨桓说:"王后如果自杀,灾祸将降临你们家族!"杨桓将这些话告诉杨氏,杨氏说:"父亲大人把女儿卖给氐人,以此谋求荣华富贵,卖一次已经够了,难道可以再卖一次吗!"于是自杀而死,谥号为"穆后"。杨桓投奔南凉河西王秃发利鹿孤,秃发利鹿孤任命他为左司马。

　　夏季五月,后凉天王吕隆诛杀了很多有名望的豪杰人士来建立自己的威望,朝廷内外议论纷纷,悲愁忧伤,人人自危。魏安人焦朗派遣使者游说后秦陇西公姚硕德说:"吕家自从懿武皇帝吕光去世以来,兄弟互相攻杀,政令纲纪不能建立,竟相建立威势,施逞暴虐,百姓饥馑,饿死的人超过一半。现在乘他们篡夺王位之际,制服他们易如反掌,时机不可丧失。"姚硕德将此事告诉后秦

王兴,帅步骑六万伐凉,乞伏乾归帅骑七千从之。

秋七月,秦陇西公硕德自金城济河,直趣广武,河西王利鹿孤摄广武守军以避之。秦军至姑臧,凉王隆遣辅国大将军超、龙骧将军邈等逆战,硕德大破之,生擒邈,俘斩万计。隆婴城固守。巴西公佗帅东苑之众二万五千降于秦。西凉公暠、河西王利鹿孤、沮渠蒙逊各遣使奉表入贡于秦。

初,凉将姜纪降于河西王利鹿孤,广武公傉檀与论兵略,甚爱重之,坐则连席,出则同车,每谈论,以夜继昼。利鹿孤谓傉檀曰:"姜纪信有美才,然视候非常,必不久留于此,不如杀之。纪若入秦,必为人患。"傉檀曰:"臣以布衣之交待纪,纪必不相负也。"八月,纪将数十骑奔秦军,说硕德曰:"吕隆孤城无援,明公以大军临之,其势必请降。然彼徒文降而已,未肯遂服也。请给纪步骑三千,与王松忽因焦朗、华纯之众,伺其衅隙,隆不足取也。不然,今秃发在南,兵强国富,若兼姑臧而据之,威势益盛,沮渠蒙逊、李暠不能抗也,必将归之,如此,则为国家之大敌矣。"硕德乃表纪为武威太守,配兵二千,屯据晏然。秦王兴闻杨桓之贤而征之,利鹿孤不敢留。

闰月,秦陇西公硕德围姑臧累月,东方之人在城中者多谋外叛,魏益多复诱扇之,欲杀凉王隆及安定公超,事发,

皇帝姚兴,率领步骑兵六万人征伐后凉,乞伏乾归率领骑兵七千人随从出征。

　　秋季七月,后秦陇西公姚硕德从金城渡过黄河,径直奔赴广武,南凉河西王秃发利鹿孤撤退广武守军,避开后秦军队。后秦军队抵达姑臧,后凉天王吕隆派遣辅国大将军吕超、龙骧将军吕邈等人迎战。姚硕德大败后凉军队,活捉吕邈,俘虏、斩杀近万人。吕隆绕城设防坚守。巴西公吕佗率领东苑的部众二万五千人向后秦投降。西凉公李暠、南凉河西王秃发利鹿孤、北凉沮渠蒙逊,各自派遣使者向后秦呈递奏表,进贡物品。

　　当初,后凉将领姜纪投降于南凉河西王秃发利鹿孤,广武公秃发傉檀与姜纪谈论军事策略,非常宠信器重姜纪,坐的时候连着席子,外出的时候同乘一辆车子,每次谈论,总是白天意犹未尽,晚上继续畅谈。秃发利鹿孤对秃发傉檀说:"姜纪确实有杰出的才能,但通过我的观察,他不同于一般人,一定不会长久地留在我们这里,不如把他杀了。如果姜纪到后秦去,必定会成为我们的祸患。"秃发傉檀说:"我用平民交友的方式真诚地对待姜纪,姜纪一定不会背弃我。"八月,姜纪率领几十名骑兵投奔后秦军队,劝姚硕德说:"吕隆坚守孤城,没有外援,明公您用大军进逼,这种形势一定会迫使他请求投降。然而,他只不过是嘴上说投降罢了,不肯就此真正地臣服。请拨给我姜纪步骑兵三千人,与王松忽一起利用焦朗、华纯的部众,严密监视,等待机会出动,制服吕隆是轻而易举的。不然的话,如今秃发家族在南方,兵力强大,国家富有,如果他们攻占姑臧,入城据守,威势就会更加旺盛,沮渠蒙逊、李暠无法与他们抗争,必然会归附他们,这样一来,他们就会成为后秦皇朝的大敌。"于是姚硕德上表推荐姜纪任武威太守,配备给他士兵二千人,屯驻在晏然。后秦皇帝姚兴听说杨桓贤明有才能,征召他前往长安,秃发利鹿孤不敢留他。

　　闰月,后秦陇西公姚硕德包围姑臧已经几个月,城中的东方人士中有很多人都在谋划叛变外逃,将军魏益多又从中加以诱惑煽动,想要杀掉后凉天王吕隆和安定公吕超,事情败露,

坐死者三百馀家。硕德抚纳夷、夏,分置守宰,节食聚粟,为持久之计。凉之群臣请与秦连和,隆不许。安定公超曰:"今资储内竭,上下嗷嗷,虽使张、陈复生,亦无以为策。陛下当思权变屈伸,何爱尺书、单使为卑辞以退敌!敌去之后,修德政以息民,若卜世未穷,何忧旧业之不复!若天命去矣,亦可以保全宗族。不然,坐守穷困,终将何如?"隆乃从之,九月,遣使请降于秦。硕德表隆为镇西大将军、凉州刺史、建康公。隆遣子弟及文武旧臣慕容筑、杨颖等五十馀家入质于长安。硕德军令严整,秋毫不犯,祭先贤,礼名士,西土悦之。

冬十二月,吕超攻姜纪不克,遂攻焦朗。朗遣其弟子嵩为质于河西王利鹿孤以请迎,利鹿孤遣车骑将军俦檀赴之。比至,超已退,朗闭门拒之。俦檀怒,将攻之。镇北将军俱延谏曰:"安土重迁,人之常情。朗孤城无食,今年不降,后年自服,何必多杀士卒以攻之!若其不捷,彼必去从他国。弃州境士民以资邻敌,非计也,不如以善言谕之。"俦檀乃与朗连和,遂曜兵姑臧,壁于胡坑。俦檀知吕超必来斫营,畜火以待之。超夜遣中垒将军王集帅精兵二千斫

因此被牵连处死的人有三百多家。姚硕德安抚接纳少数民族和汉族人士,分别委任郡守、县令,节省食物,聚集粮食,打算进行持久战。后凉的大臣们请求与后秦和解并与其联手,吕隆不准许。安定公吕超说:"如今城内的物资储存已经用尽,上上下下全部忍饥挨饿,即使是张良、陈平再生,也会束手无策。陛下应当考虑权宜变通、能屈能伸的道理,为什么吝惜一尺长的书信和单人匹骑的使者,不肯说几句卑下的话,使敌人退却呢!敌人退走以后,我们再完善德政,使人民获得休养生息,如果占卜王位传承的世代时显示,国运还没有到达尽头,何必担忧以前的大业不能恢复。如果上天授予的大命已经失去,也可以保全吕氏家族。不然的话,坐着守住穷困的孤城,最终将会怎么样呢?"吕隆这才接受了求和的意见。九月,吕隆派遣使者向后秦军队请求投降。姚硕德上表推荐吕隆担任镇西大将军、凉州刺史、建康公。吕隆派遣子弟以及旧时的文武官员慕容筑、杨颖等五十多家人前往长安充当人质。姚硕德的军队号令整饬,纪律严明,秋毫无犯,祭祀先前的贤人,依礼对待当今的名士,西部地区的人们都非常高兴。

　　冬季十二月,吕超进攻姜纪,未能取胜,于是转攻焦朗。焦朗派他的侄子焦嵩前往南凉河西王秃发利鹿孤处充当人质,请求出兵迎接他们归降,秃发利鹿孤派遣车骑将军秃发傉檀前去迎接。等到抵达的时候,吕超已经退走,焦朗紧闭城门,把南凉军队拒之门外。秃发傉檀大怒,打算进攻焦朗。镇北将军秃发俱延劝谏说:"安于自己的故土,不愿意轻易迁徙,是人之常情。焦朗困守孤城,没有粮食,今年不投降,后年也自然会臣服,何必损失那么多士兵去进攻他!如果攻城不能取胜,他一定会转而归降其他王国,放弃州境内的土地和士人平民,以资助邻近的敌国,不是上策,不如用好言好语安抚他。"于是秃发傉檀与焦朗和解联合,随后进军姑臧,在城外炫耀兵力,并在胡坑修筑营垒。秃发傉檀知道吕超一定会来突袭营垒,就准备好火把,严阵以待。吕超果然在夜里派遣中垒将军王集率领精兵二千人袭击

傉檀营,傉檀徐严不起。集入垒中,内外皆举火,光照如昼,纵兵击之,斩集及甲首三百馀级。吕隆惧,伪与傉檀通好,请于苑内结盟。傉檀遣俱延入盟,俱延疑其有伏,毁苑墙而入。超伏兵击之,俱延失马步走,凌江将军郭祖力战拒之,俱延乃得免。傉檀怒,攻其昌松太守孟祎于显美。隆遣广武将军荀安国、宁远将军石可帅骑五百救之。安国等惮傉檀之强,遁还。

元兴元年春正月,秃发傉檀克显美,执孟祎而责之,以其不早降。祎曰:"祎受吕氏厚恩,分符守土。若明公大军甫至,望旗归附,恐获罪于执事矣。"傉檀释而礼之,徙二千馀户而归,以祎为左司马。祎辞曰:"吕氏将亡,圣朝必取河右,人无愚智皆知之。但祎为人守城不能全,复忝显任,于心窃所未安。若蒙明公之惠,使得就戮姑臧,死且不朽。"傉檀义而归之。

姑臧大饥,米斗直钱五千,人相食,饿死者十馀万口。城门昼闭,樵采路绝,民请出城为胡虏奴婢者,日有数百。吕隆恶其沮动众心,尽坑之,积尸盈路。

沮渠蒙逊引兵攻姑臧,隆遣使求救于河西王利鹿孤。利鹿孤遣广武公傉檀帅骑一万救之,未至,隆击破蒙逊军。蒙逊请与隆盟,留谷万馀斛遗之而还。傉檀至昌松,闻蒙逊已退,乃徙凉泽段冢民五百馀户而还。中散骑常侍张融

秃发傉檀的营垒,秃发傉檀故意迟缓地布置军队防卫,不立即反击。等到王集率军突入营垒之中,内外一同高举火把,火光照耀,如同白日,挥军攻击,斩杀王集以及兵士三百多人。吕隆恐慌,假装与秃发傉檀和解通好,请对方到姑臧城内结盟。秃发傉檀派遣秃发俱延入城结盟,秃发俱延怀疑他们有埋伏,就凿毁城墙进入城内。吕超指挥伏兵攻击他,秃发俱延丧失了战马,步行逃走,凌江将军郭祖奋力搏战,抵挡后凉军队,秃发俱延才得以逃脱一死。秃发傉檀大怒,进攻据守在显美的后凉昌松太守孟祎。吕隆派遣广武将军苟安国、宁远将军石可率领骑兵五百人救援孟祎。苟安国等畏惧秃发傉檀的强大,逃回。

元兴元年(402)春季正月,秃发傉檀攻克显美,俘获孟祎并责备他。孟祎说:"孟祎我受吕氏家族的优厚恩惠,剖分兵符,命我守卫国土。如果明公您的大军刚到,我望见旗帜就投降归附,恐怕您的手下人也会降罪于我。"秃发傉檀释放了孟祎,以礼相待,将当地居民二千多户迁往南凉并率军返回。任命孟祎为左司马,孟祎推辞说:"吕氏家族即将灭亡,圣明的后秦朝廷必定会取得河右,人们无论是愚昧的还是智慧的,都看出了这一点。只是我孟祎为别人守卫城池而不能守住,再愧任显要的官职,内心实在不安。如果能蒙受明公的恩惠,让我回到姑臧去受诛杀,那么死后将会不朽。"秃发傉檀赞许他的义气,放他回去。

姑臧发生大饥馑,一斗米值钱五千,人们互相吞食,饿死的人有十几万。城门白天也关闭,砍柴的道路都被阻断,城中居民请求出城当胡人奴隶婢女的,每天都有几百人。吕隆憎恶他们这样扰乱民心,把他们全部坑杀,路上堆满了尸体。

北凉沮渠蒙逊率军进攻姑臧,吕隆派遣使者向南凉河西王秃发利鹿孤请求救援。秃发利鹿孤派遣广武公秃发傉檀率领骑兵一万人前去救援,还未抵达,吕隆已击败了沮渠蒙逊军队。沮渠蒙逊请求同吕隆结盟,留下谷米一万多斛,送给吕隆,率军返回。秃发傉檀到达昌松,听到沮渠蒙逊已经撤退,就把凉泽、段家的五百多户居民迁往南凉,率军返回。中散骑常侍张融

言于利鹿孤曰："焦朗兄弟据魏安，潜通姚氏，数为反覆，今不取，后必为朝廷忧。"利鹿孤遣傉檀讨之，朗面缚出降，傉檀送于西平，徙其民于乐都。

冬十月，南凉王傉檀攻吕隆于姑臧。

二年秋七月，南凉王傉檀及沮渠蒙逊互出兵攻吕隆，隆患之。秦之谋臣言于秦王兴曰："隆藉先世之资，专制河外，今虽饥窘，尚能自支，若将来丰赡，终不为吾有。凉州险绝，土田饶沃，不如因其危而取之。"兴乃遣使征吕超入侍。隆念姑臧终无以自存，乃因超请迎于秦。兴遣尚书左仆射齐难、镇西将军姚诘、左贤王乞伏乾归、镇远将军赵曜帅步骑四万迎隆于河西。南凉王傉檀摄昌松、魏安二戍以避之。八月，齐难等至姑臧，隆素车白马迎于道旁。隆劝难击沮渠蒙逊，蒙逊使臧莫孩拒之，败其前军。难乃与蒙逊结盟。蒙逊遣弟挐入贡于秦。难以司马王尚行凉州刺史，配兵三千镇姑臧，以将军阎松为仓松太守，郭将为番禾太守，分戍二城，徙隆宗族、僚属及民万户于长安。兴以隆为散骑常侍，超为安定太守，自馀文武随才擢叙。

初，郭黁常言"代吕者王"，故其起兵，先推王详，后推王乞基。及隆东迁，王尚卒代之。黁从乞伏乾归降秦，以为灭秦者晋也，遂来奔，秦人追得，杀之。

对秃发利鹿孤说:"焦朗兄弟占据魏安,暗中与后秦姚氏家族来往,多次变换态度,反反复复,如果现在不攻取他们,日后一定会成为朝廷的忧患。"秃发利鹿孤派遣秃发傉檀前去讨伐他,焦朗反绑双手出城投降,秃发傉檀把他送到西平,又把当地居民迁往乐都。

冬季十月,南凉国王秃发傉檀前往姑臧进攻吕隆。

二年(403)秋季七月,南凉国王秃发傉檀及北凉沮渠蒙逊轮番出兵进攻吕隆,吕隆对此十分忧虑。后秦的谋臣对后秦皇帝姚兴说:"吕隆凭借父辈留下来的基业,独自控制河西地区,如今虽然饥饿窘迫,但还能够自己支持,如果将来丰裕富足了,最终将不属于我们。凉州地势险要,土壤肥沃,不如乘他们处境危急之机,进军攻取。"于是姚兴派遣使者前去征召吕超来长安供职。吕隆考虑到姑臧最终还是无法保全,就通过吕超请求后秦派遣军队迎接他归降。姚兴派遣尚书左仆射齐难、镇西将军姚诘、左贤王乞伏乾归、镇远将军赵曜,率领步骑兵四万人,前往河西迎接吕隆。南凉国王秃发傉檀撤走昌松、魏安二地的守军,避开后秦军队。八月,齐难等人抵达姑臧,吕隆乘着白马拉的白车,在路旁迎接。吕隆劝齐难攻击沮渠蒙逊,沮渠蒙逊派臧莫孩抵御后秦军队,击败对方前锋。于是齐难与沮渠蒙逊结盟。沮渠蒙逊派遣弟弟沮渠挐前往后秦进贡。齐难任命司马王尚代理凉州刺史,配备给他士兵三千人,镇守姑臧。又任命将军阎松为仓松太守,郭将为番禾太守,分别驻守二城,把吕隆家族、下属官员以及一万户居民迁往长安。姚兴任命吕隆为散骑常侍,任命吕超为安定太守,吕超以下的其他文武官员,也都按照每个人的才能,分别任用。

当初,郭黁常说"取代吕氏家族的人姓王",所以他起兵时,先推举王详为首领,后来推举王乞基为首领。等到吕隆投降,向东迁往长安时,王尚最后取代了吕隆。郭黁跟从乞伏乾归投降后秦,又认为灭亡后秦的是晋朝,于是逃奔东晋朝廷,后秦人追上并抓住了他,把他杀死。

卷第十八

冯跋灭后燕

晋安帝隆安五年，燕王盛惩其父宝以懦弱失国，务峻威刑，又自矜聪察，多所猜忌，群臣有纤介之嫌，皆先事诛之，由是宗亲、勋旧，人不自保。八月丁亥，左将军慕容国与殿上将军秦舆、段赞谋帅禁兵袭盛，事发，死者五百馀人。壬辰夜，前将军段玑与秦舆之子兴、段赞之子泰潜于禁中鼓噪大呼。盛闻变，帅左右出战，贼众逃溃。玑被创，匿厢屋间。俄有一贼从暗中击盛，盛被伤，辇升前殿，申约禁卫，事定而卒。

中垒将军慕容拔、冗从仆射郭仲白太后丁氏，以为国家多难，宜立长君。时众望在盛弟司徒、尚书令、平原公元，而河间公熙素得幸于丁氏，丁氏乃废太子定，密迎熙入宫。明旦，群臣入朝，始知有变，因上表劝进于熙。熙以让元，元不敢当。癸巳，熙即天王位，捕获段玑等，皆夷三族。

冯跋灭后燕

东晋安帝隆安五年（401），后燕王慕容盛鉴于他的父亲慕容宝因为懦弱而丢失了国家大权，就实行严刑峻法，又自以为聪明、善于察看人事，对臣僚多有猜疑忌恨，百官群臣只要有丝毫可疑之处，他就先把他们杀了。因此，宗室亲戚、功臣旧属，人人自危。八月丁亥（十五日），左将军慕容国和殿上将军秦舆、段赞密谋率领宫廷禁军袭击慕容盛，事情泄露后，被杀的一共有五百多人。壬辰（二十日）这天晚上，前将军段玑和秦舆的儿子秦兴、段赞的儿子段泰潜入宫廷之中去击鼓大喊。慕容盛听说发生变乱，率领身边的人出来迎战，叛乱的强盗四处逃散。段玑被打伤后，藏到厢房里。随即，有一个强盗在黑暗中袭击慕容盛，慕容盛被打成重伤，但他还是乘着辇车登上前殿，重申禁宫的规定，布置了宫中防卫，等事情安定以后他就死了。

中垒将军慕容拔、冗从仆射郭仲向太后丁氏禀告，认为国家多灾多难，应该拥立一个年纪较大的人做君主。当时，众望所归的人是慕容盛的弟弟，司徒、尚书令、平原公慕容元，但是，河间公慕容熙却一直得宠于丁氏，丁氏于是就废掉了太子慕容定，秘密地迎接慕容熙进宫。第二天早晨，文武大臣们入朝议政，才知道事情发生了变化，于是顺势呈上奏章劝慕容熙即位。慕容熙把王位让给慕容元，慕容元不敢就位。癸巳（二十一日）这天，慕容熙即天王位，随后捕获了段玑等人，一律将他们夷灭三族。

甲午，大赦。丙申，平原公元以嫌赐死。闰月辛酉，葬盛于兴平陵，谥曰昭武皇帝，庙号中宗。丁氏送葬未还，中领军慕容提、步军校尉张佛等谋立故太子定，事觉，伏诛，定亦赐死。丙寅，大赦，改元光始。

元兴元年，燕王熙纳故中山尹苻谟二女，长曰娀娥，为贵人，幼曰训英，为贵嫔，贵嫔尤有宠。丁太后怨恚，与兄子尚书信谋废熙立章武公渊。事觉，熙逼丁太后令自杀，葬以后礼，谥曰献幽皇后。十一月戊辰，杀渊及信。

辛未，熙畋于北原，石城令高和与尚方兵于后作乱，杀司隶校尉张显，入掠宫殿，取库兵，胁营署，闭门乘城。熙驰还，城上人皆投仗开门，尽诛反者，唯和走免。甲戌，大赦。

二年夏五月，燕王熙作龙腾苑，方十馀里，役徒二万人。筑景云山于苑内，基广五百步，峰高十七丈。冬十二月己酉，立苻贵嫔为皇后，大赦。

三年夏四月，燕王熙于龙腾苑起逍遥宫，连房数百，凿曲光海。盛夏，士卒不得休息，暍死者太半。秋七月，燕苻昭仪有疾，龙城人王荣自言能疗之。昭仪卒，燕王熙立荣于公车门，支解而焚之。冬十一月，燕王熙与苻后游畋，北登白鹿山，东逾青岭，南临沧海而还，士卒为虎狼所杀及冻死者五千馀人。

甲午(二十二日),大赦天下。丙申(二十四日),平原公慕容元因为有参与叛乱的嫌疑而被赐令自杀。闰八月辛酉(十九日),慕容熙把慕容盛葬在兴平陵,谥号叫昭武皇帝,庙号中宗。丁氏送葬没有回来,中领军慕容提、步军校尉张佛等人密谋拥立已被废黜的太子慕容定,事情被发觉后,他们被诛杀,慕容定也被赐令自杀。丙寅(二十四日),大赦天下,改年号为光始。

元兴元年(402),燕王慕容熙纳原中山尹符谟的两个女儿为妃子,大女儿叫符娀娥,做了贵人,小女儿叫符训英,做了贵嫔,贵嫔尤其得宠。丁太后对此怨恨、不满,就和侄子、尚书丁信谋划废黜慕容熙,另立章武公慕容渊为后燕王。事情泄露后,慕容熙逼丁太后自杀,随后,仍然以埋葬太后的礼仪来埋葬她,谥号为献幽皇后。十一月戊辰(初三),杀死慕容渊和丁信。

辛未(初六)这天,慕容熙在北郊原野打猎,石城令高和与守卫宫廷的尚方兵就在后方叛乱,杀死了司隶校尉张显,进入宫殿中抢劫,又取出库府中的兵器,胁逼军营和官署关闭城门,登上城墙守城。慕容熙飞马回城,城墙上的士兵都扔掉兵器,然后打开城门,把叛乱者全部杀死,只有高和逃脱。甲戌(初九),大赦天下。

二年(403)夏季五月,后燕王慕容熙建造龙腾苑,方圆十多里,役使两万多人。又在苑内修筑景云山,山的底部宽五百多步,山峰高十七丈。冬季十二月己酉(二十日),册立符训英为皇后,大赦天下。

三年(403)夏季四月,后燕王慕容熙在龙腾苑内建逍遥宫,房间连接一共数百间,还开凿曲光海。盛夏烈日,士兵都不能休息,中暑而死的人占了一大半。秋季七月,后燕昭仪符娀娥有病,龙城人王荣自称能治好她的病。符娀娥死后,后燕王慕容熙就把王荣绑立在公车门,将他肢解,然后焚尸。冬季十一月,后燕国王慕容熙和符后一起外出游猎,北边登上过白鹿山,东边翻越了青岭,南方到达沧海,然后才回京,随从士兵中被虎狼所食和冻死的一共五千多人。

义熙元年冬十二月,燕王熙袭契丹。

二年春正月,燕王熙至陉北,畏契丹之众,欲还,苻后不听。戊申,遂弃辎重,轻兵袭高句丽。二月,燕军行三千馀里,士马疲冻,死者属路,攻高句丽木底城,不克而还。夕阳公云伤于矢,且畏燕王熙之虐,遂以疾去官。

三年春二月,燕王熙为其后苻氏起承华殿,负土于北门,土与谷同价。宿军典军杜静载棺诣阙极谏,熙斩之。苻氏尝季夏思冻鱼,仲冬须生地黄,熙下有司切责不得而斩之。夏四月癸丑,苻氏卒,熙哭之懑绝,久而复苏。丧之如父母,服斩衰,食粥。命百官于宫内设位而哭,使人案检哭者,无泪则罪之,群臣皆含辛以为泪。高阳王妃张氏,熙之嫂也,美而有巧思,熙欲以为殉,乃毁其襚靴中得弊毡,遂赐死。右仆射韦璆等皆恐为殉,沐浴俟命。公卿以下至兵民,户率营陵,费殚府藏。陵周围数里,熙谓监作者曰:"善为之,朕将继往。"丁酉,燕太后段氏去尊号,出居外宫。

秋七月癸亥,燕王熙葬其后苻氏于徽平陵,丧车高大,毁北门而出。熙被发徒跣,步从二十馀里。甲子,大赦。初,中卫将军冯跋及弟侍御郎素弗皆得罪于熙,熙欲杀之,

义熙元年(405)冬季十二月,后燕王慕容熙突袭契丹。

二年(406)春季正月,后燕王慕容熙到达陉水以北,却又害怕契丹人多势众,打算回师,符后不同意。戊申(初二)这天,丢弃辎重物资,轻兵袭击高句丽。二月,后燕军队已经走了三千多里,士兵和战马又累又冷,路上冻死、累死的士卒接连不断。后燕军队进攻高句丽的木底城,没有攻克就回师了。夕阳公慕容云被流箭所伤,加上又害怕慕容熙的残暴,于是就称病辞去了官职。

三年(407)春季二月,后燕王慕容熙为皇后符氏建造承华殿,从北门外把土背进城里,结果导致泥土和米谷价钱相等。宿军典军杜静载着棺材到宫门极力进谏劝阻,慕容熙将他斩首。符氏曾经在盛夏时想吃冻鱼,严冬季节想要生地黄,慕容熙就交付官员办理,严厉指责他们,采集不到,就将他们杀害。夏季四月癸丑这天,符氏去世,慕容熙痛哭不止,一直哭得气闷昏厥,过了好久才苏醒过来。然后就像死了父母一样,穿上斩衰麻衣,只喝稀粥。又命令群臣百官在宫廷内设上符后的牌位为她哭灵,并派人检查这些哭灵的人,一旦没有眼泪,就处罚他们,群臣百官只好口中含着辣椒以便刺激眼泪。高阳王慕容隆的妃子张氏,是慕容熙的嫂嫂,长得漂亮,又非常机敏,慕容熙就想让她为符后殉葬。于是拆开她为送丧特地缝制的靴子,发现里面有劣等毛毡,以此为借口,便赐令她自杀。右仆射韦璆等人都担心会一同殉葬,每天都洗澡换衣等候命令。公卿及以下的百官,直到普通士兵和平民,每家每户都有人被调派去营建符后的陵墓,府库的积蓄被消耗一空。陵墓的周围宽达数里,慕容熙对监工说:"好好干吧,我随后就到。"丁酉(二十八日)这天,后燕太后段氏被废黜尊号,逐出外宫居住。

秋季七月癸亥(二十六日),后燕王慕容熙把王后符训英葬在徽平陵,因为丧车过于高大,所以毁掉龙城北门才运出城去。慕容熙披头散发,赤着双脚,徒步陪同送丧队伍走了二十多里。甲子(二十七日),大赦天下。当初,中卫将军冯跋和他的弟弟侍御郎冯素弗都被慕容熙指控有罪,慕容熙想要把他们杀了,

跋兄弟亡命山泽。熙赋役繁数,民不堪命。跋、素弗与其从弟万泥谋曰:"吾辈还首无路,不若因民之怨,共举大事,可以建公侯之业。事之不捷,死未晚也。"遂相与乘车,使妇人御,潜入龙城,匿于北部司马孙护之家。及熙出送葬,跋等与左卫将军张兴及苻进馀党作乱。跋素与慕容云善,乃推云为主。云以疾辞,跋曰:"河间淫虐,人神共怒,此天亡之时也。公,高氏名家,何能为人养子,而弃难得之运乎?"扶之而出。跋弟乳陈等帅众攻弘光门,鼓噪而进,禁卫皆散走。遂入宫授甲,闭门拒守。中黄门赵洛生走告于熙,熙曰:"鼠盗何能为!朕当还诛之。"乃置后枢于南苑,收发贯甲,驰还赴难。夜,至龙城,攻北门,不克,宿于门外。乙丑,云即天王位,大赦,改元正始。

熙退入龙腾苑,尚方兵褚头逾城从熙,称营兵同心效顺,唯俟军至。熙闻之,惊走而出,左右莫敢迫。熙从沟下潜遁,良久,左右怪其不还,相与寻之,唯得衣冠,不知所适。中领军慕容拔谓中常侍张仲曰:"大事垂捷,而帝无故自惊,深可怪也。然城内企迟,至必成功,不可稽留。吾当先往趣城,卿留待帝,得帝,速来;若帝未还,吾得如意安抚

冯跋兄弟于是逃跑到荒山野泽。慕容熙征收的赋役繁重，人民负担不起，冯跋、冯素弗和他们的堂弟冯万泥于是暗中谋划，说："我们这些人已经没有回头认罪的机会了，还不如趁着人民怨恨的时候，一起发动起义，这样或许还可以建立公侯们那样的大功业。如果事情不能成功，再死也还不晚。"于是一同乘上车辆，让妇女驾车，悄悄地进入龙城，藏在北部司马孙护家里。等到慕容熙外出送葬，冯跋等人就趁机和左卫将军张兴以及苻进的馀党一起发动叛乱。冯跋向来与慕容云关系很好，就推立慕容云为盟主。慕容云称病拒绝，冯跋说："河间公慕容熙为人残暴，滥施淫威，百姓和天神都恨他，这正是上天要他灭亡的时候。你是名门望族高家出身的人，怎么可以甘心做人家的养子，抛弃难得的机会呢？"把他扶出家门。冯跋的弟弟冯乳陈等人率众人攻打弘光门，大声呐喊而入，宫中的禁卫军士兵四散而逃。冯乳陈等人于是进入宫中，把宫中的武器兵甲分发给众人，然后关闭城门加以固守。中黄门赵洛生从宫中逃脱，把事情禀告给了慕容熙，慕容熙说："这帮鼠贼能干成什么事！我回去把他们杀了。"于是把苻后的灵柩停放在南苑，捆好头发，穿上甲胄，迅速回京解救危难。晚上抵达龙城，攻打北门，没有攻克，就在门外安营驻扎。乙丑（二十八日）这天，慕容云即天王位，大赦天下，改年号为正始。

慕容熙退守龙腾苑，守卫宫廷的尚方兵褚头翻越城墙，投奔慕容熙，称护卫营的士兵仍同心效忠慕容熙，只等他率军前来。慕容熙听了这话，惊恐不安，从军营跑了出去，身边的将领、侍卫都不敢追随、接近他。慕容熙顺着护城河悄悄逃遁，过了很久，侍候他的近臣见他还没有回来，感到很奇怪，就一起去寻找他，结果只找到他的衣服、帽子，不知道他跑到哪里去了。中领军慕容拔对中常侍张仲说："大功就要告成，皇上却无故自我惊慌逃遁，实在是让人难以理解。但是城内的士兵已经盼望我们很久了，我们只要进攻冯跋等人，一定可以成功，不能再在这里耽误时间了。我先率军去攻城，你留在这里等待皇上，一找到皇上就尽快率军前来；如果皇上没有回来，我只要一切顺利，就会先安抚好

城中,徐迎未晚。"乃分将壮士二千馀人登北城。将士谓熙至,皆投仗请降。既而熙久不至,拔兵无后继,众心疑惧,复下城赴苑,遂皆溃去。拔为城中人所杀。丙寅,熙微服匿于林中,为人所执,送于云,云数而杀之,并其诸子。云复姓高氏。

幽州刺史上庸公懿以令支降魏,魏以懿为平州牧、昌黎王。懿,评之孙也。

秋八月,北燕王云以冯跋为都督中外诸军事、开府仪同三司、录尚书事,冯万泥为尚书令,冯素弗为昌黎尹,冯弘为征东大将军,孙护为尚书左仆射,张兴为辅国大将军。弘,跋之弟也。

四年春正月,北燕王云立妻李氏为皇后,子彭城为太子。夏五月,北燕以尚书令冯万泥为幽、冀二州牧,镇肥如。中军将军冯乳陈为并州牧,镇白狼。抚军大将军冯素弗为司隶校尉,务银提为尚书令。秋七月,北燕王云封慕容归为辽东公,使主燕祀。

五年冬十月,北燕王云自以无功德而居大位,内怀危惧,常畜养壮士以为腹心、爪牙。宠臣离班、桃仁专典禁卫,赏赐以巨万计,衣食起居皆与之同,而班、仁志愿无厌,犹有怨憾。戊辰,云临东堂,班、仁怀剑执纸而入,称有所启。班抽剑击云,云以几扞之,仁从旁击云,弑之。

城内人心，然后再慢慢地迎接皇上的大驾也不晚。"于是，慕容拔率领二千多强壮的士兵攻击北城。城中的将士以为慕容熙率军前来，纷纷丢下武器请求归降。然而，慕容熙好久都没有露面，慕容拔的军队又没有后援，众将士心中就开始疑虑害怕，因此又从城墙下来回到龙腾苑，随即他们就都四散逃去。慕容拔也被城中的士卒所杀。丙寅（二十九日）这天，慕容熙身穿普通百姓的服装，藏在树林中，结果被人抓住，并且送到慕容云那里，慕容云历数其罪状后将他杀死，同时还杀掉了他的各个儿子。慕容云恢复高姓。

幽州刺史上庸公慕容懿献出令支城，投降北魏，北魏任用慕容懿为平州牧、昌黎王。慕容懿就是慕容评的孙子。

秋季八月，北燕王高云任用冯跋为都督中外诸军事、开府仪同三司、录尚书事，任命冯万泥为尚书令，冯素弗为昌黎尹，冯弘为征东大将军，孙护为尚书左仆射，张兴为辅国大将军。冯弘就是冯跋的弟弟。

四年（408）春季正月，北燕王高云册立妻子李氏为皇后，儿子高彭城为太子。夏季五月，北燕用尚书令冯万泥担任幽州、冀州二州牧，镇戍肥如；又任用中军将军冯乳陈为并州牧，镇戍白狼；还任用抚军大将军冯素弗为司隶校尉，务银提为尚书令。秋季七月，北燕王高云封慕容归为辽东公，让他主管北燕的帝室宗庙的祭祀。

五年（409）冬季十月，北燕王高云知道自己无功无德却高居王位，心里就常有危险恐惧的感觉。因此，他常常挑选强壮的士卒养在身边，作为保护自己的心腹和爪牙。其中最受宠爱的是专管宫廷护卫的离班和桃仁二人，高云给他们的赏赐数以万计，他们的衣食住行都和高云一样，但是离班和桃仁却贪得无厌，仍心怀怨恨和不满。戊辰（十三日）这天，高云登上东堂，离班和桃仁怀里藏着刀剑，手里拿着纸张进入东堂，说是有事需要向高云禀告。靠近高云后，离班抽剑刺向高云，高云慌乱中抓着几桌抵挡，桃仁又从旁边刺击高云，杀死了他。

冯跋升洪光门以观变，帐下督张泰、李桑言于跋曰：“此竖势何所至，请为公斩之！”乃奋剑而下，桑斩班于西门，泰杀仁于庭中。众推跋为主，跋以让其弟范阳公素弗，素弗不可。跋乃即天王位于昌黎，大赦，诏曰：“陈氏代姜，不改齐国，宜即国号曰燕。”改元太平，谥云曰惠懿皇帝。跋尊母张氏为太后，立妻孙氏为王后，子永为太子，以范阳公素弗为车骑大将军、录尚书事，孙护为尚书令，张兴为左仆射，汲郡公弘为右仆射，广川公万泥为幽、平二州牧，上谷公乳陈为并、青二州牧。素弗少豪侠放荡，尝请婚于尚书左丞韩业，业拒之。及为宰辅，待业尤厚。好申拔旧门，谦恭俭约，以身帅下，百僚惮之，论者美其有宰相之度。

七年秋七月，燕王跋以太子永领大单于，置四辅。柔然可汗斛律遣使献马三千匹于跋，求娶跋女乐浪公主。跋命群臣议之。辽西公素弗曰：“前世皆以宗女妻六夷，宜许以妃嫔之女，乐浪公主不宜下降非类。”跋曰：“朕方崇信殊俗，奈何欺之！”乃以乐浪公主妻之。跋勤于政事，劝课农桑，省徭役，薄赋敛。每遣守宰，必亲引见，问为政之要，以观其能。燕人悦之。

十年夏五月，河间人褚匡言于燕王跋曰：“陛下龙飞辽、碣，旧邦族党，倾首朝阳，以日为岁，请往迎之。”跋曰：

冯跋登上洪光门观看变乱情况,他的帐下督张泰、李桑对冯跋说:"这两个小人到底想要到什么程度,请允许我们去替你把他们杀了!"于是挥剑跳下洪光门。李桑在西门斩杀了离班,张泰在院中杀了桃仁。众人推举冯跋为王,冯跋把王位让给弟弟范阳公冯素弗,冯素弗没有答应。冯跋于是就在昌黎即天王位,然后大赦天下,下诏令称:"田陈氏取代姜家掌管政权,并不改变'齐国'的国号,我们也应该沿用燕为国号。"于是改年号为太平,给高云谥号叫惠懿皇帝。冯跋尊奉母亲张氏为太后,册立妻子孙氏为王后,儿子冯永为太子。任用范阳公冯素弗为车骑大将军、录尚书事,孙护为尚书令,张兴为左仆射,汲郡公冯弘为右仆射,广川公冯万泥为幽、平二州牧,上谷公冯乳陈为并、青二州牧。冯素弗年轻时豪侠仗义、行为放荡,曾向尚书左丞韩业请求与他的女儿结婚,韩业拒绝了他的请求。等到自己做了宰相,对待韩业尤其优厚。冯素弗喜欢提拔勋旧世家,为人谦虚恭敬、勤俭节约,身体力行,以身作则,为部下做出榜样,百官对他颇感敬畏,议论朝政的人都说他有宰相的风度。

七年(411)秋季七月,北燕王冯跋任命太子冯永兼任大单于,为他设置四位辅政大臣。柔然可汗斛律派使者向冯跋进献三千匹马,请求娶冯跋的女儿乐浪公主为妻,冯跋命令群臣前来商议。辽西公冯素弗说:"以前的朝代,君主都只将皇族宗室的女儿嫁给边疆少数民族首领为妻,所以,我们也应该将妃嫔所生的女儿嫁给他。乐浪公主不宜下嫁给和我们不一样的人。"冯跋说:"我正要在边疆少数民族地区树立威信,怎么可以欺骗他们!"于是就把乐浪公主嫁给斛律为妻。冯跋勤于政事,勉励百姓积极从事农耕和蚕桑,轻徭薄役。每次选派地方官,都要先召见他们,问他们为政的要务,借以考察他们的能力。北燕人民都因为有了冯跋而高兴。

十年(414)夏季五月,河间人褚匡向北燕王冯跋进言道:"陛下您在辽、碣之地登上王位,故乡长乐的旧属和亲友,都仰头向东盼望陛下营救,度日如年,请允许我去迎接他们。"冯跋说:

"道路数千里,复隔异国,如何可致?"匡曰:"章武临海,舟楫可通,出于辽西临渝,不为难也。"跋许之,以匡为游击将军、中书侍郎,厚资遣之。匡与跋从兄买、从弟睹自长乐帅五千馀户归于和龙,契丹、库莫奚皆降于燕。跋署其大人为归善王。跋弟丕避乱在高句丽,跋召之,以为左仆射,封常山公。

"从这里到长乐,路途有数千里,中间又隔着异国,怎样才可以到达呢?"褚匡说:"章武郡濒临大海,船只可以通行,从辽西临渝地方下海,并不困难。"冯跋于是答应了他,并任用褚匡为游击将军、中书侍郎,为他准备好大量物资,然后派他出海。褚匡和冯跋的堂兄冯买、堂弟冯睹带领五千多户人家从长乐回到和龙,契丹、库莫奚也都向北燕投降。冯跋就任命他们的首领为归善王。冯跋的弟弟冯丕因为躲避战乱,还在高句丽,冯跋就把他召回来,任命他为左仆射,封为常山公。

蒙逊灭西凉

晋安帝隆安四年。初,陇西李暠好文学,有令名。尝与郭黁及同母弟敦煌宋繇同宿,黁起谓繇曰:"君当位极人臣,李君终当有国家,有骊马生白额驹,此其时也。"及孟敏为沙州刺史,以暠为效谷令。宋繇事北凉王业,为中散常侍。孟敏卒,敦煌护军冯翊郭谦、沙州治中敦煌索仙等以暠温毅有惠政,推为敦煌太守。暠初难之。会宋繇自张掖告归,谓暠曰:"段王无远略,终必无成。兄忘郭黁之言邪?白额驹今已生矣。"暠乃从之,遣使将命于业。业因以暠为敦煌太守。

右卫将军敦煌索嗣言于业曰:"李暠不可使处敦煌。"业以嗣代暠为敦煌太守,使帅五百骑之官。嗣未至二十里,移暠迎己。暠惊疑,将出迎之。效谷令张邈及宋繇止之曰:"段王暗弱,正是英豪有为之日。将军据一国成资,奈何拱手授人! 嗣自恃本郡,谓人情附己,不意将军猝能拒之,

蒙逊灭西凉

东晋安帝隆安四年(401)。当初,陇西人李暠喜欢文学,有美好的声誉。他曾经和郭黁以及同母兄弟敦煌人宋繇三人同住一间房,郭黁起来对宋繇说:"你今后一定会位居辅臣之位,做上宰相,李兄最后会拥有一个国家,当上国王,如果有黑嘴的黄马生下了白额小马,就是你们出人头地的时候。"等到孟敏做了沙州刺史,就任用李暠为效谷县令。宋繇事奉于北凉王段业,担任中散常侍。孟敏去世,敦煌护军冯翊人郭谦、沙州治中敦煌人索仙等人认为李暠为人温和而坚毅,能够施行仁政,就推举他为敦煌太守。李暠开始觉得很为难。恰好宋繇从张掖请假归乡,对李暠说:"北凉王段业没有远谋大略,一定不会成就大业。兄长你忘记郭黁说的话了吗?白额小马现在已经出生了。"李暠于是听从了他,派使者向段业请求任命。段业顺势任命李暠为敦煌太守。

右卫将军敦煌人索嗣对段业说:"不能让李暠这个人担任敦煌太守。"段业于是改派索嗣取代李暠去就任敦煌太守,并让他率领五百骑兵前去上任。索嗣还差二十里就要到达敦煌时,派人通知李暠来迎接自己。李暠既吃惊又犹疑,打算出城去迎接索嗣。这时候效谷县令张邈和宋繇劝阻他说:"段业昏庸懦弱,正是天下英雄豪杰有所作为的天赐良机。将军你占据这一块地方现有的资财,怎么可以拱手让给他人呢?索嗣仗恃自己是本郡的人,认为人心一定向着自己,不会想到将军你会突然阻击他,

可一战擒也。"暠从之。先遣繇见嗣,啖以甘言。繇还,谓暠曰:"嗣志骄兵弱,易取也。"暠乃遣邈、繇与其二子歆、让逆击嗣,嗣败走,还张掖。暠素与嗣善,尤恨之,表业请诛嗣。沮渠男成亦恶嗣,劝业除之。业乃杀嗣,遣使谢暠,进暠都督凉兴已西诸军事、镇西将军。

冬十一月,北凉晋昌太守唐瑶叛,移檄六郡,推李暠为冠军大将军、沙州刺史、凉公、领敦煌太守。暠赦其境内,改元庚子。以瑶为征虏将军,郭谦为军谘祭酒,索仙为左长史,张邈为右长史,尹建兴为左司马,张体顺为右司马。遣从事中郎宋繇东伐凉兴,并击玉门已西诸城,皆下之。

酒泉太守王德亦叛北凉,自称河州刺史。北凉王业使沮渠蒙逊讨之。德焚城,将部曲奔唐瑶,蒙逊追至沙头,大破之,虏其妻子、部落而还。

元兴三年秋九月,西凉公暠立子歆为世子。

义熙元年春正月,西凉公暠自称大将军、大都督、领秦凉二州牧,大赦,改元建初,遣舍人黄始、梁兴间行奉表诣建康。秋九月,西凉公暠与长史张邈谋徙都酒泉以逼沮渠蒙逊。以张体顺为建康太守,镇乐涫,以宋繇为敦煌护军,与其子敦煌太守让镇敦煌,遂迁于酒泉。

暠手令戒诸子,以为:"从政者当审慎赏罚,勿任爱憎,近忠正,远佞谀,勿使左右窃弄威福。毁誉之来,当研核真

这样只需一仗就可以擒住他。"李暠听从了他们的话。先派宋繇去见索嗣，用甜言蜜语去引诱、稳住他。宋繇回来后，对李暠说："索嗣心志骄傲，兵力很弱，容易攻克。"李暠于是派张邈、宋繇和自己的两个儿子李歆、李让率军迎面突袭索嗣，索嗣兵败而逃，回到张掖。李暠向来和索嗣关系友好，所以特别恨他来任敦煌太守，于是上表文请求诛杀索嗣。沮渠男成也讨厌索嗣，规劝段业把他除掉。段业于是杀掉了索嗣，又派使者向李暠表示道歉，加封李暠为都督凉兴以西诸军事、镇西将军。

冬季十一月，北凉的晋昌太守唐瑶发动叛乱，向远近六郡发布檄文，推举李暠为冠军大将军、沙州刺史、凉公，兼领敦煌太守。李暠大赦境内，改年号为庚子。任用唐瑶为征虏将军，郭谦为军谘祭酒，索仙为左长史，张邈为右长史，尹建兴为左司马，张体顺为右司马。又派从事中郎宋繇向东讨伐凉兴，一并攻打玉门以西各城，都攻占了。

酒泉太守王德也叛变北凉，自称河州刺史。北凉王段业派沮渠蒙逊讨伐他。王德焚毁城池，率领部曲投奔唐瑶。沮渠蒙逊追击他，追至沙头，大败他的部众，俘虏了王德的妻子、儿女和部曲，然后回师。

元兴三年(404)秋季九月，西凉公李暠册立他的儿子李歆为世子。

义熙元年(405)春季正月，西凉公李暠自称大将军、大都督、兼领秦、凉二州牧，大赦天下，改年号为建初。派门客黄始、梁兴抄小路奉表文到建康。秋季九月，西凉公李暠和长史张邈谋划迁都酒泉，以此来威逼沮渠蒙逊。又任用张体顺为建康太守，镇守乐涫，任用宋繇为敦煌护军，和他的儿子敦煌太守李让一起镇守敦煌，然后迁都酒泉。

李暠亲手写下一道手谕，告诫他的儿子们说："当政的人应该非常审慎地处理赏罚事务，不能凭自己的爱憎来行事，要亲近忠诚正直的人，疏远奸佞奉迎之徒，不能使身边近臣暗地里窃取权力作威作福。听到别人对自己的诽谤和赞誉，应该仔细辨别真

伪。听讼折狱,必和颜任理,慎勿逆诈亿必,轻加声色。务广咨询,勿自专用。吾莅事五年,虽未能息民,然含垢匿瑕,朝为寇仇,夕委心膂,粗无负于新旧,事任公平,坦然无颣,初不容怀,有所损益。计近则如不足,经远乃为有馀,庶亦无愧前人也。”

二年秋九月,沮渠蒙逊袭酒泉,至安珍。暠战败城守,蒙逊引还。

六年秋八月,沮渠蒙逊伐西凉,败西凉世子歆于马庙,禽其将朱元虎而还。凉公暠以银二千斤、金二千两赎元虎。蒙逊归之,遂与暠结盟而还。

七年秋八月,沮渠蒙逊帅轻骑袭西凉,西凉公暠曰:“兵有不战而败敌者,挫其锐也。蒙逊新与吾盟,而遽来袭我,我闭门不与战,待其锐气竭而击之,蔑不克矣。”顷之,蒙逊粮尽而归,暠遣世子歆帅骑七千邀击之,蒙逊大败,获其将沮渠百年。

十二年夏六月,凉司马索承明上书劝凉公暠伐河西王蒙逊,暠引见,谓之曰:“蒙逊为百姓患,孤岂忘之!顾势力未能除耳。卿有必禽之策,当为孤陈之。直唱大言,使孤东讨,此与言‘石虎小竖,宜肆诸市朝’者何异!”承明惭惧而退。

十三年春正月,凉公暠寝疾,遗命长史宋繇曰:“吾死之后,世子犹卿子也,善训导之。”二月,暠卒。官属奉世子歆为

伪。听取诉讼、审理刑狱，一定要和颜悦色，尽情尽理，千万不要先认定对方心怀奸诈，就对他们声色俱厉。务必广泛听取意见，不要独断专行。我任事五年，虽然不能说使人民得到休养生息，但是我却能宽容别人的缺点错误，所以早上还是仇人，晚上就能成为知心朋友，基本上没有辜负新朋旧友，处理事情比较公平，心胸坦荡，没有偏爱，一点儿也不许因私意有所变更。这样做，考虑眼前利益，可能受到损失，但从远处着眼，则受益良多，面对古代圣贤，也差不多没有羞愧了。"

二年(406)秋季九月，沮渠蒙逊袭击酒泉，兵至安珍。李暠战败守城，沮渠蒙逊率军回师。

六年(410)秋季八月，北凉王沮渠蒙逊进攻西凉，在马庙打败了西凉李暠的世子李歆，擒获了他的部将朱元虎，然后撤还。西凉公李暠用二千斤白银、二千两黄金来赎朱元虎。沮渠蒙逊放他归国，于是和李暠结盟而返回。

七年(411)秋季八月，沮渠蒙逊率领轻装骑兵突袭西凉，西凉公李暠说："用兵之道有不使用武力而击败敌人的办法，那就是挫败敌人的锐气。沮渠蒙逊刚刚和我们结盟，就突然来偷袭我们，我们关闭城门不与他们交战，等到他们的锐气衰竭了，我们再去攻击他们，没有不能攻克的道理。"过了不久，沮渠蒙逊军粮耗尽而返，李暠又派世子李歆率领七千骑兵在路上拦截他们，沮渠蒙逊大败，李歆俘虏他的将领沮渠百年。

十二年(416)夏季六月，西凉司马索承明上书，劝说西凉公李暠讨伐河西王沮渠蒙逊。李暠召见索承明，对他说："沮渠蒙逊是百姓的祸患，我难道会忘记他吗！只是考虑到我们的势力还不足以消灭他罢了。你如果有一定能擒获他的办法，就应该向我一一说出来。如果只是说一说大话，让我向东进攻，这和说'石虎这个小子，我应该在大街上将他斩首'的人又有什么区别呢？"索承明惭愧惶恐地退下。

十三年(417)春季正月，西凉公李暠患病卧床，临终前他嘱托长史宋繇说："我死了之后，世子就像是你的儿子一样，你要好好地训导他。"二月，李暠病逝。朝廷文武百官拥立世子李歆为

大都督、大将军、凉公、领凉州牧。大赦，改元嘉兴。尊歆母天水尹氏为太后。以宋繇录三府事。谥暠曰武昭王，庙号太祖。

夏四月，河西王蒙逊遣张掖太守沮渠广宗诈降以诱凉公歆，歆发兵应之。蒙逊将兵三万伏于蓼泉，歆觉之，引兵还。蒙逊追之，歆与战于解支涧，大破之，斩首七千馀级。蒙逊城建康，置戍而还。

十四年秋九月，河西王蒙逊复引兵伐凉，凉公歆将拒之，左长史张体顺固谏，乃止。蒙逊芟其秋稼而还。

歆遣使来告袭位。冬十月，以歆为都督七郡诸军事、镇西大将军、酒泉公。

恭帝元熙元年，凉公歆用刑过严，又好治宫室。从事中郎张显上疏，以为："凉土三分，势不支久。兼并之本，在于务农；怀远之略，莫如宽简。今入岁已来，阴阳失序，风雨乖和。是宜减膳彻悬，侧身修道，而更繁刑峻法，缮筑不止，殆非所以致兴隆也。昔文王以百里而兴，二世以四海而灭，前车之轨，得失昭然。太祖以神圣之姿，为西夏所推，左取酒泉，右开西域。殿下不能奉承遗志，混壹凉土，侔踪张后，将何以下见先王乎！沮渠蒙逊，胡夷之杰，内修政事，外礼英贤，攻战之际，身均士卒。百姓怀之，乐为之用。臣谓殿下非但不能平珍蒙逊，亦惧蒙逊方为社稷之忧。"歆览之，不悦。

大都督、大将军、凉公、领凉州牧。大赦天下,改年号为嘉兴。尊奉李歆的母亲天水人尹氏为太后。又任用宋繇为录三府事。追谥李暠叫武昭王,庙号太祖。

夏季四月,北凉河西王沮渠蒙逊派张掖太守沮渠广宗向李歆诈降来引诱西凉公李歆,李歆发兵响应他。沮渠蒙逊率领三万军队埋伏在蓼泉,李歆发觉后率军回师。沮渠蒙逊率军追击,李歆和他在解支涧大战,大败沮渠蒙逊,斩首七千多人。沮渠蒙逊修筑建康城,设置戍所,率军回去。

十四年(418)秋季九月,北凉河西王沮渠蒙逊又一次率军攻打西凉,西凉公李歆准备迎战,左长史张体顺坚决劝阻,李歆才停止行动。沮渠蒙逊收割已经长成了的庄稼而返。

李歆派使者到东晋报告他已经继位。冬季十月,东晋任命李歆为都督七郡诸军事、镇西大将军、酒泉公。

东晋恭帝元熙元年(419),西凉公李歆用刑过于严酷,又喜欢建造宫殿。从事中郎张显上疏文,认为:"凉地一分为三,这种形势不可能长久。要想兼并、统一凉地,根本的办法就在于发展农业生产;要想怀柔远方的部族,最好的办法莫过于宽刑、简政。今年新年伊始,阴阳失和,风雨不调,正是应该缩减膳食、停奏音乐,养身修道的时候,而您却用刑更烦琐、用法更严峻,还不停地修建宫室,这恐怕是不可以致使天下兴隆的。从前周文王凭着方圆百里的土地而兴起,秦二世占据着四海之内的国土却灭亡,前车之鉴,所得所失非常明白。太祖李暠因为具有神明圣哲的仪态,被西方的汉人所拥戴,向东攻占了酒泉,向西开辟了西域通道。殿下您不能奉承先祖的遗志,统一凉地,和张轨及其后人一样,您将拿什么去见先王呢?沮渠蒙逊是胡夷人中的豪杰,对内勤于政事,对外礼贤下士,攻战的时候,身先士卒,百姓归附他,愿意为他所用。我认为殿下您不仅不能荡平沮渠蒙逊,而且也应担心沮渠蒙逊会成为我们江山社稷的忧患。"李歆读了他的疏文,很不高兴。

　　主簿氾称上疏谏曰："天之子爱人主,殷勤至矣。故政之不修,下灾异以戒告之,改者虽危必昌,不改者虽安必亡。元年,三月癸卯,敦煌谦德堂陷;八月,效谷地裂;二年,元日,昏雾四塞;四月,日赤无光,二旬乃复;十一月,狐上南门;今兹春、夏,地频五震;六月,陨星于建康。臣虽学不稽古,行年五十有九,请为殿下略言耳目之所闻见,不复能远论书传之事也。乃者咸安之初,西平地裂,狐入谦光殿前。俄而秦师奄至,都城不守。梁熙既为凉州,不抚百姓,专为聚敛,建元十九年,姑臧南门崩,陨石于闲豫堂;明年为吕光所杀。段业称制此方,三年之中,地震五十馀所。既而先王龙兴于瓜州,蒙逊篡弑于张掖。此皆目前之成事,殿下所明知也。效谷,先王鸿渐之地;谦德,即尊之室。基陷地裂,大凶之征也。日者,太阳之精,中国之象,赤而无光,中国将衰。谚曰:'野兽入家,主人将去。'狐上南门,亦变异之大者也。今蛮夷益盛,中国益微。愿殿下亟罢宫室之役,止游畋之娱,延礼英俊,爱养百姓,以应天变、防未然。"歆不从。

　　宋武帝永初元年秋七月甲辰,诏以凉公歆为都督高昌等七郡诸军事、征西大将军、酒泉公,秦王炽磐为安西大将军。

　　河西王蒙逊欲伐凉,先引兵攻秦浩亹。既至,潜师还屯川岩。

　　凉公歆欲乘虚袭张掖。宋繇、张体顺切谏,不听。太后尹氏

主簿汜称上疏劝谏说:"上天爱护人主,实在是殷勤而周到。所以,朝政治理得不好,上天就降下灾异来告诫,能够改正的,即使是形势危急也还能重新昌盛,不能改正的,即便目前还很安全,也终将灭亡。嘉兴元年(417)三月癸卯这天,敦煌的谦德堂塌陷;八月,效谷发生地裂;二年(418)正月初一,大雾四处弥漫;四月,太阳鲜红无光,二十天后才恢复原状;十一月,狐狸爬上京城南门;今年春夏以来,地震频繁,已经五次了;六月,陨星落在建康。我虽然学问不多,不能参证古史,但是我已经活了五十九岁了,请允许我为陛下简单地说一说自己的耳闻目睹,不再去谈论远古史书所记载的事情。就是在咸安初年,西平发生地裂,狐狸进入谦光殿前面。不久西秦军队突然前来,都城失守。梁熙担任凉州刺史以后,不安抚百姓,专事聚敛搜刮,建元十九年(383),姑臧南门坍塌,陨石落入闲豫堂。次年,梁熙就被吕光所杀。段业在这一带称王的时候,三年之中,五十多个地方发生地震。不久,先王李暠就在瓜州兴起,沮渠蒙逊在张掖篡位,弑杀了段业。这些都是不久以前的旧事,殿下也很清楚。效谷是先王创业的地方;谦德是殿下即位的场所。屋基下陷、大地裂开,这都是大凶的征兆。太阳是阳气的精华,中原的象征,赤红而无光,中原将要衰落。俗话说:'野兽进入家里,主人将要离去。'狐狸爬上南门,也是变异将要发生的重要征兆。现在蛮夷日益强盛,我们中原日益衰微。希望殿下能赶快停止修建宫室的劳役,停止巡游打猎之乐,延揽英雄豪杰并加以礼遇,用爱心来抚养百姓,以对应上天的变化,防患于未然。"李歆不听他的劝告。

南朝宋武帝永初元年(420)秋季七月甲辰(二十二日)这天,刘裕下诏任命西凉公李歆为都督高昌等七郡诸军事、征西大将军、酒泉公,任命西秦王乞伏炽磐为安西大将军。

北凉河西王沮渠蒙逊想进攻西凉,于是先率军进攻西秦浩亹。抵达后,又悄悄回师,屯驻在川岩。

西凉公李歆打算趁沮渠蒙逊出兵进攻西秦,京城空虚的时候偷袭张掖,宋繇、张体顺坚决劝阻,但李歆不听。太后尹氏

谓歆曰:"汝新造之国,地狭民希,自守犹惧不足,何暇伐人! 先王临终,殷勤戒汝,深慎用兵,保境宁民,以俟天时。言犹在耳,奈何弃之! 蒙逊善用兵,非汝之敌,数年以来,常有兼并之志。汝国虽小,足为善政,修德养民,静以待之。彼若昏暴,民将归汝;若其休明,汝将事之。岂得轻为举动,侥冀非望! 以吾观之,非但丧师,殆将亡国!"亦不听。宋繇叹曰:"今兹大事去矣!"

歆将步骑三万东出。蒙逊闻之曰:"歆已入吾术中,然闻吾旋师,必不敢前。"乃露布西境,云已克浩亹,将进攻黄谷。歆闻之,喜,进入都渎涧。蒙逊引兵击之,战于怀城,歆大败。或劝歆还保酒泉,歆曰:"吾违老母之言以取败,不杀此胡,何面目复见我母!"遂勒兵战于蓼泉,为蒙逊所杀。歆弟酒泉太守翻、新城太守预、领羽林右监密、左将军眺、右将军亮西奔敦煌。蒙逊入酒泉,禁侵掠,士民安堵。以宋繇为吏部郎中,委之选举。凉之旧臣有才望者,咸礼而用之。以其子牧犍为酒泉太守。敦煌太守李恂,翻之弟也,与翻等弃敦煌奔北山。蒙逊以索嗣之子元绪行敦煌太守。蒙逊还姑臧,见凉太后尹氏,娶其女为牧犍妇。索元绪粗险好杀,大失人和。郡人宋承、张弘密信招李恂。冬,恂帅数千骑入敦煌,元绪东奔凉兴。承等推恂为冠军将军、凉州刺史。

对李歆说:"你统治的是刚刚建立的国家,它土地狭小,人民稀少,自我防守都还嫌力量不足,哪里顾得上去进攻别人?先王临终的时候,殷勤地告诫你用兵要非常谨慎,要保全国土,安定百姓,来等待时机。他的话好像还在耳边,怎么可以抛弃它呢?沮渠蒙逊擅长用兵,不是你可以对付的,多年以来,他一直就有兼并之心。你的国家虽然很小,但也足以推行仁政、修养德义、安抚百姓,以静制动,等待时机。他如果昏庸残暴,人民就会归附你,如果他为政清明、完善,你就可以事奉他,怎么可以轻举妄动,期望侥幸的胜利呢!依我看,你去进攻张掖,不仅仅会丧失军队,可能还会招致亡国的灾难!"李歆也不听。宋繇叹息着说:"现在到了这种地步,大势已经去了!"

李歆率领三万兵马向东进发。沮渠蒙逊听到这个消息,就说:"李歆已中了我的计,但如果听说我已经回师,一定不敢再向前走。"于是就在西部边境到处传播说他们已经攻克浩亹,还要去进攻黄谷。李歆听说后,非常高兴,率军进入都渎涧。沮渠蒙逊率军攻击他,两军在怀城决战,李歆大败。有人劝说李歆回师退保酒泉,李歆说:"我不听老母亲的话,招致这次失败,我不杀掉这个胡虏,还有什么脸面回去见我的老母亲!"于是率军与沮渠蒙逊在蓼泉再战,结果被沮渠蒙逊杀死。李歆的弟弟酒泉太守李翻、新城太守李预、领羽林右监李密、左将军李眺、右将军李亮向西逃奔敦煌。沮渠蒙逊进入酒泉,禁止士兵侵扰、抢劫,百姓安定。沮渠蒙逊任用宋繇为吏部郎中,把选举官吏的重任交给他。西凉的有德才有名望的旧臣,沮渠蒙逊一概加以礼遇和任用。又任用他的儿子沮渠牧犍为酒泉太守。敦煌太守李恂是李翻的弟弟,和李翻等人一起放弃敦煌逃奔北山。沮渠蒙逊用索嗣的儿子索元绪代行敦煌太守一职。沮渠蒙逊回师姑臧,拜见了西凉太后尹氏,并娶她的女儿为沮渠牧犍的妻子。索元绪粗暴阴险,喜欢杀人,在敦煌大失人心。敦煌郡中人宋承、张弘于是秘密写信召回李恂。冬天,李恂率领数千名骑兵进入敦煌,索元绪向东逃奔凉兴。宋承等人推举李恂为冠军将军、凉州刺史。

　　二年春正月，河西王蒙逊帅众二万攻李恂于敦煌。三月，河西王蒙逊筑堤壅水以灌敦煌。李恂乞降，不许。宋承举城降，恂自杀。蒙逊屠其城，获恂子弟宝，囚于姑臧。

二年(421)春季正月，北凉河西王沮渠蒙逊率领二万士兵进攻敦煌的李恂。三月，河西王沮渠蒙逊筑堤蓄水，灌淹敦煌，李恂乞求投降，沮渠蒙逊不答应。宋承举城投降，李恂自杀。沮渠蒙逊屠杀全城，俘虏李恂的侄子李宝，把他囚禁在姑臧。

乞伏灭南凉

晋安帝义熙六年。初,南凉王傉檀遣左将军枯木等伐沮渠蒙逊,掠临松千馀户而还。蒙逊伐南凉,至显美,徙数千户而去。南凉太尉俱延复伐蒙逊,大败而归。春三月,傉檀自将五万骑伐蒙逊。战于穷泉,傉檀大败,单马奔还。蒙逊乘胜进围姑臧,姑臧人惩王钟之诛,皆惊溃,夷、夏万馀户降于蒙逊。傉檀惧,遣司隶校尉敬归及子佗为质于蒙逊以请和,蒙逊许之。归至胡坑,逃还,佗为追兵所执,蒙逊徙其众八千馀户而去。右卫将军折掘奇镇据石驴山以叛。傉檀畏蒙逊之逼,且惧岭南为奇镇所据,乃迁于乐都,留大司农成公绪守姑臧。傉檀才出城,魏安人侯谌等闭门作乱,收合三千馀家,据南城,推焦朗为大都督、龙骧大将军,谌自称凉州刺史,降于蒙逊。

七年,焦朗犹据姑臧,沮渠蒙逊攻拔其城,执朗而宥之。以其弟挐为秦州刺史,镇姑臧。遂伐南凉,围乐都,三旬不克。南凉王傉檀以子安周为质,乃还。南凉王傉檀欲

乞伏灭南凉

　　东晋安帝义熙六年（410）。当初，南凉王秃发傉檀派左将军枯木等人进攻沮渠蒙逊，掳掠了临松的千馀户人口而返回。沮渠蒙逊随后进攻南凉，军队到达显美，也是劫持数千户人口就离去。南凉太尉俱延再次进攻沮渠蒙逊，结果大败而还。春季三月，秃发傉檀亲自率领五万骑兵攻打沮渠蒙逊，双方在穷泉交战，秃发傉檀大败，自己骑马逃奔而还。沮渠蒙逊乘胜进军，包围姑臧，姑臧人害怕再像王钟案被牵连，都惊恐四散，夷人和汉人一万多户都向沮渠蒙逊投降。秃发傉檀感到害怕，就派司隶校尉敬归和自己的儿子秃发佗做人质，向沮渠蒙逊请求讲和，沮渠蒙逊答应了他。敬归到胡坑就逃跑回来，秃发佗则被追兵拘捕，沮渠蒙逊把当地的八千多户百姓全部迁走。右卫将军折掘奇镇占据石驴山叛变。秃发傉檀畏惧沮渠蒙逊的威逼，又担心整个秦岭以南地区被折掘奇镇所占据，于是迁都乐都，派大司农成公绪留守姑臧。秃发傉檀刚刚从姑臧城迁出，魏安人侯谌等人就关闭城门发动叛乱，聚集三千多户人家占据南城，推举焦朗为大都督、龙骧大将军，侯谌自称凉州刺史，向沮渠蒙逊投降。

　　七年（411），焦朗仍然占据着姑臧，沮渠蒙逊攻占姑臧，俘虏焦朗，又宽宥了他。任用弟弟沮渠挈为秦州刺史，镇守姑臧。随后进攻南凉，包围乐都，三十天也未攻克。南凉王秃发傉檀用儿子秃发安周做人质，沮渠蒙逊才回师而去。南凉王秃发傉檀打算

复伐沮渠蒙逊，邯川护军孟恺谏曰："蒙逊新并姑臧，凶势方盛，不可攻也。"傉檀不从，五道俱进，至番禾、苕藋，掠五千馀户而还。将军屈右曰："今既获利，宜倍道旋师，早度险厄。蒙逊善用兵，若轻军猝至，大敌外逼，徙户内叛，此危道也！"卫尉伊力延曰："彼步我骑，势不相及。今倍道而归则示弱，且捐弃资财，非计也。"俄而昏雾风雨，蒙逊兵大至，傉檀败走。蒙逊进围乐都，傉檀婴城固守，以子染干为质以请和，蒙逊乃还。

九年，南凉王傉檀伐河西王蒙逊，蒙逊败之于若厚坞，又败之于若凉。因进围乐都，二旬不克。南凉湟河太守文支以郡降于蒙逊，蒙逊以文支为广武太守。蒙逊复伐南凉，傉檀以太尉俱延为质，乃还。

十年，唾契汗、乙弗等部皆叛南凉，南凉王傉檀欲讨之。邯川护军孟恺谏曰："今连年饥馑，南逼炽磐，北逼蒙逊，百姓不安。远征虽克，必有后患。不如与炽磐结盟通籴，慰抚杂部，足食缮兵，俟时而动。"傉檀不从，谓太子虎台曰："蒙逊近去，不能猝来。旦夕所虑，唯在炽磐。然炽磐兵少易御，汝谨守乐都，吾不过一月必还矣。"乃帅骑七千袭乙弗，大破之，获马牛羊四十馀万。

河南王炽磐闻之，欲袭乐都，群臣咸以为不可。太府主簿焦袭曰："傉檀不顾近患而贪远利，我今伐之，绝其西路，使不得还救，则虎台独守穷城，可坐禽也。此天亡之时，

再次进攻沮渠蒙逊,邯川护军孟恺进谏劝阻说:"沮渠蒙逊刚刚吞并姑臧,凶猛的气势正盛,不能去进攻。"秃发傉檀不听,率领五路大军一齐进发,到达番禾、苕藋,掳掠五千多户人口而返。将军屈右说:"现在我们已经获利,应该赶快回师,尽快通过危险境地。沮渠蒙逊善于用兵,如果他率领轻装士兵突然赶到,大致在外威逼,掳掠而来的人口在内叛乱,这就很危险!"卫尉伊力延说:"他们是步兵我们是骑兵,按道理赶不上我们。如今急速回师就表现出懦弱,再说丢弃资财,不是好办法。"一会儿,大雾弥漫,刮风下雨,沮渠蒙逊大军赶到,秃发傉檀败逃。沮渠蒙逊乘胜进军包围乐都,秃发傉檀据城坚守,又用儿子秃发染干做人质,向沮渠蒙逊求和,沮渠蒙逊于是撤还。

九年(413),南凉王秃发傉檀进攻北凉河西王沮渠蒙逊,沮渠蒙逊先在若厚坞打败秃发傉檀,随后又在若凉打败他,并乘胜再次包围乐都,二十天也未攻克。南凉湟河太守秃发文支举郡向沮渠蒙逊投降,沮渠蒙逊任命他为广武太守。沮渠蒙逊又进攻南凉,秃发傉檀用太尉俱延做人质,沮渠蒙逊于是回师。

十年(414),唾契汗、乙弗等部落都背叛了南凉,南凉王秃发傉檀想去讨伐他们。邯川护军孟恺劝谏说:"现在连年饥馑,我国南方逼近乞伏炽磐,北边靠近沮渠蒙逊,百姓不得安宁。即使远征能取得胜利,也一定会有后患。不如先与乞伏炽磐结盟,开展米粮贸易,抚慰各族部众,积蓄足够的军粮,整修好兵器,然后再伺机而动。"秃发傉檀不听,对太子秃发虎台说:"沮渠蒙逊刚刚离去,不可能突然前来。我日夜担心的只是乞伏炽磐。不过,乞伏炽磐军队士兵少,容易抵御,你小心地守卫乐都,不超过一个月,我一定回来。"于是,秃发傉檀率领七千骑兵突袭乙弗,大败他们,掳获马、牛、羊四十多万。

西秦河南王乞伏炽磐听说此事后,打算偷袭乐都,群臣都认为不行。太府主簿焦袭说:"秃发傉檀不顾近忧而贪远利,我们现在去进攻他,断绝他的西归之路,使他无法回来救援,那么,秃发虎台独守孤城,我们坐着就可以将他擒获。这是上天要灭亡他们,

必不可失。"炽磐从之,帅步骑二万袭乐都。虎台凭城拒守,炽磐四面攻之。

南凉抚军从事中郎尉肃言于虎台曰:"外城广大难守,殿下不若聚国人守内城,肃等帅晋人拒战于外,虽有不捷,犹足自存。"虎台曰:"炽磐小贼,且夕当走,卿何过虑之深!"虎台疑晋人有异心,悉召豪望有谋勇者闭之于内。孟恺泣曰:"炽磐乘虚内侮,国家危于累卵。恺等进欲报恩,退顾妻子,人思效死,而殿下乃疑之如是邪!"虎台曰:"吾岂不知君之忠笃,惧馀人脱生虑表,以君等安之耳。"

一夕,城溃,炽磐入乐都,遣平远将军捷虔帅骑五千追傉檀,以镇南将军谦屯为都督河右诸军事、凉州刺史,镇乐都;秃发赴单为西平太守,镇西平;以赵恢为广武太守,镇广武;曜武将军王基为晋兴太守,镇浩亹,徙虎台及其文武百姓万馀户于枹罕。赴单,乌孤之子也。

乐都之溃也,南凉安西将军樊尼自西平奔告南凉王傉檀,傉檀谓其众曰:"今妻子皆为炽磐所虏,退无所归,卿等能与吾藉乙弗之资,取契汗以赎妻子乎?"乃引兵西。众多逃还,傉檀遣镇北将军段苟追之,苟亦不还。于是将士皆散,唯樊尼与中军将军纥勃、后军将军洛肱、散骑侍阴利鹿不去。傉檀曰:"蒙逊、炽磐昔皆委质于吾,今而归之,不亦鄙乎!四海之广,无所容身,何其痛也!与其聚而同死,不

机会一定不可丢失。"乞伏炽磐听从了他的建议,率领步兵和骑兵二万人突袭乐都。秃发虎台依靠城防拒敌坚守,乞伏炽磐从城的四面进攻。

南凉抚军从事中郎尉肃对秃发虎台说:"乐都的外城宽广巨大难以防守,殿下您不如聚集城中之人坚守内城,我们大家率领汉人在外城迎战乞伏炽磐,即使不能取胜,也还能借此保存自己。"秃发虎台说:"乞伏炽磐这个小毛贼,早晚就要退走,你为什么过分忧虑到这个地步?"秃发虎台怀疑汉人有异心,就把汉人中有名望的豪族全部召集起来,软禁在城内。孟恺哭着说:"乞伏炽磐乘我们空虚进入我国侮辱我们,国家形势危急,千钧一发。孟恺等人进则想报恩,退则顾全妻子儿女,人人都想为国家拼死力战,而殿下您却怀疑我们到了这种程度!"秃发虎台说:"我难道不知道你忠诚、笃实,只是担心其他人为求活命而做出非分之举,我是在用你们来安定人心。"

一天晚上,守城将士溃败,乞伏炽磐进入乐都城,派平远将军捷虔率领五千骑兵追击秃发傉檀,并任用镇南将军谦屯为都督河右诸军事、凉州刺史,镇守乐都;秃发赴单为西平太守,镇守西平;又任用赵恢为广武太守,镇守广武;曜武将军王基为晋兴太守,镇守浩亹。随后,又迁徙秃发虎台及其文武百官、平民百姓一万多户到枹罕。秃发赴单就是秃发乌孤的儿子。

乐都陷落后,南凉安西将军樊尼从西平跑去禀告南凉王秃发傉檀。秃发傉檀对他的部众说:"现在我们的妻子儿女都被乞伏炽磐所掳掠,后退已无家可归,你们大家能和我一起借劫掠来的乙弗部落的资财,去攻取唾契汗部落赎回妻子儿女吗?"于是率军西进。部众大多逃回家,秃发傉檀派镇北将军段苟去追他们回来,段苟也一去不返。于是,将士都纷纷逃散,只有樊尼和中军将军纥勃、后军将军洛肱、散骑常侍阴利鹿没有离开。秃发傉檀说:"当初,沮渠蒙逊、乞伏炽磐都归顺于我,现在却要归附他们,不也很可耻吗?四海之内如此广大,却没有我们的容身之地,这是多么痛心的事情啊! 与其我们大家聚集在一起送死,还不

若分而或全。樊尼,吾长兄之子,宗部所寄。吾众在北者户垂一万,蒙逊方招怀士民,存亡继绝,汝其从之。纥勃、洛肱亦与尼俱行。吾年老矣,所适不容,宁见妻子而死!”遂归于炽磐,唯阴利鹿随之。傉檀谓利鹿曰:“吾亲属皆散,卿何独留?”利鹿曰:“臣老母在家,非不思归。然委质为臣,忠孝之道,难以两全。臣不才,不能为陛下泣血求救于邻国,敢离左右乎!”傉檀叹曰:“知人固未易。大臣亲戚皆弃我去,今日忠义终始不亏者,唯卿一人而已!”

傉檀诸城皆降于炽磐,独尉贤政屯浩亹,固守不下。炽磐遣人谓之曰:“乐都已溃,卿妻子皆在吾所,独守一城,将何为也?”贤政曰:“受凉王厚恩,为国藩屏。虽知乐都已陷,妻子为禽,先归获赏,后顺受诛。然不知主上存亡,未敢归命。妻子小事,岂足动心!若贪一时之利,忘委付之重者,大王亦安用之!”炽磐乃遣虎台以手书谕之,贤政曰:“汝为储副,不能尽节,面缚于人,弃父忘君,堕万世之业,贤政义士,岂效汝乎!”闻傉檀至左南,乃降。

炽磐闻傉檀至,遣使郊迎,待以上宾之礼。秋七月,炽磐以傉檀为骠骑大将军,赐爵左南公。南凉文武,依才铨叙。岁馀,炽磐使人鸩傉檀。左右请解之,傉檀曰:“吾病

如分散行动,有些人还能够保全性命。樊尼,你是我大哥的儿子,是我们宗室部族的希望所在。我们在北方的部众还有将近一万户人家,沮渠蒙逊正在招纳安抚士民百姓,扶助将要灭绝的部族,你去归附他吧。纪勃、洛肱也和樊尼一起去吧。我年纪大了,去了人家也不会接纳,宁愿见上妻子儿女一面就去死。"于是归降乞伏炽磐,只有阴利鹿跟着他。秃发傉檀对阴利鹿说:"我的亲人和部属都已逃散,你为什么独自留下来?"阴利鹿说:"我有老母亲在家,并不是我不想回去。但是我既然已委身为你臣下,忠孝就难以两全。我缺少才能,不能替陛下你哭出血来向邻国求救,但我怎么敢离开你一步呢?"秃发傉檀很有感触地说:"要了解一个人确实不容易。我的属下大臣、亲戚朋友都抛弃我离开,直到现在,始终不缺少忠义的人,只有你一个。"

秃发傉檀统治下的各个城池都向乞伏炽磐投降,只有尉贤政屯驻浩亹,坚守城池,一直未被攻克。乞伏炽磐派人对尉贤政说:"乐都已被攻破,你的妻子儿女都在我这里,你独守孤城,想干什么呢?"尉贤政说:"我接受了南凉王的厚恩,作为国家藩卫屏障。虽然我知道乐都已经陷落,妻子儿女被俘虏,先归顺的人获奖赏,后归顺的人遭杀戮。然而我还不知道凉王的生死存亡,所以不敢归附你为你效命。妻子儿女与国家相比,是小事,怎能让我动摇信念! 如果我贪图一时的利益而忘记主人所托付的重任,这样的人,大王你又怎能任用我?"乞伏炽磐于是派秃发虎台亲笔写信去劝谕他,尉贤政说:"你作为王储副手,不能尽忠尽节,被人双手反绑,背弃父亲,忘记君主,毁掉万世的基业,尉贤政我是忠臣义士,怎能仿效你?"后来,尉贤政听说秃发傉檀已经到达左南,这才投降。

乞伏炽磐听说秃发傉檀马上就到,于是派使者到郊外去迎接他,用对待贵宾的礼节对待他。秋季七月,乞伏炽磐任秃发傉檀为骠骑大将军,赐给他左南公的爵位。南凉的文武百官,都依据才能加以任用。一年多以后,乞伏炽磐派人用毒酒毒杀秃发傉檀,秃发傉檀身边的人请求为他解酒毒,秃发傉檀说:"我的病

岂宜疗邪!"遂死,谥曰景王。虎台亦为炽磐所杀。傉檀子保周、贺,俱延子覆龙,利鹿孤孙副周,乌孤孙承钵,皆奔河西王蒙逊,久之,又奔魏。

宋营阳王景平元年,南凉秃发傉檀之死也,河西王蒙逊遣人诱其故太子虎台,许以番禾、西安二郡处之,且借之兵,使伐秦,报其父仇,复取故地。虎台阴许之,事泄而止。秦王炽磐之后,虎台之妹也,炽磐待之如初。后密与虎台谋曰:"秦本我之仇雠,虽以婚姻待之,盖时宜耳。先王之薨,又非天命。遗令不治者,欲全济子孙故也。为人子者,岂可臣妾于仇雠而不思报复乎!"乃与武卫将军越质洛城谋弒炽磐。后妹为炽磐左夫人,有宠,知其谋而告之,炽磐杀后及虎台等十馀人。

怎么好治疗呢?"于是死去,谥号景王。秃发虎台也被乞伏炽磐杀死。秃发傉檀的儿子秃发保周、秃发贺,傉延的儿子傉覆龙,秃发利鹿孤的孙子秃发副周,秃发乌孤的孙子秃发承钵,都逃奔北凉王沮渠蒙逊,很久以后又投奔北魏。

　　南朝刘宋营阳王景平元年(423),南凉王秃发傉檀被毒死时,北凉王沮渠蒙逊派人去引诱他的太子秃发虎台,答应把番禾、西安二郡交给他,并借给他军队,让他进攻西秦,为他父亲报仇,然后收复他的故国土地。秃发虎台暗中答应了沮渠蒙逊,事情泄露后才停止行动。西秦王乞伏炽磐的王后,是秃发虎台的妹妹,乞伏炽磐仍然像以前一样对待她。王后和秃发虎台秘密谋划,说:"西秦本来是我们的仇敌,虽然互相通婚,不过是权宜之计。先王驾崩,也不是寿终正寝,他不让别人给他治疗,是想要保全子孙后代约缘故。做儿子的,怎么可以做仇敌的臣下、妻妾,而不考虑报仇呢?"于是和武卫将军越质洛城密谋刺杀乞伏炽磐。王后的妹妹是乞伏炽磐的左夫人,颇为受宠,知道他们的阴谋以后就向乞伏炽磐告发,乞伏炽磐于是杀死王后以及秃发虎台等十多个人。

蒙逊伐西秦

　　晋安帝义熙十一年春三月，河西王蒙逊攻西秦广武郡，拔之。西秦王炽磐遣将军乞伏尼寅邀蒙逊于浩亹，蒙逊击斩之。又遣将军折斐等帅骑一万据勒姐岭，蒙逊击禽之。夏五月，西秦王炽磐帅众三万袭湟河，蒙逊弟汉平遣司马隗仁夜出击，破之。炽磐将引去，汉平长史焦昶、将军段景潜召炽磐，炽磐复攻之。汉平力屈，为炽磐所禽。

　　十二年春正月，西秦王炽磐攻秦洮阳公彭利和于漒川，沮渠蒙逊攻石泉以救之。炽磐至沓中，引还。二月，炽磐遣襄武侯昙达救石泉，蒙逊亦引去。蒙逊遂与炽磐结和亲。

　　宋武帝永初元年春正月，秦王炽磐立其子暮末为太子。秋九月，秦振武将军王基等袭河西王蒙逊胡园戍，俘二千馀人而还。
　　二年秋七月，河西王蒙逊遣右卫将军沮渠鄯善、建节将军沮渠苟生帅众七千伐秦。秦王炽磐遣征北将军木弈干等帅步骑五千拒之，败鄯善等于五涧，虏苟生，斩首二千而还。

蒙逊伐西秦

东晋安帝义熙十一年(415)春季三月,北凉河西王沮渠蒙逊攻占西秦的广武郡。西秦王乞伏炽磐派将军乞伏魋尼寅在浩亹拦截沮渠蒙逊,沮渠蒙逊将他击败并杀了他。乞伏炽磐又派将军折斐等人率领一万骑兵占据勒姐岭,沮渠蒙逊进击并将他擒获。夏季五月,西秦王乞伏炽磐率领三万军队突袭湟河,沮渠蒙逊的弟弟沮渠汉平派司马隗仁深夜出击,打败乞伏炽磐。乞伏炽磐打算率军撤走,沮渠汉平的长史焦昶、将军段景秘密召唤乞伏炽磐,乞伏炽磐于是再次进攻。沮渠汉平力量不够,被乞伏炽磐俘虏。

十二年(416)春季正月,西秦王乞伏炽磐在湿川郡进攻后秦洮阳公彭利和,沮渠蒙逊进攻石泉来救援他。乞伏炽磐军至沓中,又领军而返。二月,乞伏炽磐派襄武侯昙达救援石泉,沮渠蒙逊也率军离去。沮渠蒙逊于是和乞伏炽磐通婚和亲。

南朝宋武帝永初元年(420)春季正月,西秦王乞伏炽磐册立他的儿子乞伏暮末为太子。秋季九月,西秦振武将军王基等人突袭北凉河西王沮渠蒙逊在胡园的守军,俘获二千多人而返。

二年(421)秋季七月,北凉河西王沮渠蒙逊派右卫将军沮渠鄯善、建节将军沮渠苟生率领七千人进攻西秦。西秦王乞伏炽磐派征北将军木弈干等人率领五千兵马阻击,在五涧打败沮渠鄯善等人,俘虏沮渠苟生,斩首两千人而还。

　　三年秋七月，河西王蒙逊遣前将军沮渠成都帅众一万，耀兵岭南，遂屯五涧。九月，秦王炽磐遣征北将军出连虔等帅骑六千击之。冬十月，秦出连虔与河西沮渠成都战，擒之。

　　营阳王景平元年夏四月，秦王炽磐谓其群臣曰："今宋虽奄有江南，夏人雄据关中，皆不足与也。独魏主奕世英武，贤能为用，且谶云，'恒代之北当有真人'，吾将举国而事之。"乃遣尚书郎莫者阿胡等入见于魏，贡黄金二百斤，并陈伐夏方略。

　　文帝元嘉元年秋七月，秦王炽磐遣太子暮末帅征北将军木弈干等步骑三万出貂渠谷，攻河西白草岭、临松郡，皆破之，徙民二万馀口而还。

　　二年夏四月，秦王炽磐遣平远将军叱卢犍等袭河西镇南将军沮渠白蹄于临松，擒之，徙其民五千馀户于枹罕。

　　三年春正月，秦王炽磐复遣使如魏，请用师于夏。

　　秋八月，秦王炽磐伐河西，至廉川，遣太子暮末等步骑三万攻西安，不克，又攻番禾。河西王蒙逊发兵御之，且遣使说夏主，使乘虚袭枹罕。夏主遣征南大将军呼卢古将骑二万攻苑川，车骑大将军韦伐将骑三万攻南安。炽磐闻之，引归。九月，徙其境内老弱、畜产于浇河及莫河仍寒川，留左丞相昙达守枹罕。韦伐攻拔南安，获秦秦州刺史翟爽、南安太守李亮。

　　冬十月，秦左丞相昙达与夏呼卢古战于嵻崀山，昙达兵败。十一月，呼卢古、韦伐进攻枹罕。秦王炽磐迁保定连。呼卢古入南城，镇京将军赵寿生帅死士三百人力战，

三年(422)秋季七月,北凉河西王沮渠蒙逊派前将军沮渠成都率领一万人在秦岭以南显耀军威,于是屯驻在五涧。九月,西秦王乞伏炽磐派征北将军出连虔等人率领六千骑兵去攻击他。冬季十月,西秦出连虔打败北凉沮渠成都,并将他擒获。

宋营阳王景平元年(423)夏季四月,西秦王乞伏炽磐对他的群臣说:"现在刘宋王朝虽然占有整个长江以南,夏人也雄踞关中,但都不值得去联系亲近。只有北魏君主世代英明勇武,贤能的人才都为他们所用,而且谶语也说,'恒山代郡以北,会有真人天子出现',我将要率领全国去事奉他们。"于是派遣尚书郎莫者阿胡等人去朝见北魏君主,进贡黄金二百斤,并进呈讨伐夏国的策略。

宋文帝元嘉元年(424)秋季七月,西秦王乞伏炽磐派太子乞伏暮末率领征北将军木弈干等人统领三万兵马,从貂渠谷出发,进攻北凉的白草岭、临松郡,都取得胜利,掳掠二万多人而返。

二年(425)夏季四月,西秦王乞伏炽磐派平远将军叱卢犍等人在临松袭击北凉的镇南将军沮渠白蹄,俘虏了他,迁徙他的五千多户人口到枹罕。

三年(426)春季正月,西秦王乞伏炽磐再一次派遣使者到北魏,请求向夏国用兵。

秋季八月,西秦王乞伏炽磐进攻北凉,军至廉川,派太子乞伏暮末等人率领三万兵马进攻西安,没有攻克,又攻打番禾。北凉王沮渠蒙逊发兵抵抗,同时派遣使者劝说夏王,让他们乘虚突袭枹罕。夏王赫连昌派遣征南大将军呼卢古率领两万骑兵进攻苑川,车骑大将军韦伐率三万骑兵进攻南安。乞伏炽磐听到这个消息,率军而返。九月,迁徙境内老弱人口和畜产到浇河以及莫河的仍寒川,派左丞相昙达留守枹罕。韦伐攻克南安,俘获西秦的秦州刺史翟爽、南安太守李亮。

冬季十月,西秦左丞相昙达和夏国呼卢古在嵯峨山大战,昙达战败。十一月,呼卢古、韦伐进攻枹罕,西秦王乞伏炽磐迁都退保定连。呼卢古进南城,西秦镇京将军赵寿生率领三百死士奋力而战,

却之。呼卢古、韦伐又攻沙州刺史出连虔于湟河,虔遣后将军乞伏万年击败之。又攻西平,执安西将军库洛干,坑战士五千馀人,掠民二万馀户而去。

四年夏六月,秦王炽磐还枹罕。秋八月,秦王炽磐遣其叔父平远将军渥头等入贡于魏。

五年夏五月,秦文昭王炽磐卒,太子暮末即位,大赦,改元永弘。

六月,葬秦文昭王于武平陵,庙号太祖。秦王暮末以右丞相元基为侍中、相国、都督中外诸军、录尚书事,以镇军大将军、河州牧谦屯为骠骑大将军,征安北将军、凉州刺史段晖为辅国大将军、御史大夫,叔父右禁将军千年为镇北将军、凉州牧,镇湟河,以征北将军木弈干为尚书令、车骑大将军,以征南将军吉毗为尚书仆射、卫大将军。

河西王蒙逊因秦丧,伐秦西平,西平太守麹承谓之曰:"殿下若先取乐都,则西平必为殿下之有。西平苟望风请服,亦明主之所疾也。"蒙逊乃释西平,攻乐都。相国元基帅骑三千救乐都,甫入城,而河西兵至,攻其外城,克之。绝其水道,城中饥渴,死者太半。东羌乞提从元基救乐都,阴与河西通谋,下绳引内其兵,登城者百馀人,鼓噪烧门。元基帅左右奋击,河西兵乃退。

初,文昭王疾病,谓暮末曰:"吾死之后,汝能保境则善矣。沮渠成都为蒙逊所亲重,汝宜归之。"至是,暮末遣使诣蒙逊,许归成都以求和。蒙逊引兵还,遣使入秦吊祭。暮末厚资送成都,遣将军王伐送之。蒙逊犹疑之,使恢武

将呼卢古击退。呼卢古、韦伐又在湟河进攻沙州刺史出连虔,出连虔派后将军乞伏万年将他们击败。呼卢古、韦伐又转而进攻西平,俘获西秦安西将军库洛干,活埋他的士兵五千多人,掳掠二万多户人口离去。

四年(427)夏季六月,西秦王乞伏炽磐回到枹罕。秋季八月,西秦王乞伏炽磐派他的叔父平远将军乞伏渥头等人到北魏朝贡。

五年(428)夏季五月,西秦文昭王乞伏炽磐去世,太子乞伏暮末继位,大赦天下,改年号为永弘。

六月,西秦把文昭王埋葬在武平陵,庙号太祖。西秦王乞伏暮末任用右丞相乞伏元基为侍中、相国、都督中外诸军、录尚书事,任用镇军大将军、河州牧乞伏谦屯为骠骑大将军,征召安北将军、凉州刺史段晖为辅国大将军、御史大夫,叔父右禁将军乞伏千年为镇北将军、凉州牧,镇守湟河,又任用征北将军木弈干为尚书令、车骑大将军,任用征南将军吉毗为尚书仆射、卫大将军。

北凉王沮渠蒙逊趁着西秦国丧进攻西秦的西平,西平太守麴承对他说:“殿下您如果先攻取乐都,那么西平一定会为殿下所拥有。西平如果望风归附,也是英明的君主所痛恨的。”沮渠蒙逊于是放下西平,转攻乐都。西秦相国乞伏元基率领三千骑兵救援乐都,刚刚进城,北凉军队就到了,攻占了乐都外城,切断乐都的供水通道,城中有一半以上的人死于饥渴。东羌人乞提跟随乞伏元基救援乐都,暗中却与北凉密谋,于是放下绳子把北凉兵引进城内,登上城墙的一共一百多人,他们击鼓呼喊,烧毁城门。乞伏元基率领身边的人奋力而战,北凉兵才撤退。

当初,文昭王病重的时候,对乞伏暮末说:“我死了以后,你能保全国土就不错了。沮渠成都为沮渠蒙逊所亲信、重用,你应该将他送归北凉。”到了这时,乞伏暮末就派使者拜见沮渠蒙逊,答应把沮渠成都送回去,来求和。沮渠蒙逊率军而返,并派使者到西秦吊祭乞伏炽磐。乞伏暮末用厚礼送归沮渠成都,并派将军王伐护送他回国。沮渠蒙逊还是犹疑不定,于是就派遣恢武

将军沮渠奇珍伏兵于扣天岭,执伐并其骑士三百人以归。既而遣尚书郎王杼送伐还秦,并遗暮末马千匹及锦罽、银缯。秋七月,暮末遣记室郎中马艾如河西报聘。

冬十二月,河西王蒙逊伐秦,至磐夷,秦相国元基等将骑万五千拒之。蒙逊还攻西平,征虏将军出连辅政等将骑二千救之。

六年春正月,秦出连辅政等未至西平,河西王蒙逊拔西平,执太守麴承。

夏五月,河西王蒙逊伐秦,秦王暮末留相国元基守枹罕,迁保定连。南安太守翟承伯等据罕开谷以应河西,暮末击破之,进至治城。西安太守莫者幼眷据汧川以叛,暮末讨之,为幼眷所败,还于定连。

蒙逊至枹罕,遣世子兴国进攻定连。六月,暮末逆击兴国于治城,擒之,追击蒙逊至谭郊。吐谷浑王慕璝遣其弟没利延将骑五千会蒙逊伐秦,暮末遣辅国大将军段晖等邀击,大破之。

秋七月,河西王蒙逊遣使送谷三十万斛以赎世子兴国于秦,秦王暮末不许。蒙逊乃立兴国母弟菩提为世子。暮末以兴国为散骑常侍,以其妹平昌公主妻之。

七年冬十月,秦王暮末为河西所逼,遣其臣王恺、乌讷阗请迎于魏,魏人许以平凉、安定封之。暮末乃焚城邑,毁宝器,帅户万五千,东如上邽。至高田谷,给事黄门侍郎郭恒谋劫沮渠兴国以叛,事觉,暮末杀之。夏主闻暮末将至,发兵拒之。暮末留保南安,其故地皆入于吐谷浑。

将军沮渠奇珍在扪天岭埋下伏兵,俘获王伐及其骑兵三百人而归。不久,又派尚书郎王杼送王伐回到西秦,并赠送给乞伏暮末一千匹马和一些锦绣毛毡、绫罗绸缎。秋季七月,乞伏暮末派记室郎中马艾到北凉朝见。

冬季十二月,北凉王沮渠蒙逊进攻西秦,到达磐夷,西秦相国乞伏元基等人率领一万五千骑兵加以抵抗。沮渠蒙逊回师进攻西平,西秦征房将军出连辅政等人率领二千骑兵赶去救援。

六年(429)春季正月,西秦出连辅政等人还没有赶到西平,北凉王沮渠蒙逊已经攻克西平,收捕了西平太守麹承。

夏季五月,北凉王沮渠蒙逊进攻西秦,西秦王乞伏暮末让相国乞伏元基留守枹罕,迁都退保定连。南安太守翟承伯等人占据罕开谷响应北凉,乞伏暮末将他们打败,进军到治城。西安太守莫者幼眷占据沔川反叛,乞伏暮末讨伐他,却被莫者幼眷打败,于是,乞伏暮末返回定连。

沮渠蒙逊到达枹罕,派世子沮渠兴国进攻定连。六月,乞伏暮末在治城迎击沮渠兴国,将他擒获,并追击沮渠蒙逊到达谭郊。吐谷浑王慕容慕璝派他的弟弟慕容没利延率五千骑兵与沮渠蒙逊会合进攻秦国,乞伏暮末派辅国大将军段晖等人拦路截击,将他们打得大败。

秋季七月,北凉王沮渠蒙逊派使者送三十万斛谷到西秦,请求赎回世子沮渠兴国,西秦王乞伏暮末没有答应。沮渠蒙逊于是册立沮渠兴国的同母弟弟沮渠菩提为世子。乞伏暮末任用沮渠兴国为散骑常侍,将自己的妹妹平昌公主嫁给为他妻。

七年(430)冬季十月,西秦王乞伏暮末因为被北凉威逼,派他的臣下王恺、乌讷阗到北魏去请求派军来迎接西秦归降,北魏答应将平凉、安定封授给他们,乞伏暮末于是焚毁城邑,毁掉宝器,率领一万五千户东迁上邽。到达高田谷,给事黄门侍郎郭恒谋划劫持沮渠兴国反叛,事情被发觉,乞伏暮末将他杀死。夏王赫连定听说乞伏暮末将要到来,就调发军队阻拦。乞伏暮末留下守卫南安,他的旧地全被吐谷浑占领。

十一月，魏尚书库结帅骑五千迎秦王暮末。秦卫将军
吉毗以为不宜内徙，暮末从之，库结引还。

南安诸羌万馀人叛秦，推安南将军、督八郡诸军事、广
宁太守焦遗为主，遗不从。乃劫遗族子长城护军亮为主，
帅众攻南安。暮末请救于氐王杨难当。难当遣将军苻献
帅骑三千救之，暮末与之合击诸羌。诸羌溃，亮奔还广宁，
暮末进军攻之，以手令与焦遗使取亮。十二月，遗斩亮首出
降，暮末进遗号镇国将军。秦略阳太守弘农杨显以郡降夏。

八年春正月，夏主击秦将姚献，败之。遂遣其叔父北
平公韦伐帅众一万攻南安。城中大饥，人相食。秦侍中征
虏将军出连辅政、侍中右卫将军乞伏延祚、吏部尚书乞伏
跋跋逾城奔夏。秦王暮末穷蹙，舆榇出降，并沮渠兴国送
于上邽。秦太子司直焦楷奔广宁，泣谓其父遗曰："大人荷
国宠灵，居藩镇重任。今本朝颠覆，岂得不帅见众唱大义
以殄寇仇！"遗曰："今主上已陷贼庭，吾非爱死而忘义，顾
以大兵追之，是趣绝其命也。不如择王族之贤者，奉以为
主而伐之，庶有济也。"楷乃筑坛誓众，二旬之间，赴者万馀
人。会遗病卒，楷不能独举事，亡奔河西。

夏六月，夏主杀乞伏暮末及其宗族五百人。

十一月，北魏尚书库结率领五千骑兵迎接西秦王乞伏暮末。西秦的卫将军吉毗认为不宜内迁，乞伏暮末依从了他，库结于是引兵而还。

南安的羌人各部落一万多人背叛西秦，推举安南将军、督八郡诸军事、广宁太守焦遗为盟主，焦遗不同意。他们就劫持焦遗的堂侄长城护军焦亮为盟主，率领众人进攻南安。乞伏暮末向氐王杨难当求救。杨难当派将军符献率领三千骑兵前往救援，乞伏暮末和他们合力攻击羌族各部落。羌人溃败，焦亮逃回广宁，乞伏暮末进军攻打他，并用亲笔手谕命焦遗收取焦亮。十二月，焦遗斩焦亮首级，出城投降，乞伏暮末加封焦遗为镇国将军。西秦略阳太守弘农人杨显举郡向夏国投降。

八年（431）春季正月，夏王赫连定袭击西秦大将姚献，将他击败。又派他的叔父北平公赫连韦伐率一万士众进攻南安。南安城内发生大饥荒，人与人相食。西秦侍中征房将军出连辅政、侍中右卫将军乞伏延祚、吏部尚书乞伏跋跋翻越城墙投奔夏国。西秦王乞伏暮末走投无路，用车辆拖着棺材出城投降，和沮渠兴国一起被送到上邽。西秦的太子司直焦楷逃奔广宁，哭着对他的父亲焦遗说："大人你接受国家的重任，享受国家的厚恩，在外充当藩镇。现在朝廷被颠覆，怎么可以不率领现成的士众，倡导大义，荡灭仇敌呢！"焦遗说："现在主上已经落入敌人手中，我不是怕死而忘义，只是考虑到如果我派大军去追赶他，那实际上是使主上加速死亡。不如先从王族中挑选贤能的人，奉迎为新主，然后再去讨伐夏人，或许还能成功。"焦楷于是修筑高台，召集部众盟誓，二十天之内，前来的有一万多人。然而，正赶上此时焦遗因病去世，焦楷无力单独举事，于是逃奔北凉。

夏季六月，夏王赫连定杀了乞伏暮末及其宗族一共五百人。

刘裕灭南燕

晋安帝义熙元年。初,南燕主备德仕秦为张掖太守,其兄纳与母公孙氏居于张掖。备德之从秦王坚寇淮南也,留金刀与其母别。备德与燕王垂举兵于山东,张掖太守苻昌收纳及备德诸子,皆诛之,公孙氏以老获免,纳妻段氏方娠,未决。狱掾呼延平,备德之故吏也,窃以公孙氏及段氏逃于羌中。段氏生子超,十岁而公孙氏病,临卒,以金刀授超曰:"汝得东归,当以此刀还汝叔也。"呼延平又以超母子奔凉。及吕隆降秦,超随凉州民徙长安。平卒,段氏为超娶其女为妇。超恐为秦人所录,乃阳狂行乞。秦人贱之,惟东平公绍见而异之,言于秦王兴曰:"慕容超姿干瑰伟,殆非真狂,愿微加官爵以縻之。"兴召见,与语,超故为谬对,或问而不答。兴谓绍曰:"谚云'妍皮不裹痴骨',徒妄语耳。"乃罢遣之。

刘裕灭南燕

　　东晋安帝义熙元年（405）。当初，南燕皇帝慕容备德在前秦做官，任张掖太守，他的兄长慕容纳和他的母亲公孙氏也居住在张掖。慕容备德跟随前秦王符坚侵犯淮南时，留下金刀和母亲告别。随后，慕容备德与燕王慕容垂在崤山以东地区起兵，前秦张掖太守符昌拘捕了慕容纳和慕容备德的儿子们，并将他们全部诛杀，公孙氏因为年老而得以幸免，慕容纳的妻子段氏则因为正怀有身孕而没有被立即处死。监狱看守呼延平是慕容备德的旧属吏卒，他私自带着公孙氏和段氏逃到羌族居住的地区。段氏生下儿子，取名慕容超，慕容超十岁时，公孙氏患了重病，临死时，她把金刀授给慕容超，说："你如果能东归故国，应该把这把刀还给你的叔叔。"呼延平又带着慕容超母子二人逃奔后凉。等到吕隆投降后秦时，慕容超跟着凉州的老百姓一起迁居到长安。呼延平死了以后，段氏为慕容超娶他的女儿为妻。慕容超担心被后秦人逮捕，就假装癫狂，以乞讨为生。后秦人因此瞧不起他，只有东平公姚绍见到慕容超而感到惊奇，对后秦王姚兴说："慕容超身材魁梧，举止轩昂，好像不是真的癫狂，希望您授给他低微的官爵来约束他。"姚兴于是召见慕容超，与他谈话，慕容超故意胡乱回答，有时又问而不答。姚兴对姚绍说："俗话说'好皮不裹蠢骨头'，看来只是胡说八道而已。"于是罢了授官给他的念头，将他送了出去。

　　备德闻纳有遗腹子在秦，遣济阴人吴辩往视之，辩因乡人宗正谦卖卜在长安，以告超。超不敢告其母、妻，潜与谦变姓名逃归南燕。行至梁父，镇南长史悦寿以告兖州刺史慕容法，法曰："昔汉有卜者诈称卫太子，今安知非此类也！"不礼之。超由是与法有隙。备德闻超至，大喜，遣骑三百迎之。夏四月，超至广固，以金刀献于备德。备德恸哭，悲不自胜。封超为北海王，拜侍中、骠骑大将军、司隶校尉、开府，妙选时贤，为之僚佐。备德无子，欲以超为嗣。超入则侍奉尽欢，出则倾身下士，由是内外誉望翕然归之。

　　秋九月，汝水竭，南燕主备德恶之，俄而寝疾。北海王超请祷之，备德曰："人主之命，短长在天，非汝水所能制也。"固请，不许。戊午，备德引见群臣于东阳殿，议立超为太子。俄而地震，百僚惊恐，备德亦不自安，还宫。是夜，疾笃，瞑不能言。段后大呼："今召中书作诏立超，可乎？"备德开目颔之，乃立超为皇太子，大赦。备德寻卒。为十余棺，夜，分出四门，潜瘗山谷。己未，超即皇帝位，大赦，改元太上。尊段后为皇太后。以北地王钟都督中外诸军、录尚书事，慕容法为征南大将军、都督徐兖扬南兖四州诸军事，加慕容镇开府仪同三司，以尚书令封孚为太尉，麹仲为司空，封嵩为尚书左仆射。癸亥，虚葬备德于东阳陵，谥曰献武皇帝，庙号世宗。

慕容备德听说慕容纳有遗腹子在后秦,就派济阴人吴辩去看他,吴辩的同乡宗正谦在长安以占卜为生,吴辩于是让他去通告慕容超。慕容超不敢告诉母亲和妻子,偷偷跟着宗正谦,改名换姓,逃归南燕。走到梁父,镇南长史悦寿向兖州刺史慕容法禀告慕容超回来的消息,慕容法说:"当年汉朝有占卜的人伪称是卫太子,现在怎么知道他们不是这种人呢!"对慕容超很不恭敬。慕容超因此与慕容法产生了隔阂。慕容备德听说慕容超回来了,非常高兴,派三百骑兵去迎接他。夏季四月,慕容超到达广固,把金刀献给慕容备德。慕容备德见到金刀大声痛哭,悲愤之情不能自已。然后,封慕容超为北海王,任命为侍中、骠骑大将军、司隶校尉、开府,又挑选当时的贤能俊才,作为他的僚属。慕容备德没有儿子,想让慕容超做自己的后嗣。慕容超入朝侍奉慕容备德可以让他非常高兴,出朝廷又能礼贤下士,因此,朝廷内外的美誉和声望都归到慕容超身上。

　　秋季九月,汝水干涸,南燕皇帝慕容备德心里很不高兴,不久后就患病卧床。北海王慕容超请求为他祈祷,慕容备德说:"人君的生命,长短由天决定,不是汝水所能制约的。"慕容超多次请求,慕容备德都不答应。戊午这天,慕容备德在东阳殿召见群臣,议论册立慕容超为太子。不久发生地震,百官大为惊慌惶恐,慕容备德自己也不安心,于是回宫。这天晚上,病情加剧,眼睛紧闭,不能说话。段后大声喊:"现在召见中书令起草诏书,册立慕容超为太子,可以吗?"慕容备德睁开眼睛,点了点头,于是册立慕容超为皇太子,大赦天下。慕容备德不久就去世了。慕容超做了十多副棺材,晚上,从广固城的东南西北四座城门出城,把慕容备德悄悄地埋葬在山谷。己未这天,慕容超即皇帝位,大赦天下,改年号为太上。尊奉段后为皇太后,任用北地王慕容钟为都督中外诸军、录尚书事,任用慕容法为征南大将军、都督徐、兖、扬、南兖四州诸军事,加封慕容镇开府仪同三司,任尚书令封孚为太尉,鞠仲为司空,封嵩为尚书左仆射。癸亥这天,虚葬慕容备德在东阳陵,谥号献武皇帝,庙号世宗。

超引所亲公孙五楼为腹心。备德故大臣北地王钟、段宏等皆不自安,求补外职。超以钟为青州牧,宏为徐州刺史。公孙五楼为武卫将军,领屯骑校尉,内参政事。封孚谏曰:"臣闻亲不处外,羁不处内。钟,国之宗臣,社稷所赖;宏,外戚望懿,百姓具瞻,正应参翼百揆,不宜远镇外方。今钟等出藩,五楼内辅,臣窃未安。"超不从。钟、宏心皆不平,相谓曰:"黄犬之皮,恐终补狐裘也。"五楼闻而恨之。

二年,南燕主超猜虐日甚,政出权幸,盘于游畋,封孚、韩诼屡谏不听。超尝临轩问孚曰:"朕可方前世何主?"对曰:"桀、纣。"超惭怒,孚徐步而出,不为改容。鞠仲谓孚曰:"与天子言,何得如是! 宜还谢。"孚曰:"行年七十,惟求死所耳!"竟不谢。超以其时望,优容之。

秋九月,南燕公孙五楼欲擅朝权,谮北地王钟于南燕主超,请诛之。南燕主备德之卒也,慕容法不奔丧,超遣使让之。法惧,遂与钟及段宏谋反。超闻之,征钟。钟称疾不至,超收其党侍中慕容统等,杀之。征南司马卜珍告左仆射封嵩数与法往来,疑有奸,超收嵩下廷尉。太后惧,泣告超曰:"嵩数遣黄门令牟常说吾云:'帝非太后所生,恐依

慕容超用自己亲近信用的公孙五楼为心腹。慕容备德的旧属大臣北地王慕容钟、段宏等人都感到不安,于是请求补授朝廷外的职位。慕容超就任用慕容钟为青州牧,段宏为徐州刺史。公孙五楼任武卫将军,兼任屯骑校尉,在朝廷内参与政事。封孚进谏劝阻说:"我听说亲属不放在外面,外乡人不能进入内室。慕容钟是国家的宗族大臣,江山社稷的依靠;段宏是外戚中最有名望的,也是平民百姓所景仰的人,现在正应该任用他们来辅助、领导百官,不宜让他们到远方去镇戍一方。现在慕容钟等人外出为藩卫,公孙五楼在朝内辅政,我私下里感到不安。"慕容超不听。慕容钟、段宏心中都愤愤不平,互相说:"黄狗的毛皮,最终恐怕要用来为裘皮衣服打补丁。"公孙五楼听到这话,对他们非常忌恨。

二年(406),南燕皇帝慕容超猜忌、虐待臣下日益严重,政令完全由他所宠幸的权臣颁发,他自己则乐于出游和打猎,封孚、韩诨多次进谏劝阻,他都不听。慕容超曾有一次登上殿堂问封孚:"朕可以和以前各个朝代的哪些君主相比?"封孚答道:"可以与夏桀、商纣相比。"慕容超既惭愧又气愤,封孚稳步慢慢地走出殿堂,神色自若,丝毫不变。鞫仲对封孚说:"和天子讲话,怎么可以这样!应该回去谢罪。"封孚说:"我已经活了七十年,只求死得其所。"最终没有去谢罪。慕容超考虑到封孚当时的声望,还是特别地宽容了他。

秋季九月,南燕的公孙五楼打算专擅朝政,于是在南燕皇帝慕容超面前说北地王慕容钟的坏话,请求诛杀他。南燕皇帝慕容备德去世的时候,慕容法不去奔丧,慕容超就派使者去责备他。慕容法担心害怕,于是和慕容钟、段宏等人密谋反叛。慕容超听说后,征召慕容钟,慕容钟称病不应召,慕容超就收捕了他的党羽侍中慕容统等人,杀了他们。征南司马卜珍控告左仆射封嵩与慕容法多有往来,怀疑其中有邪恶的勾当,慕容超拘捕封嵩,交给廷尉处置。太后很害怕,哭着对慕容超说:"封嵩多次派黄门令年常来劝说我,说:'皇上不是太后您所亲生,我担心会发生

永康故事。'我妇人识浅，恐帝见杀，即以语法，法为谋见误，知复何言。"超乃车裂嵩。西中郎将封融奔魏。

超遣慕容镇攻青州，慕容昱攻徐州，右仆射济阳王凝及韩范攻兖州。昱拔莒城，段宏奔魏。封融与群盗袭石塞城，杀镇西大将军馀郁，国中振恐。济阳王凝谋杀韩范，袭广固，范知之，勒兵攻凝，凝奔梁父。范并将其众，攻梁父，克之。法出奔魏，凝出奔秦。慕容镇克青州，钟杀其妻子，为地道以出，与高都公始皆奔秦。秦以钟为始平太守，凝为侍中。

南燕主超好变更旧制，朝野多不悦。又欲复肉刑，增置烹、辗之法，众议不合而止。冬十月，封孚卒。

三年，南燕主超母妻犹在秦，超遣御史中丞封恺使于秦以请之。秦王兴曰："昔苻氏之败，太乐诸伎悉入于燕。燕今称藩，送伎或送吴口千人，所请乃可得也。"超与群臣议之，左仆射段晖曰："陛下嗣守社稷，不宜以私亲之故遂降尊号。且太乐先代遗音，不可与也，不如掠吴口与之。"尚书张华曰："侵掠邻国，兵连祸结，此既能往，彼亦能来，非国家之福也。陛下慈亲在人掌握，岂可靳惜虚名，不为之降屈乎！中书令韩范尝与秦王俱为苻氏太子舍人，若使之往，必得如志。"超从之，乃使韩范聘于秦，称藩奉表。慕

永康年间那样的旧事。'我是妇道人家,见短识浅,担心皇上会杀我,就把此事告诉了慕容法,慕容法替我谋划而被贻误,现在已经知道了,我还有什么话好说。"慕容超于是将封嵩车裂处死。西中郎将封融逃奔北魏。

慕容超派慕容镇攻打青州,慕容昱攻打徐州,又派右仆射济阳王慕容凝和韩范一起攻打兖州。慕容昱攻占莒城,段宏逃奔北魏。封融率领盗贼一起偷袭石塞城,杀死了镇西大将军馀郁,举国震惊恐慌。济阳王慕容凝密谋杀掉韩范,袭击广固,韩范知道了他的用意,率军进攻慕容凝,慕容凝逃奔梁父。韩范合并了他的部众,进攻梁父,攻占了梁父。慕容法出城逃奔北魏,慕容凝出奔后秦。慕容镇攻克青州,慕容钟杀掉他自己的妻子儿女,挖地道出城,和高都公慕容始一起投奔后秦。后秦任用慕容钟为始平太守,慕容凝为侍中。

南燕皇帝慕容超喜欢变更传统制度,对此,朝野上下都不乐意。又打算恢复肉刑,并增加烹刑、辗刑等刑法,朝臣议论认为不合适才作罢。冬季十月,封孚去世。

三年(407),南燕皇帝慕容超的母亲、妻子还在后秦,慕容超派遣御史中丞封恺出使后秦,请求将他们送还。后秦王姚兴说:"当年前秦符坚败亡的时候,前秦宫中的太乐歌伎全部归于南燕。现在,如果南燕向我称臣,送来歌伎或者送来一千吴地人,便可以满足你们的请求。"慕容超于是与群臣一起商议此事,左仆射段晖说:"陛下您继位为帝,守卫江山社稷,不宜因为个人亲属的缘故就降低皇帝这一尊号而向别人称臣。再说太乐是祖先留下的音乐,不可以给别人,不如掳掠吴人送给他们。"尚书张华说:"侵略抢劫邻近的国家,战争灾祸接连不断,我们这里既然可以去抢劫,他们也就可以来掳掠,这不是国家的福分。陛下您的慈母和亲人在人家手中,怎么可以爱惜虚名,不为此降低名号委屈自己呢?中书令韩范曾和后秦王姚兴一起做符坚的太子舍人,如果派他前往,一定可以达到目的。"慕容超听从了他的建议,于是派遣韩范出使后秦,向后秦称臣,并敬奉表文。慕

容凝言于兴曰："燕王得其母妻，不复可臣，宜先使送伎。"兴乃谓范曰："朕归燕王家属必矣。然今天时尚热，当俟秋凉。"八月，秦使员外散骑常侍韦宗聘于燕。超与群臣议见宗之礼，张华曰："陛下前既奉表，今宜北面受诏。"封逞曰："大燕七圣重光，奈何一旦为竖子屈节！"超曰："吾为太后屈，愿诸君勿复言！"遂北面受诏。

冬十月，南燕主超使左仆射张华、给事中宗正元献太乐伎一百二十人于秦，秦王兴乃还超母妻，厚其资礼而遣之。超亲帅六宫迎于马耳关。

四年春正月，南燕主超尊其母段氏为皇太后，妻呼延氏为皇后。超祀南郊，有兽如鼠，而赤大如马，来至坛侧。须臾，大风昼晦，羽仪帷幄皆毁裂。超惧，以问太史令成公绥，对曰："陛下信用奸佞，诛戮贤良，赋敛繁多，事役殷重之所致也。"超乃大赦，黜公孙五楼等，俄而复用之。冬十一月，南燕汝水竭。河冻皆合，而渑水不冰。南燕主超恶之，问于李宣，对曰："渑水无冰，良由逼带京城，近日月也。"超大悦，赐朝服一具。

五年春正月庚寅朔，南燕主超朝会群臣，叹太乐不备，议掠晋人以补伎。领军将军韩谆曰："先帝以旧京倾覆，戢翼三齐。陛下不养士息民，以伺魏衅，恢复先业，而更侵掠南邻以广仇敌，可乎！"超曰："我计已定，不与卿言。"二月，南燕将慕容兴宗、斛谷提、公孙归等帅骑寇宿豫，拔之，

容凝对姚兴说:"南燕王得到他的母亲、妻子后,一定不再向您称臣,最好让他们先将歌伎送来。"姚兴于是对韩范说:"我一定会归还燕王的家属。不过现在天气还太热,应等到秋天凉爽后再送。"八月,后秦派员外散骑常侍韦宗出使南燕,慕容超和群臣商议见韦宗的礼仪。张华说:"陛下您以前既然已经敬奉称臣的表文,现在就应该面向北方接受诏命。"封逞说:"我们大燕帝国七圣重光,怎么可以一下子就向这种小人屈辱降节!"慕容超说:"我为了太后而受屈,希望大家不要再说了。"于是面向北方接受诏命。

冬季十月,南燕皇帝慕容超派左仆射张华、给事中宗正元向后秦进献太乐歌伎一百二十人,后秦王姚兴于是归还慕容超的母亲、妻子,给予他们厚礼并将她们送还。慕容超亲自率领六宫嫔妃在马耳关迎接。

四年(408)春季正月,南燕皇帝慕容超尊奉他的母亲段氏为皇太后,立妻子呼延氏为皇后。慕容超在南郊祭祀,有一只形状像老鼠,大小如马,满身鲜红的野兽来到祭坛旁边。不久,大风骤起,天昏地暗,皇上车辆上的羽饰、帐帘全被吹裂毁坏。慕容超心中恐惧,就拿此事去询问太史令成公绥,成公绥回答说:"这是陛下您宠信、任用奸佞的人,诛杀贤良大臣,赋税聚敛繁多,劳役繁重所导致的。"慕容超于是大赦天下,罢黜公孙五楼等人,不久又重新任用他们。冬季十一月,南燕的汝水干涸,河流的冰冻都连成一片,但是滍水却不结冰。南燕皇帝慕容超感到忌讳,就向李宣询问,李宣说:"滍水不结冰,实在是因为紧靠京城,靠近日月的原因。"慕容超听了非常高兴,赏赐给他一套官服。

五年(409)春季正月庚寅这天是初一,南燕皇帝慕容超临朝大会群臣,慨叹太乐不完备,与群臣商议掳掠晋人来补充歌舞伎。领军将军韩谌说:"先帝因故都陷落,退守三齐。陛下不收养士人,使人民得到休息,以待北魏内部发生矛盾,恢复祖先的大业,却要进一步去侵略抢劫南方的邻国,增加仇敌,怎么可以呢!"慕容超说:"我的计划已定,不再和你多说了。"二月,南燕将领慕容兴宗、斛谷提、公孙归等人率领骑兵侵犯宿豫,并攻克,

大掠而去,简男女二千五百付太乐教之。归,五楼之兄也。是时,五楼为侍中、尚书、领左卫将军,专总朝政,宗亲并居显要,王公内外无不惮之。南燕主超论宿豫之功,封斛谷提等并为郡、县公。桂林王镇谏曰:“此数人者,勤民顿兵,为国结怨,何功而封?”超怒,不答。尚书都令史王俨诣事五楼,比岁屡迁,官至左丞。国人为之语曰:“欲得侯,事五楼。”超又遣公孙归等寇济南,俘男女千馀人而去。自彭城以南,民皆堡聚以自固。诏并州刺史刘道怜镇淮阴以备之。

三月,刘裕抗表伐南燕,朝议皆以为不可,惟左仆射孟昶、车骑司马谢裕、参军臧熹以为必克,劝裕行。裕以昶监中军留府事。谢裕,安之兄孙也。

夏四月己巳,刘裕发建康,帅舟师自淮入泗。五月,至下邳,留船舰、辎重,步进至琅邪,所过皆筑城,留兵守之。或谓裕曰:“燕人若塞大岘之险,或坚壁清野,大军深入,不唯无功,将不能自归,奈何?”裕曰:“吾虑之熟矣。鲜卑贪婪,不知远计,进利虏获,退惜禾苗,谓我孤军远入,不能持久。不过进据临朐,退守广固,必不能守险清野,敢为诸君保之。”

南燕主超闻有晋师,引群臣会议。征虏将军公孙五楼曰:“吴兵轻果,利在速战,不可争锋。宜据大岘,使不得入,旷日延时,沮其锐气,然后徐简精骑二千,循海而南,绝

大肆掳掠后才离去，从掳掠而来的人口中挑选二千五百个男女交给皇室音乐机构加以教导。公孙归就是公孙五楼的兄长。这时，公孙五楼担任侍中、尚书，兼任左卫将军，专擅朝政，他的宗族亲属都位居显要，王公贵族、朝廷内外没有人不忌惮他。南燕皇帝慕容超论宿豫掳掠的功劳，加封斛谷提等人为郡、县公。桂林王慕容镇进谏说："这几个人，劳师动众，为国家结下新怨，有什么功劳而加封公爵？"慕容超发怒，不予回答。尚书都令史王俨事奉公孙五楼，对他阿谀奉迎，一连数年都得到升迁，官至左丞。国人为此而编成顺口溜说："欲得封侯，事奉五楼。"慕容超又派公孙归等人进攻济南，俘虏男女一千多人才离去。从彭城以南，人们都不得不修筑堡垒，聚众自守。东晋也下诏令让并州刺史刘道怜镇戍淮阴，对南燕加以防备。

三月，刘裕上表文请求讨伐南燕，朝廷商议时，大臣们都认为不可行，只有左仆射孟昶、车骑司马谢裕、参军臧熹认为一定能取胜，劝刘裕行动。刘裕让孟昶监管中军留府的事务。谢裕是谢安哥哥的孙子。

夏季四月己巳（十一日）这天，刘裕从建康出发，率领水师从淮河进入泗水。五月，到达下邳，留下舰船、辎重物资，徒步进军到琅邪，凡是经过的地方都建筑城池，留下部分兵力防守。有人对刘裕说："如果南燕人堵住大岘天险，或者他们坚壁清野，我们大军深入，不仅无功，而且不能回来，怎么办？"刘裕说："我考虑已经成熟了。鲜卑人贪婪，不知道长远计谋，进则只想掳掠获利，退则顾惜禾苗，一定以为我们孤军深入，不能长久坚持。进不过占据临朐，退只能守住广固，一定不会坚守天险，清肃四野来防备我们，我敢向各位保证。"

南燕皇帝慕容超听说有东晋军队前来讨伐，就召集群臣在一起商议对策。征虏将军公孙五楼说："吴地的东晋士兵轻装果敢，利于速战速决，不可和他们正面交锋。我们应该扼守大岘，使他们无法深入，旷日持久地拖延时间，挫败他们的锐气。这以后，我们再慢慢地挑选二千精锐骑兵，沿着海边向南前进，断绝

其粮道,别敕段晖帅兖州之众,缘山东下,腹背击之,此上策也。各命守宰依险自固,校其资储之外,馀悉焚荡,芟除禾苗,使敌无所资。彼侨军无食,求战不得,旬月之间,可以坐制,此中策也。纵贼入岘,出城逆战,此下策也。"超曰:"今岁星居齐,以天道推之,不战自克。客主势殊,以人事言之,彼远来疲弊,势不能久。吾据五州之地,拥富庶之民,铁骑万群,麦禾布野,奈何芟苗徙民,先自蹙弱乎!不如纵使入岘,以精骑蹂之,何忧不克。"辅国将军广宁王贺赖卢苦谏不从,退谓五楼曰:"必若此,亡无日矣!"太尉桂林王镇曰:"陛下必以骑兵利平地者,宜出岘逆战,战而不胜,犹可退守。不宜纵敌入岘,自弃险固也。"超不从。镇出,谓韩𧨏曰:"主上既不能逆战却敌,又不肯徙民清野,延敌入腹,坐待攻围,酷似刘璋矣。今年国灭,吾必死之。卿中华之士,复为文身矣。"超闻之,大怒,收镇下狱。乃摄莒、梁父二戍,修城隍,简士马,以待之。

　　刘裕过大岘,燕兵不出。裕举手指天,喜形于色。左右曰:"公未见敌而先喜,何也?"裕曰:"兵已过险,士有必死之志。馀粮栖亩,人无匮乏之忧。虏已入吾掌中矣。"六月己巳,裕至东莞。超先遣公孙五楼、贺赖卢及左将军段晖等将步骑五万屯临朐。闻晋兵入岘,自将步骑四万往

他们的运粮道路，另外再敕令段晖率领兖州的部众，沿着山地向东而下，从他们的腹背攻击他们，这是上策。分别下令各地镇戍的地方官，凭着险要的地势加以固守，检校自己的资储以外，多余的粮食全部焚毁，并收割地里的禾苗，使敌人没有粮食可以利用。他们作为侨军却没有粮食，求决战又不得，十天半月之间，我们就可以轻松地制服他们，这是中策。放敌人进入大岘天险，然后我们出城反击，这是下策。"慕容超说："现在岁星位于齐域，我们统辖三齐的土地，根据天道来推测，我们能不战而胜。作为客方和主方，形势完全不同，从人事来说，他们远道而来，疲劳、弊乏，一定不能待得太久。我们占据五个州的土地，拥有富庶的人民和数以万计的铁甲骑兵，麦苗禾穗遍布原野，怎么可以割掉禾苗，迁徙人民，首先自己向人示弱？不如放他们进入大岘，然后用精锐骑兵去踩踏他们，何必担心不能取胜。"辅国将军、广宁王贺赖卢苦苦谏阻，慕容超不听，贺赖卢退朝对公孙五楼说："一定要这样做的话，灭亡的时间就不远了！"太尉桂林王慕容镇说："陛下一定认为骑兵利于在平地作战，最好还是出大岘迎击晋军，这样，即使战而不胜，还可以退兵守关。不应把敌人放入大岘，自己放弃了天险屏障。"慕容超不听。慕容镇退出，对韩谆说："皇上既不能反击退敌，又不肯迁徙百姓，坚壁清野，把敌人放进腹地，坐等晋军前来围攻，很像刘璋。今年国家灭亡，我一定为国而死。你是中原的人，又要重新断发文身了。"慕容超听到这话，大为震怒，将慕容镇收捕下狱。于是撤除莒、梁父二地的防守军队，修好城防，挑选将士兵马，等待东晋军队的到来。

刘裕率军经过大岘，南燕军队没有出现，刘裕举起手，指指天，喜形于色。身边的人说："主公您还没有见到敌人，就先高兴起来，这是为什么？"刘裕说："军队已过险境，将士有拼死的决心，余粮在田中储积着，我们没有匮乏的忧虑。胡虏已经完全在我手中掌握着。"六月己巳（十二日）这天，刘裕率军到达东莞。慕容超先派公孙五楼、贺赖卢和左将军段晖等人率领五万步骑兵进驻临朐。听说晋军已经进入大岘，他自己又率领四万兵马去

就之,使五楼帅骑进据巨蔑水。前锋孟龙符与战,破之,五楼退走。裕以车四千乘为左右翼,方轨徐进,与燕兵战于临朐南,日向昃,胜负犹未决。参军胡藩言于裕曰:"燕悉兵出战,临朐城中留守必寡,愿以奇兵从间道取其城,此韩信所以破赵也。"裕遣藩及谘议参军檀韶、建威将军河内向弥潜师出燕兵之后,攻临朐,声言轻兵自海道至矣。向弥擐甲先登,遂克之。超大惊,单骑就段晖于城南。裕因纵兵奋击,燕众大败,斩段晖等大将十馀人,超遁还广固,获其玉玺、辇及豹尾。裕乘胜逐北至广固。丙子,克其大城。超收众入保小城。裕筑长围守之,围高三丈,穿堑三重。抚纳降附,采拔贤俊,华、夷大悦。于是因齐地粮储,悉停江、淮漕运。

超遣尚书郎张纲乞师于秦,赦桂林王镇,以为录尚书、都督中外诸军事,引见,谢之,且问计焉。镇曰:"百姓之心,系于一人。今陛下亲董六师,奔败而还,群臣离心,士民丧气。闻秦人自有内患,恐不暇分兵救人。散卒还者尚有数万,宜悉出金帛以饵之,更决一战。若天命助我,必能破敌;如其不然,死亦为美,比于闭门待尽,不犹愈乎!"司徒乐浪王惠曰:"不然。晋兵乘胜,气势百倍,我以败军之卒当之,不亦难乎!秦虽与勃勃相持,不足为患。且与我分据中原,势如唇齿,安得不来相救!但不遣大臣则不能得重兵。尚书令韩范为燕、秦所重,宜遣乞师。"超从之。

临朐会合，然后派公孙五楼率领骑兵进军占据巨蔑水。东晋的前锋将军孟龙符与他交战，将他们击败，公孙五楼退走。刘裕用四千辆战车作为两翼，组成方阵缓缓前进，与南燕军队在临朐以南交战，太阳西斜，还未决出胜负。参军胡藩对刘裕说："燕军全部出来作战，临朐城内留守的兵力一定很少。我愿意率奇兵从小路攻占临朐城，这也是当年韩信破赵的方法。"刘裕派胡藩和谘议参军檀韶、建威将军河内人向弥悄悄地从燕军后方出兵进攻临朐，声称轻装士兵已经从海路赶到。向弥披上甲衣率军首先登城，于是攻克了临朐。慕容超大为震惊，自己骑马往城南逃奔段晖。刘裕乘势发兵奋力攻击，燕军大败，东晋军队斩杀段晖等大将十多个人，慕容超逃回广固，刘裕获得了他的玉玺、辇车和豹尾。然后乘胜往北追赶到广固。丙子（十九日）这天，攻克了广固外城。慕容超收集部众退保广固内城。刘裕建起长墙包围广固内城，墙高三丈，挖穿了三道地沟。又安抚、接纳投降归附的士兵，选拔贤人俊才，汉人和少数民族人都很高兴。因此，刘裕利用齐地的粮食储备，完全停止了长江、淮河的漕运。

慕容超派尚书郎张纲向后秦乞求援兵，又赦免桂林王慕容镇，任用他为录尚书、都督中外诸军事，召见他，向他谢罪，并且向他询问计策。慕容镇说："百姓的心系于皇上一人。现在陛下您亲自率领六军迎战，却大败奔逃而还，群臣因此离心离德，士民百姓丧失志气。我听说后秦自有内患，恐怕无暇分兵援救他人。我们的散兵游勇回来的还有几万人，应该把府库的金银绢帛全部发给他们作为诱饵，重新与东晋人决一死战。如果天命帮助我们，一定能打败敌人，如果不是这样，就是一死也死得壮美，比起关闭城门等待灭亡，不也要强一些吗？"司徒、乐浪王慕容惠说："不是这样。晋军乘胜，气势百倍，我们用败军的士卒去抵挡他们，不是很难吗！后秦虽然与刘勃勃相持不下，但仍然不足为患，再说他和我们分别占据中原地区，形势如唇齿的关系，怎么能不来援救！只是不派遣大臣出使就得不到重兵，尚书令韩范为南燕、后秦两国所看重，应派他去乞求援兵。"慕容超同意了。

秋七月，加刘裕北青、冀二州刺史。

南燕尚书略阳垣尊及弟京兆太守苗逾城来降，裕以为行参军。尊、苗皆超所委任以为腹心者也。

或谓裕曰："张纲有巧思，若得纲使为攻具，广固必可拔也。"会纲自长安还，太山太守申宣执之，送于裕。裕升纲于楼车，使周城呼曰："刘勃勃大破秦军，无兵相救。"城中莫不失色。江南每发兵及遣使者至广固，裕辄潜遣兵夜迎之，明日，张旗鸣鼓而至，北方之民执兵负粮归裕者，日以千数，围城益急。张华、封恺皆为裕所获。超请割大岘以南地为藩臣，裕不许。

秦王兴遣使谓裕曰："慕容氏相与邻好，今晋攻之急，秦已遣铁骑十万屯洛阳。晋军不还，当长驱而进。"裕呼秦使者谓曰："语汝姚兴，我克燕之后，息兵三年，当取关、洛。今能自送，便可速来！"刘穆之闻有秦使，驰入见裕，而秦使者已去。裕以所言告穆之。穆之尤之曰："常日事无大小，必赐预谋，此宜善详，云何遽尔答之！此语不足以威敌，适足以怒之。若广固未下，羌寇奄至，不审何以待之？"裕笑曰："此是兵机，非卿所解，故不相语耳。夫兵贵神速，彼若审能赴救，必畏我知，宁容先遣信命，逆设此言！是自张大之辞也。晋师不出，为日久矣。羌见伐齐，殆将内惧，自保

秋季七月，东晋朝廷加封刘裕为北青州、冀州二州刺史。

南燕尚书略阳人垣尊和他的弟弟京兆太守垣苗翻越城墙出城投降，刘裕任用他们为行参军。垣尊、垣苗都是慕容超委以重任并引为心腹的人。

有人对刘裕说："张纲有巧妙的构思，如果能得到张纲，让他制造攻城器械，广固城一定可以攻克。"恰好张纲从长安回太山，东晋太山太守申宣就将他收捕，送给刘裕。刘裕让张纲登上攻城的楼车，命令他绕城高呼道："刘勃勃大败后秦军队，你们已经没有军队来援救了。"城中的人无不大惊失色。东晋每次派来援军或派遣使节到达广固，刘裕都悄悄地派兵卒在前一天夜里去迎接，到了次日，张起大旗，鸣响金鼓，声势浩大而至，北方的人民拿着兵器背着粮食归附刘裕的人每天都数以千计，刘裕因此围城围得更紧。张华、封恺都被刘裕俘获。慕容超请求割让大岘以南的土地，向东晋称藩臣求和，刘裕没有答应。

秦王姚兴派使者对刘裕说："慕容氏与我们是近邻，关系良好，现在东晋军队进攻他们，攻得很急。我们秦国已经派了铁骑十万屯驻洛阳。晋军如果不退兵，我军就应该长驱直入，挺进广固。"刘裕叫后秦使者过来，对他说："你去告诉姚兴，我攻取南燕之后，军队休整三年，然后就来攻取你们的关中和洛阳。现在你们能把军队送上门来，那就尽管快点来！"刘穆之听说有后秦使节，就骑快马赶来见刘裕，但他还没有到，后秦使者就已经离去。刘裕把所说的话告诉刘穆之，刘穆之就埋怨他说："平常事情无论大小，你都一定与我一起事先谋划，今天这件事本该好好考虑，你为什么那么快就回复他了呢？你所说的这些话不能够威服敌人，恰好会激怒他们。如果广固尚未攻下，羌寇又突然赶来，不知你将怎么对付他们？"刘裕笑着说："这是用兵的机巧，不是你所能理解的，所以才不告诉你。兵贵神速，他们如果真能赶来救援，一定害怕我们知道，怎会先派使者来告诉我们，事先说出这话！不过是他们的虚张声势之辞。晋军已经很久没有出师，羌人见到我们讨伐齐地，才开始感到内心恐惧，他们保全自己

不暇,何能救人邪!"

秋八月,封融诣刘裕降。

初,秦王兴遣卫将军姚强帅步骑一万随韩范往就姚绍于洛阳,并兵以救南燕,及为勃勃所败,追强兵还长安。韩范叹曰:"天灭燕矣!"南燕尚书张俊自长安还,降于刘裕,因说裕曰:"燕人所恃者,谓韩范必能致秦师也,今得范以示之,燕必降矣。"裕乃表范为散骑常侍,且以书招之。长水校尉王蒲劝范奔秦,范曰:"刘裕起布衣,灭桓玄,复晋室,今兴师伐燕,所向崩溃,此殆天授,非人力也。燕亡,则秦为之次矣,吾不可以再辱。"遂降于裕。裕将范循城,城中人情离沮。或劝燕主超诛范家。超以范弟谆尽忠无贰,并范家赦之。

冬十月,段宏自魏奔于裕。

张纲为裕造攻具,尽诸奇巧。超怒,县纲母于城上,支解之。

冬十二月乙巳,太白犯虚、危。南燕灵台令张光劝南燕主超出降,超手杀之。

六年春正月甲寅朔,南燕主超登天门,朝群臣于城上。乙卯,超与宠姬魏夫人登城,见晋兵之盛,握手对泣。韩谆谏曰:"陛下遭埋厄之运,正当努力自强以壮士民之志,而更为儿女子泣邪!"超拭目谢之。尚书令董铣劝超降,超怒,囚之。

尚且还来不及,哪能援救他人呢!"

秋季八月,封融拜谒刘裕,投降东晋。

当初,后秦王姚兴派卫将军姚强率领一万兵马与韩范一起去洛阳与姚绍会合,合力援救南燕,等到自己被刘勃勃打败,又追令姚强的军队回师长安。韩范叹息道:"天意要南燕灭亡了!"南燕的尚书张俊从长安回来,向刘裕投降,于是劝说刘裕说:"燕人所依赖的,就是他们认为韩范一定可以请来后秦的军队援救他们。现在如果得到韩范,并让他们看到韩范在我们手中,南燕必降无疑。"刘裕于是上表文任用韩范为散骑常侍,并且写信去招降他。长水校尉王蒲劝韩范投奔后秦,韩范说:"刘裕出身于平民百姓,翦灭桓玄,恢复晋室,现在又发兵进攻南燕,所向披靡,这恐怕是天意,不是人力的结果。南燕灭亡,后秦跟着也就要灭亡了,我不能再次自取其辱。"于是向刘裕投降。刘裕让韩范绕城一周,城中士卒见了,情绪低落,人心离散。有人劝说慕容超诛灭韩范全家,慕容超认为韩范的弟弟韩谌为国尽忠,从无二心,将他与韩范全家一起赦免。

冬季十月,段宏从北魏投奔刘裕。

张纲为刘裕制造攻城器械,极尽奇巧。慕容超大怒,将张纲的母亲悬挂在城墙上肢解。

冬季十二月乙巳(二十二日)这天,启明星进入虚、危二宿。南燕灵台令张光劝说南燕皇帝慕容超出城投降,慕容超亲手杀死了他。

六年(410)春季正月甲寅这天是初一,南燕皇帝慕容超登上天门,在城墙上朝见群臣。乙卯(初二),慕容超和宠姬魏夫人登上城墙,看见晋军士兵众多,势力强大,握着手相对而哭。韩谌谏阻道:"陛下您当下遇到险恶困境,正应当努力自强,鼓舞百姓士民的志气,而现在却要作儿女状,哭泣起来吗!"慕容超于是擦干眼泪,向他谢罪。尚书令董铣劝说慕容超投降,慕容超发怒,将他囚禁。

　　二月，南燕贺赖卢、公孙五楼为地道出击晋兵，不能却。城久闭，城中男女病脚弱者太半，出降者相继。超辇而登城，尚书悦寿说超曰："今天助寇为虐，战士凋瘁，独守穷城，绝望外援，天时人事亦可知矣。苟历数有终，尧、舜避位，陛下岂可不思变通之计乎！"超叹曰："废兴，命也。吾宁奋剑而死，不能衔璧而生！"

　　丁亥，刘裕悉众攻城。或曰："今日往亡，不利行师。"裕曰："我往彼亡，何为不利！"四面急攻之。悦寿开门纳晋师，超与左右数十骑逾城突围出走，追获之。裕数以不降之罪，超神色自若，一无所言，惟以母托刘敬宣而已。

　　裕忿广固久不下，欲尽坑之，以妻女赏将士。韩范谏曰："晋室南迁，中原鼎沸，士民无援，强则附之，既为君臣，必须为之尽力。彼皆衣冠旧族，先帝遗民。今王师吊伐而尽坑之，使安所归乎！窃恐西北之人无复来苏之望矣。"裕改容谢之，然犹斩王公以下三千人，没入家口万馀，夷其城隍，送超诣建康，斩之。

　　臣光曰：晋自济江以来，威灵不竞，戎狄横骛，虎噬中原。刘裕始以王师翦平东夏，不于此际旌礼贤俊，慰抚疲民，宣恺悌之风，涤残秽之政，使群士向风，遗黎企踵，而更恣行屠戮以快忿心。迹其施设，曾苻、

二月,南燕的贺赖卢、公孙五楼挖地道出城攻击晋军,没有击退。城门关闭的时间太久,城中男女双脚无力的占了一大半,出城投降的一个接一个。慕容超乘着辇车登上城墙,尚书悦寿劝说慕容超道:"现在上天助寇为虐,我们兵员减少并十分憔悴,但我们仍然独守孤城,外援已经毫无希望,天时人事的倾向也可以知道了。如果是历数已尽,即使是尧、舜都得让位,陛下您难道可以不考虑一下变通的计划吗?"慕容超叹息道:"国家兴亡,是天命注定的事情。我宁可挥剑而死,也不能口含宝玉而偷生!"

丁亥(初五)这天,刘裕调集全部兵力攻城。有人说:"今天去一定要败亡,出师一定不利。"刘裕说:"我去而他们灭亡,哪有什么不利?"于是从广固城的四面八方加紧进攻。悦寿打开城门让晋军进城,慕容超与身边数十个骑兵翻越城墙,突破重围而逃,东晋军队追击俘获了他们。刘裕一一列举他不投降的罪状,慕容超神色自若,闭口不说话,只是将母亲托付给了刘敬宣而已。

刘裕因为广固城久攻不下而气愤,所以想将城中的人全部活埋,将他们的妻子、女儿赏赐给将士们。韩范进谏劝阻说:"晋朝廷南迁后,中原地区一片混乱,士民百姓没有援助,谁强大就归附谁。既然已经成了君臣关系,就一定要为君主竭尽力量。他们都是世世代代的中原家族,是先帝的遗民。现在大王的军队讨伐夷族而将他们全部坑杀,你要让他们归于何处呢? 我私下里担心这样会使西北地区的人们不会再有让我们拯救的希望了。"刘裕面容变色,赶快谢罪,但是还是斩杀了王公以下的三千人,抄没他们的家口一万多人,荡平广固的城池。然后把慕容超送到建康,将他斩杀。

北宋史臣司马光评论说:晋朝自从南渡长江以来,国势就已不振,戎狄横行,像猛虎一样吞噬中原地区。到刘裕才开始率领王师铲平东夏地区,却不在这个时候礼贤下士,旌表方俊,慰抚疲弊的百姓,提倡谦让孝悌的风气,荡涤残暴污秽的政治,使所有士人望风归附,让各地黎民百姓踮脚盼望,反而为发泄一时的愤怒而肆行杀戮。考察他的行为,连苻坚、

姚之不如,宜其不能荡壹四海,成美大之业,岂非虽有
智勇而无仁义使之然哉!

姚兴都不如,这也正是他不能统一四海之内,成就美好的伟业的真正原因,这难道不是他虽有智谋、勇气却无仁义之心才造成的结果吗!

刘裕灭后秦

晋安帝元兴元年春二月，秦王兴立子泓为太子，大赦。泓孝友宽和，喜文学，善谈咏，而懦弱多病。兴欲以为嗣，而狐疑不决，久乃立之。是岁，秦王兴立昭仪张氏为皇后，封子懿、弼、洸、宣、谌、愔、璞、质、逵、裕、国兒皆为公。

义熙三年夏六月，秦王兴以太子泓录尚书事。

七年，秦广平公弼有宠于秦王兴，为雍州刺史，镇安定。姜纪谄附于弼，劝弼结兴左右以求入朝。兴征弼为尚书令、侍中、大将军。弼遂倾身结纳朝士，收采名势，以倾东宫，国人恶之。会兴以西北多叛乱，欲命重将镇抚之。陇东太守郭播请使弼出镇，兴不从。

十年夏五月，秦左将军姚文宗有宠于太子泓，广平公弼恶之，诬文宗有怨言。秦王兴怒，赐文宗死，于是群臣畏弼侧目。弼言于兴，无不从者。以所亲天水尹冲为给事黄门侍郎，唐盛为治书侍御史，兴左右掌机要者，皆其党也。

刘裕灭后秦

东晋安帝元兴元年（402）春季二月，后秦王姚兴册立姚泓为太子，大赦天下。姚泓孝顺友善、宽和敦厚，喜欢文学，擅长清谈、歌咏，但是性格懦弱身体一直多病。姚兴打算让他做太子嗣位，却又犹豫不决，过了很久才册立他为太子。这一年，秦王姚兴册立昭仪张氏为皇后，封儿子姚懿、姚弼、姚洸、姚宣、姚谌、姚愔、姚璞、姚质、姚逵、姚裕、姚国兒都为公爵。

义熙三年（407）夏季六月，后秦王姚兴任用太子姚泓为录尚书事。

七年（411），后秦广平公姚弼受后秦王姚兴宠爱，任雍州刺史，镇守安定。姜纪谄媚，依附姚弼，劝姚弼交结姚兴身边近臣以求入朝廷任职。姚兴征召姚弼任尚书令、侍中、大将军，姚弼于是谦恭地交结朝中士人，树立名望，培植势力，以此来倾覆东宫太子姚泓，国中之人都感到厌恶。恰好碰上姚兴认为西北地区叛乱太多，打算任命一个重要将领前去镇守安抚，陇东太守郭播就请求让姚弼出使西北镇戍当地，姚兴不听。

十年（414）夏季五月，后秦左将军姚文宗受到太子姚泓的宠信，广平公姚弼因此讨厌他，诬告姚文宗说过怨愤的话。后秦王姚兴发怒，赐令姚文宗自杀。于是，群臣都畏惧姚弼，对他侧目而视。姚弼对姚兴所说的话，姚兴没有不言听计从的。因此，姚兴任用姚弼的亲信天水人尹冲为给事黄门侍郎，唐盛为治书侍御史，在姚兴身边担任重要职位的，全都是姚弼的党羽。

右仆射梁喜、侍中任谦、京兆尹尹昭承间言于兴曰："父子之际，人所难言。然君臣之义，不薄于父子，故臣等不得默然。广平公弼，潜有夺嫡之志，陛下宠之太过，假其威权。倾险无赖之徒辐凑附之。道路皆言陛下将有废立之计，信有之乎？"兴曰："岂有此邪！"喜等曰："苟无之，则陛下爱弼，适所以祸之。愿去其左右，损其威权，如此，非特安弼，乃所以安宗庙、社稷。"兴不应。大司农窦温、司徒左长史王弼皆密疏劝兴立弼为太子，兴虽不从，亦不责也。

兴疾笃，弼潜聚众数千人，谋作乱。姚裕遣使以弼逆状告诸兄在藩镇者，于是姚懿治兵于蒲阪，镇东将军、豫州牧洸治兵于洛阳，平西将军谌治兵于雍，皆欲赴长安讨弼。会兴疾瘳，见群臣，征虏将军刘羌泣以告兴。梁喜、尹昭请诛弼，且曰："苟陛下不忍杀弼，亦当夺其权任。"兴不得已，免弼尚书令，使以将军、公还第。懿等各罢兵。

懿、洸、谌与姚宣皆入朝，使裕入白兴，求见，兴曰："汝等正欲论弼事耳，吾已知之。"裕曰："弼苟有可论，陛下所宜垂听。若懿等言非是，便当置之刑辟，奈何逆拒之！"于是引见懿等于谘议堂。宣流涕极言，兴曰："吾自处之，非汝曹所忧。"抚军东曹属姜虬上疏曰："广平公弼，衅成逆著，道路皆知之。昔文王之化，刑于寡妻。今圣朝之乱，

右仆射梁喜、侍中任谦、京兆尹尹昭找到机会对姚兴说:"父子之间的事情是人们不好加以议论的,但是君臣之间的节义,不比父子之情薄弱,所以我们不能默不作声。广平公姚弼暗中有夺取嫡长子之位的心志,陛下宠爱他太过分,给了他太多的权力和威望,以致险恶无赖之徒,像车辐归于车轴一样,远近都来归附他。人们在路上都议论说陛下您有重新废立太子的计划,真有这事吗?"姚兴说:"哪里有这事?"梁喜说:"如果确实没有此事,那么,陛下您过分宠爱姚弼,实际上正是在害他。希望能剪除姚弼身边的近臣,削减他的权力和威势,这样不仅可以保全姚弼,而且可以使宗庙、社稷得到安宁。"姚兴不听。大司农窦温、司徒左长史王弼都秘密上疏劝说姚兴册立姚弼为太子,姚兴虽然没有听从他们的建议,但也不责怪他们。

姚兴病重,姚弼秘密聚集数千人,谋划作乱。姚裕派使者把姚弼的叛逆情形通告给在藩镇的各位兄长,于是姚懿在蒲阪练兵,镇东将军、豫州牧姚洸在洛阳练兵,平西将军姚谌在雍城练兵,都打算奔赴长安讨伐姚弼。恰好碰上姚兴病情有所好转,召见群臣,征虏将军刘羌哭着把此事禀告姚兴。梁喜、尹昭于是请求诛杀姚弼,并且说:"如果陛下您不忍心斩杀姚弼,也应该削夺他的权力和官职。"姚兴迫不得已,这才罢免了姚弼的尚书令职务,让他以将军、郡公的身份归还府第。姚懿等人也就分别停止了练兵。

姚懿、姚洸、姚谌和姚宣一起入朝,让姚裕进宫禀告姚兴,请求一见。姚兴说:"你们大家正想议论姚弼的事情,我已经知道了。"姚裕说:"姚弼如果确实可以判罪,陛下应该听一听他们的话。如果姚懿等人说得不正确,就应该用刑罚来审察处置他们,怎么可以拒绝见他们呢?"于是姚兴在谐议堂召见姚懿等人。姚宣痛哭流涕,极力陈述,姚兴说:"我自然会处置他,这不是你们应该担心的。"抚军东曹属姜虬上疏说:"广平公姚弼已与皇上有隔阂,叛逆情形非常明显,人们在道路上议论纷纷,都已知道此事。当年周文王行教化,刑罚加于自己妻子身上。现在圣朝的内乱,

起自爱子,虽欲含忍掩蔽,而逆党扇惑不已,弼之乱心何由
可革! 宜斥散凶徒,以绝祸端。"兴以虬表示梁喜曰:"天下
人皆以吾儿为口实,将何以处之?"喜曰:"信如虬言,陛下
早宜裁决。"兴默然。

十一年春三月,秦广平公弼谮姚宣于秦王兴,宣司马
权丕至长安,兴责以不能辅导,将诛之。丕惧,诬宣罪恶以
求自免。兴怒,遣使就杏城收宣下狱,命弼将三万人镇秦
州。尹昭曰:"广平公与皇太子不平,今握强兵于外,陛下
一旦不讳,社稷必危。'小不忍,乱大谋',陛下之谓也。"兴
不从。

秋九月,秦王兴药动。广平公弼称疾不朝,聚兵于第。
兴闻之,怒,收弼党唐盛、孙玄等,杀之。太子泓请曰:"臣
不肖,不能缉谐兄弟,使至于此,皆臣之罪也。若臣死而国
家安,愿赐臣死。若陛下不忍杀臣,乞退就藩。"兴恻然悯
之,召姚赞、孙喜、尹昭、敛曼嵬与之谋,囚弼,将杀之,穷治
党与。泓流涕固请,乃并其党赦之。泓待弼如初,无忿恨
之色。

魏太史奏:"荧惑在匏瓜中,忽亡不知所在,于法当入
危亡之国,先为童谣妖言,然后行其祸罚。"魏主嗣召名儒
十馀人使与太史议荧惑所诣。崔浩对曰:"按《春秋左氏
传》'神降于莘',以其至之日推知其物。庚午之夕,辛未之

将要从皇上爱子身上兴起,即使皇上打算容忍掩盖,但是叛逆的党徒煽动蛊惑不停,姚弼的叛乱之心又怎么可以消除! 应该斥责解散凶恶的党徒,以此来断绝祸根。"姚兴把姜虬的疏文拿给梁喜看,说:"天下的人都把罪恶推到我儿子身上,我将要如何处置呢?"梁喜说:"如果真的像姜虬所说的那样,陛下就该早日裁决。"姚兴默然不语。

十一年(415)春季三月,后秦广平公姚弼向秦王姚兴诬告姚宣,正巧姚宣的司马权丕到达长安,姚兴就责备他不能辅助引导姚宣,打算要诛杀他。权丕害怕,诬告姚宣的所有罪行,以求自我免罪。姚兴发怒,派使者到杏城拘捕姚宣,将他收入监狱,又命令姚弼率领三万人镇戍秦州。尹昭说:"广平公和皇太子关系不和,现在手握重兵在外,我担心陛下一旦有不测之祸,国家一定会有危急的事情。'小不忍,则乱大谋',说的就是陛下您呀。"姚兴不听。

秋季九月,秦王姚兴药毒发作。广平公姚弼称病不去朝见,暗中在府第中聚集军队。姚兴听说此事,发怒,拘捕姚弼的党羽唐盛、孙玄等人,将他们处死。太子姚泓请求说:"我不成器,不能使兄弟和睦,以至于发展成今天这个样子,这都是我的罪过。如果我能以一死换取国家的安定,那就希望赐我一死。如果陛下不忍心杀掉我,我就请求退位做藩臣。"姚兴心中怜悯姚泓,召见姚赞、孙喜、尹昭、敛曼嵬等人,一起谋划,囚禁姚弼,打算将他处斩,并彻底追查处置他的党羽。姚泓流着泪一再请求宽恕姚弼,姚兴才将他和他的党羽一起赦免。姚泓对待姚弼仍然和当初一样,没有丝毫愤恨的神色。

北魏太史上奏称:"火星在鲍瓜星座中出现,忽然消失,不知道在哪里。根据上天的法则,应该进入了危亡的国家,将要先出现童谣妖言,然后实施对它的惩罚。"北魏皇帝拓跋嗣召见名人儒士十多个,让他们和太史一起分析火星的去处。崔浩回答说:"根据《春秋左氏传》中'神圣降落在莘地'的说法,可以依据它出现的日期推断神灵所在。庚午(十九日)的晚上,辛未(二十日)的

朝,天有阴云。荧惑之亡,当在二日。庚之与午,皆主于
秦。辛为西夷。今姚兴据长安,荧惑必入秦矣。"众皆怒
曰:"天上失星,人间安知所诣!"浩笑而不应。后八十馀
日,荧惑出东井,留守句己,久之乃去。秦大旱,昆明池竭,
童谣讹言,国人不安,间一岁而秦亡。众乃服浩之精妙。

　　十二年春二月,秦王兴如华阴,使太子泓监国,入居西
宫。兴疾笃,还长安。黄门侍郎尹冲谋因泓出迎而杀之。
兴至,泓将出迎,宫臣谏曰:"主上疾笃,奸臣在侧,殿下今
出,进不得见主上,退有不测之祸。"泓曰:"臣子闻君父疾
笃而端居不出,何以自安!"对曰:"全身以安社稷,孝之大
者也。"泓乃止。尚书姚沙弥谓尹冲曰:"太子不出迎,宜奉
乘舆幸广平公第。宿卫将士闻乘舆所在,自当来集,太子
谁与守乎!且吾属以广平公之故,已陷名逆节,将何所自
容!今奉乘舆以举事,乃杖大顺,不惟救广平之祸,吾属前
罪亦尽雪矣。"冲以兴死生未可知,欲随兴入宫作乱,不用
沙弥之言。

　　兴入宫,命太子泓录尚书事,东平公绍及右卫将军胡翼
度典兵禁中,防制内外。遣殿中上将军敛曼嵬收弼第中甲
仗,内之武库。兴疾转笃,其妹南安长公主问疾,不应。幼
子耕兒出,告其兄南阳公愔曰:"上已崩矣,宜速决计。"愔
即与尹冲帅甲士攻端门,敛曼嵬、胡翼度等勒兵闭门拒战。
愔等遣壮士登门,缘屋而入,及于马道。泓侍疾在谘议堂,

早上,天上有阴云,火星消失,应该在这两天。庚和午指的都是后秦,辛则指西夷。现在姚兴占据长安,火星一定是到后秦去了。"大家听了都发怒,说:"天上消失了一颗星星,人间怎么知道它到哪里去了?"崔浩笑而不答。后来过了八十多天,火星从东井星宿出来,待在那里,或明或暗的样子,很久才离开。后秦大旱,昆明湖枯竭,童谣讹言到处传播,国中百姓人心不安,过了一年后秦就灭亡了。大家这才叹服崔浩推断的精妙。

十二年(416)春季二月,后秦王姚兴前往华阴,让太子姚泓监国,进入西宫居住。姚兴病情加重,回到长安。黄门侍郎尹冲密谋乘着姚泓出城迎接姚兴而杀死他。姚兴将至,姚泓打算出去迎接,宫中近臣谏阻说:"皇上病入膏肓,奸臣在他身旁,殿下现在出去迎接,进则见不到皇上,退则有难以预测的灾祸。"姚泓说:"臣下、儿子听说皇上、父亲病重,却端坐着不出城迎接,怎么能感到心里安定?"宫中近臣回答说:"保全身体以安定江山社稷,这是孝道中最重要的了。"姚泓这才没有出去迎接。尚书姚沙弥对尹冲说:"太子不出城迎接,我们就应该把皇上的车舆引到广平公的府第去。长安的宿卫将士听说皇上乘坐的车舆到了广平公府上,一定会自行前来聚集,还有谁去守卫太子!再说我们因为广平公的缘故,已经把名声陷进叛臣逆节之中,还能在何处安身?现在敬奉皇上的车驾举事,是名正言顺,不仅能解救广平公的祸乱,也能洗尽我们以前的罪过。"尹冲认为姚兴生死未卜,打算跟随姚兴进宫作乱,不听姚沙弥的话。

姚兴进宫,任命太子姚泓为录尚书事,东平公姚绍和右卫将军胡翼度执掌禁军,防范控制内外。又派殿中上将军敛曼嵬把姚弼府第中的武器盔甲收入朝廷武库。姚兴病情转重,他的妹妹南安长公主前来询问他的病情,已不能回答。姚兴的小儿子姚耕兒出宫,告诉他的哥哥、南阳公姚愔说:"皇上已经驾崩,应该赶快决断。"姚愔于是和尹冲一起率领士兵进攻端门,敛曼嵬、胡翼度等人率军关闭城门抵抗。姚愔等人派健壮之士登上城门,沿着屋子进入城内,到达马道。姚泓在谐议堂侍候病中的姚兴,

太子右卫率姚和都帅东宫兵入屯马道南。愔等不得进，遂烧端门，兴力疾临前殿，赐弼死。禁兵见兴，喜跃，争进赴贼，贼众惊扰。和都以东宫兵自后击之，愔等大败。愔逃于骊山，其党建康公吕隆奔雍，尹冲及弟泓来奔。兴引东平公绍及姚赞、梁喜、尹昭、敛曼嵬入内寝，受遗诏辅政。明日，兴卒。泓秘不发丧，捕南阳公愔及吕隆、大将军尹元等，皆诛之，乃发丧，即皇帝位，大赦，改元永和。

三月，加太尉裕中外大都督。裕戒严将伐秦，诏加裕领司、豫二州刺史，以其世子义符为徐、兖二州刺史。琅邪王德文请启行戎路，修敬山陵。诏许之。

秋八月，宁州献琥珀枕于太尉裕。裕以琥珀治金创，得之大喜，命碎捣分赐北征将士。裕以世子义符为中军将军，监太尉留府事。刘穆之为左仆射，领监军、中军二府军司，入居东府，总摄内外；以太尉左司马东海徐羡之为穆之之副；左将军朱龄石守卫殿省，徐州刺史刘怀慎守卫京师，扬州别驾从事史张裕任留州事。怀慎，怀敬之弟也。

丁巳，裕发建康，遣龙骧将军王镇恶、冠军将军檀道济将步军自淮、泗向许、洛，新野太守朱超石、宁朔将军胡藩趋阳城，振武将军沈田子、建威将军傅弘之趋武关，建武将军沈林子、彭城内史刘遵考将水军出石门，自汴入河，以冀州刺史王仲德督前锋诸军，开钜野入河。遵考，裕之族弟也。刘穆之谓王镇恶曰："公今委卿以伐秦之任，卿其勉之！"

太子右卫率姚和都率领东宫的士兵进入马道南面屯驻。姚愔等人无法进入，于是烧毁端门。姚兴勉强登上前殿，赐令姚弼自杀。禁军士兵见到姚兴，欢呼雀跃，奋勇争先，进军讨贼，贼寇的士兵震惊、纷乱，姚和都又率东宫的士兵从后方进攻他们，姚愔等人因此大败。姚愔逃到骊山，他的党羽建康公吕隆逃奔雍州，尹冲和他的弟弟尹泓前来投奔东晋。姚兴征召东平公姚绍和姚赞、梁喜、尹昭、敛曼嵬等人进入内室，让他们接受遗诏辅佐朝政。第二天，姚兴病逝。姚泓秘不发丧，收捕南阳公姚愔以及吕隆、大将军尹元等人，把他们全部杀掉，于是发布丧讯，随后即皇帝位，大赦天下，改年号为永和。

三月，东晋加封太尉刘裕为中外大都督。刘裕动员军队戒严，打算讨伐后秦，晋朝廷又下诏加授刘裕兼任司、豫二州刺史，任用他的世子刘义符为徐、兖二州刺史。琅邪王司马德文请求率军作为先锋开路，到洛阳去整修、奉祀祖先的陵墓。朝廷下诏予以许可。

秋季八月，宁州向太尉刘裕进献琥珀枕头。刘裕认为琥珀能医治刀枪创伤，所以得到以后非常高兴，下令将它捣碎，分别赐给将要去北方征战的将士。刘裕任命自己的世子刘义符为中军将军，监太尉留府事。刘穆之任左仆射，兼任监军、中军二府军司，进入东府居住，统辖朝廷内外政事，又任用太尉左司马东海人徐羡之做刘穆之的副手；命左将军朱龄石守卫朝廷宫殿，徐州刺史刘怀慎守卫京师，扬州别驾从事史张裕任留州事。刘怀慎就是刘怀敬的弟弟。

丁巳（十二日）这天，刘裕从建康出发，派龙骧将军王镇恶、冠军将军檀道济率领步兵从淮河、淝水向许昌、洛阳进发，派新野太守朱超石、宁朔将军胡藩奔赴阳城，振武将军沈田子、建威将军傅弘之奔赴武关，建武将军沈林子、彭城内史刘遵考率水师从石门出发，从汴水进入黄河，让冀州刺史王仲德督导前锋各路军队开通钜野的旧运河进入黄河。刘遵考是刘裕的族弟。刘穆之对王镇恶说："刘裕现在委派你讨伐后秦的重任，你应该努力啊！"

镇恶曰:"吾不克关中,誓不复济江!"

　　裕既行,青州刺史檀祗自广陵帅众至涂中掩讨亡命。刘穆之恐祗为变,议欲遣军。时檀韶为江州刺史,张邵曰:"今韶据中流,道济为军首,若有相疑之迹,则大府立危。不如逆遣慰劳以观其意,必无患也。"穆之乃止。

　　九月,太尉裕至彭城,加领徐州刺史。以太原王玄谟为从事史。王镇恶、檀道济入秦境,所向皆捷。秦将王苟生以漆丘降镇恶,徐州刺史姚掌以项城降道济,诸屯守皆望风款附。惟新蔡太守董遵不下,道济攻拔其城,执遵,杀之。进克许昌,获秦颍川太守姚坦及大将杨业。沈林子自汴入河,襄邑人董神虎聚众千馀人来降,太尉裕拔为参军。林子与神虎共攻仓垣,克之,秦兖州刺史韦华降。神虎擅还襄邑,林子杀之。

　　秦东平公绍言于秦主泓曰:"晋兵已过许昌。安定孤远,难以救卫,宜迁其镇户,内实京畿,可得精兵十万,虽晋、夏交侵,犹不亡国。不然,晋攻豫州,夏攻安定,将若之何?事机已至,宜在速决。"左仆射梁喜曰:"齐公恢有威名,为岭北所惮,镇人已与勃勃深仇,理应守死无贰。勃勃终不能越安定远寇京畿。若无安定,虏马必至于郿。今关中兵足以拒晋,无为豫自损削也。"泓从之。吏部郎懿横密言于泓曰:"恢于广平之难,有忠勋于陛下。自陛下龙飞绍统,未有殊赏以答其意。今外则致之死地,内则不豫朝权,

王镇恶说:"我如果不能攻克关中,以后誓不回师南渡长江!"

刘裕出发后,青州刺史檀祗从广陵率部众到涂中攻杀逃亡的人。刘穆之担心檀祗发动变乱,与人商议,打算派军队加以防范。当时檀韶任江州刺史,张邵说:"现在檀韶占据长江中游,檀道济担任进攻后秦的首领,如果有丝毫怀疑檀祗的迹象,那么,您的大府立即就有危险。不如派人迎上去慰劳檀祗,观察他的意图,这样一定没什么可担忧的。"刘穆之这才停止军事行动。

九月,太尉刘裕到达彭城,东晋加授他兼任徐州刺史。任用太原人王玄谟为从事史。王镇恶、檀道济进入后秦境内,所过之处,全部告捷。后秦将领王苟生献出漆丘向王镇恶投降,徐州刺史姚掌献出项城向檀道济投降,各地屯守将领都望风归附。只有新蔡太守董遵不投降,檀道济攻克了他的城池,拘捕董遵并将他杀死。随后乘胜进军并攻占许昌,俘获后秦的颍川太守姚坦以及大将杨业。沈林子从汴水进入黄河,襄邑人董神虎聚集一千多人前来投降,太尉刘裕任命他为参军。沈林子和董神虎合力进攻仓垣,得胜,后秦兖州刺史韦华投降。董神虎擅自返回家乡襄邑,沈林子将他杀死。

后秦东平公姚绍对秦王姚泓说:"晋军已越过许昌,安定孤立遥远,难以援救、守卫,应该迁徙其中的镇戍户口,充实京畿内部防卫,这样可以得到精兵十万,即使晋军、夏军交相进攻,也还不至于亡国。否则,晋军进攻豫州,夏军进攻安定,我们将怎么办?事情已经到了关键时刻,应该赶快决断。"左仆射梁喜说:"齐公姚恢有威望和名声,为秦岭以北的军民所忌惮,姚恢和在那里镇守的人已经与赫连勃勃结下深仇大恨,理应死守而无二心。赫连勃勃最终不能越过安定远道而来进攻京畿。如果没有安定,胡虏的兵马一定到达郿县。如今关中的军队足以抵挡晋军,不要自己先削弱力量。"姚泓听从了。吏部郎懿横秘密地对姚泓说:"姚恢在广平之难的时候,忠诚不二,而且有功于陛下。自从陛下登上皇位以来,还没有给予他特别的赏赐以答谢他的忠心。现在在外则将他遗弃在必死之地,在内则不让他参与朝政,

安定人自以孤危逼寇,思南迁者十室而九,若恢拥精兵数万,鼓行而向京师,得不为社稷之累乎!宜征还朝廷以慰其心。"泓曰:"恢若怀不逞之心,征之适所以速祸耳。"又不从。

    王仲德水军入河,将逼滑台,魏兖州刺史尉建畏懦,帅众弃城,北渡河。仲德入滑台,宣言曰:"晋本欲以布帛七万匹假道于魏,不谓魏之守将弃城遽去。"魏主嗣闻之,遣叔孙建、公孙表自河内向枋头,因引兵济河,斩尉建于城下,投尸于河,呼仲德军人,问以侵寇之状。仲德使司马竺和之对曰:"刘太尉使王征虏自河入洛,清扫山陵,非敢为寇于魏也。魏之守将自弃滑台去,王征虏借空城以息兵,行当西引,于晋、魏之好无废也,何必扬旗鸣鼓以曜威乎!"嗣使建以问太尉裕。裕逊辞谢之曰:"洛阳,晋之旧都,而羌据之。晋欲修复山陵久矣。诸桓宗族,司马休之、国璠兄弟,鲁宗之父子,皆晋之蠹也,而羌收之以为晋患。今晋将伐之,欲假道于魏,非敢为不利也。"魏河内镇将于栗磾有勇名,筑垒于河上以备侵轶。裕以书与之,题曰"黑矟公麾下"。栗磾好操黑矟以自标,故裕以此目之。司马休之等奔秦事,见《刘裕篡晋》。

    冬十月,秦阳城、荥阳二城皆降,晋兵进至成皋。秦征南将军陈留公洸镇洛阳,遣使求救于长安。秦主泓遣越骑校尉阎生帅骑三千救之,武卫将军姚益男将步卒一万助守洛阳,又遣并州牧姚懿南屯陕津,为之声援。宁朔将军赵

安定人自以为已是孤城，而且逼近贼寇，形势危急，想往南迁移的人十占其九，如果姚恢掌握几万精锐士兵，击鼓而行，奔向京师，难道不是国家的一大麻烦吗？应该征召他回到朝廷，以安慰他的情绪。"姚泓说："姚恢如果心怀不测，征召他不是正好加速灾祸的到来。"又不听从他的意见。

王仲德率领水师进入黄河，将要进逼滑台，北魏的兖州刺史尉建感到害怕，于是率军放弃滑台城，北渡黄河。王仲德进入滑台，公开宣称："晋朝本来打算用七万匹布帛向北魏借路，没有想到北魏的守将居然弃城而急速逃走。"北魏皇帝拓跋嗣听说此事，派遣叔孙建、公孙表从河内奔向枋头，并顺势率军渡过黄河，在滑台城下斩杀尉建，将他的尸首投入黄河。又招呼王仲德的士兵进去，向他们质问侵入滑台的罪状。王仲德派司马竺和之回答说："刘太尉派王征虏从黄河进入洛水，清扫祖先的陵墓，不敢侵略魏国。魏国的守将自己丢弃滑台而去，王征虏不过借用空城休整军队，马上就要西进，对于魏晋之间的友好关系并无妨碍，何必扬起军旗、鸣响金鼓来显耀兵威呢！"拓跋嗣又派叔孙建去质问太尉刘裕。刘裕谦逊地向他谢罪说："洛阳是晋朝的故都，但是现在却被羌人占据。晋朝想要修复祖先的陵墓已经有好长时间了。而且桓氏的宗族，司马休之、司马国璠兄弟，鲁宗之父子，都是晋朝的蠹虫，但是羌人却收养他们，使他们成为晋朝的后患。如今晋朝将要讨伐后秦，打算向魏国借道，不敢做不利于你们的事情。"北魏的河内镇将于栗磾有勇猛的名声，在黄河边上修筑堡垒防备侵扰。刘裕写信给他，题名"黑矟公麾下"。于栗磾喜欢用一把黑矟作为自己的标志，所以刘裕以此来称呼他。司马休之等人投奔后秦之事，见《刘裕篡晋》。

冬季十月，后秦的阳城、荥阳二城都向晋朝投降，晋军进军到达成皋。后秦的征南将军陈留公姚洸镇守洛阳，派使者向长安求救。后秦王姚泓派越骑校尉阎生率领三千骑兵前去援救他，又派武卫将军姚益男率领一万多步兵去协助姚洸守卫洛阳，还派并州牧姚懿往南屯驻陕津，作为洛阳的声援。宁朔将军赵

玄言于洸曰："今晋寇益深,人情骇动。众寡不敌,若出战不捷,则大事去矣。宜摄诸戍之兵,固守金墉,以待西师之救。金墉不下,晋必不敢越我而西,是我不战而坐收其弊也。"司马姚禹阴与檀道济通,主簿阎恢、杨虔,皆禹之党也,共嫉玄,言于洸曰："殿下以英武之略,受任方面。今婴城示弱,得无为朝廷所责乎?"洸以为然,乃遣赵玄将兵千馀南守柏谷坞,广武将军石无讳东戍巩城。玄泣谓洸曰:"玄受三帝重恩,所守正有死耳。但明公不用忠臣之言,为奸人所误,后必悔之。"既而成皋、虎牢皆来降,檀道济等长驱而进,无讳至石关,奔还。龙骧司马荥阳毛德祖与玄战于柏谷,玄兵败,被十馀创,据地大呼。玄司马塞鉴冒刃抱玄而泣,玄曰:"吾创已重,君宜速去!"鉴曰:"将军不济,鉴去安之!"与之皆死。姚禹逾城奔道济。甲子,道济进逼洛阳,丙寅,洸出降。道济获秦人四千馀人,议者欲尽坑之以为京观。道济曰:"伐罪吊民,正在今日!"皆释而遣之。于是夷、夏感悦,归之者甚众。阎生、姚益男未至,闻洛阳已没,不敢进。

己丑,诏遣兼司空高密王恢之修谒五陵,置守卫。太尉裕以冠军将军毛脩之为河南、河内二郡太守,行司州事,戍洛阳。

十一月,西秦王炽磐遣使诣太尉裕,求击秦以自效。裕拜炽磐平西将军、河南公。

玄对姚洸说:"现在晋军日益深入,人们心情震骇骚动。我们人少,敌人势众,难以抵挡,如果我军出战却不能获胜,那么就大势就去了。应该让各处镇戍的军队按兵不动,固守金墉,等待西方军队的援救。金墉没有攻克,晋军一定不能越过我军向西进攻,这样,我们可以不出战而坐等他们衰敝,并从中得利。"司马姚禹暗中与檀道济勾结,主簿阎恢、杨虔都是姚禹的死党,他们都嫉妒赵玄,于是对姚洸说:"殿下您以英明勇敢的谋略,受任镇守一方,现在绕城防守,显示懦弱,难道不会被朝廷责怪吗?"姚洸认为他说得很对,于是派赵玄率领一千多士兵往南戍守柏谷坞,广武将军石无讳往东戍守巩城。赵玄哭着对姚洸说:"赵玄深受三位皇帝的重恩,所等待的正是以死相报。只是明公您不听忠臣的话,被奸佞之人所贻误,以后你一定会后悔的。"不久成皋、虎牢都向东晋投降,檀道济等人长驱直入,石无讳到达石关,逃奔而还。龙骧司马荥阳人毛德祖与赵玄在柏谷交战,赵玄兵败,身上十余处受伤,躺在地上大声呼叫。赵玄的司马蹇鉴冒着枪林刀雨抱着赵玄痛哭,赵玄说:"我受的伤太重,你快走吧!"蹇鉴说:"将军你不能渡过难关,我又能到哪里去!"于是和赵玄一起被杀死。姚禹翻越城墙投奔檀道济。甲子(二十日)这天,檀道济进逼洛阳。丙寅(二十二日)这天,姚洸出城投降。檀道济掳获后秦四千多人,有人认为要把他们全部活埋,筑起一座土丘。檀道济说:"讨伐罪人,安抚百姓,就在今天!"于是把他们全部释放,让他们出城而去。因此汉人和少数民族人民都非常感激高兴,前来归附的人非常多。阎生、姚益男还未到达洛阳,就听说洛阳已被攻克,因而不敢继续前进。

己丑这天,东晋安帝下诏派兼司空、高密王司马恢之修葺、拜谒在洛阳的五位祖先的陵墓,并设置守陵的士卒。太尉刘裕任用冠军将军毛脩之为河南、河内两个郡的太守,代行司州的政事,镇戍洛阳。

十一月,西秦王乞伏炽磐派使者拜见太尉刘裕,请求进攻后秦,为东晋效力。刘裕封乞伏炽磐为平西将军、河南公。

秦姚懿司马孙畅说懿使袭长安,诛东平公绍,废秦主泓而代之。懿以为然,乃散谷以赐河北夷、夏,欲树私恩。左常侍张敞、侍郎左雅谏曰:"殿下以母弟居方面,安危休戚,与国同之。今吴寇内侵,四州倾没,西虏扰边,秦、凉覆败,朝廷之危,有如累卵。谷者,国之本也,而殿下无故散之,虚损国储,将若之何?"懿怒,笞杀之。

泓闻之,召东平公绍密与之谋。绍曰:"懿性识鄙浅,从物推移,造此谋者,必孙畅也。但驰使征畅,遣抚军将军赞据陕城,臣向潼关为诸军节度。若畅奉诏而至,臣当遣懿帅河东见兵共御晋师;若不受诏命,便当声其罪而讨之。"泓曰:"叔父之言,社稷之计也。"乃遣姚赞及冠军将军司马国璠、建义将军虵玄屯陕津,武卫将军姚驴屯潼关。

懿遂举兵称帝,传檄州郡,欲运匈奴堡谷以给镇人。宁东将军姚成都拒之,懿卑辞诱之,送佩刀为誓,成都不从。懿遣骁骑将军王国帅甲士数百攻成都,成都击禽之,遣使让懿曰:"明公以至亲当重任,国危不能救,而更图非望。三祖之灵,其肯佑明公乎!成都将纠合义兵,往见明公于河上耳。"于是传檄诸城,谕以逆顺,征兵调食以讨懿。懿亦发诸城兵,莫有应者,惟临晋数千户应懿。成都引兵济河,击临晋叛者,破之。镇人安定郭纯等起兵围懿。东平公绍入蒲阪,执懿,诛孙畅等。

后秦姚懿的司马孙畅劝说姚懿，让他袭击长安，诛杀东平公姚绍，废黜后秦皇帝姚泓，取而代之。姚懿认为他说得对，于是将仓库里的粮食赏赐给黄河以北地区的汉、夷人民，企图借此树立个人的恩情。左常侍张敞、侍郎左雅进谏劝阻说："殿下以皇上同母弟弟的身份镇守一方，应该和国家同安危、共命运。现在吴地贼寇侵入国境，已有四个州郡陷落，西方的胡虏又在侵扰边疆，秦州、凉州被颠覆，朝廷已危如累卵，处于千钧一发之际。粮食是国家的根本，而殿下却无故散发，削弱、减少国家的储备，将来怎么办？"姚懿发怒，将他们鞭打致死。

姚泓听说此事，召见东平公姚绍一起密谋。姚绍说："姚懿这个人见短识浅，为人鄙陋，根据这种情况来推断，想出这一计谋的一定是孙畅。只需派使者骑快马去征召孙畅，同时派抚军将军姚赞占据陕城，我奔赴潼关指挥各路军队。如果孙畅奉诏前来，我就派姚懿统率河东现有的军队一起去抵御晋军；如果孙畅不接受诏命，我们就要公布他的罪行而去征讨他们。"姚泓说："叔父您说的话就是国家大计。"于是派姚赞和冠军将军司马国璠、建义将军毑玄屯驻陕津，武卫将军姚驴屯驻潼关。

姚懿于是起兵称帝，向州郡发布檄文，并打算将匈奴堡的粮食运来供给镇戍之地的士兵。宁东将军姚成都抵抗他，姚懿就用谦卑的言语去诱惑他，并将自己的佩刀送给他，想以此立下盟誓，但姚成都不答应。姚懿于是派骁骑将军王国率领数百名带甲的士兵去进攻姚成都，姚成都将他击败，并擒获了他，然后派使者去责备姚懿说："明公您以皇上至亲的身份担当重任，国家出现危急的情况不去救援，反而存有非分之想，祖先在天之灵，难道会保佑你吗？我将要组织义兵，在黄河上来见你了。"因此向各城发布檄文，用叛逆和忠顺的道理来晓谕大家，并征发士兵、调发军粮，准备讨伐姚懿。姚懿也征发各城的士兵，却没有人响应，只有临晋的数千户人家响应姚懿。姚成都率军渡过黄河，攻击临晋的叛乱者，将他们打败。镇戍蒲阪的安定人郭纯等人也起兵围攻姚懿。东平公姚绍进入蒲阪，拘捕姚懿，诛杀孙畅等人。

十三年春正月，秦主泓朝会百官于前殿，以内外危迫，君臣相泣。征北将军齐公恢帅安定镇户三万八千，焚庐舍，自北雍州趋长安，自称大都督、建义大将军，移檄州郡，欲除君侧之恶。扬威将军姜纪帅众归之，建节将军彭完都弃阴密奔还长安。恢至新支，姜纪说恢曰："国家重将、大兵皆在东方，京师空虚，公亟引轻兵袭之，必克。"恢不从，南攻郿城。镇西将军姚谌为恢所败，长安大震。泓驰使征东平公绍，遣姚裕及辅国将军胡翼度屯沣西。扶风太守姚隽等皆降于恢。东平公绍引诸军西还，与恢相持于灵台，姚赞留宁朔将军尹雅为弘农太守，守潼关，亦引兵还。恢众见诸军四集，皆有惧心，其将齐黄等诣大军降。恢进兵逼绍，赞自后击之，恢兵大败，杀恢及其三弟。泓哭之恸，葬以公礼。

太尉裕引水军发彭城，留其子彭城公义隆镇彭城。诏以义隆为监徐兖青冀四州诸军事、秦州刺史。

二月，王镇恶进军渑池，遣毛德祖袭尹雅于蠡吾城，禽之。雅杀守者而逃。镇恶引兵径前，抵潼关。檀道济、沈林子自陕北渡河，拔襄邑堡，秦河北太守薛帛奔河东。又攻秦并州刺史尹昭于蒲阪，不克。别将攻匈奴堡，为姚成都所败。

辛酉，荥阳守将傅洪以虎牢降魏。

秦主泓以东平公绍为太宰、大将军、都督中外诸军事，假黄钺，改封鲁公，使督武卫将军姚鸾等步骑五万守潼关，又遣别将姚驴救蒲阪。沈林子谓檀道济曰："蒲阪城坚兵多，不可猝拔，攻之伤众，守之引日。王镇恶在潼关，势孤

十三年(417)春季正月,后秦皇帝姚泓在前殿朝会百官,因为内忧外患,形势危急,君臣之间,相对而哭。征北将军齐公姚恢率领镇戍安定的三万八千户军户焚毁房屋,从北雍州奔赴长安,自称大都督、建义大将军,向各州郡发布檄文,说要除去皇上身边的恶人。扬威将军姜纪率领部众归附他,建节将军彭完都放弃阴密逃奔回到长安。姚恢到达新支,姜纪劝说姚恢道:"国家的重要将领和大量军队都在东方,京城空虚,你快速率轻兵去袭击,一定能取胜。"姚恢不听,往南进攻郿城。镇西将军姚谌被姚恢打败,长安大为震惊。姚泓派使者急速去征召东平公姚绍,又派姚裕和辅国将军胡翼度屯驻沣水西岸。扶风太守姚隽等人都向姚恢投降。东平公姚绍率各路兵马向西而还,和姚恢在灵台相持不下,姚赞留下宁朔将军尹雅担任弘农太守,守卫潼关,自己也率军回师长安。姚恢的士众见到各路兵马从四面八方聚集而来,都心存恐惧,他的将领齐黄等人前往大军投降。姚恢率军进逼姚绍,姚赞从他的后方攻击他,姚恢的军队大败。姚恢和他的三个弟弟被杀。姚泓为他们痛哭,用公爵的礼仪埋葬了姚恢。

太尉刘裕率水师从彭城出发,留下他的儿子彭城公刘义隆镇守彭城。东晋下诏任用刘义隆为监徐、兖、青、冀四州诸军事和秦州刺史。

二月,王镇恶进军渑池,派毛德祖在蠡吾城袭击尹雅,将他擒获。尹雅杀掉看守他的人逃脱。王镇恶率军径直进抵潼关。檀道济、沈林子从陕城北面渡过黄河,攻占襄邑堡,后秦的河北太守薛帛逃奔河东。他们又在蒲阪进攻后秦的并州刺史尹昭,没有攻克。他们的别将进攻匈奴堡,被姚成都打败。

辛酉(十九日)这天,荥阳守将傅洪献出虎牢投降北魏。

后秦皇帝姚泓任用东平公姚绍为太宰、大将军、都督中外诸军事,特赐象征皇权的黄钺,改封鲁公,让他监督武卫将军姚鸾率领五万兵马守卫潼关。又派别将姚驴援救蒲阪。沈林子对檀道济说:"蒲阪城池坚固,守军太多,不可迅速攻占,进攻它则会使军队白白伤亡,包围它则会耽误时间。王镇恶现在在潼关,势单

力弱,不如与镇恶合势并力以争潼关。若得之,尹昭不攻自溃矣。"道济从之。

三月,道济、林子至潼关。秦鲁公绍引兵出战,道济、林子奋击,大破之,斩获以千数。绍退屯定城,据险拒守,谓诸将曰:"道济等兵力不多,悬军深入,不过坚壁以待继援。吾分军绝其粮道,可坐禽也。"乃遣姚鸾屯大路以绝道济粮道。

鸾遣尹雅将兵与晋战于关南,为晋兵所获,将杀之。雅曰:"雅前日已当死,幸得脱至今。死固甘心,然夷、夏虽殊,君臣之义一也。晋以大义行师,独不使秦有守节之臣乎!"乃免之。

丙子夜,沈林子将锐卒袭鸾营,斩鸾,杀其士卒数千人。绍又遣东平公赞屯河上以断水道,沈林子击之,赞败走,还定城。薛帛据河曲来降。太尉裕将水军自淮、泗入清河,将溯河西上,先遣使假道于魏,秦主泓亦遣使请救于魏。魏主嗣使群臣议之,皆曰:"潼关天险,刘裕以水军攻之甚难。若登岸北侵,其势便易。裕声言伐秦,其志难测。且秦,婚姻之国,不可不救也。宜发兵断河上流,勿使得西。"博士祭酒崔浩曰:"裕图秦久矣。今姚兴死,子泓懦劣,国多内难。裕乘其危而伐之,其志必取。若遏其上流,裕心忿戾,必上岸北侵,是我代秦受敌也。今柔然寇边,民食又乏,若复与裕为敌,发兵南赴则北寇愈深,救北则南州

力薄，不如和王镇恶会合，一起进攻潼关。如果得到了潼关，尹昭将不攻自溃。"檀道济听从了他的建议。

三月，檀道济、沈林子抵达潼关。后秦鲁公姚绍率军出战，檀道济、沈林子率军奋力而战，大败姚绍，斩杀和俘虏敌人数以千计。姚绍退守定城，占据险要地势固守，对各位将领说："檀道济等人兵力不多，孤军深入，不过是加强城防等待后援而已。我们分兵切断他们的运粮道路，就可以坐着将他们擒获。"于是派姚鸾屯驻在大道旁，切断檀道济的运粮道路。

姚鸾派尹雅率军与晋军在潼关以南地区交战，结果被晋军俘获。将要被处死的时候，尹雅说："我前不久就该被杀，幸而逃脱活命到今天。死固然可以甘心，但是虽然夷夏风俗不同，君臣之义却应该是一样的。晋朝用大义动用军队，为什么就不能让后秦有守节的大臣呢？"晋军于是放了他。

丙子（初四）这天晚上，沈林子率领精锐士卒袭击姚鸾的军营，斩杀了姚鸾，杀掉他的士兵几千人。姚绍又派东平公姚赞屯驻在黄河岸边来切断水路，沈林子进攻他，姚赞战败逃走，逃回定城。薛帛占据河曲，前来投降。太尉刘裕率领水师从淮河、泗水进入清河，将要逆流沿黄河西进的时候，先派使节向北魏借路，后秦皇帝姚泓也派使节向北魏求救。北魏皇帝拓跋嗣让群臣商议这件事，大家都说："潼关是一个天险，刘裕用水师来进攻，非常困难，但如果他登上河岸向北侵犯，形势对他来说就变得容易很多。刘裕对外声称讨伐后秦，而他的心志实在难以揣测。再说后秦是与我们联姻的国家，不能不救。应该调动军队切断黄河上游，不要让刘裕得以西进。"博士祭酒崔浩说："刘裕图谋后秦，已经有很长时间了。现在姚兴已死，他的儿子姚泓懦弱低能，国家多有内乱。刘裕乘着他们危急的时候来讨伐他，志在必得。如果切断黄河上游地区，刘裕心中愤怒，一定会上岸向北侵犯我们，这样就是让我们代替后秦受敌。如今柔然侵扰我们的边疆，老百姓们又缺少粮食，如果再和刘裕为敌，调动军队向南进发，那么，北边的柔然就会更加深入，救援北方，南边的州县

复危,非良计也。不若假之水道,听裕西上,然后屯兵以塞其东。使裕克捷,必德我之假道;不捷,吾不失救秦之名。此策之得者也。且南北异俗,借使国家弃恒山以南,裕必不能以吴、越之兵与吾争守河北之地,安能为吾患乎!夫为国计者,惟社稷是利,岂顾一女子乎!”议者犹曰:“裕西入关,则恐吾断其后,腹背受敌;北上,则姚氏必不出关助我,其势必声西而实北也。”嗣乃以司徒长孙嵩督山东诸军事,又遣振威将军娥清、冀州刺史阿薄干将步骑十万屯河北岸。

庚辰,裕引军入河,以左将军向弥为北青州刺史,留戍碻磝。

初,裕命王镇恶等:“若克洛阳,须大军到俱进。”镇恶等乘利径趋潼关,为秦兵所拒,不得前。久之,乏食,众心疑惧,或欲弃辎重还赴大军。沈林子按剑怒曰:“相公志清六合,今许、洛已定,关右将平,事之济否,系于前锋。奈何沮乘胜之气,弃垂成之功乎!且大军尚远,贼众方盛,虽欲求还,岂可得乎!下官授命不顾,今日之事,当自为将军办之,未知二三君子将何面以见相公之旗鼓邪!”镇恶等遣使驰告裕,求遣粮援。裕呼使者,开舫北户,指河上魏军以示之曰:“我语令勿进,今轻佻深入。岸上如此,何由得遣军!”

又重新陷入险境，这不是好计策。不如借给刘裕一条水路，让刘裕向西进发，然后屯驻军队来切断他东面的退路。这样一来，如果刘裕取得胜利，一定会感谢我们借路给他；如果刘裕没有胜利，我们也不会丢失救援后秦的名声，这才是比较好的计策。再说南、北两地的风俗不同，即使我们国家放弃恒山以南的国土，刘裕也一定不敢用吴、越的士兵和我们争夺黄河以北的国土，他怎么会成为我们的祸患呢？而且替国家出谋划策的人，只能考虑怎样做才能使国家得到好处，怎么可以顾及一个女子呢？"议事的大臣还说："刘裕向西进入潼关，一定会担心我们切断他的退路，使他处于腹背受敌的境地；如果他率军向北挺进，那么姚氏一定不会出潼关来帮助我们，刘裕的趋势一定是声称向西，而实际上一定是北上。"拓跋嗣于是任命司徒长孙嵩督山东诸军事，又派振威将军娥清、冀州刺史阿薄干率领十万兵马屯驻在黄河北岸。

庚辰（初八）这天，刘裕率军进入黄河，任用左将军向弥为北青州刺史，留守碻磝。

当初，刘裕命令王镇恶等人："如果攻占洛阳，一定要等到大军到达后才能一起前进。"王镇恶等人乘胜直接奔赴潼关，被后秦军队阻挡，无法前进。耽误太久，军队缺粮，军心疑惧，有的人打算丢弃辎重物资回师去会合主力部队。沈林子手按佩剑，发怒说："刘裕志在统一天下，如今许昌、洛阳已经平定，关右也将要平定，事情能否成功，就看我们前锋部队的了。怎么可以挫败胜利后的士气，放弃将要得到的功业呢！再说大军离我们还远，敌方力量正强盛，即使我们想回去，又怎么可以实现呢？我接受了命令就不再回头，今天的事情，我将要独自率军去完成，不知你们将有什么脸去见刘裕的旌旗、战鼓！"王镇恶等人派使者快速禀告刘裕，请他增发援兵，运来军粮。刘裕叫王镇恶派来的使者登船，打开战船北面的窗户，指着黄河北岸北魏的军队给他看，对他说："我亲口命令你们不要单独进军，现在你们轻率地率军深入后秦境内。岸上的形势如此危急，我又怎么可以派出援军？"

镇恶乃亲至弘农，说谕百姓，百姓竞送义租，军食复振。

魏人以数千骑缘河随裕军西行，军人于南岸牵百丈，风水迅急，有漂渡北岸者，辄为魏人所杀略。裕遣军击之，裁登岸则走，退则复来。夏四月，裕遣白直队主丁旿帅仗士七百人、车百乘，渡北岸，去水百馀步，为却月阵，两端抱河，车置七仗士，事毕，使竖一白眊。魏人不解其意，皆未动。裕先命宁朔将军朱超石戒严，白眊既举，超石帅二千人驰往赴之，赍大弩百张，一车益二十人，设彭排于辕上。魏人见营阵既立，乃进围之。长孙嵩帅三万骑助之，四面肉薄攻营，弩不能制。时超石别赍大锤及稍千馀张，乃断稍长三四尺，以锤锤之，一稍辄洞贯三四人。魏兵不能当，一时奔溃，死者相积。临陈斩阿薄干，魏人退还畔城。超石帅宁朔将军胡藩、宁远将军刘荣祖追击，又破之，杀获千计。魏主嗣闻之，乃恨不用崔浩之言。

秦鲁公绍遣长史姚洽、宁朔将军安鸾、护军姚墨蚨、河东太守唐小方帅众三千屯河北之九原，阻河为固，欲以绝檀道济粮援。沈林子邀击，破之，斩洽、墨蚨、小方，杀获殆尽。林子因启太尉裕曰："绍气盖关中，今兵屈于外，国危于内，恐其凶命先尽，不得以膏齐斧耳。"绍闻洽等败死，愤恚，发病呕血，以兵属东平公赞而卒。赞既代绍，众力犹

王镇恶于是亲自赶到弘农,劝说、晓谕当地的老百姓,老百姓因此竞相赠送王镇恶粮草,军中的粮食得到补充,士气重新大振。

北魏人用数千骑兵沿着黄河跟随刘裕的军队往西走,刘裕的士兵在黄河南岸牵着百丈长的绳索牵引战船,风劲水急,有的绳索突然断裂,战船漂到北岸,船上的士兵就被北魏人杀害或掳掠。刘裕派军队进攻他们,士兵才登岸,他们就已退走,刘裕的士兵退回船上,他们又重新前来。夏季四月,刘裕派白直队主丁旿率七百仪卫之士、一百辆战车,登上黄河北岸,在离河一百多步远的地方,布置弯月形的战阵,战阵两端连接着河上的战车,每辆车设七位仪卫士,布置完毕以后,竖起一支白羽旗。魏军不理解他的用意,都没有动作。刘裕先命令宁朔将军朱超石做好准备,等到白旗一挥,朱超石马上率领两千人奔赴战阵中间,携带一百张大弩弓,每辆战车增加到二十人,在车辕上设置防箭矢的木板。魏军看到他们已经布好战阵,这才进军包围他们。长孙嵩率三万骑兵助战,从四面八方进攻东晋战阵,发生肉搏战,弩弓无法制服敌人。当时朱超石还携带了大锤和一千多张铁矟,于是将铁矟截断成三四尺,用铁锤锤击它们,每一支铁矟都能刺透三四个人。魏军无法抵挡,一时间逃奔溃败,死去的人互相堆积起来。晋军在阵前斩杀了阿薄干,魏军退回畔城。朱超石率领宁朔将军胡藩、宁远将军刘荣祖乘胜追击,又大败他们,斩杀俘获士兵数以千计。北魏皇帝拓跋嗣听说此事,才后悔没有听崔浩的话。

后秦鲁公姚绍派长史姚洽、宁朔将军安鸾、护军姚墨蠡、河东太守唐小方率领三千士兵屯驻在黄河以北的九原,倚仗黄河固守,并打算以此切断檀道济的运粮道路和援军。沈林子拦腰截击他们,将他们打得大败,斩杀了姚洽、姚墨蠡和唐小方,几乎将他们全部消灭。沈林子于是禀告太尉刘裕,说:"姚绍的名气在关中首屈一指,现在他的军队在外面受屈,国家内部形势危急,恐怕他凶残的性命将要结束,用不着我动用利斧来砍杀了。"姚绍听说姚洽等人已经败亡,非常悲愤伤心,因此生病吐血,把军队交给东平公姚赞指挥就去世了。姚赞既已取代姚绍,兵力仍然

盛,引兵袭林子,林子复击破之。

太尉裕至洛阳,行视城堑,嘉毛脩之完葺之功,赐衣服玩好,直二千万。

秋七月,太尉裕至陕。沈田子、傅弘之入武关,秦戍将皆委城走。田子等进屯青泥,秦主泓使给事黄门侍郎姚和都屯峣柳以拒之。

太尉裕至闵乡。沈田子等将攻峣柳,秦主泓欲自将以御裕军,恐田子等袭其后,欲先击灭田子等,然后倾国东出,乃帅步骑数万奄至青泥。田子本为疑兵,所领裁千馀人,闻泓至,欲击之。傅弘之以众寡不敌止之,田子曰:"兵贵用奇,不必在众。且今众寡相悬,势不两立,若彼结围既固,则我无所逃矣。不如乘其始至,营陈未立,先薄之,可以有功。"遂帅所领先进,弘之继之。秦兵合围数重。田子抚慰士卒曰:"诸君冒险远来,正求今日之战,死生一决,封侯之业于此在矣!"士卒皆踊跃鼓噪,执短兵奋击,秦兵大败,斩馘万馀级,得其乘舆服御物,秦主泓奔还灞上。

初,裕以田子等众少,遣沈林子将兵自秦岭往助之,至则秦兵已败,乃相与追之,关中郡县多潜送款于田子。辛丑,太尉裕至潼关,以朱超石为河东太守,使与振武将军徐猗之会薛帛于河北,共攻蒲阪。秦平原公璞与姚和都共击之,猗之败死,超石奔还潼关。东平公赞遣司马国璠引魏兵以蹑裕后。

很强,于是率军袭击沈林子,沈林子又将他打败。

太尉刘裕到达洛阳,巡视城池沟堑,嘉奖毛脩之修葺祖先陵墓的功劳,赏赐给他衣服、奇珍异宝,价值二千万。

秋季七月,太尉刘裕到达陕城。沈田子、傅弘之进入武关,后秦的守将都弃城逃跑。沈田子等人于是进军屯驻青泥,后秦皇帝姚泓派给事黄门侍郎姚和都驻扎在峣柳来抵抗他们。

太尉刘裕到达阌乡。沈田子等人将要进攻峣柳,后秦皇帝姚泓想亲自率军阻挡刘裕的军队,但又害怕沈田子等人攻击他的后方,因而打算先进攻消灭沈田子等人,然后再调动全国的军队向东出发,于是率领数万兵马突然到达青泥。沈田子的军队本来是为了迷惑敌人设置的疑兵,所统领的不过一千多人,听说姚泓率军到来,打算去进攻他。傅弘之认为众寡悬殊,难以抵挡,便加以劝阻,沈田子说:"用兵贵在出奇兵,不一定要兵力多。再说现在众寡悬殊,按形势来说,我们也无法与他们并存,如果他们结成了坚固的包围圈,我们就无法逃脱了。不如趁着他们刚到,军营、战阵尚未布置好,先迫近他们,与他们交战,还可以建立功勋。"于是率领自己统领的军队率先进军,傅弘之随后而来。后秦军队已经建立多层重围。沈田子抚慰士卒说:"各位冒着危险远道而来,正是为了寻求今天这一仗,生死在此一决,封侯立业也就看这一仗了!"士卒都跳跃奋起、大呼向前,手握短兵奋勇而击,后秦军队大败,一万多人被斩首,缴获姚泓的车舆服装等物品,姚泓逃回灞上。

当初,刘裕因为沈田子等人士卒太少,就派遣沈林子率军从秦岭去援助他们。等沈林子到达时,后秦军队已经失败,于是与沈田子一起追击秦军,关中郡县大多数都暗中向沈田子投降。辛丑(初二)这天,太尉刘裕到达潼关,任用朱超石为河东太守,并派遣他和振武将军徐猗之在黄河以北会合薛帛,一起进攻蒲阪。后秦平原公姚璞和姚和都共同攻击他,徐猗之失败身亡,朱超石逃还潼关。东平公姚赞派遣司马国璠率北魏军队尾随在刘裕的军队后面。

　　王镇恶请帅水军自河入渭以趋长安，裕许之。秦恢武将军姚难自香城引兵而西，镇恶追之。秦主泓自灞上引兵还屯石桥以为之援，镇北将军姚彊与难合兵屯泾上以拒镇恶。镇恶使毛德祖进击，破之，彊死，难奔长安。

　　东平公赞退屯郑城，太尉裕进军逼之。泓使姚丕守渭桥，胡翼度屯石积，东平公赞屯灞东，泓屯逍遥园。

　　镇恶溯渭而上，乘蒙冲小舰，行船者皆在舰内。秦人见舰进而无行船者，皆惊以为神。壬戌旦，镇恶至渭桥，令军士食毕，皆持仗登岸，后登者斩。众既登，渭水迅急，舰皆随流，倏忽不知所在。时泓所将尚数万人。镇恶谕士卒曰："吾属并家在江南，此为长安北门，去家万里，舟楫、衣粮皆已随流。今进战而胜，则功名俱显；不胜，则骸骨不返。无他岐矣，卿等勉之！"乃身先士卒，众腾踊争进，大破姚丕于渭桥。泓引兵救之，为丕败卒所蹂践，不战而溃。姚谌等皆死，泓单马还宫。镇恶入自平朔门，泓与姚裕等数百骑逃奔石桥。东平公赞闻泓败，引兵赴之，众皆溃去。胡翼度降于太尉裕。

　　泓将出降，其子佛念，年十一，言于泓曰："晋人将逞其欲，虽降必不免，不如引决。"泓怃然不应。佛念登宫墙自投而死。癸亥，泓将妻子、群臣诣镇恶垒门请降，镇恶以属吏。城中夷、晋六万馀户，镇恶以国恩抚慰，号令严肃，百姓

王镇恶请求率领水师从黄河进入渭水奔赴长安,刘裕答应了他。后秦的恢武将军姚难从香城领军西进,王镇恶追击他。后秦皇帝姚泓从灞上返回,屯驻石桥,准备救援姚难,又派镇北将军姚彊与姚难会合,驻军在泾上,用来阻挡王镇恶。王镇恶派毛德祖率军进攻,将他们打败,姚彊战死,姚难逃奔长安。

东平公姚赞退守郑城,太尉刘裕进军威逼他。姚泓派姚丕守卫渭桥,胡翼度驻扎在石积,东平公姚赞屯驻灞东,姚泓自己驻守逍遥园。

王镇恶沿渭水逆流而上,坐着封闭的小船,划船的人都在船内。后秦人看见船在前进却不见划船的人,都非常惊奇,以为是神灵来到。壬戌(二十三日)这天清晨,王镇恶到达渭桥,让士兵吃完早饭就全部手持兵器登岸,后登岸的一律处斩。士众既已登岸,渭水水流迅急,小船就全部随流水漂走,倏忽间不见踪影。当时,姚泓统领的军队尚有几万人。王镇恶于是向士兵们宣告说:"我们的亲人和家乡远在长江以南,这里是长安城的北门,离家有万里之遥,我们的小船、船桨、衣服、粮食都已随水漂走。现在进军作战,如果得胜,则功名都会显赫;如果不能得胜,则尸骨都不能回去。根本没有其他的出路,你们大家努力吧!"于是,王镇恶身先士卒,率先出战,士众也跳跃向前、争先恐后,在渭桥大败姚丕。姚泓率军援救,被姚丕的残兵败将所践踏,没有交战就溃散了。姚谌等人都战败而死,姚泓自己骑马逃回宫中。王镇恶从平朔门进入长安,姚泓和姚裕等率数百名骑兵逃奔石桥。东平公姚赞听说姚泓已败,率军前去救援,士众却纷纷逃散。胡翼度向太尉刘裕投降。

姚泓打算出城投降,他的儿子姚佛念,刚十一岁,对姚泓说:"晋人将要实现他们的欲望,即使投降也难免一死,还不如自杀。"姚泓神情茫然,不回应。姚佛念登上宫墙跳墙而死。癸亥(二十四日)这天,姚泓率妻子儿女、群臣百官前往王镇恶处,在垒门请求归降,王镇恶将他们交给属吏。长安城中有夷人、汉人六万多户,王镇恶用国朝的恩情来安抚他们,而且号令严明,老百姓

安堵。

九月，太尉裕至长安，镇恶迎于灞上。裕劳之曰："成吾霸业者卿也！"镇恶再拜谢曰："明公之威，诸将之力，镇恶何功之有！"裕笑曰："卿欲学冯异邪？"镇恶性贪，秦府库盈积，镇恶盗取，不可胜纪。裕以其功大，不问。或谮诸裕曰："镇恶藏姚泓伪辇，将有异志。"裕使人觇之，镇恶剔取其金银，弃辇于垣侧，裕意乃安。

裕收秦彝器、浑仪、土圭、记里鼓、指南车送诣建康。其馀金玉、缯帛、珍宝，皆以颁赐将士。秦平原公璞、并州刺史尹昭以蒲阪降，东平公赞帅宗族百馀人诣裕降，裕皆杀之。送姚泓至建康，斩于市。

裕以薛辩为平阳太守，使镇捍北道。

裕议迁都洛阳，谘议参军王仲德曰："非常之事，固非常人所及，必致骇动。今暴师日久，士卒思归，迁都之计，未可议也。"裕乃止。羌众十馀万口西奔陇上，沈林子追击至槐里，俘虏万计。

初，夏王勃勃闻太尉裕伐秦，谓群臣曰："姚泓非裕敌也，且其兄弟内叛，安能拒人！裕取关中必矣。然裕不能久留，必将南归，留子弟及诸将守之，吾取之如拾芥耳。"乃秣马砺兵，训养士卒，进据安定，秦岭北郡县镇戍皆降之。裕遣使遗勃勃书，约为兄弟。勃勃使中书侍郎皇甫徽

因此安定下来。

九月，太尉刘裕到达长安，王镇恶到灞上去迎接他。刘裕慰劳他说："帮助我成就霸业的人就是你呀！"王镇恶再次叩拜致谢说："这是凭着明公您的威望，各位将领的力战而成功的，我有什么功劳呢？"刘裕笑着说："你想学冯异吗？"王镇恶本性贪婪，后秦府库中堆满了物品，王镇恶从中盗取的东西数不胜数。刘裕则因为他的功劳很大而不加过问。有人向刘裕诬告王镇恶，说："王镇恶将姚泓的御用车辇私藏下来，一定是有异心。"刘裕于是派人去察看，王镇恶摘取车上的金银珠宝，把车架子丢到城墙旁边，刘裕才放下心来。

刘裕收取了后秦祭祀用的彝器、测天用的浑天仪、观察太阳的土圭、计算路程用的记里鼓，还有指南车，把它们送到建康，其余的金银玉器、绢帛、珍宝都赏赐给军中将士。后秦平原公姚璞、并州刺史尹昭献出蒲阪投降，东平公姚赞率领宗族一百多人拜见刘裕投降，刘裕将他们全部杀掉。把姚泓送到建康，在大街上将他斩首。

刘裕任用薛辩为平阳太守，让他镇守北部边疆。

刘裕建议迁都洛阳，谘议参军王仲德说："非同寻常的事情，本来就不是常人可以理解的，你的建议一定导致朝廷震骇、惊动。如今军队在外作战的时间已经很长，士兵都想回家，迁都的计划，不可以拿来议论。"刘裕这才停止这一计划。羌人十多万人向西逃奔陇上，沈林子追击他们，一直追到槐里，俘虏的羌人数以万计。

当初，夏王赫连勃勃听说太尉刘裕讨伐后秦，对群臣说："姚泓不是刘裕的对手，再说他们兄弟在内部叛乱，怎能抵挡他人！刘裕一定能夺取关中地区。但是刘裕不能久留，一定会向南回归建康，只能留下他的儿子兄弟和所属将领来守卫关中，那时，我夺取关中就像拾草芥一样容易了。"于是秣马厉兵，训练士卒，进军占据安定，秦岭以北郡县的镇戍军队都向他们投降。刘裕派使者送给赫连勃勃书信，相约成为兄弟。赫连勃勃让中书侍郎皇甫徽

为报书而阴诵之,对裕使者,口授舍人使书之。裕读其文,叹曰:"吾不如也!"

冬十一月辛未,刘穆之卒,太尉裕闻之,惊恸哀惋者累日。始,裕欲留长安经略西北,而诸将佐皆久役思归,多不欲留。会穆之卒,裕以根本无托,遂决意东还。

穆之之卒也,朝廷恇惧,欲发诏,以太尉左司马徐羡之代之。中军谘议参军张邵曰:"今诚急病,任终在徐,然世子无专命,宜须谘之。"裕欲以王弘代穆之,从事中郎谢晦曰:"休元轻易,不若羡之。"乃以羡之为吏部尚书、建威将军、丹阳尹,代管留任。于是朝廷大事常决于穆之者,并悉北谘。

裕以次子桂阳公义真为都督雍梁秦三州诸军事、安西将军、领雍东秦二州刺史。义真时年十二。以太尉谘议参军京兆王脩为长史,王镇恶为司马、领冯翊太守,沈田子、毛德祖皆为中兵参军,仍以田子领始平太守,德祖领秦州刺史、天水太守,傅弘之为雍州治中从事史。

先是,陇上流户寓关中者,望因兵威得复本土。及置东秦州,知裕无复西略之意,皆叹息失望。

裕之克长安,王镇恶功为多,由是南人皆忌之。沈田子自以峣柳之捷,与镇恶争功不平。裕将还,田子及傅弘之屡言于裕曰:"镇恶家在关中,不可保信。"裕曰:"今留卿文武将士精兵万人,彼若欲为不善,正足自灭耳。勿复多言。"裕私谓田子曰:"锺会不得遂其乱者,以有卫瓘故也。

写好回信,而他自己暗中将它背诵下来,然后当着刘裕使者的面,对中书舍人口授,让他书写。刘裕读到他的回信,叹息说:"我不如赫连勃勃!"

冬季十一月辛未这天,刘穆之去世,太尉刘裕听到这个消息,一连几天震惊悲痛,不胜哀恸。起初,刘裕想留在长安经营西北地区,但是他的将领佐吏都因为长久在外服兵役,想回家,大多不想留下来。恰好又碰上刘穆之病逝,刘裕认为朝廷中无人可以依托,于是决定往东回师建康。

刘穆之去世后,东晋朝廷不胜惶恐,刘裕打算下诏,让太尉左司马徐羡之接替刘穆之的职位。中军谘政参军张邵说:"现在事情确实紧急,最终还是要任用徐羡之,但是世子刘义符却没有决断的权力,所以应该再次商议。"刘裕想用王弘接替刘穆之的职位,从事中郎谢晦说:"王弘容易冲动,不如徐羡之。"于是任用徐羡之为吏部尚书、建威将军、丹阳尹,代管留任事务。因此平常由刘穆之决断的朝廷大事,现在全部到北方向刘裕咨询。

刘裕任用次子桂阳公刘义真为都督雍、梁、秦三州诸军事、安西将军、兼任雍州、东秦州二州刺史。刘义真当时十二岁。又任用太尉谘议参军京兆人王脩为长史,王镇恶为司马,兼领冯翊太守,沈田子、毛德祖都任中兵参军,仍然用沈田子兼任始平太守,毛德祖兼任秦州刺史、天水太守,傅弘之任雍州治中从事史。

之前,寄居在关中的陇上流民,都希望乘着东晋的军威回归本土。等到刘裕设置了东秦州,他们知道刘裕没有继续西进的打算,因此都叹息失望。

刘裕攻占长安时,王镇恶的功劳最大,因此南方的大将都妒忌他。沈田子认为自己在峣柳取得大捷,和王镇恶的功劳不相上下,因而和王镇恶争功,愤愤不平。刘裕将要回建康的时候,沈田子和傅弘之多次对刘裕说:"王镇恶家在关中,不能完全信任。"刘裕说:"现在留下你们文武将士和精锐士卒一万人,他如果打算做出不义的事情,那就正是自取灭亡,不要再多说了。"刘裕私下对沈田子说:"钟会最终不能成功作乱,是因为有卫瓘的缘故。

语曰：'猛兽不如群狐。'卿等十馀人，何惧王镇恶！"

臣光曰：古人有言："疑则勿任，任则勿疑。"裕既委镇恶以关中，而复与田子有后言，是斗之使为乱也。惜乎，百年之寇，千里之土，得之艰难，失之造次，使丰、鄗之都复输寇手。荀子曰："兼并易能也，坚凝之难。"信哉！

三秦父老闻裕将还，诣门流涕诉曰："残民不沾王化，于今百年，始睹衣冠，人人相贺。长安十陵是公家坟墓，咸阳宫殿是公家室宅，舍此欲何之乎！"裕为之愍然，慰谕之曰："受命朝廷，不得擅留。诚多诸君怀本之志，今以次息与文武贤才共镇此境，勉与之居。"十二月庚子，裕发长安，自洛入河，开汴渠而归。

闰月，夏王勃勃闻太尉裕东还，大喜，问于王买德曰："朕欲取关中，卿试言其方略。"买德曰："关中形胜之地，而裕以幼子守之，狼狈而归，正欲急成篡事耳，不暇复以中原为意。此天以关中赐我，不可失也。青泥、上洛，南北之险要，宜先遣游军断之。东塞潼关，绝其水陆之路。然后传檄三辅，施以威德，则义真在网罟之中，不足取也。"勃勃乃以其子抚军大将军璝都督前锋诸军事，帅骑二万向长安，前将军昌屯潼关，以买德为抚军右长史，屯青泥，勃勃将大军为后继。

俗话说:'猛兽斗不过群狐。'你们十多个人,为什么怕王镇恶呢!"

北宋史臣司马光评论说:古人说过:"疑人不用,用人不疑。"刘裕既然已经委任王镇恶镇守关中,却又和沈田子说了后面这些话,实在是在让他们互相争斗,使他们作乱。百年之后的敌人,千里的疆土,得来不易,却因为一时不慎而重新丢失,让丰邑、鄗京这些古都再次落入敌手,实在太可惜了! 荀子说:"兼并容易,要让它凝结成一个整体就很难了。"确实是这样啊!

三秦地区的父老乡亲听说刘裕将要回师建康,纷纷赶到刘裕的门前,流着泪向他哭诉说:"残存的汉人得不到圣王的教化,到今天已经一百年了,我们今天开始看到汉人的衣冠,大家互相庆贺。长安十陵是你们刘家的坟墓,咸阳的宫殿是你们刘家的屋宅,离开这里还能到哪里去?"刘裕听了很伤感,就安慰他们说:"我受命于朝廷,不能擅自留下来。感谢大家怀念故土的诚意,现在我让我的次子和文武贤才一起镇守这里,希望大家好好与他们相处。"十二月庚子(初三)这天,刘裕从长安出发,从洛水进入黄河,挖开汴渠回师奔赴建康。

闰十二月,夏王赫连勃勃听说太尉刘裕已经东归,非常高兴,向王买德询问:"我打算夺取关中地区,你来试着讲一讲进攻的方针和策略。"王买德说:"关中的地势十分优越,刘裕却让小儿子来镇守,自己则狼狈而归,正是想要尽快篡权夺位,没有空闲来顾及中原了。这是上天把关中赏赐给我们,机不可失。青泥、上洛,是南面和北面的险要地方,应该先派流动作战的军队扼守,切断南北交通。然后向东堵住潼关天险,断绝晋军的水陆通道。这些都准备好了以后,就可以向三辅地区发布檄文,宣扬威德,那么,刘义真就进入了天罗地网之中,不用费劲就可以攻取了。"赫连勃勃于是任用他的儿子抚军大将军赫连璝为都督前锋诸军事,率领两万骑兵奔赴长安,前将军赫连昌驻守潼关,任王买德为抚军右长史,屯驻青泥,赫连勃勃自己统率大军作为后继。

　　十四年春正月,夏赫连璝至渭阳,关中民降之者属路。龙骧将军沈田子将兵拒之,畏其众盛,退屯刘回堡,遣使还报王镇恶。镇恶谓王脩曰:"公以十岁儿付吾属,当共思竭力,而拥兵不进,虏何由得平!"使者还以告田子,田子与镇恶素有相图之志,由是益忿惧。未几,镇恶与田子俱出北地以拒夏兵,军中讹言:"镇恶欲尽杀南人,以数十人送义真南还,因据关中反。"辛亥,田子请镇恶至傅弘之营计事,田子求屏人语,使其宗人沈敬仁斩之幕下,矫称受太尉令诛之。弘之奔告刘义真,义真与王脩被甲登横门以察其变。俄而田子帅数十人来至,言镇恶反,脩执田子,数以专戮,斩之。以冠军将军毛脩之代镇恶为安西司马。傅弘之大破赫连璝于池阳,又破之于寡妇渡,斩获甚众,夏兵乃退。

　　壬戌,太尉裕至彭城,解严。琅邪王德文先归建康。

　　裕闻王镇恶死,表言"沈田子忽发狂易,奄害忠勋",追赠镇恶左将军、青州刺史。以彭城内史刘遵考为并州刺史、领河东太守,镇蒲阪。征荆州刺史刘道怜为徐、兖二州刺史。
　　裕欲以世子义符镇荆州,以徐州刺史刘义隆为司州刺史,镇洛阳。中军谘议张邵谏曰:"储贰之重,四海所系,不宜处外。"乃更以义隆为都督荆益宁雍梁秦六州诸军事、西中郎将、荆州刺史,以南郡太守到彦之为南蛮校尉,张邵为司马、领南郡相,冠军功曹王昙首为长史,北徐州从事王

十四年(418)春季正月,夏国赫连璝到达渭阳,向他投降的关中百姓在路上接连不断。龙骧将军沈田子率军抵抗,又害怕他们人多势众而退守刘回堡,并派使者回去报告王镇恶。王镇恶对王脩说:"主公刘裕把十岁的儿子托付给我们大家,我们就应该一起想办法竭尽全力保护他,现在掌握着军队却不敢前进,怎能平定胡虏?"使者回去把这些话告诉沈田子,沈田子和王镇恶本来就有互相图谋对方的念头,听了这话,沈田子更加气愤害怕。不久,王镇恶和沈田子一起从北地出发去抵抗夏军,军队中传出谣言说:"王镇恶想杀尽南方人中的将领,然后用几十个人把刘义真送回南方去,自己则顺势占据关中叛乱。"辛亥(二十六日)这天,沈田子请王镇恶到傅弘之的营帐中议事,沈田子说要让左右退下密谈,就派他同族的人沈敬仁将王镇恶斩杀在帐幕下,对外则伪称接受太尉的命令将他诛杀。傅弘之跑去报告刘义真,刘义真和王脩披着甲衣登上横门,观察事情的变化。不久,沈田子率领几十人到来,说王镇恶谋反,王脩拘捕沈田子,怒斥他专权、杀戮,将他斩首。又任用冠军将军毛脩之接替王镇恶任安西司马。傅弘之在池阳大败赫连璝,又在寡妇渡再次将他打败,斩杀俘虏许多夏兵,夏军这才退走。

壬戌(二十六日)这天,太尉刘裕到达彭城,解除戒严。琅邪王司马德文先回到建康。

刘裕听说王镇恶已死,上表文说"沈田子突然发疯,杀害忠臣",于是追封王镇恶为左将军、青州刺史。又任用彭城内史刘遵考为并州刺史,兼领河东太守职务,镇守蒲阪。征召荆州刺史刘道怜为徐、兖二州刺史。

刘裕打算让世子刘义符镇守荆州,任用徐州刺史刘义隆为司州刺史,镇守洛阳。中军谘议张邵劝谏阻止说:"嫡长子的位置十分重要,是四海之内的依靠,不宜放到朝廷外任职。"于是,刘裕改任刘义隆为都督荆州、益州、宁州、雍州、梁州、秦州六州诸军事、西中郎将、荆州刺史,任用南郡太守到彦之为南蛮校尉,张邵为司马、兼任南郡相,冠军功曹王昙首为长史,北徐州从事王

华为西中郎主簿,沈林子为西中郎参军。义隆尚幼,府事皆决于邵。昙首,弘之弟也。裕谓义隆曰:"王昙首沈毅有器度,宰相才也,汝每事谘之。"以南郡公刘义庆为豫州刺史。义庆,道怜之子也。裕解司州,领徐、冀二州刺史。

冬十月,刘义真年少,赐与左右无节,王脩每裁抑之。左右皆怨,谮脩于义真曰:"王镇恶欲反,故沈田子杀之。脩杀田子,是亦欲反也。"义真信之,使左右刘乞等杀脩。

脩既死,人情离骇,莫相统壹。义真悉召外军入长安,闭门拒守。关中郡县悉降于夏。赫连璝夜袭长安,不克。夏王勃勃进据咸阳,长安樵采路绝。

宋公裕闻之,使辅国将军蒯恩如长安,召义真东归。以相国右司马朱龄石为都督关中诸军事、右将军、雍州刺史,代镇长安。裕谓龄石曰:"卿至,可敕义真轻装速发,既出关,然可徐行。若关右必不可守,可与义真俱归。"又命中书侍郎朱超石慰劳河、洛。

十一月,龄石至长安。义真将士贪纵,大掠而东,多载宝货、子女,方轨徐行。雍州别驾韦华奔夏。赫连璝帅众三万追义真,建威将军傅弘之曰:"公处分亟进。今多将辎重,一日行不过十里,虏追骑且至,何以待之! 宜弃车轻行,乃可以免。"义真不从。俄而夏兵大至,傅弘之、蒯恩断后,力战连日。至青泥,晋兵大败,弘之、恩皆为王买德所禽,司马毛脩之与义真相失,亦为夏兵所禽。义真行在前,会日暮,夏兵不穷追,故得免。左右尽散,独逃草中。

华为西中郎主簿,沈林子为西中郎参军。刘义隆年纪尚小,府中事务都由张邵决断。王昙首是王弘的弟弟。刘裕对刘义隆说:"王昙首沉着坚毅,有器量风度,是宰相之才,你应该遇事就向他咨询。"又任用南郡公刘义庆为豫州刺史。刘义庆就是刘道怜的儿子。刘裕解除了自己的司州刺史职务,兼领徐州、冀州两州刺史。

冬季十月,刘义真因为年少,对身边人的赏赐无节制,王脩每每加以裁减、限制。身边的人都怨恨王脩,向刘义真诬告王脩说:"王镇恶想谋反,所以沈田子杀了他。王脩又杀掉沈田子,这也是他想谋反。"刘义真听信了他们的话,派身边的刘乞等人杀了王脩。

王脩已死,人心离散,人情震骇,无法统一号令。刘义真把驻守在外地的军队全部召回长安,关闭城门据守城池。关中的郡县都向夏国投降。赫连璝趁黑夜偷袭长安,没有攻克。夏王赫连勃勃进军占领咸阳,长安城外出砍柴的路都被切断。

宋公刘裕听说此事,就派辅国将军蒯恩前去长安,召回刘义真。又任用相国右司马朱龄石为都督关中诸军事、右将军、雍州刺史,代行镇守长安。刘裕对朱龄石说:"你到达长安后,可以敕令刘义真轻装上路,迅速出发,出了潼关以后,就可以慢慢走。如果潼关以西确实守不住,你就可以和刘义真一起回来。"刘裕还派中书侍郎朱超石去慰劳河、洛军民。

十一月,朱龄石到达长安。刘义真的将士贪婪放纵,大肆抢劫后向东返回,车上装满了珍宝、美女,然后才启动车轨,缓慢而行。雍州别驾韦华逃奔夏国。赫连璝率领三万士兵追赶刘义真,建威将军傅弘之说:"宋公告诉我们要快速前进,现在带着那么多辎重物资,一天走不了十里路,胡虏前来追击的骑兵马上就到,我们应该如何应对呢?只有丢弃车辆,轻装前进,才能幸免于难。"刘义真不听。不久夏国大军赶到,傅弘之、蒯恩在后面掩护,拼力作战,连续几天不能休息。到达青泥,晋军大败,傅弘之、蒯恩都被王买德擒获,司马毛脩之与刘义真走散,也被夏军士兵擒获。刘义真走在前面,恰好碰上天黑,夏军没有追赶到底,所以才得以逃脱。身边的人都逃散了,他一个人独自逃入草丛中。

中兵参军段宏单骑追寻,缘道呼之,义真识其声,出就之,曰:"君非段中兵耶?身在此,行矣!必不两全,可刜身头以南,使家公望绝。"宏泣曰:"死生共之,下官不忍。"乃束义真于背,单马而归。义真谓宏曰:"今日之事,诚无算略。然丈夫不经此,何以知艰难!"

夏王勃勃欲降傅弘之,弘之不屈。时天寒,勃勃裸之,弘之叫骂而死。勃勃积人头为京观,号曰髑髅台。长安百姓逐朱龄石,龄石焚其宫殿,奔潼关。勃勃入长安,大飨将士,举觞谓王买德曰:"卿往日之言,一期而验,可谓算无遗策。此觞所集,非卿而谁!"以买德为都官尚书,封河阳侯。

龙骧将军王敬先戍曹公垒,龄石往从之。朱超石至蒲阪,闻龄石所在,亦往从之。赫连昌攻敬先垒,断其水道。众渴,不能战,城且陷,龄石谓超石曰:"弟兄俱死异域,使老亲何以为心!尔求间道亡归,我死此,无恨矣。"超石持兄泣曰:"人谁不死,宁忍今日辞兄去乎!"遂与敬先及右军参军刘钦之皆被执送长安,勃勃杀之。钦之弟秀之悲泣不欢燕者十年。钦之,穆之之从兄子也。

宋公裕闻青泥败,未知义真存亡,怒甚,刻日北伐。侍中谢晦谏以"士卒疲弊,请俟他年",不从。郑鲜之上表,以为:"虏闻殿下亲征,必并力守潼关。径往攻之,恐未易可克。若舆驾顿洛,则不足上劳圣躬。且虏虽得志,不敢

中兵参军段宏单枪匹马追来寻找,顺着道路大声呼喊,刘义真听得出他的声音,于是就从草丛中出来,走近他,说:"你是段中兵吗? 我在这里,走吧! 你保护我而行,一定不能两个人都得到保全,你可以砍下我的头回南方,断绝家公思念之情。"段宏流泪说:"我们生死与共,下官不忍心杀你。"于是把刘义真捆在背上,单枪匹马而还。刘义真对段宏说:"今天的事情,确实是我缺少谋略。但是大丈夫不经过这次大难,又怎么能知道世事艰难!"

夏王赫连勃勃想让傅弘之投降,傅弘之宁死不屈。当时,天寒地冻,赫连勃勃剥光他的衣服,傅弘之大声叫骂而死。赫连勃勃将人头堆积封土筑台,取名叫作"髑髅台"。长安百姓追逐朱龄石,朱龄石焚毁宫殿,逃奔潼关。赫连勃勃进入长安,举行盛宴犒劳将士,举着酒杯对王买德说:"你过去说的话,一年后的今天得到了应验,可说是神机妙算了。这酒杯里装的酒,不敬你敬谁!"于是,赫连勃勃任用王买德为都官尚书,加封河阳侯。

龙骧将军王敬先戍守曹公垒,朱龄石前去投奔他。朱超石到达蒲阪,听说朱龄石在曹公垒,也前去投奔他。赫连昌进攻王敬先的堡垒,切断水路,士众口渴不能作战,城池将要陷落,朱龄石对朱超石说:"我们兄弟都死在异域他乡,我们的父母亲会何等悲痛! 你赶快找一条小路逃回去,我死在这里也就没有遗憾了。"朱超石握着哥哥的手哭着说:"世人有谁不会死去呢,但我今天又怎么能忍心告别哥哥而去呢!"于是和王敬先以及右军参军刘钦之一起被俘,夏军将他们送到长安,赫连勃勃将他们杀死。刘钦之的弟弟刘秀之非常悲痛,十年间没有欢歌宴饮。刘钦之是刘穆之的堂侄。

宋公刘裕听说青泥战败,不知刘义真是生是死,非常愤怒,定好日期准备北伐。侍中谢晦进谏劝阻,认为"士卒连年征战,过于疲劳,请等来年再说",刘裕不听。郑鲜之上表文认为:"胡虏们听说殿下率军亲征,一定会拼力守卫潼关。我们径直向前进攻,恐怕很难攻克。如果只能让车马停在洛阳,又显得没有必要劳您亲自率军征讨了。再说胡虏虽然已经得志,但他们仍然不敢

乘胜过陕者,犹慑服大威,为将来之虑故也。若造洛而返,虏必更有揣量之心,或益生边患。况大军远出,后患甚多。昔岁西征,刘、锺狼狈;去年北讨,广州倾覆。既往之效,后来之鉴也。今诸州大水,民食寡乏,三吴群盗攻没诸县,皆由困于征役故也。江南士庶,引领颙颙以望殿下之返旆,闻更北出,不测浅深之谋,往还之期,臣恐返顾之忧更在腹心也。若虑西虏更为河、洛之患者,宜结好北虏。北虏亲则河南安,河南安则济、泗静矣。"会得段宏启,知义真得免,裕乃止,但登城北望,慨然流涕而已。降义真为建威将军、司州刺史,以段宏为宋台黄门郎、领太子右卫率。裕以天水太守毛德祖为河东太守,代刘遵考守蒲阪。

越过陕城，就是还在慑服于您的威名，为将来考虑的缘故。如果到达洛阳就回师，胡虏一定会猜测、估量我们的实力，或许还会增加边疆的忧患。再说大军远征，后患会有很多。从前西征，刘、锺十分狼狈；去年北伐，广州被颠覆。过去的经历，就是后世的借鉴。如今各州郡都发大水，老百姓缺少粮食，三吴的盗贼蜂拥而起，攻占各县，这都是由于多次出征、役使百姓，使他们困弊的缘故。长江以南的士大夫和平民百姓，都在伸长脖子期待您的归来，如果听说您又要向北出军，不知道您的真实计谋和出击、回师的日期，我担心我们的后顾之忧其实就在朝廷内部。如果担心西方的夏国再次成为河、洛地区的祸患，就应该与北魏结盟。和北魏关系友好则黄河以南地区就获得安定，河南安定，那么济、泗地区就会平静。"碰巧得到段宏的禀报，知道刘义真已经幸免于难，刘裕于是停止行动，只是登上城墙朝北远望，叹息流泪而已。刘裕降封刘义真为建威将军、司州刺史，任用段宏为宋台黄门郎、兼任太子右卫率。刘裕又任用天水太守毛德祖为河东太守，代替刘遵考守卫蒲阪。

赫连据朔方

晋安帝义熙三年。初，魏王珪灭刘卫辰，其子勃勃奔秦，秦高平公没弈干以女妻之。勃勃魁岸，美风仪，性辩慧，秦王兴见而奇之，与论军国大事，宠遇逾于勋旧。兴弟邕谏曰："勃勃不可近也。"兴曰："勃勃有济世之才，吾方与之平天下，奈何逆忌之！"乃以为安远将军，使助没弈干镇高平，以三城、朔方杂夷及卫辰部众三万配之，使伺魏间隙。邕固争以为不可，兴曰："卿何以知其为人？"邕曰："勃勃奉上慢，御众残，贪猾不仁，轻为去就。宠之逾分，恐终为边患。"兴乃止。久之，竟以勃勃为安北将军、五原公，配以三交五部鲜卑及杂虏二万馀落，镇朔方。夏五月，魏主珪归所虏秦将唐小方于秦。秦王兴请归贺狄干，仍送良马千匹以赎狄伯支，珪许之。

勃勃闻秦复与魏通而怒，乃谋叛秦。柔然可汗社仑献马八十匹于秦，至大城，勃勃掠取之，悉集其众三万馀人伪

赫连据朔方

东晋安帝义熙三年（407）。当初，北魏国主拓跋珪消灭了刘卫辰，刘卫辰的儿子刘勃勃逃奔后秦，后秦高平公没弈干把女儿嫁给他。刘勃勃身材魁梧，很有风度，而且天资聪颖，后秦国王姚兴见他后认为是奇才，和他一起讨论军国大事，对他的恩宠超过过去的功臣。姚兴的弟弟姚邕劝谏说："不能亲近刘勃勃。"姚兴说："刘勃勃有经国济世的才能，我正要和他平定天下，你怎么能猜疑他呢？"于是任命刘勃勃为安远将军，派他帮助没弈干镇守高平，三城、朔方几处少数民族以及刘卫辰的部下三万多人也归他管辖，让他监视北魏的行动，伺机而起。姚邕坚持争辩，认为不行，姚兴说："你怎么知道他的为人？"姚邕说："刘勃勃对上傲慢无礼，对下残暴，贪婪狡猾，不讲仁义，即使是对待去留、亲疏等大问题，也都反复无常。对他过分恩宠，恐怕最终会成为边境的祸患。"姚兴于是暂时放弃任命。过了一段时间，竟然又任命刘勃勃为安北将军、五原公，同时附带管辖三交地区五部鲜卑及各种胡人的二万多部落，镇守朔方。夏季五月，北魏国主拓跋珪将俘虏的后秦将领唐小方归还给后秦。后秦国王姚兴请求归还贺狄干，并送给北魏良马一千匹来赎回狄伯支，拓跋珪同意了。

刘勃勃听说后秦又和北魏勾结，十分恼怒，于是谋划背叛后秦。柔然可汗郁久闾社仑献给后秦八十匹马，走到大城地界，刘勃勃把马匹抢走，并将他的部队三万多人全部集结到一起，假装

败于高平川,因袭杀没弈干而并其众。勃勃自谓夏后氏之苗裔,六月,自称大夏天王、大单于,大赦,改元龙升,置百官。

初,魏王珪遣北部大人贺狄干献马千匹求昏于秦,秦王兴止狄干而绝其昏,于是秦、魏有隙。秦王兴遣尚书右仆射狄伯支等伐魏,魏王珪自将大军击之,败狄伯支及赵骑校尉唐小方等。冬十月,夏王勃勃破鲜卑薛干等三部,降其众以万数,进攻秦三城已北诸戍,斩秦将杨丕、姚石生等。诸将皆曰:"陛下欲经营关中,宜先固根本,使人心有所凭系。高平山川险固,土田饶沃,可以定都。"勃勃曰:"卿知其一,未知其二。吾大业草创,士众未多,姚兴亦一时之雄,诸将用命,关中未可图也。我今专固一城,彼必并力于我,众非其敌,亡可立待。不如以骁骑风驰,出其不意,救前则击后,救后则击前,使彼疲于奔命,我则游食自若。不及十年,岭北、河东尽为我有。待兴既死,嗣子暗弱,徐取长安,在吾计中矣。"于是侵掠岭北,岭北诸城门不昼启。兴乃叹曰:"吾不用黄儿之言,以至于此!"

十一月,勃勃又败秦将张佛生于青石原,俘斩五千馀人。

四年夏五月,秦王兴使左仆射齐难帅骑二万讨勃勃。秋七月,夏王勃勃闻秦兵且至,退保河曲。齐难以勃勃既远,纵兵野掠。勃勃潜师袭之,俘斩七千馀人。难引兵退走,勃勃追至木城,禽之,虏其将士万三千人。于是岭北夷、夏附于勃勃者以万数,勃勃皆置守宰以抚之。

到高平川打猎,乘机袭杀没弈干并收编他的部下。刘勃勃自称是夏后氏的后裔,六月,刘勃勃自封大夏天王、大单于,下令大赦天下,改年号为龙升,设置百官。

　　当初,北魏国主拓跋珪派北部大人贺狄干献给后秦一千匹马向后秦求婚,后秦国王姚兴阻止贺狄干并拒绝这桩婚事,于是后秦和北魏产生矛盾。后秦国王姚兴派尚书右仆射狄伯支等人讨伐北魏,北魏国主拓跋珪亲率大军进攻,大败狄伯支和赵骑校尉唐小方等人。冬季十月,夏国王刘勃勃攻破鲜卑薛干等三部,收服的部众数以万计,又进攻后秦三城以北的边塞重地,斩杀后秦将领杨丕、姚石生等。各将领都对刘勃勃说:"陛下想夺取关中,应先巩固国家的根本,使人心有一个寄托凭借的地方。高平山势险峻,田地肥沃,可以定为国都。"刘勃勃说:"大家只知其一,不知其二。我如今大业初创,士卒不多,姚兴也是当今的豪杰,众将都肯为他效忠,关中不可能攻取。我现在专门固守一城,后秦必定合力攻我,寡不敌众,马上就会灭亡。不如派精悍的骑兵快速奔袭,出其不意,敌军救前方我就攻击它的后部,敌军救后方我就攻击它的前部,使敌军疲于奔命,我却游击四处,猎取现成的食物,从容自若。不到十年,岭北、黄河以东就都归我占有。等姚兴去世,儿子昏庸,再慢慢攻取长安,一切都在我的计划之中。"于是派军入侵劫掠岭北,岭北各城门白天不敢开启,姚兴于是叹惜说:"我不听姚邕的话,以至于落到这个下场。"

　　十一月,刘勃勃在青石原打败后秦将领张佛生,俘虏和杀死五千多人。

　　四年(408)夏季五月,后秦国王姚兴派左仆射齐难率领骑兵两万多人讨伐刘勃勃。秋季七月,夏王刘勃勃听说后秦的军队将到,就退保河曲。齐难因为刘勃勃的军队已经远走,就放纵士兵大肆劫掠,刘勃勃暗中派军队袭击,俘虏斩杀后秦七千多人。齐难率兵退走,刘勃勃追到木城,将其擒获,俘虏将领、士兵一万三千人。于是岭北的少数民族和汉人归附刘勃勃的数以万计,刘勃勃都在这些地方设置地方官安抚他们。

五年春正月，秦王兴遣其弟平北将军冲、征虏将军狄伯支等帅骑四万，击夏王勃勃。冲至岭北，谋还袭长安，伯支不从而止，因鸩杀伯支以灭口。

夏四月，夏王勃勃帅骑二万攻秦，掠取平凉杂胡七千馀户，进屯依力川。

秋九月，秦王兴自将击夏王勃勃，至贰城，遣安远将军姚详等分督租运。勃勃乘虚奄至，兴惧，欲轻骑就详等。右仆射韦华曰：“若銮舆一动，众心骇惧，必不战自溃，详营亦未必可至也。”兴与勃勃战，秦兵大败，将军姚榆生为勃勃所禽，左将军姚文崇等力战，勃勃乃退，兴还长安。勃勃复攻秦敕奇堡、黄石固、我罗城，皆拔之，徙七千馀家于大城，以其丞相右地代领幽州牧以镇之。

六年春三月，夏王勃勃遣尚书胡金纂攻平凉，秦王兴救平凉，击金纂，杀之。勃勃又遣兄子左将军罗提攻拔定阳，坑将士四千馀人。秦将曹炽、曹云、王肆佛等各将数千户内徙，兴处之湟山及陈仓。勃勃寇陇右，破白崖堡，遂趣清水，略阳太守姚寿都弃城走，勃勃徙其民万六千户于大城。兴自安定追之，至寿渠川，不及而还。

七年春正月，秦姚详屯杏城，为夏王勃勃所逼，南奔大苏，勃勃遣平东将军鹿弈干追斩之，尽俘其众。勃勃南攻安定，破尚书杨佛嵩于青石北原，降其众四万五千。进攻东乡，下之，徙三千馀户于贰城。秦镇北参军王买德奔夏，夏王勃勃问以灭秦之策，买德曰：“秦德虽衰，藩镇犹固，愿且

五年(409)春季正月,后秦国王姚兴派他的弟弟平北将军姚冲、征虏将军狄伯支等率骑兵四万,进攻夏王刘勃勃。姚冲到达岭北时,打算回师袭击长安,狄伯支不听,姚冲便放弃这个计划,并用毒酒毒死狄伯支以灭口。

夏季四月,夏王刘勃勃率骑兵二万攻打后秦,掠取平凉地方的各种少数民族居民七千多户,并进军屯驻依力川。

秋季九月,后秦国王姚兴亲自率领军队进攻夏王刘勃勃,到达贰城,派安远将军姚详等人分别督导军粮运输。刘勃勃乘着后秦后防空虚,突然杀到,姚兴害怕,想带小队人马向姚详靠拢。右仆射韦华说:"如果您大驾一动,士兵惊骇惶恐,必定不战自败,姚详的营地也未必可以到达。"姚兴与刘勃勃开战,后秦军队大败,将军姚榆生被刘勃勃俘虏,左将军姚文宗等人拼死作战,刘勃勃才退走,姚兴回到长安。刘勃勃再次进攻后秦敕奇堡、黄石固、我罗城,都攻克了,并迁七千多户人家到大城,派丞相右地代兼幽州牧镇守幽州。

六年(410)春季三月,夏王刘勃勃派尚书胡金纂进攻平凉,后秦国王姚兴出兵援救平凉,进攻胡金纂,并将他杀死。刘勃勃又派侄子左将军罗提攻克定阳,活埋敌军将士四千多人。后秦将领曹炽、曹云、王肆佛等各自率领几千户百姓内迁,姚兴将这些人安置在湟山和陈仓。刘勃勃侵犯陇右,攻陷白崖堡,于是进军清水,略阳太守姚寿都弃城逃走,刘勃勃迁徙略阳居民一万六千户到大城。姚兴从安定追击,一直追到寿渠川,没有赶上,才返回营地。

七年(411)春季正月,后秦姚详驻扎在杏城,被夏王刘勃勃逼迫,向南投奔大苏,刘勃勃派平东将军鹿弈干追上他并把他杀了,将其部众全部俘虏。刘勃勃向南进攻安定,在青石北面平原打败尚书杨佛嵩,收服他的部队四万五千人。接着又进攻东乡,攻克了,迁徙三千多户人家到贰城。后秦镇北参军王买德投奔夏王,夏王刘勃勃向他询问消灭后秦的策略,王买德说:"后秦国势虽然已经衰微,但地方势力却还十分坚固,希望暂时

蓄力以待之。"勃勃以买德为军师中郎将。秦王兴遣卫大将军常山公显迎姚详,弗及,遂屯杏城。

八年冬十月,秦王兴以杨佛嵩为雍州刺史,帅岭北见兵以击夏。行数日,兴谓群臣曰:"佛嵩每见敌,勇不自制,吾常节其兵不过五千人。今所将既多,遇敌必败,行已远,追之无及,将若之何?"佛嵩与夏王勃勃战,果败,为勃勃所执,绝亢而死。

九年春三月,夏王勃勃大赦,改元凤翔。以叱干阿利领将作大匠,发岭北夷、夏十万人筑都城于朔方水北、黑水之南。勃勃曰:"朕方统一天下,君临万邦,宜名新城曰统万。"阿利性巧而残忍,蒸土筑城,锥入一寸,即杀作者而并筑之。勃勃以为忠,委任之。凡造兵器成,呈之,工人必有死者。射甲不入则斩弓人,入则斩甲匠。又铸铜为一大鼓,飞廉、翁仲、铜驼、龙虎之属,饰以黄金,列于宫殿之前。凡杀工匠数千,由是器物皆精利。勃勃自谓其祖从母姓为刘,非礼也。古人氏族无常,乃改姓赫连氏,言帝王系天为子,其徽赫与天连也。其非正统者,皆以铁伐为氏,言其刚锐如铁,皆堪伐人也。

十一年春三月,夏王勃勃攻秦杏城,拔之,执守将姚逵,坑士卒二万人。秦王兴如北地,遣广平公弼及辅国将军敛曼嵬向新平,兴还长安。秋九月,夏赫连建将兵击秦,执平凉太守姚周都,遂入新平。广平公弼与战于龙尾堡,禽之。

积蓄力量等待时机。"刘勃勃任用王买德为军师中郎将。后秦国王姚兴派卫大将军常山公姚显迎接姚详,没有来得及,于是就驻扎在杏城。

八年(412)冬季十月,后秦国王姚兴任命杨佛嵩为雍州刺史,率领岭北的所有士兵攻击夏国。行军几天,姚兴对众大臣说:"杨佛嵩每次见到敌军,好斗勇而不能自制,我常常控制他的兵力不超过五千人。如今他率领的士兵过多,遇到敌军必然失败。杨佛嵩率领队伍已经走远,追赶不上,将怎么办呢?"杨佛嵩与夏王刘勃勃作战,果然战败,被刘勃勃所俘,扼住喉咙,气绝身亡。

九年(413)春季三月,夏王刘勃勃下令大赦,改年号为凤翔。任命叱干阿利兼将作大匠,征发岭北汉族和少数民族十万人在朔方水北面,黑水南边建筑都城。刘勃勃说:"我正想统一天下,统治各邦,应将新都城命名为统万。"叱干阿利生性狡猾残忍,民工烘烤泥土筑城,如果能用锥子扎进去一寸,叱干阿利就下令杀死工匠,将尸体一并筑进土内。刘勃勃认为他十分忠诚,就委以重任。凡是造成兵器,呈上检查,工匠必定会有被处死的。如果弓箭射不透铠甲就斩杀制造弓箭的人,如果射透铠甲就杀了制造铠甲的工匠。又铸造一个大铜鼓,并铸飞廉、翁仲、铜驼、龙虎之类,用黄金加以装饰,排列在宫殿门前。叱干阿利总共杀死工匠几千人,因此制造的器物都十分精巧。刘勃勃自称祖辈沿用母系姓氏姓刘,是不符合礼制的。古代人的姓氏没有定规,于是改姓赫连,声称帝王是天的儿子,他的功绩显赫与上天相连。不是直系亲属的旁支后裔,都以铁伐为姓,声称刚强锐利像铁一样,都可以用来讨伐别人。

十一年(415)春季三月,夏王赫连勃勃进攻并占领后秦杏城,活捉守将姚达,活埋士卒二万人。后秦国王姚兴到达北地,派广平公姚弼及辅国将军敛曼嵬向新平进攻,姚兴回到长安。秋季九月,夏国赫连建率兵进攻后秦,俘虏平凉太守姚周都,进入新平。广平公姚弼与赫连建在龙尾堡交战,将赫连建擒获。

十二年春正月，秦王兴卒，太子泓即皇帝位，大赦，改元永和。

夏六月，夏王勃勃帅骑四万袭上邽，未至，上邽守将姚嵩与氐王杨盛战于竹岭，败死。勃勃攻上邽，二旬，克之，杀秦州刺史姚军都及将士五千馀人，因毁其城。进攻阴密，又杀秦将姚良子及将士万馀人。以其子昌为雍州刺史，镇阴密。征北将军姚恢弃安定，奔还长安，安定人胡俨等帅户五万据城降于夏。勃勃使镇东将军羊苟儿将鲜卑五千镇安定，进攻秦镇西将军姚谌于雍城，谌委镇奔长安。勃勃据雍，进掠郿城。秦东平公绍及征虏将军尹昭等将步骑五万击之，勃勃退趋安定，胡俨闭门拒之，杀羊苟儿及所将鲜卑，复以安定降秦。绍进击勃勃于马鞍阪，破之，追至朝那，不及而还。勃勃归杏城。杨盛复遣兄子倦击秦，至陈仓，秦敛曼嵬击却之。夏王勃勃复遣兄子提南侵泄阳，秦车骑将军姚裕等击却之。

十三年，夏王勃勃闻太尉裕伐秦，乃进据安定，秦岭北郡县镇戍皆降之。太尉裕克秦，东还，留次子桂阳公义真为都督。夏王勃勃闻太尉裕东还，乃以其子抚军大将军璝都督前锋诸军事，帅骑二万向长安。

十四年，夏赫连璝至渭阳，龙骧将军沈田子将兵拒之。田子杀王镇恶，王脩执田子斩之，以冠军将军毛脩之代镇恶。傅弘之大破赫连璝，夏兵乃退。

刘义真召外军入长安，关中郡县悉降于夏。夏王勃勃进据咸阳。宋公裕召义真东归，以相国右司马朱龄石代镇长安。义真将士大掠而东，赫连璝帅众追之，傅弘之等力

十二年(416)春季正月,后秦国王姚兴去世,太子姚泓即皇帝位,下令大赦天下,改年号为永和。

夏季六月,夏王赫连勃勃率领四万骑兵袭击上邽,还未到达,上邽的守将姚嵩与氐族酋长杨盛在竹岭交战,战败身死。赫连勃勃进攻上邽,二十天后攻占上邽,并杀死了秦州刺史姚军都以及将士五千多人,摧毁全城。赫连勃勃进攻阴密,又斩杀后秦将领姚良子和将士一万多人。又任命自己的儿子赫连昌为雍州刺史,镇守阴密。后秦征北将军姚恢放弃安定,逃回长安,安定人胡俨等率五万户居民向夏军献城投降。赫连勃勃派镇东将军羊苟儿率领五千鲜卑人镇守安定,随后向驻守雍城的后秦镇西将军姚谌进攻,姚谌弃城逃往长安。赫连勃勃占据雍城,并进到郿城掠夺。后秦东平公姚绍以及征房将军尹昭等率领步兵骑兵五万攻击赫连勃勃,赫连勃勃退到安定,胡俨紧闭城门将他拒之城外,还杀死羊苟儿以及所率鲜卑士卒,向后秦献出安定城投降。姚绍在马鞍阪打败赫连勃勃,追击到朝那,没有赶上,返回营地。赫连勃勃返回杏城。杨盛又派侄子杨倦进攻后秦的陈仓,后秦敛曼嵬将其击退。夏王赫连勃勃又派侄子赫连提向南入侵泄阳,后秦车骑将军姚裕等将其打退。

十三年(417),夏王赫连勃勃听说太尉刘裕进攻后秦,就进军占据安定,秦岭北部的郡县镇戍都投降了东晋。东晋太尉刘裕消灭后秦,返回建康,留下次子桂阳公刘义真为都督。夏王赫连勃勃听说太尉刘裕东还,就命自己的儿子抚军大将军赫连璝掌管前锋部队,率领二万骑兵向长安进发。

十四年(418),夏国赫连璝到达渭阳,东晋龙骧将军沈田子率兵抵抗。沈田子杀死王镇恶,王脩擒获沈田子并杀了他,任命冠军将军毛脩之代替王镇恶。傅弘之大败赫连璝,夏军才退走。

刘义真征召外郡军队进入长安,关中的郡县全部投降夏国。夏王赫连勃勃占据咸阳。宋公刘裕命刘义真向东回师,任命相国右司马朱龄石代替刘义真镇守长安。刘义真的将领和士兵大肆掠夺之后东还,赫连璝率领部众追击,傅弘之等人拼命

战,晋兵大败,夏兵不穷追,故得免。长安百姓逐朱龄石,龄石奔潼关。勃勃入长安。五事并见《刘裕灭后秦》。

冬十一月,夏王勃勃筑坛于灞上,即皇帝位,改元昌武。

恭帝元熙元年春二月,夏群臣请都长安。勃勃曰:"朕岂不知长安历世帝王之都,沃饶险固!然晋人僻远,终不能为吾患。魏与我风俗略同,土壤邻接,自统万距魏境裁百馀里,朕在长安,统万必危;若在统万,魏必不敢济河而西。诸卿适未见此耳。"皆曰:"非所及也。"乃于长安置南台,以赫连璝领大将军、雍州牧、录南台尚书事。勃勃还统万,大赦,改元真兴。勃勃性骄虐,视民如草芥。常居城上,置弓剑于侧,有所嫌忿,手自杀之。群臣近视者凿其目,笑者决其唇,谏者先截其舌而后斩之。

作战,东晋军队还是大败,夏国军队不再穷追猛打,所以才免于全军覆没。长安的百姓驱逐朱龄石,朱龄石逃奔潼关。赫连勃勃进入长安。五事并见《刘裕灭后秦》。

冬季十一月,夏王赫连勃勃在灞上筑坛祭祀,即皇帝位,改年号为昌武。

东晋恭帝元熙元年(419)春季二月,夏国群臣请求定都长安。赫连勃勃说:"我难道不知道长安是历代帝王的都城,土地肥沃,城池坚固!但是东晋离此遥远,终究不能成为心腹之患。北魏和我风俗大致相同,土地相连,从统万到北魏边境才一百多里,我在长安,统万必定危险;如果在统万,北魏必定不敢渡过黄河向西进犯。各位爱卿正是没有看到这一点。"众大臣都说:"确实是没想到。"于是在长安设置南台,任命赫连璝为大将军、雍州牧、录南台尚书事。赫连勃勃回到统万,下令大赦天下,改年号为真兴。赫连勃勃性情傲慢残暴,对待百姓如同草芥。经常站在城墙上,旁边放着弓和宝剑,看到有不顺眼的人,就亲自动手斩杀。大臣中有敢于对视而不顺从的就挖去他的眼睛,随意嬉笑的就割裂他的嘴唇,敢于进谏的就先剜去他的舌头然后再杀死。

魏灭北燕

晋安帝义熙十年秋八月辛丑,魏主嗣遣谒者于什门使于燕。什门至和龙,不肯入见,曰:"大魏皇帝有诏,须冯王出受,然后敢入。"燕王跋使人牵逼令入。什门见跋不拜,跋使人按其项,什门曰:"冯王拜受诏,吾自以宾主致敬,何苦见逼邪!"跋怒,留什门不遣,什门数众辱之。左右请杀之,跋曰:"彼各为其主耳。"乃幽执什门,欲降之,什门终不降。久之,衣冠弊坏略尽,虮虱流溢,跋遗之衣冠,什门皆不受。

十四年。初,和龙有赤气四塞蔽日,自寅至申。燕太史令张穆言于燕王跋曰:"此兵气也。今魏方强盛,而执其使者,好命不通,臣窃惧焉。"跋曰:"吾方思之。"五月,魏主嗣东巡,至濡源及甘松,遣征东将军长孙道生、安东将军李先、给事黄门侍郎奚观帅精骑二万袭燕,又命骁骑将军延普、幽州刺史尉诺自幽州引兵趋辽西,为之声势,嗣屯突门岭以待之。道生等拔乙连城,进攻和龙,与燕单于右辅古泥战,破之,杀其将皇甫轨。燕王跋婴城自守,魏人攻之,

魏灭北燕

东晋安帝义熙十年(414)秋季八月辛丑(十四日)这天,北魏国主拓跋嗣派遣谒者于什门出使北燕。于什门到达和龙,不肯入城觐见,他声称:"大魏皇帝有诏令,必须让冯王出城受诏之后,我才敢进去。"北燕王冯跋派人牵着他,逼迫他进城。于什门见到冯跋不下拜,冯跋就派人按住他的脖子,于什门说:"冯王跪拜受诏,我自会以宾主的礼节向你致敬,为什么要苦苦相逼呢!"冯跋大怒,扣留于什门不放他回去,于什门屡次当众辱骂冯跋。冯跋左右的人请求杀死他,冯跋说:"各自效忠不同的主子罢了。"于是秘密囚禁于什门,想劝降他,可于什门始终不降。久而久之,衣服帽子都烂了,虱子满身,冯跋赠给他衣帽,于什门都不接受。

十四年(418)。当初,和龙赤气四散,遮蔽了日光,从寅时持续到申时。北燕太史令张穆对北燕国王冯跋说:"这是战争的征兆。如今北魏十分强盛,我们扣留了他们的使者,关系十分紧张,我私下里十分害怕。"冯跋说:"我正在思考这个问题。"五月,北魏国主拓跋嗣到东方巡视,到达濡源和甘松,派征东将军长孙道生、安东将军李先、给事黄门侍郎奚观率领精锐骑兵二万袭击北燕,又派骁骑将军延普、幽州刺史尉诺从幽州率军开往辽西,以壮声势,拓跋嗣驻扎在突门岭以等待时机。长孙道生攻克乙连城,进攻和龙,与北燕单于右辅古泥作战,大破北燕军,杀死古泥的大将皇甫轨。北燕国王冯跋绕城防守,北魏人加紧围攻,

不克，掠其民万馀家而还。

宋文帝元嘉三年秋八月，燕太子永卒，立次子翼为太子。

七年秋八月，燕太祖寝疾，召中书监申秀、侍中阳哲于内殿，属以后事。九月，病甚，辇而临轩，命太子翼摄国事，勒兵听政，以备非常。

宋夫人欲立其子受居，恶翼听政，谓翼曰："上疾将瘳，奈何遽欲代父临天下乎！"翼性仁弱，遂还东宫，日三往省疾。宋夫人矫诏绝内外，遣阉寺传问而已，翼及诸子、大臣并不得见，唯中给事胡福独得出入，专掌禁卫。

福虑宋夫人遂成其谋，乃言于司徒、录尚书事、中山公弘，弘与壮士数十人被甲入禁中，宿卫皆不战而散。宋夫人命闭东阁，弘家僮库斗头劲捷有勇力，逾阁而入，至于皇堂，射杀女御一人。太祖惊惧而殂，弘遂即天王位，遣人巡城告曰："天降凶祸，大行崩背，太子不侍疾，群公不奔丧，疑有逆谋，社稷将危。吾备介弟之亲，遂摄大位以宁国家。百官叩门入者，进陛二等。"

太子翼帅东宫兵出战而败，兵皆溃去，弘遣使赐翼死。太祖有子百馀人，弘皆杀之。谥太祖曰文成皇帝，葬长谷陵。

九年春正月，燕王立慕容后之子王仁为太子。

夏五月，魏主治兵于南郊，谋伐燕。六月庚寅，魏主伐燕，命太子晃录尚书事，时晃才五岁。

没有攻克，劫掠居民一万多家返回。

宋文帝元嘉三年（426）秋季八月，北燕太子冯永去世，冯跋册立次子冯翼为太子。

七年（430）秋季八月，北燕太祖冯跋患病不起，召中书监申秀、侍中阳哲到内宫，嘱托后事。九月，冯跋病情加重，乘辇车到朝堂，授命太子冯翼管理国事，掌握兵权处理朝政，以防备紧急情况的出现。

冯跋的妃子宋夫人想立自己的儿子冯受居为王，忌恨冯翼当政，就对冯翼说：“国王的病就快治好了，你怎么能这么快就想代替父王治理天下呢！”冯翼生性仁慈懦弱，于是返回东宫，每天三次到内宫探望病情。宋夫人假传诏命，隔绝内宫与外界的联系，只派宦官传达信息，冯翼和其他王子、大臣都不能见到国王，只有中给事胡福可以单独进出，专门负责禁宫保卫。

胡福非常担心宋夫人阴谋得逞，就把情况告诉了司徒、录尚书事、中山公冯弘，冯弘亲自率领几十个强壮士卒穿着铠甲攻入内宫，值班的卫士都不战而散。宋夫人下令关闭东门，冯弘的家僮库斗头身手矫健而且勇猛有力，翻过宫门进入寝宫，来到国王养病的居室，射杀一个宫女。冯跋因受惊吓当场死去，冯弘于是即天王位，同时派人通告全城说：“上天降下灾祸，国王去世，太子冯翼不在近旁服侍，诸位大臣不前往吊唁，所以我怀疑有人图谋造反，国家将会面临危险。我念及兄弟之间的亲情，继承王位，以便安定国家。百官中如果有登门拜见的，一律晋升官阶二等。”

太子冯翼率领东宫的士兵出战失败，士卒都溃逃散去，冯弘派人赐冯翼自杀。冯跋有儿子一百多人，冯弘将他们全部杀掉。给冯跋定谥号为文成皇帝，将他安葬在长谷陵。

九年（432）春季正月，燕王册立慕容后的儿子冯王仁为太子。

夏季五月，北魏国主在南郊练兵，计划讨伐北燕。六月庚寅（初五）这天，北魏国主拓跋焘讨伐北燕，任命太子拓跋晃为录尚书事，当时拓跋晃才五岁。

秋七月己未，魏主至濡水。庚申，遣安东将军奚斤发幽州民及密云丁零万馀人，运攻具，出南道，会和龙。魏主至辽西，燕王遣其侍御史崔聘奉牛酒犒师。己巳，魏主至和龙。

燕石城太守李崇等十郡降于魏。魏发其民三万穿围堑以守和龙。崇，绩之子也。

八月，燕王使数万人出战，魏昌黎公丘等击破之，死者万馀人。燕尚书高绍帅万馀家保羌胡固。辛巳，魏主攻绍，斩之。平东将军贺多罗攻带方，抚军大将军永昌王健攻建德，骠骑大将军乐平王丕攻冀阳，皆拔之。

九月乙卯，魏主引兵西还，徙营丘、成周、辽东、乐浪、带方、玄菟六郡民三万家于幽州。

燕尚书郭渊劝燕王送款献女于魏，乞为附庸。燕王曰："负衅在前，结忿已深，降附取死，不如守志更图也。"

魏主之围和龙也，宿卫之士多在战陈，行宫人少。云中镇将朱脩之谋与南人袭杀魏主。因入和龙，浮海南归，以告冠军将军毛脩之，毛脩之不从，乃止。既而事泄，朱脩之逃奔燕。魏人数伐燕，燕王遣脩之南归求救。脩之泛海至东莱，遂还建康，拜黄门侍郎。

初，燕王嫡妃王氏，生长乐公崇，崇于兄弟为最长。及即位，立慕容氏为王后，王氏不得立，又黜崇，使镇肥如。崇母弟广平公朗、乐陵公邈相谓曰："今国家将亡，人无愚智皆知之。王复受慕容后之谮，吾兄弟死无日矣。"乃相与亡奔辽西，说崇使降魏，崇从之。会魏主使给事郎王德招崇，

秋季七月己未(十七日)这天,北魏国主拓跋焘到达濡水。庚申(十八日),拓跋焘派安东将军奚斤征发幽州百姓以及密云丁零人一万多人,运送攻城的器具,从南道进军,约定在和龙会合。拓跋嗣到达辽西,燕王冯弘派侍御史崔聘带着牛和酒去犒劳魏国军队。己巳(二十七日)这天,拓跋嗣到达和龙。

北燕的石城太守李崇等十郡向北魏投降。北魏征发百姓三万人挖掘环城的壕沟以围攻和龙。李崇是李绩的儿子。

八月,燕王冯弘派几万士卒出城作战,北魏昌黎公拓跋丘等人攻破敌阵,杀死燕国士卒一万多人。北燕尚书高绍率一万多户百姓保卫羌胡固。辛巳(初九)这天,拓跋嗣进攻高绍的军队,斩杀高绍。平东将军贺多罗进攻带方,抚军大将军永昌王拓跋健进攻建德,骠骑大将军乐平王拓跋丕进攻冀阳,都攻克。

九月乙卯(十四日)这天,拓跋嗣带兵西还,迁徙营丘、成周、辽东、乐浪、带方、玄菟六个郡的三万家居民到幽州。

北燕尚书郭渊劝冯弘向北魏进贡并把女儿献给北魏,以乞求臣服,作为附庸国。冯弘说:"冲突发生在前,两国结怨已深,投降归附死路一条,还不如固守城池,等待转机。"

北魏国主拓跋焘包围和龙时,担任护卫的士兵大多在前线,留在行宫的人很少。北魏云中镇将朱修之谋划与刘宋军队袭击并暗杀拓跋焘。于是进入和龙,渡海南归,把想法告诉冠军将军毛修之,毛修之不听,于是朱修之就放弃了这个计划。后来事情泄露,朱修之逃奔北燕。北魏人几次讨伐北燕,燕王冯弘派朱修之到刘宋求救,朱修之渡海到东莱,于是回到建康,被任为黄门侍郎。

当初,北燕王冯弘的嫡妃王氏,生下了长乐公冯崇,冯崇在兄弟中年龄最大。等到冯弘继位,便立慕容氏为王后,没有立王氏为王后,接着又废黜冯崇,派他前去镇守肥如。冯崇的同母弟弟广平公冯朗、乐陵公冯邈相互说:"现在国家即将灭亡,无论聪明的还是愚蠢的人都知道。燕王又受慕容后蒙蔽,我们兄弟的死期不远了。"于是一起逃到辽西劝说冯崇投降北魏,冯崇听从了。正赶上这时北魏国主拓跋焘派给事郎王德招降冯崇,

　　十二月己丑,崇使邈如魏,请举郡降。燕王闻之,使其将封羽围崇于辽西。

　　十年春正月乙卯,魏主遣永昌王健督诸军救辽西。二月庚午,魏主以冯崇为都督幽平东夷诸军事、车骑大将军、幽平二州牧,封辽西王,录其国尚书事,食辽西十郡,承制假授尚书、刺史、征房已下官。

　　夏六月,魏永昌王健、左仆射安原督诸军击和龙,将军楼勃别将五千骑围凡城,燕守将封羽以凡城降,收其三千馀家而还。秋八月,冯崇上表请说降其父,魏主不听。

　　十一年春正月戊戌,燕王遣使请和于魏,魏主不许。闰三月辛巳,燕王遣尚书高颙上表称藩,请罪于魏,乞以季女充掖庭。魏主乃许之,征其太子王仁入朝。燕王送魏使者于什门还平城。什门在燕二十一年,不屈节。魏主下诏褒称,以比苏武,拜治书御史。

　　夏六月,燕王不遣太子质魏,散骑常侍刘滋谏曰:"昔刘禅有重山之险,孙皓有长江之阻,皆为晋擒。何则? 强弱之势异也。今吾弱于吴、蜀而魏强于晋,不从其欲,将有危亡之祸。愿亟遣太子,而修政事,抚百姓,收离散,赈饥穷,劝农桑,省赋役,社稷犹庶几可保。"燕王怒,杀之。辛亥,魏主遣抚军大将军永昌王健等伐燕,收其禾稼,徙民而还。

　　十二年春正月,燕王数为魏所攻,遣使诣建康称藩奉贡。癸酉,诏封为燕王,江南谓之黄龙国。三月癸亥,燕王

十二月己丑(十九日)这天,冯崇派冯邈到北魏请求率全郡投降。冯弘听说这一消息,派大将封羽在辽西包围冯崇。

十年(433)春季正月乙卯(十五日),北魏国主派永昌王拓跋健率军队援救辽西。二月庚午(初一),北魏国主拓跋焘任命冯崇为都督幽平东夷诸军事、车骑大将军、幽平二州牧,封辽西王,录其国尚书事,将辽西十郡作为食邑,让他可以承奉制命,有权任命尚书、刺史、征房将军以下的官吏。

夏季六月,北魏永昌王拓跋健、左仆射安原率大军进攻和龙,将军楼勃另率五千骑兵包围凡城,北燕守将封羽献凡城向北魏投降,楼勃裹胁三千多户居民返回。秋季八月,冯崇上书请求去劝说他父亲投降,拓跋焘不允许。

十一年(434)春季正月戊戌(初四)这天,北燕国王冯弘派使者到北魏求和,拓跋焘不答应。闰三月辛巳(十八日),燕王冯弘派尚书高颐到北魏递交国书表示臣服,向拓跋焘请罪,并请求将小女儿送给拓跋焘作为后宫嫔妃。拓跋焘这才同意,下令征召北燕太子冯王仁到北魏充当人质。燕王遣送北魏使者于什门回到平城。于什门在北燕二十一年,没有屈服变节。拓跋焘下令褒奖,并把他和苏武相提并论,任他为治书御史。

夏季六月,燕王冯弘不送太子到北魏做人质,散骑常侍刘滋劝谏说:"过去刘禅有一道又一道山峦天险,孙皓有长江阻隔,都被西晋所擒获。为什么?强弱的形势发生了变化。我们如今比吴、蜀还要弱小,但北魏却比西晋强大,不顺从它的意愿,将会遭受灭亡的灾难。希望能赶快送太子去充当人质,并修明政治,安抚百姓,聚集离散的部队,赈救饥民穷人,劝课农桑,减免赋税,国家说不定还可以保全。"燕王大怒,将刘滋处死。辛亥(二十日),北魏国主拓跋焘派抚军大将军永昌王拓跋健讨伐北燕,收割了北燕的庄稼,迁徙当地居民返回驻地。

十二年(435)春季正月,冯弘几次遭到北魏的进攻,于是派使者到建康向刘宋称臣纳贡。癸酉(十五日),宋文帝下诏封冯弘为燕王,江南称北燕为"黄龙国"。三月癸亥(初六)这天,燕王

遣大将汤烛入贡于魏,辞以太子王仁有疾,故未之遣。

夏六月戊申,魏主命骠骑大将军乐平王丕、镇东大将军徒河屈垣等帅骑四万伐燕。秋七月己卯,魏乐平王丕等至和龙。燕王以牛酒犒军,献甲三千。屈垣责其不送侍子,掠男女六千口而还。

冬十一月,魏人数伐燕,燕日危蹙,上下忧惧。太常杨崏复劝燕王速遣太子入侍。燕王曰:"吾未忍为此。若事急,且东依高丽以图后举。"崏曰:"魏举天下以击一隅,理无不克。高丽无信,始虽相亲,终恐为变。"燕王不听,密遣尚书阳伊请迎于高丽。

十三年春二月戊子,燕王遣使入贡于魏,请送侍子,魏主不许,将举兵讨之。壬辰,遣使者十馀辈诣东方高丽等诸国告谕之。

三月辛未,魏平东将军娥清、安西将军古弼将精骑一万伐燕,平州刺史拓跋婴帅辽西诸军会之。夏四月,魏娥清、古弼攻燕白狼城,克之。高丽遣其将葛卢孟光将众数万随阳伊至和龙迎燕王。高丽屯于临川。燕尚书令郭生因民之惮迁,开城门纳魏兵,魏人疑之,不入。生遂勒兵攻燕王,王引高丽兵入自东门,与生战于阙下,生中流矢死。葛卢孟光入城,命军士脱弊褐,取燕武库精仗以给之,大掠城中。

五月乙卯,燕王帅龙城见户东徙,焚宫殿,火一旬不灭。令妇人被甲居中,阳伊等勒精兵居外,葛卢孟光帅骑

派大将汤烛到北魏进贡,借口太子冯王仁有病,所以没有派他来魏国。

夏季六月戊申(二十二日),北魏国主拓跋焘命令骠骑大将军乐平王拓跋丕、镇东大将军徒河人屈垣等率四万骑兵讨伐北燕。秋季七月己卯(二十四日),北魏乐平王拓跋丕等到达和龙,冯弘用牛和酒犒劳北魏军队,并献出铠甲三千副。屈垣斥责冯弘不送儿子充作人质,于是掠夺男女六千人返回。

冬季十一月,北魏人几次进攻北燕,北燕形势日渐危急,上上下下都担心害怕。太常杨崏又劝冯弘赶快送太子去充当人质。冯弘说:"我不忍心这样做。如果事态危急,就向东投奔高丽,以图东山再起。"杨崏说:"北魏集中全国的军队进攻我们一小块地方,没有理由不取胜。高丽不讲信用,即使开始相互往来,终究会发生变化。"冯弘不听,暗中派尚书阳伊到高丽请求派军来迎接投降。

十三年(436)春季二月戊子(初六)这天,燕王冯弘派使者到北魏进贡,请求送太子充当人质,拓跋焘不同意,准备带兵讨伐。壬辰(初十),拓跋焘派使者十多人前往东方高丽等几国通告情况。

三月辛未(二十日)这天,北魏平东将军娥清、安西将军古弼率领一万精悍的骑兵讨伐北燕,平州刺史拓跋婴率辽西各军和他会合。夏季四月,北魏娥清、古弼进攻并占领北燕白狼城。高丽派大将葛卢孟光率部众几万人跟随阳伊到和龙迎接燕王。高丽军队驻扎在临川。北燕尚书令郭生因为百姓害怕迁徙,于是打开城门让北魏军队进城,北魏人疑心,不敢进去。郭生就率领士兵进攻燕王,燕王冯弘领着高丽的士兵从东门进来,和郭生在阙下开战,郭生中流箭而死。葛卢孟光进入城内,命令士兵脱去破旧军衣,夺取北燕武库的精美服装、武器发给部下,并在城中大肆抢劫。

五月乙卯(初五)这天,燕王冯弘率领龙城中现有的居民向东迁徙,放火烧毁宫殿,大火烧了十天还不灭。冯弘命令妇人穿着铠甲走在中间,阳伊等人率精兵在外保护,葛卢孟光率骑兵

殿后,方轨而进,前后八十馀里。古弼部将高苟子帅骑欲追之,弼醉,拔刀止之,故燕王得逃去。魏主闻之,怒,槛车征弼及娥清至平城,皆黜为门卒。戊午,魏主遣散骑常侍封拨使高丽,令送燕王。

秋九月,高丽不送燕王于魏,遣使奉表,称"当与冯弘俱奉王化"。魏主以高丽违诏,议击之,将发陇右骑卒。刘絜曰:"秦、陇新民,且当优复,俟其饶实,然后用之。"乐平王丕曰:"和龙新定,宜广修农桑以丰军实,然后进取,则高丽一举可灭也。"魏主乃止。

十五年。初,燕王弘至辽东,高丽王琏遣使劳之曰:"龙城王冯君,爰适野次,士马劳乎?"弘惭怒,称制让之。高丽处之平郭,寻徙北丰。弘素侮高丽,政刑赏罚,犹如其国。高丽乃夺其侍人,取其太子王仁为质。弘怨高丽,遣使来上表求迎,上遣使者王白驹等迎之,并令高丽资遣。高丽王不欲使弘南来,遣将孙漱、高仇等杀弘于北丰,并其子孙十馀人,谥弘曰昭成皇帝。

在后护卫,组成方阵交替前进,前后绵延八十多里。古弼部将高苟子想带骑兵追击,古弼喝醉了酒,拔刀制止,所以让燕王冯弘得以逃脱。北魏国主拓跋焘听说后,勃然大怒,下令用囚车将古弼和娥清押送到平城,把他们都废黜为守门的士卒。戊午(初八)这天,北魏国主拓跋焘派散骑常侍封拨出使高丽,把燕王冯弘送回北魏。

秋季九月,高丽不肯送还燕王冯弘给北魏,并派使臣上奏疏称"将和冯弘一起接受大王的教化"。拓跋焘认为高丽违背诏令,商议进攻高丽,准备征派陇右的骑兵,刘絜说:"秦、陇一带新归附的百姓,应当优待他们,免去他们的徭役,等到富足以后,再征派。"乐平王拓跋丕说:"和龙新定,应当广植农桑来满足军队的供应,然后再进攻,那就可一举消灭高丽。"拓跋焘这才停止进攻高丽。

十五年(438)。当初,燕王冯弘到达辽东,高丽国王高琏派使者慰问说:"龙城王冯先生远道来到敝国荒郊,兵马十分辛苦吧?"冯弘恼羞成怒,仍以国王的身份训斥他。高丽国王把冯弘安置在平郭,不久又迁到北丰。冯弘一向蔑视高丽,政事刑法、奖赏惩罚,都像在自己国家一样。高丽于是撤去他左右的侍从,用北燕的太子冯王仁充当人质。冯弘怨恨高丽,派使者到刘宋请求派军前去迎接他归降,宋文帝派使者王白驹等人前往迎接,并命令高丽出资遣送。高丽王高琏不打算让冯弘南下,派大将孙漱、高仇等人在北丰将冯弘杀死,并杀了他的子孙十几人,定冯弘谥号为昭成皇帝。

魏灭夏

宋文帝元嘉元年,夏主将废太子瓒而立少子酒泉公伦。瓒闻之,将兵七万北伐伦。伦将骑三万拒之,战于高平,伦败死。伦兄太原公昌将骑一万袭瓒,杀之,并其众八万五千,归于统万。夏主大悦,立昌为太子。

夏主好自矜大,名其四门:东曰招魏,南曰朝宋,西曰服凉,北曰平朔。

二年秋八月,夏武烈帝殂,庙号世祖,太子昌即皇帝位。大赦,改元承光。

三年夏六月,魏主诏问公卿:"今当用兵,赫连、蠕蠕,二国何先?"长孙嵩、长孙翰、奚斤皆曰:"赫连土著,未能为患,不如先伐蠕蠕。"太常崔浩曰:"赫连氏土地不过千里,政刑残虐,人神所弃,宜先伐之。"尚书刘絜、武京侯安原请先伐燕。于是魏主自云中西巡至五原,因畋于阴山,东至和兜山。秋八月,还平城。

秋九月,魏主闻夏世祖殂,诸子相图,国人不安,欲伐

魏灭夏

宋文帝元嘉元年(424),夏王赫连勃勃准备废黜太子赫连璝而另立小儿子酒泉公赫连伦。赫连璝听说这件事,率兵七万北上攻打赫连伦。赫连伦率领三万骑兵进行抵抗,两军在高平交战,赫连伦兵败被杀。赫连伦的兄长太原公赫连昌率领一万骑兵袭击赫连璝的军队,将赫连璝杀死,并收编他的部众八万五千人,回到都城统万。夏王十分高兴,将赫连昌立为太子。

夏王赫连勃勃一向妄自尊大,他将都城的东门命名为招魏门,南门命名为朝宋门,西门命名为服凉门,北门命名为平朔门。

二年(425)秋季八月,夏武烈帝赫连勃勃驾崩,庙号称世祖,太子赫连昌即皇位。大赦天下,改年号为承光。

三年(426)夏季六月,北魏国主拓跋焘下诏询问朝中大臣:"如果现在出兵,赫连、蠕蠕两个国家应该先进攻哪一个?"大臣长孙嵩、长孙翰、奚斤都说:"赫连氏世代居住在那个地方,不足以构成大的威胁,不如先进攻蠕蠕。"太常崔浩说:"赫连氏土地方圆不过千里,政治残暴,刑法严酷,为天上的神明和本国人民所不容,应该首先讨伐赫连。"尚书刘絜、武京侯安原请求首先讨伐北燕。于是北魏国主拓跋焘从云中向西巡视,一直到五原,接着在阴山狩猎,向东抵达和兜山。秋季八月,才回到平城。

秋季九月,北魏国主拓跋焘听到夏世祖赫连勃勃去世,现在他的几个儿子相互争权夺利,国内人民十分不安,准备起兵讨伐

之。长孙嵩等皆曰:"彼若城守,以逸待劳,大檀闻之,乘虚入寇,此危道也。"崔浩曰:"往年以来,荧惑再守羽林,钩己而行,其占秦亡。今年五星并出东方,利以西伐。天人相应,不可失也。"嵩固争之,帝大怒,责嵩在官贪污,命武士顿辱之。于是遣司空奚斤帅四万五千人袭蒲阪,宋兵将军周幾帅万人袭陕城,以河东太守薛谨为乡导。谨,辩之子也。魏主欲以中书博士平棘李顺总前驱之兵,访于崔浩,浩曰:"顺诚有筹略。然臣与之婚姻,深知其为人果于去就,不可专委。"帝乃止。冬十月丁巳,魏主发平城。

魏主行至君子津,会天暴寒,冰合。十一月戊寅,帅轻骑二万济河袭统万。壬午,冬至,夏主方燕群臣,魏师奄至,上下惊扰。魏主军于黑水,去城三十馀里。夏主出战而败,退走入城。门未及闭,内三郎豆代田帅众乘胜入西宫,焚其西门。宫门闭,代田逾宫垣而出。魏主拜代田勇武将军。魏军夜宿城北,癸未,分兵四掠,杀获数万,得牛马十馀万。魏主谓诸将曰:"统万未可得也,他年当与卿等取之。"乃徙其民万馀家而还。

夏弘农太守曹达闻周幾将至,不战而走。魏师乘胜长驱,遂入三辅。会幾卒于军中,蒲阪守将东平公乙斗闻奚斤将至,遣使诣统万告急。使者至统万,魏军已围其城,

夏国。长孙嵩等人都说:"夏国军队如果坚守城池,以逸待劳,而蠕蠕的大檀听说了这一消息,乘着我们后方空虚,大举进攻,这就十分危险。"崔浩说:"几年以前,火星两次紧挨着羽林星,盘桓运行,占卜都预示了秦国一定灭亡。今年五星同时出现在东方,显示西征一定胜利。上天的旨意和人心一致,不可失去这个机会。"长孙嵩一再坚持自己的主张,拓跋焘勃然大怒,斥责长孙嵩做官贪污,命令武士将他的头按在地上,侮辱他。于是拓跋焘派司空奚斤率领四万五千人袭击蒲阪,宋兵将军周幾率领一万人袭击陕城,让河东太守薛谨担任向导。薛谨是薛辩的儿子。北魏国主拓跋焘准备让中书博士平棘人李顺全权指挥先头部队,拓跋焘向崔浩征求意见,崔浩说:"李顺的确很有心计谋略,但臣下我与他是姻亲,深深知道他办事缺少责任心,不可委以重任。"拓跋焘于是放弃这个念头。冬季十月丁巳(十一日),北魏国主从平城出发。

北魏国主拓跋焘行进到君子津时,正赶上天气骤冷,黄河封冻。十一月戊寅(初三),拓跋焘率领轻装骑兵二万渡过结冰的黄河袭击统万。壬午(初七)这天是冬至,夏王赫连昌正宴请群臣,北魏军队突然到来,朝中上下都惊慌失措。北魏国主拓跋焘的军队驻扎在黑水,离统万城三十多里。夏王赫连昌出城迎战失败,退回城内。城门还没有来得及关上,北魏内三郎豆代田率领部下乘胜杀入西宫,烧毁西门。夏人将宫门关闭,豆代田翻过宫墙逃出城去。北魏国主拓跋焘封豆代田为勇武将军。北魏的军队晚上在城北宿营,癸未(初八)这天,魏军兵分几路四处劫掠,杀死俘获的敌军有几万人,夺得牛马十多万头。北魏国主拓跋焘对各将领说:"统万不可能马上攻克,来年再与各位一同攻取。"于是迁徙夏国的一万多家居民返回本国。

夏国弘农太守曹达听说周幾将率军前来,不战而逃。北魏军队乘胜追击,长驱直入,马上攻入三辅。正逢周幾在军中死去,蒲阪的守将东平公赫连乙斗听说奚斤将率大军来进攻,派遣信使到统万告急。使者来到统万城外,北魏军队已经将统万重重围困,

还,告乙斗曰:"统万已败矣。"乙斗惧,弃城西奔长安,斤遂克蒲阪。夏主之弟助兴先守长安,乙斗至,与助兴弃长安,西奔安定。十二月,斤入长安。

四年春正月乙酉,魏主还平城。统万徙民在道多死,能至平城者什才六七。己亥,魏主如幽州。夏主遣平原公定帅众二万向长安。魏主闻之,伐木阴山,大造攻具,再谋伐夏。二月,魏主还平城。三月丙子,魏主遣高凉王礼镇长安。礼,斤之孙也。又诏执金吾桓贷造桥于君子津。

夏四月,魏奚斤与夏平原公定相持于长安。魏主欲乘虚伐统万,简兵练士,部分诸将,命司徒长孙翰等将三万骑为前驱,常山王素等将步兵三万为后继,南阳王伏真等将步兵三万部送攻具,将军贺多罗将精骑三千为前候。素,遵之子也。五月,魏主发平城,命龙骧将军代人陆俟督诸军镇大碛以备柔然。辛巳,济君子津。

魏主至拔邻山,筑城,舍辎重,以轻骑三万倍道先行。群臣咸谏曰:"统万城坚,非朝夕可拔。今轻军讨之,进不可克,退无所资,不若与步兵、攻具一时俱往。"帝曰:"用兵之术,攻城最下,必不得已,然后用之。今以步兵、攻具皆进,彼必惧而坚守。若攻不时拔,食尽兵疲,外无所掠,进退无地。不如以轻骑直抵其城,彼见步兵未至,意必宽弛。吾羸形以诱之,彼或出战,则成擒矣。所以然者,吾之军士

于是返回报告赫连乙斗说:"统万已经失陷了。"赫连乙斗十分害怕,放弃城池向西逃往长安,奚斤立刻攻占了蒲阪。夏王的弟弟赫连助兴先在长安防守,赫连乙斗来后,和赫连助兴放弃长安,向西逃奔安定。十二月,奚斤进入长安。

四年(427)春季正月乙酉(十一日),北魏国主回到平城。统万的移民在途中死去很多,能到平城的只有十分之六七。己亥(二十五日),北魏国主拓跋焘到幽州。夏王赫连昌派遣平原公赫连定率二万多人向长安进攻。北魏国主拓跋焘听说后,就在阴山伐木,大造攻城的器具,再次计划讨伐夏国。二月,北魏国主回到平城。三月丙子(初三),北魏国主派高凉王拓跋礼镇守长安。拓跋礼是拓跋斤的孙子。又下诏让执金吾桓贷在君子津架桥。

夏季四月,北魏奚斤与夏国的平原公赫连定在长安对峙。北魏国主准备乘对方空虚进攻统万,挑选精兵,加以操练,布置各处将领,命令司徒长孙翰等率领三万骑兵作为先锋部队,又命令常山王拓跋素等率领三万步兵为后续部队,命令南阳王拓跋伏真等率领三万步兵运送攻城的器具,让将军贺多罗率领精悍骑兵三千担任前锋警卫。拓跋素是拓跋遵的儿子。五月,北魏国主从平城出发,命令龙骧将军代郡人陆俟督统各军镇守大碛以防备柔然。辛巳(初九),大军渡过君子津。

北魏国主行军到拔邻山,命令筑起城墙,舍弃辎重,让三万轻装骑兵昼夜兼程先前进。群臣都进谏说:"统万的城池坚固,不是一朝一夕可以攻克的。如今派少量部队前去征讨,进攻不能一举攻克,后退又没有粮饷和军用物资,不如和步兵一起,携带攻城器具同时前往。"拓跋焘说:"用兵的策略中,攻城是最下策,迫不得已,然后才采用。如今让步兵、攻城器具一同前进,夏国军队必定因惧怕而坚守。如果久攻不下,粮食吃光,士兵疲乏,城外又无法抢夺到物资,会陷入进退两难的境地。不如派轻装骑兵直趋城下,夏国军队看到步兵还没有到,必定麻痹大意,我军以疲弱的假象来引诱敌军,夏国军队或许会出城迎战,那就可以将敌军生擒活捉。之所以这样做的原因,是因为我方的士兵

去家二千馀里，又隔大河，所谓'置之死地而后生'者也。故以之攻城则不足，决战则有馀矣。"遂行。

六月，魏主至统万，分军伏于深谷，以少众至城下。夏将狄子玉降魏，言："夏主闻有魏师，遣使召平原公定，定曰'统万坚峻，未易攻拔，待我擒奚斤然后徐往，内外击之，蔑不济矣'，故夏主坚守以待之。"魏主患之，乃退军以示弱，遣娥清及永昌王健帅骑五千西掠居民。

魏军士有得罪亡奔夏者，言魏军粮尽，士卒食菜，辎重在后，步兵未至，宜急击之。夏主从之，甲辰，将步骑三万出城。长孙翰等皆言："夏兵步陈难陷，宜避其锋。"魏主曰："吾远来求贼，惟恐不出。今既出矣，乃避而不击，彼奋我弱，非计也。"遂收众伪遁，引而疲之。

夏兵为两翼，鼓噪追之，行五六里，会有风雨从东南来，扬沙晦冥。宦者赵倪，颇晓方术，言于魏主曰："今风雨从贼上来，我向之，彼背之，天不助人。且将士饥渴，愿陛下摄骑避之，更待后日。"崔浩叱之曰："是何言也！吾千里制胜，一日之中，岂得变易！贼贪进不止，后军已绝，宜隐军分出，掩击不意。风道在人，岂有常也！"魏主曰"善！"乃分骑为左右队以掎之。魏主马蹶而坠，几为夏兵所获，

远离家乡二千多里,又隔了一条黄河,正是所谓'置之死地而后生'。用这些骑兵去攻城是不够,但进行决战则绰绰有馀了。"于是继续前进。

六月,北魏国主拓跋焘到达统万,将军队分成几支埋伏在深谷之中,派少量士兵到城下挑战。夏国将领狄子玉投降北魏,说:"夏王听说有北魏的军队,便派使者召回平原公赫连定,赫连定说'统万城池坚固,不容易攻陷,等我擒获奚斤后再慢慢前去,内外夹击,没有不成功的',所以夏王坚守不出以等待时机。"拓跋焘十分担忧,于是撤军以显示疲弱,派娥清和永昌王拓跋健率领骑兵五千向西掠夺当地居民。

北魏军队中有犯罪而逃到夏国军中的士兵,报告说北魏军队粮食吃光了,士兵都吃野菜,辎重在后面,步兵还没有到达,应赶快攻击。夏王听从了他们的话,甲辰(初二)这天,率领步兵、骑兵三万人出城。长孙翰等人都说:"夏国的阵地难以攻陷,应该避开它的锋芒。"北魏国主说:"我远道而来就是为了擒获敌将,只怕他们不出来。现在既然出城了,还躲避不迎战,使敌军士气高涨,使我军士气低落,不是上策。"于是集中部众假装逃跑,引诱敌军追击,使夏国士兵疲惫不堪。

夏国的军队兵分两路,从两翼包抄,擂鼓而进,杀声震天,追了五六里路,正赶上一场从东南方向来的疾风暴雨,扬起地上的沙石,遮天蔽日。宦官赵倪对占卜星相之术十分了解,就对北魏国主拓跋焘说:"今天的风雨是从敌军的方向过来的,我们逆风,而敌军顺风,上天不帮助我们。而且将领和士卒都十分饥渴,希望您整顿人马,避开敌人的锋芒,等日后再作打算。"崔浩斥责赵倪说:"这是什么话!我们为夺取胜利千里而来,一日之内,岂能随意变更!敌人贪功不断冒进,后续部队跟不上来,我们应将部队隐蔽好,分兵出击,突然袭击,出其不意。刮风下雨这种自然现象在于人们如何看待和利用,天气的变化哪里有什么常规呢!"拓跋焘说:"对!"于是将骑兵分成左右两队以互相支援。北魏国主拓跋焘因马失前蹄而摔下来,几乎要被夏国的士兵俘虏,

拓跋齐以身捍蔽，决死力战，夏兵乃退。魏主腾马得上，刺夏尚书斛黎文，杀之，又杀骑兵十馀人，身中流矢，奋击不辍，夏众大溃。齐，翳槐之玄孙也。

魏人乘胜逐夏主至城北，杀夏主之弟河南公满及兄子蒙逊，死者万馀人。夏主不及入城，遂奔上邽。魏主微服逐奔者，入其城。拓跋齐固谏，不听。夏人觉之，诸门悉闭。魏主因与齐等入其宫中，得妇人裙，系之槊上，魏主乘之而上，仅乃得免。会日暮，夏尚书仆射问至奉夏主之母出走，长孙翰将八千骑追夏主至高平，不及而还。

乙巳，魏主入城，获夏王、公、卿、校及诸母、后妃、姊妹、宫人以万数，马三十馀万匹，牛羊数千万头，府库珍宝、车旗、器物不可胜计，颁赐将士有差。

初，夏世祖性豪侈，筑统万城，高十仞，基厚三十步，上广十步，宫墙高五仞，其坚可以厉刀斧。台榭壮大，皆雕镂图画，被以绮绣，穷极文采。魏主顾谓左右曰："蕞尔国而用民如此，欲不亡得乎！"

得夏太史令张渊、徐辩，复以为太史令。得故晋将毛脩之、秦将军库洛干，归库洛干于秦，以毛脩之善烹调，用为太官令。魏主见夏著作郎天水赵逸所为文，誉夏主太过，怒曰："此竖无道，何敢如是！谁所为邪？当速推之！"崔浩曰："文士褒贬，多过其实，盖非得已，不足罪也。"乃止。魏主纳夏世祖三女为贵人。

拓跋齐用身体保护住北魏国主拓跋焘，拼死搏斗，夏国军队才被打退。拓跋焘乘机跨上马背，刺死夏国的尚书斛黎文，又斩杀夏国骑兵十多人，自己也被流箭射中，但仍然不断拼杀，夏国军队全线溃败。拓跋齐是拓跋翳槐的玄孙。

北魏军队乘胜追击夏王到城北，杀死了夏王的弟弟河南公赫连满和侄子赫连蒙逊，被杀死的士卒有一万多人。夏王赫连昌来不及逃进城去，就直接逃往上邽。北魏国主拓跋焘改换服装追赶逃跑的敌军，并进入城内。拓跋齐坚决劝阻，拓跋焘不听。夏国军队有所察觉，将各个城门关闭。拓跋焘于是和拓跋齐等人进入内宫，得到妇人的衣裙，将衣裙绑在铁槊上，拓跋焘用它爬上城墙，才侥幸逃脱。这时已天黑，夏国尚书仆射问至保护夏王的母亲逃走，长孙翰率领八千骑兵追赶夏王到高平，没赶上而返回。

乙巳（初三）这天，北魏国主拓跋焘进入统万城，俘虏了夏国王、公、卿、将领以及皇后、嫔妃、赫连昌的姐妹、宫女数以万计，缴获三十多万匹马，几千万头牛羊，国库中的珍宝、车辆、旗帜、器皿物件不计其数，拓跋焘按照不同级别把它们赏赐给部下。

当初，夏世祖赫连勃勃穷奢极侈，修筑的统万城，城高七十尺，城基高三十步，城头上宽十步，内宫的城墙高三十多尺，坚硬得可以用来磨刀斧。楼台亭榭十分雄伟，都雕刻着图画，用织锦装饰，富丽堂皇，无与伦比。北魏国主拓跋焘回过头对左右大臣说："小小的一个国家，奴役人民到这种程度，怎么可能不亡国呢！"

北魏俘虏了夏国的太史令张渊、徐辩，仍然让他们担任太史令。还俘获了前东晋的将领毛脩之、西秦将领库洛干，拓跋焘将库洛干交还给西秦，因为毛脩之擅长烹调，就任命他为太官令。北魏国主拓跋焘见夏国的著作郎天水人赵逸所写的文章，赞扬夏主赫连昌太过分，恼怒地说："赫连昌这小子昏庸无道，怎么敢这样吹捧他！这是谁写的文章？应当马上杀掉！"崔浩说："文人无论赞扬还是贬抑的议论大多言过其实，都是出于不得已而为之，用不着治罪。"于是拓跋焘放弃这个决定。北魏国主拓跋焘把赫连勃勃的三个女儿收入后宫做自己的嫔妃。

奚斤与夏平原公定犹相拒于长安。魏主命宗正娥清、太仆丘堆帅骑五千略地关右。定闻统万已破，遂奔上邽。斤追至雍，不及而还。清、堆攻夏贰城，拔之。

魏主诏斤等班师，斤上疏言："赫连昌亡保上邽，鸠合馀烬，未有蟠据之资。今因其危，灭之为易。请益铠马，平昌而还。"魏主不许。斤固请，乃许之，给斤兵万人，遣将军刘拔送马三千匹，并留娥清、丘堆使共击夏。

辛酉，魏主自统万东还，以常山王素为征南大将军、假节，与执金吾桓贷、莫云留镇统万。云，题之弟也。

五年春二月，魏平北将军尉眷攻夏主于上邽，夏主退屯平凉。奚斤进军安定，与丘堆、娥清军合。斤马多疫死，士卒乏粮，乃深垒自固。遣丘堆督租于民间，士卒暴掠，不设徼备，夏主袭之，堆兵败，以数百骑还城。夏主乘胜，日来城下钞掠，不得刍牧，诸将患之，监军侍御史安颉曰："受诏灭贼，今更为贼所困，退守穷城。若不为贼杀，当坐法诛，进退皆无生理。而诸王公晏然曾不为计乎？"斤曰："今军士无马，以步击骑，必无胜理，当须京师救骑至合击之。"颉曰："今猛寇游逸于外，吾兵疲食尽，不一决战，则死在旦夕，救骑何可待乎！等于就死，死战，不亦可乎！"斤又以马

北魏的奚斤与夏国平原公赫连定还在长安对峙。北魏国主拓跋焘命令宗正娥清、太仆丘堆率领五千骑兵在关右抢占地盘。赫连定听说统万已被攻陷，就逃往上邽。奚斤率兵追到雍城，没有追上，才返回驻地。宗正娥清、太仆丘堆率兵攻打夏国的贰城，顺利攻克。

北魏国主拓跋焘下诏命令奚斤等将领率部撤回，奚斤上奏说："赫连昌逃跑，退守上邽，纠集残部，暂时还没有割据一方的实力。如今趁着他危急，消灭他比较容易。请增加一些人马，待我平定赫连昌再回朝。"拓跋焘不同意。奚斤坚决请求，拓跋焘才同意他的意见，拨给奚斤一万士兵，派将军刘拔送去三千匹马，并且留下娥清、丘堆让他们一同进攻夏国。

辛酉(十九日)这天，北魏国主拓跋焘从统万启程向东回国，拓跋焘任命常山王拓跋素为征南大将军、假节，让他和执金吾桓贷、莫云一起留下镇守统万。莫云是莫题的弟弟。

五年(428)春季二月，北魏的平北将军尉眷向屯驻在上邽的夏王赫连昌进攻，赫连昌退军据守平凉。北魏奚斤向安定进军，与丘堆、娥清的部队会合。奚斤部队的马匹遭受瘟疫大多数都死了，士兵缺少口粮，于是构筑高垒来自我固守。奚斤派丘堆率兵到当地百姓中去催租，士兵们残暴地掠夺，又没有防备敌军的进攻，夏王赫连昌率兵突袭，丘堆战败，只剩下几百骑兵逃回城内。赫连昌乘胜追击，每天到城下来抢劫掠夺，使得北魏军队不敢放牧马匹，各个将领都十分担心，监军侍御史安颉说："我们接受诏命消灭敌人，现在反而被敌军所围困，退守这座孤城。假使不被敌军所杀，也会因为触犯军法而被处死，进攻和后退都没有生路，各位王公大臣静坐在这里就想不出什么计策吗？"奚斤说："如今士兵没有马匹，用步兵去与骑兵作战，必定不能取胜，应该等京师的救援骑兵来了之后，合力围攻。"安颉说："如今凶猛的敌人在城外四处活动，而我们的士兵疲惫不堪又口粮断绝，如果不进行一场决战，就死到临头了，哪里还能等到救兵？同样是死，拼死一战，不也可以吗！"奚斤又以马匹

少为辞。颉曰:"今敛诸将所乘马,可得二百匹,颉请募敢死之士出击之,就不能破敌,亦可以折其锐。且赫连昌猖而无谋,好勇而轻,每自出挑战,众皆识之。若伏兵掩击,昌可擒也。"斤犹难之,颉乃阴与尉眷等谋,选骑待之。既而夏主来攻城,颉出应之。夏主自出陈前搏战,军士识其貌,争赴之。会天大风扬尘,昼昏,夏主败走。颉追之,夏主马蹶而坠,遂擒之。颉,同之子也。

夏大将军、领司徒、平原王定收其馀众数万,奔还平凉,即皇帝位,大赦,改元胜光。

三月辛巳,赫连昌至平城,魏主馆之于西宫,门内器用皆给乘舆之副,又以妹始平公主妻之,假常忠将军,赐爵会稽公。以安颉为建节将军,赐爵西平公;尉眷为宁北将军,进爵渔阳公。

魏主常使赫连昌侍从左右,与之单骑共逐鹿,深入山涧。昌素有勇名,诸将咸以为不可。魏主曰:"天命有在,亦何所惧!"亲遇如初。

奚斤自以为元帅,而昌为偏裨所擒,深耻之。乃舍辎重,赍三日粮,追夏主于平凉。娥清欲循水而往,斤不从,自北道邀其走路。至马髦岭,夏军将遁,会魏小将有罪亡归于夏,告以魏军食少无水。夏主乃分兵邀斤,前后夹击之,魏兵大溃,斤及娥清、刘拔皆为夏所擒,士卒死者六七千人。

少为借口拒绝。安颉说:"现在集中各将领所骑的马,可以得到二百匹,我请求征召敢死的士兵出城攻击敌人,即使不能战胜敌人,也可以挫伤敌人的锐气。并且赫连昌急躁而没有谋略,好斗勇而轻敌,常亲自出阵挑战,所有士兵都认识他。如果埋伏的士卒突然出击,赫连昌就可以被我们擒获了。"奚斤还要阻挠,安颉就暗中与将领尉眷等人商量,挑选精壮的骑兵伺机行事。不久夏王赫连昌来攻城,安颉出城应战。夏王赫连昌亲自出阵作战,北魏士兵都认识他,争先恐后杀向赫连昌。正赶上那天刮大风扬起的灰尘弄得天昏地暗,夏王赫连昌败逃。安颉率部追击,夏王赫连昌因马失前蹄而摔下来,北魏士兵将他抓获。安颉是安同的儿子。

夏国的大将军、兼司徒平原王赫连定收集残部几万人,逃回平凉城,即皇帝位,下令大赦天下,改年号为胜光。

三月辛巳(十三日),赫连昌被押解到平城,北魏国主拓跋焘安排他住在西宫,宫内安排的器具、车马都与皇帝一个规格,拓跋焘又把妹妹始平公主嫁给赫连昌为妻,封他常忠将军的职衔,赐给会稽公的爵位。并任命安颉为建节将军,赐给西平公的爵位;封尉眷为宁北将军,并晋升爵位为渔阳公。

北魏国主拓跋焘常使赫连昌在左右随从,与他单独骑马打猎,深入山谷幽涧之中。赫连昌一向以勇猛著名,各将领都认为这样做不行。拓跋焘说:"生死由命,有什么可惧怕的?"拓跋焘对赫连昌礼遇厚待仍像当初一样。

北魏奚斤认为自己作为元帅,而赫连昌却被手下副将所擒获,感到十分羞耻。于是舍弃辎重,携带三天的粮食,追击夏王赫连定直到平凉城。娥清计划沿着水路前进,奚斤不听,从北面陆路截断夏军退路。追至马髦岭,夏军准备逃跑,正巧北魏的一个小头目因犯罪逃到夏国军中,报告了北魏军队缺少军粮没有饮水的情况。夏王赫连定于是兵分几路截击奚斤的部队,前后夹击,北魏军队大败,奚斤和娥清、刘拔都被夏国军队俘虏,被杀死的士兵有六七千人。

丘堆守辎重在安定,闻斤败,弃辎重奔长安,与高凉王礼偕奔蒲阪,夏人复取长安。魏主大怒,命安颉斩丘堆,代将其众,镇蒲阪以拒之。

夏四月,夏主遣使请和于魏,魏主以诏谕之使降。

六年春正月,夏酒泉公隽自平凉奔魏。

夏五月,夏主欲复取统万,引兵东至侯尼城,不敢进而还。

夏主少凶暴无赖,不为世祖所知。十月,畋于阴槃,登苛蓝山,望统万城泣曰:"先帝若以朕承大业者,岂有今日之事乎!"

七年春三月壬寅,魏封赫连昌为秦王。

秋九月己丑,夏主遣其弟谓以代伐魏鄜城,魏平西将军始平公陧归等击之,杀万馀人,谓以代遁去。夏主自将数万人邀击陧归于鄜城东,留其弟上谷公社干、广阳公度洛孤守平凉,遣使来求和,约合兵灭魏,遥分河北:自恒山以东属宋,以西属夏。

魏主闻之,治兵将伐夏,群臣咸曰:"刘义隆兵犹在河中,舍之西行,前寇未必可克,而义隆乘虚济河,则失山东矣。"魏主以问崔浩,对曰:"义隆与赫连定遥相招引,以虚声唱和,共窥大国,义隆望定进,定待义隆前,皆莫敢先入。譬如连鸡,不得俱飞,无能为害也。赫连定残根易摧,拟之必仆。克定之后,东出潼关,席卷而前,则威震南极,江、淮

北魏将领丘堆在安定守卫辎重,听说奚斤战败,丢弃辎重逃往长安,同高凉王拓跋礼一起逃到蒲阪,夏国军队重新收复长安。北魏国主拓跋焘十分恼怒,命令安颉斩杀丘堆,代替他率领部队,镇守蒲阪,来抵抗夏国的进攻。

　　夏季四月,夏王赫连定派遣使者到北魏求和,北魏国主拓跋焘下诏令让赫连定投降。

　　六年(429)春季正月,夏国酒泉公赫连隽从平凉逃到北魏。

　　夏季五月,夏王赫连定想收复统万,领兵向东进发到达侯尼城,不敢前进而返回。

　　夏王赫连定年少时性情残暴,不务正业,不被世祖赫连勃勃所了解。十月,赫连定在阴槃狩猎,登上苟蓝山,望着统万城流着泪说:"先王如果让我继承大业,哪里会有今天这样的事啊!"

　　七年(430)春季三月壬寅(十六日),北魏国主封赫连昌为秦王。

　　秋季九月己丑(初六)这天,夏王派他的弟弟赫连谓以代讨伐北魏鄜城,北魏的平西将军始平公隗归等人出去迎战,斩杀一万多人,赫连谓以代逃走。夏王亲自率领几万人在鄜城东面截击隗归,留下他的弟弟上谷公赫连社干、广阳公赫连度洛孤坚守平凉,他们派遣使者前往刘宋朝廷求和,相约联合起兵消灭北魏,共同瓜分黄河以北的土地:从恒山以东属于刘宋,以西属于夏国。

　　北魏国主拓跋焘听说这件事,整顿军队准备进攻夏国,群臣都说:"刘义隆的军队还在黄河中游,如果我们舍弃而向西行进,未必可以攻克前方的敌军,如果刘义隆乘着我们后方空虚渡过黄河,那么将会失去恒山以东。"北魏国主拓跋焘以此事询问崔浩,崔浩回答说:"刘义隆和赫连定约定互相支援,来虚张声势,一起算计我们。刘义隆指望赫连定前进,赫连定等待刘义隆进兵,都不敢率先进军。两者就好像绑在一起的鸡,不能一起飞,不可能造成什么危害。赫连定像枯树根一样容易摧毁,一推就倒。平定赫连定以后,向东出潼关,席卷前进,就可以威震南方,长江、淮河

以北无立草矣。圣策独发,非愚近所及,愿陛下勿疑。"甲辰,魏主如统万,遂袭平凉,以卫兵将军王斤镇蒲阪。

冬十一月乙酉,魏主至平凉,夏上谷公社干等婴城固守。魏主使赫连昌招之,不下,乃使安西将军古弼等将兵趣安定。夏主自郿城还安定,将步骑二万北救平凉,与弼遇,弼伪退以诱之,夏主追之,魏主使高车驰击之,夏兵大败,斩首数千级。夏主还走,登鹑觚原,为方陈以自固,魏兵就围之。

魏军围夏主数日,断其水草,人马饥渴。丁酉,夏主引众下鹑觚原,魏武卫将军丘眷击之,夏众大溃,死者万馀人。夏主中重创,单骑走,收其馀众,驱民五万,西保上邽。魏人获夏主之弟丹杨公乌视拔、武陵公秃骨及公侯以下百馀人。是日,魏兵乘胜进攻安定,夏东平公乙斗弃城奔长安,驱略数千家,西奔上邽。己亥,魏主如安定。庚子,还,临平凉,掘堑围之。安慰初附,赦秦、雍之民,赐复七年。夏陇西守将降魏。

十二月丁卯,夏上谷公社干、广阳公度洛孤出降,魏克平凉。

关中侯豆代田得奚斤、娥清等,献于魏主。魏主以夏主之后赐代田,命斤膝行执酒以奉代田,谓斤曰:"全汝生者,代田也。"赐代田爵井陉侯,加散骑常侍、右卫将军,领内都幢将。

以北就没有一根直立的草了。圣上的计策运思巧妙，不是愚钝的人所能理解的，希望皇上不必多虑。"甲辰（二十一日），北魏国主拓跋焘到达统万，开始向平凉进攻，让卫兵将军王斤镇守蒲阪。

冬季十一月乙酉（初三）这天，北魏国主拓跋焘到达平凉，夏国上谷公赫连社干等环城固守。北魏国主拓跋焘派赫连昌去招降，不成功，就派安西将军古弼等率兵到安定。夏王赫连定从廊城返回安定，率领步兵骑兵二万人向北救援平凉，和古弼在中途相遇，古弼假装后退以引诱敌人，夏王赫连定紧紧追赶，北魏国主派出高车部落快速出击，夏国军队大败，被杀死几千人。夏王赫连定逃走，退守鹑觚原，结成方阵以固守，北魏军队将其重重围住。

魏国军队围困夏王几天，截断他们的水源和粮草供应，夏国军队人马饥渴。丁酉（十五日），夏王赫连定率部冲下鹑觚原，北魏武卫将军丘眘带兵进攻，夏国军队溃不成军，被杀的有一万多人。夏王赫连定也受重伤，单人匹马逃走，随后集合残部，驱赶居民五万人，向西保卫上邽。北魏人俘虏了夏王的弟弟丹杨公赫连乌视拔、武陵公赫连秃骨以及公侯以下一百多人。这一天，魏国军队乘胜进攻安定，夏国东平公赫连乙斗放弃城池逃往长安，驱赶几千家居民，向西逃往上邽。己亥（十七日），魏主拓跋焘到达安定。庚子（十八日），回到平凉，挖掘壕沟围住夏军，安抚收编队伍，大赦秦、雍之地的百姓，免除他们七年的徭役。夏国的陇西守将投降北魏。

十二月丁卯（十五日），夏国上谷公赫连社干、广阳公赫连度洛孤出城投降，北魏顺利攻占平凉。

北魏关中侯豆代田将救出的奚斤、娥清等人献给拓跋焘。北魏国主拓跋焘把夏王赫连定的皇后赏赐给豆代田，命令奚斤端着酒跪着上前献给豆代田，并对奚斤说："保全你性命的人是豆代田。"拓跋焘赏赐豆代田井陉侯的爵位，加授散骑常侍、右卫将军、兼内都幢将等衔。

　　夏长安、临晋、武功守将皆走，关中悉入于魏。魏主留巴东公延普镇安定，以镇西将军王斤镇长安。壬申，魏主东还，以奚斤为宰士，使负酒食以从。王斤骄矜不法，信用左右，调役百姓。民不堪命，南奔汉川者数千家。魏主案治得实，斩斤以徇。

　　八年夏六月，夏主畏魏人之逼，拥秦民十馀万口，自治城济河，欲击河西王蒙逊而夺其地。吐谷浑王慕璝遣益州刺史慕利延、宁州刺史拾虔帅骑三万，乘其半济，邀击之，执夏主定以归。秋八月，吐谷浑王慕璝遣侍郎谢太宁奉表于魏，请送赫连定。

　　九年春三月壬申，吐谷浑王慕璝送赫连定于魏，魏人杀之。

　　十一年春闰三月甲戌，赫连昌叛魏西走。丙子，河西候将格杀之，魏人并其群弟诛之。

夏国长安、临晋、武功守将都逃跑了,关中地方全被北魏占领。北魏国主拓跋焘留下巴东公拓跋延普镇守安定,派镇西将军王斤镇守长安。壬申(二十日)这天,北魏国主拓跋焘返回东方国都,他让奚斤当宰士,背着酒食跟从左右。镇西将军王斤骄横傲慢不守法度,放纵手下,奴役百姓。人民不堪忍受,向南逃到汉川的有几千家。拓跋焘通过调查证明属实,将王斤斩首示众。

八年(431)夏季六月,夏王赫连定害怕北魏军队进逼,就挟持西秦的居民十多万人,从治城渡过黄河,准备攻击河西王沮渠蒙逊,侵占他的土地。吐谷浑王慕璝派益州刺史慕利延、宁州刺史拾虔率领骑兵三万人,趁着夏国军队渡河渡了一半时出兵截击,俘虏夏王赫连定凯旋。秋季八月,吐谷浑王慕璝派侍郎谢太宁出使北魏,表示愿将赫连定献给北魏。

九年(432)春季三月壬申(二十八日),吐谷浑王慕璝将赫连定遣送到北魏,北魏人将他斩首。

十一年(434)春季闰三月甲戌(十一日),赫连昌背叛北魏,向西逃跑。丙子(十三日),河西一带边关将领将他杀死,北魏人连同赫连昌的诸位兄弟一同杀死。

魏灭北凉

　　宋文帝元嘉七年冬十一月，河西王蒙逊遣尚书郎宗舒等入贡于魏，魏主与之宴，执崔浩之手以示舒等曰："汝所闻崔公，此则是也。才略之美，于今无比。朕动止咨之，豫陈成败，若合符契，未尝失也。"

　　八年秋八月乙酉，河西王蒙逊遣子安周入侍于魏。九月，魏主欲选使者诣河西，崔浩荐尚书李顺，乃以顺为太常，拜河西王蒙逊为侍中、都督凉州西域羌戎诸军事、太傅、行征西大将军、凉州牧、凉王，王武威、张掖、敦煌、酒泉、西海、金城、西平七郡。册曰："盛衰存亡，与魏升降。北尽穷发，南极庸、嶲，西被昆岭，东至河曲，王实征之，以夹辅皇室。置将相、群卿、百官，承制假授。建天子旌旗，出入警跸，如汉初诸侯王故事。"

　　九年冬十二月，魏李顺复奉使至凉。凉王蒙逊遣中兵校郎杨定归谓顺曰："年衰多疾，腰髀不随，不堪拜伏。比三五日消息小差，当相见。"顺曰："王之老疾，朝廷所知，

魏灭北凉

宋文帝元嘉七年（430）冬季十一月，河西王沮渠蒙逊派尚书郎宗舒等人到北魏进贡，北魏国主同他们一道宴饮，席间拓跋焘握着崔浩的手对宗舒说："你们久闻大名的崔公，就是这位。他的才华谋略，在当世无人能比。我每次行动之前都会向他请教，他对成功与失败的预测，就像验合在一起的符信一样，不曾一点偏差。"

八年（431）秋季八月乙酉（初七）这天，河西王沮渠蒙逊派儿子沮渠安周到北魏充当人质。九月，北魏国主拓跋焘准备挑选使者出使河西，崔浩推荐尚书李顺，于是拓跋焘任命李顺为太常，封河西王沮渠蒙逊为侍中、都督凉州、西域、羌、戎诸军事、兼太傅、代理征西大将军、凉州牧和凉王，管辖武威、张掖、敦煌、酒泉、西海、金城、西平七个郡。册封的诏书上写着："兴盛衰亡都与大魏连为一体。向北到穷发，南端至上庸、嶍山，西到昆岭，东达河曲，都归凉王统治，以辅佐皇室。设置将相、公卿、文武百官，承奉制命授官封爵。还可以使用天子的旌旗，出巡时戒备森严，像汉代初年各王侯一样。"

九年（432）冬季十二月，北魏的李顺又一次奉命出使北凉。北凉王沮渠蒙逊派中兵校郎杨定归对李顺说："沮渠蒙逊年老体衰，疾病缠身，腰腿不太灵活，不能下跪叩拜，等休息三五天稍稍好转，再与你相见。"李顺说："凉王年老有病，朝廷早就知道，

岂得自安,不见诏使!"明日,蒙逊延顺入至庭中,蒙逊箕坐隐几,无动起之状。顺正色大言曰:"不谓此叟无礼乃至于此! 今不忧覆亡而敢陵侮天地,魂魄逝矣,何用见之!"握节将出,凉王使定归追止之,曰:"太常既雅恕衰疾,传闻朝廷有不拜之诏,是以敢自安耳。"顺曰:"齐桓公九合诸侯,一匡天下。周天子赐胙,命无下拜,桓公犹不敢失臣礼,下拜登受。今王虽功高,未如齐桓。朝廷虽相崇重,未有不拜之诏,而遽自偃蹇,此岂社稷之福邪!"蒙逊乃起,拜受诏。

使还,魏主问以凉事。顺曰:"蒙逊控制河右,逾三十年,经涉艰难,粗识机变,绥集荒裔,群下畏服。虽不能贻厥孙谋,犹足以终其一世。然礼者德之舆,敬者身之基也。蒙逊无礼、不敬,以臣观之,不复年矣。"魏主曰:"易世之后,何时当灭?"顺曰:"蒙逊诸子,臣略见之,皆庸才也。如闻敦煌太守牧犍,器性粗立,继蒙逊者,必此人也。然比之于父,皆云不及。此殆天之所以资圣明也。"魏主曰:"朕方有事东方,未暇西略。如卿所言,不过数年之外,不为晚也。"

初,罽宾沙门昙无谶,自云能使鬼治病,且有秘术。凉王蒙逊甚重之,谓之"圣人",诸女及子妇皆往受术。魏主闻之,使李顺往征之。蒙逊留不遣,仍杀之。魏主由是怒凉。

但怎么能只图安适,不接见奉诏使臣!"第二天,沮渠蒙逊请李顺到内庭相见,沮渠蒙逊张开两腿倚几而坐,丝毫没有起身下拜的意思。李顺表情严肃地大声说:"不曾想这老头无礼到这个程度!如今不担心国家的存亡,还敢蔑视天地神灵,死期不远了,见了面又有什么用呢!"拿着符节就准备出来,北凉王派杨定归追上他,阻止说:"太常既然原谅凉王年老体弱,又听说朝廷有特准不拜的诏令,所以才敢贪图安适,如此无礼。"李顺说:"齐桓公九次担任诸侯的盟主,曾号令天下,周朝天子赏赐他祭祀的肉,让他不要下拜,齐桓公仍不敢丧失君臣之间的礼节,下拜后才接受。如今凉王虽然功劳很大,但还是比不上齐桓公,朝廷对你十分推崇敬重,却没有下过不用跪拜的诏令,而你竟如此骄横傲慢,这哪里是国家的福分啊!"北凉王沮渠蒙逊这才起身,下拜并接受诏书。

李顺出使北凉回到都城,拓跋焘询问他北凉的情况,李顺回答说:"凉王沮渠蒙逊控制河西地区超过三十年,经历了许多艰难险阻,遇事基本上能随机应变,他能安抚边地的民族,手下对他十分敬服。虽然不能给他的子孙留下什么基业,但还可以在生前控制局面。然而礼仪是道德的表现,恭敬是立身处世的基础。凉王沮渠蒙逊不讲礼仪、不敬尊长,在我看来,统治的日子长不了。"拓跋焘说:"在他死后,何时可以灭亡北凉?"李顺说:"沮渠蒙逊的几个儿子,据我初步观察,都是平庸之辈。我听说敦煌太守沮渠牧犍,还比较成器,将来继承凉王位置的,必定是这个人。然而跟他父亲比起来,都说赶不上。这大概是上天用他来帮助贤明君主建功立业的缘故。"北魏国主拓跋焘说:"我现在在东方有战事,没有时间顾及西方。如果像你所说的那样,用不了几年,北凉就会灭亡,到那时也不晚。"

最初,罽宾的僧人昙无谶,自称能驱使鬼神治病,而且有神秘的方术。北凉王沮渠蒙逊对他十分器重,称他为"圣人",沮渠蒙逊的几个女儿及儿媳都在昙无谶那里接受他的法术。北魏国主拓跋焘听说这件事,派李顺前往征召昙无谶。沮渠蒙逊不肯放行,最终将昙无谶杀死。拓跋焘因为这件事对北凉十分恼怒。

蒙逊荒淫猜虐,群下苦之。

十年夏四月,凉王蒙逊病甚,国人共议,以世子菩提幼弱,立菩提之兄敦煌太守牧犍为世子,加中外都督、大将军、录尚书事。蒙逊卒,谥曰武宣王,庙号太祖。牧犍即河西王位,大赦,改元永和。立子封坛为世子,加抚军大将军、录尚书事。遣使请命于魏。牧犍聪颖好学,和雅有度量,故国人立之。

先是,魏主遣李顺迎武宣王女为夫人,会卒,牧犍称先王遗意,遣左丞宋繇送其妹兴平公主于魏,拜右昭仪。

魏主谓李顺曰:“卿言蒙逊死,今则验矣。又言牧犍立,何其妙哉!朕克凉州,亦当不远。”于是赐绢十匹,厩马一乘,进号安西将军,宠待弥厚,政事无巨细皆与之参议。遣顺拜牧犍都督凉沙河三州西域羌戎诸军事、车骑将军、开府仪同三司、凉州刺史、河西王,以宋繇为河西王右相。牧犍以无功受赏,留顺,上表乞安、平一号,优诏不许。牧犍尊敦煌刘昞为国师,亲拜之,命官属以下皆北面受业。

十一年夏四月,河西王牧犍遣使上表,告嗣位。戊寅,诏以牧犍为都督凉秦等四州诸军事、征西大将军、凉州刺史、河西王。

十二年春正月,有老父投书于敦煌东门,求之,不获。书曰:“凉王三十年若七年。”河西王牧犍以问奉常张慎,对曰:“昔虢之将亡,神降于莘。愿陛下崇德修政,以享三十年之祚。若盘于游田,荒于酒色,臣恐七年将有大变。”牧犍

沮渠蒙逊荒淫无道,性情多疑残暴,手下大臣深受其苦。

十年(433)夏季四月,北凉王沮渠蒙逊病重,国内议论纷纷,认为世子沮渠菩提年幼,应当立沮渠菩提的兄长敦煌太守沮渠牧犍为世子,加授中外都督、大将军、录尚书事。沮渠蒙逊去世,谥号叫武宣王,庙号为太祖。沮渠牧犍即河西王位,下令大赦天下,改年号为永和。册立儿子沮渠封坛为世子,加授抚军大将军、录尚书事。沮渠牧犍派使者到北魏请旨。沮渠牧犍聪明好学,温文尔雅又有气度,所以人们拥护他即位。

在这以前,魏主拓跋焘派李顺去迎接武宣王沮渠蒙逊的女儿为妻子,正遇上沮渠蒙逊去世,沮渠牧犍声称按先王遗愿,派左丞相宋繇护送妹妹兴平公主到北魏,兴平公主被册封为右昭仪。

北魏国主拓跋焘对李顺说:“你预言沮渠蒙逊将死,如今应验了。又预言沮渠牧犍继位,又应验了,这多么神妙啊!我攻克凉州,也应该不会太久了。”于是赏赐李顺绢十四,御马四匹,晋升为安西将军,从此对他更加宠信,政事无论大小都与他商议。拓跋焘派李顺出使北凉,任命沮渠牧犍为都督凉、沙、河三州、西域、羌、戎诸军事,封为车骑将军、开府仪同三司、凉州刺史、河西王,任命宋繇为河西王右丞相。沮渠牧犍认为这是无功受赏,挽留住李顺,上书表示只接受“安西”“平西”中的一个封号,拓跋焘下诏以好言拒绝。沮渠牧犍封敦煌刘昞为国师,亲自拜见,下令官属以下的都朝北面向他叩拜,接受国师的训导。

十一年(434)夏季四月,河西王沮渠牧犍派使者上书,报告已经继位。戊寅这天,拓跋焘下诏任命沮渠牧犍为都督凉、秦等四州诸军事,封他为征西大将军、凉州刺史、河西王。

十二年(435)春季正月,有老者将书信投到敦煌城的东门,北凉河西王下令查找,没有找到。信上写着:“凉王的三十年相当于七年。”河西王沮渠牧犍就这封信询问奉常张慎,张慎回答说:“过去虢国即将灭亡时,有神仙降临到莘。希望殿下您崇尚仁德,修明政治,保有三十年的王位。如果只忙于游玩狩猎,沉溺酒色,荒于政事,我担心七年之后将会有大的变故。”沮渠牧犍

不悦。

十四年冬十一月，魏主以其妹武威公主妻河西王牧犍，河西王遣宋繇奉表诣平城谢，且问其母及公主所宜称。魏主使群臣议之，皆曰："母以子贵，妻从夫爵。牧犍母宜称河西国太后，公主于其国称王后，于京师则称公主。"魏主从之。

牧犍遣将军沮渠旁周入贡于魏，魏主遣侍中古弼、尚书李顺赐其侍臣衣服，并征世子封坛入侍。是岁，牧犍遣封坛如魏。李顺自河西还，魏主问之曰："卿往年言取凉州之策，朕以东方有事，未遑也。今和龙已平，吾欲即以此年西征，可乎？"对曰："臣畴昔所言，以今观之，私谓不谬。然国家戎车屡动，士马疲劳，西征之议，请俟他年。"魏主乃止。

十六年春三月，河西王牧犍通于其嫂李氏，兄弟三人传嬖之。李氏与牧犍之姊共毒魏公主，魏主遣解毒医乘传救之，得愈。魏主征李氏，牧犍不遣，厚资给，使居酒泉。

魏每遣使者诣西域，常诏牧犍发导护送出流沙。使者自西域还，至武威，牧犍左右有告魏使者曰："我君承蠕蠕可汗妄言云：'去岁魏天子自来伐我，士马疫死，大败而还，我擒其长弟乐平王丕。'我君大喜，宣言于国。又闻可汗遣使告西域诸国，称：'魏已削弱，今天下唯我为强，若更有魏使，勿复供奉'。西域诸国颇有贰心。"使还，具以状闻。魏主

听了很不高兴。

十四年(437)冬季十一月,魏主拓跋焘把自己的妹妹武威公主嫁给河西王沮渠牧犍,河西王派宋繇带着奏章到平城谢恩,并且询问对他母亲及公主的适当称呼。拓跋焘让群臣商议,大臣都说:"母亲因为儿子而富贵,妻子应按丈夫的爵位来称呼。沮渠牧犍的母亲应称为河西国太后,公主在河西国内称王后,在京城则称呼公主。"拓跋焘听从大臣们的意见。

沮渠牧犍派将军沮渠旁周到北魏进贡,北魏国主拓跋焘派侍中古弼、尚书李顺赏赐他侍臣的服饰,并召世子沮渠封坛到都城充当人质。这一年,沮渠牧犍派世子沮渠封坛到北魏。李顺从河西返回都城,北魏国主拓跋焘问李顺:"你前些年说的攻取凉州的计划,我因为东面有战事,没有时间顾及。现在和龙已经平定,我准备就在今年西征,可以吗?"李顺回答说:"我过去说过的话,在现在看来,私下里认为并不错。然而国家战事频繁,士兵疲劳,西征的计划,还是等来年再说。"北魏国主于是放弃了西征的念头。

十六年(439)春季三月,河西王沮渠牧犍和他的嫂子李氏私通,兄弟三人对她争相宠幸。李氏与沮渠牧犍的姐姐合谋毒死北魏公主,北魏国主拓跋焘派解治毒药的医生乘驿传快马去拯救,公主才得以治愈。拓跋焘索要李氏,沮渠牧犍不肯,反而赠给李氏许多钱财,让她居住在酒泉。

北魏每次派使者到西域,都命令沮渠牧犍派向导护送使者出沙漠。使者从西域返回武威,沮渠牧犍的手下有人报告北魏使者说:"我们国君听从蠕蠕可汗的狂妄之言,可汗说:'去年北魏国君亲自来进攻我,士卒战马染瘟疫死去不少,大败而归。我擒获了北魏国主的大弟弟乐平王拓跋丕。'我们国君听了十分高兴,在国内大肆渲染。又听说可汗派使者告诉西域诸国,声称'北魏的势力已经被削弱,现在天下数我蠕蠕最强,如果再有北魏使者来,不要再款待'。所以西域几个国家对北魏都有二心。"使者回到都城,把听到的情况向北魏国主拓跋焘详细报告。拓跋焘

遣尚书贺多罗使凉州观虚实，多罗还，亦言牧犍虽外修臣礼，内实乖悖。

魏主欲讨之，以问崔浩。对曰：“牧犍逆心已露，不可不诛。官军往年北伐，虽不克获，实无所损。战马三十万匹，计在道死伤不满八千，常岁赢死亦不减万匹。而远方乘虚，遽谓衰耗不能复振。今出其不意，大军猝至，彼必骇扰，不知所为，擒之必矣。”魏主曰：“善！吾意亦以为然。”于是大集公卿议于西堂。弘农王奚斤等三十馀人皆曰：“牧犍，西垂下国，虽心不纯臣，然继父位以来，职贡不乏。朝廷待以藩臣，妻以公主。今其罪恶未彰，宜加恕宥。国家新征蠕蠕，士马疲弊，未可大举。且闻其土地卤瘠，难得水草，大军既至，彼必婴城固守。攻之不拔，野无所掠，此危道也。”

初，崔浩恶尚书李顺，顺使凉州凡十二返，魏主以为能。凉武宣王数与顺游宴，对其群下时为骄慢之语，恐顺泄之，随以金宝纳于顺怀，顺亦为之隐。浩知之，密以白魏主，魏主未之信。及议伐凉州，顺与尚书古弼皆曰：“自温圉水以西至姑臧，地皆枯石，绝无水草。彼人言，姑臧城南天梯山上，冬有积雪，深至丈馀，春夏消释，下流成川，居民引以溉灌。彼闻军至，决此渠口，水必乏绝。环城百里之内，地不生草，人马饥渴，难以久留。斤等之议是也。”魏主乃命浩与斤等相诘难，众无复他言，但云“彼无水草”。浩

派尚书贺多罗出使凉州探察虚实,贺多罗回来,也说沮渠牧犍虽然表面行君臣的礼节,内心却在想着反叛。

北魏国主拓跋焘准备讨伐沮渠牧犍,去询问崔浩。崔浩回答说:"沮渠牧犍反叛的心思已经暴露,不可不杀。大军过去北伐,虽然没有大的收获,但实际上也没有遭受什么损失。战马三十万匹,在中途死伤的总计不满八千,平常年份老病而死的也不少于一万匹。而我们乘虚远征,敌军就认为我们将一蹶不振。现在出其不意,大队人马突然到达,北凉军队必定害怕而互相惊扰,不知所措,我们必定可以将敌军一举擒获。"拓跋焘说:"你说得很对!我也认为是这样。"于是召集大臣,在西堂商议。弘农王奚斤等三十多人都说:"沮渠牧犍,是西方的边远小国,虽然不甘心臣服,但是继承父位以来,进贡没有间断。朝廷也以藩臣之礼相待,把公主嫁给他。如今他的罪恶尚未表现出来,应该予以宽恕。国内刚远征蠕蠕,兵马都很疲劳,不可以大举兴兵。而且听说北凉大多是盐碱地,十分贫瘠,很难找到水草,大队人马到达那里,敌军必定会围绕城池固守,如果久攻不下,野外又没有可以掠夺的物资,这是十分危险的计策。"

当初,崔浩忌恨尚书李顺,李顺出使北凉往返一共十二趟,北魏国主认为李顺精明能干。北凉的武宣王几次与李顺游乐欢宴时,不时对大臣说些骄横傲慢的话,他担心李顺泄露出去,随后把金银财宝放进李顺的怀里贿赂他,李顺于是便替他隐瞒了。崔浩知道了这件事,秘密地报告给拓跋焘,拓跋焘不相信。等到共同商议攻打凉州,李顺与尚书古弼都说:"从温围水的西面到姑臧,地面尽是枯石,绝对没有水源和牧草。北凉人说,姑臧城南的天梯山上,冬季有积雪,深有一丈多,春天冰雪融化,流下来形成河流,居民就引河中的水灌溉土地。北凉人听说我们大军将要来到,掘开渠堤,让水流走,水源一定会断绝。城外方圆百里以内,地上不长寸草,我军人马饥渴,很难久留。奚斤等人的意见是对的。"北魏国主拓跋焘就让崔浩和奚斤等人互相辩论,大家都没有别的意见,只是说"北凉没有水源和牧草"。崔浩

曰:"《汉书·地理志》称'凉州之畜为天下饶',若无水草,畜何以蕃? 又,汉人终不于无水草之地筑城郭,建郡县也。且雪之消释,仅能敛尘,何得通渠溉灌乎! 此言大为欺诬矣。"李顺曰:"耳闻不如目见,吾尝目见,何可共辩?"浩曰:"汝受人金钱,欲为之游说,谓我目不见便可欺邪!"帝隐听,闻之,乃出见斤等,辞色严厉,群臣不敢复言,唯唯而已。

群臣既出,振威将军代人伊馥言于帝曰:"凉州若果无水草,彼何以为国? 众议皆不可用,宜从浩言。"帝善之。

夏五月丁丑,魏主治兵于西郊。六月甲辰,发平城。使侍中宜都王穆寿辅太子晃监国,决留台事,内外听焉。又使大将军长乐王嵇敬、辅国大将军建宁王崇将二万人屯漠南以备柔然。命公卿为书以让河西王牧犍,数其十二罪,且曰:"若亲帅群臣委贽远迎,谒拜马首,上策也;六军既临,面缚舆榇,其次也;若守迷穷城,不时悛悟,身死族灭,为世大戮。宜思厥中,自求多福!"

魏主自云中济河,秋七月己巳,至上郡属国城。壬午,留辎重,部分诸军,使抚军大将军永昌王健、尚书令刘絜与常山王素为前锋,两道并进,骠骑大将军乐平王丕、太宰阳平王杜超为后继,以平西将军源贺为乡导。

魏主问贺以取凉州方略,对曰:"姑臧城旁有四部鲜卑,皆臣祖父旧民,臣愿处军前,宣国威信,示以祸福,必相帅

说:"《汉书·地理志》中说'凉州的牲畜,是天下最多的',如果没有水草,牲畜如何能繁殖? 而且汉朝人终究不会在没有水源和牧草的地方修筑城池、建立郡县。再者,冰雪融化后,如果仅仅能够浸湿地表,那又怎么能通过水渠引水灌溉呢? 这些说法是荒谬不可信的。"李顺说:"耳闻不如亲眼所见。我曾经亲眼看见,你凭什么与我辩论!"崔浩说:"你接受别人的钱财,想替北凉游说,以为我不曾亲眼看见,便可以欺骗大家吗?"拓跋焘在幕后倾听,听到这里,就走出来看着奚斤等人,表情十分严肃,大臣们不敢再说什么,唯唯诺诺,连声称是。

大臣们走后,振威将军代郡人伊馥对拓跋焘说:"北凉如果真的没有水源、牧草,他们如何能成为国家? 大家的议论都不能听,应当听从崔浩的话。"拓跋焘认为他说得对。

夏季五月丁丑(十四日)这天,北魏国主拓跋焘在西郊练兵。六月甲辰(十一日),从平城出发。拓跋焘命侍中宜都王穆寿辅佐太子拓跋晃摄理国政,处理国内事宜,上上下下都得服从。又派大将军长乐王嵇敬、辅国大将军建宁王拓跋崇率领两万人驻扎在沙漠以南防备柔然。拓跋焘命令大臣书写檄文声讨河西王沮渠牧犍,列举他十二条罪状,并称:"如果能亲自率领大臣跪拜远迎,表示臣服,这才是上策;等到兵临城下,自己反绑双手,载棺出降,这是中策;如果执迷不悟,困守孤城,不识时务,将身首异处,株连九族,成为天下的罪人。希望仔细考虑,替自己留条后路。"

北魏国主拓跋焘从云中渡过黄河,秋季七月己巳(初七)这天,到达上郡属国城。壬午(二十日),拓跋焘命令留下辎重,分成几队,让抚军大将军永昌王拓跋健、尚书令刘絜与常山王拓跋素率军为先头部队,两路军队齐头并进;命骠骑大将军乐平王拓跋丕、太宰阳平王杜超作为后续部队,让平西将军源贺充当向导。

北魏国主拓跋焘向源贺询问攻取凉州的策略,源贺回答说:"姑臧城旁有四个鲜卑部落,都是我祖父过去的臣民,我愿意在大军前方,宣传国家强大,树立威信,晓以利害,他们必定相继

归命。外援既服,然后取其孤城,如反掌耳。"魏主曰:
"善!"

八月甲午,永昌王健获河西畜产二十馀万。河西王牧
犍闻有魏师,惊曰:"何为乃尔!"用左丞姚定国计,不肯出
迎,求救于柔然。遣其弟征南大将军董来将兵万馀人出战
于城南,望风奔溃。刘絜用卜者言,以为日辰不利,敛兵不
追,董来遂得入城。魏主由是怒之。

丙申,魏主至姑臧,遣使谕牧犍令出降。牧犍闻柔然
欲入魏边为寇,冀幸魏主东还,遂婴城固守。其兄子祖逾
城出降。魏主具知其情,乃分军围之。源贺引兵招慰诸部
下三万馀落,故魏主得专攻姑臧,无复外虑。

魏主见姑臧城外水草丰饶,由是恨李顺,谓崔浩曰:
"卿之昔言,今果验矣。"对曰:"臣之言不敢不实,类皆如
此。"

魏主之伐凉州也,太子晃亦以为疑。至是,魏主赐太
子诏曰:"姑臧城东西门外,涌泉合于城北,其大如河。自
馀沟渠流入漠中,其间乃无燥地。故有此救,以释汝疑。"

九月丙戌,河西王牧犍兄子万年帅所领降魏。姑臧城
溃,牧犍帅其文武五千人面缚请降,魏主释其缚而礼之。
收其城内户口二十馀万,仓库珍宝不可胜计。使张掖王秃
发保周、龙骧将军穆罢、安远将军源贺分徇诸郡,杂胡降者
又数十万。

归附。城外作为外援的各部已经收服，然后再攻占这座孤城，就易如反掌了。"拓跋焘说："你说得很对！"

八月甲午（初二）这天，永昌王拓跋健缴获河西的牲畜二十多万头。河西王沮渠牧犍听说北魏军队到了，惊慌地说："该怎么办啊！"于是用左丞相姚定国的计策，不出城迎接，同时向柔然求救。沮渠牧犍派他的弟弟征南大将军沮渠董来率兵一万多人在城南出战，结果一触即溃，四处逃窜。刘絜听信占卜者的话，以为日子和时辰不利，收兵不追，沮渠董来得以逃入城内。拓跋焘因为这件事对刘絜十分恼怒。

丙申（初四）这天，北魏国主拓跋焘抵达姑臧，派使者晓谕沮渠牧犍出城投降。沮渠牧犍听说柔然准备入侵北魏边境，所以他还希望拓跋焘率军东还，于是环城固守。沮渠牧犍的侄子沮渠祖翻越城墙投降北魏。拓跋焘对城内的情况了解得一清二楚，于是兵分几路，将城池重重围住。源贺带兵招安沮渠牧犍部下三万多个部落居民，所以拓跋焘能够集中兵力攻打姑臧，不再担心城外。

北魏国主拓跋焘看见姑臧城外的水源充足，牧草茂盛，因此很是记恨李顺，对崔浩说："你过去说的话，今天果然应验了。"崔浩回答说："我不敢不说实话，历来如此。"

北魏国主拓跋焘进攻凉州时，太子拓跋晃也十分疑虑。到这时，拓跋焘给太子下诏书说："姑臧城的东、西门外，泉水源源不断地流出，在城北汇合，像一条大河。从沟渠流到大漠之中，这一带没有干旱的土地。因此写诏书告诉你，以打消你的疑虑。"

九月丙戌（二十五日），河西王沮渠牧犍的侄子沮渠万年率领部下投降北魏。姑臧城内守军全线崩溃，沮渠牧犍率领文武官员五千多人，反绑双手，请求投降，拓跋焘替他松开绑绳，以礼相待。接管城中居民二十多万户，仓库中的珍宝不计其数。拓跋焘派张披王秃发保周、龙骧将军穆罢、安远将军源贺分别攻占各郡，各个少数民族投降的又有几十万人。

初,牧犍以其弟无讳为沙州刺史、都督建康以西诸军事、领酒泉太守,宜得为秦州刺史、都督丹岭以西诸军事、领张掖太守,安周为乐都太守,从弟唐兒为敦煌太守。及姑臧破,魏主遣镇南将军代人奚眷击张掖,镇北将军封沓击乐都。宜得烧仓库,西奔酒泉,安周南奔吐谷浑,封沓掠数千户而还。奚眷进攻酒泉,无讳、宜得收遗民奔晋昌,遂就唐兒于敦煌。魏主使弋阳公元絜守酒泉,及武威、张掖皆置将守之。

魏主置酒姑臧,谓群臣曰:"崔公智略有馀,吾不复以为奇。伊馣弓马之士,而所见乃与崔公同,此深可奇也。"

冬十月辛酉,魏主东还,留乐平王丕及征西将军贺多罗镇凉州,徙沮渠牧犍宗族及吏民三万户于平城。

十二月壬午,魏主至平城,犹以妹婿待沮渠牧犍。牧犍尤喜文学,以敦煌阚骃为姑臧太守,张湛为兵部尚书,刘昞、索敞、阴兴为国师助教,金城宋钦为世子洗马,赵柔为金部郎,广平程骏、骏从弟弘为世子侍讲。魏主克凉州,皆礼而用之。

十七年春正月己酉,沮渠无讳寇魏酒泉,元絜轻之,出城与语。壬子,无讳执絜以围酒泉。三月,沮渠无讳拔酒泉。夏四月庚辰,沮渠无讳寇魏张掖。丙戌,魏主遣抚军大将军永昌王健督诸将讨之。

五月乙巳,沮渠无讳复围张掖,不克,退保临松。魏主不复加讨,但以诏谕之。

秋八月甲申,沮渠无讳使其中尉梁伟诣魏永昌王健请降,归酒泉郡及所虏将士元絜等。魏主使尉眷留镇凉州。

当初，沮渠牧犍任命他的弟弟沮渠无讳为沙州刺史、都督建康以西诸军事、兼酒泉太守，沮渠宜得为秦州刺史、都督丹岭以西诸军事、兼张掖太守，任命沮渠安周为乐都太守，堂弟沮渠唐兒为敦煌太守。等到姑臧城被攻陷后，北魏国主派镇南将军代郡人奚眷进攻张掖，派镇北将军封沓进攻乐都。沮渠宜得烧毁仓库，向西逃往酒泉，安周向南逃往吐谷浑，封沓掠取几千户居民回到防地。奚眷进攻酒泉，沮渠无讳、沮渠宜得集合留下的居民逃往晋昌，到敦煌投靠沮渠唐兒。拓跋焘派弋阳公元絜据守酒泉，武威、张掖等城也遣将驻守。

北魏国主拓跋焘在姑臧城摆酒大宴群臣，他对大臣们说："崔浩智慧胆略过人，我不再有什么奇怪。伊馥是一介武夫，但他能有崔浩一样的见识，这就很令我惊奇。"

冬季十月辛酉（初一）这天，拓跋焘向东返回都城，留下乐平王拓跋丕和征西将军贺多罗镇守凉州，迁徙沮渠牧犍宗族和官吏居民三万多户到平城。

十二月壬午（二十三日），拓跋焘抵达平城，仍把沮渠牧犍当作妹夫对待。沮渠牧犍十分喜欢文学，他任命敦煌人阚骃为姑臧太守，张湛为兵部尚书，刘昞、索敞、阴兴为国师助教，金城人宋钦为世子洗马，赵柔为金部郎，广平人程骏、程骏的堂弟程弘为世子侍讲。拓跋焘攻克凉州，对这些人都以礼相待，加以重用。

十七年（440）春季正月己酉（二十日），沮渠无讳入侵北魏的酒泉郡，元絜轻敌，出城和他对话。壬子（二十三日），沮渠无讳活捉元絜，并将酒泉包围。三月，沮渠无讳攻克酒泉。夏季四月庚辰（二十三日），沮渠无讳入侵北魏张掖郡。丙戌（二十九日），北魏主拓跋焘派抚军大将军永昌王拓跋健率众将征讨沮渠无讳。

五月乙巳（十八日），沮渠无讳再次围攻张掖，没有攻下，退保临松城。北魏国主拓跋焘不再讨伐，只是用诏书命他投降。

秋季八月甲申（二十九日），沮渠无讳派中尉梁伟到北魏永昌王拓跋健处请求投降，归还酒泉郡以及所俘虏的将士元絜等。拓跋焘派尉眷留下镇守凉州。

十八年春正月癸卯,魏以沮渠无讳为征西大将军、凉州牧、酒泉王。

三月辛亥,魏赐沮渠万年为张掖王。

夏四月,沮渠唐兒叛沮渠无讳。无讳留从弟天周守酒泉,与弟宜得引兵击唐兒,唐兒败死。魏以无讳终为边患,庚辰,遣镇南将军奚眷击酒泉。

冬十一月,酒泉城中食尽,万馀口皆饿死,沮渠天周杀妻以食战士。庚子,魏奚眷拔酒泉,获天周,送平城,杀之。沮渠无讳乏食,且畏魏兵之盛,乃谋西度流沙,遣其弟安周西击鄯善。鄯善王欲降,会魏使者至,劝令拒守。安周不能克,退保东城。

十九年夏四月,沮渠无讳将万馀家,弃敦煌西就沮渠安周。未至,鄯善王比龙畏之,将其众奔且末,其世子降于安周。无讳遂据鄯善,其士卒经流沙渴死者太半。李宝自伊吾帅众二千入据敦煌,缮修城府,安集故民。

沮渠牧犍之亡也,凉州人阚爽据高昌,自称太守。唐契为柔然所逼,拥众西趋高昌,欲夺其地。柔然遣其将阿若追击之,契败死。契弟和收馀众奔车师前部王伊洛。时沮渠安周屯横截城,和攻拔之,又拔高宁、白力二城,遣使请降于魏。

唐契之攻阚爽也,爽遣使诈降于沮渠无讳,欲与之共击契。八月,无讳将其众趋高昌,比至,契已死,爽闭门拒之。九月,无讳将卫兴奴夜袭高昌,屠其城,爽奔柔然。无讳据高昌,遣其常侍氾隽奉表诣建康。诏以无讳为都督凉

十八年(441)春季正月癸卯(二十日),北魏任命沮渠无讳为征西大将军、凉州牧、酒泉王。

三月辛亥(二十九日),北魏封沮渠万年为张掖王。

夏季四月,沮渠唐兒背叛沮渠无讳。沮渠无讳留下堂弟沮渠天周守卫酒泉,和弟弟沮渠宜得率兵攻打沮渠唐兒,沮渠唐兒兵败被杀。北魏认为沮渠无讳终究会成为边患,庚辰(二十八日),北魏派镇南将军奚眷攻击酒泉。

冬季十一月,酒泉城中粮食吃完了,一万多人都饥饿而死,沮渠天周杀死自己的妻子给战士吃。庚子(二十二日),北魏奚眷攻克酒泉,俘虏沮渠天周,押送他到平城,将他杀死。沮渠无讳缺少粮食,又害怕北魏军队的强大,于是就计划向西穿过沙漠逃跑,派他的弟弟沮渠安周向西进攻鄯善。鄯善王准备投降,正好赶上北魏的使者来到,劝他坚守。沮渠安周向西不能攻下城池,退保东城。

十九年(442)夏季四月,沮渠无讳率领一万多家居民,放弃敦煌城向西投靠沮渠安周。大军未到,鄯善王比龙十分害怕,率领部下逃奔且末,他的世子投降沮渠安周。沮渠无讳占据了鄯善,他的士兵在经过沙漠时渴死了一大半。李宝从伊吾率领二千人占据敦煌,修缮城府,安顿集结原来的居民。

沮渠牧犍逃走后,凉州人阚爽占据了高昌郡,自称太守。唐契被柔然逼迫,带着众人向西逃奔高昌,准备抢夺那块地盘。柔然派大将阿若追击,唐契战败身死。唐契的弟弟唐和集合残部投奔车师前部王伊洛。当时沮渠安周驻扎在横截城,唐和攻陷横截城,接着又攻克高宁、白力二城,派遣使臣到北魏请求投降。

唐契进攻阚爽的时候,阚爽派使者假装向沮渠无讳投降,表示会与沮渠无讳共同进攻唐契。八月,沮渠无讳率领部下开往高昌,等他将要到达那里时,唐契已经死了,阚爽紧闭城门将沮渠无讳拒之城外。九月,沮渠无讳率卫兴奴在夜间偷袭高昌,攻陷之后大肆屠杀,阚爽投奔柔然。沮渠无讳占据高昌,派他的常侍汜隽带着奏表到了建康。宋文帝下诏任命沮渠无讳为都督凉、

河沙三州诸军事、征西大将军、凉州刺史、河西王。

二十一年秋九月甲辰，以沮渠安周为都督凉河沙三州诸军事、凉州刺史、河西王。

二十四年，魏师之克姑臧也，沮渠牧犍使人斫开府库，取金玉及宝器，因不复闭，小民争入盗取之，有司索盗不获。至是，牧犍所亲及守藏者告之，且言牧犍父子多蓄毒药，潜杀人前后以百数。姊妹皆学左道。有司索牧犍家，得所匿物。魏主大怒，赐沮渠昭仪死，并诛其宗族，唯沮渠祖以先降得免。又有告牧犍犹与故臣民交通谋反者，三月，魏主遣崔浩就第赐牧犍死，谥曰哀王。

河、沙三州诸军事、征西大将军、凉州刺史、河西王。

二十一年(444)秋季九月甲辰(十二日),宋文帝任命沮渠安周为都督凉、河、沙三州诸军事、凉州刺史、河西王。

二十四年(447),北魏军队攻克姑臧时,沮渠牧犍派人砍开仓库大门,拿取金银及珍宝玉器,由于没有重新关上大门,居民都争相进去偷取,主管部门缉拿盗贼而没能抓获一人。在这时,沮渠牧犍的亲信和守卫府库的人向拓跋焘报告此事,又说沮渠牧犍父子藏了许多毒药,暗中杀人,前后加起来数以百计,他的姐姐、妹妹也都学习邪门法术。主管部门搜查沮渠牧犍家,查获藏匿的物品。北魏国主拓跋焘勃然大怒,赐令沮渠昭仪自杀,并诛灭九族,只有沮渠祖因为最早投降认罪,得以豁免。接着又有人告发沮渠牧犍仍与原来大臣百姓秘密来往,密谋造反,三月,拓跋焘派崔浩到沮渠牧犍的宅第,赐令他自杀,谥号为哀王。

魏平仇池

晋孝武帝太元十年冬十月，西燕主冲遣尚书令高盖帅众五万伐后秦，战于新平南，盖大败，降于后秦。初，盖以杨定为子，及盖败，定亡奔陇右，复收集其旧众。定，佛奴之孙也。

十一月，卫将军杨定徙治历城，置储蓄于百顷，自称龙骧将军、仇池公，遣使来称藩。诏因其所号假之。其后又取天水、略阳之地，自称秦州刺史、陇西王。

十九年冬十月，秦主崇为梁王乾归所逐，奔陇西王杨定。定与崇共攻乾归，乾归遣凉州牧轲弹等拒之，大败定兵，杀定及崇。定无子，其叔父佛狗之子盛先守仇池，自称征西将军、秦州刺史、仇池公。谥定为武王，仍遣使来称藩。秦太子宣奔盛。

二十一年冬十二月，杨盛遣使来请命。诏拜盛镇南将军、仇池公。盛表苻宣为平北将军。

安帝隆安二年，杨盛遣使附魏，魏以盛为仇池王。

魏平仇池

东晋孝武帝太元十年（385）冬季十月，西燕国王慕容冲派尚书令高盖率领五万军队进攻后秦，在新平南面开战，高盖大败，投降后秦。当初，高盖认杨定为儿子，等高盖失败后，杨定逃往陇右，再集合起残部。杨定是杨佛奴的孙子。

十一月，卫将军杨定将治所迁到历城，又在百顷添加储备，自称龙骧将军、仇池公，派遣使者到东晋表示愿为藩属。东晋孝武帝下诏授他自封的称号。这以后杨定又攻占天水、略阳的土地，自封为秦州刺史、陇西王。

十九年（394）冬季十月，前秦国主符崇被梁王乞伏乾归驱逐，符崇于是前去投奔陇西王杨定。杨定与符崇一起进攻乞伏乾归，乞伏乾归派凉州牧乞伏轲弹等人进行抵抗，大败杨定等人的军队，杀死杨定和符崇。杨定没有儿子，他叔父杨佛狗的儿子杨盛先在仇池防守，自封为征西将军、秦州刺史、仇池公。封杨定谥号为武王，依然继续派使者来东晋称臣。前秦太子符宣投奔杨盛。

二十一年（396）冬季十二月，杨盛派使者到东晋请求任命，孝武帝下诏任命杨盛为镇南将军、仇池公。杨盛上书保举符宣为平北将军。

东晋安帝隆安二年（398），杨盛派使者到北魏表示归附，北魏任命杨盛为仇池王。

义熙元年夏六月，秦陇西公硕德伐仇池，屡破杨盛兵。秋七月，杨盛请降于秦。秦以盛为都督益宁二州诸军事、征南大将军、益州牧。

三年夏四月，氐王杨盛以平北将军苻宣为梁州督护，将兵入汉中，秦梁州别驾吕莹等起兵应之。刺史王敏攻之，莹等求援于盛。盛遣军临沵口，敏退屯武兴。盛复通于晋，晋以盛为都督陇右诸军事、征西大将军、开府仪同三司，盛因以宣行梁州刺史。

八年冬十月，仇池公杨盛叛秦，侵扰祁山。秦王兴遣建威将军赵琨为前锋，立节将军姚伯寿继之，前将军姚恢出鹫峡，秦州刺史姚嵩出羊头峡，右卫将军胡翼度出沔城，以讨盛。兴自雍赴之，与诸将会于陇口。

天水太守王松忽言于嵩曰："先帝神略无方，徐洛生以英武佐命，再入仇池，无功而还。非杨氏智勇能全也，直地势险固耳。今以赵琨之众，使君之威，准之先朝，实未见成功。使君具悉形便，何不表闻！"嵩不从。盛帅众与琨相持，伯寿畏懦不进，琨众寡不敌，为盛所败。兴斩伯寿而还。

十二年夏六月，氐王杨盛攻秦祁山，拔之，进逼秦州。秦后将军姚平救之。盛引兵退，平与上邽守将姚嵩追之，嵩与盛战于竹岭，败死。

宋武帝永初三年夏四月乙亥，诏封仇池公杨盛为武都王。

文帝元嘉二年夏六月，武都惠文王杨盛卒。初，盛闻晋亡，不改义熙年号，谓世子玄曰："吾老矣，当终为晋臣，汝善事宋帝。"及盛卒，玄自称都督陇右诸军事、征西大将军、开府仪同三司、秦州刺史、武都王，遣使来告丧，始用元嘉年号。

义熙元年(405)夏季六月,后秦陇西公姚硕德讨伐仇池,几次打败杨盛的军队。秋季七月,杨盛请求向后秦投降,后秦任命杨盛为都督益、宁二州诸军事、征南大将军、益州牧。

三年(407)夏季四月,氐族酋长杨盛派平北将军符宣担任梁州督护,率军队进入汉中,后秦梁州别驾吕莹等人起兵响应。刺史王敏进攻吕莹,吕莹等向杨盛求援。杨盛派军队到泝口,王敏退守武兴。杨盛又与东晋联络,东晋任命杨盛为都督陇右诸军事、征西大将军、开府仪同三司,杨盛派符宣充当梁州刺史。

八年(412)冬季十月,仇池公杨盛背叛后秦,侵犯祁山。后秦国王姚兴派建威将军赵琨为前锋,立节将军姚伯寿殿后,前将军姚恢从鸷峡出发,秦州刺史姚嵩从羊头峡出发,右卫将军胡翼度从汧城出发讨伐杨盛。姚兴从雍城出兵,与各位将领在陇口会合。

天水太守王松忽对姚嵩说:"先帝英明无比,徐洛生凭着勇武辅佐他,两次进攻仇池,都无功而返。这不是杨盛的智慧和勇敢能够保全,只因为地势险固罢了。如今拿赵琨的军队和使君您的威信与先朝相比,实在不见得能成功。使君您知道这些具体情形,为什么不上奏使国王知道呢?"姚嵩不听从他的意见。杨盛率部队和赵琨相持不下,姚伯寿畏缩不前,赵琨寡不敌众,被杨盛打败。姚兴杀死姚伯寿返回国内。

十二年(416)夏季六月,氐族酋长杨盛进攻后秦祁山,顺利攻克,进逼秦州。后秦后将军姚平出兵援救,杨盛引兵退走。姚平和上邽守将姚嵩追击,姚嵩和杨盛在竹岭作战,失败被杀。

宋武帝永初三年(422)夏季四月乙亥(初三)这天,刘宋武帝下诏封仇池公杨盛为武都王。

宋文帝元嘉二年(425)夏季六月,武都惠文王杨盛去世。当初,杨盛听说东晋灭亡,不更改义熙的年号,对世子杨玄说:"我已经老了,死了也做东晋的臣民,你要好好听命于刘宋皇帝。"等到杨盛去世,杨玄自封为都督陇右诸军事、征西大将军、开府仪同三司、秦州刺史、武都王,派使者到刘宋朝廷报告治丧情况,开始使用元嘉的年号。

　　三年冬十月，仇池氏杨兴平求内附。梁、南秦二州刺史吉翰遣始平太守庞谘据武兴。氏王杨玄遣其弟难当将兵拒谘，谘击走之。

　　四年秋九月，氏王杨玄遣将军苻白作围秦梁州刺史出连辅政于赤水。城中粮尽，民执辅政以降。辅政至骆谷，逃还。冬十月，秦以骁骑将军吴汉为平南将军、梁州刺史，镇南溉。十一月，魏主遣军司马公孙轨兼大鸿胪，持节策，拜杨玄为都督荆梁等四州诸军事、梁州刺史、南秦王。及境，玄不出迎，轨责让之，欲奉策以还，玄惧而郊迎。

　　六年秋七月，武都孝昭王杨玄疾病，欲以国授其弟难当。难当固辞，请立玄子保宗而辅之，玄许之。玄卒，保宗立。难当妻姚氏劝难当自立，难当乃废保宗，自称都督雍凉秦三州诸军事、征西大将军、开府仪同三司、秦州刺史、武都王。

　　七年夏六月己卯，以氏王杨难当为冠军将军、秦州刺史、武都王。

　　九年夏六月，加北秦州刺史杨难当征西将军。难当以兄子保宗为镇南将军，镇宕昌；以其子顺为秦州刺史，守上邽。保宗谋袭难当，事泄，难当囚之。

　　十年夏四月，帝闻梁、南秦二州刺史甄法护刑政不治，失氏、羌之和，乃自徒中起萧思话为梁、南秦二州刺史。法护，法崇之兄也。

　　秋九月戊午，魏主遣兼大鸿胪崔赜持节拜氏王杨难当为征南大将军、开府仪同三司、秦梁二州牧、南秦王。赜，逞之子也。

三年(426)冬季十月,仇池氏族酋长杨兴平要求归附刘宋。刘宋梁、南秦二州刺史吉翰派始平太守庞诺占据武兴。氏族酋长杨玄派他的弟弟杨难当率兵抵抗庞诺,庞诺把他们击退。

四年(427)秋季九月,氏族酋长杨玄派将军符白作在赤水包围秦、梁二州刺史出连辅政。城中粮食用尽,百姓抓住出连辅政向杨玄军队投降。出连辅政走到骆谷,逃脱返回。冬季十月,后秦任命骁骑将军吴汉为平南将军、梁州刺史,镇守南溢。十一月,北魏国主派军司马公孙轨兼大鸿胪,拿着符节册拜杨玄为都督荆、梁等四州诸军事、梁州刺史、南秦王。等到公孙轨到达边境,杨玄不出来迎接,公孙轨斥责杨玄,准备带着委任状回去,杨玄害怕,于是到郊外相迎。

六年(429)秋季七月,武都孝昭王杨玄生病,准备把国家交给他的弟弟杨难当。杨难当坚决推辞,请求立杨玄的儿子杨保宗而自己从旁辅佐,杨玄同意了。杨玄去世,杨保宗继位。杨难当的妻子姚氏劝杨难当自立为国王,杨难当于是废黜杨保宗,自任都督雍、凉、秦三州诸军事、征西大将军、开府仪同三司、秦州刺史、武都王。

七年(430)夏季六月己卯(二十四日)这天,刘宋任命氏族酋长杨难当为冠军将军、秦州刺史、武都王。

九年(432)夏季六月,加授北秦州刺史杨难当为征西将军。杨难当任命侄子杨保宗为镇南将军,镇守宕昌;任命自己的儿子杨顺为秦州刺史,守卫上邽。杨保宗密谋袭击杨难当,事情败露,杨难当将他囚禁。

十年(433)夏季四月,宋文帝听说担任梁、南秦二州刺史的甄法护刑法不严,政治黑暗,使氏族、羌族之间不和,于是文帝起用正在服徒刑的萧思话为梁、南秦二州的刺史。甄法护是甄法崇的兄长。

秋季九月戊午(二十二日)这天,北魏国主拓跋焘派兼大鸿胪崔赜拿着符节封氏族酋长杨难当为征南大将军、开府仪同三司、兼任秦、梁二州牧、南秦王。崔赜是崔逞的儿子。

杨难当因萧思话未至，甄法护将下，举兵袭梁州，破白马，获晋昌太守张范，败法护参军鲁安期等。又攻葭萌，获晋寿太守范延朗。冬十一月丁未，法护弃城奔洋川之西城。难当遂有汉中之地，以其司马赵温为梁、秦二州刺史。

十一年春正月，杨难当以克汉中告捷于魏，送雍州流民七千家于长安。萧思话至襄阳，遣横野司马萧承之为前驱。承之缘道收兵，得千人，进据碳头。杨难当焚掠汉中，引众西还，留赵温守梁州，又遣其魏兴太守薛健据黄金山。思话遣阴平太守萧坦攻铁城戍，拔之。

二月，赵温、薛健与其冯翊太守蒲甲子合攻坦营，坦击破之，温等退保西水。临川王义庆遣龙骧将军裴方明将三千人助承之，拔黄金戍而据之。温弃州城，退据小城，健、甲子退保下桃城。思话继至，与承之共击赵温等，屡破之。行参军王灵济别将出洋川，攻南城，拔之，擒其守将赵英。南城空无所资，灵济引兵还，与承之合。

三月，杨难当遣其子和将兵与蒲甲子等共击萧承之，相拒四十馀日，围承之数十重，短兵接，弓矢无所复施。氐悉衣犀甲，戈矛所不能入。承之断稍长数尺，以大斧椎之，一稍辄贯数人。氐不能当，烧营走，据大桃。闰月，承之等追击之，至南城。氐败走，斩获甚众，悉收汉中故地，置戍于葭萌水。

初，桓希既败，氐王杨盛据汉中，梁州刺史范元之、傅歆皆治魏兴，唯得魏兴、上庸、新城三郡。及索邈为刺史，乃治南城。至是，南城为氐所焚，不可复固，萧思话徙镇南郑。

杨难当趁萧思话没到,甄法护即将去职,率兵袭击梁州,攻陷白马,俘虏晋昌太守张范,打败甄法护的参军鲁安期等人。又进攻葭萌,俘虏晋寿太守范延朗。冬季十一月丁未(十二日),甄法护弃城逃往洋川的西城。杨难当于是据有汉中的土地,任命司马赵温为梁、秦二州刺史。

十一年(434)春季正月,杨难当攻下汉中,向北魏告捷,并遣送雍州的流民七千户到长安。萧思话到达襄阳,派横野司马萧承之为前锋。萧承之沿途招募士卒,得到一千多人,进据磝头。杨难当在汉中烧杀抢掠后,率领部队西还,留下赵温防守梁州,又派魏兴太守薛健占据黄金山。萧思话派阴平太守萧坦进攻铁城戍,攻克了。

二月,赵温、薛健和冯翊太守蒲甲子一起进攻萧坦的营地,萧坦打败敌军,赵温等退保西水。临川王刘义庆派龙骧将军裴方明率领三千人帮助萧承之进攻黄金戍并占据了它。赵温放弃州城,退守小城,薛健、蒲甲子退保下桃城。萧思话随后赶到,与萧承之共同进攻赵温等人,几次打败赵温的军队。行参军王灵济率队伍另外从洋川出发,进攻南城,攻克了它,并俘虏守将赵英。南城粮秣一空,王灵济率兵退回,和萧承之会合。

三月,杨难当派他的儿子杨和率领军队与蒲甲子等共同进攻萧承之,相互对峙四十多天,围困萧承之几十重,两军短兵相接,弓箭无法发挥作用。氐族士兵都穿着犀牛甲,戈和矛都不能穿扎进去。萧承之将铁矟折断,使之只剩下几尺长,然后用大斧撞击,一矟就刺穿几个人。氐族士兵不能抵挡,烧毁营帐逃走,退守大桃。闰三月,萧承之等人随后追赶,到达南城,氐族士兵败走,斩杀和俘虏氐族士兵很多,将汉中的失地全部收复,在葭萌水设军布防。

当初,桓希已经失败,氐族酋长杨盛占据汉中,梁州刺史范元之、傅歆将治所设在魏兴,只控制了魏兴、上庸、新城三郡。等到索邈当刺史,才将治所设在南城。到这时,南城被氐族烧毁,不能再重新固守,萧思话将治所迁移到南郑。

夏四月,甄法护坐委镇,赐死于狱。杨难当遣使奉表谢罪,帝下诏赦之。

十二年,杨难当释杨保宗之囚,使镇童亭。

十三年春三月,氐王杨难当自称大秦王,改元建义。立妻为王后,世子为太子,置百官皆如天子之制,然犹贡奉宋、魏不绝。

赫连定之西迁也,杨难当遂据上邽。秋七月,魏主遣骠骑大将军乐平王丕、尚书令刘絜督河西、高平诸军以讨之,先遣平东将军崔赜赍诏书谕难当。

九月庚戌,魏乐平王丕等至略阳,杨难当惧,请奉诏,摄上邽守兵还仇池。诸将议以为:"不诛其豪帅,军还之后,必相聚为乱。又大众远出,不有所掠,无以充军实,赏将士。"丕将从之,中书侍郎高允参丕军事,谏曰:"如诸将之谋,是伤其向化之心。大军既还,为乱必速。"丕乃止,抚慰初附,秋毫不犯,秦、陇遂安。难当以其子顺为雍州刺史,守下辨。

十六年春三月,杨保宗与兄保显自童亭奔魏。庚寅,魏主以保宗为都督陇西诸军事、征西大将军、开府仪同三司、秦州牧、武都王,镇上邽,妻以公主。保显为镇西将军、晋寿公。

冬十二月,氐王杨难当将兵数万寇魏上邽,秦州人多应之。东平吕罗汉说镇将拓跋意头曰:"难当众盛,今不出战,示之以弱,众情离沮,不可守也。"意头遣罗汉将精骑千馀出冲难当陈,所向披靡,杀其左右骑八人,难当大惊。会魏主以玺书责让难当,难当引还仇池。

十七年,大秦王杨难当复称武都王。

夏季四月,甄法护因为放弃城池得罪,在狱中被赐死。杨难当派使者带着奏表向拓跋焘谢罪,拓跋焘下令赦免他们。

十二年(435),杨难当释放杨保宗,派他镇守童亭。

十三年(436)春季三月,氐族酋长杨难当自封为大秦王,改年号为建义。立妻子为王后,立世子为太子,设置百官都如同天子的典制,但仍然不断向刘宋、北魏进贡。

赫连定向西迁移时,杨难当便占据了上邽。秋季七月,北魏国主拓跋焘派骠骑大将军乐平王拓跋丕、尚书令刘絜率河西、高平各军进行征讨,先派平东将军崔赜带着诏书晓谕杨难当。

九月庚戌(初二)这天,北魏乐平王拓跋丕等到达略阳,杨难当害怕,表示遵守诏命,集合上邽守兵回到仇池。各位将领商议认为:"不杀死后秦主帅,军队班师后,必定聚在一起发动叛乱。而且大队人马远征,不抢夺一些东西,不能充实军需,奖赏将士。"拓跋丕准备采用他们的意见,中书侍郎高允帮拓跋丕参谋军事,劝谏说:"如果像各位将领说的那样,就伤害了后秦归顺臣服的感情。大军返回后,他们叛乱发生得更快。"拓跋丕于是放弃了进攻计划,安抚刚归附的军队,秋毫无犯,秦、陇地方于是就安定了。杨难当任命他的儿子杨顺做雍州刺史,守卫下辨。

十六年(439)春季三月,杨保宗和哥哥杨保显从童亭逃到北魏。庚寅(二十六日)这天,北魏国主拓跋焘任命杨保宗为都督陇西诸军事、征西大将军、开府仪同三司、秦州牧、武都王,镇守上邽,并把公主嫁给他。任命杨保显为镇西将军、晋寿公。

冬季十二月,氐族酋长杨难当率领士兵几万人侵略北魏的上邽,秦州百姓群起响应。东平人吕罗汉劝说镇将拓跋意头说:"杨难当士兵众多,现在不出战,是显示我们软弱,这样人心就会离散沮丧,城池便守不住了。"拓跋意头派遣吕罗汉率领精锐骑兵一千多人出城冲杀杨难当的阵地,所向披靡,杀死杨难当左右护卫骑兵八人,杨难当大惊失色。正好此时,北魏国主拓跋焘下诏谴责杨难当,杨难当于是率队退回仇池。

十七年(440),大秦王杨难当再次称武都王。

十八年冬十一月，氐王杨难当倾国入寇，谋据蜀土，遣其建忠将军苻冲出东洛以御梁州兵。梁、秦二州刺史刘真道击冲斩之。真道，怀敬之子也。难当攻拔葭萌，获晋寿太守申坦，遂围涪城。巴西、梓潼二郡太守刘道锡婴城固守，难当攻之十馀日，不克，乃还。道锡，道产之弟也。十二月癸亥，诏龙骧将军裴方明等帅甲士三千人，又发荆、雍二州兵以讨难当，皆受刘真道节度。

十九年夏五月，裴方明等至汉中，与刘真道分兵攻武兴、下辨、白水，皆取之。杨难当遣建节将军苻弘祖守兰皋，使其子抚军大将军和将重兵为后继。方明与弘祖战于浊水，大破之，斩弘祖。和退走，追至赤亭，又破之。难当奔上邽，获难当兄子建节将军保炽。难当以其子虎为益州刺史，守阴平，闻难当走，引兵还，至下辨。方明使其子肃之邀击之，擒虎，送建康，斩之。仇池平，以辅国司马胡崇之为北秦州刺史，镇其地。立杨保炽为杨玄后，使守仇池。魏人遣中山王辰迎杨难当诣平城。秋七月，以刘真道为雍州刺史，裴方明为梁、南秦二州刺史，方明辞不拜。

丙寅，魏主使安西将军古弼督陇右诸军及殿中虎贲与武都王杨保宗自祁山南入，征西将军渔阳皮豹子与琅邪王司马楚之督关中诸军自散关西入，俱会仇池。又使谯王司马文思督洛、豫诸军南趋襄阳，征南将军刁雍东趋广陵，移书徐州，称为杨难当报仇。

二十年春正月，魏皮豹子等进击乐乡，将军王奂之等败没。魏军进至下辨，将军强玄明等败死。

十八年(441)冬季十一月,氐族首长杨难当举全国之兵入侵刘宋,计划占据蜀地,派建忠将军苻冲从东洛出发以抵御梁州的军队。梁、秦二州刺史刘真道进攻苻冲,将苻冲杀死。刘真道是刘怀敬的儿子。杨难当攻克葭萌,俘虏晋寿太守申坦,于是将涪城包围。巴西、梓潼二郡的太守刘道锡绕城固守,杨难当进攻十多天,攻不下来,于是撤回。刘道锡是刘道产的弟弟。十二月癸亥(十五日),宋文帝下令龙骧将军裴方明等率领身披铠甲的武士三千人,又征发荆、雍二州的士兵讨伐杨难当,这些军队都归刘真道统一指挥。

十九年(442)夏季五月,裴方明等人到达汉中,和刘真道分兵进攻武兴、下辨、白水,都攻克了。杨难当派遣建节将军苻弘祖守卫兰皋,派他的儿子抚军大将军杨和率大部队作为后援。裴方明与苻弘祖在浊水开战,大败苻弘祖,并将他杀死。杨和退走,裴方明追到赤亭,又将杨和打败。杨难当逃奔上邽,宋军擒获杨难当的侄子建节将军杨保炽。杨难当任命自己的儿子杨虎为益州刺史,守卫阴平,听说杨难当退走,杨虎率军返回到下辨。裴方明派自己的儿子裴肃之中途袭击,擒获杨虎,押送回建康斩首。仇池平定后,刘宋任命辅国司马胡崇之为北秦州刺史,镇守当地。让杨保炽继承杨玄的王位,并派他守卫仇池。北魏派中山王拓跋辰迎接杨难当到平城。秋季七月,刘宋朝廷派刘真道为雍州刺史,裴方明为梁、南秦二州刺史,裴方明推辞不受。

丙寅(二十二日)这天,拓跋焘派安西将军古弼掌管陇右各军和殿中虎贲与武都王杨保宗从祁山向南进攻,派征西将军渔阳人皮豹子和琅邪王司马楚之掌管关中各军,从散关向西进攻,一同在仇池会合。又派谯王司马文思率领洛、豫各军向南进攻襄阳,征南将军习雍向东进攻广陵,把战书下到徐州,声称为杨难当报仇。

二十年(443)春季正月,北魏皮豹子等人进攻乐乡,刘宋将领王奂之等人战败身亡。北魏军队进军至下辨,刘宋将军强玄明等人战败而死。

二月,胡崇之与魏战于浊水,崇之为魏所擒,馀众走还汉中。将军姜道祖兵败,降魏,魏遂取仇池,杨保炽走。

魏河间公齐与武都王杨保宗对镇雒谷,保宗弟文德说保宗,令闭险自固以叛魏。或以告齐,夏四月,齐诱执保宗,送平城,杀之。前镇东司马苻达、征西从事中郎任胐等遂举兵立杨文德为主,据白崖,分兵取诸戍,进围仇池,自号征西将军、秦河梁三州牧、仇池公。

五月,魏古弼发上邽、高平、岍城诸军击杨文德,文德退走。皮豹子督关中诸军至下辨,闻仇池解围,欲还,弼遣人谓豹子曰:"宋人耻败,必将复来。军还之后,再举为难,不如练兵蓄力以待之。不出秋冬,宋师必至。以逸待劳,无不克矣。"豹子从之。魏以豹子为仇池镇将。

杨文德遣使来求援,秋七月癸丑,诏以文德为都督北秦雍二州诸军事、征西大将军、北秦州刺史、武都王。文德屯葭芦城,以任胐为左司马,武都、阴平氐多归之。

甲子,前雍州刺史刘真道、梁南秦州刺史裴方明坐破仇池减匿金宝及善马,下狱死。

冬十一月,将军姜道盛与杨文德合众二万攻魏浊水戍,魏皮豹子、河间公齐救之,道盛败死。

二十四年冬十二月,杨文德据葭芦城,招诱氐、羌,武都等五郡氐皆应之。

二十五年春正月,魏仇池镇将皮豹子帅诸军击之,文德兵败,弃城奔汉中。豹子收其妻子、僚属、军资及杨保宗所尚魏公主而还。

二月,胡崇之与北魏在浊水作战,胡崇之被北魏擒获,残部退回汉中。刘宋将军姜道祖战败后投降北魏,北魏攻占仇池,杨保炽战败逃走。

　　北魏河间公拓跋齐与武都王杨保宗分别镇守在雒谷两旁,杨保宗的弟弟杨文德劝说杨保宗,让他凭借险要地势固守,背叛北魏。有人向拓跋齐告发,夏季四月,拓跋齐诱捕杨保宗,送到平城,将他处死。前镇东司马符达、征西从事中郎任朏等发动兵变,立杨文德为主帅,占据白崖,分别攻占各城,进而包围仇池,杨文德自封征西将军、秦、河、梁三州牧、仇池公。

　　五月,北魏古弼征发上邽、高平、岍城各处军队进攻杨文德,杨文德退走。皮豹子奉领关中各军到下辨,听说仇池已经解围,准备撤兵,古弼派人对皮豹子说:"刘宋军队为失败感到羞耻,必定还会来报复。军队撤回后,再举兵会十分困难,不如练兵以积蓄力量等待敌军到来。不是秋天就是冬天,刘宋的军队必定会来,我们到时以逸待劳,没有不胜的道理。"皮豹子听从了他的意见。北魏任命皮豹子为仇池镇将。

　　杨文德派使臣到刘宋求援,秋季七月癸丑(十四日),宋文帝下诏任命杨文德为都督北秦、雍二州诸军事、征西大将军、北秦州刺史、武都王。杨文德驻扎在葭芦城,任命任朏为左司马,武都、阴平的氐族大多归附他。

　　甲子(二十五日)这天,前雍州刺史刘真道、梁南秦州刺史裴方明因攻克仇池后侵吞金银财宝和宝马,被抓入牢狱处死。

　　冬季十一月,刘宋将军姜道盛和杨文德合兵两万人,一同进攻北魏浊水戍,北魏皮豹子、河间公拓跋齐援救浊水,姜道盛战败而死。

　　二十四年(447)冬季十二月,杨文德占据葭芦城,招纳诱降氐族、羌族,武都等五郡的氐族都响应归附。

　　二十五年(448)春季正月,北魏仇池镇将皮豹子率诸军进攻杨文德,杨文德兵败,弃城逃往汉中。皮豹子带着杨文德的妻子、儿女、部属、军需物资以及杨保宗所娶的北魏公主撤军返回。

初，保宗将叛，公主劝之，或曰："奈何叛父母之国？"公主曰："事成，为一国之母，岂比小县公主哉！"魏主赐之死。

杨文德坐失守，免官，削爵土。

当初，杨保宗准备叛乱，北魏公主加以劝诱鼓励，有人问："为什么要背叛自己父母的国家呢？"公主说："事成之后可以成为一国的国母，这哪里是小县的公主能比的啊！"北魏国主拓跋焘赐她自杀。

　　杨文德因为丧城失地而被免去官职，并削去爵位和封地。

卷第十九

刘裕篡晋

晋安帝隆安三年。初，彭城刘裕，生而母死，父翘侨居京口，家贫，将弃之。同郡刘怀敬之母，裕之从母也，生怀敬未期，走往救之，断怀敬乳而乳之。及长，勇健有大志。仅识文字，以卖履为业，好樗蒲，为乡间所贱。刘牢之击孙恩，引裕参军事。刘裕击孙恩事见卢循之乱。

元兴三年，桓玄之乱，刘裕入朝。玄谓其司徒王谧曰："裕风骨不常，盖人杰也。"玄后刘氏，有智鉴，谓玄曰："刘裕龙行虎步，视瞻不凡，恐终不为人下，不如早除之。"玄曰："我方平荡中原，非裕莫可用者。俟关、河平定，然后别议耳。"

刘裕与何无忌密谋兴复，刘迈弟毅亦与无忌谋讨玄，于是相与合谋起兵。刘裕克京口，玄惧，浮江南走。裕入建康，王谧推裕为使持节、都督扬徐兖豫青冀幽并八州诸军事、徐州刺史。玄至寻阳，逼帝西上，刘毅等追之。玄挟帝至江陵，毅等自寻阳西上，与玄遇，玄众大溃，挟帝

刘裕篡晋

东晋安帝隆安三年(399)。当初,彭城人刘裕生下来以后,母亲便死了,父亲刘翘在京口寄住客居,家庭贫苦,将要把他扔掉。同郡人刘怀敬的母亲,是刘裕的叔母,她生下刘怀敬还不到一年,来到刘翘家把刘裕救下,断了刘怀敬的奶而喂养刘裕。刘裕长大以后,勇武刚健,胸有大志。他仅仅识得很少的文字,以卖鞋作为职业,又爱好樗蒲这种赌博游戏,被乡里的人们所鄙贱。刘牢之征讨孙恩,援引刘裕任参军事。刘裕讨伐孙恩事见《卢循之乱》。

元兴三年(404),桓玄逼晋安帝禅位而自登帝位,刘裕进京朝见桓玄。桓玄对他的司徒王谧说:"刘裕这个人风度、身材都不同寻常,是人中豪杰。"桓玄的皇后刘氏很有智慧和见识,对桓玄说:"刘裕走路的姿势如猛虎、似蛟龙,眼神不同凡响,恐怕他到头来不会处在别人手下,不如趁早除掉他。"桓玄说:"我们正要平定扫荡中原地区,不是刘裕就没有可以任用的人。等到关、河一带平定,之后另外商议这件事吧。"

刘裕与何无忌密谋兴复晋皇室,刘迈的弟弟刘毅也与何无忌谋划征讨桓玄,于是一起谋划讨伐桓玄。刘裕的军队攻克京口,桓玄非常恐惧,乘船从长江向南逃。刘裕军队进入建康,王谧推举刘裕为使持节,都督扬、徐、兖、豫、青、冀、幽、并八州诸军事、徐州刺史。桓玄到寻阳,胁迫废帝司马德宗一同向西逃窜,刘毅等率军追击桓玄。桓玄挟持安帝到江陵,刘毅等率军从寻阳出发,向西进攻,与桓玄的军队相遇,桓玄军队大败,挟持安帝

西走，冯迁击斩之，乘舆返正于江陵。桓振袭陷江陵。

义熙元年春正月，刘毅等击破桓振军，迎帝于江陵，何无忌奉帝东还。三月，帝至建康，以刘裕为侍中、车骑将军、都督中外诸军事。裕固让不受，屡请归藩，诏百僚敦劝，帝幸其第。裕复诣阙陈请，乃听归藩。并见《伪楚之乱》。

夏四月，刘裕旋镇京口，改授都督荆、司等十六州诸军事，加领兖州刺史。

六月，刘裕遣使求和于秦，且求南乡等诸郡，秦王兴许之。君臣咸以为不可，兴曰："天下之善一也。刘裕拔起细微，能讨诛桓玄，兴复晋室，内厘庶政，外修封疆，吾何惜数郡，不以成其美乎？"遂割南乡、顺阳、新野、舞阴等十二郡归于晋。

二年冬十月，尚书论建义功，奏封刘裕豫章郡公。

四年春正月，刘毅等不欲刘裕入辅政，议以中领军谢混为扬州刺史。或欲令裕于丹徒领扬州，以内事付孟昶。遣尚书右丞皮沈以二议谘裕，沈先见裕记室录事参军刘穆之，具道朝议。穆之伪起如厕，密疏白裕曰："皮沈之言不可从。"裕既见沈，且令出外，呼穆之问之，穆之曰："晋朝失政日久，天命已移。公兴复皇祚，勋高位重，今日形势，岂得居谦，遂为守藩之将耶？刘、孟诸公，与公俱起布衣，共立大义以取富贵，事有前后，故一时相推，非为委体心服，

再向西逃窜，冯迁击杀了桓玄，晋安帝在江陵重新复位。桓振率兵袭击攻陷江陵。

义熙元年（405）春季正月，刘毅等人率军击破桓振的军队，到江陵迎接安帝，何无忌等人侍奉安帝向东返回京城。三月，安帝到达建康，任命刘裕为侍中、车骑将军、都督中外诸军事。刘裕坚决辞让，不肯接受，多次请求回到防地，安帝下诏文武百官敦促规劝，安帝自己也亲自驾临刘裕的府第。刘裕再次前往宫门，向安帝陈述、请求，安帝于是同意他返回属地。并见《伪楚之乱》。

夏季四月，刘裕很快回到京口镇守，朝廷改任他为都督荆、司等十六州诸军事，兼任兖州刺史。

六月，刘裕派遣使者向后秦求和，并且要求后秦归还南乡等几个郡，后秦王姚兴答应了他。后秦的群臣认为不能答应，姚兴说："天下的善行是一样的。刘裕从社会下层细小微末的地位崛起，能够讨伐诛灭桓玄，振兴恢复晋室，在内整顿日常政务，在外整治封地疆土，我为何要吝惜几个小郡，不以此成全他的好事呢？"于是割让南乡、顺阳、新野、舞阴等十二个郡归还给东晋。

二年（406）冬季十月，东晋朝廷的尚书评定勤王举义的功劳，奏请封刘裕为豫章郡公。

四年（408）春季正月，刘毅等人不想让刘裕进入朝中辅佐政事，计议任命中领军谢混为扬州刺史。也有人想让刘裕在丹徒兼管扬州，而把朝中政务交给孟昶管理。朝廷派遣尚书右丞皮沈带着这两项计议前往询问刘裕的意见，皮沈首先拜访刘裕的记室录事参军刘穆之，全部陈述了朝臣的计议。刘穆之假装起身如厕，秘密写条子报告刘裕说："皮沈说的话不可同意。"刘裕召见皮沈以后，暂且让他到室外，把刘穆之招进去询问，刘穆之说："晋朝失去对朝政的控制，时间已经很久了，天命已经转移。您振兴、恢复皇室的地位，功勋卓著，地位重要，今天的形势，难道能采取谦让的态度，始终做一个守卫地方的将领吗？刘毅、孟昶几位与您都崛起于平民中，共同倡导大义，争取富贵，但举事有前有后，所以一时互相推举您，并不是委身您，对您心悦诚服，

宿定臣主之分也。力敌势均,终相吞噬。扬州根本所系,不可假人。前者以授王谧,事出权道。今若复以他授,便应受制于人。一失权柄,无由可得,将来之危,难可熟念。今朝议如此,宜相酬答,必云在我,措辞又难,唯应云:'神州治本,宰辅崇要,此事既大,非可悬论,便暂入朝,共尽同异。'公至京邑,彼必不敢越公更授馀人明矣。"裕从之。朝廷乃征裕为侍中、车骑将军、开府仪同三司、扬州刺史、录尚书事,徐、兖二州刺史如故。裕表解兖州,以诸葛长民为青州刺史,镇丹徒,刘道怜为并州刺史,戍石头。

五年春三月,刘裕伐南燕。事见《刘裕平南燕》。

初,苻氏之败也,王猛之孙镇恶来奔,以为临澧令。镇恶有谋略,善果断,喜论军国大事。或荐镇恶于刘裕,裕与语,说之,因留宿。明旦,谓参佐曰:"吾闻将门有将,镇恶信然。"即以为中军参军。秋九月,加刘裕太尉,裕固辞。

六年六月,以刘裕为太尉、中书监、加黄钺。裕受黄钺,馀固辞。司马国璠及弟叔璠、叔道奔秦。秦王兴曰:"刘裕方诛桓玄,辅晋室,卿何为来?"对曰:"裕削弱王室,臣宗族有自修立者,裕辄除之。方为国患,甚于桓玄耳。"

也不是命中注定和您有君臣名分。当他们的力量和您相当、权势和您差不多的时候,最终会相互吞并,相互厮杀。扬州是起决定作用的根本所在,不可以把它让给别人。前一次把它交给王谧,这事出于权宜之计。现在如果再把它交给别人,便会受到别人的制约。一旦丧失权柄,便没有办法可以得到,将要到来的危险,难以深想。现在朝中大臣这样计议,应当加以应对回答,如果说只有我自己合适,启齿用辞又有难处,只有这样答应说:'中央地区是治理国家的根本所在,宰相辅佐君主地位崇高重要,选定这样的官员这一事情既然重大,不是可以在外地发表空论的,我就抽空暂时前往朝廷,共同详尽地探讨对此事的相同与不同的意见。'您到京城,他们必定不敢越过您,再把这官职交给别的人,这是很清楚的。"刘裕听从了他的话。朝廷于是征召刘裕为侍中、车骑将军、开府仪同三司、扬州刺史、录尚书事,他原来的徐、兖二州刺史的职务仍然兼任。刘裕上表请求解除自己兖州刺史的职务,任命诸葛长民为青州刺史,镇守丹徒,任命刘道怜为并州刺史,戍卫石头。

五年(409)春季三月,刘裕讨伐南燕。事见《刘裕平南燕》。

当初,前秦苻氏政权失败的时候,王猛的孙子王镇恶前来投奔东晋,东晋朝廷任命他为临澧县令。王镇恶富有谋略,善于果断地处理事情,喜欢议论军国大事。有人把王镇恶推荐给刘裕,刘裕与王镇恶交谈,很喜欢他,因此留宿家中。第二天早晨,对参军佐僚们说:"我听说名将之门当出大将,王镇恶的确是这样。"于是任命王镇恶为中军参军。秋季九月,朝廷加封刘裕为太尉,刘裕坚决辞让。

六年(410)六月,朝廷任刘裕为太尉、中书监、加授黄钺。刘裕接受黄钺,其馀职务坚决辞让。司马国璠及弟弟司马叔璠、叔道投奔后秦。后秦君主姚兴说:"刘裕刚刚剿灭桓玄,辅佐晋朝皇室,你们为什么要到这里来?"司马国璠等回答说:"刘裕削弱王室的力量,我们宗族中如果有自己立志而发奋成才的人,刘裕立即除掉他。刘裕正是国家的祸患,比桓玄的危害更严重。"

七年春正月己未，刘裕还建康。三月，刘裕始受太尉、中书监。

八年夏四月，以后将军豫州刺史刘毅为卫将军、都督荆宁秦雍四州诸军事、荆州刺史。毅谓左卫将军刘敬宣曰："吾忝西任，欲屈卿为长史南蛮，岂有见辅意乎？"敬宣惧，以告太尉裕，裕笑曰："但令老兄平安，必无过虑。"

毅性刚愎，自谓建义之功与裕相埒，深自矜伐，虽权事推裕而心不服。及居方岳，常怏怏不得志。裕每柔而顺之，毅骄纵滋甚，尝云："恨不遇刘、项，与之争中原。"及败于桑落，知物情去已，弥复愤激。裕素不学，而毅颇涉文雅，故朝士有清望者多归之，与尚书仆射谢混、丹杨尹郗僧施深相凭结。僧施，超之从子也。毅既据上流，阴有图裕之志，求兼督交、广二州，裕许之。毅又奏以郗僧施为南蛮校尉后军司马，毛脩之为南郡太守，裕亦许之，以刘穆之代僧施为丹杨尹。毅表求至京口辞墓，裕往会之于倪塘。宁远将军胡藩言于裕曰："公谓刘卫军终能为公下乎？"裕默然，久之，曰："卿谓何如？"藩曰："连百万之众，攻必取，战必克，毅固以此服公。至于涉猎传记，一谈一咏，自许以为雄豪，以是缙绅白面之士辐凑归之。恐终不为公下，不如因会取之。"裕曰："吾与毅俱有克复之功，其过未彰，不可自相图也。"

七年(411)春季正月己未(十二日),刘裕回到建康。三月,刘裕才接受太尉、中书监的职务。

八年(412)夏季四月,朝廷任命后将军、豫州刺史刘毅为卫将军,都督荆、宁、秦、雍四州诸军事,荆州刺史。刘毅对左卫将军刘敬宣说:"我惭愧地担当了西方的责任,想要委屈你担任南蛮校尉府长史,你有没有辅助我的意思?"刘敬宣很害怕,把这件事告诉了太尉刘裕。刘裕笑着说:"我担保让你老兄平安无事,一定不要过多忧虑。"

刘毅性格刚强固执,自以为当年勤王举义的功劳与刘裕相等,内心中深深地为此骄矜自负,虽然暂且拥戴听从刘裕,但心里并不服气。到他成为一方首领之后,常常闷闷不乐,觉得志向不得实现。刘裕每每忍耐礼让而顺从他,刘毅骄横放纵更加严重,曾经说:"真遗憾没有遇到刘邦、项羽,与他们争夺中原。"到了在桑落惨败之后,他知道自己的情势已去,更加增添了烦恼和愤激。刘裕一向不读书,刘毅却相当地爱好文雅,所以朝中有清高名望的有学识的人大多归向他,并与尚书仆射谢混、丹杨尹郗僧施感情深厚,互相结纳。郗僧施是郗超的侄儿。刘毅占据长江上游以后,暗地里有图谋刘裕的志向,请求兼督交、广二州军事,刘裕也答应了他。刘毅又奏请任命郗僧施为南蛮校尉后军司马,毛脩之为南郡太守,刘裕也答应了他,任命刘穆之代替郗僧施为丹杨尹。刘毅上表请求到京口向祖先坟墓辞行,刘裕前往倪塘会见刘毅。宁远将军胡藩对刘裕说:"您说卫将军刘毅能永远做您的部下吗?"刘裕沉默不语,过了很大一会,说:"你说应该怎么办?"胡藩说:"统领百万的军队,进攻必定能夺取,战斗必定能胜利,刘毅固然因此佩服您。至于历览传记,谈吐咏吟,他自认为是英雄豪杰,因此儒雅的士绅、白面的书生等如同车轮的辐条归于车毂一样归附他。我担心他终将不会愿意在您之下,不如趁这次会面的机会除掉他。"刘裕说:"我与刘毅都有平息叛乱、复兴晋室的功劳,他的过错还没有表露出来,不能自相残杀。"

秋九月，刘毅至江陵，多变易守、宰，辄割豫州文武、江州兵力万馀人以自随。会毅疾笃，郗僧施等恐毅死，其党危，乃劝毅请从弟兖州刺史藩以自副，太尉裕伪许之。藩自广陵入朝，己卯，裕以诏书罪状毅，云与藩及谢混共谋不轨，收藩及混赐死。

庚辰，诏大赦，以前会稽内史司马休之为都督荆雍梁秦宁益六州诸军事、荆州刺史；北徐州刺史刘道怜为兖青二州刺史，镇京口；使豫州刺史诸葛长民监太尉留府事。裕疑长民难独任，乃加刘穆之建武将军，置佐吏，配给资力以防之。

壬午，裕帅诸军发建康，参军王镇恶请给百舸为前驱。丙申，至姑孰，以镇恶为振武将军，与龙骧将军蒯恩将百舸前发，裕戒之曰："若贼可击，击之。不可者，烧其船舰，留屯水际以待我。"于是镇恶昼夜兼行，扬声言刘兖州上。

冬十月己未，镇恶至豫章口，去江陵城二十里，舍船步上。蒯恩军居前，镇恶次之。舸留一二人，对舸岸上立六七旗，旗下置鼓，语所留人："计我将至城，便鼓严，令若后有大军状。"又分遣人烧江津船舰。镇恶径前袭城，语前军士："有问者，但云刘兖州至。"津戍及民间皆晏然不疑。未至城五六里，逢毅要将朱显之欲出江津，问："刘兖州何在？"军士曰："在后。"显之至军后不见藩，而见军人担彭排战具，望江津船舰已被烧，鼓严之声甚盛，

秋九月,刘毅到江陵,换了很多地方守、宰,抽调原豫州文武僚属、江州原统领的军队一万多人跟随自己到了荆州。正好刘毅病重,郗僧施等人担心刘毅死后,他们这帮人处境危险,于是劝说刘毅请求朝廷派堂弟兖州刺史刘藩做自己的副手,太尉刘裕假装答应了他。刘藩从广陵到建康朝见皇帝,己卯(十二日),刘裕以安帝的名义下诏书公布刘毅罪状,说他与刘藩及谢混等共同阴谋叛乱,逮捕刘藩及谢混,迫令自杀。

庚辰(十三日),安帝下诏大赦,任命前会稽内史司马休之为都督荆、雍、梁、秦、宁、益六州诸军事,荆州刺史;任命北徐州刺史刘道怜为兖、青二州刺史,镇守京口;任命豫州刺史诸葛长民监太尉留府事。刘裕怀疑诸葛长民难以单独胜任此事,于是加封刘穆之为建武将军,设置辅佐官员,配备其他军事力量以防备意外。

壬午(十五日),刘裕率领各路军队从建康出发,参军王镇恶请求调给他一百艘船作为前锋。丙申(二十九日),抵达姑孰,刘裕任命王镇恶担任振武将军,与龙骧将军蒯恩一道率领一百艘船提前进发,刘裕告诫他们说:"如果敌人可以攻击,就攻击他们。如果不可以攻击,就烧毁他们的船只战舰,停留驻扎在水边等待我的到来。"于是王镇恶不分日夜加速前进,声称兖州刺史刘藩沿江而上。

冬季十月己未(二十二日),王镇恶率军抵达豫章口,离江陵城二十里,舍弃船只步行前进。蒯恩领兵走在前面,王镇恶紧随其后。每艘船只留一两人,停船在岸上竖立着六七面旗帜,旗下放战鼓,告诉留下的人说:"估计我们将到江陵城,你们便不停地擂鼓,做出后面好像还有大军的样子。"又分别派人去烧江津的船舰。王镇恶径去袭击江陵城,告诉前面的军士:"如果有人问,只说兖州刺史刘藩到了。"渡口卫兵及民间百姓都很平静不怀疑。离江陵城五六里远,正好碰着刘毅的亲信将领朱显之准备去江津,问:"兖州刺史刘藩在哪里?"军士们答:"在后面。"朱显之到军队后面没有见到刘藩,而看到军士们扛着盾牌、旁排等作战工具,又看见江津的船舰已被火烧毁,江边擂鼓声非常壮盛,

知非藩上，便跃马驰去告毅，行令闭诸城门。镇恶亦驰进，门未及下关，军人因得入城。卫军长史谢纯入参承毅，出闻兵至，左右欲引车归，纯叱之曰："我，人吏也，逃将安之？"驰还入府。纯，安兄据之孙也。

镇恶与城内兵斗，且攻其金城，自食时至中晡，城内人败散。镇恶穴其金城而入，遣人以诏及赦文并裕手书示毅，毅皆烧不视，与司马毛脩之等督士卒力战。城内人犹未信裕自来，军士从毅自东来者，与台军多中表亲戚，且斗且语，知裕自来，人情离骇。逮夜，听事前兵皆散，斩毅勇将赵蔡，毅左右兵犹闭东西阁拒战。镇恶虑暗中自相伤犯，乃引军出围金城，开其南面。毅虑南有伏兵，夜半，帅左右三百许人开北门突出。毛脩之谓谢纯曰："君但随仆去。"纯不从，为人所杀。

毅夜投牛牧佛寺。初，桓蔚之败也，走投牛牧寺僧昌，昌保藏之，毅杀昌。至是，寺僧拒之曰："昔亡师容桓蔚，为刘卫军所杀，今实不敢容异人。"毅叹曰："为法自弊，一至于此！"遂缢而死。明日，居人以告，乃斩首于市，并子侄皆伏诛。毅兄模奔襄阳，鲁宗之斩送之。

初，毅季父镇之闲居京口，不应辟召，常谓毅及藩曰：

知道不是刘藩来到,便跃马飞奔前去报告刘毅,下令赶紧关闭各个城门。王镇恶也飞奔而进,城门还没来得及关闭,王镇恶后面的军队因而得以进入城中。卫军长史谢纯进府去拜见刘毅,出来时听说军队杀到,左右随从想要拉着他的车子回去,谢纯呵斥他们说:"我是人家的属下,逃能逃到哪里去?"于是驰回刘毅府中。谢纯是谢安的哥哥谢据的孙子。

王镇恶的军队与城内的军队展开激战,并且进攻江陵城中的牙城,从中午直到下午,城内的守军败退溃散。王镇恶在江陵的牙城挖了一个洞进入里面,派人把皇帝的诏书和赦免刘毅的文书连同刘裕写给刘毅的亲笔信出示给刘毅,刘毅看也不看,全部烧掉,他与司马毛脩之等督促士卒拼力死战。城中军队还不相信刘裕亲自到来,刘毅军队中那些随从刘毅从东方来的士兵,与朝廷来的军队中的士兵多有表亲关系,他们一边交战一边对话,知道刘裕的确亲自来了,人们心里惊骇,情绪慌乱。到了夜里,刘毅办公府前的卫兵全部逃散,并且斩杀了刘毅的勇将赵蔡,刘毅左右侍卫仍然紧闭东西大门顽强抵拒。王镇恶考虑到黑暗中军队可能自相伤害,于是率领军队出去围困牙城,在它的南面打开一个出口。刘毅考虑南面可能有伏兵,半夜的时候,率领左右的三百多人,打开北门突围而出。毛脩之对谢纯说:"你只管跟随我离去。"谢纯不肯随从,被别人所杀。

刘毅连夜投奔牛牧佛寺。当初,桓蔚失败的时候,跑到这里投奔牛牧寺僧人昌,昌把桓蔚藏起来,加以保护,刘毅杀死了昌。到这时,寺里的僧人们拒绝他说:"过去我们亡故的师傅昌收留桓蔚,就是被卫将军刘毅所杀害,现在实在不敢收留他人了。"刘毅哀叹说:"制定法条断绝了自己的后路,竟然到了这种程度啊!"于是上吊而死。第二天,居民将此报告,于是王镇恶在街上把他的头砍下,他的儿子、侄儿都被诛杀。刘毅的哥哥刘模逃奔到襄阳,雍州刺史鲁宗之斩杀了他,并把他的头送到建康。

当初,刘毅的叔父刘镇之在京口悠闲居住的时候,不肯答应朝廷的征召册命,刘镇之常常对刘毅和刘藩两个说道:

“汝辈才器,足以得志,但恐不久耳。我不就尔求财位,亦不同尔受罪累。”每见毅、藩导从到门,辄诟之。毅甚敬畏,未至宅数百步,悉屏仪卫,与白衣数人俱进。及毅死,太尉裕奏征镇之为散骑常侍、光禄大夫,固辞不至。

十一月己卯,太尉裕至江陵,杀郗僧施。初,毛脩之虽为刘毅僚佐,素自结于裕,故裕特宥之。赐王镇恶爵汉寿子。裕问毅府谘议参军申永曰:“今日何施而可?”永曰:“除其宿衅,倍其惠泽,贯叙门次,显擢才能,如此而已。”裕纳之,下书宽租省调,节役原刑,礼辟名士,荆人悦之。

诸葛长民骄纵贪侈,所为多不法,为百姓患,常惧太尉裕按之。及刘毅被诛,长民谓所亲曰:“‘昔年醢彭越,今年杀韩信。’祸其至矣!”乃屏人问刘穆之曰:“悠悠之言,皆云太尉与我不平,何以至此?”穆之曰:“公溯流远征,以老母稚子委节下,若一豪不尽,岂容如此邪?”长民意乃小安。

长民弟辅国大将军黎民说长民曰:“刘氏之亡,亦诸葛氏之惧也,宜因裕未还而图之。”长民犹豫未发,既而叹曰:“贫贱常思富贵,富贵必履危机。今日欲为丹徒布衣,岂可得邪?”因遗冀州刺史刘敬宣书曰:“盘龙狼戾专恣,自取夷灭。异端将尽,世路方夷,富贵之事,相与共之。”敬宣报曰:

"你们的才能天赋，足可以实现自己的志向，但是恐怕不会长久。我不依赖你们求取钱财地位，也不同你们一起受到罪行的牵累。"每次看到刘毅、刘藩带领随从到家门，都要辱骂他们。刘毅对他非常尊敬害怕，回家时在离住宅几百步的地方，全部屏退仪仗侍卫，只和几个穿着平民衣服的人一起进屋。到刘毅死了以后，太尉刘裕奏请征召刘镇之为散骑常侍、光禄大夫，刘镇之坚决推辞，不肯到位。

十一月己卯（十三日），太尉刘裕到达江陵，杀死郗僧施。当初，毛脩之虽然是刘毅的幕僚部属，然而一向自己结好于刘裕，所以刘裕特别宽容饶恕他。朝廷赐给王镇恶以汉寿子爵。刘裕向刘毅府中谘议参军申永问道："今天可以采取哪些措施？"申永说："除掉那些过去的旧怨，加倍地对百姓施以恩惠，按照门第高低来授予官职，显耀提拔那些有才能的人，不过这样罢了。"刘裕接受了这些建议，颁布文告宣布放宽租税，省并征调，节制夫役，赦免刑罚，礼貌地征聘那些有名望的人士，荆州的百姓都很喜欢他。

诸葛长民骄横放纵，贪婪奢侈，所做的事大都不合法度，成了百姓的一大祸患，常常担心太尉刘裕查核处罚他。到刘毅被诛杀以后，诸葛长民对他所亲近的人说："前年烹醢彭越，今年杀死韩信，我的大祸就要来了！"于是屏退闲人，问刘穆之说："众多的传言，都说太尉对我不满，怎么会是这样？"刘穆之说："刘公逆流而上，远征刘毅，把老母和幼子委托给您照顾，如果有一点点不信任，怎能这样呢？"诸葛长民的心里才稍微安定一点。

诸葛长民的弟弟辅国大将军诸葛黎民，劝诸葛长民说道："刘毅的灭亡，也是我们诸葛氏的可怕下场，我们最好趁着刘裕还没有回来先行下手。"诸葛长民犹豫不决，没有采取行动，后来叹息说："贫贱的时候常常想着富贵，富贵之后必定处在危险状态。现在想要做一个丹徒的百姓，难道还能够实现吗？"接着他给冀州刺史刘敬宣写信说道："刘毅这个人狠毒暴戾，专横恣纵，自取灭亡。现在有不同想法的人将要被消灭殆尽，天下就要太平了，如果有富贵的事情，我们共同享受吧。"刘敬宣回信说：

"下官自义熙以来,忝三州、七郡,常惧福过灾生,思避盈居损。富贵之旨,非所敢当。"且使以书呈裕,裕曰:"阿寿故为不负我也。"

裕在江陵,辅国将军王诞白裕求先下,裕曰:"诸葛长民似有自疑心,卿讵宜便去?"诞曰:"长民知我蒙公垂眄,今轻身单下,必当以为无虞,乃可以少安其意耳。"裕笑曰:"卿勇过贲、育矣。"乃听先还。

冬十二月,加太尉裕太傅、扬州牧。

九年春二月,太尉裕自江陵东还,骆驿遣辎重兼行而下,前刻至日,每淹留不进。诸葛长民与公卿频日奉候于新亭,辄差其期。乙丑晦,裕轻舟径进,潜入东府。三月丙寅朔旦,长民闻之,惊趋至门。裕伏壮士丁旿于幔中,引长民却人闲语,凡平生所不尽者皆及之。长民甚悦。丁旿自幔后出,于座拉杀之,舆尸付廷尉。收其弟黎民,黎民素骁勇,格斗而死。并杀其季弟大司马参军幼民、从弟宁朔将军秀之。

三月戊寅,加裕豫州刺史,裕固让太傅、州牧。秋九月,再命太尉裕为太傅、扬州牧,固辞。

十年,司马休之在江陵,颇得江、汉民心。子谯王文思在建康,性凶暴,好通轻侠,太尉裕恶之。三月,有司奏文思擅捶杀国吏,诏诛其党而宥文思。休之上疏谢罪,

"下官我从义熙年间以来，惭愧地担任过三个州、七个郡的官吏，常常畏惧福分就要过去，灾难就要产生，因此只想回避太满的好处而处于吃亏受损的地位。您所说的富贵的意思，不是我敢承当的。"并且派人把信送给刘裕，刘裕说："刘敬宣向来不辜负我。"

刘裕在江陵，辅国将军王诞报告刘裕，要求先行东下，刘裕说："诸葛长民似乎有自我疑忌之心，你哪里适合随便前去呢？"王诞说："诸葛长民知道我一向承蒙您的垂爱照顾，现在我轻装简从，单身而下，他必定会认为我没有危险，于是可以稍稍安定他们的心意了。"刘裕笑着说："你的勇气超过孟贲、夏育了。"于是就听凭他先回建康。

冬季十二月，朝廷加封太尉刘裕为太傅、扬州牧。

九年(413)春季二月，太尉刘裕自江陵东下返回建康，陆续把军用物资日夜兼行运送回去，然而按照预定到达的日期，每每滞留不能按期进到。诸葛长民与公卿在新亭等候，每每错过日期。乙丑这天是月末三十日，刘裕坐轻便小艇径直而进，秘密回到东府。三月丙寅是初一，这天凌晨，诸葛长民听到这一消息，惊恐地赶往刘裕府中晋见。刘裕命武士丁旿埋伏在帐幕中，然后迎接诸葛长民退入府内，屏却旁人，私下谈话，把凡是一生以来谈不透的话全部谈到了。诸葛长民非常高兴。丁旿从帐幕后面出来，在座位上摧折身躯，杀了他，刘裕命令用车子把尸体拉出交给廷尉。又去抓他的弟弟诸葛黎民，诸葛黎民一向矫健勇猛，拒捕格斗而被杀死。又杀了他的小弟大司马参军诸葛幼民、堂弟宁朔将军诸葛秀之。

三月戊寅(十三日)，朝廷加授刘裕为豫州刺史，刘裕坚决辞让太傅、州牧等职务。秋季九月，朝廷再次任命太尉刘裕为太傅、扬州牧，刘裕坚决辞让。

十年(414)，司马休之在江陵，很得江汉一带民心。儿子谯王司马文思在建康，性情凶暴，喜欢结交轻薄的侠士，太尉刘裕非常讨厌他。三月，有关官吏奏报司马文思擅用棍棒打死封国官吏，皇帝下诏诛杀其党羽而宽恕了司马文思。司马休之上疏谢罪，

请解所任,不许。裕执文思送休之,令自训厉,意欲休之杀之。休之但表废文思,并与裕书陈谢。裕由是不悦,以江州刺史孟怀玉兼督豫州六郡以备之。

十一年春正月,太尉裕收司马休之次子文宝、兄子文祖,并赐死。发兵击之。诏加裕黄钺,领荆州刺史。庚午,大赦。辛巳,太尉裕发建康。以中军将军刘道怜监留府事,刘穆之兼右仆射。事无大小,皆决于穆之。又以高阳内史刘钟领石头戍事,屯冶亭。休之府司马张裕、南平太守檀范之闻之,皆逃归建康。裕,邵之兄也。雍州刺史鲁宗之自疑不为太尉裕所容,与其子竟陵太守轨起兵应休之。二月,休之上表罪状裕,勒兵拒之。

裕密书招休之府录事参军南阳韩延之,延之复书曰:"承亲帅戎马,远履西畿,阖境士庶,莫不惶骇。辱疏,知以谯王前事,良增叹息。司马平西体国忠贞,款怀待物。以公有匡复之勋,家国蒙赖,推德委诚,每事询仰。谯王往以微事见劾,犹自表逊位,况以大过,而当嘿然邪?前已表奏废之,所不尽者命耳。推寄相与,正当如此。而遽兴兵甲,所谓'欲加之罪,其无辞乎'!刘裕足下,海内之人,谁不见足下此心?而复欲欺诳国士!来示云'处怀期物,

请求解除所担任的官职，朝廷不许。刘裕把司马文思抓住，送给司马休之，让他自己训诫惩罚，意思是让司马休之自己把儿子杀了。司马休之仅仅上表请求废黜司马文思，并向刘裕写信陈说致歉。刘裕因此很不高兴，任命江州刺史孟怀玉兼督豫州六个郡，以便戒备司马休之。

义熙十一年（415）春季正月，太尉刘裕逮捕司马休之的次子司马文宝、侄子司马文祖，一道命令他们自杀。又调发军队进攻司马休之。安帝下诏把黄铖加授给刘裕，让他兼任荆州刺史。庚午（十六日），实行大赦。辛巳（二十七日），太尉刘裕率军从建康出发，任命中军将军刘道怜监留府事，任命刘穆之兼任右仆射。政事无论大小，都决定于刘穆之。刘裕又任命高阳内史刘钟兼任石头戍事，驻扎在冶亭。司马休之府的司马张裕、南平太守檀范之听到刘裕来攻的消息，都逃回到建康。张裕是张邵的哥哥。雍州刺史鲁宗之怀疑自己终究不会被刘裕所容忍，便与他的儿子竟陵太守鲁轨起兵响应司马休之。二月，司马休之上书安帝，列举刘裕的罪状，统率军队，抵抗刘裕。

刘裕秘密写信给司马休之府录事参军、南阳人韩延之，招请他为己效力，韩延之回信："承蒙您亲率兵马，远远踏上西方的土地，荆州全境的士民没有不惊恐震骇的。您屈尊写信告诉我，我才知道您起兵是因为谯王司马文思过去那件事，的确使我增加许多叹息。平西将军司马休之，对待国家忠诚坚贞，待人处事宽怀诚恳。因为您有匡复朝廷的功勋，宗室与国家承蒙您的辅佐，因此推重您的德行，对您一片赤诚，每件事情都询问按您的意志办。谯王过去因小事被弹劾，司马休之还上表请求解除官职，何况如果是犯大错，司马休之哪会沉默呢？前面已经上表奏请废黜谯王的王位，唯一没有做尽的是留下了司马文思的性命。推心置腹交给别人，正是应当像这样做的，而您却因此突然调军征伐，这真是所说的'欲加之罪，何患无辞'啊！刘裕足下，现在天下之人，谁没有看到您的这番用心？而您又想欺骗蒙蔽天下的士人百姓！您来信中说'处处怀有谦敬之心，期待满足别人的希望，

自有由来’，今伐人之君，唊人以利，真可谓‘处怀期物，自有由来’者乎！刘藩死于阎阖之门，诸葛毙于左右之手。甘言诧方伯，袭之以轻兵，遂使席上靡款怀之士，阃外无自信诸侯，以是为得算，良可耻也！贵府将佐及朝廷贤德，寄命过日。吾诚鄙劣，尝闻道于君子，以平西之至德，宁可无授命之臣乎？必未能自投虎口，比迹郗僧施之徒明矣。假令天长丧乱，九流浑浊，当与臧洪游于地下，不复多言。”裕视书叹息，以示将佐曰：“事人当如此矣！”延之以裕父名翘、字显宗，乃更其字曰显宗，名其子曰翘，以示不臣刘氏。

　　太尉裕使参军檀道济、朱超石将步骑出襄阳。超石，龄石之弟也。江夏太守刘虔之将兵屯三连，立桥聚粮以待，道济等积日不至。鲁轨袭击虔之，杀之。裕使其婿振威将军东海徐逵之统参军蒯恩、王允之、沈渊子为前锋，出江夏口。逵之等与鲁轨战于破冢，兵败，逵之、允之、渊子皆死，独蒯恩勒兵不动。轨乘胜力攻之，不能克，乃退。渊子，林子之兄也。

　　裕军于马头，闻逵之死，怒甚。三月壬午，帅诸将济江。鲁轨、司马文思将休之兵四万，临峭岸置陈，军士无能登者。裕自被甲欲登，诸将谏，不从，怒愈甚。太尉主簿谢

历来如此'，现在征伐别人的君主，用私利引诱别人，这真可以说是'处处怀有谦敬之心，期待满足别人的期望，历来如此'吗？刘藩死在皇宫的阊阖门之前，诸葛长民被杀于您的侍卫之手，使用甜言蜜语夸耀地方官员，以轻装的部队袭击他们，于是使朝廷的座席上没有诚信忠实的臣子，京城之外没有对自己的性命放心的地方官吏，认为这样是实现了自己的计划，的确可说是耻辱！您府上的佐僚和朝廷里贤明而又有德性的人，把性命交给您过日子。我的确鄙陋粗劣，却曾经在有德性的君子那里听到过很多道理，像平西将军司马休之那样德性最高的人，怎么可以没有性命相托的臣下呢？我必定不能自投虎口，比较并推究郗僧施之流的结果就很明确了。假如上天注定丧乱的时间很长，各派纷争浑浊不堪，那么我必将与臧洪那样的人游荡于九泉之下，不再多说了。"刘裕看到他的信，叹息不已，把它拿给手下将领佐僚看，说："奉事别人应当像这样啊！"韩延之因为刘裕的父亲名叫刘翘、字显宗，于是把自己的字改成显宗，命名他的儿子叫韩翘，以此表示绝不做刘氏的臣下。

太尉刘裕派遣参军檀道济、朱超石带领步兵、骑兵进攻襄阳。朱超石是朱龄石的弟弟。江夏太守刘虔之带领军队驻扎在三连，修筑桥梁，积聚粮食，以等待他们的到来，檀道济等人的军队过了多日也没有到达。鲁轨袭击刘虔之，杀死了他。刘裕派遣他的女婿振威将军东海人徐逵之统领参军蒯恩、王允之、沈渊子等人为前锋，出击江夏口。徐逵之等人的军队与鲁轨的军队在破冢激战，结果徐逵之等人的军队失败，徐逵之、王允之、沈渊子都被杀，只有蒯恩带领军队顶住不动。鲁轨乘胜全力进攻蒯恩，不能攻克，于是撤退。沈渊子是沈林子的哥哥。

刘裕的军队集结在马头，听到徐逵之战死的消息，刘裕极为愤怒。三月壬午（二十九日），率领各位将领渡过长江。鲁轨、司马文思带领司马休之的军队四万人，临近陡峭的江岸布下战阵，刘裕的士卒没有人能够攀登上去。刘裕亲自披上盔甲，想要攀登，各位将领劝阻不听，刘裕更加怒不可遏。太尉主簿谢

晦前抱持裕,裕抽剑指晦曰:"我斩卿!"晦曰:"天下可无晦,不可无公!"建武将军胡藩领游兵在江津,裕呼藩使登,藩有疑色。裕命左右录来,欲斩之。藩顾曰:"正欲击贼,不得奉教!"乃以刀头穿岸,劣容足指,腾之而上,随之者稍多。既登岸,直前力战。休之兵不能当,稍引却。裕兵因而乘之,休之兵大溃,遂克江陵。休之、宗之俱北走,轨留石城。裕命阆中侯下邳赵伦之、太尉参军沈林子攻之,遣武陵内史王镇恶以舟师追休之等。

青、冀二州刺史刘敬宣参军司马道赐,宗室之疏属也,闻太尉裕攻司马休之,道赐与同府辟闾道秀、左右小将王猛子谋杀敬宣,据广固以应休之。夏四月乙卯,敬宣召道秀,屏人语,左右悉出户。猛子逡巡在后,取敬宣备身刀杀敬宣。文武佐吏即时讨道赐等,皆斩之。

五月,赵伦之、沈林子破鲁轨于石城,司马休之、鲁宗之救之不及,遂与轨奔襄阳,宗之参军李应之闭门不纳。甲午,休之、宗之、轨及谯王文思、新蔡王道赐、梁州刺史马敬、南阳太守鲁范俱奔秦。宗之素得士民心,争为之卫送出境。王镇恶等追之,尽境而还。

初,休之等求救于秦、魏,秦征虏将军姚成王及司马国璠引兵至南阳,魏长孙嵩至河东,闻休之等败,皆引还。休之至长安,秦王兴以为扬州刺史,使侵扰襄阳。侍御史唐

晦上前抱住他，刘裕抽出佩剑指着谢晦说："我斩掉你！"谢晦说："天下可以没有我谢晦，但不可以没有您！"建武将军胡藩带着游击的军队正在江津。刘裕派人叫胡藩，让他登岸，胡藩脸上显出疑虑的神色。刘裕命左右去把胡藩抓来，准备斩杀他。胡藩回头看着来人说："我正打算进攻贼兵，不能前去接受指教。"于是用刀头在江岸陡壁上挖出小洞，小到只能容下脚趾，踩着飞身跃过峭壁上了江岸，跟随他跃上的人渐渐增多。登上江岸以后，直冲上前，拼力死战，司马休之的军队不能抵挡，逐渐避开向后退却。刘裕的军队随即趁机猛攻，司马休之的军队大大溃败，于是攻克江陵。司马休之、鲁宗之一道向北逃跑，鲁轨留守石城。刘裕命阆中侯下邳人赵伦之、太尉参军沈林子带兵进攻鲁轨，派武陵内史王镇恶带领水军船队追击司马休之等。

青、冀二州刺史刘敬宣的参军司马道赐是晋朝宗室的远亲，听到太尉刘裕进攻司马休之，司马道赐与同僚辟闾道秀、身边的小将王猛子合谋杀死刘敬宣，然后占据广固以响应司马休之。夏季四月乙卯（初三），刘敬宣召见辟闾道秀，屏退闲人，秘密交谈，刘敬宣左右侍卫全部出到门户之外。王猛子慢慢徘徊到刘敬宣身后，取下刘敬宣防身的佩刀杀死了刘敬宣。刘敬宣手下的文武佐僚官吏立即起来声讨司马道赐等人，并全部斩杀他们。

五月，赵伦之、沈林子在石城击破鲁轨，司马休之、鲁宗之援救鲁轨没有来得及，于是与鲁轨一起逃奔襄阳，鲁宗之的参军李应之关闭城门，不让进入。甲午（十二日），司马休之、鲁宗之、鲁轨及谯王司马文思、新蔡王司马道赐、梁州刺史马敬、南阳太守鲁范等人一道逃奔后秦。鲁宗之平日得到士人庶民的拥护，人们争着护卫他，送他出国境。王镇恶等人率兵追击他们，到了边境没有追上，就回去了。

当初，司马休之等人向后秦、北魏请求援助，后秦征虏将军姚成王及司马国璠等人带兵进抵南阳，北魏长孙嵩带兵到河东，听到司马休之等人已经失败，都带兵回去了。司马休之到长安，后秦王姚兴任命他为扬州刺史，让他侵袭骚扰襄阳。侍御史唐

盛言于兴曰："据符谶之文，司马氏当复得河、洛。今使休之擅兵于外，犹纵鱼于渊也，不如以高爵厚礼，留之京师。"兴曰："昔文王卒免羑里，高祖不毙鸿门，苟天命所在，谁能违之？脱如符谶之言，留之适足为害。"遂遣之。

　　诏加太尉裕太傅、扬州牧，剑履上殿，入朝不趋，赞拜不名。

　　秋八月甲子，太尉裕还建康，固辞太傅、州牧，其馀受命。

　　十二年春正月，加太尉裕兖州刺史、都督南秦州，凡都督二十二州。

　　三月，加太尉裕中外大都督。裕戒严，将伐秦，加裕领司豫二州刺史。

　　夏五月癸巳，加太尉领北雍州刺史。

　　秋八月，太尉裕以世子义符为中军将军，监太尉留府事。刘穆之为左仆射，领监军、中军二府军司，入居东府，总摄内外。丁巳，发建康。

　　冬十一月，太尉裕遣左长史王弘还建康，讽朝廷求九锡。时刘穆之掌留任，而旨从北来，穆之由是愧惧发病。弘，珣之子也。十二月壬申，诏以裕为相国、总百揆、扬州牧，封十郡为宋公，备九锡之礼，位在诸侯王上，领征西将军、司豫北徐雍四州刺史如故。裕辞不受。

　　十三年春正月，太尉裕引水军发彭城。

盛对姚兴说:"根据有关符命谶纬的记载,司马氏家族应当重新夺取黄河、洛水一带的地区。现在派司马休之拥兵在外,如同把鱼放到深渊里,不如用很高的爵位、优厚的礼遇,把他留在京师。"姚兴说:"过去周文王最终在羑里得到赦免,汉高祖在鸿门没有被杀,如果天命在他身上,谁能违抗天命呢? 如果真是如同符谶的记载一样,留下他恐怕正好足以变成灾害。"于是派遣司马休之去了。

朝廷下诏加封太尉刘裕为太傅、扬州牧,特许他可以带剑穿鞋上殿,进宫朝见皇帝不必小步走,奏事时不必司仪称名通报。

秋季八月甲子(十三日),太尉刘裕返回建康,坚决辞让太傅、扬州牧,其馀诏命都接受了。

义熙十二年(416)春季正月,朝廷加封太尉刘裕为兖州刺史,都督南秦州,至此,他共都督二十二个州。

三月,加封太尉刘裕为中外大都督。刘裕调集军队严加戒备,打算讨伐后秦,朝廷下诏加封刘裕兼任司、豫二州刺史。

夏季五月癸巳(十七日),加封太尉刘裕兼任北雍州刺史。

秋季八月,太尉刘裕任命他的世子刘义符为中军将军,监太尉留府事。任命刘穆之为左仆射,兼任监军、中军二府军司,并让他进入东府居住,总管朝廷内外的一切事物。丁巳(十二日),刘裕领兵从建康出发。

冬季十一月,太尉刘裕派遣左长史王弘回到建康,委婉地向朝廷暗示,请求加授九锡的礼仪。当时刘穆之执掌留守京城的重任,而这一旨意是刘裕自己在北方提出,由王弘传来的,刘穆之由此惭愧恐惧,得了疾病。王弘是王珣的儿子。十二月壬申(二十九日),安帝下诏任命刘裕为相国,总领文武百官,扬州牧,加封为食邑十郡的宋公,预备九锡的礼仪,位居各诸侯王之上,兼任征西将军,司、豫、北徐、雍四州的刺史仍然像以前一样。刘裕辞让,不接受任命。

义熙十三年(417)春季正月,太尉刘裕带领水军从彭城出发西上。

　　三月，太尉裕将水军自淮、泗入清河，将溯河西上，先遣使假道于魏。魏人以数千骑随裕军西行，裕遣兵击之，魏军奔溃。

　　秋八月，太尉裕至潼关，王镇恶大破秦兵于渭桥，姚泓将妻子群臣诣镇恶降。九月，裕至长安，以秦金玉、缯帛颁赐将士，送姚泓至建康，斩之。事见《刘裕灭后秦》。

　　癸酉，司马休之、司马文思、司马国璠、司马道赐、鲁轨、韩延之等皆降于魏。司马休之寻卒。魏赐国璠爵淮南公、道赐爵池阳子、鲁轨爵襄阳公。

　　冬十月，诏进宋公爵为王，增封十郡，辞不受。

　　十一月辛未，穆之卒。太尉裕以根本无托，决意东还。十二月，太尉裕发长安。

　　十四年春正月，太尉裕至彭城，解严。

　　夏六月，太尉裕始受相国、宋公、九锡之命，赦国中殊死以下，崇继母兰陵萧氏为太妃，以太尉军谘祭酒孔靖为宋国尚书令，左长史王弘为仆射，领选，从事中郎傅亮、蔡廓皆为侍中，谢晦为右卫将军，右长史郑鲜之为奉常，行参军殷景仁为秘书郎，其馀百官，悉依天朝之制。靖辞不受。亮，咸之孙；廓，谟之曾孙；鲜之，浑之玄孙；景仁，融之曾孙也。景仁学不为文，敏有思致，口不谈义，深达理体，至于国典、朝仪、旧章、记注，莫不撰录，识者知其有当世之志。

三月,太尉刘裕率领水军从淮河、泗水进入清河,准备沿清河逆军队向西行进,先派使者向北魏借道。北魏派骑兵几千人跟随刘裕的军队向西进发,刘裕派遣军队攻击他们,北魏军队奔逃溃退。

秋季八月,太尉刘裕到达潼关,王镇恶在渭桥大败后秦的军队,后秦王姚泓带领妻子儿女群臣前往王镇恶军营投降。九月,刘裕到达长安,把后秦的金银玉器、绫罗绸缎,颁发赏赐给他的将领士卒,遣送姚泓到建康,斩杀了他。事见《刘裕灭后秦》。

癸酉(初四),流亡后秦的司马休之、司马文思、司马国璠、司马道赐、鲁轨、韩延之等都投降北魏。司马休之不久去世。北魏赐给司马国璠淮南公的爵位,赐予司马道赐池阳子的爵位,赐予鲁轨襄阳公的爵位。

冬季十月,安帝下诏进封宋公刘裕为王的爵位,食邑再加封十个郡,刘裕辞让,没有接受。

十一月辛未(初三),刘穆之去世。太尉刘裕因为朝廷系根本所在没有人托付,决定东返。十二月,太尉刘裕从长安出发。

十四年(418)春季正月,太尉刘裕到达彭城,解除戒备。

夏季六月,太尉刘裕开始接受相国、宋公和九锡殊礼的封赐,赦免了宋国封邑之内死罪以下的罪犯,尊崇刘裕的继母、兰陵人萧氏为太妃,任命太尉军谘祭酒孔靖为宋国尚书令,任命左长史王弘为仆射,兼管官员的选举和任免,任命从事中郎傅亮、蔡廓都担任侍中,任命谢晦担任右卫将军,右长史郑鲜之担任奉常,行参军殷景仁担任秘书郎,其馀的文武百官,也都按照朝廷的制度进行任命。孔靖推辞,没有接受官职。傅亮是傅咸的孙子,蔡廓是蔡谟的曾孙,郑鲜之是郑浑的玄孙,殷景仁是殷融的曾孙。殷景仁学问非常好,但不写文章,思维敏锐,口中虽然不谈礼义,却深通事理,识大体,至于国家的法律制度、朝廷的礼仪规范、旧有的政制规章、内外大事的记载,他都没有不抄写转录下来的,有识之士都知道他有治理国家的雄心大志。

冬十二月，彗星出天津，入太微，经北斗，络紫微，八十馀日而灭。魏主嗣复召诸儒、术士问之曰："今四海分裂，灾咎之应，果在何国？朕甚畏之。卿辈尽言，勿有所隐。"众推崔浩使对，浩曰："夫灾异之兴，皆象人事，人苟无衅，又何畏焉？昔王莽将篡汉，彗星出入，正与今同。国家主尊臣卑，民无异望。晋室陵夷，危亡不远。彗之为异，其刘裕将篡之应乎？"众无以易其言。

宋公裕以谶云"昌明之后尚有二帝"，乃使中书侍郎王韶之与帝左右密谋鸩帝而立琅邪王德文。德文常在帝左右，饮食寝处，未尝暂离。韶之伺之经时，不得间。会德文有疾，出居于外。戊寅，韶之以散衣缢帝于东堂。韶之，廙之曾孙也。裕因称遗诏，奉德文即皇帝位，大赦。

恭帝元熙元年春正月甲午，征宋公裕入朝，进爵为王，裕辞。

初，司马楚之奉其父荣期之丧归建康，会宋公裕诛翦宗室之有才望者，楚之叔父宣期、兄贞之皆死，楚之亡匿竟陵蛮中。及从祖休之自江陵奔秦，楚之亡之汝、颍间，聚众以谋复仇。楚之少有英气，能折节下士，有众万馀，屯据长社。裕使刺客沐谦往刺之，楚之待谦甚厚。谦欲发，未得间，乃夜称疾，知楚之必往问疾，因欲刺之。楚之果自赍汤药往视之，情意勤笃，谦不忍发，乃出匕首于席下，以状告之曰：

冬十二月，彗星从天津星穿出，进入太微星，经北斗星，连结紫微星，经过八十多天，彗星消失。北魏国主拓跋嗣又召集各位名儒、术士，问："现在天下分裂，上天变异所预示的灾祸，果真应验在哪一国？我非常畏惧这事。你们可以畅所欲言，不要有隐瞒。"众人都推举崔浩回答，崔浩说："灾异的兴起，都照应着人间的事变。治理天下的人如果无过失，又有什么值得畏惧的呢？过去王莽将要篡夺汉朝的帝位，彗星的出入方向，正与现在相同。国家君主尊崇大臣卑下，人民就没有不安分的愿望。现在晋王室日趋衰微，危亡的时间不会很远。彗星作为灾异，莫非是刘裕将要篡夺晋室的照应吗？"众人都没不同意见。

　　宋公刘裕认为，谶书上说"昌明之后，还有两个皇帝"，于是派中书侍郎王韶之与安帝的左右亲信密谋，鸩杀安帝而立琅邪王司马德文。司马德文经常在安帝身边，饮食睡眠，未曾暂时离开。王韶之窥伺安帝起居历时很久，没有找到机会。正好司马德文有病，离开皇宫而居住在外。戊寅（十七日），王韶之用撕碎的衣服条子在东堂勒死安帝。王韶之是王廙的曾孙。刘裕于是声称奉安帝遗诏，拥立司马德文即皇帝位，大赦天下。

　　东晋恭帝元熙元年（419），春季正月甲午（初三），恭帝召宋公刘裕入朝，进封爵位为王，刘裕辞让。

　　当初，司马楚之护送父亲司马荣期的灵柩回建康安葬，正当宋公着手消灭剪除皇室司马氏宗族中有才能、有名望的人，司马楚之的叔父司马宣期、哥哥司马贞之都被杀死，司马楚之逃亡躲藏在竟陵蛮中。到他的堂祖父司马休之从江陵投奔后秦，司马楚之又逃亡到汝水、颍水之间，聚集部众谋划复仇。司马楚之年轻有英雄气概，能放下架子礼遇下士，聚有部众一万多人，屯驻在长社。刘裕派遣刺客沐谦前去刺杀他，司马楚之对沐谦情谊极为深重。沐谦想要下手，未能得到机会，于是一天夜里声称有病，知道司马楚之必会前往探视询问病情，趁机准备刺杀他。司马楚之果然亲自带汤药前去探视沐谦，感情心意真挚深厚。沐谦不忍心下手，于是从席下拿出匕首，把实情告诉司马楚之，说：

"将军深为刘裕所忌,愿勿轻率以自保全。"遂委身事之,为之防卫。

时宗室多逃亡在河南,有司马文荣者,帅乞活千馀户屯金墉城南。又有司马道恭,自东垣帅三千人屯城西,司马顺明帅五千人屯陵云台,司马楚之屯柏谷坞,皆降于魏。

秋七月,宋公裕始受进爵之命。八月,移镇寿阳,以度支尚书刘怀慎为督淮北诸军事、徐州刺史,镇彭城。

九月,宋王裕自解扬州牧。

冬十二月辛卯,宋王裕加殊礼,进王太妃为太后,世子为太子。

宋武帝永初元年春正月,宋王欲受禅而难于发言,乃集朝臣宴饮,从容言曰:"桓玄篡位,鼎命已移。我首唱大义,兴复帝室,南征北伐,平定四海,功成业著,遂荷九锡。今年将衰暮,崇极如此,物忌盛满,非可久安。今欲奉还爵位,归老京师。"群臣惟盛称功德,莫谕其意。日晚,坐散。中书令傅亮还外,乃悟,而宫门已闭,亮叩扉请见,王即开门见之。亮入,但曰:"臣暂宜还都。"王解其意,无复他言,直云:"须几人自送?"亮曰:"数十人可也。"即时奉辞。亮出,已夜,见长星竟天,拊髀叹曰:"我常不信天文,今始验矣。"亮至建康。

夏四月,征王入朝。王留子义康为都督豫司雍并四州诸军事、

"将军深为刘裕所忌恨,谨望您不要轻率地相信别人,以保全自己。"于是把自身交给司马楚之,奉事他,为他担任防护卫士。

当时,晋室宗族的人,大多逃亡在河南,有一个叫司马文荣的人,率领流民一千多户屯驻在金墉城南。又有司马道恭从东垣带领三千人屯驻在金墉城西,司马顺明带领五千人屯驻在陵云台,司马楚之屯驻在柏谷坞,他们都归降了北魏。

秋季七月,宋公刘裕开始接受进爵为宋王的诏命。八月,刘裕从彭城移驻寿阳,任命度支尚书刘怀慎为督淮北诸军事、徐州刺史,镇守彭城。

九月,宋王刘裕自己请求解除扬州牧的职务。

冬季十二月辛卯这天,宋王刘裕被朝廷加授特殊礼仪,进封王太妃萧氏为太后,世子刘义符为太子。

宋武帝永初元年(420)春季正月,宋王刘裕想要接受晋恭帝禅位,但难于启齿,于是召集朝臣欢宴饮酒,从容地说:"桓玄篡夺晋朝的帝位,晋朝的皇位已经旁移。我首先倡导大义,振兴恢复晋朝皇室,向南征讨,向北攻伐,平定天下,功勋已经成就,业绩已经卓著,于是身负朝廷的九锡那样隆重的赏赐,现在我的年纪将要进入衰老的晚年,我的地位尊崇像这样臻于极至。物品切忌装得太满,那样就不可长久平安。现在我想把封爵与官位奉还皇上,到京师颐养天年。"群臣只是大大地称誉刘裕的功德,不理解此话的真正含义。天色渐晚,群臣散去。中书令傅亮出到宫门外才悟出宋王一席话的含义,而宫门已经关闭,傅亮敲门扉请求见宋王,宋王随即令开门召见他。傅亮入宫,只说:"我暂时应该返回京师。"宋王理解他的用意,没有再说别的话,径直说:"必须多少人护送你?"傅亮说:"数十人就可以了。"随即与宋王刘裕告别。傅亮出宫已经是半夜时分,看见彗星划过天空,拍着大腿叹息说:"我常常不相信天象,现在天象开始应验了。"傅亮到了建康。

这一年的夏季四月,晋恭帝征召宋王刘裕入朝见面。宋王刘裕留下儿子刘义康为都督豫、司、雍、并四州诸军事,

豫州刺史,镇寿阳。义康尚幼,以相国参军南阳刘湛为长史,决府、州事。湛自弱年即有宰物之情,常自比管、葛,博涉书史,不为文章,不喜谈议。王甚重之。

六月壬戌,王至建康。傅亮讽晋恭帝禅位于宋,具诏草呈帝,使书之。帝欣然操笔,谓左右曰:"桓玄之时,晋氏已无天下,重为刘公所延,将二十载。今日之事,本所甘心。"遂书赤纸为诏。甲子,帝逊于琅邪第,百官拜辞,秘书监徐广流涕哀恸。

丁卯,王为坛于南郊,即皇帝位。礼毕,自石头备法驾入建康宫。徐广又悲感流涕,侍中谢晦谓之曰:"徐公得无小过!"广曰:"君为宋朝佐命,身是晋室遗老,悲欢之事,固不可同。"广,邈之弟也。帝临太极殿,大赦,改元。其犯乡论清议,一皆荡涤,与之更始。

　　裴子野论曰:昔重华受终,四凶流放。武王克殷,顽民迁洛。天下之恶一也,乡论清议,除之,过矣!

奉晋恭帝为零陵王。优崇之礼,皆仿晋初故事,即宫于故秣陵县,使冠军将军刘遵考将兵防卫。降褚后为王妃。

追尊皇考为孝穆皇帝,皇妣赵氏为孝穆皇后,尊王太后萧氏为皇太后。上事萧太后素谨,及即位,春秋已高,每旦入朝太后,未尝失时刻。

诏晋氏封爵,当随运改,独置始兴、庐陵、始安、

豫州刺史,镇守寿阳。刘义康年纪还很小,任命相国参军南阳人刘湛为长史,决策处理府州日常事务。刘湛自年轻时就有做宰相的志向,常常把自己比作管仲、诸葛亮,广泛涉猎经书史籍,却不爱做文章,不喜欢空谈议论,宋王非常器重他。

六月壬戌(初九),宋王刘裕到达建康。傅亮暗示晋恭帝禅让帝位给宋王,拟定了诏书草稿呈送给晋恭帝,让他抄写一遍。晋恭帝欣然持笔,对左右侍臣说:"桓玄叛乱的时候,晋朝皇室已经失去天下,重新为刘公所延续,已经将近二十年。今天禅让帝位的事,本来是我甘心情愿的。"于是抄写在赤纸上作为诏书。甲子(十一日),晋恭帝在琅邪第逊位,百官叩拜辞别,秘书监徐广痛哭流涕,不胜悲哀。

丁卯(十四日),宋王刘裕在南郊设坛,即皇帝位。典礼结束以后,刘裕从石头城乘坐皇帝的车驾进入建康宫。徐广又悲痛而流泪,侍中谢晦对徐广说:"徐公未免有些过分。"徐广说:"您身为宋朝的佐命大臣,我是晋室的遗老,悲哀与欢乐的事情,固然不可以相同。"徐广是徐邈的弟弟。宋武帝刘裕登上太极殿,大赦天下,改年号为永初。那些触犯乡论清议的人,一律清除罪名,让他们改过自新。

> 裴子野评论说:过去虞舜姚重华接受尧禅位,共工、驩兜、三苗、鲧等四凶被流放。武王灭殷商,把殷商顽固的遗民迁到洛阳。天下的罪恶是相同的,触犯乡论清议的人,刘裕免除他们的罪名,太过分了!

宋武帝封晋恭帝为零陵王。优待尊崇晋室的礼仪,全都效仿晋初优待魏室的先例,在原秣陵县为晋恭帝修建宫殿,派遣冠军将军刘遵考带兵防卫。贬降晋恭帝的褚皇后为王妃。

宋武帝追尊他的父亲为孝穆皇帝,母亲赵氏为孝穆皇后,尊封其继母王太后萧氏为皇太后。宋武帝奉事继母萧太后一向恭谨,到即位以后,年事已高,每天早晨入后宫朝见太后,未曾错过时刻。

下诏说晋朝爵位应随国运而变,过去独封的始兴、庐陵、始安、

长沙、康乐五公,降爵为县公及县侯,以奉王导、谢安、温峤、陶侃、谢玄之祀,其宣力义熙、豫同艰难者,一仍本秩。

庚午,以司空道怜为太尉,封长沙王。追封司徒道规为临川王,以道怜子义庆袭其爵。其馀功臣徐羡之等,增位进爵各有差。追封刘穆之为南康郡公,王镇恶为龙阳县侯。上每叹念穆之,曰:"穆之不死,当助我治天下。可谓'人之云亡,邦国殄瘁'!"又曰:"穆之死,人轻易我。"

立皇子桂阳公义真为庐陵王,彭城公义隆为宜都王,义康为彭城王。

己卯,改《泰始历》为《永初历》。

秋八月辛未,追谥妃臧氏为敬皇后。立王太子义符为皇太子。

二年。初,帝以毒酒一罂授前琅邪郎中令张伟,使鸩零陵王,伟叹曰:"鸩君以求生,不如死!"乃于道自饮而卒。伟,邵之兄也。太常褚秀之、侍中褚淡之,皆王之妃兄也,王每生男,帝辄令秀之兄弟方便杀之。王自逊位,深虑祸及,与褚妃共处一室,自煮食于床前,饮食所资,皆出褚妃,故宋人莫得伺其隙。九月,帝令淡之与兄右卫将军叔度往视妃,妃出就别室相见。兵人逾垣而入,进药于王。王不肯饮,曰:"佛教,自杀者不复得人身。"兵人以被掩杀之。帝帅百官临于朝堂三日。

长沙、康乐五郡公,现在降为县公或者县侯,以便继承王导、谢安、温峤、陶侃、谢玄的祭祀,那些在义熙年间为打击桓玄出力,参与共历艰难的人,一律保持原来的爵位官秩。

庚午(十七日),宋武帝任命司空刘道怜为太尉,封为长沙王。追封司徒刘道规为临川王,并以刘道怜的儿子刘义庆承袭刘道规的爵位。其馀的功臣徐羡之等人,擢升官职,进封爵位,各有差别。又追封刘穆之为南康郡公,王镇恶为龙阳县侯。宋武帝每每叹息追念刘穆之说:"刘穆之不死,必将帮助我治理天下。可以说'好人离去,国家遭殃'!"又说:"刘穆之死了,人们将轻易地对待我。"

宋武帝立皇子桂阳公义真为庐陵王,彭城公刘义隆为宜都王,刘义康为彭城王。

己卯(二十六日),宋武帝下令取消《泰始历》,改用《永初历》。

秋季八月辛未(十九日),宋武帝追赠妃子臧氏谥号敬皇后,立王太子刘义符为皇太子。

二年(421)。当初,宋武帝将一瓦罐毒酒授给前琅邪郎中令张伟,让他毒杀被废黜的晋恭帝、改封为零陵王的司马德文,张伟叹息说:"毒杀君主以求自己生存,不如死掉!"于是在路上自饮毒酒而死。张伟是张邵的哥哥。太常褚秀之、侍中褚淡之,都是零陵王的王妃的哥哥,零陵王妻妾每每有人生下男孩,宋武帝都下令褚秀之兄弟趁便杀掉。零陵王自从禅让帝位以后,深切地忧虑大祸可能到来,就与褚妃共住一间房子,自己在床前烹煮食物,饮食所需的物品,都出自褚妃之手,所以刘裕手下的人未得以窥伺到下手的间隙。九月,宋武帝命令褚淡之与其哥哥右卫将军褚叔度前往探视他们的妹妹零陵王妃,褚妃出来到另一间房子与二兄相见。伏兵越墙而入,递毒药给零陵王。零陵王不肯饮服,说:"佛教规定,自杀的人再世投胎,不能再得人身。"伏兵用被子蒙住零陵王的头而杀死了他。宋武帝率领文武百官亲临朝廷设立的灵堂三天,以示哀悼。

元魏寇宋

　　晋安帝义熙十三年夏五月乙未，齐郡太守王懿降于魏，上书言："刘裕在洛，宜发兵绝其归路，可不战而克。"魏主嗣善之。崔浩侍讲在前，嗣问之曰："刘裕伐姚泓，果能克乎？"对曰："克之。"嗣曰："何故？"对曰："昔姚兴好事虚名而少实用，子泓懦而多病，兄弟乖争。裕乘其危，兵精将勇，何故不克？"嗣曰："裕才何如慕容垂？"对曰："胜之。垂藉父兄之资，修复旧业，国人归之，若夜虫之就火，少加倚仗，易以立功。刘裕奋起寒微，不阶尺土，讨灭桓玄，兴复晋室，北禽慕容超，南枭卢循，所向无前，非其才之过人，安能如是乎？"

　　嗣曰："裕既入关，不能进退，我以精骑直捣彭城、寿春，裕将若之何？"对曰："今西有屈丐，北有柔然，窥伺国隙。陛下既不可亲御六师，虽有精兵，未睹良将。长孙嵩

元魏寇宋

东晋安帝义熙十三年(417)夏季五月乙未(二十四日),齐郡太守王懿投降于北魏,他上书北魏朝廷说:"刘裕现在洛阳,最好调发军队切断他回还的道路,可以不经战斗而取得胜利。"北魏国主拓跋嗣赞赏这一建议。崔浩在拓跋嗣面前侍奉,讲解经典,拓跋嗣问他说:"刘裕出兵征伐后秦国王姚泓,果真能攻克吗?"崔浩回答说:"能够攻克。"拓跋嗣说:"什么原因?"崔浩说:"过去姚兴喜欢追求虚名而很少有切实有用的举措,儿子姚泓懦弱多病,兄弟之间互相背戾争夺。刘裕趁着后秦的危难局面,他的军队士卒精良,将领勇猛,有什么理由不能攻克呢?"拓跋嗣说:"刘裕的才能和慕容垂相比如何?"崔浩说:"胜过慕容垂。慕容垂凭借父亲、兄弟的积累,整顿兴复旧有的基业,全国的人归向他,如同夜里的虫子飞向火光一样,稍稍加以倚恃凭借,轻易地以此建立了功业。刘裕崛起于贫寒微贱之家,没有一尺土地可以凭借,却征讨消灭了桓玄,振兴恢复了晋室,在北生擒慕容超,在南消灭卢循,所到之处,没有前进的障碍,不是他的才能远远超过别人,怎么能做到这样?"

拓跋嗣说:"刘裕已入关,不能进也不能退,我以精良骑兵直捣他的老巢彭城、寿春,刘裕将怎么办?"崔浩回答说:"现在我国西面有夏国的赫连勃勃,北面有柔然国,他们窥伺我国的漏洞。陛下既不能亲自统军,国家虽然拥有精兵,却没有看到良将。长孙嵩

长于治国，短于用兵，非刘裕敌也。兴兵远攻，未见其利，不如且安静以待之。裕克秦而归，必篡其主。关中华、戎杂错，风俗劲悍，裕欲以荆、扬之化施之函、秦，此无异解衣包火，张罗捕虎，虽留兵守之，人情未洽，趋尚不同，适足为寇敌之资耳。愿陛下按兵息民以观其变，秦地终为国家之有，可坐而守也。"

嗣笑曰："卿料之审矣。"浩曰："臣尝私论近世将相之臣：若王猛之治国，苻坚之管仲也；慕容恪之辅幼主，慕容暐之霍光也；刘裕之平祸乱，司马德宗之曹操也。"嗣曰："屈丐何如？"浩曰："屈丐国破家覆，孤孑一身，寄食姚氏，受其封殖，不思酬恩报义，而乘时徼利，盗有一方，结怨四邻。撅竖小人，虽能纵暴一时，终当为人所吞食耳。"嗣大悦，语至夜半，赐浩御缥醪十觚，水精盐一两，曰："朕味卿言，如此盐、酒，故欲与卿共飨其美。"然犹命长孙嵩、叔孙建各简精兵伺裕西过，自成皋济河，南侵彭、沛，若不时过，则引兵随之。

宋武帝永初三年。初，魏主闻高祖克长安，大惧，遣使请和，自是每岁交聘不绝。及高祖殂，殿中将军沈范等奉使在魏，还，及河，魏主遣人追执之，议发兵取洛阳、虎牢、滑台。崔浩谏曰："陛下不以刘裕欻起，纳其使贡，裕亦敬事陛下。不幸今死，遽乘丧伐之，虽得之不足为美。

擅长于治理国家,不善于指挥军队,不是刘裕的敌手。调发军队远去进攻,没有看到这样做的好处,不如暂且按兵不动,以静待其结果。刘裕攻克后秦回国,必然篡夺晋主皇位。关中地区汉族、戎族相杂交错,民风习俗强劲勇悍,刘裕想用荆州、扬州地区的礼俗教化施加函谷关及后秦这一带,这无异于脱下衣服包住火焰,张开罗网捕捉老虎一样,虽然留下军队驻守防卫,但人们的性情习俗没有和谐,志趣爱好又不相同,正好足以成为入侵之敌的资助。谨愿陛下停止出兵,休养人民,以观察局势的变化,后秦这块土地终究会成为我国所有,可以静坐守护它。"

拓跋嗣笑着说:"你预料得很周详。"崔浩说:"我曾经私下评论近代的将领、宰相:如王猛治理国家,是苻坚的管仲;慕容恪辅佐年幼的君主,是慕容暐的霍光;刘裕平定祸乱,是司马德宗的曹操。"拓跋嗣说:"赫连勃勃怎么样?"崔浩说:"赫连勃勃国家破败,家族灭亡,孤身一人,寄托就食于姚氏门下,接受姚氏的封赏培植,不想着去报答姚氏的恩惠情义,而是趁着时机求取利益,窃取占有一方的土地,与四邻结下仇怨。这种卑劣微贱的小人,虽然恣纵施暴于一时,最终必然被别人所吞并。"拓跋嗣非常高兴,与崔浩谈话直到深夜,赏赐崔浩御用青白色醅酒三十升,水精盐一两,说:"我品味你的话,就如同品味这盐和酒一样,所以想和你共同享受这样美好的味道。"然而拓跋嗣还是命令长孙嵩、叔孙建各自挑选精兵,等待刘裕的军队在西部推进,就从成皋渡过黄河,向南侵袭彭城、沛郡,如果刘裕的军队不能及时推进,就指挥军队紧紧跟随他们。

宋武帝永初三年(422)。当初,北魏国主听到东晋太尉刘裕攻克长安,非常恐惧,派使者请求和好,此后每年两国使臣交往没有间断。到宋武帝刘裕去世,宋殿中将军沈范等人出使在北魏,随即回国,到黄河时,北魏国主派人追上逮捕了他,北魏朝廷计议发兵夺洛阳、虎牢、滑台。崔浩进谏:"陛下不因刘裕骤然兴起而接纳他的使者贡物,刘裕也庄敬地奉事陛下。他不幸现在去世,我们突然乘人家遭丧讨伐他们,即使得到预期的结果也不足以成为美好的事情。

且国家今日亦未能一举取江南也,而徒有伐丧之名,窃为陛下不取。臣谓宜遣人吊祭,存其孤弱,恤其凶灾,使义声布于天下,则江南不攻自服矣。况裕新死,党与未离,兵临其境,必相帅拒战,功不可必。不如缓之,待其强臣争权,变难必起,然后命将出师,可以兵不疲劳,坐收淮北也。"魏主曰:"刘裕乘姚兴之死而灭之,今我乘裕丧而伐之,何为不可?"浩曰:"不然。姚兴死,诸子交争,故裕乘衅伐之。今江南无衅,不可比也。"魏主不从,假司空奚斤节,加晋兵大将军、行扬州刺史,使督宋兵将军交州刺史周幾、吴兵将军广州刺史公孙表同入寇。

冬十月,魏军将发,公卿集议于监国之前,以先攻城与先略地。奚斤欲先攻城,崔浩曰:"南人长于守城。昔苻氏攻襄阳,经年不拔。今以大兵坐攻小城,若不时克,挫伤军势,敌得徐严而来,我怠彼锐,此危道也。不如分军略地,至淮为限,列置守宰,收敛租谷,则洛阳、滑台、虎牢更在军北,绝望南救,必沿河东走,不则为圃中之物,何忧其不获也?"公孙表固请攻城,魏主从之。于是奚斤等帅步骑二万,济河,营于滑台之东。时司州刺史毛德祖戍虎牢,东郡太守王景度告急于德祖,德祖遣司马翟广等将步骑三千救之。

况且我们国家现在也不能够一举夺取江南的土地，而徒然地得到伐丧的名声，我认为陛下最好不这样做。我主张，最好派遣使者吊唁祭奠，抚慰他的孤儿寡妇，怜悯他们的不幸和灾难，使仁义的名声传播于天下，那么江南的土地，不用进攻就会自己归服了。况且刘裕虽然刚刚去世，他的党羽还没有分离，大军迫近他们的边境，必然同心协力抵抗死战，我们取得成功不可能很有把握。不如慢慢地处理这个问题，等到它的内部强悍的大臣争夺权力，变乱与灾难必定会兴起，然后任命将领，出动军队，可以使军队并不疲惫辛劳，而坐取淮北的土地。"北魏国主说："刘裕趁姚兴去世的机会而灭掉后秦，现在我趁刘裕新丧而讨伐刘宋，为什么不可以？"崔浩说："不是这样。姚兴去世，他的儿子们彼此相争，所以刘裕乘着机会讨伐后秦。现在江南没有间隙可乘，因此不能相比。"北魏国主不听取崔浩的建议，加授司空奚斤符节，命他兼晋兵大将军，代理扬州刺史，让他督率宋兵将军交州刺史周幾，吴兵将军广州刺史公孙表等一同进攻刘宋。

　　冬季十月，北魏军队即将出发，朝中公卿汇集在监国、太子拓跋焘的殿前，商议应先攻取城池还是先夺取土地。奚斤想要先攻取城池，崔浩说："南方人擅长守城。前秦苻坚进攻襄阳，一年多时间不能攻克。现在以大军陷于进攻小城的战斗中，如果不能及时攻克，必定挫伤军队的气势，敌人得以缓慢地但又威严地前来增援，我军懈怠，敌人精锐，这是危险的办法啊。不如分开军队，攻略土地，以淮河为界限，依次设置地方官，收取田赋租谷，那么，洛阳、滑台、虎牢这些地方更加远在我们大军的北面，当南方的救援绝望的时候，戍守的宋军必定沿着黄河向东逃跑，如果不逃，则将成为我们范围之中的猎物，为什么担忧这些地方不能得到啊？"公孙表坚持请求攻城，北魏国主拓跋嗣听从了他的请求。于是奚斤等带领步兵、骑兵两万人渡过黄河，在滑台的东面修筑营垒。当时宋司州刺史毛德祖防卫虎牢，东郡太守王景度向毛德祖告急，毛德祖派遣司马翟广等带领步兵、骑兵三千人前去救援他。

先是，司马楚之聚众在陈留之境，闻魏兵济河，遣使迎降。魏以楚之为征南将军、荆州刺史，使侵扰北境。德祖遣长社令王法政将五百人戍邵陵，将军刘怜将二百骑戍雍丘以备之。楚之引兵袭怜，不克。会台送军资，怜出迎之，酸枣民王玉驰以告魏。丁酉，魏尚书滑稽引兵袭仓垣，兵吏悉逾城走，陈留太守冯翊严稜诣斤降。魏以王玉为陈留太守，给兵守仓垣。

奚斤等攻滑台，不拔，求益兵，魏主怒，切责之。壬辰，自将诸国兵五万馀人南出天关，逾恒岭，为斤等声援。

十一月，魏太子焘将兵出屯塞上，使安定王弥与安同居守。庚戌，奚斤等急攻滑台，拔之。王景度出走，景度司马阳瓒为魏所执，不降而死。魏主以成皋侯苟兒为兖州刺史，镇滑台。斤等进击翟广等于土楼，破之，乘胜进逼虎牢。毛德祖与战，屡破之。魏主别遣黑矟将军于栗磾将三千人屯河阳，谋取金墉，德祖遣振威将军窦晃等缘河拒之。十二月丙戌，魏主至冀州，遣楚兵将军、徐州刺史叔孙建将兵自平原济河，徇青、兖。豫州刺史刘粹遣治中高道瑾将步骑五百据项城，徐州刺史王仲德将兵屯湖陆。于栗磾济河，与奚斤并力攻窦晃等，破之。魏主遣中领军代人娥清、期思侯柔然闾大肥将兵七千人会周幾、叔孙建南渡河，军于碻磝。癸未，兖州刺史徐琰弃尹卯南走。于是泰山、

在此之前，司马楚之在陈留境内汇聚部众，听到北魏军队渡过了黄河，派遣使者前往迎降。北魏任命司马楚之为征南将军，荆州刺史，命他率部侵袭骚扰刘宋的北部边境。宋司州刺史毛德祖派遣长社县令王法政带领五百人防卫邵陵，将军刘怜带领两百骑兵防卫雍丘以戒备北魏军队。司马楚之带兵袭击刘怜，不能攻克。正好宋朝廷送来军用物资，刘怜出城迎接，酸枣的居民王玉飞奔报告北魏军队。丁酉（二十八日），北魏尚书滑稽带兵袭击仓垣，守兵与官吏全部翻城墙逃走，陈留太守、冯翊人严稜前往奚斤的军队投降。北魏任命王玉为陈留太守，拨给军队守卫仓垣。

奚斤等人率军进攻滑台，不能攻破，请求增加军队，北魏国主拓跋嗣大怒，严厉地斥责他。壬辰（二十三日），拓跋嗣亲自带领各封国的军队五万多人南下，经过天关，越过恒岭，声援奚斤。

十一月，北魏太子拓跋焘带军出京驻扎塞上，让安定王拓跋弥与安同一起留下守卫京师。庚戌（十一日），奚斤等人率军猛攻滑台，攻破了它。宋东郡太守王景度逃走，手下的司马阳瓒为北魏军队所擒获，不愿投降而被杀。北魏国主任命成皋侯苟兒为兖州刺史，镇守滑台。奚斤等人领兵前往土楼进攻翟广军队，攻破了他，乘胜进发逼近虎牢。宋司州刺史毛德祖率军与奚斤的军队展开激战，并屡次击破奚斤的军队。北魏国主另外派遣黑稍将军于栗磾带领三千人驻扎在河阳，谋划夺取金墉城，毛德祖派遣振威将军窦晃等人带兵沿着黄河布防抵御。十二月丙戌（十八日），北魏国主到达冀州，派遣楚兵将军、徐州刺史叔孙建带领军队从平原渡过黄河，巡行占领青州、兖州。宋豫州刺史刘粹派遣治中高道瑾带领步兵、骑兵五百人据守项城，徐州刺史王仲德带领军队驻扎在湖陆。魏将于栗磾渡过黄河，与奚斤合兵进攻宋振威将军窦晃，击破窦晃的军队。北魏国主派遣中领军代郡人娥清、期思侯柔然人间大肥等带领军队七千人，会同宋兵将军周幾、楚兵将军叔孙建等，向南渡过黄河，驻军于碻磝。癸未（十五日），宋兖州刺史徐琰放弃尹卯向南逃走。于是，泰山、

高平、金乡等郡皆没于魏。叔孙建等东入青州,司马爱之、季之先聚众于济东,皆降于魏。

戊子,魏兵逼虎牢。青州刺史东莞竺夔镇东阳城,遣使告急。己丑,诏南兖州刺史檀道济监征讨诸军事,与王仲德共救之。庐陵王义真遣龙骧将军沈叔狸将三千人就刘粹,量宜赴援。

营阳王景平元年春正月,魏于栗磾攻金墉。癸卯,河南太守王涓之弃城走。魏主以栗磾为豫州刺史,镇洛阳。

庚申,檀道济军于彭城。

魏叔孙建入临淄,所向城邑皆溃。竺夔聚民保东阳城,其不入城者,使各依据山险,芟夷禾稼,魏军至,无所得食。济南太守垣苗帅众依夔。

刁雍见魏主于邺,魏主曰:"叔孙建等入青州,民皆藏避,攻城不下。彼素服卿威信,今遣卿助之。"乃以雍为青州刺史,给雍骑,使行募兵以取青州。魏兵济河向青州者凡六万骑,刁雍募兵得五千人,抚慰士民,皆送租供军。

三月,魏奚斤、公孙表等共攻虎牢,魏主自邺遣兵助之。毛德祖于城内穴地入七丈,分为六道,出魏围外。募敢死之士四百人,使参军范道基等帅之,从穴中出,掩袭其后。魏兵惊扰,斩首数百级,焚其攻具而还。魏兵虽退散,

高平、金乡等郡都沦入北魏之手。叔孙建等率兵向东攻入青州，晋宗室司马爱之、司马季之原来在济东聚集部众，这时都投降于北魏。

戊子(二十日)，北魏军队进逼虎牢。宋青州刺史、东莞人竺夔镇守东阳城，派遣使者向宋朝廷告急。己丑(二十一日)，宋朝廷下诏南兖州刺史檀道济监征讨诸军事，与徐州刺史王仲德一同前往救援。宋庐陵王刘义真派遣龙骧将军沈叔狸带领三千军马赶到豫州刺史刘粹的驻地，观察时机前往救援。

宋营阳王景平元年(423)春季正月，北魏将领于栗磾进攻金墉。癸卯(初五)，宋河南太守王涓之弃城逃走。北魏国主拓跋嗣任命于栗磾为豫州刺史，镇守洛阳。

庚申(二十二日)，宋将檀道济率军驻扎在彭城。

北魏楚兵将军叔孙建率军进入临淄，他的军队所到之处，宋的城池防卫全部崩溃。宋青州刺史竺夔聚集居民保卫东阳城，那些不进入城中防卫的人，让他们各自依托附近山区的险峻地形，割掉田野里的庄稼，北魏军队来到以后，没有地方得到粮食。宋济南太守垣苗率领部众也前往依托竺夔。

北魏建义将军刁雍在邺城晋见北魏国主拓跋嗣，北魏国主说："叔孙建等人率军进入青州，居民都藏匿躲避，城池久攻不下。那里的居民一向敬服你的威望信誉，现在我派遣你前去帮助他们。"于是任命刁雍为青州刺史，供给刁雍战骑，让他沿途招募士兵以夺取青州。北魏军队渡过黄河向青州进攻的骑兵达六万人，刁雍招募士兵又得到五千人，刁雍安抚慰问当地士民，士民都提供粮食供给军队。

三月，北魏将领奚斤、公孙表等合兵进攻虎牢，北魏国主从邺城派军队援助。宋司州刺史毛德祖在城内挖地道深达七丈，分为六道，出到北魏军队的包围之外。招募敢死勇士四百人，令参军范道基等人带领他们，从地道中出去，出其不意地袭击北魏军队背后。北魏军惊恐慌乱，范道基率勇士斩杀北魏军数百人，焚毁他们的攻城器具而后返回城中。北魏军队虽然后退溃散，

随复更合,攻之益急。

奚斤自虎牢将步骑三千攻颍川太守李元德等于许昌,元德等败走。魏以颍川人庾龙为颍川太守,戍许昌。

毛德祖出兵与公孙表大战,从朝至晡,杀魏兵数百。会奚斤自许昌还,合击德祖,大破之,亡甲士千馀人,复婴城自守。

魏主又遣万馀人从白沙渡河,屯濮阳南。

朝议以项城去魏不远,非轻军所抗,使刘粹召高道瑾还寿阳,若沈叔狸已进,亦宜且追。粹奏:"虏攻虎牢,未复南向,若遽摄军舍项城,则淮西诸郡无所凭依。沈叔狸已顿肥口,又不宜遽退。"时李元德帅散卒二百至项,刘粹使助高道瑾戍守,请宥其奔败之罪,朝议并许之。

乙巳,魏主畋于韩陵山,遂如汲郡,至枋头。

初,毛德祖在北,与公孙表有旧。表有权略,德祖患之,乃与交通音问,密遣人说奚斤,云表与之连谋。每答表书,辄多所治定。表以书示斤,斤疑之,以告魏主。先是,表与太史令王亮少同营署,好轻侮亮。亮奏"表置军虎牢东,不得便地,故令贼不时灭"。魏主素好术数,以为然,积前后忿,使人夜就帐中缢杀之。

随后又再次集合起来,更加猛烈地进攻虎牢城。

北魏将领奚斤从虎牢带领步兵、骑兵三千人,前往许昌攻打宋颍川太守李元德,李元德等人败退逃走。北魏任命颍川人庾龙为颍川太守,防卫许昌。

宋司州刺史毛德祖率兵出虎牢城与北魏吴兵将军公孙表大战,从早晨到下午,斩杀北魏士兵数百人。正好奚斤从许昌获胜返回,合兵共击毛德祖,大破毛德祖的军队,杀死其士卒一千多人,毛德祖只好退兵固守虎牢城池坚持防卫。

北魏国主又派遣一万多人从白沙渡过黄河,驻扎在濮阳的南面。

宋朝廷计议,认为项城离北魏不远,北魏的攻击并非微弱的军队所能抵抗,于是令豫州刺史刘粹召回项城守将高道瑾退守寿阳,如果龙骧将军沈叔狸已经推进,也最好暂且追上。刘粹上奏说:“敌人进攻虎牢,未能再向南进犯,如果我们突然收军舍弃项城,那么淮西各郡就没有凭借依托。沈叔狸的军队已经驻扎在肥口,也不应该立即后退。”当时宋颍川太守李元德率领溃散的士兵两百人逃到项城,刘粹让他协助高道瑾防守项城,并请求朝廷宽恕李元德在许昌奔逃溃败之罪,朝廷计议,一同应允。

乙巳(初八),北魏国主拓跋嗣在韩陵山打猎,随即前往汲郡,又到达枋头。

当初,毛德祖在北方,与北魏吴兵将军公孙表有旧谊。公孙表有权谋方略,毛德祖对此非常忧虑,于是毛德祖与公孙表互通音讯并致问候,然后秘密派人告诉奚斤,说公孙表与毛德祖相勾结,有阴谋。毛德祖每次给公孙表的信,多有改定处。公孙表把毛德祖的信给奚斤看,奚斤怀疑这事,并将此报告北魏国主拓跋嗣。从前,公孙表与太史令王亮曾一度同在一个官署办事,公孙表喜欢轻慢侮辱王亮。王亮趁机上奏:“公孙表把军队驻扎在虎牢东面,使军队没有把握方便的位置,所以使得敌人不能立时消灭。”北魏国主拓跋嗣一向喜好方术,认为很对,由于心中积累的前前后后的怨恨,所以派人在深夜进入军帐中勒死了公孙表。

乙卯,魏主济自灵昌津,遂如东郡、陈留。

叔孙建将三万骑逼东阳城,城中文武才一千五百人,竺夔、垣苗悉力固守,时出奇兵击魏,破之。魏步骑绕城列陈十馀里,大治攻具。夔作四重堑,魏人填其三重,为撞车以攻城,夔遣人从地道中出,以大麻絙挽之令折。魏人复作长围,进攻逾急。历时浸久,城转堕坏,战士多死伤,馀众困乏,旦暮且陷。檀道济至彭城,以司、青二州并急,而所领兵少,不足分赴。青州道近,竺夔兵弱,乃与王仲德兼行先救之。

甲子,刘粹遣李元德袭许昌,斩庾龙。元德因留绥抚,并上租粮。

魏主至盟津。于栗磾造浮桥于冶阪津。乙丑,魏主引兵北济,西如河内。娥清、周幾、闾大肥徇地至湖陆、高平,民屯聚而射之。清等尽攻破高平诸县,灭数千家,虏掠万馀口。兖州刺史郑顺之戍湖陆,以兵少不敢出。

魏主又遣并州刺史伊楼拔助奚斤攻虎牢。毛德祖随方抗拒,颇杀魏兵,而将士稍零落。
夏四月丁卯,魏主如成皋,绝虎牢汲河之路,停三日,自督众攻城,竟不能下。遂如洛阳观《石经》。遣使祀嵩高。

叔孙建攻东阳,堕其北城三十许步。刁雍请速入,建

乙卯（十八日），北魏国主拓跋嗣从灵昌津渡过黄河，于是前往东郡、陈留。

北魏楚兵将军叔孙建带领三万骑兵逼近东阳城，城中文武官兵才一千五百人，宋青州刺史竺夔、济南太守垣苗全力固守，不时出奇兵攻击北魏军队，击败北魏军队的进攻。北魏步兵、骑兵围绕城池摆下战阵，纵深十多里，大规模兴造攻城器具。竺夔组织挖掘了四道堑壕，北魏军队填平其中的三道，并制造撞车用来撞击城墙，竺夔派人从地道中出来，以大麻粗绳拉住撞车使它摧折。北魏军队又组成大的包围圈，进攻更加猛烈。经历时间逐渐持久，城墙纷纷崩溃损坏，守城战士多有死伤，残馀士卒困累疲乏，旦夕之间即将陷落。檀道济到达彭城，因司州、青州一同告急，而所带领的军队人数太少，不足以分兵前去救援。因为距青州的东阳城路途较近，竺夔的守军势力弱小，檀道济于是与王仲德日夜兼程先去救援他。

甲子（二十七日），宋豫州刺史刘粹派遣颍川太守李元德袭击许昌，斩杀北魏委任的颍川太守庾龙。李元德随即驻留许昌，安定抚慰百姓，并交上征收的租粮。

北魏国主拓跋嗣到达盟津。魏将于栗磾在冶阪津建造黄河浮桥。乙丑（二十八日），北魏国主带兵北渡黄河，向西前往河内。中领军娥清、宋兵将军周幾、期思侯闾大肥等带兵征略土地，到达湖陆、高平一带，当地居民屯集会聚在城堡中并且用箭射击北魏军队。娥清等率军全部攻破高平各县，屠杀数千家，掳掠一万多人。宋兖州刺史郑顺之防守湖陆，因兵力少不敢出击。

北魏国主又派遣并州刺史伊楼拔协助奚斤进攻虎牢。毛德祖随机应变，进行抵抗，杀死的魏兵很多，而自己的将士日益减少。

夏季四月丁卯（初一），北魏国主前往成皋，切断了虎牢到黄河汲水的通路，停留三天，亲自督促军队进攻虎牢城，终究没有攻下。于是他前往洛阳，观赏《石经》，派遣使者祭祀嵩山。

北魏楚兵将军叔孙建进攻东阳城，毁坏了东阳城北面的城墙三十多步长。魏青州刺史习雍请求迅速由这里入城，公孙建

不许,遂不克。及闻檀道济等将至,雍又谓建曰:"贼畏官军突骑,以锁连车为函陈。大岘已南,处处狭隘,车不得方轨,雍请将所募兵五千据险以邀之,破之必矣。"时天暑,魏军多疫。建曰:"兵人疫病过半,若相持不休,兵自死尽,何须复战? 今全军而返,计之上也。"己巳,道济军于临朐。壬申,建等烧营及器械而遁。道济至东阳,粮尽,不能追。竺夔以东阳城坏,不可守,移镇不其城。

叔孙建自东阳趋滑台,道济分遣王仲德向尹卯。道济停军湖陆,仲德未至尹卯,闻魏兵已远,还就道济。刁雍遂留镇尹卯,招集谯、梁、彭、沛民五千馀家,置二十七营以领之。

闰四月丁未,魏主如河内,登太行,至高都。

叔孙建自滑台西就奚斤,共攻虎牢。虎牢被围二百日,无日不战,劲兵战死殆尽,而魏增兵转多。魏人毁其外城,毛德祖于其内更筑三重城以拒之,魏人又毁其二重。德祖唯保一城,昼夜相拒,将士眼皆生创。德祖抚之以恩,终无离心。时檀道济军湖陆,刘粹军项城,沈叔狸军高桥,皆畏魏兵强,不敢进。丁巳,魏人作地道以泄虎牢城中井,井深四十丈,山势峻峭,不可得防。城中人马渴乏,被创者不复出血,重以饥疫,魏仍急攻之,己未,城陷。

不许可,于是东阳城没有攻下来。等到听说檀道济等人即将到来,刁雍又对叔孙建说:"敌人畏惧我军的骑兵突击,就用锁把车辆连在一起构成方阵。大岘山以南的道路都很狭窄,车辆不能够并行,我刁雍请求带领所召募的骑兵五千人,据守险要以阻击宋兵,必定可以攻破他们。"当时正值酷暑,北魏军队的士卒很多染上疫病。叔孙建说:"军队的士卒染上疫病的超过一半,如果战争僵持下去而不停息,士卒自然会死光,何必再进行战斗?现在保全军队而返回国内,这是最好的计策。"己巳(初三),宋征北将军檀道济驻军于临朐。壬申(初六),叔孙建等人烧掉营垒及各种器械而撤退。檀道济的军队到达东阳,粮食已尽不能追击。竺夔因为东阳城破坏严重,不能守卫,于是移到不其城镇守。

北魏楚兵将军叔孙建率领军队从东阳前往滑台,宋征北将军檀道济派遣王仲德向尹卯进军。檀道济驻军湖陆,王仲德率军还没有到达尹卯,听到北魏军队已经远撤,于是返回与檀道济会合。北魏青州刺史刁雍于是留下来镇守尹卯,他招集谯、梁、彭、沛的居民五千多家,设立二十七个营寨,以统领他们。

闰四月丁未(十一日),北魏国主前往河内,登上太行山,又到达高都。

北魏楚兵将军叔孙建率军从滑台向西到达奚斤驻地,同攻虎牢。虎牢被围困两百天,没有哪一天不战斗,城中精锐士卒几乎全部战死,而北魏增援军队反而越来越多。北魏军队摧毁了虎牢外城,宋司州刺史毛德祖在城内另外修筑三层内城以抵抗北魏军队,北魏军队又摧毁其中两层内城。毛德祖率军只是保护最后一层内城,日夜抵抗,将士的眼睛都生了疮。毛德祖以恩义抚慰他们,将士们始终没有背离之心。当时檀道济驻军湖陆,刘粹驻军项城,沈叔狸驻军高桥,都畏惧北魏军队强盛,不敢前来增援。丁巳(二十一日),北魏军队挖地道,宣泄虎牢城中的井水,井深四十丈,山势高峻陡峭,守军不能防止北魏军队挖掘。城中人马干渴困乏,伤者不能再流出鲜血,加上饥饿瘟疫,北魏军队频频猛烈地进攻守城的宋军,己未(二十三日),虎牢城陷落。

将士欲扶德祖出走,德祖曰:"我誓与此城俱毙,义不使城亡而身存也!"魏主命将士:"得德祖者,必生致之。"将军代人豆代田执德祖以献。将佐在城中者,皆为魏所虏,唯参军范道基将二百人突围南还。魏士卒疫死者亦什二三。奚斤等悉定司、兖、豫诸郡县,置守宰以抚之。魏主命周幾镇河南,河南人安之。徐羡之、傅亮、谢晦以亡失境土,上表自劾。诏勿问。

　　五月,魏主还平城。秋九月乙亥,魏主还宫。召奚斤还平城,留兵守虎牢;使娥清、周幾镇枋头;以司马楚之所将户口置汝南、南阳、南顿、新蔡四郡,以益豫州。

　　冬十一月,魏周幾寇许昌,许昌溃,颍川太守李元德奔项。戊辰,魏人围汝阳,汝阳太守王公度亦奔项。刘粹遣其将姚耸夫等将兵助守项城。魏人夷许昌城,毁钟城,以立封疆而还。

将士们想保护毛德祖出城退走,毛德祖说:"我发誓与此城一同毁灭,大义所在,不能让城池陷落而我自身生存。"北魏国主命令将士:"得到毛德祖的人,必须是生擒他。"北魏将军、代郡人豆代田俘虏了毛德祖献给北魏国主。刘宋军队的将领在虎牢城中的,都被北魏军队俘虏,只有参军范道基带领两百人突围回到江南。北魏军队的士卒染上疫病而死的也达十分之二三。奚斤等人率军全部平定了司州、兖州、豫州所属的各郡县,设立地方官吏以抚慰那里的居民。北魏国主命周幾镇守河南,河南百姓得以安定。宋司空徐羡之、尚书令傅亮、领军将军谢晦,因为丢失国土,上书朝廷自行弹劾。朝廷下诏不予追究。

五月,北魏国主拓跋嗣返回平城。秋季九月乙亥(十一日),北魏国主返回宫廷。征召奚斤返回平城,留下军队守卫虎牢;派遣娥清、周幾镇守枋头;把司马楚之所率领的部众设置汝南、南阳、南顿、新蔡四个郡,以充实豫州。

冬季十一月,北魏将领周幾进攻许昌,许昌防卫崩溃,宋颍川太守李元德投奔项城。戊辰(初五),北魏军队围攻汝阳,宋汝阳太守王公度也逃奔项城。刘粹派遣他手下将领姚耸夫等带兵协助守卫项城。北魏军队夷平许昌城,毁坏钟城,以确立魏宋的封土疆域而返回。

徐傅废立

宋武帝永初元年秋八月癸酉,立王太子义符为皇太子。

三年春三月,上不豫,太尉长沙王道怜、司空徐羡之、尚书仆射傅亮、领军将军谢晦、护军将军檀道济并入侍医药。群臣请祈祷神祇,上不许,唯使侍中谢方明以疾告宗庙而已。上性不信奇怪,微时多符瑞,及贵,史官审以所闻,上拒而不答。

檀道济出为镇北将军、南兖州刺史,镇广陵,悉监淮南诸军。

皇太子多狎群小,谢晦言于上曰:"陛下春秋既高,宜思存万世,神器至重,不可使负荷非才。"上曰:"庐陵何如?"晦曰:"臣请观焉。"出造庐陵王义真,义真盛欲与谈,晦不甚答。晦还曰:"德轻于才,非人主也。"丁未,出义真为都督南豫豫雍司秦并六州诸军事、车骑将军、开府仪同三司、南豫州刺史。

夏五月,帝疾甚,召太子诫之曰:"檀道济虽有干略,而无远志,

徐傅废立

宋武帝永初元年(420)秋季八月癸酉(二十一日),立王太子刘义符为皇太子。

三年(422)春季三月,宋武帝身体不适,太尉长沙王刘道怜、司空徐羡之、尚书仆射傅亮、领军将军谢晦、护军将军檀道济一同入宫,侍候宋武帝医治服药。群臣请求向神灵祈祷,宋武帝不许可,只派侍中谢方明把病情向祖先宗庙祷告罢了。宋武帝生性不相信神奇怪异,他微贱的时候,多有符命祥瑞,到后来大贵,史官向他查证听到的传闻,宋武帝都拒绝而不予回答。

檀道济出京担任镇北将军、南兖州刺史,镇守广陵,并全权督察淮南各路军队。

皇太子刘义符经常亲近一群奸佞小人,谢晦对宋武帝说:"陛下年事已高,应该考虑如何使大业万世长存,帝位至关重要,不能让没有才能的人肩负这个责任。"宋武帝说:"庐陵王刘义真怎么样?"谢晦说:"我请求观察观察。"出宫后,谢晦到庐陵王刘义真那里,刘义真一片盛情,想与他交谈,谢晦不怎么回答。谢晦回到朝廷对宋武帝说:"德行低于才能,不可为人主啊!"丁未(初五),宋武帝任命刘义真出任都督南豫、豫、雍、司、秦、并六州诸军事、车骑将军、开府仪同三司、南豫州刺史。

夏季五月,宋武帝刘裕病情加重,他召来太子刘义符并告诫他说道:"檀道济虽然有才干、有谋略,却没有远大志向,

非如兄韶有难御之气也。徐羡之、傅亮，当无异图。谢晦数从征伐，颇识机变，若有同异，必此人也。”又为手诏曰：“后世若有幼主，朝事一委宰相，母后不烦临朝。”司空徐羡之、中书令傅亮、领军将军谢晦、镇北将军檀道济同被顾命。癸亥，帝殂于西殿。太子即皇帝位，年十七，大赦，尊皇太后曰太皇太后，立妃司马氏为皇后。

　　文帝元嘉元年，营阳王居丧无礼，好与左右狎昵，游戏无度。特进致仕范泰上封事曰：“伏闻陛下时在后园，颇习武备，鼓鞞在宫，声闻于外。黩武掖庭之内，喧哗省闼之间，非徒不足以威四夷，只生远近之怪。陛下践阼，委政宰臣，实同高宗谅暗之美。而更亲狎小人，惧非社稷至计，经世之道也。”不听。

　　南豫州刺史庐陵王义真，警悟爱文义，而性轻易，与太子左卫率谢灵运、员外常侍颜延之、慧琳道人情好款密，尝云：“得志之日，以灵运、延之为宰相，慧琳为西豫州都督。”灵运性褊傲，不遵法度，自谓才能宜参权要，常怀愤邑。延之嗜酒放纵。

　　徐羡之等恶义真与灵运等游。于是羡之等以为灵运、延之构扇异同，非毁执政，出灵运为永嘉太守，延之为始安太守。

　　义真至历阳，多所求索，执政每裁量不尽与。义真深怨之，数有不平之言，又表求还都，谘议参军何尚之屡谏，

不像他的哥哥檀道韶有一种难以驾御的气质。徐羡之、傅亮，必当没有其他企图。谢晦多次随我征讨攻伐，很有见识，善于随机应变，如果有什么问题，必定是倚重这个人。"又亲手写下遗诏说："后世如果出现年幼的君主，朝政大事一切委托宰相，皇太后不准临朝干政。"司空徐羡之、中书令傅亮、领军将军谢晦、镇北将军檀道济共同接受辅佐朝政的遗命。癸亥（二十一日），宋武帝在西殿去世。太子刘义符即皇帝位，年仅十七岁，大赦天下，尊皇太后为太皇太后，立太子妃司马茂英为皇后。

文帝元嘉元年（424），刘义符在为父亲宋武帝服丧期间，不守礼制，喜欢与左右侍从亲近轻佻，嬉戏游乐，没有限度。以特进衔辞官的范泰向少帝刘义符上密奏说："我听说陛下经常在后宫花园多多习武练功，鼓鞞虽然在宫中，鼓声却在宫外可以听到。打闹砍杀于宫禁深院之内，吵闹喧哗于官府公堂之间，不但不足以威服四方，只能使远近各地产生怪诞不经的感觉。陛下自即位以来，托付政事给宰相大臣，确实同商高宗武丁一样有居丧闭口不言的美誉，而您又另外亲近奸佞小人，这恐怕不是保持国运的长远大计，也不是治理社会的正确途径。"刘义符没有听取范泰的劝告。

南豫州刺史庐陵王刘义真，机警敏捷，爱好文辞，然而性格轻浮，与太子左卫率谢灵运、员外常侍颜延之、慧琳道人等情投意合，诚挚密切，曾经说："得遂志愿当上皇帝那一天，任命谢灵运、颜延之为宰相，慧琳道人为西豫州都督。"谢灵运性格偏激傲慢，不遵循法礼制度，自认为有才能，应该参与执掌权力机要，常常心怀怨愤，愁闷不乐。颜延之喜欢喝酒，放荡不羁。

司空徐羡之等人厌恶刘义真与谢灵运等人交往。于是，徐羡之等人认为谢灵运、颜延之拨弄是非，指责诋毁执政大臣，贬谪谢灵运为永嘉太守，颜延之为始安太守。

刘义真到达历阳，向朝廷多有需求索取，朝臣每每裁减计量不全部给予。刘义真深怨朝廷大臣的做法，经常发出愤懑不平的言论，又上书要求返回都城建康，谘议参军何尚之屡次劝谏，

不听。时羡之等已密谋废帝,而次立者应在义真。乃因义真与帝有隙,先奏列其罪恶,废为庶人,徙新安郡。前吉阳令堂邑张约之上疏曰:"庐陵王少蒙先皇优慈之遇,长受陛下睦爱之恩,故在心必言,所怀必亮,容犯臣子之道,致招骄恣之愆。至于天姿凤成,实有卓然之美,宜在容养,录善掩瑕,训尽义方,进退以渐。今猥加剥辱,幽徙远郡,上伤陛下常棣之笃,下令远近怏然失图。臣伏思大宋开基造次,根条未繁,宜广树藩戚,敦睦以道。人谁无过,贵能自新。以武皇之爱子,陛下之懿弟,岂可以其一眚,长致沦弃哉?"书奏,以约之为梁州府参军,寻杀之。

夏四月,徐羡之等以南兖州刺史檀道济先朝旧将,威服殿省,且有兵众,乃召道济及江州刺史王弘入朝。五月,皆至建康,以废立之谋告之。

甲申,谢晦以领军府屋败,悉令家人出外,聚将士于府内,又使中书舍人邢安泰、潘盛为内应。夜,邀檀道济同宿,晦悚动不得眠,道济就寝便熟,晦以此服之。

时帝于华林园为列肆,亲自沽卖。又与左右引船为乐,夕,游天渊池,即龙舟而寝。乙酉诘旦,道济引兵居前,羡之等继其后,入自云龙门。安泰等先诫宿卫,莫有御者。

刘义真不肯听取。当时徐羡之已经密谋废黜少帝刘义符,而居次子地位应当立为皇帝的是刘义真。于是,趁着刘义真与少帝刘义符之间有怨隙,先上奏列举刘义真的罪行过失,废黜刘义真为庶人,放逐到新安郡。前吉阳县令堂邑人张约之上疏说:"庐陵王从小蒙受先帝优厚慈爱的待遇,长大后受到陛下和睦友爱的恩惠,所以,心里有什么话必定说出来,心里想什么事必定显露出来,或许在某些地方违背了为臣之道,以致招致骄横放纵而带来的灾祸。至于他早熟聪明,确实有超群的才干,应该对他宽容教养,发挥长处,宽恕缺点,以极尽仁义的方法,训诫引导他逐渐长进。现在轻率地把他的爵位加以削夺而使他成为庶人,把他放逐并幽禁到边远的地方,在上伤害了陛下兄弟之间的情谊,在下使得远近民心惊慌失措。我低头思考大宋帝国开创基业比较仓促,根条没有繁衍,应该广泛树立藩属屏障,以道义来实现敦厚和睦。人们谁没有过错,可贵的是能够改过自新。以武皇帝的慈爱之子,陛下品德美好的弟弟的地位,难道可以因为他一点小小过失,使他长期处于沉沦而被抛弃的境地?"奏书呈上后,朝廷任命张约之为梁州府参军,不久杀死了他。

夏季四月,徐羡之等人认为南兖州刺史檀道济是武帝时的旧将,威望震服朝廷内外,并且掌管强大的军队,于是征召檀道济及江州刺史王弘入朝。五月,两人都到了建康,徐羡之等把废立皇帝的计划告诉了他们。

甲申(二十四日),谢晦以领军将军府第破败为理由,令家里人全部搬出屋外,在府内聚集将士,又让中书舍人邢安泰、潘盛为内应。这天夜里,谢晦邀请檀道济同宿一室,谢晦恐惧激动不能入睡,檀道济就寝后便睡得很熟,谢晦由此而佩服檀道济。

当时,少帝刘义符在皇家的华林园里面设立了一排店铺,亲自买进卖出。又与他的左右随从以划船为乐,傍晚,率左右侍从游览天渊池,夜里就在龙舟上就寝。乙酉(二十五日)凌晨,檀道济带兵在前面开路,徐羡之等紧随其后,从云龙门进入宫中。邢安泰等人已预先告诉值宿的卫士,所以没有人抵抗。

帝未兴，军士进杀二侍者，伤帝指，扶出东閤，收玺绶，群臣拜辞，卫送故太子宫。

侍中程道惠劝羡之等立皇弟南豫州刺史义恭。羡之等以宜都王义隆素有令望，又多符瑞，乃称皇太后令，数帝过恶，废为营阳王，以宜都王纂承大统，赦死罪以下。又称皇太后令，奉还玺绶，并废皇后为营阳王妃，迁营阳王于吴。使檀道济入守朝堂。王至吴，止金昌亭。六月癸丑，羡之等使邢安泰就弑之。王多力，突走出昌门，追者以门关踣而弑之。

裴子野论曰：古者人君养子，能言而师授之辞，能行而傅相之礼。宋之教诲，雅异于斯，居中则任仆妾，处外则近趋走。太子、皇子，有帅，有侍，是二职者，皆台皂也。制其行止，授其法则，导达臧否，罔弗由之。言不及于礼义，识不达于今古，谨敕者能劝之以吝啬，狂愚者或诱之以凶慝。虽有师傅，多以耆艾大夫为之；虽有友及文学，多以膏粱年少为之。具位而已，亦弗与游。幼王临州，长史行事；宣传教命，又有典签。往往专恣，窃弄威权，是以本根虽茂而端良甚寡。嗣君冲幼，

少帝刘义符还没有起床,军士进去杀掉两个侍从,砍伤刘义符的手指,并且将他扶持出东阁门,收取皇帝的玉玺绶带,群臣向少帝刘义符拜别告辞,军士护卫遣送他回到原来的太子宫。

　　侍中程道惠劝说徐羡之等人拥立皇弟、南豫州刺史刘义恭。徐羡之等人认为宜都王刘义隆一向有很高的声望,又有很多符命祥瑞出现,于是宣称奉皇太后诏令,历数少帝的过失与罪恶,将他废黜为营阳王,而由宜都王刘义隆继承皇位,赦免死罪以下的人犯。又宣称奉皇太后诏令,交还皇帝玉玺绶带,又废黜皇后司马茂英为营阳王妃,迁徙营阳王到吴郡。派遣檀道济入宫守卫朝廷殿堂。营阳王到达吴郡后,居住在金昌亭。六月癸丑(二十四日),徐羡之等派邢安泰到金昌亭就地杀掉营阳王。营阳王多有力气,冲出包围,逃出昌门,追兵用门闩将营阳王打翻在地,杀死了他。

　　　　裴子野评论说:古代君主养育儿子,儿子能说话的时候,由老师教给他文辞;儿子能走路的时候,由师傅辅导他礼仪。南朝宋的教育训导,向来与前代不同,皇子在宫内则依靠奴仆婢女,在宫外则亲近左右随从。太子、皇子,有帅有侍从,担任这两个职务的人,都是朝廷等级低下的臣仆。规范太子、皇子的行为举止,授给太子、皇子的法令典则,引导通达太子、皇子区分善恶,无不决定于帅、侍从。然而他们的言谈不能涉及礼制道义,见识不能通达于古今事理,谨慎拘束的人就会以小气吝啬的行为鼓励太子、皇子,狂妄愚昧的人可能会以凶暴邪恶的行为诱导太子、皇子。朝廷虽然为太子、皇子设有师傅,但师傅大多由年纪老迈的官员担任。虽然太子、皇子身边有朋友和文学类职官,但大多以纨绔子弟充任。这些官职,空有其名而已,太子、皇子也不愿与他们来往。年幼的亲王监临各地,由长史执掌州府,主持政务;推崇教化,执行政令,为此又设立典签一职。这些人往往专断恣纵,窃取玩弄权柄,所以皇族根部枝叶虽然发达,而优良枝叶却很少。继位的君主年纪幼小,

世继奸回,虽恶物丑类,天然自出,然习则生常,其流远矣。降及太宗,举天下而弃之,亦昵比之为也。乌呼!有国有家,其鉴之矣!

傅亮帅行台百官奉法驾迎宜都王于江陵。祠部尚书蔡廓至寻阳,遇疾不堪前。亮与之别。廓曰:"营阳在吴,宜厚加供奉。一旦不幸,卿诸人有弑主之名,欲立于世,将可得邪?"时亮已与羡之议害营阳王,乃驰信止之,不及。羡之大怒曰:"与人共计议,如何旋背即卖恶于人邪?"羡之等又遣使者杀前庐陵王义真于新安。

羡之以荆州地重,恐宜都王至,或别用人,乃亟以录命除领军将军谢晦行都督荆湘等七州诸军事、荆州刺史,欲令居外为援,精兵旧将,悉以配之。

秋七月,行台至江陵,立行门于城南,题曰"大司马门"。傅亮帅百僚诣门上表,进玺绂,仪物甚盛。宜都王时年十八,下教曰:"猥以不德,谬降大命,顾己兢悸,何以克堪?辄当暂归朝廷,展哀陵寝,并与贤彦申写所怀。望体其心,勿为辞费。"府州佐史并称臣,请题榜诸门,一依宫省。王皆不许,教州、府、国纲纪宥所统内见刑,原逋责。

奸佞小人世代相继,虽然恶物丑类出自上天,但相沿相习则变成平常,他们的流毒已经久远了! 直到刘宋太宗皇帝刘彧,整个国家都抛弃了他,也是由于亲近这类小人而造成的结果。哎呀! 有国有家的人,应该以此为鉴戒啊!

傅亮率领朝廷百官,携带皇帝专用的法驾,前往江陵迎接宜都王刘义隆。同往的祠部尚书蔡廓到达寻阳后,患病不能继续前进。傅亮与之告别。蔡廓说:"营阳王住在吴郡,应该优厚地加以供应奉养。一旦他有什么不幸的事,你们这些人将会有弑主的罪名,那时想活在这世上,将可以实现吗?"当时傅亮已与徐羡之计议谋害营阳王,于是急忙写信给徐羡之,阻止这件事情,但已来不及了。徐羡之大怒说:"与人共同计议的事情,怎么一转身就改变主意,而把恶名加到人家的身上呢?"徐羡之等又派遣使者前往新安,杀死了流放在那里的前庐陵王刘义真。

徐羡之认为荆州地位重要,恐怕宜都王刘义隆入主以后,或许另外重用别人继任,于是急切地以录尚书事总领朝政的名义,任命领军将军谢晦代理荆、湘等七州诸军事、荆州刺史,想使谢晦居于京城之外作为声援,精锐的士卒、旧部的将领,都给他配备好。

秋季七月,临时朝廷到达江陵,在江陵城南面立临时宫门,题名为"大司马门"。傅亮率领百官到大司马门,呈上奏章,进献皇帝玉玺、丝带等物,仪式与器物,极为盛大隆重。宜都王当时十八岁,颁布文告下达教令说:"我这个鄙陋之人,以没有德性之身,蒙受上天错误地降临大命于身上,顾视自己,惶恐惊悸,怎么可以担负如此大任? 现在我只是暂且回到朝廷,省视哀祭祖先陵墓,并且与朝中贤明有才的大臣一起,申述我内心的想法,希望各位大臣体谅我的用心,不要让我做那种我不愿意做而又费力的事情。"荆州的府州长史僚佐一同称臣,请求一切按照宫廷各官署名称,题上各门的名称。宜都王都不同意,并且下令荆州、都督府、宜都国的官署宽恕所辖地区已被判刑的人和无力还债的人。

　　诸将佐闻营阳、庐陵王死,皆以为疑,劝王不可东下。司马王华曰:"先帝有大功于天下,四海所服。虽嗣主不纲,人望未改。徐羡之中才寒士,傅亮布衣诸生,非有晋宣帝、王大将军之心明矣。受寄崇重,未容遽敢背德,畏庐陵严断,将来必不自容。以殿下宽睿慈仁,远近所知,且越次奉迎,冀以见德。悠悠之论,殆必不然。又,羡之等五人,同功并位,孰肯相让? 就怀不轨,势必不行。废主若存,虑其将来受祸,致此杀害。盖由贪生过深,宁敢一朝顿怀逆志? 不过欲握权自固,以少主仰待耳。殿下但当长驱六辔,以副天人之心。"王曰:"卿复欲为宋昌邪?"长史王昙首、南蛮校尉到彦之皆劝王行,昙首仍陈天人符应,王乃曰:"诸公受遗,不容背义。且劳臣旧将,内外充满,今兵力又足以制物,夫何所疑?"乃命王华总后任,留镇荆州。王欲使到彦之将兵前驱,彦之曰:"了彼不反,便应朝服顺流。若使有虞,此师既不足恃,更开嫌隙之端,非所以副远迩之望也。"会雍州刺史褚叔度卒,乃遣彦之权镇襄阳。

　　甲戌,王发江陵,引见傅亮,号泣,哀动左右。既而问义真

宜都王手下的将领、僚佐们听到营阳王刘义符、庐陵王刘义真二人被杀死，都认为可疑，劝宜都王不能东下。司马王华说："先帝在天下建立了伟大的功绩，这是四海之内所归服的。虽然继位的君主不循纲纪，人们的属望没有改变。徐羡之是一个中等才能的贫寒之士，傅亮是一个平民出身的书生，并没有像晋宣帝司马懿、大将军王敦那样的野心，这是很明显的。他们接受辅佐朝政的寄托，崇高而重要，不可能突然胆敢背弃德性，只是害怕庐陵王的严厉举措，将来必定不能宽容自己，才下手的。凭借殿下的聪睿机敏，慈爱仁厚，这是远近的人们所了解的，他们并且超越次第，侍奉迎接殿下入主朝廷，是希望以此体现他们的德性。那些空洞荒谬的议论，恐怕必定不是真的。并且徐羡之等五人，功劳相同，地位相等，谁肯相互礼让？即使有人心怀不轨，客观形势决定他们必定不能得逞。废黜的君主如果活着，他们担心将来遭受灾祸，因而导致这一杀害废帝的事件。这是由于他们贪生怕死的念头过于深切的缘故，怎么胆敢在一朝之间突然怀有叛逆之心呢？不过是想把握权力，巩固自己的地位，以使年轻的君主敬慕地对待他们。殿下只管乘坐六匹马拉的车驾，长驱前往，以符合上天与百姓的愿望。"宜都王说："你又想做宋昌那样的人吗？"长史王昙首、南蛮校尉到彦之都劝宜都王前行，王昙首多次陈述上天与人间的种种符命祥瑞征兆，宜都王于是说："徐羡之等各位朝廷重臣接受先帝遗命，不至于背离大义，况且功臣旧将，充满朝廷内外，现在军事力量又足以制服众人，还有什么值得怀疑的呢？"于是命令王华总管、善后事务，留下镇守荆州。宜都王想派到彦之带领军队作为前锋，到彦之说："如果确定他们不会反叛，就应穿上朝服顺流而下。如果万一有忧心之事，这支军队既然不足以依靠，却又开启嫌疑怨隙的端倪，这不是符合远近人民愿望的办法啊。"正好雍州刺史褚叔度去世，于是派遣到彦之暂且镇守襄阳。

　　甲戌（十五日），宜都王刘义隆从江陵这里出发，接见傅亮，悲号哭泣，悲哀的程度感动左右侍从。过了不久又询问刘义真

及少帝薨废本末，悲哭呜咽，侍侧者莫能仰视。亮流汗沾背，不能对，乃布腹心于到彦之、王华等，深自结纳。王以府州文武严兵自卫，台所遣百官众力不得近部伍，中兵参军朱容子抱刀处王所乘舟户外，不解带者累旬。

八月丙申，宜都王至建康，群臣迎拜于新亭。徐羡之问傅亮曰："王可方谁？"亮曰："晋文、景以上人。"羡之曰："必能明我赤心。"亮曰："不然。"

丁酉，王谒初宁陵，还，止中堂。百官奉玺绶，王辞让数四，乃受之，即皇帝位于中堂。备法驾入宫，御太极前殿，大赦，改元，文武赐位二等。

戊戌，谒太庙。诏复庐陵王先封，迎其枢及孙脩华、谢妃还建康。

庚子，以行荆州刺史谢晦为真。晦将行，与蔡廓别，屏人问曰："吾其免乎？"廓曰："卿受先帝顾命，任以社稷，废昏立明，义无不可。但杀人二兄而以之北面，挟震主之威，据上流之重，以古推今，自免为难。"晦始惧不得去，既发，顾望石头城喜曰："今得脱矣！"

癸卯，徐羡之进位司徒，王弘晋位司空，傅亮加开府仪同三司，谢晦进号卫将军，檀道济进号征北将军。

及少帝刘义符被废及被杀的经过,悲哀恸哭、呜咽不已,侍卫在两侧的随从都不能抬头看视。傅亮汗流浃背,不能对答,于是派遣心腹亲信去到彦之、王华等人那里,与他们深相结纳。宜都王刘义隆以府州的文武官员和军队严加戒备,自行防卫,朝廷所派遣来的文武官员和军队不能接近他的队伍,中兵参军朱容子手执佩刀,护卫在宜都王刘义隆所乘坐船只的舱门外,衣不解带地守卫几十天。

八月丙申(初八),宜都王刘义隆到达建康,朝中群臣在新亭迎接叩拜。徐羡之问傅亮说:"宜都王可以和谁相比?"傅亮说:"比晋文公、景公还要高明。"徐羡之说:"必定能够明白我们的赤诚之心。"傅亮说:"不是这样。"

丁酉(初九),宜都王刘义隆拜谒其父宋武帝的陵墓初宁陵,回来时停留在中堂。文武百官呈上皇帝的玉玺绶带,宜都王辞让了四次,才肯接受,在中堂即皇帝位,是为宋文帝。宋文帝乘上备好的法驾入宫,登上太极前殿,大赦天下,改年号为元嘉,文武官员加官二等。

戊戌(初十),宋文帝拜谒皇家祖庙。下诏恢复刘义真庐陵王的封号,迎接他的灵柩以及刘义真的母亲孙脩华、刘义真的正室谢妃回到建康。

庚子(十二日),宋文帝下诏,任命代理荆州刺史谢晦改为实任。谢晦将要前往,与祠部尚书蔡廓道别,屏退闲人问道:"我能够幸免吗?"蔡廓说:"你接受先帝辅佐嗣位君主的遗命,以社稷兴衰为己任,废黜昏君而改立明主,道义上没有什么不可。但杀死人家两个哥哥,却又北面称臣,则有震撼君主的威名,又据守长江上游的重镇,以古代的史实推及现在,自身获免恐怕很难。"谢晦开始恐惧不得顺利离去,已经出发以后,回头望着石头城高兴地说:"现在得以脱险了。"

癸卯(十五日),徐羡之进升官位为司徒,王弘进升官位为司空,傅亮加授开府仪同三司,谢晦加授官号为卫将军,檀道济加授官号为征北将军。

有司奏车驾依故事临华林园听讼。诏曰:"政刑多所未悉,可如先者,二公推讯。"

帝以王昙首、王华为侍中,昙首领右卫将军,华领骁骑将军,朱容子为右军将军。

甲辰,徐羡之等欲即以到彦之为雍州,帝不许。征彦之为中领军,委以戎政。彦之自襄阳南下,谢晦已至镇,虑彦之不过己。彦之至杨口,步往江陵,深布诚款。晦亦厚自结纳。彦之留马及利剑、名刀以与晦,晦由此大安。

二年春正月,徐羡之、傅亮上表归政。表三上,帝乃许之。丙寅,始亲万机,羡之仍逊位还第。徐佩之、程道惠及吴兴太守王韶之等并谓非宜,敦劝甚苦,乃复奉诏视事。

秋八月,王弘自以始不预定策,不受司空,表让弥年,乃许之。

十一月。初,会稽孔甯子为帝镇西谘议参军,及即位,以甯子为步兵校尉。与侍中王华并有富贵之愿,疾徐羡之、傅亮专权,日夜构之于帝。会谢晦二女当适彭城王义康、新野侯义宾,遣其妻曹氏及长子世休送女至建康。帝欲诛羡之、亮,并发兵讨晦,声言当伐魏,取河南,又言拜京陵,治行装舰。亮与晦书曰:"薄伐河朔,事犹未已,朝野之虑,忧惧者多。"又言:"朝士多谏北征,上当遣外监万幼宗往相谘访。"时朝廷处分异常,其谋颇泄。

有关官吏上奏,请文帝依照旧例,到华林园听取诉讼。文帝下诏说:"政务刑罚多有我未知悉的地方,可以如同以前一样,仍由徐羡之、王弘二公推究询问。"

文帝任命王昙首、王华为侍中,王昙首兼任右卫将军,王华兼任骁骑将军,朱容子担任右军将军。

甲辰(十六日),徐羡之等人打算立即以到彦之为雍州刺史,文帝不许可。征召到彦之担任中领军,把军事事务委任给他。到彦之从襄阳南下,谢晦已到荆州镇守,担心到彦之不会来看自己。到彦之到杨口,步行前往江陵看望谢晦,深切表达自己的诚意。谢晦也深深加以交结。到彦之留下自己的马,以及利剑、名刀,给予谢晦,谢晦由此大大地安定下来。

元嘉二年(425)春季正月,徐羡之、傅亮上书宋文帝,请求归还主政大权。奏章呈上了三次,宋文帝才答应他们。丙寅(初十),宋文帝开始亲自处理朝廷政务,徐羡之于是辞职回到私第。徐珮之、程道惠,以及吴兴太守王韶之等人都认为徐羡之这样做不合适,苦苦劝说敦促,徐羡之于是再次奉诏处理政务。

秋季八月,王弘自认为开始没有参与废黜少帝、拥戴文帝的决策,不接受司空的职务,上表辞让了一年,宋文帝才答应了他。

十一月。当初,会稽人孔宁子担任宜都王刘义隆的镇西谘议参军,到宜都王即位后,任命孔宁子为步兵校尉。孔宁子与侍中王华都有获取富贵的愿望,疾恨徐羡之、傅亮专揽大权,于是日夜在文帝面前罗织罪状诬陷他们。正好谢晦两个女儿分别嫁给彭城王刘义康、新野侯刘义宾,派遣妻子曹氏和他的长子谢世休送女儿到建康。宋文帝想要诛杀徐羡之、傅亮,同时征调军队讨伐谢晦,声称必须讨伐北魏,夺取河南,又声称到京口的兴宁陵祭拜祖母孝懿皇后,准备好出发的船舰。傅亮给谢晦写信说:"朝廷马上就要讨伐黄河以北,事情还没有准备完毕,朝廷内外的官吏和百姓思虑这件事,担忧和畏惧的人很多。"又说:"朝中官员大多劝阻皇上北伐,皇上将要派遣外监万幼宗前去荆州听你的意见。"当时朝廷的举动异乎寻常,这一阴谋多有泄露。

三年春正月,谢晦弟黄门侍郎曦驰使告晦,晦犹谓不然,以傅亮书示谘议参军何承天曰:"计幼宗一二日必至。傅公虑我好事,故先遣此书。"承天曰:"外间所闻,咸谓西讨已定,幼宗岂有上理?"晦尚谓虚妄,使承天豫立答诏启草,言:"伐虏宜须明年。"江夏内史程道惠得寻阳人书,言:"朝廷将有大处分,其事已审。"使其辅国府中兵参军乐冏封以示晦。晦问承天曰:"若果尔,卿令我云何?"对曰:"蒙将军殊顾,常思报德。事变至矣,何敢隐情?然明日戒严,动用军法,区区所怀,惧不得尽。"晦惧曰:"卿岂欲我自裁邪?"承天曰:"尚未至此。以王者之重,举天下以攻一州,大小既殊,逆顺又异。境外求全,上计也。其次,以腹心将兵屯义阳,将军自帅大众战于夏口。若败,即趋义阳以出北境,其次也。"晦良久曰:"荆州用武之地,兵粮易给,聊且决战,走复何晚?"乃使承天造立表檄,又与卫军谘议参军琅邪颜邵谋举兵,邵饮药而死。

晦立幡戒严,谓司马庾登之曰:"今当自下,欲屈卿以三千人守城,备御刘粹。"登之曰:"下官亲老在都,又素无部众,情计二三,不敢受此旨。"晦仍问诸将佐:"战士三千足守城否?"南蛮司马周超对曰:"非徒守城而已,若有外寇,可以立功。"登之因曰:"超必能办,下官请解司马、南郡以授之。"晦即于坐命超为司马,领南义阳太守,转登之为

三年(426)春季正月，谢晦的弟弟黄门侍郎谢瞒派人飞驰警告谢晦，谢晦仍然认为不会是这样，把傅亮的来信给谘议参军何承天看，说："估计万幼宗一两天必定到达。傅亮担心我生事，所以先送此信。"何承天说："外面所听到的传闻，都说向西讨伐我们的计划已经确定，万幼宗怎么会有到这里来的道理？"谢晦还认为传言虚妄，让何承天预先拟定回答诏书的奏章草稿，说："讨伐北魏最好等到明年。"江夏内史程道惠接到一个寻阳人的信，说："朝廷将有大规模行动，这件事情已经明确了。"程道惠派遣他的辅国将军府中兵参军乐同，把信封好后送给谢晦看。谢晦问何承天："如果真是这样，你让我怎么办啊？"何承天说："我承蒙将军的特殊关心，经常想着报答您的恩德，现在事变已经到来，我怎么敢隐瞒真相。然而一旦朝廷明天就下令实行戒严，动用军法制裁，我这小小的下属心里所想到的话，恐怕不能说完了。"谢晦很惊恐，说："你难道想让我自杀吗？"何承天说："还没有到这个地步。以帝王的威严，发动全国的力量进攻一个州，势力大小既很悬殊，民心逆顺又迥异。到国境之外求得安全这是上策。其次，以心腹将领带领军队驻扎义阳，将军亲自率领大军在夏口决战。如果失败，立即奔向义阳，以便离开北部边境投奔北魏，这是中策。"谢晦思考了很久说："荆州是施展武力的地方，兵员和粮草都容易供给，姑且在这里决战，打败了再逃又有什么迟缓呢？"于是让何承天撰写拟定檄文，又与卫军府谘议参军琅邪人颜邵谋划起兵，颜邵服毒自杀。

谢晦树立大旗戒严，对司马庚登之说："现在我当亲自东下出征，想委屈你以三千人守卫江陵城，防备抵御刘粹。"庚登之说："我的双亲年纪老迈住在建康，我又一向没有统领过军队，考虑再三，不敢接受这项命令。"谢晦仍然询问各位将领僚佐："战士三千人，足够守卫荆州城吗？"南蛮司马周超答："不仅仅足够守城而已，如果有敌人从外面进攻，还可以建立战功。"庚登之于是说："周超必定能办好，我愿意解除司马和南郡太守的职务，以转授给他。"谢晦当即在座位上任命周超为司马，兼任南义阳郡太守，改任庚登之为

长史,南郡如故。

帝以王弘、檀道济始不预废弑之谋,弘弟昙首又为帝所亲委,事将发,密使报弘,且召道济,欲使讨晦。王华等皆以为不可,帝曰:"道济止于胁从,本非创谋,杀害之事,又所不关。吾抚而使之,必将无虑。"乙丑,道济至建康。

丙寅,下诏暴羡之、亮、晦杀营阳王、庐陵王之罪,命有司诛之,且曰:"晦据有上流,或不即罪,朕当亲帅六师为其过防。可遣中领军到彦之即日电发,征北将军檀道济骆驿继路,符卫军府州,以时收翦。已命雍州刺史刘粹等断其走伏。罪止元凶,馀无所问。"

是日,诏召羡之、亮。羡之行至西明门外,谢曕正直,遣报亮云:"殿内有异处分。"亮辞以嫂病暂还,遣使报羡之。羡之还西州,乘内人问讯车出郭,步走至新林,入陶灶中自经死。亮乘车出郭门,乘马奔兄迪墓,屯骑校尉郭泓收之。至广莫门,上遣中书舍人以诏书示亮,并谓曰:"以公江陵之诚,当使诸子无恙。"亮读诏书讫,曰:"亮受先帝布衣之眷,遂蒙顾托。黜昏立明,社稷之计也。欲加之罪,其无辞乎?"于是诛亮而徙其妻子于建安。诛羡之二子,而宥其兄子佩之。又诛晦子世休,收系谢曕。

长史,仍任南郡太守如初。

宋文帝认为王弘、檀道济开始没有参与废黜、谋杀刘义真、刘义符的阴谋,王弘的弟弟王昙首又是宋文帝所亲近倚重的心腹,行动将要开始时,秘密派人报告王弘,并且召见檀道济,想让他带兵讨伐谢晦。王华等人都认为不可,文帝说:"檀道济当时仅仅由于被胁迫而随从行事,本来不是他首创谋划,杀害的事情又与他无关。我安抚而使用他,必将没有什么忧虑。"乙丑(十五日),檀道济到达建康。

丙寅(十六日),宋文帝下诏公布徐羡之、傅亮、谢晦等杀害营阳王刘义符、庐陵王刘义真的罪状,命令有关部门诛灭他们,并且说:"谢晦据守长江上游,可能不会立即伏法,我必将亲自统率大军,对他的过失进行追究。可派遣中领军到彦之率军即日起急速进发,征北将军檀道济率军陆续出发为后继,符卫军府及荆州官属,应及时逮捕并诛杀谢晦。我已命令雍州刺史刘粹等,切断其可能逃跑或藏匿的道路。罪行仅仅只限于首要凶逆谢晦,其馀的人不予追究。"

这一天,文帝下诏召见徐羡之、傅亮。徐羡之走到建康城西明门外,谢瞻正在值班,派人飞报傅亮说:"殿内有异常举动。"傅亮以嫂嫂生病推托暂时回家,派人送信报知徐羡之。徐羡之回到西城,乘坐宫廷内部人员出差的车逃出建康城,步行走到新林,在一个烧陶器的窑里自缢而死。傅亮乘车逃出建康城门,乘马直奔其兄傅迪的墓地,屯骑校尉郭泓逮捕了他。到达建康城北面的广莫门,文帝派中书舍人拿诏书给傅亮看,并且对他说:"因为你在江陵迎驾的诚恳态度,必将让你的儿子没有什么伤害。"傅亮阅读诏书完毕,说:"我傅亮出身平民百姓,荣幸地受到先帝垂爱,最终承蒙先帝交给辅佐嗣主的托付,废黜昏主,拥立明君,这是国家的长远大计。想要把罪行加到我身上,难道还没有借口吗?"于是诛杀了傅亮,而把他的妻室子女放逐到建安。又诛杀了徐羡之的两个儿子,而宽恕了他的侄子徐珮之。又诛杀谢晦的儿子谢世休,逮捕收押了谢晦的弟弟谢瞻。

　　帝将讨谢晦,问策于檀道济,对曰:"臣昔与晦同从北征,入关十策,晦有其九,才略明练,殆为少敌。然未尝孤军决胜,戎事恐非其长。臣悉晦智,晦悉臣勇。今奉王命以讨之,可未陈而擒也。"丁卯,征王弘为侍中、司徒、录尚书事、扬州刺史,以彭城王义康为都督荆湘等八州诸军事、荆州刺史。

　　乐囷复遣使告谢晦以徐、傅及曜等已诛。晦先举羡之、亮哀,次发子弟凶问,既而自出射堂勒兵。晦从高祖征讨,指麾处分,莫不曲尽其宜。数日间,四远投集,得精兵三万人。乃奉表称羡之、亮等忠贞,横被冤酷。且言:"臣等若志欲执权,不专为国,初废营阳,陛下在远,武皇之子尚有童幼,拥以号令,谁敢非之? 岂得溯流三千里,虚馆七旬,仰望鸾旗者哉? 故庐陵王,于营阳之世积怨犯上,自贻非命。不有所废,将何以兴? 耿弇不以贼遗君、父,臣亦何负于宋室邪? 此皆王弘、王昙首、王华险躁猜忌,谗构成祸。今当举兵以除君侧之恶。"

　　帝下诏戒严,大赦,诸军相次进路以讨谢晦。晦以弟遯为竟陵内史,将万人总留任,帅众二万发江陵,列舟舰自江津至于破冢,旌旗蔽日。叹曰:"恨不得以此为勤王之师。"

宋文帝将要前去讨伐谢晦,便向檀道济询问策略,檀道济回答说道:"我过去与谢晦一道随同北征,入关的十条计策,谢晦提出了其中的九条,他的才能韬略,聪明干练,恐怕只有很少的人可以相匹敌。然而他未曾单独率孤军决战取胜,军事行动恐怕不是他的长处。我知悉谢晦的智慧,谢晦也了解我的勇敢。现在我奉君王之命以讨伐他,可以未摆开战阵就擒获他。"丁卯(十七日),宋文帝征召王弘,任命他担任侍中、司徒、录尚书事、扬州刺史,任命彭城王刘义康为都督荆、湘等八州诸军事、荆州刺史。

乐冏再次派遣使者,把徐羡之、傅亮及谢曜等人已被诛杀的消息报告谢晦。谢晦首先为徐羡之、傅亮举行祭礼,然后又为弟弟及儿子发布死讯,然后亲自走出虎帐统率军队。谢晦随从宋武帝征伐诛讨,指挥调动,处置安排,无不曲折周到,尽其所宜。几天之内,四方远处的人们纷纷投奔汇集,得精兵三万人。于是谢晦上书,称赞徐羡之、傅亮等人的忠诚坚贞,横遭冤屈酷杀。同时宣称:"我们这些人如果自己的志向是想把持权力,不是专一为国,当初废黜少帝为营阳王,陛下在遥远的荆州,武皇帝的儿子中还有儿童幼子,拥戴幼主,以发布命令,谁敢非难这样做?怎么会逆流三千里,空虚帝位七十多天,景仰盼望陛下的仪仗旗帜呢?前庐陵王刘义真,在废帝刘义符在位的时候,积蓄怨恨,冒犯皇上,导致自己死于非命的结果。不有所废黜,将以什么去兴起?过去汉朝耿弇不把盗贼遗留给君、父,我们又怎能辜负宋皇室呢?这些都是王弘、王昙首、王华等人阴险、浮躁、猜忌、谗毁而酿成的灾祸。现在我当兴举大军以清除陛下身边的邪恶之徒。"

宋文帝下诏,宣布戒严,实行大赦,各路军队依次进发,以征讨谢晦。谢晦任命弟弟谢遁为竟陵内史,带领一万人总揽后方的留守任务。他自己率领军队两万人从江陵出发,江面摆列的船舰从江津一直达到破冢,旌旗招展,遮天蔽日。谢晦叹息道:"真遗憾不得以这支军队作为保护皇室的军队啊!"

二月庚申,上发建康,命王弘与彭城王义康居守,入居中书下省,侍中殷景仁参掌留任。帝姊会稽公主留止台内,总摄六宫。

谢晦自江陵东下,何承天留府不从。晦至江口,到彦之已至彭城洲。庾登之据巴陵,畏懦不敢进,会霖雨连日,参军刘和之曰:"彼此共有雨耳。檀征北寻至,东军方强,唯宜速战。"登之怯怯,使小将陈祐作大囊,贮茅悬于帆樯,云可以焚舰,用火宜须晴,以缓战期。晦然之,停军十五日。乃使中兵参军孔延秀攻将军萧欣于彭城洲,破之。又攻洲口栅,陷之。诸将咸欲退还夏口,到彦之不可,乃保隐圻。晦又上表自讼,且自矜其捷,曰:"陛下若枭四凶于庙庭,悬三监于绛阙,臣便勒众旋旗,还保所任。"

初,晦与徐羡之、傅亮为自全之计,以为晦据上流,而檀道济镇广陵,各有强兵,足以制朝廷。羡之、亮居中秉权,可得持久。及闻道济帅众来上,惶惧无计。

道济既至,与到彦之军合,牵舰缘岸。晦始见舰数不多,轻之,不即出战。至晚,因风帆上,前后连咽。西人离沮,无复斗心。戊辰,台军至忌置洲尾,列舰过江,晦军一时皆溃。晦夜出,投巴陵,得小船还江陵。

先是,帝遣雍州刺史刘粹自陆道帅步骑袭江陵,至沙桥,周超帅万馀人逆战,大破之,士众伤死者过半。俄而晦败问

二月庚申(十一日),文帝从建康出发,命王弘与彭城王刘义康留守建康,让他们进入居住在中书下省,侍中殷景仁参与执掌留守京师的任务。文帝的姐姐会稽公主住进皇宫之内,总管后宫的事务。

谢晦从江陵东下,何承天留守江陵没有随从。谢晦到达江口,到彦之率军已进抵彭城洲。庾登之据守巴陵,畏惧懦怯,不敢前进,正好大雨连日不停,参军刘和之说:"我们遇雨,敌人也遇雨。檀道济率军即将到来,朝廷军队势力正强,只有速战速决才好。"庾登之还是畏惧不敢进战,派小将陈祐做了个大口袋,装满茅草挂在桅杆上,说可以用来焚烧敌人的船舰,然而用火焚烧敌船必须天晴,用这个办法延缓了会战日期。谢晦同意他的计划,军队逗留十五天。于是派中兵参军孔延秀进攻驻扎在彭城洲的官军将军萧欣,大败萧欣军队。又进攻彭城洲口官军营垒阵地,攻陷了他们。官军的将领都想退回夏口,到彦之不许可,于是退保隐圻。谢晦又上书为自己辩解,并且自己夸耀其军事上的胜利,说:"陛下如果把四凶斩首悬挂在朝廷处理政事之所,把三监的人头悬挂在朝廷深红色的楼台之上,我就统领军队旋转旌旗,退回据守我的任所。"

当初,谢晦与徐羡之、傅亮为了自我保全的长远考虑,认为谢晦据守长江上游,而檀道济镇守广陵,各自拥有强大的军队,足够用来牵制朝廷。徐羡之、傅亮在朝廷身居高位,把持权力,能够得以长久保存自己。到听说檀道济前来进攻,谢晦惊惶恐惧,束手无策。

檀道济率军到达以后,与到彦之的军队会合,排列的战舰,沿岸停泊,谢晦开始见到船舰数目不多,轻视他们,没有立即发动攻击。到了晚上,随着风起,官军的船舰扬帆而上,前后相连,塞满江面。谢晦军队人心离散,情绪沮丧,不再有斗志。戊辰(十九日),官军进抵忌置洲尾,排列战舰渡过长江,谢晦军队一时全部溃散。谢晦乘夜逃走,投奔巴陵,找到一只小船回到江陵。

此前,宋文帝派雍州刺史刘粹从陆路率步兵骑兵袭击江陵,刘粹军队到沙桥,谢晦的司马周超率军队一万多人迎战,大败刘粹军队,刘粹军队死伤超一半以上。不久,谢晦军队战败的消息

至。初,晦与粹善,以粹子旷之为参军。帝疑之,王弘曰:"粹无私,必无忧也。"及受命南讨,一无所顾,帝以此嘉之。晦亦不杀旷之,遣还粹所。

丙子,帝自芜湖东还。

晦至江陵,无他处分,唯愧谢周超而已。其夜,超舍军单舸诣到彦之降。晦众散略尽,乃携其弟遯等七骑北走。遯肥壮,不能乘马,晦每待之,行不得速。己卯,至安陆延头,为戍主光顺之所执,槛送建康。

到彦之至马头,何承天自归。彦之因监荆州府事,以周超为参军。刘粹以沙桥之败告,乃执之。于是诛晦、曭、遯及其兄弟之子,并同党孔延秀、周超等。晦女彭城王妃被发徒跣,与晦诀曰:"大丈夫当横尸战场,奈何狼籍都市?"庚登之以无任,免官禁锢。何承天及南蛮行参军新兴王玄谟等皆见原。

三月辛巳,帝还建康,征谢灵运为秘书监,颜延之为中书侍郎,赏遇甚厚。

夏五月乙未,以檀道济为征南大将军、开府仪同三司、江州刺史,到彦之为南豫州刺史。

传到。当初,谢晦与刘粹关系很好,任命刘粹的儿子刘旷之为参军。宋文帝怀疑刘粹,王弘说:"刘粹没有什么个人野心,必定没有忧患。"到刘粹接受命令向南讨伐谢晦,一点儿也没有顾及私情,宋文帝为此而赞赏刘粹。谢晦也不杀刘旷之,送他回到刘粹所在地。

丙子(二十七日),宋文帝从芜湖东回建康。

谢晦到江陵,没有别的举措,只不过惭愧地向周超道歉罢了。这天夜里,周超舍弃他的军队,只身乘船往到彦之那里投降。谢晦军队溃散殆尽,谢晦于是携同他的弟弟谢遯等人共七四马往北逃去,谢遯身体肥胖,不能够骑马,谢晦每每停下来等他,前进速度不能很快。己卯(三十日),谢晦等人到达安陆延头,被驻守的将领光顺之所擒获,用囚车送到京师建康。

到彦之率军到达马头,何承天自己归降。到彦之于是主持荆州府政事,任命周超为参军。刘粹把沙桥战败的情况报告完以后,才逮捕周超。于是,宋文帝下令诛杀谢晦、谢瞻、谢遯,及他们兄弟的儿子,连同他们的同党孔延秀、周超等。谢晦的女儿彭城王妃,披着头发,赤着双脚,与谢晦诀别说:"大丈夫应当战死沙场,怎么声名破败到不可收拾而被斩杀于都市呢?"庾登之因为没有实权,被免除官职,不许做官。何承天以及南蛮行参军新兴人王玄谟等人都被赦免。

三月辛巳(初二),宋文帝回到建康,征召谢灵运为秘书监,颜延之为中书侍郎,赏赐与礼遇都非常优厚。

夏季五月乙未(十七日),宋文帝任命檀道济为征南大将军、开府仪同三司、江州刺史,到彦之为南豫州刺史。

彭城王专政

宋武帝永初元年夏六月,立皇子义康为彭城王。

文帝元嘉五年春正月,荆州刺史、彭城王义康,性聪察,在州职事修治。左光禄大夫范泰谓司徒王弘曰:"天下事重,权要难居。卿兄弟盛满,当深存降挹。彭城王,帝之次弟,宜征还入朝,共参朝政。"弘纳其言。时大旱、疾疫,弘上表引咎逊位,帝不许。

六年春正月,王弘上表乞解州、录,以授彭城王义康,帝优诏不许。癸丑,以义康为侍中、都督扬南徐兖三州诸军事、司徒、录尚书事、领南徐州刺史。弘与义康二府并置佐领兵,共辅朝政。弘既多疾,且欲委远大权,每事推让义康。由是义康专总内外之务。

七年,彭城王义康与王弘并录尚书,义康意犹怏怏,欲得扬州,形于辞旨。以弘弟昙首居中,为上所亲委,

彭城王专政

宋武帝永初元年（420）夏季六月，立皇子刘义康为彭城王。

宋文帝元嘉五年（428）春季正月，荆州刺史彭城王刘义康，生性聪敏、明察，他所任职的荆州吏治修明，社会稳定。左光禄大夫范泰对司徒王弘说："国家大事责任重大，朝廷要职难以久据。你们兄弟的权势与地位已经极盛满盈，应当深远地考虑一下贬降抑损的问题。彭城王刘义康是陛下的二弟，最好征召他返京，进入朝廷，共同参与执掌朝政。"王弘接受了范泰的劝告。当时，旱灾严重，疫病流行，王弘上书引咎自责，请求辞去官职，宋文帝没有准许。

六年（429）春季正月，王弘上书朝廷，请求解除他的扬州刺史和录尚书事等职，把这些职务授予彭城王刘义康，宋文帝下达褒扬他的诏书，但没有准许。癸丑（二十日），宋文帝任命刘义康为侍中，都督扬州、南徐州、兖州三州诸军事，司徒，录尚书事，兼任南徐州刺史。王弘与刘义康两人的官府都设置有佐领兵，两人共同辅佐朝廷政务。王弘既身体多病，且又想放弃权力，远离权位，每件事情都推托而让给刘义康处理。因此，刘义康独自总管朝廷内外的事务。

七年（430），彭城王刘义康与王弘一同录尚书事，刘义康仍不满意，想要扬州刺史的职务，在平常言辞中明显表现出来。由于王弘的弟弟王昙首在朝中任要职，受到宋文帝的亲信与倚重，

愈不悦。弘以老病,屡乞骸骨,昙首自求吴郡,上皆不许。义康谓人曰:"王公久病不起,神州讵宜卧治?"昙首劝弘减府中文武之半以授义康,上听割二千人,义康乃悦。

九年夏六月戊寅,司徒、南徐州刺史彭城王义康改领扬州刺史。

十二年春三月,领军将军刘湛与仆射殷景仁素善,湛之入也,景仁实引之。湛既至,以景仁位遇本不逾己,而一旦居前,意甚愤愤。俱被时遇,以景仁专管内任,谓为间己,猜隙渐生。知帝信仗景仁,不可移夺。时司徒义康专秉朝权,湛尝为义康上佐,遂委心自结,欲因宰相之力以回上意,倾黜景仁,独当时务。

夏四月己巳,帝加景仁中书令、中护军,即家为府,湛加太子詹事。湛愈愤怒,使义康毁景仁于帝,帝遇之益隆。景仁对亲旧叹曰:"引之令入,入便噬人!"乃称疾解职,表疏累上。帝不许,使停家养病。

湛议遣人若劫盗者于外杀之,以为帝虽知,当有以解之,不能伤义康至亲之爱。帝微闻之,迁护军府于西掖门外,使近宫禁,故湛谋不行。

义康僚属及诸附丽湛者,潜相约勒,无敢历殷氏之门。彭城王

刘义康更加不高兴。王弘因为年老多病，多次请求辞职回家，王昙首自己要求担任吴郡太守，宋文帝都不许可。刘义康对别人说："王弘长期患病，卧床不起，难道能够在床上治理天下吗？"王昙首劝王弘减少自己府中文武官员的一半，以授予刘义康，宋文帝下诏同意拨给刘义康两千人，刘义康这才高兴起来。

九年（432）夏季六月戊寅（初五），司徒、南徐州刺史、彭城王刘义康改任扬州刺史。

十二年（435）春季三月，领军将军刘湛与仆射殷景仁一向私交很好，刘湛入朝做官，殷景仁实际上推荐了他。刘湛任职以后，认为殷景仁的职位本来没有超过自己，而现在位居自己之上，心里非常愤恨。刘湛、殷景仁当时都受到宋文帝宠信，刘湛认为殷景仁专管宫廷内部事务，认为会离间自己与皇上的关系，猜忌嫌隙逐渐产生。刘湛深知宋文帝信任并依靠殷景仁，不能转移皇上的信任而夺宠。当时，司徒刘义康专断把持朝政大权。刘湛曾经担任刘义康的上佐，于是倾心尽力自己结交刘义康，想通过宰相的力量以影响皇上的意图，排挤废黜殷景仁，独自处理政务。

夏季四月己巳这一天，宋文帝加封殷景仁中书令、中护军等官职，允许他以家为官府办公，刘湛被加封太子詹事的官职。刘湛更加愤恨恼怒，让刘义康在宋文帝面前诋毁殷景仁，宋文帝对殷景仁更加信任。殷景仁对亲朋旧友叹息说："我引荐他，使他入朝做官，他入朝做了官就咬人！"于是殷景仁称病要求解除官职，奏疏接连而上，宋文帝不准许，让殷景仁住在家里养病。

刘湛计议刘义康派人假扮强盗在殷景仁出外时杀死他，认为宋文帝即使知道，必当有办法以解释这件事情，不会因为殷景仁而伤害宋文帝与刘义康之间至亲的感情。宋文帝隐约听到这个阴谋，就把殷景仁的护军府迁到西掖门外，使之靠近宫廷禁院，所以刘湛的阴谋不能施行。

刘义康的幕僚和下属，以及那些依附刘湛的人们，大家都在暗地里互相约束，谁也不敢贸然去登殷景仁的门。彭城王

主簿沛郡刘敬文父成,未悟其机,诣景仁求郡。敬文遽往谢湛曰:"老父悖耄,遂就殷铁干禄。由敬文暗浅,上负生成,阖门惭惧,无地自处。"唯后将军司马庾炳之游二人之间,皆得其欢心,而密输忠于朝廷。景仁卧家不朝谒,帝常使炳之衔命往来,湛不疑也。炳之,登之之弟也。

十三年春二月,司空、江州刺史、永修公檀道济,立功前朝,威名甚重,左右腹心并经百战,诸子又有才气,朝廷疑畏之。帝久疾不愈,刘湛说司徒义康,以为"宫车一日晏驾,道济不复可制"。会帝疾笃,义康言于帝,召道济入朝。其妻向氏谓道济曰:"高世之勋,自古所忌。今无事相召,祸其至矣。"既至,留之累月。帝稍间,将遣还,已下渚,未发,会帝疾动,义康矫诏召道济入祖道,因执之。三月己未,下诏称:"道济潜散金货,招诱剽猾,因朕寝疾,规肆祸心。"收付廷尉,并其子给事黄门侍郎植等十一人诛之,唯宥其孙孺。又杀司空参军薛肜、高进之,二人皆道济腹心,有勇力,时人比之关、张。道济见收,愤怒,目光如炬,脱帻投地曰:"乃坏汝万里长城!"魏人闻之,喜曰:"道济死,吴子辈不足复惮。"庚申,大赦。以中军将军南谯王义宣为江州刺史。

主簿沛郡人刘敬文的父亲刘成，不明白这一事机，来到殷景仁家请求担任郡守。刘敬文赶紧前往刘湛那里道歉说："我的老父亲老糊涂了，竟到殷景仁家求取官职。这是我刘敬文愚昧浅薄，在上辜负了您的栽培，我们全家惭愧恐惧，无地自容。"只有后将军司马庾炳之在殷、刘两人之间来往，都得到他们的欢心，庾炳之在内心里效忠于朝廷。殷景仁卧病在家不能朝见文帝，文帝经常派庾炳之往来传递消息。刘湛也不怀疑他。庾炳之是庾登之的弟弟。

十三年（436）春季二月，司空、江州刺史、永修公檀道济，在宋武帝时期建立了功勋，享有极为隆重的威名，檀道济的左右心腹战将都身经百战，几个儿子又都有才气，宋文帝疑忌并且畏惧他。宋文帝久病而没有痊愈，刘湛劝说司徒刘义康，认为"皇上一旦驾崩，檀道济不再可以控制"。正好宋文帝病重，刘义康在宋文帝面前进言，征召檀道济入京朝见。檀道济的妻子向氏对檀道济说："高于世人的功勋大臣，自古以来都易被猜忌。现在没有事情而加以召见，大祸恐怕到了。"到了京师以后，宋文帝留他住了一个多月。宋文帝的病情稍稍好转，即将遣送他返回任所，船已下秦淮渚还没有出发，正好宋文帝病情发生变化，刘义康假传圣旨召回檀道济到祭祀路神的地方，声称为他设宴饯行，趁机逮捕了他。三月己未（初八），宋文帝下诏宣称："檀道济暗中分散资财，招集引诱那些劫掠奸猾之徒，趁着我卧病休息，图谋放肆不良之心。"把檀道济收押并交给廷尉处置，连同他的儿子给事黄门侍郎檀植等十一人，一道诛杀，仅仅饶恕了他幼小的孙子。又杀死司空参军薛彤、高进之，两人都是檀道济的心腹将领，有勇气，有武力，当时人把他们比作关羽、张飞。檀道济被逮捕，气愤恼怒，两道目光如同火炬一样，取下头巾摔到地上说："你们破坏了你们自己的万里长城！"北魏人听到这个消息，高兴地说："檀道济死了，吴地的那些竖子们不再值得我们畏惧了。"庚申（初九），宋文帝实行大赦，任命中军将军、南谯王刘义宣担任江州刺史。

　　十六年春正月庚寅，司徒义康进位大将军，领司徒，南兖州刺史、江夏王义恭进位司空。

　　十七年，司徒义康专总朝权。上羸疾积年，心劳辄发，屡至危殆。义康尽心营奉，药食非口所亲尝不进，或连夕不寐。内外众事皆专决施行。性好吏职，纠剔文案，莫不精尽。上由是多委以事，凡所陈奏，入无不可。方伯以下，并令义康选用，生杀大事，或以录命断之。势倾远近，朝野辐凑，每旦府门常有车数百乘，义康倾身引接，未尝懈倦。复能强记，耳目所经，终身不忘，好于稠人广席，标题所忆以示聪明。士之干练者，多被意遇。尝谓刘湛曰："王敬弘、王球之属，竟何所堪？坐取富贵，复那可解？"然素无学术，不识大体，朝士有才用者皆引入己府，府僚无施及忤旨者乃斥为台官。自谓兄弟至亲，不复存君臣形迹，率心而行，曾无猜防。私置僮六千余人，不以言台。四方献馈，皆以上品荐义康而以次者供御。上尝冬月啖甘，叹其形味并劣。义康曰："今年甘殊有佳者。"遣人还东府取甘，大供御者三寸。领军刘湛与仆射殷景仁有隙，湛欲倚义康之重以

十六年(439)春季正月庚寅(二十五日),司徒刘义康提升为大将军,并兼任原来的司徒职务,南兖州刺史、江夏王刘义恭提升为司空。

十七年(440),司徒刘义康专断总揽朝中大权。宋文帝为疾病拘累多年,稍微操劳立即复发,多次发展到危险境地。刘义康尽心尽力照料奉侍,药物、食品没有经过他亲口尝过,不让皇上进用,有时一连几个晚上不睡觉。朝廷内外的众多事务,都由刘义康专断决定而施行。刘义康生性喜欢担任官职,阅读公文,处理诉讼,没有不精密完善的。宋文帝因此多把政事托付给他,凡是刘义康陈述上奏的事情,奏入后没有不许可的。州刺史以下的官吏,都让刘义康挑选重用,有关赦免与诛杀的重大事情,有时刘义康以录尚书事的身份决断。刘义康的权势倾动远近,朝野人士如同车辐凑集于车毂一样集中在他周围,每天早晨,刘义康府第门前常有车数百辆,刘义康一一亲迎,从不懈怠疲倦。刘义康又能广泛地记忆各种问题,凡是经过他耳目的事情,终生都不忘记,他喜欢在大庭广众之下,称举自己记忆中的事情,以便显示自己的聪明才智。士大夫之中有才干练达的人,大多受到他的赏识宠遇。刘义康曾经对刘湛说:"王敬弘、王球这些人,究竟能够承担什么责任?坐享荣华富贵,对待那些闲着的人可以解除他们的官职。"然而刘义康一向没什么学问,不知道把握事情根本,朝中士大夫有才能的人都延揽到自己的相府中,相府僚佐中没有办事才能的人,以及那些违背他的意旨的人,就驱逐到朝廷其他机构任职。他自己认为,兄弟之间至亲手足,因此也不用君臣礼仪约束自己的行为,常常任性行事,一点也没有猜疑与防备。他又私自在府第中豢养僮仆六千多人,未曾将此报告朝廷。各地进献赠送的礼品,都是把上等物品呈献给刘义康,而把次一等的供给宋文帝享用。有一年冬天,文帝吃柑,叹息柑的形状与味道都很差。刘义康说:"今年的柑个别也有好的。"于是派人回到自己的东府取来柑,比供给宋文帝享用的柑直径大三寸。领军刘湛与仆射殷景仁有嫌隙,刘湛想依仗刘义康的权势以便

倾之。义康权势已盛，湛愈推崇之，无复人臣之礼，上浸不能平。湛初入朝，上恩礼甚厚。湛善论治道，谙前代故事，叙致铨理，听者忘疲。每入云龙门，御者即解驾，左右及羽仪随意分散，不夕不出，以此为常。及晚节驱煽义康，上意虽内离而接遇不改，尝谓所亲曰："刘班初自西还宫，与语，常视日早晚，虑其将去。比入，吾亦视日早晚，苦其不去。"

殷景仁密言于上曰："相王权重，非社稷计，宜少加裁抑。"上阴然之。

司徒左长史刘斌，湛之宗也，大将军从事中郎王履，谧之孙也，及主簿刘敬文，祭酒鲁郡孔胤秀，皆以倾谄有宠于义康。见上多疾，皆谓："宫车一日晏驾，宜立长君。"上尝疾笃，使义康具顾命诏。义康还省，流涕以告湛及景仁。湛曰："天下艰难，讵是幼主所御？"义康、景仁并不答。而胤秀等辄就尚书议曹索晋咸康末立康帝旧事，义康不知也。及上疾瘳，微闻之。而斌等密谋，欲使大业终归义康，遂邀结朋党，伺察禁省，有不与己同者，必百方构陷之，又采拾景仁短长，或虚造异同以告湛。自是主、相之势分矣。

倾覆殷景仁。刘义康的权力与威势已达极盛,刘湛更加推崇刘义康,致使刘义康在宋文帝面前不再保持臣属的礼节,宋文帝的心里渐渐不满。刘湛刚刚入朝做官时,宋文帝对他的恩惠礼遇十分优厚。刘湛善于谈论治国之道,熟悉前代的旧事掌故,叙述起来,穷尽其极致,铨次其文理,听他叙述的人忘记了疲劳。每次进宫,一进云龙门,车夫就解开车驾,刘湛的左右随从及仪仗队伍各自随意分开散去,不到傍晚不出来,大家都把这作为很平常的事情。到后来刘湛煽动和唆使刘义康恣意妄为,宋文帝虽然内心深处与刘湛有了距离,然而对他的接待礼遇没有改变。宋文帝曾经对他所亲信的人说:"刘湛当初从西方回到宫中,我与他谈话,经常看看时间的早晚,担心他将要离去。最近他入宫,我也常看看时间早晚,苦于他不走。"

殷景仁秘密地对宋文帝说:"相王刘义康权势太重,这不是国家的长久之计,最好稍稍加以裁减抑制。"宋文帝心里暗暗同意这一看法。

司徒左长史刘斌是刘湛的同族,大将军从事中郎王履是王谧的孙子,他们和主簿刘敬文、祭酒鲁郡人孔胤秀,都是因为阴险谄媚而受到刘义康的宠信的。看到宋文帝多病,他们都说:"皇上一旦逝世,应该拥立年长的人作为君主。"宋文帝曾经病情沉重,命令刘义康起草顾命诏书。刘义康回到府中,痛哭流涕地将此告知刘湛和殷景仁。刘湛说道:"治理天下,多么艰难!难道这是年幼的君主所能够担负的吗?"刘义康、殷景仁都没有回答。而孔胤秀等人立即去尚书议曹,索取当年晋成帝咸康末年即将去世时立弟弟晋康帝的史事记载,刘义康不知道这件事。到宋文帝病情痊愈以后,稍稍听到这些事情。而刘斌等人秘密谋划,想使国家大业最终归于刘义康,于是邀集同类,结成死党,窥伺审察朝廷与宫中情况,有不与自己同心的人,他们必定以各种方法罗织罪名诬陷他,又搜集殷景仁的情况,有的捏造事实以告知刘湛。从此以后,君主与宰相之间的关系开始分离。

义康欲以刘斌为丹杨尹,言次,启上陈其家贫,言未卒,上曰:"以为吴郡。"后会稽太守羊玄保求还,义康又欲以斌代之,启上曰:"羊玄保欲还,不审以谁为会稽?"上时未有所拟,仓猝曰:"我已用王鸿。"自去年秋,上不复往东府。

五月癸巳,刘湛遭母忧去职。湛自知罪衅已彰,无复全地,谓所亲曰:"今年必败。常日正赖口舌争之,故得推迁耳。今既穷毒,无复此望,祸至其能久乎?"

上以司徒彭城王义康嫌隙已著,将成祸乱。冬十月戊申,收刘湛付廷尉,下诏暴其罪恶,就狱诛之,并诛其子黯、亮、俨及其党刘斌、刘敬文、孔胤秀等八人,徙尚书库部郎何默子等五人于广州,因大赦。是日,敕义康入宿,留止中书省。其夕,分收湛等。青州刺史杜骥勒兵殿内以备非常,遣人宣旨告义康以湛等罪状。义康上表逊位,诏以义康为江州刺史,侍中、大将军如故,出镇豫章。

初,殷景仁卧疾五年,虽不见上,而密函去来,日以十数,朝政大小,必以咨之,影迹周密,莫有窥其际者。收湛之日,景仁使拂拭衣冠,左右皆不晓其意。其夜,上出华林园延贤堂,召景仁。景仁犹称脚疾,以小床舆就坐。诛讨处分,一皆委之。

初,檀道济荐吴兴沈庆之忠谨晓兵,上使领队防东掖门。刘湛为领军,尝谓之曰:"卿在省岁久,比当相论。"庆之

刘义康想让刘斌任丹杨尹,向文帝说明后,上奏陈述刘斌家境贫寒,话没完,宋文帝说:"让他去吴郡吧。"后来会稽太守羊玄保请求调回京师,刘义康又想让刘斌接替职务,上奏:"羊玄保想要回到京师,不清楚让谁去做会稽太守?"宋文帝当时没考虑,仓猝间回答:"我已任用了王鸿。"从去年秋天起,文帝不再临幸刘义康的东府。

　　五月癸巳(初六),刘湛遭逢母亲去世,离职居丧。刘湛自己知道罪行过失已经暴露,没有再保全性命的可能,对亲近的人说:"今年必定败亡。平常只是依靠口舌为自己争辩,因此得以推迟迁延时日而已。现在已经窘迫,就要遭受荼毒,不再有什么期望了,大祸到来难道能有很久吗?"

　　宋文帝因为司徒、彭城王刘义康谋反的嫌疑征兆已经显著,将要酿成灾难动乱。冬季十月戊申这一天,下令逮捕刘湛交付廷尉,下诏公布刘湛的罪恶,在狱中就地诛杀他,同时诛杀他的儿子刘黯、刘亮、刘俨,以及刘湛的党羽刘斌、刘敬文、孔胤秀等八人,把尚书库部郎何默子等五人流放到广州,随后下令大赦。这一天,文帝命令刘义康入宫值宿,把他软禁在中书省。这天夜里,分别逮捕刘湛等人。青州刺史杜骥统兵在宫殿之内,以防备意外,派人传达圣旨,把刘湛等人的罪状告诉刘义康。刘义康上书请求解除官位,宋文帝下诏任命刘义康担任江州刺史,侍中、大将军等职务仍如同过去一样,出京镇守豫章。

　　当初,殷景仁卧病五年,虽然不与宋文帝相见,却密信往来,每天有十几次,朝政大小事务必定征求他的意见,踪影形迹周到秘密,没有人察觉到这种关系。逮捕刘湛的那一天,殷景仁让家人揩拭衣冠上的灰尘,左右的人都不知道他的用意。这天夜里,宋文帝出宫到华林园延贤堂,召见殷景仁。殷景仁仍然声称患有脚病,以小床舆抬进宫就座。诛杀讨伐刘湛党羽的所有举措,全部都委托给殷景仁。

　　当初,檀道济推荐吴兴人沈庆之忠诚谨慎,通晓兵法,宋文帝让他带领军队驻防东掖门。当时刘湛任领军将军,曾经对他说:"你在这个职位年岁久远,最近应当考虑这个问题。"沈庆之

正色曰:"下官在省十年,自应得转,不复以此仰累。"收湛之夕,上开门召庆之,庆之戎服缚裤而入,上曰:"卿何意乃尔急装?"庆之曰:"夜半唤队主,不容缓服。"上遣庆之收刘斌,杀之。

骁骑将军徐湛之,逵之之子也,与义康尤亲厚,上深衔之。义康败,湛之被收,罪当死。其母会稽公主,于兄弟为长嫡,素为上所礼,家事大小,必咨而后行。高祖微时,常自于新洲伐荻,有纳布衫袄,臧皇后手所作也。既贵,以付公主曰:"后世有骄奢不节者,可以此衣示之。"至是,公主入宫见上,号哭,不复施臣妾之礼,以锦囊盛纳衣掷地曰:"汝家本贫贱,此是我母为汝父所作。今日得一饱餐,遽欲杀我儿邪?"上乃赦之。

吏部尚书王球,履之叔父也,以简淡有美名,为上所重。履性进利,深结义康及湛,球屡戒之,不从。诛湛之夕,履徒跣告球,球命左右为取履,先温酒与之,谓曰:"常日语汝云何?"履怖惧不得答,球徐曰:"阿父在,汝亦何忧?"上以球故,履得免死,废于家。

义康方用事,人争求亲昵,唯司徒主簿江湛早能自疏,求出为武陵内史。檀道济尝为其子求婚于湛,湛固辞。道济因义康以请之,湛拒之愈坚。故不染于二公之难。上闻而嘉之。湛,夷之子也。

面色严肃地说:"下官我在这个职位上十年,自然应该得以调职,不再为此而麻烦你。"逮捕刘湛的那天晚上,宋文帝命开启宫门召见沈庆之,沈庆之全副武装束紧裤管进门晋见,宋文帝说:"你为什么这样一副紧急出行的装束?"沈庆之说:"陛下夜半召见我这个一队之主,不容许宽服大袖。"宋文帝派遣沈庆之逮捕刘斌,杀死了他。

　　骁骑将军徐湛之是徐逵之的儿子,与刘义康关系特别亲密深厚,宋文帝深深怀恨他。刘义康失败以后,徐湛之被逮捕,按其罪应当被处死。他的母亲会稽公主在兄弟姊妹中年龄最大,一向被宋文帝所礼遇,皇室事务不论大小,必定征求她的意见,然后再处理。宋武帝贫贱的时候,曾经亲自在新洲砍割荻草,有缝补过的布衫、棉袄,就是臧皇后亲手缝制的。宋武帝大贵即帝位以后,把这些旧衣服交给公主,说:"后代子孙有骄横奢侈不加节制的人,可以把这些衣服拿给他们看。"到现在,因为徐湛之的事,会稽公主入宫晋见宋文帝,悲号啼哭,不再向宋文帝行臣妾的礼节,以丝绸袋子装满破旧衣服扔到地上说:"你们家本来出身贫贱,这是我母亲为你父亲作的衣裳。今天得以吃一顿饱饭,竟然想杀我的儿子啊!"宋文帝于是赦免了徐湛之。

　　吏部尚书王球是王履的叔父,因为简朴淡泊而享有很好的名声,为宋文帝所重视。王履却生性务进好利,与刘义康及刘湛深相结纳,王球多次告诫他,他不听取。诛杀刘湛那天晚上,王履光着脚,跑去把情况报告王球,王球命左右为王履取来鞋子,先把酒烧热递给王履,对他说:"我平常对你说了些什么?"王履惊恐惧怕,答不上话,王球慢慢地说:"有你叔父在,你还有什么担忧的?"宋文帝因为王球的缘故,王履得以免除死罪,废黜在家。

　　刘义康正把持权力的时候,人们争着亲近他,只有司徒主簿江湛早就自行与他疏远,请求出京任武陵内史。檀道济曾为儿子向江湛求婚,江湛坚决推辞。檀道济通过刘义康向江湛请求,江湛拒绝他更坚决。所以江湛没有受到檀道济、刘义康二人大祸的牵连。宋文帝听说以后嘉奖了他。江湛是江夷的儿子。

彭城王义康停省十馀日,见上奉辞,便下渚。上唯对之恸哭,馀无所言。上遣沙门慧琳视之,义康曰:"弟子有还理不?"慧琳曰:"恨公不读数百卷书!"

初,吴兴太守谢述,裕之弟也,累佐义康,数有规益,早卒。义康将南,叹曰:"昔谢述唯劝吾退,刘班唯劝吾进,今班存而述死,其败也宜哉!"上亦曰:"谢述若存,义康必不至此。"

以征虏司马萧斌为义康谘议参军,领豫章太守,事无大小,皆以委之。斌,摹之之子也。使龙骧将军萧承之将兵防守。义康左右爱念者,并听随从。资奉优厚,信赐相系,朝廷大事皆报示之。

久之,上就会稽公主宴集,甚欢。主起,再拜叩头,悲不自胜。上不晓其意,自起扶之。主曰:"车子岁暮必不为陛下所容,今特请其命。"因恸哭,上亦流涕,指蒋山曰:"必无此虑。若违今誓,便是负初宁陵。"即封所饮酒赐义康,并书曰:"会稽姊饮宴忆弟,所馀酒今封送。"故终主之身,义康得无恙。

臣光曰:文帝之于义康,友爱之情,其始非不隆也,终于失兄弟之欢,亏君臣之义。迹其乱阶,正由刘湛权利之心无有厌已。《诗》云"贪人败类",其是之谓乎?

征南兖州刺史江夏王义恭为司徒、录尚书事。戊寅,以临川王义庆为南兖州刺史。

彭城王刘义康软禁在中书省十多天,晋见宋文帝并且辞行,而后就来到码头。文帝只是对他悲恸哭泣,没有说一句话。宋文帝派遣僧人慧琳去看望他,刘义康说:"您看我这个弟子还有回来的可能吗?"慧琳说:"真遗憾您不读几百卷书!"

当初,吴兴太守谢述是谢裕的弟弟,多年辅佐刘义康,屡屡规劝忠告,不幸早死。刘义康将要南下豫章,叹息说:"过去谢述只是规劝我急流勇退,而刘湛只是规劝我不断进取,现在刘湛活着而谢述死了,我的失败也是应该的啊!"宋文帝也说:"谢述如果活着,刘义康必定不会发展到这个程度啊!"

宋文帝任命征虏司马萧斌为刘义康的谘议参军,兼任豫章太守,政事不分大小,全部都托付给他。萧斌是萧承之的儿子。又派遣龙骧将军萧承之带领军队防备守护。刘义康的左右亲信,一律听任他们随同前往。宋文帝给予刘义康的钱财俸禄非常优越丰厚,信件往返相互联系,朝廷的大事都通报刘义康。

过了很久,宋文帝驾临会稽公主家中的宴会,非常愉快。会稽公主起身离座,向宋文帝再次跪拜叩头,不胜悲伤。宋文帝不知道她的意思,亲自起身扶起她。公主说:"刘义康到了晚年,必定不能为陛下所容忍,现在我特地请求陛下饶他一命。"随即悲恸哭泣,宋文帝也流泪涕泣,指着蒋山说:"你一定不要有这个忧虑,如果我违背了今天的誓言,便是辜负了长眠在初宁陵中的高祖。"于是把正在饮用的酒封起来,赐给刘义康,并致信说:"我在会稽姐姐家饮宴,想到了你弟弟,把饮宴所剩余的酒,现在封起来,送给你。"所以会稽公主在世的日子里,刘义康得以平安无事。

　　北宋史臣司马光评论说:宋文帝对于刘义康,兄弟之间友爱的情谊,在开始的时候并不是不重,最终失去了兄弟之间的欢乐,损失了君臣之间的大义。追溯祸乱的由来,正是由于刘湛贪图权利的欲望没有自己满足的时候。《诗经》说"贪人败类",难道不正是对这种情况的描述吗?

宋文帝征召南兖州刺史、江夏王刘义恭为司徒,录尚书事。戊寅(二十三日),任命临川王刘义庆为南兖州刺史。

　　冬十一月，殷景仁既拜扬州，羸疾遂笃，上为之敕西州道上不得有车声。癸丑，卒。

　　十二月癸亥，以光禄大夫王球为仆射。戊辰，以始兴王濬为扬州刺史。时濬尚幼，州事悉委后军长史范晔、主簿沈璞。晔，泰之子；璞，林子之子也。晔寻迁左卫将军，以吏部郎沈演之为右卫将军，对掌禁旅。又以庾炳之为吏部郎，俱参机密。演之，劲之曾孙也。

　　晔有俊才，而薄情浅行，数犯名教，为士流所鄙。性躁竞，自谓才用不尽，常怏怏不得志。吏部尚书何尚之言于帝曰："范晔志趣异常，请出为广州刺史。若在内衅成，不得不加铁钺，铁钺亟行，非国家之美也。"帝曰："始诛刘湛，复迁范晔，人将谓卿等不能容才，朕信受谗言。但共知其如此，无能为害也。"

　　十八年春正月，彭城王义康至豫章，辞刺史。甲辰，以义康都督江、交、广三州诸军事。前龙骧参军巴东扶令育诣阙上表，称："昔袁盎谏汉文帝曰：'淮南王若道路遇霜露死，陛下有杀弟之名。'文帝不用，追悔无及。彭城王义康，先朝之爱子，陛下之次弟，若有迷谬之愆，正可数之以善恶，导之以义方，奈何信疑似之嫌，一旦黜削，远送南垂？草莱黔首，皆为陛下痛之。庐陵往事，足为龟鉴。恐义康年穷命尽，奄忽于南，臣虽微贱，窃为陛下羞之。陛下徒知恶枝之宜伐，岂知伐枝之伤树？伏愿亟召义康

冬季十一月,殷景仁拜受扬州刺史以后,多年的疾病更加沉重,宋文帝为他下令,西州道上不得有车马经过,以免发出声音。癸丑(二十九日),殷景仁去世。

十二月癸亥(初九),宋文帝任命光禄大夫王球为仆射。戊辰(十四日),任命始兴王刘濬为扬州刺史。当时刘濬年纪幼小,州里的大小事务全部委托后军长史范晔和主簿沈璞。范晔是范泰的儿子;沈璞是沈林子的儿子。范晔不久升迁为左卫将军,朝廷任命吏部郎沈演之为右卫将军,共同执掌皇家禁军。又任命庾炳之担任吏部郎,都参与朝廷机密事务。沈演之是沈劲的曾孙。

范晔有杰出的才能,但轻薄而缺少德行,多次触犯士大夫的名分与人伦规范,被士大夫们所鄙视。范晔生性浮躁,急于进取,自己认为才能作用没有全部发挥,常常闷闷不乐,不能得遂志向。吏部尚书何尚之对宋文帝说:"范晔志向爱好不同寻常,请求让他出京担任广州刺史。如果留在朝廷犯下罪行,不得不施加刑杀,刑杀急切地施行,这不是国家的好事。"宋文帝说:"刚刚诛杀刘湛,又把范晔放逐出京,人们将会说你们这些人不能容纳有才能的人,说我听信接受谗言。只要我们都知道范晔是这样一个人,他就不能做危害朝廷的事了。"

十八年(441)春季正月,彭城王刘义康到豫章,辞去江州刺史职务。甲辰(二十一日),宋文帝任刘义康都督江、交、广三州诸军事。前龙骧将军、巴东人扶令育到皇宫呈奏章说:"过去袁盎劝阻汉文帝说:'淮南王如果在路上遇到风霜寒露死去,陛下就有杀死弟弟的名声。'汉文帝没听取,后悔也来不及了。彭城王刘义康是先帝钟爱的儿子,陛下的二弟,如果有迷误荒谬的过失,陛下正可以将善恶对他一一列举,以正确方法引导他,怎能相信未加证实的疑惑,一日之间废黜,远远地放逐到南方边陲?荒野平民,都为陛下痛心此事。庐陵王被迁被杀的往事,足可作为鉴戒。深恐刘义康一旦丧命,死在南方,我虽低微卑贱,也私下为陛下羞惭这样的事。陛下只知道坏掉的树枝应该砍掉,难道不知道砍掉树枝对树的伤害?我低头谨请陛下迅速召刘义康

返于京甸，兄弟协和，君臣辑睦，则四海之望塞，多言之路绝矣，何必司徒公、扬州牧然后可以置彭城王哉！若臣所言国为非，请伏重诛以谢陛下。"表奏，即收付建康狱，赐死。

　　裴子野论曰：夫在上为善，若云行雨施，万物受其赐；及其恶也，若天裂地震，万物所惊骇，其谁弗知，其谁弗见？岂戮一人之身，钳一夫之口，所能攘逃，所能弭灭哉？是不胜其忿怒而有增于疾疹也。以太祖之含弘，尚掩耳于彭城之戮，自斯以后，谁易由言？有宋累叶，罕闻直谅，岂骨鲠之气，俗愧前古？抑时王刑政使之然乎？张约陨于权臣，扶育毙于哲后，宋之鼎镬，吁，可畏哉！

　　二十二年。初，鲁国孔熙先博学文史，兼通数术，有纵横才志。为员外散骑侍郎，不为时所知，愤愤不得志。父默之为广州刺史，以赃获罪，大将军彭城王义康为救解得免。及义康迁豫章，熙先密怀报效，且以为天文、图谶，帝必以非道晏驾，由骨肉相残，江州应出天子。以范晔志意不满，欲引与同谋，而熙先素不为晔所重。太子中舍人谢综，晔之甥也，熙先倾身事之，综引熙先与晔相识。

返回京师，兄弟之间协力和善，君臣之间安定亲近，那么天下的怨恨就会消除，众多的流言出现的道路就会断绝，为何一定要以司徒公、扬州牧这样的职务然后才可以用来安置彭城王啊！如果我说的话对于国家来说是不正确的，我请求被诛死，以向陛下谢罪。"奏章呈上，朝廷随即逮捕他，投入建康监狱，命令他自杀。

　　裴子野评论说：在上的君主做善良的事情，如同云彩聚集，甘霖降下，天下万物都受到他的恩赐；然而在上的君主做罪恶的事情，如同上天崩裂，大地震动，天下万物都遭到惊惧震骇，这一道理谁不知道，谁没有看见？难道是杀掉一个人的生命，钳制一个人的口舌，就能够排斥逃避，就能够平息消灭吗？这些都是不能够克制自己的怨恨恼怒，而有增于自己的疾病与罪恶的行为。以宋文帝的宽怀大度，尚且掩饰他杀害彭城王刘义康的企图，从此以后，谁还敢轻易说话？刘宋历代极少听到有直言谏诤的人，难道是刘宋朝廷臣僚的正直骨鲠的气节，普遍惭愧于前代的古人？还是当时君王的刑法、朝政迫使他们这样？张约冤死在权臣手中，扶令育被诛杀于圣明君王后继者之手。刘宋的杀人法网酷刑，唉，可怕啊！

二十二年（445）。当初，鲁国人孔熙先，精通文学和历史，同时又通晓数术，有纵横天下的才能志向。他担任员外散骑侍郎，不被当时的人们所了解，心中愤恨，不能实现自己的志向。父亲孔默之担任广州刺史，由于贪赃枉法犯罪，大将军彭城王刘义康为他救助解脱，得以免除死罪。到刘义康贬逐到豫章时，孔熙先私下怀着报答刘义康的心愿，并且他又为此观察天文，研究谶书，判断宋文帝必定由于不正常的原因而死。因为骨肉之间相互残害，江州应该出现天子。由于范晔的志向心愿不能满足，孔熙先想援引他并共同谋划，然而孔熙先一向不为范晔所看重，太子中舍人谢综是范晔的外甥，孔熙先尽全力奉事谢综，谢综引见孔熙先与范晔相识。

熙先家饶于财,数与晔博,故为拙行,以物输之。晔既利其财,又爱其文艺,由是情好款洽。熙先乃从容说晔曰:"大将军英断聪敏,人神攸属,失职南垂,天下愤怨。小人受先君遗命,以死报大将军之德。顷人情骚动,天文舛错,此所谓时运之至,不可推移者也。若顺天人之心,结英豪之士,表里相应,发于肘腋,然后诛除异我,崇奉明圣,号令天下,谁敢不从?小人请以七尺之躯、三寸之舌,立功立事而归诸君子,丈人以为何如?"晔甚愕然。

熙先曰:"昔毛玠竭节于魏武,张温毕议于孙权,彼二人者,皆国之俊乂,岂言行玷缺,然后至于祸辱哉?皆以廉直劲正,不得久容。丈人之于本朝,不深于二主,人间雅誉,过于两臣,谗夫侧目,为日久矣,比肩竞逐,庸可遂乎?近者殷铁一言而刘班碎首,彼岂父兄之雠、百世之怨乎?所争不过荣名势利先后之间耳。及其末也,唯恐陷之不深,发之不早,戮及百口,犹曰未厌。是可为寒心悼惧,岂书籍远事也哉?今建大勋,奉贤哲,图难于易,以安易危,享厚利,收鸿名,一旦苟举而有之,岂可弃置而不取哉?"晔犹疑未决。熙先曰:"又有过于此者,愚则未敢道耳。"晔曰:"何谓也?"熙先曰:"丈人奕叶清通,而不得连姻帝室,

孔熙先家富资财，他多次与范晔赌博，故意赌不好，把财物输给范晔。范晔既爱他的钱财，又喜欢他的文采，从此两人感情相好，彼此亲近。孔熙先于是从容地游说范晔道："大将军刘义康英明果断，聪慧敏锐，百姓及神明都归属他，他被罢黜官职放逐到南部边陲，天下的人都为此愤怒怨恨。小人我接受先父遗言，要以死报答大将军刘义康的大德。近来天下人心骚动不安，天象混杂错乱，这就是人们所说的时运已经到来，不可推延移易的事情。如果顺应上天、百姓的心愿，结纳英雄豪杰之士，朝廷内外相互接应，在宫廷之内起兵，然后诛灭除掉反对我们的人，尊崇拥戴贤明而有德性的君主，号令天下，谁敢不服从呢？小人我请求用我的七尺身躯、三寸舌头，建立功业，成就大事，然后归之于各位君子，老人家您认为怎么样？"范晔非常吃惊。

　　孔熙先说："过去毛玠在魏武帝曹操面前竭尽忠节，张温在孙权面前完全接受他的主张，那两人都是国家俊杰，难道是因他们言行的过失缺陷，然后招致自己处于祸害屈辱吗？都是因廉洁正直，刚劲清正，而不能长久地被容纳。老人家您在本朝所受的信任并不比曹操、孙权宠信毛玠、张温更深，您在百姓中间美好的名声却超过那两个忠臣，谗毁您的人对您侧目而视，这种情况已经很久了，您与他们并肩争竞角逐，难道可以得遂志向吗？近来，殷景仁一句话，而刘湛就被击碎头颅，他们难道是因为父兄之间的仇恨，或者是百代的宿怨吗？所争夺的不过是荣誉、名位、权势、利益，先后之间的顺序的问题。到他们争逐的最后，双方都生怕自己陷得不深、动手不早，杀到一百个人，还说没有厌倦，这可以说是令人寒心、悲伤恐惧的事情，难道是书籍上记载的遥远的往事吗？现在，建树伟大的功勋，尊奉贤良圣哲的君主，在容易之中图谋难办的事情，以安稳换取危难，享受丰厚的利益，收取巨大的美名，一个早晨大家举事就能够得到这些，难道可以放置在一边而不去争取吗？"范晔还是迟疑不决。孔熙先说："还有比这更厉害的事情，我愚昧则不敢说出来。"范晔说："你说是什么呢？"孔熙先说："老人家历代清白显贵，却不能与皇室连姻，

人以犬豕相遇,而丈人曾不耻之,欲为之死,不亦惑乎?"晔门无内行,故熙先以此激之。晔默然不应,反意乃决。

晔与沈演之并为帝所知,晔先至,必待演之俱入,演之先至,尝独被引,晔以此为怨。晔累经义康府佐,中间获罪于义康。谢综及父述,皆为义康所厚,综弟约娶义康女。综为义康记室参军,自豫章还,申义康意于晔,求解晚隙,复敦往好。大将军府史仲承祖,有宠于义康,闻熙先有谋,密相结纳。丹杨尹徐湛之,素为义康所爱,承祖因此结事湛之,告以密计。道人法略、尼法静,皆感义康旧恩,并与熙先往来。法静妹夫许曜,领队在台,许为内应。法静之豫章,熙先付以笺书,陈说图谶。于是密相署置,及素所不善者,并入死目。熙先又使弟休先作檄文,称:"贼臣赵伯符肆兵犯跸,祸流储宰,湛之、晔等投命奋戈,即日斩伯符首及其党与。今遣护军将军臧质奉玺绶迎彭城王正位辰极。"熙先以为举大事宜须以义康之旨谕众,晔又诈作义康与湛之书,令诛君侧之恶,宣示同党。帝之燕武帐冈也,晔等谋以其日作乱。许曜侍帝,扣刀目晔,晔不敢仰视。俄而座散,徐湛之恐事不济,密以其谋白帝。帝使湛之具探取本末,得其檄

人家把您作猪狗来相待,而老人家未曾把这件事情作为耻辱,还想为人家效死,不也是很迷惑吗?"范晔家一些人在家里没有德行,所以孔熙先用这些话来激怒他。范晔沉默不语,谋反的意愿于是坚定下来。

范晔与沈演之一同为宋文帝所信任,每次范晔先到朝廷,必定等沈演之一起入宫,沈演之先到朝廷,曾单独被宋文帝先行召见入宫,范晔因为这事而怨恨。范晔曾经长期做刘义康的幕府僚佐,在此期间他得罪过刘义康。谢综和他的父亲谢述都受到刘义康的厚待,谢综的弟弟谢约娶刘义康的女儿为妻。谢综担任刘义康的记室参军,他从豫章返京,在范晔面前申述了刘义康的歉意,请求化解晚近的嫌隙,重新加深往日的情谊。大将军府史仲承祖受到刘义康的宠信,听到孔熙先等人有谋反的计划,秘密与他相结交。丹杨尹徐湛之平常被刘义康所喜爱,仲承祖因此结交奉事徐湛之,把孔熙先等人的秘密计划告诉了徐湛之。僧人法略、尼姑法静,都感激刘义康的旧恩,一道与孔熙先等人往来。法静的妹夫许曜在宫廷中担任队主,答应做他们的内应。法静前往豫章,孔熙先把一封信交给她,向刘义康陈述阐说谶书的内容。于是他们秘密地互相计划布置,预先封授官爵,至于平常与他们关系不好的人,一道列入诛死的名册里。孔熙先又让他的弟弟孔休先写好檄文,宣称:"贼臣赵伯符,肆意使用武力冒犯皇帝,灾祸所及威胁太子,徐湛之、范晔等人将性命置于一边,挥戈而起,即日内斩杀赵伯符以及他的党羽。现在派遣护军将军臧质手持皇帝的玉玺绶带,迎接彭城王刘义康正式即位登基。"孔熙先认为,兴举大事必须用刘义康的旨令告谕大家,范晔又伪造了刘义康写给徐湛之的信,命令他们诛杀君主身边的恶人,于是把这封信拿出来给同党们看。宋文帝去武帐冈赴宴,范晔等人密谋在这一天发动叛乱。许曜侍卫宋文帝,把佩刀微微抽出,眼睛看着范晔,范晔不敢抬头仰视。不久,宴会结束,徐湛之担心事情不能成功,秘密地把他们的阴谋报告宋文帝。宋文帝让徐湛之具体探听掌握事情的始末,得到了他们写的檄

书、选署姓名，上之。帝乃命有司收掩穷治。其夜，呼晔置客省，先于外收综及熙先兄弟，皆款服。帝遣使诘问晔，晔犹隐拒。熙先闻之，笑曰："凡处分、符檄、书疏，皆范所造，云何于今方作如此抵蹋邪？"帝以晔墨迹示之，乃具陈本末。

明日，仗士送付廷尉。熙先望风吐款，辞气不桡。上奇其才，遣人慰勉之曰："以卿之才而滞于集书省，理应有异志，此乃我负卿也。"又责前吏部尚书何尚之曰："使孔熙先年将三十作散骑郎，那不作贼？"熙先于狱中上书谢恩，且陈图谶，深戒上以骨肉之祸，曰："愿且勿遗弃，存之中书。若囚死之后，或可追录，庶九泉之下，少塞衅责。"

晔在狱为诗曰："虽无稽生琴，庶同夏侯色。"晔本意谓入狱即死，而上穷治其狱，遂经二旬，晔更有生望。狱吏戏之曰："外传詹事或当长系。"晔闻之，惊喜。综、熙先笑之曰："詹事畴昔攘袂瞋目，跃马顾盼，自以为一世之雄。今扰攘纷纭，畏死乃尔！设令赐以性命，人臣图主，何颜可以生存？"

十二月乙未，晔、综、熙先及其子弟、党与皆伏诛。晔母至市，涕泣责晔，以手击晔颈，晔色不怍。妹及妓

文,及被选入参加谋反的人的名单,呈送给宋文帝。宋文帝于是命令有关部门严密搜捕,彻底追查。这天夜里,呼范晔入宫安置软禁在客省,事先已在外面逮捕了谢综和孔熙先兄弟,他们都诚恳地服罪。宋文帝派遣使者追问范晔,范晔仍然隐瞒抗拒。孔熙先听到这消息,笑着说:"我们所有的筹划、命令、檄文、书信、奏疏,都是范晔所拟定,为什么到现在还做这样的抵赖啊?"宋文帝把范晔亲笔写的东西拿出来给他看,范晔才全部陈述了事情的始末。

第二天,全副武装的士兵把他们送交廷尉。孔熙先见风使舵,说话从容,言辞语气丝毫没有屈服的地方。宋文帝惊奇他的才能,派人慰问勉励他说:"凭你的才能而埋没于集书省,按道理应该有别的志向,这就是我辜负了你。"又责备前吏部尚书何尚之说:"让孔熙先这样的人年纪快到三十岁了还做散骑郎,哪能不做逆贼?"孔熙先在狱中上书宋文帝感谢恩典,并陈述谶书上的记载,深深地告诫文帝以防止骨肉之间相残的灾祸,说:"谨请姑且不要把我写的东西遗失抛弃,把它存放在中书省。如果我被囚禁死了以后,有人可以接着写下去,也许我在九泉之下,也会稍稍减轻我闯下的这场大祸的罪责。"

范晔在狱中写诗说:"虽然不能像嵇康被杀时那样索琴而弹,也许可以同夏侯玄临刑那样面不改色。"范晔本来心里认为入狱以后就会被处死,而宋文帝彻底追查这一案件,经过了二十天,使范晔又有了生存的愿望。狱吏戏弄他说:"外面传说太子詹事有可能将长期囚禁。"范晔听到以后又惊又喜。谢综、孔熙先笑话他说:"詹事范晔过去卷袖怒目,跃马纵横,左右顾盼,自己认为是一代的雄杰。现在情绪错乱混杂,怕死到这样的程度。假如皇帝赐他不死,作为人臣图谋主上,还有什么脸面可以活在世上呢?"

十二月乙未(十一日),范晔、谢综、孔熙先以及儿子、兄弟、同党等都被诛死。范晔的母亲来到刑场,流涕哭泣,责备范晔,用手打范晔的脖子,范晔并没有显出惭愧的样子。范晔的妹妹及歌妓

妾来别,晔悲涕流涟。综曰:"舅殊不及夏侯色。"晔收泪而止。

谢约不预逆谋,见兄综与熙先游,尝谏之曰:"此人轻事好奇,不近于道,果锐无检,未可与狎。"综不从而败。综母以子弟自蹈逆乱,独不出视。晔语综曰:"姊今不来,胜人多矣。"

收籍晔家,乐器服玩,并皆珍丽,妓妾不胜珠翠。母居止单陋,唯有一厨盛樵薪。弟子冬无被,叔父单布衣。

裴子野论曰:夫有逸群之才,必思冲天之据。盖俗之量,则愤常均之下。其能守之以道,将之以礼,殆为鲜乎!刘弘仁,范蔚宗,皆怆志而贪权,矜才以徇逆,累叶风素,一朝而陨。向之所谓智能,翻为亡身之具矣。

徐湛之所陈多不尽,为晔等辞所连引,上赦不问。臧质,熹之子也,先为徐、兖二州刺史,与晔厚善,晔败,以为义兴太守。有司奏削彭城王义康爵,收付廷尉治罪。丁酉,诏免义康及其男女皆为庶人,绝属籍,徙付安成郡。以宁朔将军沈邵为安成相,领兵防守。邵,璞之兄也。义康在安成,读书,见淮南厉王长事,废书叹曰:"自古有此,我乃不知,

妻妾们前来作别,范晔悲痛涕泣,泪水长流不止。谢综说:"舅舅这样远远赶不上夏侯玄临刑的神色。"范晔这才止住泪水而不再哭泣。

谢约没有参与叛逆阴谋,他看到哥哥谢综与孔熙先交往,曾经劝告说:"这个人轻率从事,生性好奇,从不近于正道,做事果断坚决而没有检点约束,不可与他过于亲近。"谢综不听从而导致败亡。谢综的母亲因为儿子与弟弟主动涉足谋逆叛乱,独独不出去看视。范晔对谢综说:"我姐姐今天不来,比别人高明得多。"

朝廷没收范晔的家产,音乐器具,服饰玩具,全都非常珍奇华丽,歌妓妻妾有用不尽的珍珠翡翠。他的母亲居住的房子简单狭小,只有一个堆着木柴的厨房。范晔的侄子冬天没有被子,他的叔父冬天穿着单薄的布衣。

裴子野评论说:有着超群才能的人,必定想到以其才能作为一飞冲天的依据。有超越世俗的度量的人,则愤恨经常处于平常人之下。那种能够恪守道德规范,以礼义约束自己行为的人,恐怕是很少的啊!刘湛、范晔都是志向骄傲而贪恋权势,夸耀自己的才能,以至于曲从叛逆,历代留传的风范品格,一天早上就彻底丧失。平时所说的智慧才能,反而成了他们毁灭自身的工具啊。

徐湛之向宋文帝所告发的情况,多有不详尽的地方,被范晔等人的供辞中牵连出来,宋文帝予以赦免,不再追究。臧质是臧熹的儿子,他先前曾做徐、兖二州刺史,与范晔关系很好,范晔身败之后,宋文帝任命他做了义兴太守。有关官吏上奏宋文帝请求削夺彭城王刘义康的爵位,将他逮捕交付廷尉治罪。丁酉(十三日),宋文帝下诏免去刘义康及其亲属的爵位官职,全部贬为平民,把他们从皇族中除名,将他们放逐解送到安成郡。任命宁朔将军沈邵担任安成相,统领军队防卫、看管。沈邵是沈璞的哥哥。刘义康在安成郡,阅读史书,看到西汉淮南厉王刘长的史事,丢下书叹息说:"虽然古代就有这样的事,我竟然不知道,

得罪为宜也。"庚戌，以前豫州刺史赵伯符为护军将军。伯符，孝穆皇后之弟子也。

二十四年冬十月壬午，胡藩之子诞世杀豫章太守桓隆之，据郡反，欲奉前彭城王义康为主。前交州刺史檀和之去官归，过豫章，击斩之。

二十八年，胡诞世之反也，江夏王义恭等奏："彭城王义康数有怨言，摇动民听，故不逞之族因以生心，请徙广州。"上将徙义康，先遣使语之。义康曰："人生会死，吾岂爱生？必为乱阶，虽远何益？请死于此，耻复屡迁。"竟未及往。春正月，魏师之瓜步，人情恟惧。上虑不逞之人复奉义康为乱，太子劭及武陵王骏、尚书左仆射何尚之屡启宜早为之所。上乃遣中书舍人严龙赍药赐义康死。义康不肯服，曰："佛教不许自杀，愿随宜处分。"使者以被掩杀之。

获罪受惩是应该的了。"庚戌(二十六日),任命前豫州刺史赵伯符为护军将军。赵伯符是孝穆皇后的侄子。

二十四年(447)冬季十月壬午(初八),胡藩的儿子胡诞世杀了豫章太守桓隆之,占据豫章郡反叛朝廷,想要拥戴前彭城王刘义康为君主。前交州刺史檀和之离开官位回京城,经过豫章,袭击斩杀了胡诞世。

二十八年(451),胡诞世反叛时,江夏王刘义恭等人上奏朝廷:"彭城王刘义康多次说出怨恨的话,动摇百姓的视听,所以使得一些废放之家中对现实不满的人因此而产生了野心,请求把刘义康放逐到广州。"宋文帝将要放逐刘义康,先派使者告诉他。刘义康说:"人们生存,最终必然死去,我怎能贪生怕死?如果我一定要成为动乱的因由,即使放逐到很远的地方又有什么好处?我请求死在这里,我为屡次放逐之后再遭放逐感到耻辱。"刘义康终于没有被放逐到广州。春季正月,北魏军队开到瓜步,百姓惊慌。宋文帝忧虑对现实不满的人再拥戴刘义康进行叛乱,太子刘劭及武陵王刘骏、尚书左仆射何尚之等人多次启禀宋文帝,应该及早地决定对刘义康怎么办。宋文帝于是派遣中书舍人严龙携带毒药前去,赐令刘义康服药自杀。刘义康不肯服药,说:"佛教规定不允许人们自杀,我愿意随你们相机处置吧。"严龙就用被子捂住刘义康的头,闷死了他。

宋文图恢复

宋文帝元嘉七年,帝自践位以来,有恢复河南之志。三月戊子,诏简甲卒五万给右将军到彦之,统安北将军王仲德、兖州刺史竺灵秀舟师入河,又使骁骑将军段宏将精兵八千直指虎牢,豫州刺史刘德武将兵一万继进,后将军长沙王义欣将兵三万监征讨诸军事。

先遣殿中将军田奇使于魏,告魏主曰:"河南旧是宋土,中为彼所侵,今当修复旧境,不关河北。"魏主大怒曰:"我生发未燥,已闻河南是我地。此岂可得?必若进军,今当权敛戍相避,须冬寒地净,河冰坚合,自更取之。"

甲午,以前南广平太守尹冲为司州刺史。长沙王义欣出镇彭城,为众军声援。以游击将军胡藩戍广陵,行府州事。

魏南边诸将表称:"宋人大严,将入寇,请兵三万,先其未发,逆击之,足以挫其锐气,使不敢深入。"因请

宋文图恢复

宋文帝元嘉七年（430），宋文帝自从即位以来，就有收复河南的志向。三月戊子（初二），宋文帝下诏精选披甲精兵五万拨给右将军到彦之，令到彦之统领安北将军王仲德、兖州刺史竺灵秀乘坐水军船队进入黄河，又派遣骁骑将军段宏率领精兵八千人径直奔赴虎牢，令豫州刺史刘德武率领军队一万人随后出发，令后将军、长沙王刘义欣率领军队三万人，监督征讨诸军事。

宋文帝首先派遣殿中将军田奇出使北魏，通报北魏国主拓跋焘说："黄河以南的地区本来是宋国的土地，一度被你们所侵占，现在应当整顿恢复旧日的疆界，不涉及黄河以北的土地。"北魏国主大怒说："我生下来头发还没有干，就已经听到黄河以南是我国的土地。这怎么可以让你们得到？如果你们一定派军前来夺取，现在我们必当暂且收缩防卫的军队加以回避，等到冬天天寒地冻，一片冰雪，黄河上的冰块坚固闭合，自然把这些土地重新夺回来。"

甲午（初八），宋文帝任命前南广平太守尹冲为司州刺史。长沙王刘义欣前往镇守彭城，为宋的各路大军声援。任命游击将军胡藩戍守广陵，代理行使府、州事务。

北魏守卫南境的各将领上书称："宋军已大大严备，即将进入我境劫掠，请求调给军士三万，在他们尚未前来进攻前迎击他们，这样足以挫折他们的锐气，使他们不敢深入。"随即又请求

悉诛河北流民在境上者以绝其乡导。魏主使公卿议之,皆以为当然。崔浩曰:"不可。南方下湿,入夏之后,水潦方降,草木蒙密,地气郁蒸,易生疾疠,不可行师。且彼既严备,则城守必固。留屯久攻,则粮运不继。分军四掠,则众力单寡,无以应敌。以今击之,未见其利。彼若果能北来,宜待其劳倦,秋凉马肥,因敌取食,徐往击之,此万全之计也。朝廷群臣及西北守将,从陛下征伐,西平赫连,北破蠕蠕,多获美女、珍宝,牛马成群。南边诸将闻而慕之,亦欲南钞以取资财,皆营私计,为国生事,不可从也。"魏主乃止。

诸将复表:"南寇已至,所部兵少,乞简幽州以南劲兵助己戍守,及就漳水造船严备以拒之。"公卿皆以宜如所请,并署司马楚之、鲁轨、韩延之等为将帅,使招诱南人。浩曰:"非长策也。楚之等皆彼所畏忌,今闻国家悉发幽州以南精兵,大造舟舰,随以轻骑,谓国家欲存立司马氏,诛除刘宗。必举国震骇,惧于灭亡,当悉发精锐,并心竭力,以死争之,则我南边诸将无以御之。今公卿欲以威力

把边境一带黄河以北的流民全部诛灭,以便断绝宋军的向导。北魏国主让公卿大臣们商议这件事,大家都认为应当这样做。崔浩说:"不能这样。南方地势低下潮湿,进入夏天以后,雨水正不断降下,草木覆盖茂密,地气郁结闷热,容易出现疾病瘟疫,不可派兵前往征战。况且宋已经严密戒备,那么城池守卫必定很坚固。我们军队留在城下屯驻长久地进攻,那就粮草运送不能接济。分开军队四处掠取,那么集中的兵力就会变得孤单弱小,没有办法应付敌人。因此在现在这个时候攻击他们,没有看到这样做的好处。假如他们果真能够往北前来进攻,我们应该等待他们劳累疲倦,到秋天天气凉爽,战马肥壮,从敌人那里夺取粮食,慢慢地前去攻击他们,这是万全的计策。朝廷的文武群臣和西北地区的守卫将领,跟随陛下征讨攻伐,在西方平定了夏国的赫连勃勃,在北方击破柔然汗国,得到了很多美女、珍宝,以及成群的牛马。因此南边驻守的各个将领,听到消息而羡慕他们,也想在南方进行掠夺,以便夺取资财,这都是谋求个人利益的计划,却为国家滋生事端,陛下不可听从他们的要求。"北魏国主于是停止考虑他们的要求。

北魏南部边境的各将领再次上书:"南方的敌寇已经攻来,我们所辖各部兵力太少,请求朝廷精选幽州以南的强兵帮助我们自己的军队戍守,并且在漳水沿岸建造船只,严加戒备,以抵抗宋军。"北魏朝廷的公卿们都认为应该批准南方戍守将领的请求,同时任命司马楚之、鲁轨、韩延之等担任军队的统率,让他们招揽引诱南方百姓。崔浩说:"这不是完善之计。司马楚之等人都是他们刘宋所畏惧、忌恨的人物,现在一旦听说我们国家全部调发幽州以南的精锐军队,大力建造舟船战舰,又以大批轻装骑兵跟随向南征战,必定认为我们国家想要保存并拥立司马氏的晋室,诛灭除掉刘宋宗族。这样必定使刘宋全国震惊害怕,畏惧遭到灭亡,必将征发全部精锐军队,协同一心,竭尽全力,以拼死来力争保存他们的国家,那么我们南部边境的将领们无法抵御宋军的攻势。现在朝廷公卿们想凭借国家的声势威力

却敌,乃所以速之也。张虚声而召实害,此之谓矣。故楚之之徒,往则彼来,止则彼息,其势然也。且楚之等皆纤利小才,止能招合轻薄无赖而不能成大功,徒使国家兵连祸结而已。昔鲁轨说姚兴以取荆州,至则败散,为蛮人掠卖为奴,终于祸及姚泓,此已然之效也。"魏主未以为然。浩乃复陈天时,以为南方举兵必不利,曰:"今兹害气在扬州,一也;庚午自刑,先发者伤,二也;日食昼晦,宿值斗、牛,三也;荧惑伏于翼、轸,主乱及丧,四也;太白未出,进兵者败,五也。夫兴国之君,先修人事,次尽地利,后观天时,故万举万全。今刘义隆新造之国,人事未洽;灾变屡见,天时不协;舟行水涸,地利不尽。三者无一可,而义隆行之,必败无疑。"魏主不能违众言,乃诏冀、定、相三州造船三千艘,简幽州以南戍兵集河上以备之。

夏六月,魏主使平南大将军、丹杨王大毗屯河上,以司马楚之为安南大将军、荆州刺史,封琅邪王,屯颍川以备宋。

到彦之自淮入泗,泗水浅,日行才十里,自四月至秋七月,始至须昌。乃溯河西上。

击退敌人，反而会以此加速敌人的到来。张开空虚的声势而招来实际的灾祸，说的就是这种情况啊！所以司马楚之这些人前去攻打，那么宋军一定会来进攻；不去的话，那么宋军的进攻必定停止，客观形势就是这样。况且司马楚之等人都是一些贪图小利的小人物，仅仅能够招揽聚合一些轻浮浅薄的无赖之徒，不能成就伟大的功业，依靠他们只会徒然地使国家兵连祸结罢了。过去鲁轨劝说姚兴派遣军队以夺取荆州，军队抵达东晋境内，则士卒溃败散失，被南蛮之人俘获而卖为奴隶，最终这场灾祸殃及姚泓的统治，这已经是现有的结果啊！"北魏国主并不认为崔浩的看法正确。崔浩于是再向北魏国主陈述上天的时序，认为南方出兵攻击必定没有好处，说："现在害气存在于扬州，这是其一；今年是庚午，庚、午相克，先发动战争的必定受到伤害，这是其二；发生日食白天昏暗，太阳停留在斗宿、牛宿，这是其三；火星隐伏在翼宿、轸宿，预示天下大乱及丧亡，这是其四；金星没有出现，发兵进攻的人必定失败，这是其五。振兴国家的君主，首先治理好百姓的事，然后利用地理上的优势，最后观察上天时序的变化，因此所有兴举都可以获得成功。现在刘义隆治理一个刚刚建立的国家，君臣百姓关系还没有和谐；灾害变异多次出现，上天时序没有协调；各地水道干涸，舟行困难，地理优势不能全部利用。人和、天时、地利三者中，没有一项对他们有利，然而刘义隆发兵进攻，必定失败，不用怀疑。"北魏国主不能违背众人的意见，于是下诏冀、定、相三个州建造战船三千艘，精选幽州以南的戍卫士卒集结在黄河北岸以防备宋军。

夏季六月，北魏国主派遣平南大将军、丹杨王拓跋大毗率军驻扎在黄河北岸，任命司马楚之为安南大将军、荆州刺史，封为琅邪王，率军驻扎在颍川以防备宋的进攻。

宋右将军到彦之率领军队从淮河进入泗水，泗水水浅，每天行进才达十里，自从四月出发，到秋季七月，才抵达须昌。于是沿着黄河逆流而上。

魏主以河南四镇兵少,命诸军悉收众北渡。戊子,魏碻磝戍兵弃城去。戊戌,滑台戍兵亦去。庚子,魏主以大鸿胪阳平公杜超为都督冀定相三州诸军事、太宰,进爵阳平王,镇邺,为诸军节度。庚戌,魏洛阳、虎牢戍兵皆弃城去。

到彦之留朱脩之守滑台,尹冲守虎牢,建武将军杜骥守金墉。诸军进屯灵昌津,列守南岸,至于潼关。于是司、兖既平,诸军皆喜,王仲德独有忧色,曰:"诸贤不谙北土情伪,必堕其计。胡虏虽仁义不足,而凶狡有余,今敛戍北归,必并力完聚。若河冰既合,将复南来,岂可不以为忧乎?"

八月,魏主遣冠军将军安颉督护诸军,击到彦之。丙寅,彦之遣裨将吴兴姚耸夫渡河攻冶坂,与颉战,耸夫兵败,死者甚众。戊寅,魏主遣征西大将军长孙道生会丹杨王大毗屯河上御彦之。

冬十月,到彦之、王仲德沿河置守,还保东平。乙亥,魏安颉自委粟津济河,攻金墉。金墉城不治既久,又无粮食,杜骥欲弃城走,恐获罪。初,高祖灭秦,迁其钟虡于江南,有大钟没于洛水,帝使姚耸夫将千五百人往取之。骥绐之曰:"金墉城已修完,粮食亦足,所乏者人耳。今虏骑南渡,当相与并力御之。大功既立,牵钟未晚。"耸夫从之。既至,见城不可守,乃引去,骥遂南遁。丙子,安颉拔洛阳,杀将士五千馀人。杜骥归,言于帝曰:"本欲以死固守,

北魏国主认为黄河南四镇兵力少,命各军全撤退,向北渡黄河。戊子(初四),北魏驻守碻磝的军队弃城离去。戊戌(十四日),北魏驻守滑台的军队也撤退而去。庚子(十六日),北魏国主任命大鸿胪、阳平公杜超为都督冀、定、相三州诸军事、太宰,进封爵位为阳平王,镇守邺城,任命他总领各路军队。庚戌(二十六日),北魏驻守洛阳、虎牢的军队都弃城撤走。

　　到彦之留下朱脩之守卫滑台,尹冲守卫虎牢,建武将军杜骥守卫金墉城。各路军队进抵驻扎在灵昌津,列阵守卫黄河南岸,直到潼关。于是司州、兖州已经收复,各路军队都很欢喜,只有安北将军王仲德有忧虑的神色,说:"各位贤君不熟悉北方情况的真伪,必定落入敌人的计谋之中。北魏胡虏虽然仁爱道义不足,但凶悍狡猾却有余,现在收缩戍卫的军队回到黄河以北,必定会合并力量,集结军队。如果黄河已经冰封,将会再次南下,怎么可以让人不为此而忧虑呢?"

　　八月,北魏国主派遣冠军将军安颉督率、监护各路军队,攻击宋将到彦之的军队。丙寅(十二日),到彦之派遣裨将吴兴人姚耸夫渡过黄河进攻冶坂,与安颉的军队激战,姚耸夫军队大败,战死的士卒甚多。戊寅(二十四日),北魏国主派遣征西大将军长孙道生会同丹杨王拓跋毗屯兵黄河北岸,防御到彦之的军队。

　　冬季十月,到彦之、王仲德沿黄河南岸设置防守,回戍东平。乙亥(二十二日),北魏将领安颉率军从委粟津渡过黄河,进攻金墉。金墉城已很久没有修缮,又没有粮食,宋守将杜骥想弃城逃走,又担心被加罪。当初,宋武帝灭后秦,把后秦朝廷的巨钟运到江南,有只大钟沉没在洛水,宋文帝派姚耸夫带一千五百人前去寻取。杜骥欺骗他说:"金墉城现已整修完毕,粮食也很充足,所缺的是兵力。现在北魏胡虏的骑兵向南渡过黄河,应当同心协力御敌。大功建立以后,寻找沉钟不迟。"姚耸夫听从了杜骥的建议。到金墉城以后,见城池不能据守,于是带兵离去,杜骥于是向南逃走。丙子(二十三日),北魏将领安颉攻占洛阳,杀宋守城将士五千多人。杜骥回到京师,对宋文帝说:"我本想拼死固守,

姚耸夫及城遽走,人情沮败,不可复禁。"上大怒,诛耸夫于寿阳。耸夫勇健,诸偏裨莫及也。

魏河北诸军会于七女津。到彦之恐其南渡,遣裨将王蟠龙溯流夺其船,杜超等击斩之。安颉与龙骧将军陆俟进攻虎牢,辛巳,拔之。尹冲及荥阳太守清河崔模降魏。

十一月壬辰,加征南大将军檀道济都督征讨诸军事,帅众伐魏。
甲午,魏寿光侯叔孙建、汝阴公长孙道生济河而南。

到彦之闻洛阳、虎牢不守,诸军相继奔败,欲引兵还。殿中将军垣护之以书谏之,以为宜使竺灵秀助朱脩之守滑台,自帅大军进拟河北,且曰:"昔人有连年攻战,失众乏粮,犹张胆争前,莫肯轻退。况今青州丰穰,济漕流通,士马饱逸,威力无损。若空弃滑台,坐丧成业,岂朝廷受任之旨邪?"彦之不从。护之,苗之子也。

彦之欲焚舟步走,王仲德曰:"洛阳既陷,虎牢不守,自然之势也。今虏去我犹千里,滑台尚有强兵,若遽舍舟南走,士卒必散。当引舟入济,至马耳谷口,更详所宜。"彦之先有目疾,至是大动,且将士疾疫,乃引兵自清入济,南至历城,焚舟弃甲,步趋彭城。竺灵秀弃须昌,南奔湖陆。

然而姚耸夫一进城立即就走，致使人心涣散，情绪低落，不能再加制止。"宋文帝大怒，下令诛杀姚耸夫于寿阳。姚耸夫勇猛刚健，各位偏将禆将都赶不上他。

北魏黄河以北的各路军队在七女津会师。宋右将军到彦之担心北魏军队南渡黄河，于是派遣禆将王蟠龙逆流而上，夺取北魏军队的船只，北魏阳平王杜超等率军袭击并斩杀了王蟠龙。北魏冠军将军安颉、龙骧将军陆俟合兵进攻虎牢，辛巳（二十八日），攻占虎牢城。宋守将司州刺史尹冲，以及荥阳太守清河人崔模投降了北魏。

十一月壬辰（初十），宋朝廷加封征南大将军檀道济为都督征讨诸军事，率领军队讨伐北魏。

甲午（十二日），北魏寿光侯叔孙建、汝阴公长孙道生渡过黄河南下。

宋右将军到彦之听到洛阳、虎牢失守，各路军队相继奔逃溃败的消息，想带领军队回撤。殿中将军垣护之致信劝阻他，认为最好派遣竺灵秀帮助朱修之坚守滑台，然后亲自率领大军进发而图谋黄河以北的土地，并且说："过去有人连年攻战，损兵折将，粮草断绝，仍然壮大胆子，奋勇向前，不肯轻易向后退却。何况现在青州粮食丰收，济河漕运畅通无阻，将士战马饱食闲逸，军威与力量没有损失。如果白白丢弃滑台，坐视丧失现成的基业，难道这是朝廷授予我们重大责任的意图吗？"到彦之没有接受。垣护之是垣苗的儿子。

到彦之想焚烧战船步行撤走，安北将军王仲德说："洛阳已经陷落，虎牢失守，这是自然的趋势。现在敌人距离我们仍然有千里之远，滑台尚且有强大的守军，如果急忙放弃战船向南逃走，士卒必定溃散。应当指挥战船进入济水，到达马耳谷口以后，再审慎地采取合适的措施。"到彦之原来有眼病，到这时更加严重，疼痛难忍，并且军中将士染上疾病瘟疫的很多，于是到彦之带领军队从清河进入济水，南下到达历城，焚毁战船，抛弃铠甲，步行直奔彭城。兖州刺史竺灵秀放弃须昌，向南逃奔湖陆。

青、兖大扰。长沙王义欣在彭城,将佐恐魏兵大至,劝义欣委镇还都,义欣不从。

魏兵攻济南,济南太守武进萧承之帅数百人拒之。魏众大集,承之使偃兵,开城门。众曰:"贼众我寡,奈何轻敌之甚?"承之曰:"今悬守穷城,事已危急,若复示弱,必为所屠,唯当见强以待之耳。"魏人疑有伏兵,遂引去。

戊戌,魏叔孙建攻竺灵秀于湖陆,灵秀大败,死者五千馀人。建还屯范城。

辛丑,魏安颉督诸军攻滑台。魏以叔孙建都督冀青等四州诸军事。

十二月,右将军到彦之、安北将军王仲德皆下狱免官,兖州刺史竺灵秀坐弃军伏诛。上见垣护之书而善之,以为北高平太守。彦之之北伐也,甲兵资实甚盛,及败还,委弃荡尽,府藏、武库为之空虚。

八年春正月丙申,檀道济等自清水救滑台,魏叔孙建、长孙道生拒之。丁酉,道济至寿张,遇魏安平公乙旃眷,道济帅宁朔将军王仲德、骁骑将军段宏奋击,大破之。转战至高梁亭,斩魏济州刺史悉烦库结。

二月,檀道济等进至济上,二十馀日间,前后与魏三十馀战,道济多捷。军至历城,叔孙建等纵轻骑邀其前后,

青州、兖州陷于一片混乱。长沙王刘义欣驻在彭城,手下将领僚佐害怕北魏军队大批到达,劝刘义欣放弃镇守返回京师,刘义欣没有听从。

北魏军队进攻济南,宋济南太守武进人萧承之率领数百人抵抗。北魏军队大量集结,萧承之让军队停止战斗,打开城门。他的部众说:"敌人兵力众多,我们人数很少,怎么能轻视敌人到这样的程度?"萧承之说:"现在我们孤悬敌后,困守一座孤城,事态已经非常危急,如果又在敌人面前表现出软弱,必定被敌人所屠灭,只应当摆出强大的姿态以等待敌人。"北魏军队怀疑有伏兵,于是引兵离去。

戊戌(十六日),北魏寿光侯叔孙建率军在湖陆进攻宋兖州刺史竺灵秀,竺灵秀的军队大败,战死的有五千人。叔孙建率军回到范城驻扎。

辛丑(十九日),北魏冠军将军安颉督率各路军队攻打滑台。北魏任命叔孙建为都督冀州、青州等四州诸军事。

十二月,宋右将军到彦之、安北将军王仲德都被逮捕入狱,免去官职,宋兖州刺史竺灵秀被指控弃军逃跑,被诛杀。宋文帝看到殿中将军垣护之给到彦之的信,非常赞赏,任命他担任北高平太守。到彦之北伐的时候,铠甲、武器、资财、物品十分充实,到他失败而回,一路抛弃殆尽,朝廷的仓库和武器库都因此而空虚。

八年(431)春季正月丙申(十五日),宋征南大将军檀道济等率军从清水出发,援救被北魏军队围困的滑台。北魏寿光侯叔孙建、征西大将军长孙道生率军抵御他们。丁酉(十六日),檀道济率军到达寿张,与北魏安平公拓跋乙旃眷率领的军队相遇,檀道济率领宁朔将军王仲德、骁骑将军段宏等奋勇攻击,大破拓跋乙旃眷的军队。檀道济又率军转战到高梁亭,斩杀北魏济州刺史悉烦库结。

二月,檀道济等率军进抵济水北岸,在二十多天的时间里,前后与北魏军队交战三十多次,檀道济多半取胜。宋军进到历城,北魏寿光侯叔孙建等率领轻装骑兵往来截击宋军前后,

焚烧谷草,道济军乏食,不能进。由是安颉、司马楚之等得专力攻滑台,魏主复使楚兵将军王慧龙助之。朱脩之坚守数月,粮尽,士卒熏鼠食之。辛酉,魏克滑台,执脩之及东郡太守申谟,虏获万馀人。

檀道济等食尽,自历城引还。军士有亡降魏者,具告之。魏人追之,众恟惧,将溃。道济夜唱筹量沙,以所馀少米覆其上。及旦,魏军见之,谓道济资粮有馀,以降者为妄而斩之。时道济兵少,魏兵甚盛,骑士四合。道济命军士皆被甲,己白服乘舆,引兵徐出。魏人以为有伏兵,不敢逼,稍稍引退,道济全军而返。

青州刺史萧思话闻道济南归,欲委镇保险,济南太守萧承之固谏,不从。丁丑,思话弃镇奔平昌。参军刘振之戍下邳,闻之,亦委城走。魏军竟不至,而东阳积聚已为百姓所焚。思话坐征,系尚方。

庚戌,魏安颉等还平城。魏主嘉朱脩之守节,拜侍中,妻以宗女。

初,帝之遣到彦之也,戒之曰:“若北国兵动,先其未至,径前入河;若其不动,留彭城勿进。”及安颉得宋俘,魏主始闻其言,谓公卿曰:“卿辈前谓我用崔浩计为谬,

焚烧宋军粮草,檀道济的军队缺少粮食,不能前进。因此,北魏冠军将军安颉、安南大将军司马楚之等得以集中力量进攻滑台,北魏国主又派遣楚兵将军王慧龙帮助他们。宋将朱脩之坚守几个月,粮食吃光了,士卒们用烟熏老鼠吃。辛酉(初十),北魏军队攻占滑台,擒获朱脩之及宋东郡太守申谟,并俘虏一万多人。

宋征南大将军檀道济率领的军队粮食吃尽,于是从历城带兵向南撤退。宋军中有投降北魏的士卒,把宋军情况全部报告北魏军。北魏军队追击宋军,宋军惊慌失措,将要溃败。檀道济令士卒在夜里一斗一斗地把沙子当作粮食计量,边量边唱出数字,把军中剩余的少量粮食覆盖在沙子上。到第二天早晨,北魏军队见到了,以为檀道济军队的粮食尚有剩余,把投降士卒所说情况断为虚妄而斩杀了他。当时檀道济军队兵力很少,北魏军队人多势众,骑兵从四面包围了檀道济的军队。檀道济命令军队都披上铠甲,自己穿着白色衣服,乘着车子,带领军队缓缓撤出。北魏军队认为有伏兵,不敢进逼,稍稍引军后退,檀道济保全军队而返回。

宋青州刺史萧思话听到檀道济带兵撤退南下,想要放弃镇守退保险要之处,宋济南太守萧承之坚决劝阻,萧思话没有听从。丁丑(二十六日),萧思话弃城逃奔平昌。参军刘振之戍守下邳,听到这个消息,也弃城逃跑。北魏军队最后没有来,而东阳城积聚的物资已经为百姓所焚毁。萧思话被指控有罪召回京师,囚禁在尚方官署。

庚戌这一天,北魏冠军将军安颉等返回平城。北魏国主嘉奖宋滑台守将朱脩之坚守气节,任命他为侍中,把宗室的女儿嫁给他。

当初,宋文帝派到彦之出征,告诫他说:"如果北方魏军行动,你们应在他们没到之前,径直向前进入黄河。如果北魏军队没有行动,你们就留守彭城,不要推进。"到北魏冠军将军安颉的军队得到宋军俘虏,北魏国主才听到他们转述宋文帝的这些话,于是对朝中公卿说:"你们以前说我采用崔浩的计策是错误的,

惊怖固谏。常胜之家，始皆自谓逾人，至于归终，乃不能及。”司马楚之上疏，以为诸方已平，请大举伐宋，魏主以兵久劳，不许。征楚之为散骑常侍，以王慧龙为荥阳太守。慧龙在郡十年，农战并修，大著声绩，归附者万馀家。帝纵反间于魏，云：“慧龙自以功高位下，欲引宋人入寇，因执司马楚之以叛。”魏主闻之，赐慧龙玺书曰：“刘义隆畏将军如虎，欲相中害，朕自知之。风尘之言，想不足介意。”帝复遣刺客吕玄伯刺之，曰：“得慧龙首，封二百户男，赏绢千匹。”玄伯诈为降人，求屏人有所论。慧龙疑之，使人探其怀，得尺刀。玄伯叩头请死，慧龙曰：“各为其主耳。”释之。左右谏曰：“宋人为谋未已，不杀玄伯，无以制将来。”慧龙曰：“死生有命，彼亦安能害我？我以仁义为扞蔽，又何忧乎？”遂舍之。

夏闰六月，魏主遣散骑侍郎周绍来聘，且求昏，帝依违答之。

九年夏五月，帝遣使者赵道生聘于魏。六月，魏主遣散骑常侍邓颖来聘。

十年春二月壬午，魏主如河西，遣兼散骑常侍宋宣来聘，且为太子晃求婚，帝依违答之。冬十二月，魏宁朔将军卢玄来聘。

十四年春二月，帝遣散骑常侍刘熙伯如魏议纳币，会帝女亡而止。

惊慌恐惧,坚持劝阻。经常取胜的人,开始都自己认为超过别人,到了最后,才知道自己不能赶上别人。"司马楚之上疏北魏国主,认为各方已经平定,请求朝廷大规模出兵讨伐宋,北魏国主因为军队长期疲劳,没有答应,征召司马楚之回京担任散骑常侍,任命王慧龙担任荥阳太守。王慧龙在郡守任上十年,整治农业,整顿武备,成绩卓著,声名远扬,归附他的百姓达到一万多家。宋文帝派人到北魏施反间计,散布说:"王慧龙自己认为功劳很高,地位低下,想召引宋军前来入侵,趁机抓住司马楚之以背叛国家。"北魏国主听到这些流言,赐给王慧龙一封盖有玉玺的亲笔诏书说:"刘义隆畏惧将军,如同畏惧猛虎一样,想要从中加以陷害,我自然知道他的计谋。流传的闲言杂语,想必不值得你介意。"宋文帝又派遣刺客吕玄伯刺杀王慧龙,说:"得到王慧龙的人头,封你食邑两百户的男爵,赏绢一千匹。"吕玄伯伪装成投降的宋人,请求屏退旁人有事陈述。王慧龙怀疑他,派人掏吕玄伯的怀里,搜得尺长的短刀。吕玄伯叩头请求处死,王慧龙说:"这是各自为自己的君主效命罢了。"于是释放吕玄伯。王慧龙左右劝阻他说:"宋人策划阴谋没有停止,不杀吕玄伯,不能阻止将来再发生这样的事。"王慧龙说:"死生都是命中注定的,他们又怎么能害我呢?我以仁义作为护卫遮蔽,又有什么忧虑呢?"于是放过了吕玄伯。

夏季闰六月,北魏国主派遣散骑侍郎周绍前往刘宋访问,并且请求皇室通婚,宋文帝模棱两可地答应了。

九年(432)夏季五月,宋文帝派遣使者赵道生去北魏访问。六月,北魏国主派遣散骑常侍邓颖前来刘宋访问。

十年(433)春季二月壬午(十三日),北魏国主前往河西,派遣兼散骑常侍宋宣前来刘宋访问,并且为太子拓跋晃向宋皇室求婚,宋文帝模棱两可地答应他。冬季十二月,北魏宁朔将军卢玄前来刘宋访问。

十四年(437)春季二月,宋文帝派遣散骑常侍刘熙伯前往北魏,商议公主出嫁的礼物,正好公主去世,因而停止。

十八年秋八月辛亥,魏遣散骑侍郎张伟来聘。

二十一年秋八月,魏主使员外散骑常侍高济来聘。

二十二年夏六月,帝谋伐魏。
冬十一月,魏选六州骁骑二万,使永昌王仁、高凉王那分将之,为二道,掠淮、泗以北,徙青、徐之民以实河北。

二十三年春二月,太原颜白鹿私入魏境,为魏人所得,将杀之,诈云青州刺史杜骥使其归诚。魏人送白鹿诣平城,魏主喜曰:"我外家也。"使崔浩作书与骥,且命永昌王仁、高凉王那将兵迎骥,攻冀州刺史申恬于历城。杜骥遣其府司马夏侯祖欢等将兵救历城,魏人遂寇兖、青、冀三州,至清东而还,杀掠甚众,北边骚动。

帝以魏寇为忧,咨访群臣。御史中丞何承天上表,以为:"凡备匈奴之策,不过二科:武夫尽征伐之谋,儒生讲和亲之约。今若欲追踪卫、霍,自非大田淮、泗,内实青、徐,使民有赢储,野有积谷,然后发精卒十万,一举荡夷,则不足为也。若但欲遣军追讨,报其侵暴,则彼必轻骑奔走,不肯会战。徒兴巨费,不损于彼,报复之役,将遂无已,斯策之最末者也。安边固守,于计为长。臣窃以曹、孙之霸,才均智敌,江、淮之间,不居各数百里。何者?斥候

十八年(441)秋季八月辛亥(初一),北魏派遣散骑侍郎张伟前来刘宋访问。

二十一年(444)秋季八月,北魏派遣员外散骑常侍高济前来刘宋访问。

二十二年(445)夏季六月,宋文帝谋划讨伐北魏。

冬季十一月,北魏挑选六州骁勇骑兵两万人,派永昌王拓跋仁、高凉王拓跋那分别统率他们,分为二路,劫掠淮河、泗水以北地区,迁徙青州、徐州的百姓以充实黄河以北。

二十三年(446)春季二月,太原人颜白鹿私自进入北魏境内,被北魏军队抓获,准备杀死他,颜白鹿欺骗他们说是青州刺史杜骥派遣自己前来归降北魏的。北魏军队把颜白鹿送到平城,北魏国主高兴地说:"杜骥是我外公的本家。"北魏国主派崔浩写信给杜骥,并且命令永昌王拓跋仁、高凉王拓跋那带领军队前往迎接杜骥,并到历城进攻宋冀州刺史申恬。杜骥派遣他官府中的司马夏侯祖欢等人带领军队援救历城,北魏军队于是劫掠兖、青、冀三州,直到清水东面才返回,北魏军队杀伤劫掠的人很多,宋北部边疆动乱不安。

宋文帝为北魏的侵扰非常忧心,他询问了解群臣的意见。御史中丞何承天上书,认为:"大凡防备匈奴的策略,不过两种:武将想尽征讨攻伐的谋略,儒士则讲求用和亲的方法来约束。现在如果想追随卫青、霍去病的做法,假如不是在淮水、泗水流域大规模整治田地,在内充实青州、徐州的力量,使百姓有充足的储藏,野外有积存的谷物,然后征发精兵十万,一举荡灭夷狄,那么就不足以进行。如果仅仅是想派军追击讨伐,报复他们侵扰暴虐的仇怨,那么他们必定会以轻装骑兵奔驰逃跑,不肯与我们相遇决战,徒然耗费巨大钱财,对他们不会有任何损失,这种报复的征战,将从此不会停止,这种策略是最下等的策略。安定边境,加固防守,在所有策略中是最长远的策略。我私下认为,由于曹操、孙权各霸一方,才能均等,智慧匹敌,所以致使长江、淮河之间,没有人居住的地方各达数百里。为什么呢? 因为这是侦探

之郊,非耕牧之地,故坚壁清野以候其来,整甲缮兵以乘其弊。保民全境,不出此涂。

要而归之,其策有四:一曰移远就近。今青、兖旧民及冀州新附,在界首者三万馀家,可悉徙置大岘之南,以实内地。二曰多筑城邑以居新徙之家,假其经用,春夏佃牧,秋冬入保。寇至之时,一城千家,堪战之士,不下二千,其馀羸弱,犹能登陴鼓噪,足抗群虏三万矣。三曰纂偶车牛以载粮械。计千家之资,不下五百耦牛,为车五百两,参合钩连以卫其众。设使城不可固,平行趋险,贼所不能干,有急征发,信宿可聚。四曰计丁课仗。凡战士二千,随其便能,各自有仗,素所服习,铭刻由己,还保输之于库,出行请以自新。弓鞘利铁,民不得者,官以渐充之。数年之内,军用粗备矣。近郡之师,远屯清、济,功费既重,嗟怨亦深,以臣料之,未若即用彼众之易也。今因民所利,导而帅之,兵强而敌不戒,国富而民不劳,比于优复队伍、坐食粮廪者,不可同年而校矣。”

二十六年,帝欲经略中原,群臣争献策以迎合取宠。彭城太守王玄谟尤好进言,帝谓侍臣曰:“观玄谟所陈,令人有封狼居须意。”御史中丞袁淑言于上曰:“陛下

出没的边远地带，不是耕种畜牧的土地，所以在边境各自坚守据点，将物质粮食等转移，以等待敌人的到来，整顿士卒修缮武器，以利用敌人的弱点。保护百姓，保全边境，不外乎这一途径。

简要归纳起来，这种策略有四项：一是迁移远处的百姓到附近地区。现在青州、兖州的原有居民和冀州新近归附的居民，在边界上居住的有三万多家，可以全部迁徙安置在大岘的南面，以便充实内地。二是多多地修筑城镇，以便新近迁徙的人家居住，借给他们一些费用，使他们春夏种田放牧，秋冬入镇自保。敌寇来到的时候，一个城镇千户人家，能够参加战斗的士卒不下两千，其余老幼病弱，还能登上城墙鼓动呐喊，足以抗击成群的敌寇三万人。三是编排搭配百姓的车、牛，以便运载粮食器械。估计一千户人家的财产，不少于一千头牛，可拉车五百辆。将百姓的牛、车相互结合搭配好，以保卫众人。假如城池不能够固守，可以从平地前进到险要地带，贼寇所不能干犯的地方，遇有紧急征召调发，一两个晚上就可以聚集好。四是计算丁壮数目，按规定发给武器。大概一个城池两千名战士，按照他们各自熟悉的技能，各自都有不同的武器，平常所进行训练掌握的要领，由他们自己牢牢记住，训练完毕返回城镇，武器交到军库内统一保管，出战时就把它们拿出来各自磨砺好。弓箭等锋利的铁制武器，百姓不能得到的，官府逐渐补充给他们。几年之内，军事准备就粗略地完备了。附近各郡的军队，远远驻扎在清水、济水一带，国家的事功与费用已经很繁重，百姓的嗟叹与怨恨也会加深，我预料这些，不如就地使用当地的百姓容易。现在按照对百姓有利的方法去做，引导并且统率他们，兵力强盛而对敌人就不必戒备，国家富强而百姓就不必劳苦，比起那些受到优待的、免除了徭役赋税的、坐吃粮食的军队，是不能同日而语的。"

二十六年（449），宋文帝想夺取中原，文武群臣争相献计以迎合他的心意而得宠。彭城太守王玄谟尤其喜欢进言，宋文帝对侍臣说："观察王玄谟所陈述的策略，使人有了像当年霍去病在狼居胥山进行祭祀那样的感觉。"御史中丞袁淑对宋文帝说："陛下

今当席卷赵、魏，检玉岱宗。臣逢千载之会，愿上《封禅书》。"上悦。淑，耽之曾孙也。秋七月辛未，以广陵王诞为雍州刺史。上以襄阳外接关、河，欲广其资力，乃罢江州军府，文武悉配雍州。湘州入台租税，悉给襄阳。

二十七年，魏主将入寇。二月甲午，大猎于梁川。帝闻之，敕淮、泗诸郡："若魏寇小至，则各坚守；大至，则拔民归寿阳。"边戍侦候不明，辛亥，魏主自将步骑十万奄至。南顿太守郑琨、颍川太守郑道隐并弃城走。是时，豫州刺史南平王铄镇寿阳，遣左军行参军陈宪行汝南郡事，守悬瓠，城中战士不满千人，魏主围之。

三月，以军兴，减内外百官俸三分之一。

魏人昼夜攻悬瓠，多作高楼，临城以射之，矢下如雨，城中负户以汲。施大钩于冲车之端以牵楼堞，坏其南城。陈宪内设女墙，外立木栅以拒之。魏人填堑，肉薄登城，宪督厉将士苦战，积尸与城等。魏人乘尸上城，短兵相接，宪锐气愈奋，战士无不一当百，杀伤万计，城中死者亦过半。

魏主遣永昌王仁将步骑万馀，驱所掠六郡生口北屯汝阳。时徐州刺史武陵王骏镇彭城，帝遣间使命骏发骑，赍三日粮袭之。骏发百里内马得千五百匹，分为五军，遣参军刘泰之

现在应当席卷赵、魏旧土,用玉检祭之典祭祀泰山。我遇上这个千载难逢的机会,愿意向陛下奉上《封禅书》。"宋文帝非常高兴。袁淑是袁耽的曾孙。秋季七月辛未(初七),任命广陵王刘诞为雍州刺史。宋文帝认为襄阳的外部接近函谷关、黄河,想要扩大充实襄阳的财力,于是撤销江州军府文武官员的设置,将他们全部配备给雍州。湘州向朝廷交纳的租税,全部转给襄阳。

　　二十七年(450),北魏国主打算入侵刘宋。二月甲午(初三),北魏国主在梁川进行大规模围猎。宋文帝听到消息,下令淮水、泗水一带各郡:"如果北魏敌寇小规模进犯,则各自坚守;如果大规模进犯,则迁徙百姓退到寿阳。"宋边境戍卒侦察窥伺情况不明,辛亥(二十日),北魏国主亲自率领步兵、骑兵十万突然到达。宋南顿太守郑琨、颍川太守郭道隐都弃城逃跑。当时,宋豫州刺史南平王刘铄镇守寿阳,派遣左军行参军陈宪代理汝南郡事务,驻守悬瓠,悬瓠城中的士兵不满千人,北魏国主率军包围悬瓠。

　　三月,宋因为战事兴起,减少朝廷内外百官俸禄的三分之一。

　　北魏军队日夜攻打悬瓠,建起很多高高的楼台,临近城池以射击城中的宋军,箭矢像雨一样射下,城中士卒背负门板到井里汲水。北魏军队在冲车的一头设置大铁钩以钩住城楼的短墙,扯倒了悬瓠的南部城墙。陈宪在围墙内筑了一层矮墙,矮墙外立了一排木栅,以抵抗北魏军队。北魏军队填平护城壕沟,身体贴近城墙登城,陈宪督率激励将士苦苦奋战,堆积的尸体与城墙同样高。北魏军队踏着尸体向城上攀登,双方短兵相接,陈宪的锐气更加激奋,手下战士无不以一当百,杀死杀伤北魏士卒数以万计,城中将士战死的也超过一半。

　　北魏国主派遣永昌王拓跋仁带领步兵、骑兵一万多人,驱赶着他们劫掠来的六个郡的百姓往北去驻扎在汝阳。当时徐州刺史武陵王刘骏在彭城镇守,宋文帝派遣秘密使者命刘骏出动骑兵,携带三天的粮食前往袭击北魏军队。刘骏征发百里之内的马,得到了一千五百匹,分为五路,派遣参军刘泰之

帅安北骑兵行参军垣谦之、田曹行参军臧肇之、集曹行参军尹定、武陵左常侍杜幼文、殿中将军程天祚等将之,直趋汝阳。魏人唯虑救兵自寿阳来,不备彭城。丁酉,泰之等潜进,击之,杀三千馀人,烧其辎重,魏人奔散,诸生口悉得东走。魏人侦知泰之等兵无后继,复引兵击之。垣谦之先退,士卒惊乱,弃仗走。泰之为魏人所杀,肇之溺死,天祚为魏所擒,谦之、定、幼文及士卒免者九百馀人,马还者四百匹。

魏主攻悬瓠四十二日,帝遣南平内史臧质诣寿阳,与安蛮司马刘康祖共将兵救悬瓠。魏主遣殿中尚书任城公乞地真逆拒之。质等击斩乞地真。康祖,道锡之从兄也。

夏四月,魏主引兵还,癸卯,至平城。

壬子,安北将军武陵王骏降号镇军将军,垣谦之伏诛,尹定、杜幼文付尚方,以陈宪为龙骧将军、汝南、新蔡二郡太守。

魏主遗帝书曰:"前盖吴反逆,扇动关、陇。彼复使人就而诱之,丈夫遗以弓矢,妇人遗以环钏。是曹正欲谲诳取赂,岂有远相服从之理?为大丈夫,何不自来取之,而以货诱我边民?募往者复除七年,是赏奸也。我今来至此土所得多少,孰与彼前后得我民邪?彼若欲存刘氏血食者,当割江以北输之,摄守南渡,如此当释江南使彼居之。不然,可

率领安北骑兵行参军垣谦之、田曹行参军臧肇之、集曹行参军尹定、武陵左常侍杜幼文、殿中将军程天祚等人分别率领五路大军，径直奔向汝阳。北魏军队只担心刘宋救兵从寿阳来，没有防备来自彭城的军队。丁酉这一天，刘泰之等率军偷偷向前推进，袭击北魏军队，杀死他们三千多人，烧毁他们的辎重物资，北魏士卒奔逃溃散，被劫掠的众百姓全部得以向东逃走。北魏军队侦察得知刘泰之等率领的军队没有后援，又组织军队反击刘泰之率领的宋军。垣谦之首先退却，士卒们惊恐慌乱，纷纷丢弃武器逃跑。刘泰之被北魏军队杀死，臧肇之落水溺死，程天祚被北魏军队擒获，垣谦之、尹定、杜幼文以及士卒九百多人得以逃脱，跟他们一起返回的战马有四百匹。

北魏国主的军队攻打悬瓠四十二天，宋文帝派遣南平内史臧质到寿阳，与安蛮司马刘康祖共同带兵援救悬瓠的守军。北魏国主派遣殿中尚书任城公拓跋乞地真迎击抵抗臧质等率领的宋援军。臧质等攻击并斩杀了拓跋乞地真。刘康祖是刘道锡的堂兄。

夏季四月，北魏国主率领军队撤退，癸卯（十三日），抵达平城。

壬子（二十二日），宋安北将军武陵王刘骏被贬降为镇军将军，垣谦之被杀，尹定、杜幼文被交付尚方做苦役，任命陈宪为龙骧将军和汝南、新蔡二郡的太守。

北魏国主致信宋文帝说："从前盖吴反叛、逆乱，煽动关、陇一带的百姓。你又派人前去诱惑他们，男人赠送弓箭，女人赠送耳环、金钏。这些人正是想欺诈诳骗取得贿赂之财，怎么会有相距遥远甘愿服从的道理？作为大丈夫，为什么不亲自前来攻取我们，而用钱财诱惑我们的边境百姓？你对招募前往的人免除七年的赋税徭役，这是奖赏奸佞之人。我现在来到这块土地，所得到的百姓数量，与你前后得到的我国百姓的数量，哪一个多呢？你如果想要保存刘氏宗室的祭祀，应当割让长江以北的土地献纳给我国，长江以北的宋军撤到长江以南去守卫，如果这样我将放弃长江以南让你居住在那。如果不这样，你可以

善敕方镇、刺史、守宰严供帐之具，来秋当往取扬州。大势已至，终不相纵。

"彼往日北通蠕蠕，西结赫连、沮渠、吐谷浑，东连冯弘、高丽。凡此数国，我皆灭之。以此而观，彼岂能独立？蠕蠕吴提、吐贺真皆已死，我今北征，先除有足之寇。彼若不从命，来秋当复往取之。以彼无足，故不先讨耳。我往之日，彼作何计，为掘堑自守，为筑垣以自障也？我当显然往取扬州，不若彼翳行窃步也。彼来侦谍，我已擒之，复纵还。其人目所尽见，委曲善问之。彼前使裴方明取仇池，既得之，疾其勇功，已不能容。有臣如此尚杀之，乌得与我校邪？彼非我敌也！彼常欲与我一交战，我亦不痴，复非苻坚，何时与彼交战？昼则遣骑围绕，夜则离彼百里外宿。吴人正有斫营伎，彼募人以来，不过行五十里，天已明矣。彼募人之首，岂得不为我有哉？彼公时旧臣虽老，犹有智策，知今已杀尽，岂非天资我邪？取彼亦不须我兵刃，此有善咒婆罗门，当使鬼缚以来耳。"

六月，上欲伐魏，丹杨尹徐湛之、吏部尚书江湛、彭城太守王玄谟等并劝之。左军将军刘康祖以为："岁月已晚，请待明年。"上曰："北方苦虏虐政，义徒并起。顿兵一周，沮向义之心，不可。"太子步兵校尉沈庆之谏曰："我步彼骑，其势

好好地命令你的方镇、刺史、太守、宰丞等恭谨地准备好帷帐之类的用具,来年秋天我当前去攻取扬州。我夺取天下的大趋势已经到来,我最终不会放弃。

"你过去在北面勾通柔然,在西面结交赫连、沮渠、吐谷浑,在东面联络冯弘、高丽。凡是这几个国家,我都消灭了它们。由此看来,你怎么能够独立存在? 柔然可汗郁久同吴提、郁久同吐贺真都已死去,我现在向北征伐,先铲除那些骑马的敌寇。你如果不听从我的命令,来年秋天我当再次前来攻取。因为你没有那么多骑马的贼寇,所以我就不首先讨伐你了。我前往攻取的那一天,你作何打算? 是挖掘壕沟自己坚守呢? 还是修筑城墙以自我屏障呢? 我必当公开地前往攻取扬州,不像你遮掩其身偷偷摸摸进行。你派来的侦探,我已经擒获,又放他回去了。这个人眼睛看到了我们的所有情况,你好好询问他吧。你以前派遣裴方明攻取仇池,在已经得到这块土地之后,你忌妒他的勇敢和战功,已经不能容纳他。有这样好的大臣,尚且杀了他,怎么得以与我较量啊? 你不是我的敌手! 你常常想与我交上一战,我又不是白痴,又不是符坚,什么时候与你交战呢? 白天我就派遣骑兵包围你军队的驻地,夜里则到离你军队驻地百里之外宿营。你们吴人正有夜间袭击对方营地的伎俩,但你募集士卒在夜间前来,不过走五十里,天色就已经大亮了。你募集士卒的首级,怎能不为我军所有啊? 你父亲那时的旧臣虽然年老,还是很有智谋策略的,我知道现在已经被你杀尽,这难道不是上天帮助我吗? 战胜你也不必动用我军队的武器,这里有擅长念咒的婆罗门,必当让鬼前去把你绑送到我这里来。"

六月,宋文帝想讨伐北魏,丹杨尹徐湛之、吏部尚书江湛、彭城太守王玄谟等都赞成宋文帝的计划。左军将军刘康祖认为:"今年已到下半年,请等到明年再说。"宋文帝说:"北方的百姓苦于胡虏的暴虐统治,反抗的义军一同兴起。进兵延迟一年,就会挫减北方百姓向往大义的心愿,不能这样做。"太子步兵校尉沈庆之劝阻说:"我军是步兵,敌人是骑兵,客观军事势力

不敌。檀道济再行无功，到彦之失利而返。今料王玄谟等，未逾两将，六军之盛，不过往时，恐重辱王师。”上曰："王师再屈，别自有由，道济养寇自资，彦之中涂疾动。虏所恃者唯马。今夏水浩汗，河道流通，泛舟北下，碻磝必走，滑台小戍，易可覆拔。克此二城，馆谷吊民，虎牢、洛阳，自然不固。比及冬初，城守相接，虏马过河，即成擒也。”庆之又固陈不可。上使徐湛之、江湛难之。庆之曰："治国譬如治家，耕当问奴，织当访婢。陛下今欲伐国，而与白面书生辈谋之，事何由济？”上大笑。太子劭及护军将军萧思话亦谏，上皆不从。

魏主闻上将北伐，复与上书曰："彼此和好日久，而彼志无厌，诱我边民。今春南巡，聊省我民，驱之使还。今闻彼欲自来，设能至中山及桑乾川，随意而行，来亦不迎，去亦不送。若厌其区宇者，可来平城居，我亦往扬州，相与易地。彼年已五十，未尝出户，虽自力而来，如三岁婴儿，与我鲜卑生长马上者果如何哉？更无馀物，可以相与，今送猎马十二匹并毡、药等物。彼来道远，马力不足，可乘。或不服水土，药可自疗也。”

秋七月庚午，诏曰："虏近虽摧挫，兽心靡革。比得河朔、

不能和他们匹敌。檀道济两次出征都没有建立功勋,到彦之也是失利而回。现在我预料王玄谟等人,未能超过上述两位将领,我们军队气势的旺盛程度,也比不上过去,我担心再次使君王的军队遭受耻辱。"宋文帝说:"我们军队两次受挫,另外有它自己的原因,如檀道济豢养敌寇作为自己的资助,到彦之中途眼病发作。北魏胡虏所依仗的只是马。今年夏天雨水很多,河道畅通无阻,如果我军乘船向北进发,碻磝的守军必定会逃走,滑台少量军队防卫,可以轻易地消灭攻克。攻克这两个城市,利用他们仓库中的粮草供军队食用和慰问百姓,虎牢、洛阳,自然不能固守。等到冬天初到,这些城市守卫相互连接,胡虏战马如果跨过黄河,就会被我们擒获。"沈庆之又一次坚持陈述不可讨伐北魏的意见。宋文帝让徐湛之、江湛驳难他。沈庆之说:"治理国家如同治理自己的家一样,耕种田地的事必当询问奴仆,纺织的事必当询问婢女。陛下现在想讨伐一个国家,却与一些白面书生谋划这件事情,这件事情依靠什么成功呢?"宋文帝大笑。太子刘劭及护军将军萧思话也劝阻宋文帝,宋文帝都没有听从。

北魏国主听到宋文帝将北伐,又致信宋文帝说:"我们两国和好的日子已很长了,而你的贪心没有满足,诱惑我边境百姓。今年春天我南下巡察,姑且看看我那些逃亡到你那里的百姓,驱赶他们使之回到自己的土地。现在听说你想亲自前来,假如能到中山及桑乾川,请你随意行动,来时不迎接,去时不送别。如果你厌倦了自己治理的疆域,可以来平城居住,我也可以前往扬州居住,相互交换居住的地方。你的年纪已经五十多了,未曾出过家门,虽然依靠自己的力量而来,却像个三岁婴儿,与我们生长在马背上的鲜卑人相比,果真像什么模样啊?我又没有多余的物品可以相送,现在送给你猎马十二匹,以及毡子、药物等物品。你来自路途遥远的地方,你的马力不足,可以乘坐我送的马,有时你可能水土不服,服用这些药物,可以治疗自己。"

秋季七月庚午(十二日),宋文帝下诏说:"北魏胡虏近来虽然被我们摧折挫败,但禽兽之心没有革除。近来得到河朔、

秦、雍华戎表疏，归诉困棘，跂望绥拯，潜相纠结以候王师。芮芮亦遣间使远输诚款，誓为掎角。经略之会，实在兹日。可遣宁朔将军王玄谟帅太子步兵校尉沈庆之、镇军谘议参军申坦水军入河，受督于青、冀二州刺史萧斌；太子左卫率臧质、骁骑将军王方回径造许、洛；徐、兖二州刺史武陵王骏、豫州刺史南平王铄各勒所部，东西齐举；梁、南、北秦三州刺史刘秀之震荡汧、陇；太尉、江夏王义恭出次彭城，为众军节度。"坦，钟之曾孙也。

是时军旅大起，王公、妃主及朝士、牧守，下至富民，各献金帛、杂物以助国用。又以兵力不足，悉发青、冀、徐、豫、二兖六州三五民丁，倩使暂行，符到十日装束。缘江五郡集广陵，缘淮三郡集盱眙。又募中外有马步众艺武力之士应科者，皆加厚赏。有司又奏军用不充，扬、南徐、兖、江四州富民家赀满五十万，僧尼满二十万，并四分借一，事息即还。

建武司马申元吉引兵趋碻磝。乙亥，魏济州刺史王买德弃城走，萧斌遣将军崔猛攻乐安，魏青州刺史张淮之亦弃城走。斌与沈庆之留守碻磝，使王玄谟进围滑台。雍州刺史、随王诞遣中兵参军柳元景、振威将军尹显祖、奋武将军曾方平、建武将军薛安都、略阳太守庞法起将兵出弘农。后军外兵参军庞季明，年七十馀，自以关中豪右，请入长安招合夷、夏，诞许之。乃自赀谷入卢氏，卢氏民赵难

秦州、雍州等地的汉族、戎族的上疏表奏,都诉说了他们的困苦急难,举踵翘首盼望我们安抚拯救,他们暗中互相联系结合,以等待我们朝廷的军队。柔然也派遣秘密使者远道前来,向我们表达诚挚恳切之情,发誓作为我们进攻北魏的犄角。夺取中原的机会,确实就在今天。现在可派遣宁朔将军王玄谟,率领太子步兵校尉沈庆之、镇军谘议参军申坦,带水军进入黄河,接受青、冀二州刺史萧斌统督;太子左卫率臧质、骁骑将军王方回直接到许昌、洛阳;徐、兖二州刺史武陵王刘骏、豫州刺史南平王刘铄,各自统领自己的军队,东西两端一同举兵进攻;梁州、南秦、北秦三州刺史刘秀之在汧、陇一带骚扰;太尉、江夏王刘义恭出京驻扎彭城,担任各路大军调遣指挥。"申坦是申钟的曾孙。

这时宋军大规模调遣,王公、后妃、公主以及朝廷官员、地方牧守,下至富有的百姓,各自献纳金银、绢帛及其他物品,以资助国家费用。又因为兵力不足,征发青州、冀州、徐州、豫州、北兖州、南兖州等六个州的丁壮,按照三丁抽一、五丁抽二的比例全部征发,请人代替当兵的做法暂且实行,命令下达十天就整理行装。沿长江五郡的丁壮在广陵集结,沿淮河三个郡的丁壮在盱眙集结。又招募国内外有骑兵、步兵各种武艺、勇武有力的壮士,应举合格者都加以重重的赏赐。有关部门又上奏军队费用不充足,扬州、南徐州、兖州、江州这四个州的富裕之户,家庭财产满五十万钱的,僧侣、尼姑积蓄满二十万钱的,都借取四分之一,战事平息即予偿还。

宋建武司马申元吉带兵奔向碻磝。乙亥(十七日),北魏济州刺史王买德弃城逃跑,宋青、冀二州刺史萧斌派遣将军崔猛进攻乐安,北魏青州刺史张淮之也弃城逃跑。萧斌与沈庆之留下驻守碻磝,派遣王玄谟进兵包围滑台。宋雍州刺史随王刘诞派遣中兵参军柳元景、振威将军尹显祖、奋武将军曾方平、建武将军薛安都、略阳太守庞法起带领军队进攻弘农。后军外兵参军庞季明年纪七十多岁,自认为是关中名门望族,请求进入长安招集聚合汉夷百姓,刘诞同意了他。于是他从赀谷进入卢氏,卢氏人赵难

纳之。季明遂诱说士民，应之者甚众，安都等因之，自熊耳山出，元景引兵继进。豫州刺史南平王铄遣中兵参军胡盛之出汝南，梁坦出上蔡向长社，魏荆州刺史鲁爽镇长社，弃城走。爽，轨之子也。幢主王阳儿击魏豫州刺史仆兰，破之，仆兰奔虎牢。铄又遣安蛮司马刘康祖将兵助坦，进逼虎牢。

魏群臣初闻有宋师，言于魏主，请遣兵救缘河谷帛。魏主曰："马今未肥，天时尚热，速出必无功。若兵来不止，且还阴山避之。国人本著羊皮裤，何用绵帛？展至十月，吾无忧矣。"九月辛卯，魏主引兵南救滑台，命太子晃屯漠南以备柔然，吴王余守平城。庚子，魏发州郡兵五万分给诸军。

王玄谟士众甚盛，器械精严，而玄谟贪愎好杀。初围滑台，城中多茅屋，众请以火箭烧之。玄谟曰："彼，吾财也，何遽烧之？"城中即撤屋穴处。时河、洛之民竞出租谷、操兵来赴者日以千数，玄谟不即其长帅而以配私昵。家付匹布，责大梨八百，由是众心失望。攻城数月不下，闻魏救将至，众请发车为营，玄谟不从。

冬十月癸亥，魏主至枋头，使关内侯代人陆真夜与数人犯围，潜入滑台，抚慰城中，且登城视玄谟营曲折还报。

接待了他。庞季明于是引诱劝说士人百姓,响应他的人非常多,薛安都等人率军借此从熊耳山经过,柳元景率领军队随后跟着前进。宋豫州刺史南平王刘铄派遣中兵参军胡盛之出汝南,梁坦经过上蔡向长社进军,北魏荆州刺史鲁爽镇守长社,弃城逃走。鲁爽是鲁轨的儿子。宋军幢主王阳兒袭击北魏豫州刺史仆兰,攻破了仆兰的军队,仆兰逃奔到虎牢。刘铄又派遣安蛮司马刘康祖带领军队援助梁坦,进军逼近虎牢。

北魏群臣刚刚听到有宋军攻击的消息,报告北魏国主,请求派兵抢救黄河沿岸储存的粮食、布帛。北魏国主说:"战马现在还没有肥壮,天气还处于炎热季节,我军迅速出击必定没有功效。如果宋军前来进攻而不停止,我们暂且退到阴山躲避他们。我们鲜卑人本来穿羊皮裤子,绵布丝帛有什么用?延迟到十月,我就没有忧虑了。"九月辛卯这一天,北魏国主带兵南下援救滑台,命令太子拓跋晃带兵驻扎在漠南以便防备柔然,吴王拓跋余留守平城。庚子这一天,北魏征发各州郡士卒五万人分配给各支军队。

宋宁朔将军王玄谟率领的军队士气非常旺盛,武器装备精良整齐,然而王玄谟贪婪、刚愎,喜欢杀戮。最初包围滑台时,城中有很多茅屋,众士卒请求用火箭把这些茅屋烧掉。王玄谟说:"这些都是我们的财产,为什么匆忙烧掉它们?"城中守军随即撤掉茅屋而住到洞穴里。当时,黄河、洛水一带的百姓竞相为宋军提供租税粮食,拿着武器前来投奔的人每天以千数来计算,王玄谟不沿用这些人原来的长帅来统率他们,而是把他们分配给与他个人关系亲密的人。他发给每家一匹布,下令每家交出八百个大梨,因此,众人心里感到失望。王玄谟的军队进攻滑台城,几个月没有攻下,听到北魏救援军队即将来到,众将士请求调发车辆作为营垒,王玄谟没有听从。

冬季十月癸亥这天,北魏国主来到枋头,派关内侯、代郡人陆真在夜里与数人突过宋军包围,偷偷进入滑台城中,安抚慰问城中守军,并登上城楼观察王玄谟军营的详细情况,回报北魏国主。

乙丑,魏主渡河,众号百万,鞞鼓之声,震动天地。玄谟惧,退走。魏人追击之,死者万馀人,麾下散亡略尽,委弃军资器械山积。

先是,玄谟遣钟离太守垣护之以百舸为前锋,据石济,在滑台西南百二十里。护之闻魏兵将至,驰书劝玄谟急攻,曰:"昔武皇攻广固,死没者甚众。况今事迫于曩日,岂得计士众伤疲?愿以屠城为急。"玄谟不从。及玄谟败退,不暇报护之。魏人以所得玄谟战舰连以铁锁三重,断河以绝护之还路。河水迅急,护之中流而下,每至铁锁,以长柯斧断之,魏不能禁。唯失一舸,馀皆完备而返。

萧斌遣沈庆之将五千人救玄谟,庆之曰:"玄谟士众疲老,寇虏已逼,得数万人乃可进,小军轻往,无益也。"斌固遣之。会玄谟遁还,斌将斩之,庆之固谏曰:"佛狸威震天下,控弦百万,岂玄谟所能当?且杀战将以自弱,非良计也。"斌乃止。

斌欲固守碻磝,庆之曰:"今青、冀虚弱,而坐守穷城,若虏众东过,清东非国家有也。碻磝孤绝,复作朱脩之滑台耳。"会诏使至,不听斌等退师。斌复召诸将议之,并谓宜留,庆之曰:"阃外之事,将军得以专之。诏从远来,不知事势。节下有一范增不能用,空议何施?"斌及坐

乙丑这天，北魏国主渡过黄河，军队号称百万，战鼓的声音，震撼动摇天地。王玄谟非常恐惧，后退逃走。北魏军队追击他们，王玄谟的军队被杀死的有一万多人，其部下溃散死亡殆尽，丢弃的军用物资、兵器器械如山那样堆积着。

在这之前，王玄谟派遣钟离太守垣护之率军以一百只船作为前锋，据守石济，在滑台西南一百二十里的地方。垣护之听到北魏军队将要到来，派人骑马飞奔送信给王玄谟，劝他向滑台紧急进攻，说："过去武皇攻打广固时，战死的人特别多。何况现在的战事比那时急迫得多，怎能考虑士卒们的伤亡疲惫？谨望把屠城作为最紧急的事情。"王玄谟不听取。到王玄谟失败后退，顾不上报告垣护之。北魏军队把所缴获的王玄谟的战舰用铁锁拴了三重，截断黄河以断绝垣护之的退路。黄河水流湍急迅猛，垣护之率军乘船从中流顺流而下，每遇到铁锁链，就用长柄大斧砍断它们，北魏军队不能制止。宋军只损失一艘船，其馀船只都完好无损地返回。

萧斌派遣沈庆之带领五千人援救王玄谟，沈庆之说："王玄谟的军队士卒疲惫，士气衰竭，敌寇胡虏已经进逼，必须有数万人才可前进，小部分军队轻率前往没有用处。"萧斌坚持派他前去。正好王玄谟逃跑回来，萧斌想要斩杀王玄谟，沈庆之坚持劝阻说："北魏国主拓跋焘声威震动天下，指挥百万大军，哪里是王玄谟所能够抵挡的呢？况且斩杀战将以削弱自己的力量，这不是好的计策。"萧斌于是没有斩杀王玄谟。

萧斌想要固守碻磝，沈庆之说："现在青州、冀州力量空虚弱小，而我们坐守这座孤城，如果胡虏军队向东通过，那么清河以东就不是我们国家所能占有了。碻磝孤立隔绝，又将成为朱脩之守卫的滑台了。"正好传达诏书的使者到来，不让萧斌等人撤退军队。萧斌再次召集各位将领商议这件事情，大家都说应该留下来坚守，沈庆之说："宫城以外的事情，将军得以专断处理。诏书从遥远的地方送来，皇上不知道战事态势。部下中有一个范增不能任用，空洞的议论有什么可以施行的呢？"萧斌及在坐

者并笑曰："沈公乃更学问！"庆之厉声曰："众人虽知古今，不如下官耳学也。"斌乃使王玄谟戍碻磝，申坦、垣护之据清口，自帅诸军还历城。

闰月，庞法起等诸军入卢氏，斩县令李封，以赵难为卢氏令，使帅其众为乡导。柳元景自百丈崖从诸军于卢氏。法起等进攻弘农，辛未，拔之，擒魏弘农太守李初古拔。薛安都留屯弘农。丙戌，庞法起进向潼关。

魏主命诸将分道并进：永昌王仁自洛阳趋寿阳，尚书长孙真趣马头，楚王建趣钟离，高凉王那自青州趣下邳，魏主自东平趣邹山。十一月辛卯，魏主至邹山，鲁郡太守崔邪利为魏所擒。魏主见秦始皇石刻，使人排而仆之，以太牢祠孔子。

楚王建自清西进，屯萧城；步尼公自清东进，屯留城。武陵王骏遣参军冯文恭将兵向萧城，江夏王义恭遣军主嵇玄敬将兵向留城。文恭为魏所败。步尼公遇玄敬，引兵趣苞桥，欲渡清西。沛县民烧苞桥，夜于林中击鼓，魏以为宋兵大至，争渡苞水，溺死者殆半。

诏以柳元景为弘农太守。元景使薛安都、尹显祖先引兵就庞法起等于陕，元景于后督租。陕城险固，诸军攻之不拔。魏洛州刺史张是连提帅众二万度崤救陕，安都等与战于城南。魏人纵突骑，诸军不能敌。安都怒，脱兜鍪，解铠，唯著绛纳两当衫，马亦去具装，瞋目横矛，单骑突陈，

的将领们一同笑着说："沈公才是更加有学问啊！"沈庆之厉声说："你们虽然知晓古今，还比不上下官我用耳朵仔细地学习。"萧斌于是派王玄谟戍守碻磝，申坦、垣护之据守清口，自己率领各路军队返回历城。

闰十月，庞法起等各路大军进入卢氏，斩杀北魏卢氏县令李封，任命赵难为卢氏县令，让他率领手下的部众为向导。宋中兵参军柳元景从百丈崖跟随各路军队进入卢氏。庞法起等人率军进攻弘农，辛未（十五日），宋军攻克弘农，擒获北魏弘农太守李初古拔。建武将军薛安都留下驻扎在弘农。丙戌（三十日），庞法起率军向潼关进发。

北魏国主命令各位将领分道一同向前进击：永昌王拓跋仁率军从洛阳挺进寿阳，尚书长孙真率军直逼马头，楚王拓跋建率军直奔钟离，高凉王拓跋那率军从青州奔向下邳，北魏国主自己率军从东平直入邹山。十一月辛卯（初五），北魏国主抵达邹山，宋鲁郡太守崔邪利被北魏军队所擒获。北魏国主看见秦始皇的石刻，命令士卒推倒了它，又用太牢的祭礼祭祀孔子。

宋楚王刘建从清河向西进发驻扎在萧城，步尼公从清河向东进发驻扎在留城。武陵王刘骏派遣参军冯文恭率领军队奔向萧城，江夏王刘义恭派遣军主嵇玄敬带领军队奔向留城。冯文恭被北魏军队所击败。步尼公率军进发途中遇到嵇玄敬，两人共同带兵奔赴苞桥，想渡过清河向西进攻。沛县百姓烧掉苞桥，夜里在树林中击鼓，北魏军队认为宋军大规模到达，争相渡过苞水，溺水而死的人将近一半。

宋文帝下诏任柳元景为弘农太守。柳元景派薛安都、尹显祖先带军到陕城与庞法起军会合，柳元景在后方督收租税。陕城险峻坚固，宋各路军队进攻而没有攻下。北魏洛州刺史张是连提率两万军翻越崤山援救陕城，薛安都等率军在城南与北魏军队激战。北魏军队纵马左冲右突，宋各路军队不能抵敌。薛安都大怒，脱下头盔，解下铠甲，只穿着深红色的背心状两当衫，他的战马也去掉护甲，薛安都怒目而视，手持长矛，单枪匹马，突入敌阵，

所向无前,魏人夹射不能中。如是数四,杀伤不可胜数。会日暮,别将鲁元保引兵自函谷关至,魏兵乃退。元景遣军副柳元怙将步骑二千救安都等,夜至,魏人不之知。

　　明日,安都等陈于城西南。曾方平谓安都曰:"今劲敌在前,坚城在后,是吾取死之日。卿若不进,我当斩卿;我若不进,卿斩我也!"安都曰:"善,卿言是也!"遂合战。元怙引兵自南门鼓噪直出,旌旗甚盛,魏众惊骇。安都挺身奋击,流血凝肘,矛折,易之更入,诸军齐奋。自旦至日昃,魏众大溃,斩张是连提及将卒三千馀级,其馀赴河堑死者甚众,生降二千馀人。明日,元景至,让降者曰:"汝辈本中国民,今为虏尽力,力屈乃降,何也?"皆曰:"虏驱民使战,后出者灭族,以骑蹙步,未战先死,此将军所亲见也。"诸将欲尽杀之,元景曰:"今王旗北指,当令仁声先路。"尽释而遣之,皆称万岁而去。甲午,克陕城。

　　庞法起等进攻潼关,魏戍主娄须弃城走,法起等据之。关中豪桀所在蜂起,及四山羌、胡皆来送款。上以王玄谟败退,魏兵深入,柳元景等不宜独进,皆召还。元景使薛安都断后,引兵归襄阳。诏以元景为襄阳太守。

所到之处，无人抵敌，北魏军队两边夹射不能射中。薛安都像这样突入敌阵前后四次，杀死杀伤敌人不可胜数。正好天色已晚，宋军别将鲁元保带领军队从函谷关到达，北魏军队于是后退。柳元景派遣军副柳元怙带领步兵、骑兵两千人前往援救薛安都等，夜里到达，北魏军队不知道。

第二天，薛安都在陕城西南面列阵。曾方平对薛安都说："现在强敌在前面，坚城在后面，这正是我等力战拼死的一天。你如果不拼力向前，我必当斩了你；我如果不努力向前，你就斩了我！"薛安都说："好，你说的话很对！"于是两人率军合力死战。柳元怙带领军队从陕城南门击鼓呐喊直冲而出，旌旗招展，军威壮盛，北魏军队惊慌害怕。薛安都挺身奋勇进击，流出的鲜血在肘部凝结了，长矛折断了，他换了一支长矛再冲入敌阵，各路军队一同奋勇进击。战斗从早晨直到黄昏，北魏军队大败，宋军斩杀张是连提及其手下将士三千多人，其馀跳进河沟而死的人也很多，未死投降的有两千多人。第二天，柳元景到达，责备投降的人说："你们本来是中原之国的百姓，现在却为北魏胡虏卖力，力量竭尽才投降，这是为什么？"北魏投降士卒都说："北魏胡虏驱使百姓为他们打仗，后出来打仗的要诛灭全族，并且用骑兵逼迫步兵，我们如果不愿意打仗，那么没有打仗就先死了，这是将军亲眼看到的事情。"宋军务将领想全部杀死这些投降的北魏士卒，柳元景说："现在我们君王的旗帜指向北方，应当让仁义的声誉作为我们开路的先导。"于是全部释放投降的北魏士卒并且遣送他们回家，北魏士卒都呼喊万岁而去。甲午（初八），宋军攻克陕城。

庞法起等人率军进攻潼关，北魏守将娄须弃城逃走，庞法起等率军据守潼关。关中地区的豪杰所在之处纷纷起来反抗，及至四山的羌、胡都前来表示归附的诚意。宋文帝因为王玄谟战败后退，北魏军队深入国境，柳元景等率领的军队不适合单独前进，都传令撤回。柳元景派薛安都做好后卫，带领军队回到襄阳。宋文帝下诏任命柳元景为襄阳太守。

魏永昌王仁攻悬瓠、项城，拔之。帝恐魏兵至寿阳，召刘康祖使还。癸卯，仁将八万骑追及康祖于尉武。康祖有众八千人，军副胡盛之欲依山险间行取至，康祖怒曰："临河求敌，遂无所见，幸其自送，奈何避之？"乃结车营而进，下令军中曰："顾望者斩首，转步者斩足！"魏人四面攻之，将士皆殊死战。自旦至晡，杀魏兵万馀人，流血没踝，康祖身被十创，意气弥厉。魏分其众为三，且休且战。会日暮风急，魏以骑负草烧军营，康祖随补其阙。有流矢贯康祖颈，坠马死，馀众不能战，遂溃，魏人掩杀殆尽。

南平王铄使左军行参军王罗汉以三百人戍尉武。魏兵至，众欲南依卑林以自固，罗汉以受命居此，不去。魏人攻而擒之，锁其颈，使三郎将掌之。罗汉夜断三郎将首，抱锁亡奔盱眙。

魏永昌王仁进逼寿阳，焚掠马头、钟离。南平王铄婴城固守。

魏军在萧城，去彭城十馀里。彭城兵虽多而食少，太尉江夏王义恭欲弃彭城南归。安北中兵参军沈庆之以为历城兵少食多，欲为函箱车陈，以精兵为外翼，奉二王及妃女直趋历城，分兵配护军萧思话，使留守彭城。太尉长史何勖欲席卷奔郁洲，自海道还京师。义恭去意已判，唯二议弥日未决。安北长史沛郡太守张畅曰："若历城、郁洲有可至之理，下官敢不高赞？今城中乏食，百姓咸有走志，

北魏永昌王拓跋仁攻悬瓠、项城,攻下了。宋文帝担心北魏军攻到寿阳,征安蛮司马刘康祖,让他撤回。癸卯(十七日),拓跋仁带八万骑兵在尉武追上刘康祖。刘康祖有八千军马,军副胡盛之想依仗山势险固,使军队从小路秘密到达寿阳,刘康祖大怒:"我们临近黄河寻找敌人,然而没有见到,幸亏他们送上门来,怎能躲避他们?"于是结成一个个车阵向前推进,下令军中说:"回头顾盼者斩首,掉头逃跑者砍脚!"北魏军队从四面进攻他们,宋军将士都拼死力战。战斗从早晨进行到下午,宋军将士杀死北魏军队一万多人,血流淹过人的脚踝,刘康祖身上有十处受伤,但斗志更加高昂。北魏军队把将士分为三部分,轮番休息作战。正好太阳下山,风力很大,北魏军队以战马驮草火烧宋军军营,刘康祖随即补救营垒缺失。一支流箭穿透刘康祖的脖子,刘康祖从马上坠下身亡,宋军其馀士众不能继续战斗,随即溃败,北魏军队几乎将宋军全部杀死。

宋南平王刘铄派左军行参军王罗汉用三百人的军队戍守尉武。北魏军队进抵,他手下的部众想向南依托矮林以自行固守,王罗汉认为接受命令驻守此地,不肯离开。北魏军队进攻尉武并且擒获了他,在他的脖子上上锁链,让卫士看管他。王罗汉在夜里砍断卫士的头,抱着铁锁逃奔到盱眙。

北魏永昌王拓跋仁率军进发逼近寿阳,焚烧、劫掠马头、钟离。宋南平王刘铄围绕城池加固防卫。

北魏军队占据萧城,距离彭城十多里。彭城驻守的宋军数量虽多但粮食很少,太尉、江夏王刘义恭想放弃彭城,向南撤退。安北中兵参军沈庆之认为,驻守历城的宋军人数少而粮食多,想要用箱式战车列阵,以精锐军队为外侧羽翼,护送江夏王刘义恭、武陵王刘骏二王及他们的妃子、女儿,径直奔赴历城,分出一部分军队配给护军萧思话,让他留下守卫彭城。太尉长史何勖主张全部撤退奔赴郁洲,从海路退回到京师。刘义恭撤退的意愿已经决定,只是这两种主张经过一天还没有决断。安北长史沛郡太守张畅说:"如果历城、郁洲有可以到达的道理,下官我敢不高声赞成?现在我们城中缺少粮食,百姓都有出走的愿望,

但以关扃严固，欲去莫从耳。一旦动足，则各自逃散，欲至所在，何由可得？今军食虽寡，朝夕犹未窘罄，岂有舍万安之术而就危亡之道？若此计必行，下官请以颈血污公马蹄。"武陵王骏谓义恭曰："阿父既为总统，去留非所敢干，道民忝为城主，而委镇奔逃，实无颜复奉朝廷，必与此城共其存没，张长史言不可异也。"义恭乃止。

壬子，魏主至彭城，立毡屋于戏马台以望城中。马文恭之败也，队主蒯应没于魏。魏主遣应至小市门求酒及甘蔗，武陵王骏与之，仍就求橐驼。明日，魏主使尚书李孝伯至南门，饷义恭貂裘，饷骏橐驼及骡，且曰："魏主致意安北，可暂出见我。我亦不攻此城，何为劳苦将士，备守如此？"骏使张畅开门出见之曰："安北致意魏主，常迟面写，但以人臣无境外之交，恨不暂悉。备守乃边镇之常，悦以使之，则劳而无怨耳。"

魏主求甘橘及借博具，皆与之。复饷毡及九种盐胡豉，又借乐器，义恭应之曰："受任戎行，不赍乐具。"孝伯问畅："何为匆匆闭门绝桥？"畅曰："二王以魏主营垒未立，将士疲劳，此精甲十万，恐轻相陵践，故闭城耳。待

只是由于城门紧闭，想要出走而没有办法实现。百姓一旦走出城门，则各自逃奔离散，想要让他们去应该到达的地方，怎么能够办到呢？现在我们军队的粮食虽然不多，但短期内还不会吃完，怎能抛弃非常安全的办法，而去走一条危难灭亡的路呢？如果弃城离去的方法一定要施行，那么下官我请求用脖颈上的鲜血来玷污大王您的马蹄。"武陵王刘骏对刘义恭说："叔父您既然身为总的统帅，要去要留不是我敢干涉的，我刘骏惭愧地作为一城之主，却放弃镇守奔命逃生，确实没有脸面再在朝廷供职，我必须与此城共同存亡，张长史的话不可不听啊！"刘义恭于是放弃了撤退的打算。

壬子（二十六日），北魏国主抵达彭城，在戏马台树起毡屋以瞭望城中情况。宋参军马文恭在萧城战败的时候，队主蒯应被北魏军队擒获。北魏国主派遣蒯应到彭城小市门向城中守军索取酒和甘蔗，武陵王刘骏给了他，于是通过蒯应向北魏国主求取骆驼。第二天，北魏派尚书李孝伯到彭城南门，送给刘义恭貂皮大衣，送给刘骏骆驼和骡子，并且说："大魏国主向安北将军致以问候之意，你可以暂时走出城门见我，我也不攻打此城，为什么让手下的将士疲劳困苦，防备守卫到这样的地步？"刘骏让张畅打开城门出来面见李孝伯，说："安北将军向魏国国主致意，常常等待着当面倾吐内心之言，但由于作为臣属不能与国境之外的人交往，所以很遗憾暂时不能抽出时间拜会。军事防备守护是边境镇守正常的事，只要以此使边境百姓快乐地生活，那么辛劳也没有怨恨。"

北魏国主又向城中宋军索取柑桔，并且借用赌博用具，城中宋军全都送给他。北魏国主又送给宋军毡子，以及九种盐胡豆豉，并向城中宋军借用乐器，刘义恭回答说："我们接受任务身在军旅，没有带乐器一类物品。"李孝伯问张畅："为什么匆匆忙忙关闭城门，拉起吊桥？"张畅回答说："两位王爷因为魏国国主的营垒还没有建立，将士疲惫辛劳，我们这里有十万精锐甲士，恐怕他们轻率出城与贵国大军互相残杀，所以关闭城门。等到

休息士马，然后共治战场，刻日交戏。"孝伯曰："宾有礼，主则择之。"畅曰："昨见众宾至门，未为有礼。"

魏主使人来言曰："致意太尉、安北，何不遣人来至我所？彼此之情，虽不可尽，要须见我小大，知我老少，观我为人。若诸佐不可遣，亦可使僮干来。"畅以二王命对曰："魏主形状才力，久为来往所具。李尚书亲自衔命，不患彼此不尽，故不复遣使。"

孝伯又曰："王玄谟亦常才耳，南国何意作如此任使，以致奔败？自入此境七百馀里，主人竟不能一相拒逆。邹山之险，君家所凭，前锋始接，崔邪利遽藏入穴，诸将倒曳出之。魏主赐其馀生，今从在此。"畅曰："王玄谟南土偏将，不谓为才，但以之为前驱。大军未至，河冰向合，玄谟因夜还军，致戎马小乱耳。崔邪利陷没，何损于国？魏主自以数十万众制一崔邪利，乃足言邪？知入境七百里无相拒者，此自太尉神算，镇军圣略，用兵有机，不用相语。"

孝伯曰："魏主当不围此城，自帅众军直造瓜步。南事若办，彭城不待围；若其不捷，彭城亦非所须也。我今当南饮江湖以疗渴耳。"畅曰："去留之事，自适彼怀。若虏马

贵军将士、战马休息一段时间,然后我们共同治理战场,定下日期交手角逐一场。"李孝伯说:"宾客有自己的礼节,主人就选择日期吧。"张畅说:"昨天见到大批宾客到城门附近,没有表现出有礼节的行为。"

北魏国主派人前来传话说:"请向太尉、安北将军致意,为什么不派人前来到我的住所?彼此之间的感情,虽然不可以言尽,但是你们也要前来看我是小是大,知道我是老是小,观察我的为人。如果你们的各位僚佐不能派遣,也可以派遣僮仆前来。"张畅以二位王爷的旨意回答说:"魏国国主的外貌、才能和力量,早已从来往使节中知道了。李尚书又亲自带着他的使命前来,不担心我们彼此了解不全面,所以我们不再派遣使节到你们那里了。"

李孝伯又说:"王玄谟也是一个平常之才,你们南方宋国为什么把这样重要的责任交给他,导致奔逃溃败的结果?自从我进入你们境内七百多里,你们做主人的竟然不能够有一次抵抗的行动。邹山的险要地形,是你们主人家所倚仗的,然而我们的前锋刚刚接近你们的军队,你们崔邪利就匆忙躲藏进洞穴之中,我们的各位将领把他从洞穴中倒拉出来。我们大魏主赐给他馀下的生命,现在他跟随我们的军队在此地。"张畅说:"王玄谟只是我们南方宋国国土上的一员偏将,不能称为将才,仅仅以他作为前驱。那时我们的大军没有到达,黄河上已经冰封,王玄谟趁夜班师回军,致使兵马发生小小的骚乱。崔邪利被俘,对于我们国家有什么损失?魏国国主亲自率领数十万人的军队制服一个小小的崔邪利,就值得夸耀吗?知道你们进入我们国境七百里而我们没有加以抵抗,这正是我们太尉的神机妙算,镇军将军高明的策略,用兵有机密的地方,不便相告。"

李孝伯说:"大魏国主必当不围攻这个彭城,但将亲自率领大军径直造访瓜步。南方的事情如果办好了,彭城也不必等待我们包围;如果我们没有取得胜利,彭城也不是我们所需要的了。我们现在必当南下饮长江、太湖的水以便解渴了。"张畅说:"关于去留的事情,自然由你们自己决定。如果胡虏的马匹

遂得饮江，便为无复天道。"先是童谣云："虏马饮江水，佛狸死卯年。"故畅云然。畅音容雅丽，孝伯与左右皆叹息。孝伯亦辩赡，且去，谓畅曰："长史深自爱，相去步武，恨不执手。"畅曰："君善自爱，冀荡定有期，相见无远，君若得还宋朝，今为相识之始。"

上起杨文德为辅国将军，引兵自汉中西入，摇动汧、陇。

魏主攻彭城，不克。十二月丙辰朔，引兵南下，使中书郎鲁秀出广陵，高凉王那出山阳，永昌王仁出横江，所过无不残灭，城邑皆望风奔溃。戊午，建康纂严。己未，魏兵至淮上。上使辅国将军臧质将万人救彭城，至盱眙，魏主已过淮。质使冗从仆射胡崇之、积弩将军臧澄之营东山，建威将军毛熙祚据前浦，质营于城南。乙丑，魏燕王谭攻崇之等，三营皆败没，质案兵不敢救。是夕，质军亦溃，质弃辎重器械，单将七百人赴城。

初，盱眙太守沈璞到官，王玄谟犹在滑台，江淮无警。璞以郡当冲要，乃缮城浚隍，积财谷，储矢石，为城守之备。僚属皆非之，朝廷亦以为过。及魏兵南向，守宰多弃城走。或劝璞宜还建康，璞曰："虏若以城小不顾，夫复何惧？若肉薄来攻，此乃吾报国之秋，诸君封侯之日也，奈何去之？

终于喝得长江的水,那就是再没有什么天理了。"此前有童谣说:
"胡虏的战马饮长江水,拓跋焘就会死在卯年。"所以张畅说了
上述这些话。张畅言谈容貌文雅庄重,李孝伯和他的左右都为
他的行为举止所叹服。李孝伯也富于才识,能言善辩,将要离去
时,对张畅说:"长史自己多多保重,我们相距几步之远,真遗憾
不能握手言欢。"张畅说:"你也好好保重自己,我希望荡平天下
会有期限,相互见面的日子不远,那时你如果能得以返回宋国,
今天就是我们相识的开始。"

宋文帝擢升杨文德为辅国将军,让他带领军队从汉中的西
面进入北魏边境,摇撼震动北魏的汧、陇一带。

北魏国主的大军进攻彭城,没有攻克。十二月丙辰是初一,
这天带领军队南下,派中书郎鲁秀出兵广陵,高凉王拓跋那出兵
山阳,永昌王拓跋仁出兵横江,北魏军队经过的地方,无不残破
毁灭,城邑守军都望风奔逃溃散。戊午(初三),宋都城建康戒
严。己未(初四),北魏军队到达淮上。宋文帝派遣辅国将军臧
质带领一万人的军队援救彭城,到达盱眙时,北魏国主率领的大
军已渡过淮河。臧质派遣冗从仆射胡崇之、积弩将军臧澄之率
军在东山扎营,建威将军毛熙祚据守前浦,臧质自己率军在盱眙
城南扎营。乙丑(初十),北魏燕王拓跋谭率军攻打胡崇之等的
军队,三个营地都被击破,臧质压住自己的军队不敢前去营救。
这天傍晚,臧质的军队也被击溃,臧质抛弃辎重器械,仅仅率领
七百人奔赴盱眙城。

当初,宋盱眙太守沈璞到任时,王玄谟还在滑台,长江、淮河
一带没什么军事紧急情况。沈璞认为盱眙郡正当交通要道,于是
修缮城墙,疏通护城壕沟,积蓄财物粮食,储存利箭石头,作为城
池守护的准备。僚佐部属都非议他,朝廷也认为太过分。到北魏
军队南下进攻,各地太守宰丞大多丢下城池逃命,有人劝沈璞最
好返回建康,沈璞说:"北魏胡虏如果认为我们城小不予理会,又
有什么畏惧的呢? 如果以其肉身迫近城池进攻,这就是我报效
国家的时候了,也是你们各位封侯之日到了,怎么要离开它呢?

诸君尝见数十万人聚于小城之下而不败者乎？昆阳、合肥，前事之明验也。"众心稍定。璞收集得二千精兵，曰："足矣。"

及臧质向城，众谓璞曰："虏若不攻城，则无所事众；若其攻城，则城中止可容见力耳，地狭人多，鲜不为患。且敌众我寡，人所共知。若以质众能退敌完城者，则全功不在我；若避罪归都，会资舟楫，必更相蹂践，正足为患，不若闭门勿受。"璞叹曰："虏必不能登城，敢为诸君保之。舟楫之计，固已久息。虏之残害，古今未有，屠剥之苦，众所共见，其中幸者，不过得驱还北国作奴婢耳。彼虽乌合，宁不惮此邪？所谓'同舟而济，胡、越一心'者也。今兵多则虏退速，少则退缓。吾宁可欲专功而留虏乎？"乃开门纳质。质见城中丰实，大喜，众皆称万岁，因与璞共守。

魏人之南寇也，不赍粮用，唯以抄掠为资。及过淮，民多窜匿，抄掠无所得，人马饥乏。闻盱眙有积粟，欲以为北归之资。既破崇之等，一攻城不拔，即留其将韩元兴以数千人守盱眙，自帅大众南向。由是盱眙得益完守备。

你们曾经看到过数十万人聚集于小城之下而守城者不败的事例吗？刘秀的昆阳之战，诸葛恪的合肥之战，都是前代这种事例的明显的验证啊。"他的部众心里稍稍安定下来。沈璞招收聚集到两千精兵，说："这些就足够了。"

到臧质投奔盱眙城，部众对沈璞说："胡虏如果不攻打我们城池，那么就没有什么事情烦劳众人；如果他们前来攻打我们的城池，那么我们城池中也只能容纳现有的兵力，地方狭小而人却很多，这种情况很少不成为祸患的。况且敌人数量多我们数量少，这是人们都知道的。如果以臧质的军队能够击退敌人保住城池，那么保全城池的功劳就不在我们；如果他们躲避罪责返回都城，正好要凭借船只，必定将互相践踏，这正足以成为忧患，不如闭上城门不接纳他们。"沈璞叹息说："北魏胡虏必定不能登上我们城楼，我敢向各位军士保证这件事情。乘船撤退的计划，本来已经早就不提了。北魏胡虏的残暴与祸害，古今都未曾有过，屠杀掠夺的苦难，大家都看到了，其中最幸运的，也不过得以被驱赶回到北魏做奴隶、婢女。臧质手下的人虽然是乌合之众，难道不害怕这样的结果吗？这就是人们所说的'同乘一条船而渡河，即使胡人、越人也会同归一心'的道理。现在我们兵多，那么北魏胡虏退兵就会迅速；如果我们兵少，那么北魏胡虏退兵就会缓慢。难道我们可以为想要独占这个功劳而留下胡虏为患吗？"于是打开城门迎纳臧质及其手下的军队。臧质看到城中储备丰富充实，非常高兴，手下部众都欢呼万岁，于是与沈璞共同守卫盱眙城。

北魏军队南下进犯，没有携带粮食用品，只以掠夺抢劫作为生活来源。到过了淮河，百姓大多躲藏起来，抢夺劫掠没有什么收获，因此北魏军队的人和马都很饥饿疲乏。听到盱眙城有积蓄的粮食，想要把盱眙城的粮食作为他们返回北方的军需。在攻破胡崇之等人的军队之后，一举进攻盱眙城而没有攻下，北魏国主随即留下他的将领韩元兴带领数千人围攻盱眙，亲自率领大军南下。因此盱眙城得以更加完善了守卫防备。

庚午,魏主至瓜步,坏民庐舍,及伐苇为筏,声言欲渡江。建康震惧,民皆荷担而立,壬午,内外戒严。丹杨统内尽户发丁,王公以下子弟皆从役。命领军将军刘遵考等将兵分守津要,游逻上接于湖,下至蔡洲,陈舰列营,周亘江滨,自采石至于暨阳,六七百里。太子劭出镇石头,总统水军,丹杨尹徐湛之守石头仓城,吏部尚书江湛兼领军,军事处置悉以委焉。

上登石头城,有忧色,谓江湛曰:"北伐之计,同议者少。今日士民劳怨,不得无惭,贻大夫之忧,予之过也。"又曰:"檀道济若在,岂使胡马至此?"上又登莫府山,观望形势,购魏主及王、公首,许以封爵、金帛。又募人赍野葛酒置空村中,欲以毒魏人,竟不能伤。

魏主凿瓜步山为蟠道,于其上设毡屋。魏主不饮河南水,以橐驼负河北水自随。饷上橐驼、名马,并求和,请婚。上遣奉朝请田奇饷以珍羞、异味。魏主得黄甘,即啖之,并大进酃酒。左右有附耳语者,疑食中有毒。魏主不应,举手指天,以其孙示奇曰:"吾远来至此,非欲为功名,实欲继好息民,永结姻援。宋若能以女妻此孙,我以女妻武陵王,自今匹马不复南顾。"奇还,上召太子劭及群臣议之,众并谓宜许,江湛曰:"戎狄无亲,许之无益。"劭怒,谓湛曰:"今三王在

庚午(十五日),北魏国主率军到瓜步,毁百姓房屋,又砍芦苇作小筏,声称要南渡长江。建康城震惊恐惧,百姓都挑担站立,随时准备逃亡,壬午(二十七日),建康城内外戒严。丹杨境内征发了每户的所有壮丁,王公以下的子弟都从军服役。宋文帝下令领军将军刘遵考等率军分别把守各渡口和险要之地,宋军的巡逻上起于湖,下到蔡洲,宋军船只在江面上排列成整齐的营垒,沿着江岸相互连接,从采石矶直到暨阳,长达六七百里。太子刘劭出京镇守石头城,总揽统领水军,丹杨尹徐湛之防守石头仓城,吏部尚书江湛兼任领军军事,防卫安排举措全部交给他负责。

宋文帝登上石头城,脸上露出忧伤的神色,对江湛说:"关于北伐的计划,当时赞同的人少。现在士人百姓疲劳怨恨,我不能不感到惭愧,给你们这些大夫带来了忧虑,这是我的过错啊。"又说:"檀道济如果还在世,怎么能让北魏胡虏的战马跑到这里呢?"宋文帝又登上莫府山,观察瞭望军事形势,下诏悬赏求得北魏国主及北魏王、公的首级,以加封爵位、赐给金帛作为许诺。又招募人员携带野葛酿成的毒酒放置在空无人烟的荒村之中,想以此毒杀北魏军队的将士,但最后没能伤害他们。

北魏国主下令开凿瓜步山修建盘山道,在山上建起毡屋。北魏国主不饮用黄河以南的水,而以骆驼驮负黄河以北的水跟随身边。北魏国主派人送给宋文帝骆驼、名马,同时请求和解,请求与宋皇室联姻。宋文帝派奉朝请田奇将珍奇食物、特异风味送给北魏国主。北魏国主得到黄柑立即就吃,且痛饮酃酒。左右侍从有人在他耳边低语,怀疑食物有毒。北魏国主没回答,把手举起指天,把他的孙子叫过来给田奇看,说:"我从遥远的地方来这里,并不是想建立功名,确实是想维持和平安定人民,永远结成婚姻,相互援助。宋皇室如果能把女儿嫁给我这个孙子,我就把女儿嫁给武陵王为妻,从今以后一匹马也不会再来南方骚扰了。"田奇回到朝廷,宋文帝召集太子刘劭及群臣商议此事,大家一致认为应该答应北魏的联姻要求,江湛说:"戎狄没有亲情,答应他们没有益处。"刘劭大怒,对江湛说:"现在三位王爷处于

厄,讵宜苟执异议?"声色甚厉。坐散,俱出,劭使班剑及左右排湛,湛几至僵仆。

劭又言于上曰:"北伐败辱,数州沦破,独有斩江湛、徐湛之可以谢天下。"上曰:"北伐自是我意,江、徐但不异耳。"由是太子与江、徐不平,魏亦竟不成婚。

二十八年春正月丙戌朔,魏主大会群臣于瓜步山上,班爵行赏有差。魏人缘江举火,太子右卫率尹弘言于上曰:"六夷如此,必走。"丁亥,魏掠居民,焚庐舍而去。

江夏王义恭以碻磝不可守,召王玄谟还历城。魏人追击败之,遂取碻磝。

初,上闻魏将入寇,命广陵太守刘怀之逆烧城府、船乘,尽帅其民渡江。山阳太守萧僧珍悉敛其民入城,台送粮仗诣盱眙及滑台者,以路不通,皆留山阳。蓄陂水令满,须魏人至,决以灌之。魏人过山阳,不敢留,因攻盱眙。

魏主就臧质求酒,质封溲便与之。魏主怒,筑长围,一夕而合。运东山土石以填堑,作浮桥于君山,绝水陆道。魏主遗质书曰:"吾今所遣斗兵,尽非我国人,城东北是丁零与胡,南是氐、羌。设使丁零死,正可减常山、赵郡贼;胡死,减并州贼;氐、羌死,减关中贼。卿若杀之,无所不利。"

困窘之中，难道应该随便地坚持异议拒绝联姻吗？”刘劭声色都很严厉。商议完毕，大家一同走出，刘劭指使护卫的持剑人和左右侍从推撞江湛，江湛几乎被撞倒在地。

刘劭又对宋文帝说："北伐失败屈辱，几个州沦陷残破，只有斩了江湛、徐湛之，才能以此向天下百姓谢罪。"宋文帝说："北伐本是我的意图，江湛、徐湛之只是没有表示异议而已。"从此太子刘劭与江湛、徐湛之结下仇怨，北魏最终也没有实现联姻。

二十八年（451），春季正月丙戌这天是初一，北魏国主在瓜步山上大会群臣，对他们按功劳大小授予爵位进行封赏。北魏军队沿着长江燃起烽火，太子右卫率尹弘对宋文帝说："北魏胡虏像这样的行动，必定要撤退。"丁亥（初二），北魏军队劫掠驻地居民，焚烧房屋后离去。

江夏王刘义恭认为碻磝不能坚守，征召王玄谟率军退回历城。北魏军队追击并击败了王玄谟的军队，于是夺取了碻磝。

当初，宋文帝听说北魏即将进犯，下令广陵太守刘怀之预先烧掉城里的官府、船只，率领广陵的所有百姓渡过长江。宋山阳太守萧僧珍全部聚集广陵的百姓入居山阳城中。朝廷运送粮食武器到盱眙和滑台去的官兵，因为道路不通，都滞留在山阳。萧僧珍下令蓄积山阳附近的山坡池塘的水使之装满，等待北魏军队到达，决开池塘以淹灌北魏军队。北魏军队经过山阳，不敢停留，于是进攻盱眙。

北魏国主派人到盱眙守将臧质处索取酒，臧质把尿封起送给他。北魏国主大怒，令军队筑起长长的包围圈，一个晚上就修好连在一起。又令运来东山的土石以填平壕沟，又令在君山上架起一座浮桥，断绝了盱眙城的水陆通道。北魏国主致信臧质说："我现在所派遣的攻城军队，全部不是我们本国人，城的东北是丁零人和胡人，城的南面是氐族人和羌族人。假如丁零人被杀死了，正可以减少常山、赵郡的贼寇；胡人被杀死了，正可以减少并州的贼寇；氐族人、羌族人被杀死了，正可以减少关中的贼寇。你如果杀死他们，对我们没有什么不利的地方。"

质复书曰:"省示,具悉奸怀。尔自恃四足,屡犯边境。王玄谟退于东,申坦散于西,尔知其所以然邪? 尔独不闻童谣之言乎? 盖卯年未至,故以二军开饮江之路耳。冥期使然,非复人事。寡人受命相灭,期之白登,师行未远。尔自送死,岂容复令尔生全,飨有桑乾哉? 尔有幸得为乱兵所杀,不幸则生相锁缚,载以一驴,直送都市耳。我本不图全,若天地无灵,力屈于尔,甗之,粉之,屠之,裂之,犹未足以谢本朝。尔智识及众力,岂能胜苻坚邪? 今春雨已降,兵方四集,尔但安意攻城,勿遽走! 粮食乏者可见语,当出廪相贻。得所送剑刀,欲令我挥之尔身邪?"

魏主大怒,作铁床,于其上施铁镵,曰:"破城得质,当坐之此上。"质又与魏众书曰:"尔语虏中诸士庶:佛狸见与书,相待如此。尔等正朔之民,何为自取糜灭,岂可不知转祸为福邪?"并写台格以与之云:"斩佛狸首,封万户侯,赐布、绢各万匹。"

魏人以钩车钩城楼,城内系以虿綆,数百人唱呼引之,车不能退。既夜,缒桶悬卒出,截其钩,获之。明旦,又以冲车攻城,城土坚密,每至,颓落不过数升。魏人乃肉薄登城,分番相代,坠而复升,莫有退者,杀伤万计,尸与城平。凡攻之

臧质复信说:"看了你的信,全部了解了你的奸诈之心。你自己依仗四条腿,屡次进犯我国边境。王玄谟在东面被你击退,申坦在西面被你攻散,你知道之所以这样的原因吗?你独独没有听到一首童谣的话语吗?这是因为卯年没有来到,所以用两路军队为你开了一条饮长江之水的道路。你的死期注定这样,不再是人的因素决定得了的。我接受君主的命令来消灭你们,预期前往白登山,军队前行没有多远。你自己前来送死,怎能容许再让你活着保全而去,继续享有桑乾河的土地呢?你如果有幸,得被乱军所杀;你如果不幸被我们活捉,那么我们就会用锁缚住你,用驴子载着你,径直送到都城建康。我本来不打算全尸,如果天地没有灵验,我在你手下力量竭尽,被你剁成肉酱,碾成粉末,屠杀,车裂,也不足以向我们朝廷谢罪。你的智慧见识和军队的力量,难道能超过符坚吗?现在春雨已经降下,军队正在从四方汇集起来,你只管安心地攻打此城,不要匆忙逃走。你们粮食缺乏,可以告诉我们,我们必当打开粮仓相送。得到你派人送来的剑和刀,想让我挥舞它砍在你身上吗?"

北魏国主大怒,令手下制作一个大铁床,在它上面安置了刀尖锥尖,说:"攻破城池,擒获臧质,必当让他坐在这个铁床上。"臧质又写信给北魏军队说:"你们告诉北魏胡虏中各士人百姓,拓跋焘在写给我的信中,如同这样对待你们。你们本来是禀汉、晋正朔的良民,为什么自取灭亡,怎么可以不知道转祸为福啊?"一并写下朝廷的赏格送给他们,说:"斩下拓跋焘的首级,封为万户侯,赐给绵布、丝绸各一万匹。"

北魏军队用钩车钩住城楼,城内守军以大绳索拴住钩车,数百人高声呼喊拉住绳索,钩车不能后退。到了夜里,宋军又用绳子拴着大桶悬挂士卒放出去,砍断北魏军队的车钩,得到了它。第二天,北魏军队又用冲车来攻城,城墙坚硬牢固,每次冲撞,掉落的墙土不过几升。北魏军队于是用身体迫近城墙登城,分为几队,轮番代替,坠落下来后又继续向上攀登,没有后退的,死伤的人数以万计,尸体与城墙一样高。北魏军队共攻打盱眙城

三旬,不拔。会魏军中多疾疫,或告以建康遣水军自海入淮,又敕彭城断其归路。二月丙辰朔,魏主烧攻具退走。盱眙人欲追之,沈璞曰:"今兵不多,虽可固守,不可出战,但整舟楫,示若欲北渡者,以速其走,计不须实行也。"臧质以璞城主,使之上露板,璞固辞,归功于质。上闻,益嘉之。

魏师过彭城,江夏王义恭震惧不敢击。或告:"虏驱南口万馀,夕应宿安王陂,去城数十里,今追之,可悉得。"诸将皆请行,义恭禁不许。明日,驿使至,上敕义恭悉力急追。魏师已远,义恭乃遣镇军司马檀和之向萧城。魏人先已闻之,尽杀所驱者而去。程天祚逃归。

魏人凡破南兖、徐、兖、豫、青、冀六州,杀掠不可胜计,丁壮者即加斩截,婴儿贯于槊上,盘舞以为戏。所过郡县,赤地无馀,春燕归,巢于林木。魏之士马死伤亦过半,国人皆尤之。

上每命将出师,常授以成律,交战日时,亦待中诏,是以将帅赵趄,莫敢自决。又江南白丁,轻进易退,此其所以败也。自是邑里萧条,元嘉之政衰矣。

癸酉,诏赈恤郡县民遭寇者,蠲其税调。甲戌,降太尉义恭为骠骑将军、开府仪同三司。

三十天，不能攻克。正好北魏军队中多有疾病瘟疫，有人把宋朝廷派遣水军从海路进入淮河、宋朝廷又令彭城守军截断北魏军队的回归道路等消息报告北魏国主。二月丙辰这天是初一，北魏国主下令烧毁攻城器具撤退逃跑。盱眙守军想要追击他们，沈璞说："现在我们军队不多，虽然可以坚固地守卫，却不可以出城作战，只要修整船只，表现出好像要从盱眙渡过淮河向北追击的样子，以加速他们逃跑，估计不需要真的去做。"臧质因为沈璞是盱眙城一城之主，让他向朝廷呈上报捷的奏章，沈璞坚持辞让，归功于臧质。宋文帝听到后，愈益嘉许他。

北魏军队经过彭城，江夏王刘义恭震惊恐惧，不敢出击。有人报告说："北魏胡虏驱赶着南方百姓一万多人，晚上将住在安王陂，离彭城数十里，现在追击他们，可以全部得到。"各位将领都请求前往追击，刘义恭禁止不许出兵。第二天，驿递使者到达，宋文帝下令刘义恭全力紧急追击北魏军队。北魏军队已经走远，刘义恭于是派遣镇军司马檀和之率军奔向萧城。北魏军队事先已经听到这个消息，杀死被驱赶的全部南方百姓，然后离去。原来被北魏军队擒获的宋殿中将军程天祚趁机逃跑回来。

北魏军队总共击破南兖、徐、北兖、豫、青、冀六个州，杀死劫掠不可胜数，被他们抓到的青壮年立即加以斩首或砍截，婴儿则用铁矛刺穿，旋转舞动铁矛作为游戏。北魏军队所经过的郡县，成为一无所有的荒地，春天燕子回来，只能在树林里筑巢。北魏的士卒战马死伤也超过一半，国内的人都有怨言。

宋文帝每次命令将领率军出征，经常授给他们既定的规定，交战日期也要等待朝廷的诏书，因此，将帅们行动困难，没有谁敢自作决定。并且江南没有经过训练的士卒，轻率地前进，轻易地后退，这就是他们经常失败的原因。从此以后，城镇乡里一片凋零，元嘉时期的治理衰落了。

癸酉（十九日），宋文帝下诏赈济抚恤各郡县遭到敌寇残害蹂躏的百姓，免除他们的田租赋税。甲戌（二十日），贬降太尉刘义恭为骠骑将军，开府仪同三司。

戊寅，魏主济河。

辛巳，降镇军将军武陵王骏为北中郎将。壬午，上如瓜步。是日，解严。

三月乙酉，帝还宫。

己亥，魏主还平城，饮至告庙，以降民五万馀家分置近畿。

初，魏主过彭城，遣人语城中曰："食尽且去，须麦熟更来。"及期，江夏王义恭议欲芟麦翦苗，移民保聚。镇军录事参军王孝孙曰："虏不能复来，既自可保。如其更至，此议亦不可立。百姓闭在内城，饥馑日久，方春之月，野采自资。一入保聚，饿死立至，民知必死，何可制邪？虏若必来，芟麦无晚。"四坐默然，莫之敢对。长史张畅曰："孝孙之议，实有可寻。"镇军府典签董元嗣侍武陵王骏之侧，进曰："王录事议不可夺。"别驾王子夏曰："此论诚然。"畅敛版白骏曰："下官欲命孝孙弹子夏。"骏曰："王别驾有何事邪？"畅曰："芟麦移民，可谓大议，一方安危，事系于此。子夏亲为州端，曾无同异，及闻元嗣之言，则欢笑酬答。阿意左右，何以事君？"子夏、元嗣皆大惭，义恭之议遂寝。

初，鲁宗之奔魏，其子轨为魏荆州刺史、襄阳公，镇长社，常思南归。以昔杀刘康祖及徐湛之之父，故不敢来。轨卒，子爽袭父官爵。爽少有武干，与弟秀皆有宠于魏主，

戊寅(二十四日),北魏国主率军渡过黄河。

辛巳(二十七日),宋文帝贬降镇军将军、武陵王刘骏为北中郎将。壬午(二十八日),宋文帝前往瓜步。这一天,宋解除戒严。

三月乙酉(初一),宋文帝回到了宫廷。

己亥(十五日),北魏国主回到平城,在祖庙设下祭祀酒席,把南征的经过报告祖宗,把归降的百姓五万家分别安置在京畿附近。

当初,北魏国主经过彭城,派人报告城中宋军说:"我们粮食吃尽暂且离去,等到小麦成熟的时候再来。"到麦子成熟时,江夏王刘义恭计议想把麦子全部割掉,迁移百姓到城堡屯聚之中。镇军录事参军王孝孙说:"北魏胡虏不能再来,我们已经自己可保。如果他们再来,这一计划也不可实行。百姓被关在城池中,忍饥挨饿的日子很久了,目前正是春暖花开的月份,他们可以在野外采些野菜野果自己维持生计。一旦入居城堡屯聚,饿死的现象就会立即出现,百姓知道自己必定会死,我们怎么可以控制他们呢?北魏胡虏如果必定要来,再割麦子也不晚。"四周在座的人沉默不语,没有人敢回答。长史张畅说:"王孝孙的议论,确实有道理。"镇军府典签董元嗣侍奉在武陵王刘骏的旁边,进言说:"王录事的议论是不可驳倒的。"别驾王子夏说:"这一说法确实是这样。"张畅举了一下手版对刘骏说:"下官我想让王孝孙弹劾王子夏。"刘骏说:"王子夏别驾有什么事啊?"张畅说:"割掉麦子,迁移百姓,可以说是非常重大的计议,一个地方的安危,事情就与这一举措联系在一起。王子夏自身作为一个州的高级官员,未尝有过赞成或反对的意见,倒听了董元嗣的话,则露出笑容回答赞成。这种阿谀逢迎的人,凭什么奉事君主呢?"王子夏、董元嗣都非常惭愧,刘义恭的计议于是取消了。

当初,鲁宗之投奔北魏,他儿子鲁轨任北魏荆州刺史、襄阳公,镇守在长社,经常想回南方。由于过去杀了刘康祖和徐湛之的父亲,所以不敢来南方。鲁轨去世,儿子鲁爽承袭父亲的官爵。鲁爽年少有武艺才干,与他弟弟鲁秀都受北魏国主的宠爱,

秀为中书郎。既而兄弟各有罪，魏主诘责之。爽、秀惧诛，从魏主自瓜步还，至湖陆，请曰："奴与南有仇，每兵来，常恐祸及坟墓，乞共迎丧还葬平城。"魏主许之。爽至长社，杀魏戍兵数百人，帅部曲及愿从者千馀家奔汝南。夏四月，爽遣秀诣寿阳，奉书于南平王铄以请降。上闻之，大喜，以爽为司州刺史，镇义阳，秀为颍川太守，馀弟侄并授官爵，赏赐甚厚。魏人毁其坟墓。徐湛之以为庙算远图，特所奖纳，不敢苟申私怨，乞屏居田里，不许。

二十九年春二月甲寅，魏侍中宗爱弑世祖。三月，上闻魏世祖殂，更谋北伐，鲁爽等复劝之。上访于群臣，太子中庶子何偃以为："淮、泗数州疮痍未复，不宜轻动。"上不从。偃，尚之之子也。

夏五月丙申，诏曰："虐虏穷凶，著于自昔。未劳资斧，已伏天诛。拯溺荡秽，今其会也。可符骠骑、司空二府，各部分所统，东西应接。归义建绩者，随劳酬奖。"于是遣抚军将军萧思话督冀州刺史张永等向碻磝，鲁爽、鲁秀、程天祚将荆州甲士四万出许、洛，雍州刺史臧质帅所领趣潼关。永，茂度之子也。沈庆之固谏北伐，上以其异议，不使行。

鲁秀担任北魏朝廷的中书郎。不久,鲁爽、鲁秀兄弟各自犯了罪过,北魏国主追问责备他们。鲁爽、鲁秀畏惧被诛罚,在跟随北魏国主从瓜步撤退到湖陆的时候,向北魏国主请求说:"奴才与南方有深仇大恨,每次军队南下,常常担心灾祸会及至祖先的坟墓,我们请求一起迎接祖先的棺木回到平城进行安葬。"北魏国主答应了他们的要求。鲁爽到了长社,杀死北魏军队戍守的士兵几百人,率领自己的家兵以及愿意跟随自己的一千多家百姓投奔汝南。夏季四月,鲁爽派鲁秀到寿阳,致信宋南平王刘铄请求投降。宋文帝听到这个消息,非常欢喜,任命鲁爽担任司州刺史,镇守义阳,鲁秀担任颍川太守,其馀的弟弟、侄儿都一道授予官职爵位,赏赐特别丰厚。北魏军队捣毁了鲁爽家族祖先的坟墓。徐湛之认为朝廷为国家的长远利益打算,特地奖赏接纳,也不敢随便申述个人的怨恨,请求辞职隐居乡村,宋文帝没有同意。

二十九年(452)春季二月甲寅(初五),北魏侍中宗爱谋杀北魏国主世祖太武帝拓跋焘。三月,宋文帝听到北魏国主拓跋焘去世,又想谋划北伐,鲁爽等人又鼓励这个计划。宋文帝征求群臣的意见,太子中庶子何偃认为:"淮河、泗水一带的几个州受到的战争创伤还没有恢复,不应该轻易行动。"宋文帝没有听取。何偃是何尚之的儿子。

夏季五月丙申(十九日),宋文帝下诏说:"肆虐的北魏胡虏穷凶极恶,其本性很早就已显露无遗。没有烦劳武力征伐,已经遭到上天的诛杀。拯救快要淹死的人,荡除世间的污泥浊水,现在正是机会。我已下令骠骑、司空两府,各自分别统率自己的军队,东西之间互相接应。对于归向大义建立功绩的人,根据他们功劳的大小酬劳奖赏。"于是派遣抚军将军萧思话督领冀州刺史张永等率军向碻磝进攻,鲁爽、鲁秀、程天祚等率领荆州甲兵四万人进攻许昌、洛阳一带,雍州刺史臧质率领所统率的军队直指潼关。张永是张茂度的儿子。沈庆之反复劝阻北伐,宋文帝因为他对北伐持有异议,不派他带兵出征。

　　青州刺史刘兴祖上言,以为:"河南阻饥,野无所掠。脱诸城固守,非旬月可拔。稽留大众,转输方劳。应机乘势,事存急速。今伪帅始死,兼逼暑时,国内猜扰,不暇远赴。愚谓宜长驱中山,据其关要。冀州以北,民人尚丰,兼麦已向熟,因资为易,向义之徒,必应响赴。若中州震动,黄河以南,自当消溃。臣请发青、冀七千兵,遣将领之,直入其心腹。若前驱克胜,张永及河南众军,宜一时济河,使声实兼举,并建司牧,抚柔初附,西拒太行,北塞军都,因事指麾,随宜加授,畏威欣宠,人百其怀。若能成功,清壹可待;若不克捷,不为大伤。并催促装束,伏听敕旨。"上意止存河南,亦不从。上又使员外散骑侍郎琅邪徐爰随军向碻磝,衔中旨授诸将方略,临时宣示。

　　秋七月,张永等至碻磝,引兵围之。诸军攻碻磝,治三攻道:张永等当东道,济南太守申坦等当西道,扬武司马崔训当南道。攻之累旬不拔。八月辛亥夜,魏人自地道潜出,烧崔训营及攻具。癸丑夜,又烧东围及攻具,寻复毁崔训攻道。张永夜撤围退军,不告诸将,士卒惊扰,魏人乘之,

宋青州刺史刘兴祖上书,认为:"黄河以南百姓困苦饥饿,千里荒野,无所掠取。如果北魏各城守军固守抵抗,那不是十天半月可以攻克的。大军滞留在各围困城市之外,粮食物资的运输将会非常辛劳。利用时机,把握形势,事情在于急切、迅速。现在伪魏的统帅刚刚死去,又加上接近酷暑炎热的时期,他们国内猜忌纷扰,顾不上派兵远征。我愚昧地认为,最好派兵长驱直入奔中山,占据那里的关卡险要。冀州以北的地区,百姓尚且比较丰实,加上麦子已接近成熟,凭敌人的物资供应对我们是很容易的事情,向往大义的义士们,必定响应归附我们。如果中原震撼动摇,黄河以南的北魏势力自然将会消失崩溃。我请求调发青州、冀州的七千士兵,派遣将领统率他们,径直攻入敌人的心腹之地。如果我们前锋部队克敌制胜,那么张永以及河南的各路大军,应该同时渡过黄河,使我们的声势与势力同时发展,同时在各地建立我们的州府,安抚怀柔刚刚归附的百姓,在西面据守太行山,在北面阻塞把守军都,根据事情的变化指挥前进,按照时宜加授官职,这样,畏惧威严,感激关心,人们就会百倍地在心里怀念我们的恩典。如果能够成功,统一天下就可期待;如果没有取得胜利,也不会造成大的伤害。我同时已催促部下整理好行装,只低头听候您的命令与旨意。"宋文帝的意图只是夺回河南的土地,又没有听从刘兴祖的建议。宋文帝又派遣员外散骑侍郎琅邪人徐爰随同大军向碻磝进军,按皇帝旨意授给各位将领用兵的策略,随时随地宣布皇帝的命令。

秋季七月,张永等到达碻磝,指挥军队包围了该城。各路大军攻打碻磝,分为三条进攻的路线:张永等率军担负碻磝东面的进攻任务,济南太守申坦等率军担负碻磝西面的进攻任务,扬武司马崔训等率军担负碻磝南面的进攻任务。各路大军围攻碻磝几十天,没有攻克。八月辛亥(初五)的夜里,北魏军队从地道秘密出城,烧毁了崔训所部的军营和攻城的工具。癸丑(初七)的夜里,北魏军队又偷偷出城烧毁了在东面围攻碻磝的宋军军营和攻城工具,随后又摧毁了崔训军队攻城的通道。张永乘夜率军解围撤退,没有报告各位将领,士卒惊恐慌乱,北魏军队趁机进攻,

死伤涂地。萧思话自往,增兵力攻,旬馀不拔。是时,青、徐不稔,军食乏。丁卯,思话命诸军皆退屯历城,斩崔训,系张永、申坦于狱。

鲁爽至长社,魏戍主秃发幡弃城走。臧质顿兵近郊,不以时发,独遣冠军司马柳元景帅后军行参军薛安都等向潼关。元景等进据洪关。梁州刺史刘秀之遣司马马汪与左军中兵参军萧道成将兵向长安。道成,承之之子也。魏冠军将军封礼自洇津南渡,赴弘农。九月,司空高平公兒乌干屯潼关,平南将军黎公辽屯河内。

庚寅,鲁爽与魏豫州刺史拓跋仆兰战于大索,破之,进攻虎牢。闻碻磝败退,与柳元景皆引兵还。萧道成、马汪等闻魏救兵将至,还趣仇池。己丑,诏解萧思话徐州,更领冀州刺史,镇历城。

上以诸将屡出无功,不可专责张永等,赐思话诏曰:"虏既乘利,方向盛冬,若脱敢送死,兄弟父子自共当之耳。言及憎愤!可以示张永、申坦。"又与江夏王义恭书曰:"早知诸将辈如此,恨不以白刃驱之,今者悔何所及!"义恭寻奏免思话官,从之。

宋军死伤遍地。萧思话亲自前往碻磝，增加兵力，奋力进攻，十几天仍未攻克。这时青州、徐州庄稼收成不好，军队缺少粮食。丁卯（二十一日），萧思话下令各路大军都撤退到历城驻扎，斩杀了崔训，逮捕张永、申坦送进监狱之中。

鲁爽率军抵达长社，北魏守将秃发幡弃城逃跑。臧质率军驻扎在襄阳近郊，没有按时出兵，只派遣冠军司马柳元景率领后军行参军薛安都等向潼关进发。柳元景等进兵占据了洪关。梁州刺史刘秀之派遣司马马汪与左军中兵参军萧道成带领军队向长安进攻。萧道成是萧承之的儿子。北魏冠军将军封礼从洇津渡过黄河南下，直赴弘农。九月，北魏司空高平公兒乌干率军驻扎在潼关，平南将军黎公辽率军驻扎在河内。

庚寅（十四日），鲁爽与北魏豫州刺史拓跋仆兰在大索交战，鲁爽击破了拓跋仆兰的军队，又进攻虎牢。听到进攻碻磝的宋军败退，就同柳元景带兵撤回。萧道成、马汪等听到北魏的救援军队即将到达，撤回到仇池。己丑（十三日），宋文帝下诏解除萧思话徐州刺史的职务，改任冀州刺史，镇守历城。

宋文帝因为各位将领多次出师都没有建立功绩，不能专一责备张永等人，下诏给萧思话说："北魏胡虏已经乘机获利，现在正临近隆冬时节，如果他们胆敢前来送死，兄弟、父子自然应该共同抵挡他们。说到这里激起了我的憎恨与愤怒！可以把此诏给张永、申坦看看。"又给江夏王刘义恭写信说："早知道各位将领如同这样，真遗憾没有用白刀子在后面驱赶他们，现在后悔都来不及了！"刘义恭不久上奏请免除萧思话的官职，宋文帝同意了。

宗爱逆节

宋文帝元嘉九年春正月丙午,魏主立子晃为皇太子,大赦,改元。

二十八年夏六月,魏太子晃监国,颇信任左右,又营园田,收其利,高允谏曰:"天地无私,故能覆载;王者无私,故能容养。今殿下国之储贰,万方所则,而营立私田,畜养鸡犬,乃至酤贩市廛,与民争利,谤声流布,不可追掩。夫天下者,殿下之天下,富有四海,何求而无?乃与贩夫、贩妇竞此尺寸之利乎?昔虢之将亡,神赐之土田;汉灵帝私立府藏,皆有颠覆之祸。前鉴若此,甚可畏也。武王爱周、邵、齐、毕,所以王天下;殷纣爱飞廉、恶来,所以丧其国。今东宫俊乂不少,顷来侍御左右者,恐非在朝之选。愿殿下斥去佞邪,亲近忠良;所在田园,分给贫下;贩卖之物,以时收散。如此,则休声日至,谤议可除矣。"不听。

宗爱逆节

宋文帝元嘉九年(432)春季正月丙午(初一),北魏国主拓跋焘立儿子拓跋晃为皇太子,大赦境内,改年号为延和。

二十八年(451)夏季六月,北魏太子拓跋晃主持国事,他十分相信左右的官员,又经营园林田宅,收取利润,高允劝他说:"天地没私心,所以能覆盖承载万物;帝王没私心,所以能宽容养育百姓。现在殿下是国家的储君,天下人效法的典则,却经营自己个人的田地,畜养鸡犬,甚至派人去集市摆摊贩卖,与百姓争利,以至于诽谤您的话到处流行传布,不可以追回掩饰。天下是殿下您自己的天下,您富裕得拥有四海,什么需求不能获得?竟然与那些贩夫贩女争夺这尺寸大小的微利呢?过去虢国将要灭亡,神灵赐给它土地;汉灵帝私自设立府库收藏,都招来了颠覆败亡的灾祸。前代的鉴戒如同这样,这是极为可怕的。周武王宠信周公姬旦、召公姬奭、齐公姜子牙、毕公姬高这些忠义贤良之人,所以称王于天下;商纣王宠信飞廉、恶来这种奸佞邪恶之人,所以丧失了他的国家。现在太子宫内俊杰之士不少,但近来侍奉在您左右的人,恐怕不是当朝的合适人选。我谨愿殿下斥逐远离那些奸佞邪恶的小人,亲近那些忠义贤良之士;您所占有的田地园林,分给那些贫苦低下的百姓;您所贩卖的物品,根据时宜收藏起来,散与贫民。如果这样做,那么美好的名声就会一天天到来,毁谤的议论就可以消除了。"太子拓跋晃没有听取。

太子为政精察,而中常侍宗爱性险暴,多不法,太子恶之。给事中仇尼道盛、侍郎任平城有宠于太子,颇用事,皆与爱不协。爱恐为道盛等所纠,遂构告其罪。魏主怒,斩道盛等于都街,东宫官属多坐死,帝怒甚。戊辰,太子以忧卒。壬申,葬金陵,谥曰景穆。帝徐知太子无罪,甚悔之。

冬十二月丁丑,魏主封景穆太子之子濬为高阳王。既而以皇孙世嫡,不当为藩王,乃止。

二十九年春正月,魏世祖追悼景穆太子不已。中常侍宗爱惧诛,二月甲寅,弑帝,尚书左仆射兰延、侍中和疋、薛提等秘不发丧。延、疋以皇孙濬冲幼,欲立长君,征秦王翰,置之秘室。提以濬嫡皇孙,不可废。议久不决。宗爱知之,自以得罪于景穆太子,而素恶秦王翰,善南安王余,乃密迎余自中宫便门入禁中,矫称赫连皇后令召延等。延等以爱素贱,不以为疑,皆随入。爱先使宦者三十人持兵伏于禁中,延等入,以次收缚,斩之。杀秦王翰于永巷而立余。大赦,改元承平,尊皇后为皇太后,以爱为大司马、大将军、太师、都督中外诸军事、领中秘书,封冯翊王。

太子拓跋晃主持政务，精细明察，而中常侍宗爱生性险恶凶暴，多有不法行为，太子拓跋晃很讨厌他。给事中仇尼道盛、侍郎任平城受到太子的宠信，在朝廷中颇为得势，都与宗爱不能和洽。宗爱担心自己被仇尼道盛等人所检举揭发，于是向北魏国主拓跋焘诬告仇尼道盛等有罪。北魏国主大怒，下令将仇尼道盛等人在都市上斩首示众，太子东宫的官吏多被指控有罪而被杀，北魏国主愤怒已极。戊辰（十五日），太子拓跋晃因为忧虑这件事去世。壬申（十九日），拓跋晃被安葬在金陵，谥号为景穆。北魏国主拓跋焘逐渐知道太子拓跋晃并没有罪过，心里非常后悔这件事情。

冬季十二月丁丑（二十七日），北魏国主封景穆太子拓跋晃的儿子拓跋濬为高阳王。不久，拓跋濬因为是皇孙一代中的嫡皇孙，不应当封为藩王，于是取消分封。

二十九年（452）春季正月，北魏国主拓跋焘追思、悼念景穆太子拓跋晃，一直没有停止过。中常侍宗爱害怕自己被杀掉，二月甲寅（初五），杀死了北魏国主太武帝，尚书左仆射兰延、侍中和疋、薛提等人，隐瞒而没有发布北魏国主的死讯。兰延、和疋认为皇孙拓跋濬年纪幼小，想要拥立年纪较大的君主，于是征召秦王拓跋翰入宫，把他安置在一间秘室当中。薛提认为拓跋濬是嫡皇孙，不可以废黜。因此，这件事商议了很长时间也没有决定。宗爱知道这个消息后，自己认为已经得罪了景穆太子，而又一向厌恶秦王拓跋翰，他与南安王拓跋余关系密切，于是秘密迎接拓跋余，从中宫小门进入后宫，假称赫连皇后的诏令，召兰延等人入宫。兰延等人认为宗爱一向微贱，不认为可疑，都随从宗爱入宫。宗爱首先派遣宦官三十人手持兵器埋伏在宫中，兰延等人入宫后，被一个个逮捕起来，斩杀了他们。又在永巷把秦王拓跋翰杀死，拥立南安王拓跋余为帝。拓跋余登基后，实行大赦，改年号为承平，尊奉皇后为皇太后，任命宗爱为大司马、大将军、太师、都督中外诸军事，兼任中秘书，封为冯翊王。

　　魏南安隐王余自以违次而立,厚赐群下,欲以收众心。旬月之间,府藏虚竭。又好酺饮及声乐、畋猎,不恤政事。宗爱为宰相,录三省,总宿卫,坐召公卿,专恣日甚。余患之,谋夺其权,爱愤怒。冬十月丙午朔,余夜祭东庙,爱使小黄门贾周等就弑余,而秘之,唯羽林郎中代人刘尼知之。尼劝爱立皇孙濬,爱惊曰:"君大痴人! 皇孙若立,岂忘正平时事乎?"尼曰:"若尔,今当立谁?"爱曰:"待还宫,当择诸王贤者立之。"

　　尼恐爱为变,密以状告殿中尚书源贺。贺时与尼俱典兵宿卫,乃与南部尚书陆丽谋曰:"宗爱既立南安,还复杀之。今又不立皇孙,将不利于社稷。"遂与丽定谋,共立皇孙。丽,俟之子也。

　　戊申,贺与尚书长孙渴侯严兵守卫宫禁,使尼、丽迎皇孙于苑中。丽抱皇孙于马上,入平城,贺、渴侯开门纳之。尼驰还东庙,大呼曰:"宗爱弑南安王,大逆不道,皇孙已登大位,有诏,宿卫之士皆还宫!"众咸呼万岁,遂执宗爱、贾周等,勒兵而入,奉皇孙即皇帝位。登永安殿,大赦,改元兴安。杀爱、周,皆具五刑,夷三族。

北魏南安隐王拓跋余自觉没按长幼秩序上位，重赏下属，想以此收买众人之心。不到一个月时间，朝廷府库的钱财已经虚耗竭尽。拓跋余又喜欢狂饮，纵情声色，游玩打猎，不担心朝政大事。宗爱位居宰相，总领三省之官，总揽朝廷的值宿护卫，他端坐官署，召见公卿，专横恣纵一天比一天厉害。拓跋余疑忌他，密谋剥夺他的权力，宗爱对此愤恨恼怒。冬季十月丙午这天是初一，拓跋余夜里去东庙祭祀，宗爱派遣小黄门贾周就地杀死拓跋余，并且隐瞒这件事情，只有羽林郎中代郡人刘尼知道。刘尼劝宗爱拥立皇孙拓跋濬为帝，宗爱惊恐地说："你真是个大白痴！皇孙如果立为皇帝，怎么能忘记正平年间景穆太子的事呢？"刘尼说："如果这样，现在应当拥立谁呢？"宗爱说："等到返回宫中以后，必当选择诸王中贤明的人，拥立他为帝。"

　　刘尼担心宗爱制造变乱，秘密地把这些情况报告殿中尚书源贺。源贺当时与刘尼一同掌管禁军担任宫中值宿护卫，于是与南部尚书陆丽谋划说："宗爱已经拥立南安王拓跋余为帝，回头又杀死了他。现在又不拥立皇孙为帝，将会对国家没有好处。"于是与陆丽商议确定，共同拥立皇孙为帝。陆丽是陆俟的儿子。

　　戊申（初三），源贺与尚书长孙渴侯率兵严密把守护卫皇宫，派遣刘尼、陆丽到鹿苑之中迎接皇孙。陆丽把皇孙拓跋濬抱在马上，进入平城，源贺、长孙渴侯打开宫门迎接他们。刘尼骑马奔回东庙，大声呼喊道："宗爱谋杀南安王，大逆不道，皇孙现在已经登上了皇位，颁下诏书，值宿护卫的士卒都返回宫中！"众人都呼喊万岁，于是逮捕了宗爱、贾周等人，率军进入宫中，拥戴皇孙拓跋濬即皇帝位。拓跋濬登上永安殿，实行大赦，改年号为兴安。杀死宗爱、贾周，两人都被施用五刑，诛灭了三族。

太子劭弑逆

宋文帝元嘉三年。初,袁皇后生皇子劭,后自详视,使驰白帝曰:"此儿形貌异常,必破国亡家,不可举。"即欲杀之。帝狼狈至后殿户外,手拨幔禁之,乃止。以尚在谅暗,故秘之。闰正月丙戌,始言劭生。

六年春三月丁巳,立皇子劭为太子。

十五年夏四月,纳故黄门侍郎殷淳女为太子劭妃。

十六年冬十二月乙亥,太子劭加元服,大赦。劭美鬓眉,好读书,便弓马,喜延宾客。意之所欲,上必从之。东宫置兵与羽林等。

二十九年。初,潘淑妃生始兴王濬。元皇后性妒,以淑妃有宠于上,恚恨而殂,淑妃专总内政。由是太子劭深恶淑妃及濬。濬惧为将来之祸,乃曲意事劭,劭更与之善。

太子劭弑逆

宋文帝元嘉三年(426)。当初,皇后袁妫生下皇子刘劭,皇后自行端详看视,派人飞快地报告宋文帝说:"这个儿子形状外貌异乎寻常,必定会毁坏国家,败亡皇室,不能养他。"于是想要杀死这个孩子。宋文帝急忙赶到后殿门外,用手拨开门帘阻止她,袁皇后这才停止下手而留下这个孩子。因为当时尚在为父亲刘裕守丧期间,所以一直对此保密。闰正月丙戌(初六),才宣布皇子刘劭出生。

六年(429)春季三月丁巳(二十五日),宋文帝立皇子刘劭为太子。

十五年(438)夏季四月,宋朝廷迎娶已故黄门侍郎殷淳的女儿为太子刘劭的正妃。

十六年(439)冬季十二月乙亥(十六日),太子刘劭举行加冠礼,大赦天下。刘劭眉清目秀,喜欢读书,善长射箭骑马,喜欢延揽接待宾客。他心里想要做的事情,宋文帝必定依随他。太子刘劭在东宫设置亲兵,与羽林军的数量相等。

二十九年(452)。当初,潘淑妃生下始兴王刘濬。元皇后生性嫉妒,认为潘淑妃在宋文帝面前受到宠信,愤恨气恼而死,潘淑妃独自总管宫内事务。因此,太子刘劭深深痛恨潘淑妃和她的儿子刘濬。刘濬惧怕为将来招来灾祸,于是极力讨好奉事刘劭,刘劭重新与刘濬友善起来。

　　吴兴巫严道育,自言能辟谷服食,役使鬼物。因东阳公主婢王鹦鹉出入主家。道育谓主曰:"神将有符赐主。"主夜卧,见流光若萤,飞入书笥,开视,得二青珠。由是主与劭、濬皆信惑之。劭、濬并多过失,数为上所诘责。使道育祈请,欲令过不上闻。道育曰:"我已为上天陈请,必不泄露。"劭等敬事之,号曰天师。其后遂与道育、鹦鹉及东阳主奴陈天与、黄门陈庆国共为巫蛊,琢玉为上形像,埋于含章殿前。劭补天与为队主。

　　东阳主卒,鹦鹉应出嫁,劭、濬恐语泄,濬府佐吴兴沈怀远,素为濬所厚,以鹦鹉嫁之为妾。

　　上闻天与领队,以让劭曰:"汝所用队主副,并是奴邪?"劭惧,以书告濬。濬复书曰:"彼人若所为不已,正可促其馀命,或是大庆之渐耳。"劭、濬相与往来书疏,常谓上为"彼人",或曰"其人",谓江夏王义恭为"佞人"。

　　鹦鹉先与天与私通,既适怀远,恐事泄,白劭使密杀之。陈庆国惧,曰:"巫蛊事,唯我与天与宣传往来。今天与死,我其危哉!"乃具以其事白上。上大惊,即遣收鹦鹉。封籍其家,得劭、濬书数百纸,皆咒诅巫蛊之言。又得所埋玉人,命有司穷治其事。道育亡命,捕之不获。

吴兴女巫严道育自称能够不食人间烟火，驱使鬼物为自己做事。她通过东阳公主刘英娥的婢女王鹦鹉，得以出入公主家宅。严道育对公主说："神灵将会有符咒赐予公主。"公主晚上躺在床上，看见一道流光如同萤火虫一样飞进竹制的书箱，打开一看，得到两颗青色的宝珠。因此，公主和刘劭、刘濬都相信并且迷惑于严道育的巫术。刘劭、刘濬都多有过错，屡屡受到宋文帝盘问责备，于是，两人让严道育祈求鬼神，想要使得宋文帝听不到他们的过失，严道育说："我已经替你们向上天陈述请求，必定不会泄露你们的过失。"刘劭等人尊敬地奉事严道育，称呼她为天师。在这以后，刘劭、刘濬就与严道育、王鹦鹉，以及东阳公主的家奴陈天与、黄门陈庆国等人共同进行巫术咒语活动，他们让人雕琢玉石，作成一尊宋文帝的雕像，把它埋在含章殿的前面。刘劭增补陈天与为太子宫亲兵的队主。

东阳公主刘英娥去世，婢女王鹦鹉应当出嫁，刘劭、刘濬担心巫术咒语泄露出去，刘濬府佐、吴兴人沈怀远一向受到刘濬厚爱，于是把王鹦鹉嫁给沈怀远为妾。

宋文帝听说陈天与担任队主，由此指责刘劭说："你所任用的队主、队副，为什么都是家奴？"刘劭很恐惧，在信中告诉了刘濬。刘濬复信说："如果哪个人过问这类事情没有休止，正可以加速缩短他的馀生，有可能这是大喜庆的日子快要到了。"刘劭、刘濬相互往来的信件中，经常称宋文帝为"彼人"，有时称为"其人"，称江夏王刘义恭为"佞人"。

王鹦鹉原来与陈天与私通，嫁给沈怀远以后，担心奸情泄露，就把此事报告了刘劭，让刘劭派人秘密杀死了陈天与。陈庆国非常恐惧，说："巫术咒语的事，只有我与陈天与上下传达。现在陈天与死了，我恐怕也很危险了！"于是把这事全部报告了宋文帝。宋文帝大为吃惊，立即派人逮捕王鹦鹉，查封籍没她家，搜到刘劭、刘濬两人来往信件数百封，都是一些巫术诅咒之类的语言，又挖出埋在含章殿前面的玉石雕刻的文帝像，文帝下令有关部门严厉追查这件事情。严道育逃亡在外，搜捕她，没有抓到。

先是,濬自扬州刺史出镇京口,及庐陵王绍以疾解扬州,意谓己必复得之。既而上用南谯王义宣,濬殊不乐,乃求镇江陵,上许之。濬入朝,遣还京口,为行留处分,至京口数日而巫蛊事发。上怅叹弥日,谓潘淑妃曰:"太子图富贵,更是一理,虎头复如此,非复思虑所及。汝母子岂可一日无我邪?"遣中使切责劭、濬,劭、濬惶惧无辞,唯陈谢而已。上虽怒甚,犹未忍罪也。

三十年春正月壬午,以征北将军始兴王濬为荆州刺史。帝怒未解,故濬久留京口。既除荆州,乃听入朝。

严道育之亡命也,上分遣使者搜捕甚急。道育变服为尼,匿于东宫,又随始兴王濬至京口,或出止民张旿家。濬入朝,复载还东宫,欲与俱往江陵。丁巳,上临轩,濬入受拜。是日,有告道育在张旿家者,上遣掩捕,得其二婢,云道育随征北还都。上谓濬与太子劭已斥遣道育,而闻其犹与往来,惆怅恍骇,乃命京口送二婢,须至检覆,乃治劭、濬之罪。

潘淑妃抱濬泣曰:"汝前祝诅事发,犹冀能刻意思愆,何意更藏严道育?上怒甚,我叩头乞恩不能解,今何用生为?可送药来,当先自取尽,不忍见汝祸败也。"濬奋衣起曰:"天下事寻自当判,愿小宽虑,必不上累!"

在此之前,刘濬从扬州刺史一职调到京口镇守,到庐陵王刘绍因为有病解除扬州刺史职务,刘濬心里想自己必定再次得到扬州刺史的职务。不久,宋文帝任用南谯王刘义宣担任扬州刺史,刘濬很不高兴,于是请求去镇守江陵,宋文帝答应了他。刘濬入朝拜见宋文帝,然后派遣他返回京口,办理交接事宜,刘濬到京口几天,关于巫术咒语的事情败露。宋文帝为此整天怅恨叹息,对潘淑妃说:"太子刘劭贪图荣华富贵,他这样做还可以理解有他自己的理由,虎头刘濬也像这样做,这又不是我反复考虑所想得到的事情。你们母子难道可以一天没有我吗?"宋文帝派遣中使严厉斥责刘劭、刘濬,刘劭、刘濬惊惶恐惧,无言以对,只是请罪罢了。宋文帝虽然极为愤怒,还是不忍心治他们的罪。

三十年(453)春季正月壬午(初八),宋文帝任命征北将军、始兴王刘濬为荆州刺史。宋文帝的怒气尚未消除,所以刘濬长久地滞留在京口,直到任命他为荆州刺史,才让他入京朝见。

严道育出逃之后,宋文帝分别派遣使者搜捕,非常急切。严道育改变服饰,打扮成尼姑的模样,躲藏在太子的东宫,后来又跟随始兴王刘濬到京口,有时出入于当地居民张旿的家里。刘濬入京朝见宋文帝,又把她带回太子的东宫,想与她一道前往江陵。丁巳(十一日),宋文帝来到前殿,刘濬入殿,接受荆州刺史的职务。这一天,有人告发严道育藏在张旿家,宋文帝派人前去搜捕,抓到严道育的两个婢女,供称严道育已经跟随征北将军刘濬回到了京师。宋文帝以为刘濬与太子刘劭已经把严道育赶走,而现在听到他们还在与严道育往来,伤心惊叹,于是下令京口押解两个婢女到京师,等到调查结束,再惩治刘劭、刘濬的罪行。

潘淑妃抱着刘濬哭泣着说:"你上次与严道育等人搞巫术咒语的事败露,我还希望你能尽心地反省过失,哪想到你还把严道育窝藏起来!皇上愤怒已极,我叩头求他开恩都不能使他平息愤怒。现在我活着还有什么用呢?你可以把毒药送来,我必首先服饮自杀,不忍看到你的毁灭。"刘濬扬起衣服站起来说:"天下事不久我自当分别处理,愿您稍放宽心,必定不会连累您!"

　　帝欲废太子劭，赐始兴王濬死，先与侍中王僧绰谋之，使僧绰寻汉魏以来废太子、诸王典故，送尚书仆射徐湛之及吏部尚书江湛。

　　武陵王骏素无宠，故屡出外藩，不得留建康。南平王铄、建平王宏皆为帝所爱。铄妃，江湛之妹；随王诞妃，徐湛之之女也。湛劝帝立铄，湛之意欲立诞。僧绰曰："建立之事，仰由圣怀。臣谓唯宜速断，不可稽缓。'当断不断，反受其乱。'愿以义割恩，略小不忍。不尔，便应坦怀如初，无烦疑论。事机虽密，易致宣广，不可使难生虑表，取笑千载。"帝曰："卿可谓能断大事。然此事至重，不可不殷勤三思。且彭城始亡，人将谓我无复慈爱之道。"僧绰曰："臣恐千载之后，言陛下唯能裁弟，不能裁儿。"帝默然。江湛同侍坐，出阁，谓僧绰曰："卿向言将不大伤切直。"僧绰曰："弟亦恨君不直。"

　　铄自寿阳入朝，既至，失旨。帝欲立宏，嫌其非次，是以议久不决。每夜与湛之屏人语，或连日累夕。常使湛之自秉烛，绕壁检行，虑有窃听者。帝以其谋告潘淑妃，淑妃以告濬，濬驰报劭。劭乃密与腹心队主陈叔儿、斋帅张超之等谋为逆。

　　初，帝以宗室强盛，虑有内难，特加东宫兵，使与羽林相若，

宋文帝想废黜太子刘劭，并想令始兴王刘濬自杀，他先与侍中王僧绰谋划这件事，并让王僧绰查找汉、魏以来废黜太子、诸王的先例，分别送给尚书仆射徐湛之和吏部尚书江湛。

武陵王刘骏一向不受文帝的宠爱，因此多次出到外地藩镇做官，不能留在都城建康任职。南平王刘铄、建平王刘宏都为宋文帝所宠爱。刘铄的妃子是江湛的妹妹，随王刘诞的妃子是徐湛之的女儿。江湛劝宋文帝立刘铄为太子，徐湛之心想让刘诞立为太子。王僧绰说："拥立太子这件事情，应该依靠圣上来决定。我认为只是应该迅速决断，不可迟滞延缓。'应当决断而不作决断，反而会招受这种做法带来的祸乱。'谨愿陛下以国家大义割舍您的骨肉亲情，不要在小事上不忍。不然，便应当坦荡地像当初那样慈父般地对待儿子，不要再不厌其烦地怀疑谈论这些事情。拥立太子的事虽然极为秘密，但容易导致宣露传布，不能够使得灾难发生在您的考虑之外，从而被后世千载的人们作为笑料。"宋文帝说："你可以说能够决断大事。然而这件事情极为重要，不可不非常慎重小心，再三思量。况且彭城王刘义康刚刚去世，别人将会说我不再有慈爱之心了。"王僧绰说："我担心在千载以后，人们会说陛下只能制裁弟弟，不能制裁儿子。"宋文帝沉默不语。江湛一同奉侍陪坐，出阁门以后，对王僧绰说："你刚才所说的话恐怕太过于直切些了。"王僧绰说："小弟我也遗憾你太不直切了。"

刘铄从寿阳入京朝见，到达京城以后，宋文帝对他很失望。宋文帝想要立刘宏为太子，又疑惑这样做不符合长幼次序，因此商议了很久也不能决断。宋文帝每天夜里要与徐湛之屏退闲人，秘密交谈，有时整天整夜。宋文帝经常让徐湛之亲自拿着蜡烛，绕着墙壁检查行视，担心有偷听的人。宋文帝把他的谋划告诉了潘淑妃，潘淑妃将此告诉刘濬，刘濬驰马飞报刘劭。刘劭于是秘密与他的心腹、队主陈叔儿、斋帅张超之等人谋划进行叛乱。

当初，宋文帝因为宗室强盛，担心诸位弟弟发生变难，特地加强了太子东宫的兵力，使太子东宫的兵力和羽林军差不多，

至有实甲万人。劭性黯而刚猛,帝深倚之。及将作乱,每夜缮将士,或亲自行酒。王僧绰密以启闻。会严道育婢将至,癸亥夜,劭诈为帝诏云:"鲁秀谋反,汝可平明守阙,帅众入。"因使张超之等集素所畜养兵士二千馀人,皆被甲,召内外幢队主副,豫加部勒,云有所讨。夜,呼前中庶子右军长史萧斌、左卫率袁淑、中舍人殷仲素、左积弩将军王正见并入宫。

劭流涕谓曰:"主上信谗,将见罪废。内省无过,不能受枉。明旦当行大事,望相与戮力。"因起,遍拜之,众惊愕,莫能对。久之,淑、斌皆曰:"自古无此。愿加善思。"劭怒,变色。斌惧,与众俱曰:"当竭身奉令。"淑叱之曰:"卿便谓殿下真有是邪?殿下幼尝患风,或是疾动耳。"劭愈怒,因眄淑曰:"事当克不?"淑曰:"居不疑之地,何患不克?但既克之后,不为天地所容,大祸亦旋至耳。假有此谋,犹将可息。"左右引淑出,曰:"此何事,而云可罢乎?"淑还省,绕床行,至四更乃寝。

甲子,宫门未开,劭以朱衣加戎服上,乘画轮车,与萧斌同载,卫从如常入朝之仪。呼袁淑甚急,淑眠不起,劭停车奉化门催之相续。淑徐起,至车后,劭使登车,又辞不

发展到拥有实际兵力一万人。刘劭生性狡猾而又刚强勇猛,宋文帝深深地倚重他。到了即将发动叛乱的时候,刘劭每天夜里都设宴招待太子东宫军队的将士,有时亲自前来敬酒。王僧绰秘密将这些报告给宋文帝。正好严道育的两个婢女将要押到,癸亥这天晚上,刘劭伪造宋文帝的诏书说:"鲁秀图谋反叛,你可以清晨守住宫门,率领军队入宫。"刘劭于是派遣张超之等集合平时特别豢养的士卒两千多人,全部披上铠甲,召集内外幢队的队主、队副,让他们加以统率指挥,声称有紧急征讨任务。这天夜里,刘劭传唤前中庶子右军长史萧斌、左卫率袁淑、中舍人殷仲素、左积弩将军王正见一道入太子东宫。

刘劭涕泪横流地对他们说:"主上听信谗言,我将要被加罪废黜。我自己反省并没有什么过失,不能够受到冤枉。明天早晨我必将进行一件大事,希望你们和我共同努力。"刘劭于是从座位上起来,对在座各位一一跪拜,大家惊奇震撼,没有谁能够回答。过了很久,袁淑和萧斌说:"自古以来都没有这样的事情,谨愿加以好好考虑。"刘劭大怒,改变了脸色。萧斌恐惧,与众人一起说:"我们必当竭尽全力执行命令。"袁淑呵责他们说:"你们就认为殿下真会做这样的事吗?殿下年幼的时候曾经患过疯病,有可能是疯病发作了。"刘劭更加愤怒,斜着眼睛看着袁淑说:"我的事能不能办成?"袁淑说:"你现在处在不被人怀疑的地位,为什么担心不能成功呢?但是在事情成功之后,不会被天地所容,大祸也就立即到来了。如果真有这个谋划,还可以收回。"左右把袁淑拉出来,说:"这是什么事,怎么能说可以半途而废呢?"袁淑回来后反复思考,绕着床铺来回走动,直到四更才上床睡觉。

甲子(二十一日),皇宫宫门没有打开,刘劭把红色朝服穿在戎装外面入朝,乘坐画轮车,同萧斌一道坐在车上,侍卫随从如同平常入宫朝拜的礼仪。刘劭派人急忙传唤袁淑,袁淑睡着不起床,刘劭把车停在奉化门旁,不断派人前去催促。袁淑慢慢起床,来到刘劭乘坐的车的后面,刘劭让他登上车,袁淑又推辞不肯

上,劭命左右杀之。守门开,从万春门入。旧制,东宫队不得入城。劭以伪诏示门卫曰:"受敕,有所收讨。"令后队速来。张超之等数十人驰入云龙门及斋阁,拔刃径上合殿。帝其夜与徐湛之屏人语至旦,烛犹未灭,门阶户席直卫兵尚寝未起。帝见超之入,举几捍之,五指皆落,遂弑之。湛之惊起,趣北户,未及开,兵人杀之。劭进至合殿中阁,闻帝已殂,出坐东堂。萧斌执刀侍直,呼中书舍人顾嘏,嘏震惧,不时出,既至,问曰:"欲共见废,何不早启?"嘏未及答,即于前斩之。江湛直上省,闻喧噪声,叹曰:"不用王僧绰言,以至于此!"乃匿傍小屋中,劭遣兵就杀之。

宿卫旧将罗训、徐罕皆望风屈附。左细仗主、广威将军吴兴卜天与不暇被甲,执刀持弓,疾呼左右出战。徐罕曰:"殿下入,汝欲何为?"天与骂曰:"殿下常来,云何于今乃作此语? 只汝是贼!"手射劭于东堂,几中之。劭党击之,断臂而死。队将张泓之、朱道钦、陈满与天与俱战死。左卫将军尹弘惶怖通启,求受处分。劭使人从东阁入,杀潘淑妃及太祖亲信左右数十人,急召始兴王濬使帅众屯中堂。

濬时在西州,府舍人朱法瑜奔告濬曰:"台内喧噪,宫门皆闭,道上传太子反,未测祸变所至。"濬阳惊曰:"今当

上，刘劭命令左右的人杀死了他。等到宫门打开，刘劭一行人从万春门进入宫中。按照惯例，太子东宫卫队不得进入宫城中。刘劭把伪造的诏书拿出给宫门侍卫看，说："我接皇上旨令，有进宫收捕诛讨的任务。"下令后面的队伍迅速前来。张超之等数十人飞奔进入云龙门来到斋阁，拔出佩刀径直登上合殿。宋文帝这天晚上与徐湛之屏退闲人秘密交谈，到第二天早晨，蜡烛还没有熄灭，在门前、台阶、坐席值班的卫兵还在睡觉没有起床。宋文帝见到张超之进来，举起小几保护自己，五个手指都被砍掉了，于是把宋文帝杀了。徐湛之大惊而起，向北面小门奔去，还没有打开小门，士卒们杀死了他。刘劭进到合殿的中门，听到宋文帝已死，出来登坐东堂。萧斌持刀站在一旁侍奉护卫，传唤中书舍人顾嘏。顾嘏震惊害怕，没有按时出来，到达以后，刘劭问道："皇上想把我们一齐废黜，为什么不早告诉我？"顾嘏还没有来得及回答，刘劭就上前斩杀了他。江湛正在上省值班，听到喧哗鼓噪的声音，叹息说："不采用王僧绰的话，以至于发展到这样的地步！"于是躲藏在旁边的一间小屋里，刘劭派兵前去就地杀死了他。

皇宫值宿卫队原来的将领罗训、徐罕都望风归降。左细仗主、广威将军、吴兴人卜天与，顾不上披上铠甲，就一手拿刀一手持弓，急呼左右出来迎战。徐罕说："殿下入宫，你想干什么？"卜天与骂道："殿下常常前来，你为何在今天才说这种话？只有你就是逆贼！"卜天与手持弓箭，在东堂一箭射向刘劭，几乎射中了他。刘劭的党羽上前攻击卜天与，卜天与手臂被砍断而死。皇宫卫队将领张泓之、朱道钦、陈满等与卜天与一道战死。左卫将军尹弘惊惶恐怖，前往启禀刘劭，请求接受处罚。刘劭派人从东阁门进入后宫，杀死潘淑妃以及太祖的亲信左右数十人，刘劭紧急传召始兴王刘濬，让他率领军队驻扎在中堂。

刘濬当时正在西州，府舍人朱法瑜飞奔前来报告刘濬说："朝廷里面喧哗鼓噪，宫门全部紧闭，路上纷传太子谋反，还不知道灾祸变乱发展的结果。"刘濬假装吃惊地说："现在我们应当

奈何?"法瑜劝入据石头。濬未得劭信,不知事之济不,骚扰不知所为。将军王庆曰:"今宫内有变,未知主上安危,凡在臣子,当投袂赴难。凭城自守,非臣节也。"濬不听,乃从南门出,径向石头,文武从者千馀人。时南平王铄戍石头,兵士亦千馀人。俄而劭遣张超之驰马召濬,濬屏人问状,即戎服乘马而去。朱法瑜固止濬,濬不从。出中门,王庆又谏曰:"太子反逆,天下怨愤。明公但当坚闭城门,坐食积粟,不过三日,凶党自离。公情事如此,今岂宜去?"濬曰:"皇太子令,敢有复言者斩!"既入,见劭,劭谓濬曰:"潘淑妃遂为乱兵所害。"濬曰:"此是下情由来所愿。"

劭诈以太祖诏召大将军义恭、尚书令何尚之入,拘于内。并召百官,至者才数十人。劭遽即位,下诏曰:"徐湛之、江湛弑逆无状,吾勒兵入殿,已无所及,号恸崩衄,肝心破裂。今罪人斯得,元凶克殄,可大赦,改元太初。"

即位毕,亟称疾还永福省,不敢临丧。以白刃自守,夜则列灯以防左右。以萧斌为尚书仆射、领军将军,以何尚之为司空,前右卫率檀和之戍石头,征虏将军营道侯义綦镇京口。义綦,义庆之弟也。乙丑,悉收先给诸处兵还武库,杀江、徐亲党尚书左丞荀赤松、右丞臧凝之等。凝之,焘之孙也。以殷仲素为黄门侍郎,王正见为左军将军,张超之、陈叔儿等皆拜官、赏赐有差。辅国将军鲁秀在建康,

怎么办?"朱法瑜劝说刘濬进入并据守石头城。刘濬还没有得到刘劭的信,不知道事情成功与否,烦躁不安,不知道干什么才好。将军王庆说:"现在宫廷之内发生变乱,还不知道主上的安危,凡是作为臣属与儿子,必当卷起衣袖,前去救难。凭借城池自己防卫,这是不符合人臣志节的行为。"刘濬不肯听取,于是从南门出去,径直奔向石头城,文武官员随从的有一千多人。当时南平王刘铄戍守石头城,士卒也有一千多人。不久,刘劭派遣张超之飞马前来传召刘濬,刘濬屏退闲人询问事情经过,随即穿着戎服乘马而去。朱法瑜极力劝阻刘濬,刘濬不听。刘濬出中门,王庆又劝阻他说:"太子谋反叛逆,天下怨恨气愤。明公你只应当紧闭城门坚守,坐吃积储的粮食,不超过三天,反叛的逆党自然会分崩离析。你面前的情势事态如此清楚,现在怎么适合前去呢?"刘濬说:"皇太子的命令,胆敢有再说的,斩首!"进入宫中以后,刘濬拜见刘劭,刘劭对刘濬说:"潘淑妃已经被乱兵所杀。"刘濬说:"这正是我一直盼望的事。"

刘劭假称根据宋文帝的诏令,征召大将军刘义恭、尚书令何尚之入宫,拘禁在宫廷之内,并召集文武百官,来到的才几十个人。刘劭匆忙继承帝位,颁布诏书说:"徐湛之、江湛两人谋杀皇帝,图谋反叛,很不像话,我率领军队进入殿中,已经无法加以制止,我只能悲号痛哭皇上的驾崩,心肝欲裂。现在罪恶之徒已经被杀,元凶已被消灭,可以实行大赦,改年号为太初。"

刘劭继承帝位完毕,立即宣称有病回到永福省,不敢主持父亲的丧礼。刘劭以佩刀自我护卫,夜里则灯火通明以防左右谋害。刘劭任命萧斌为尚书仆射、领军将军,何尚之为司空,命前右卫率檀和之戍守石头城,征虏将军、营道侯刘义綦镇守京口。刘义綦是刘义庆的弟弟。乙丑(二十二日),刘劭下令全部收缴原来发给各处的武器放回武器仓库之中,诛杀江湛、徐湛之的亲信党羽尚书左丞荀赤松、右丞臧凝之等人。臧凝之是臧焘的孙子。刘劭又任命殷仲素为黄门侍郎,王正见为左军将军,张超之、陈叔儿等人也都区分等级,授予官职,赏赐物品。辅国将军鲁秀当时正在建康,

劭谓秀曰："徐湛之常欲相危,我已为卿除之矣。"使秀与屯骑校尉庞秀之对掌军队。劭不知王僧绰之谋,以僧绰为吏部尚书,司徒左长史何偃为侍中。

武陵王骏屯五洲,沈庆之自巴水来,咨受军略。三月乙亥,典签董元嗣自建康至五洲,具言太子弑逆,骏使元嗣以告僚佐。沈庆之密谓腹心曰："萧斌妇人,其馀将帅,皆易与耳。东宫同恶,不过三十人,此外屈逼,必不为用。今辅顺讨逆,不忧不济也。"

太子劭分浙东五郡为会州,省扬州,立司隶校尉,以其妃父殷冲为司隶校尉。冲,融之曾孙也。以大将军义恭为太保,荆州刺史南谯王义宣为太尉,始兴王濬为骠骑将军,雍州刺史臧质为丹杨尹,会稽太守随王诞为会州刺史。

劭料检文帝巾箱及江湛家书疏,得王僧绰所启飨士并前代故事,甲申,收僧绰,杀之。僧绰弟僧虔为司徒左西属,所亲咸劝之逃,僧虔泣曰："吾兄奉国以忠贞,抚我以慈爱,今日之事,苦不见及耳。若得同归九泉,犹羽化也。"劭因诬北第诸王侯,云与僧绰谋反,杀长沙悼王瑾、瑾弟楷、临川哀王烨、桂阳孝侯觊、新渝怀侯玠,皆劭素所恶也。瑾,义欣之子;烨,义庆之子;觊、玠,义庆之弟子也。

刘劭对鲁秀说："徐湛之经常想危害你，我已经为你除掉了他。"刘劭让鲁秀与屯骑校尉庞秀之一起执掌左右军队。刘劭不知道王僧绰参与了废立的密谋，任命王僧绰为吏部尚书，任命司徒左长史何偃担任侍中。

武陵王刘骏驻扎在五洲，沈庆之从巴水前来，请教禀受用兵的策略。三月乙亥（初二），典签董元嗣从建康到达五洲，详细叙说了太子刘劭谋杀皇上、反叛逆乱的情况，刘骏让董元嗣把这些情况告诉手下僚属。沈庆之秘密地对他的心腹说："萧斌像个怯弱无能的妇道人家，其馀将帅都很容易对付。太子东宫同刘劭死心作恶的不超过三十人，除此之外都屈服于逼迫，必定不会为他效力。现在我们辅佐顺应天下人心的人，讨伐反叛逆贼，不担心不能成功。"

太子刘劭把浙江东部五郡分出，设立会州，裁撤扬州，设立司隶校尉，任命自己妃子的父亲殷冲为司隶校尉。殷冲是殷融的曾孙。刘劭又任命大将军刘义恭为太保，荆州刺史、南谯王刘义宣为太尉，始兴王刘濬为骠骑将军，雍州刺史臧质为丹杨尹，会稽太守、随王刘诞为会州刺史。

刘劭整理检查文帝装有机密文书档案的箱子以及江湛家里的信件奏疏，得到了王僧绰呈报给文帝的关于犒劳将士以及前代废黜太子、诸王的诸多材料，甲申（十一日），便逮捕王僧绰，杀死了他。王僧绰的弟弟王僧虔担任司徒左西属，他的亲近僚属们都劝他逃走，王僧虔流着眼泪说道："我哥哥以自己的忠诚坚贞奉献报效国家，以慈爱之心抚养了我，今天发生的事，我怕的正是自己不被涉及。如果我能和我哥哥一同回到九泉之下，就好像飞升成仙一样。"刘劭乘机诬陷在台城北列第的各位王、侯，说他们与王僧绰一起图谋反叛，于是杀死长沙悼王刘瑾、刘瑾的弟弟刘楷、临川哀王刘烨、桂阳孝侯刘觊、新渝怀侯刘玠，这些人都是刘劭平常所厌恶的人。刘瑾是刘义欣的儿子，刘烨是刘义庆的儿子，刘觊、刘玠是刘义庆的侄儿。

劭密与沈庆之手书，令杀武陵王骏。庆之求见王，王惧，辞以疾。庆之突入，以劭书示王，王泣求入内与母诀，庆之曰："下官受先帝厚恩，今日之事，唯力是视。殿下何见疑之深？"王起再拜曰："家国安危，皆在将军。"庆之即命内外勒兵。府主簿颜竣曰："今四方未知义师之举，劭据有天府，若首尾不相应，此危道也。宜待诸镇协谋，然后举事。"庆之厉声曰："今举大事，而黄头小儿皆得参预，何得不败？宜斩以徇众！"王令竣拜谢庆之，庆之曰："君但当知笔札事耳！"于是专委庆之处分。旬日之间，内外整办，人以为神兵。竣，延之之子也。

庚寅，武陵王戒严誓众。以沈庆之领府司马；襄阳太守柳元景、随郡太守宗悫为谘议参军，领中兵；江夏内史朱脩之行平东将军；记室参军颜竣为谘议参军，领录事，兼总内外；以谘议参军刘延孙为长史、寻阳太守，行留府事。延孙，道产之子也。

南谯王义宣及臧质皆不受劭命，与司州刺史鲁爽同举兵以应骏。质、爽俱诣江陵见义宣，且遣使劝进于王。辛卯，臧质子敦等在建康者闻质举兵，皆逃亡。劭欲相慰悦，下诏曰："臧质，国戚勋臣，方赞翼京辇，而子弟波迸，良可怪叹。可遣宣譬令还，咸复本位。"劭寻录得敦，使大将军义恭行训杖三十，厚给赐之。

刘劭秘密给沈庆之写了封信,命他杀掉武陵王刘骏。沈庆之求见武陵王,武陵王非常恐惧,以身体有病推辞。沈庆之突然闯进来,把刘劭的信拿给武陵王看,武陵王哭着请求进内室与母亲诀别,沈庆之说:"下官我承受先帝的厚恩,今天要做的事,只看力量的大小了。殿下为什么对我怀疑这么深?"武陵王起来再向沈庆之叩拜说:"我个人和国家的安危,都在将军你的身上了!"沈庆之于是命令王府内外部署军队。王府主簿颜竣说:"现在天下四方不知道我们这支仁义之师即将举事,刘劭占据着都城建康,如果我们举事后首尾不能相互接应,这可是一条危险之道啊! 应该等到各地将帅协力谋划,然后再举大事。"沈庆之厉声说:"现在兴举大事,连黄毛小子都得以参与,刘劭怎能不败亡? 应该斩了他示众!"武陵王刘骏令颜竣向沈庆之跪拜道歉,沈庆之说:"你只知道写写文章这类笔头上的事情罢了。"于是刘骏一切委托沈庆之处置安排。在十天之内,沈庆之把军队的内外事务整顿办理好,人们认为这支军队是神兵。颜竣是颜延之的儿子。

　　庚寅(十七日),武陵王刘骏下令戒严誓师。任命沈庆之为代理府司马;任命襄阳太守柳元景、随郡太守宗悫为谘议参军,统领中军;任命江夏内史朱修之代理平东将军;任命记室参军颜竣为谘议参军,领录事,并兼理内外全局;任命谘议参军刘延孙为长史、寻阳太守,兼行留府事务。刘延孙是刘道产的儿子。

　　南谯王刘义宣以及雍州刺史臧质都不接受刘劭的委任命令,与司州刺史鲁爽一同举兵以响应刘骏。臧质、鲁爽都到江陵晋见刘义宣,并且派遣使者劝说武陵王刘骏登基称帝。辛卯(十八日),臧质在建康的儿子臧敦等听到父亲臧质举兵起义,都逃走了。刘劭想要安慰、取悦他们,下诏说:"臧质是皇亲国戚、有功之臣,正要帮助、振翼我治理京师,而他的儿子、兄弟们四处逃散,的确使人奇怪、叹息。可以派人宣谕我的意思,使之了解,并让他们回来,全部恢复本来的官位。"刘劭手下不久抓到了臧敦,刘劭让大将军刘义恭打他三十棍以示训诫,厚厚地赏赐他。

乙未,武陵王发西阳。丁酉,至寻阳。庚子,王命颜竣移檄四方,使共讨劭。州郡承檄,翕然响应。南谯王义宣遣臧质引兵诣寻阳,与骏同下,留鲁爽于江陵。

劭以兖、冀二州刺史萧思话为徐、兖二州刺史,起张永为青州刺史。思话自历城引部曲还彭城,起兵以应寻阳。建武将军垣护之在历城,亦帅所领赴之。南谯王义宣版张永为冀州刺史。永遣司马崔勋之等将兵赴义宣。义宣虑萧思话与永不释前憾,自为书与思话,使长史张畅为书与永,劝使相与坦怀。

随王诞将受劭命,参军事沈正说司马顾琛曰:"国家此祸,开辟未闻。今以江东骁锐之众,唱大义于天下,其谁不响应?岂可使殿下北面凶逆,受其伪宠乎?"琛曰:"江东忘战日久,虽逆顺不同,然强弱亦异,当须四方有义举者,然后应之,不为晚也。"正曰:"天下未尝有无父无君之国,宁可自安仇耻而责义于馀方乎?今正以弑逆冤丑,义不同天,举兵之日,岂求必全邪?冯衍有言:'大汉之贵臣,将不如荆、齐之贱士乎!'况殿下义兼臣子,事实国家者哉!"琛乃与正共入说诞,诞从之。正,田子之兄子也。

劭自谓素习武事,语朝士曰:"卿等但助我理文书,勿措意戎旅。若有寇难,吾自当之。但恐贼虏不敢动耳。"及闻四方兵起,始忧惧,戒严。悉召下番将吏,迁淮南岸

乙未(二十二日),武陵王刘骏带兵从西阳出发。丁酉(二十四日),抵达寻阳。庚子(二十七日),武陵王刘骏命令颜竣向四方发布讨伐檄文,让他们共同讨伐刘劭。各州郡接到檄文,一致响应。南谯王刘义宣派遣臧质带兵到寻阳,和刘骏的军队一道东下,留下鲁爽在江陵镇守。

　　刘劭任命兖、冀二州刺史萧思话为徐、兖二州刺史,擢升张永为青州刺史。萧思话从历城率领自己的家兵回到彭城,起兵响应在寻阳的武陵王刘骏。建武将军垣护之此时正在历城,也率领自己统领的军队赶到那里。南谯王刘义宣自行任命张永为冀州刺史。张永派遣司马崔勋之等人率领军队奔赴刘义宣那里。刘义宣担心萧思话与张永不能解开原来的怨气,就亲自给萧思话写了一封信,让长史张畅写信给张永,劝说促使两人坦诚相待。

　　随王刘诞打算接受刘劭的任命,参军事沈正游说司马顾琛说:"国家这次祸变,自从开国以来还没有听说过。现在以长江东面的骁勇精锐的军队,在天下倡导国家的大义,有谁会不响应?怎么可以使殿下面向北方叩拜凶恶叛逆之人,接他假的宠信呢?"顾琛说:"长江以东的地区忘记战争的时间很久了,虽然叛逆与顺从不相同,但是强弱的形势也是不相同的,必当等待四方有起义举兵的人,然后起来响应他们,也不能算晚。"沈正说:"天下还未曾有过无父无君的国家,难道我们可以自安于仇恨耻辱,而把举义的责任推给别人吗?现在正是由于谋弑叛逆,沉冤耻辱,在道义上不共戴天,仗义起兵之日,怎么要求一定周备呢?冯衍曾经说过:'大汉王朝高贵的臣僚,恐怕还比不上楚国、齐国卑贱的士人啊!'况且殿下兼有臣属和儿子两个方面的大义,这件事情对殿下来说确实关系国家和个人啊!"顾琛于是与沈正一同进府劝说刘诞,刘诞听取了他们的建议。沈正是沈田子的侄子。

　　刘劭自认为平时研习军事,对朝廷官员们说:"你们只要帮我整理文书就行,不必担心战场的情况。如果有贼寇发难,我亲自对付他们。只是怕贼寇不敢行动了。"到听说四方起兵讨伐,才开始忧虑恐惧,下令实行戒严。刘劭全部召集宿卫的将士,把秦淮河南岸的

居民于北岸,尽聚诸王及大臣于城内,移江夏王义恭处尚书下舍,分义恭诸子处侍中下省。

夏四月癸卯朔,柳元景统宁朔将军薛安都等十二军发溢口,司空中兵参军徐遗宝以荆州之众继之。丁未,武陵王发寻阳,沈庆之总中军以从。

劭立妃殷氏为皇后。庚戌,武陵王檄书至建康,劭以示太常颜延之曰:"彼谁笔也?"延之曰:"竣之笔也。"劭曰:"言辞何至于是?"延之曰:"竣尚不顾老臣,安能顾陛下?"劭怒稍解。悉拘武陵王子于侍中下省,南谯王义宣子于太仓空舍。劭欲尽杀三镇士民家口。江夏王义恭、何尚之皆曰:"凡举大事者不顾家,且多是驱逼,今忽诛其室累,正足坚彼意耳。"劭以为然,乃下书一无所问。

劭疑朝廷旧臣皆不为己用,乃厚抚鲁秀及右军参军王罗汉,悉以军事委之。以萧斌为谋主,殷冲掌文符。萧斌劝劭勒水军自上决战,不尔则保据梁山。江夏王义恭以南军仓猝,船舫陋小,不利水战,乃进策曰:"贼骏小年未习军旅,远来疲弊,宜以逸待之。今远出梁山,则京都空弱,东军乘虚,或能为患。若分力两赴,则兵散势离。不如养锐待期,坐而观衅。割弃南岸,栅断石头,此先朝旧法,不忧贼不破也。"

居民迁徙到秦淮河北岸,把诸王和大臣全部聚集到建康城内,迁移江夏王刘义恭居住于尚书下舍,把刘义恭的几个儿子分开居住在侍中下省。

夏季四月癸卯这天是初一,柳元景统率宁朔将军薛安都等十二路军队,从浔口出发,司空中兵参军徐遗宝率领荆州军队跟随在他们后面。丁未(初五),武陵王刘骏从寻阳出发,沈庆之总领中军跟随着他。

刘劭立正妃殷氏为皇后。庚戌(初八),武陵王刘骏的声讨檄文传到建康,刘劭把它拿给太常颜延之看,说:“那是出自谁的笔下?”颜延之说:“那是颜竣的手笔。”刘劭说:“语言词句为什么到了这样的地步?”颜延之说:“颜竣尚且不顾及他的父亲,哪里还能顾及陛下呢?”刘劭的怒气稍稍缓解。刘劭下令把武陵王刘骏的儿子全部囚禁在侍中下省,把南谯王刘义宣的儿子全部囚禁在太仓的空房里面。刘劭想要全部杀死雍、荆、江三州将士留居在京城的家属。江夏王刘义恭、尚书令何尚之都说:“凡是兴举大事的人都不顾及自己的家,况且大多是出于驱使逼迫,现在突然诛杀他们的家室亲属,这正足以坚定他们的意志。”刘劭认为很对,于是颁布诏书一律不予追究。

刘劭怀疑朝廷的旧臣都不为自己所用,于是特别优厚地安抚鲁秀与右军参军王罗汉,把军事方面的重任托付给他们。刘劭把萧斌当作主要谋臣,让殷冲执掌文告符令。萧斌劝告刘劭率水军亲自西上决战,如果不这样就占据保守梁山。江夏王刘义恭认为南方讨伐军队起兵匆忙,船只简陋矮小,不利于水上作战,于是向刘劭进献计策说:“逆贼刘骏年纪小,未曾研习过军事,远道而来,军队疲敝,最好休养安排好自己的军队以等待他们前来进攻。现在远远地出到梁山据守,那么京师就会空虚薄弱,东边的叛军趁虚攻击,有可能成为祸患。如果分开兵力两边迎战,那么兵力分散,势力孤单。不如蓄养锐气,等待时期,坐在这里,观察机会。还可以放弃秦淮河以南的地区,用木栅切断石头城与外面的来往,这是前朝对付外敌入侵的旧法,不担心逆贼不能击破。”

劭善之。斌厉色曰："南中郎二十年少,能建如此大事,岂复可量?三方同恶,势据上流。沈庆之甚练军事,柳元景、宗悫屡尝立功,形势如此,实非小敌。唯宜及人情未离,尚可决力一战。端坐台城,何由得久?今主、相咸无战意,岂非天也?"劭不听。或劝劭保石头城。劭曰:"昔人所以固石头城者,俟诸侯勤王耳。我若守此,谁当见救?唯应力战决之,不然,不克。"日日自出行军,慰劳将士,亲督都水治船舰。壬子,焚淮南岸室屋、淮内船舫,悉驱民家渡水北。

立子伟之为皇太子。以始兴王濬妃父褚湛之为丹杨尹。湛之,裕之之兄子也。濬为侍中、中书监、司徒、录尚书六条事,加南平王铄开府仪同三司,以南兖州刺史建平王宏为江州刺史。太尉司马庞秀之自石头先众南奔,人情由是大震。以营道侯义綦为湘州刺史,檀和之为雍州刺史。癸丑,武陵王军于鹊头。宣城太守王僧达得武陵王檄,未知所从。客说之曰:"方今衅逆滔天,古今未有。为君计,莫若承义师之檄,移告傍郡。苟在有心,谁不响应?此上策也。如其不能,可躬帅向义之徒,详择水陆之便,致身南归,亦其次也。"僧达乃自候道南奔,逢武陵王于鹊头。王即以为长史。僧达,弘之子也。王初发寻阳,沈庆之谓人曰:"王僧达必来赴义。"人问其故,庆之曰:"吾见

刘劭赞赏他的建议。萧斌严辞厉色地说："南中郎刘骏作为二十岁的少年，能够建树如同这样的大事，怎么还可以那么看待他？三方同时为恶，客观形势上占据着上游有利的地形，沈庆之在军事方面非常练达，柳元景、宗悫曾经屡次建立战功，现在的情形态势就是如此，确实不是弱小的敌人。唯一的办法是趁现在人心军心还没有分崩离析，还可以拼力决一死战。如果稳坐台城等待，凭什么得以长久啊？现在主上和将相都没有战斗的意愿，难道不是天意吗？"刘劭不听取。有人劝刘劭保住石头城。刘劭说："过去人们固守石头城的原因，是等待诸侯前来帮助君王。现在我如果固守这里，谁能来救助？只有全力应付与敌人决一死战，如果不这样，就不会取胜。"刘劭天天亲自前往军中，慰劳将士，亲自督促都水制造船只战舰。壬子(初十)，下令焚烧秦淮河南岸的房屋，以及秦淮河里的游船画舫，驱赶这里的所有百姓，让他们举家渡水到秦淮河北面。

刘劭立儿子刘伟之为皇太子。任命始兴王刘骏妃子的父亲褚湛之为丹杨尹。褚湛之是褚裕之的侄子。任命刘濬为侍中、中书监、司徒、录尚书六条事，加封南平王刘铄为开府仪同三司，任命南兖州刺史建平王刘宏为江州刺史。太尉司马庞秀之在石头城率先从军队中逃走，向南投奔前来讨伐的军队，人心军心因此大为震动。刘劭任营道侯刘义綦为湘州刺史，任命檀和之为雍州刺史。癸丑(十一日)，武陵王刘骏驻军于鹊头。宣城太守王僧达得到武陵王刘骏的檄文，不知道跟随谁好。一位客人劝他说："现在叛逆弑父罪恶滔天，古今未曾有过。为您着想，不如接受义军的檄文，转告附近各郡，如果还有良心存在，谁会不响应？这是上策。如果不能这样做，可以亲自率领归向大义的人，审慎选择水路、陆路的便利通道，自身和他们一同归向南方，这也不失为第二等的策略。"王僧达于是亲自选择捷便小路向南投奔，在鹊头遇上武陵王刘骏，武陵王刘骏于是任命他为长史。王僧达是王弘的儿子。武陵王刘骏刚刚从寻阳出发时，沈庆之对人说："王僧达必定前来归向大义。"人们询问这是什么原因，沈庆之说："我看见

其在先帝前议论开张,执意明决。以此言之,其至必也。"

柳元景以舟舰不坚,惮于水战,乃倍道兼行。丙辰,至江宁步上,使薛安都帅铁骑曜兵于淮上,移书朝士,为陈逆顺。

劭加吴兴太守汝南周峤冠军将军。随王诞檄亦至,峤素恇怯,回惑不知所从。府司马丘珍孙杀之,举郡应诞。

戊午,武陵王至南洲,降者相属。己未,军于溧洲。王自发寻阳,有疾不能见将佐,唯颜竣出入卧内,拥王于膝,亲视起居。疾屡危笃,不任咨禀,竣皆专决。军政之外,间以文教书檄,应接遝迬,昏晓临哭,若出一人,如是累旬,自舟中甲士亦不知王之危疾也。

癸亥,柳元景潜至新亭,依山为垒。新降者皆劝元景速进,元景曰:"不然。理顺难恃,同恶相济,轻进无防,实启寇心。"

元景营未立,劭龙骧将军詹叔儿觇知之,劝劭出战,劭不许。甲子,劭使萧斌统步军,褚湛之统水军,与鲁秀、王罗汉、刘简之等精兵合万人,攻新亭垒,劭自登朱雀门督战。元景宿令军中曰:"鼓繁气易衰,叫数力易竭。但衔枚疾战,一听吾鼓声。"劭将士怀劭重赏,皆殊死战。元景

他在先帝面前发表议论，阐述己见，表明意向清楚，果敢决断，就此而言，他的到来是必然的。"

柳元景因为船舰不坚固，害怕同刘劭的军队进行水战，于是率军日夜兼程，以加倍速度推进。丙辰（十四日），抵达江宁，全军登陆，派薛安都率领铁甲骑兵在秦淮河畔炫耀武力，并且致信朝廷官员，向他们陈述叛逆与顺应大义之间的利害关系。

刘劭加封吴兴太守汝南人周峤为冠军将军。随王刘诞的声讨檄文也到了，周峤一向胆怯，惶惑惊恐，不知道该跟随谁。府司马丘珍孙杀死周峤，带领全郡响应刘诞。

戊午（十六日），武陵王刘骏到达南洲，前来归降的人接连不断。己未（十七日），军队驻扎在溧洲。武陵王刘骏自寻阳出发，有病不能接见将领僚佐，只有颜竣出入刘骏的卧室，他把刘骏抱住坐在自己膝上，亲自料理刘骏的生活起居。刘骏的病多次处于沉重危急的地步，不能接受请示听取禀告，颜竣全部独自专断决定。军政大事以外，颜竣间或发布一些有关文治、教化方面的文告，接待安排远近前来归附的人，黄昏和拂晓，每天两次代替刘骏到文帝灵前致哀恸哭，如同真的刘骏一样，像这样连续几十天，即使船舰中全副武装的甲兵也不知道武陵王刘骏的危急病情。

癸亥（二十一日），柳元景率军秘密到达新亭，紧靠山麓筑起营垒。新近归降的人都劝柳元景迅速推进，柳元景说："不能这样。道理顺畅难以依仗，共同作恶的人往往相互帮助，轻率进攻而没有防备，确实将开启逆寇的野心。"

柳元景军队的营垒还没有建好，刘劭的龙骧将军詹叔兒侦察知道了有关情况，他劝说刘劭出兵迎战，刘劭不同意。甲子（二十二日），刘劭派遣萧斌统领步军，褚湛之统领水军，与鲁秀、王罗汉、刘简之等率领的精锐士卒合计一万人，进攻新亭的柳元景军队的营垒，刘劭亲自登上朱雀门督战。柳元景战前下令军中说："战鼓擂得过多，气势容易衰退；呐喊助威时间过久，力量容易衰竭。你们只管默不作声，奋力作战，只听我的鼓声进攻。"刘劭的将士想着刘劭许下的重赏，都殊死力战。柳元景的军队

水陆受敌，意气弥强，麾下勇士，悉遣出斗，左右唯留数人宣传。劭兵势垂克，鲁秀击退鼓，劭众遽止。元景乃开垒鼓噪以乘之，劭众大溃，坠淮死者甚多。劭更帅馀众，自来攻垒，元景复大破之，所杀伤过于前战，士卒争赴死马涧，涧为之溢。劭手斩退者，不能禁。刘简之死，萧斌被创，劭仅以身免，走还宫。鲁秀、褚湛之、檀和之皆南奔。

丙寅，武陵王至江宁。丁卯，江夏王义恭单骑南奔。劭杀义恭十二子。

劭、濬忧迫无计，以辇迎蒋侯神像置宫中，稽颡乞恩，拜为大司马，封钟山王；拜苏侯神为骠骑将军。以濬为南徐州刺史，与南平王铄并录尚书事。

戊辰，武陵王军于新亭，大将军义恭上表劝进。散骑侍郎徐爰在殿中诳劭，云自追义恭，遂归武陵王。时王军府草创，不晓朝章，爰素所谙练，乃以爰兼太常丞，撰即位仪注。己巳，王即皇帝位，大赦。文武赐爵一等，从军者二等。改谥大行皇帝曰文，庙号太祖。以大将军义恭为太尉、录尚书六条事、南徐州刺史。是日，劭亦临轩拜太子伟之，大赦，唯刘骏、义恭、义宣、诞不在原例。庚子，以南谯王义宣为中书监、丞相、录尚书六条事、扬州刺史，随王诞

水路、陆路都受到敌人的包围,意志更加坚强,士气更加旺盛,他手下的勇士,全部派遣出阵投入战斗,他的左右只留下几个人,宣谕传达号令。刘劭军队马上就要大获全胜,鲁秀误击退鼓,刘劭军队立即停止作战。柳元景于是下令打开营垒,击鼓呐喊,趁机进攻,刘劭军队霎时崩溃败退,落入秦淮河里淹死的人极多。刘劭重新率领剩下的将士,亲自前来攻打柳元景的营垒,柳元景再次大破刘劭的军队,杀死杀伤的士卒超过了前次战斗,刘劭手下的士卒争相跳进死马涧,死马涧里的水因此溢出。刘劭亲手斩杀后退逃跑的士卒,不能禁止。刘简之战死,萧斌遭受重伤,刘劭仅仅免于一死,逃回宫中。鲁秀、褚湛之、檀和之都向南投奔讨伐刘劭的大军。

丙寅(二十四日),武陵王刘骏抵达江宁。丁卯(二十五日),江夏王刘义恭只身骑马向南投奔讨伐刘劭的大军。刘劭杀死刘义恭的十二个儿子。

刘劭、刘濬忧虑急迫,无计可施,用皇帝专用的辇车迎接蒋侯庙的神像放置于宫中,向神像叩头,乞求神灵给予恩典,封拜蒋侯神为大司马,封为钟山王;封拜苏侯神为骠骑将军。刘劭任命刘濬为南徐州刺史,与南平王刘铄一同总领尚书事务。

戊辰(二十六日),武陵王刘骏在新亭驻军,大将军刘义恭上表劝说刘骏即位登基。散骑侍郎徐爰在宫殿中欺骗刘劭,说自己要去追击刘义恭,于是归降了武陵王。当时,武陵王的军府初步创立,不懂得朝廷的典章规则,而徐爰平时熟悉精通这些,于是刘骏任命徐爰兼任太常丞,撰写皇帝即位登基的礼仪条文。己巳(二十六日),武陵王刘骏即皇帝位,实行大赦。文武官员赏赐爵位一等,随从军队的升二等。改变刘劭封给去世不久的父皇的谥号,称为文皇帝,庙号为太祖。刘骏又任命大将军刘义恭为太尉、录尚书六条事、南徐州刺史。这一天,刘劭也亲临金銮殿平台,以礼接见太子刘伟之,实行大赦,只有刘骏、刘义恭、刘义宣、刘诞不在赦令之例。庚子(二十八日),刘骏任命南谯王刘义宣为中书监、丞相、录尚书六条事、扬州刺史,任命随王刘诞

为卫将军、开府仪同三司、荆州刺史，臧质为车骑将军、开府仪同三司、江州刺史，沈庆之为领军将军，萧思话为尚书左仆射。壬申，以王僧达为右仆射，柳元景为侍中、左卫将军，宗悫为右卫将军，张畅为吏部尚书，刘延孙、颜竣并为侍中。

五月癸酉朔，臧质以雍州兵二万至新亭。豫州刺史刘遵考遣其将夏侯献之帅步骑五千军于瓜步。

先是，世祖遣宁朔将军顾彬之将兵东入，受随王诞节度。诞遣参军刘季之将兵与彬之俱向建康，诞自顿西陵，为之后继。劭遣殿中将军燕钦等拒之，相遇于曲阿奔牛塘，钦等大败。劭于是缘淮树栅以自守，又决破岗、方山埭以绝东军。时男丁既尽，召妇女供役。

甲戌，鲁秀等募勇士攻大航，克之。王罗汉闻官军已渡，即放仗降。缘渚幢队以次奔散，器仗鼓盖，充塞路衢。是夜，劭闭守六门，于门内凿堑立栅。城中沸乱，丹杨尹尹弘等文武将吏争逾城出降。劭烧辇及衮冕服于宫庭。萧斌宣令所统，皆使解甲，自石头戴白幡来降。诏斩斌于军门。濬劝劭载宝货逃入海，劭以人情离散，不果行。

乙亥，辅国将军朱脩之克东府。丙子，诸军克台城，各由诸门入会于殿庭，获王正见，斩之。张超之走至合殿御床之所，为军士所杀，刳肠割心，诸将裔其肉，

为卫将军、开府仪同三司、荆州刺史,任命臧质为车骑将军、开府仪同三司、江州刺史,任命沈庆之为领军将军,任命萧思话为尚书左仆射。壬申(三十日),又任命王僧达为右仆射,柳元景为侍中、左卫将军,宗悫为右卫将军,张畅为吏部尚书,刘延孙、颜竣一同担任侍中。

五月癸酉这天是初一,臧质率领雍州将士两万人抵达新亭。豫州刺史刘遵考派遣他手下将领夏侯献之率领步兵、骑兵五千人,驻扎在瓜步。

在这之前,刘骏派遣宁朔将军顾彬之率领军队从东边进入,接受随王刘诞的指挥调遣。刘诞派遣参军刘季之带领军队与顾彬之的军队一同向建康进发,刘诞自己率军驻扎在西陵作为他们的后继部队。刘劭派遣殿中将军燕钦等率军抵抗他们,在曲阿的奔牛塘两军相遇,燕钦等人的军队遭到惨败。刘劭于是下令沿着秦淮河竖立栅栏,以便自卫,又决开破岗、方山埭的河堤,以断绝东面进攻的讨伐军。当时,青壮年男子已经全部征尽,就征召妇女供给使役。

甲戌(初二),鲁秀等人招募勇士进攻大航,攻克了它。王罗汉听到讨伐大军已经渡过秦淮河,于是放下武器投降。刘劭手下沿秦淮河北岸的守军,相继奔逃离散,器械、武器、战鼓、车盖等,充斥于道路。这天夜里,刘劭下令紧闭台城六门,在门内挖掘壕沟,树立栅栏。京城之中,翻腾混乱,丹杨尹尹弘等文武官吏将领争相越过城墙向讨伐大军投降。刘劭在宫廷中焚烧辇车以及加冕时的冠帽衣裳。萧斌下令他所统领的军队,都让他们放下武器,从石头城顶着白旗前来投降。刘骏下诏命令在军门处将萧斌斩首。刘濬劝刘劭带着宝物钱财逃向大海,刘劭因为人心军心离析散乱,没有走成。

乙亥(初三),辅国将军朱脩之率军攻克刘劭军队驻守的东府。丙子(初四),各路讨伐军攻克台城,由各门涌入,在金銮殿庭会合,擒获王正见,斩杀了他。张超之逃到合殿放置皇帝御床处,被讨伐的将士们所杀,挖了他的肠子,割了他的心,各位将领切下他的肉,

生啖之。建平等七王号哭俱出。劭穿西垣，入武库井中，队副高禽执之。劭曰："天子何在？"禽曰："近在新亭。"至殿前，臧质见之恸哭，劭曰："天地所不覆载，丈人何为见哭？"又谓质曰："可得为启，乞远徙不？"质曰："主上近在航南，自当有处分。"缚劭于马上，防送军门。时不见传国玺，以问劭，劭曰："在严道育处。"就取，得之。斩劭及四子于牙下。

濬帅左右数十人挟南平王铄南走，遇江夏王义恭于越城。濬下马曰："南中郎今何所作？"义恭曰："上已君临万国。"又曰："虎头来得无晚乎？"义恭曰："殊当恨晚。"又曰："故当不死邪？"义恭曰："可诣行阙请罪。"又曰："未审犹能赐一职自效不？"义恭又曰："此未可量。"勒与俱归，于道斩之，及其三子。劭、濬父子首并枭于大航，暴尸于市。劭妃殷氏及劭、濬诸女、妾媵，皆赐死于狱。污潴劭所居斋。殷氏且死，谓狱丞江恪曰："汝家骨肉相残，何以枉杀无罪人？"恪曰："受拜皇后，非罪而何？"殷氏曰："此权时耳，当以鹦鹉为后。"褚湛之之南奔也，濬即与褚妃离绝，故免于诛。严道育、王鹦鹉并都街鞭杀，焚尸，扬灰于江。殷冲、尹弘、王罗汉及淮南太守沈璞皆伏诛。

生吞活剥了他。建平王等七王号哭着从被囚禁的地方一起逃出。刘劭挖通西墙，躲入武器仓库的井中，卫队队副高禽擒获了他。刘劭说："天子在哪里？"高禽说："就在附近的新亭。"高禽将刘劭押到金銮殿前，臧质见到他放声恸哭，刘劭说："这是天地所不容，丈人您为何痛哭？"又对臧质说："可否得以代为启奏，我刘劭乞求能否流放到边远之地？"臧质说："主上如今近在大航的南面，对你自然必当有安排处置。"于是把刘劭捆绑在马上，护送到军营大门。当时，找不到传国玉玺，以此追问刘劭，刘劭说："传国玉玺在严道育那里。"派人到严道育那里去取，果然得到了玉玺。刘骏下令在牙旗之下将刘劭和他的四个儿子斩首。

刘濬率左右随从数十人，挟持南平王刘铄向南逃跑，在越城遇到江夏王刘义恭。刘濬下马说："南中郎刘骏现在在做什么？"刘义恭说："皇上现在已经君临天下。"刘濬又说："虎头我来得不晚吗？"刘义恭说："实在遗憾太晚了。"刘濬又说："所以我该不会被处死吧。"刘义恭说："你可以到行宫请求处罚。"刘濬又说："不知道皇上还能不能赐我一个官职，让我为他效力？"刘义恭说："这不可估量。"刘义恭带刘濬一起从越城向建康回归，在路途中斩杀了刘濬，同时斩杀了他的三个儿子。刘劭、刘濬父子的头都被砍下来悬挂在大航，尸体被丢在街市示众。刘劭的妃子殷氏以及刘劭、刘濬的所有女儿、姬妾，都在监狱中被令自杀。在刘劭的住所挖了一个大土坑，里面灌满了污水。刘劭的皇后殷氏在自杀之前，对狱丞江恪说："他们刘家骨肉之间相互残杀，为什么冤杀我这个无罪之人？"江恪说："你接受封拜为皇后，这不是罪又是什么？"殷氏说："这只是暂时的事，刘劭必当封王鹦鹉为皇后。"褚湛之前往南方投奔刘骏的军队时，刘濬即与褚妃分离断绝，因此褚妃获免被诛。严道育、王鹦鹉一道被押到京师的大街上，被用鞭子抽打至死，焚烧了她们的尸体，把她们的骨灰扔到长江里。殷冲、尹弘、王罗汉以及淮南太守沈璞都被诛杀。

庚辰,解严。辛巳,帝如东府,百官请罪,诏释之。甲申,尊帝母路淑媛为皇太后。太后,丹杨人也。乙酉,立妃王氏为皇后。后父偃,导之玄孙也。戊子,以柳元景为雍州刺史。辛卯,追赠袁淑为太尉,谥忠宪公;徐湛之为司空,谥忠烈公;江湛为开府仪同三司,谥忠简公;王僧绰为金紫光禄大夫,谥简侯。壬辰,以太尉义恭为扬、南徐二州刺史,进位太傅,领大司马。

初,劭以尚书令何尚之为司空、领尚书令,子征北长史偃为侍中,父子并居权要。及劭败,尚之左右皆散,自洗黄阁。殷冲等既诛,人为之寒心。帝以尚之、偃素有令誉,且居劭朝用智将迎,时有全脱,故特免之。复以尚之为尚书令,偃为大司马长史,任遇无改。

甲午,帝谒初宁、长宁陵。追赠卜天与益州刺史,谥壮侯。与袁淑等四家,长给廪禄。张泓之等各赠郡守。戊戌,以南平王铄为司空,建平王宏为尚书左仆射,萧思话为中书令、丹杨尹。六月丙午,帝还宫。

初,帝之讨西阳蛮也,臧质使柳元景将兵会之。及质起兵,欲奉南谯王义宣为主,潜使元景帅所领西还,元景即以质书呈帝,语其信曰:“臧冠军当是未知殿下义举耳。方应伐逆,不容西还。”质以此恨之。及元景为雍州,质虑其为荆、江后患,建议元景当为爪牙,不宜远出。帝重违其言,戊申,

庚辰（初八），建康解除戒严。辛巳（初九），皇帝刘骏到东府，文武百官向刘骏请求治罪，刘骏下诏免除他们的罪责。甲申（十二日），刘骏尊奉母亲路淑媛为皇太后。路太后是丹杨人。乙酉（十三日），立王妃王氏为皇后。皇后的父亲王偃是王导的玄孙。戊子（十六日），任命柳元景为雍州刺史。辛卯（十九日），追赠袁淑为太尉，谥号为忠宪公；追赠徐湛之为司空，谥号为忠烈公；追赠江湛为开府仪同三司，谥号为忠简公；追赠王僧绰为金紫光禄大夫，谥号为简侯。壬辰（二十日），任命太尉刘义恭为扬州、南徐州二州刺史，晋升官位为太傅，兼任大司马。

当初，刘劭任尚书令何尚之为司空，兼尚书令，儿子征北长史何偃为侍中，父子同在刘劭手下居要职。到刘劭败亡，何尚之左右人员四处逃散，何尚之亲手清洗黄阁。殷冲等人被诛杀后，人们都为何尚之担忧。皇帝刘骏认为何尚之、何偃父子平时有很好的名声，且处于刘劭的朝中能够用智慧准备迎接讨逆军，经常救助他人免于灾祸，所以特地赦免了何氏父子。再次任命何尚之担任尚书令，何偃担任大司马长史，对他们的任用与地位没有改变。

甲午（二十二日），皇帝刘骏拜谒初宁、长宁二陵。追赠卜天与为益州刺史，谥号为壮侯。加上袁淑等共计四家，由朝廷长期供给他们的后代粮食薪俸。张泓之等人各被追赠为郡守。戊戌（二十六日），任命南平王刘铄为司空，建平王刘宏为尚书左仆射，萧思话为中书令、丹杨尹。六月丙午（初五），皇帝刘骏返回宫中。

当初，刘骏讨伐西阳蛮，臧质派遣柳元景带领军队前往与刘骏的军队会合。到臧质起兵反抗刘劭，打算拥戴南谯王刘义宣为帝，秘密派人让柳元景率领所统辖的军队向西返回，柳元景就将臧质的信呈报刘骏，并且对送信的人说：“臧冠军将军必定是不知道武陵王殿下的兴兵义举。目前正是应当讨伐叛逆的时候，不容许我向西撤退回师。”臧质因此痛恨柳元景。到朝廷任命柳元景担任雍州刺史，臧质担心柳元景将来成为荆州、江州的后患，向皇帝刘骏建议说，柳元景应当成为朝廷的得力帮手，不适合远出京师。皇帝刘骏不好拒绝他的建议，戊申（初七），

以元景为护军将军,领石头戍事。己酉,以司州刺史鲁爽为南豫州刺史。庚戌,以卫将军司马徐遗宝为兖州刺史。庚申,诏有司论功行赏,封颜竣等为公、侯。辛未,徙南谯王义宣为南郡王,随王诞为竟陵王,立义宣次子宜阳侯恺为南谯王。闰月壬申,以领军将军沈庆之为南兖州刺史,镇盱眙。癸酉,以柳元景为领军将军。丞相义宣固辞内任及子恺王爵。甲午,更以义宣为荆、湘二州刺史,恺为宜阳县王,将佐以下并加赏秩。以竟陵王诞为扬州刺史。

秋七月,南平穆王铄素负才能,意常轻上。又为太子劭所任,出降最晚。上潜使人毒之,己巳,铄卒,赠司徒,以商臣之谥谥之。

冬十一月丙午,以左军将军鲁秀为司州刺史。十二月癸未,以将置东宫,省太子率更令等官,中庶子等各减旧员之半。

孝武帝孝建元年春正月己亥,改元,大赦。甲辰,以尚书令何尚之为左光禄大夫、护军将军,以左卫将军颜竣为吏部尚书、领骁骑将军。丙子,立皇子业为太子。

改任柳元景为护军将军，兼任石头戍事。己酉（初八），任命司州刺史鲁爽为南豫州刺史。庚戌（初九），任命卫将军司马徐遗宝为兖州刺史。庚申（十九日），皇帝刘骏下诏有关机构论定讨逆功劳，分别给予赏赐，加封颜竣等人为公、侯。辛未（三十日），改封南谯王刘义宣为南郡王，改封随王刘诞为竟陵王，改立刘义宣的次子宜阳侯刘恺为南谯王。闰六月壬申（初一），任命领军将军沈庆之为南兖州刺史，镇守盱眙。癸酉（初二），任命柳元景为领军将军。丞相刘义宣坚决辞让他在朝廷担任的官职以及他的儿子刘恺的王爵。甲午（二十三日），皇帝刘骏改任刘义宣为荆州、湘州二州的刺史，改任刘恺为宜阳县王，朝廷对将佐以下的文武官员一并加以赏赐官秩。任命竟陵王刘诞为扬州刺史。

秋季七月，南平穆王刘铄一向自负有才能，常有轻视皇上刘骏的意向。又受到太子刘劭的任用，出京师投降最晚。皇帝刘骏秘密派人毒杀刘铄，己巳（二十九日），刘铄去世，皇帝刘骏下诏，追赠他为司徒，并用楚国芈商臣的谥号作为他的谥号。

冬季十一月丙午（初八），皇帝刘骏任命左军将军鲁秀为司州刺史。十二月癸未（十五日），因为将要设置东宫，裁撤太子率更令等官职，中庶子等官职人数各自减少原来人数的一半。

宋孝武帝孝建元年（454）春季正月己亥（初一），改年号为孝建，实行大赦。甲辰（初六），任命尚书令何尚之为左光禄大夫，护军将军，任命左卫将军颜竣为吏部尚书，兼任骁骑将军。丙子（二十八日），立皇子刘业为太子。

南郡王之叛

宋孝武帝孝建元年。初,江州刺史臧质,自谓人才足为一世英雄。太子劭之乱,质潜有异图,以荆州刺史南郡王义宣庸暗易制,欲外相推奉,因而覆之。质于义宣为内兄,既至江陵,即称名拜义宣。义宣惊愕问故。质曰:"事中宜然。"时义宣已奉帝为主,故其计不行。及至新亭,又拜江夏王义恭,曰:"天下屯危,礼异常日。"劭既诛,义宣与质功皆第一,由是骄恣,事多专行,凡所求欲,无不必从。义宣在荆州十年,财富兵强。朝廷所下制度,意有不同,一不遵承。质自建康之江州,舫千馀乘,部伍前后百馀里。帝方自揽威权,而质以少主遇之,政刑庆赏,一不咨禀。擅用溢口、钩圻米,台符屡加检诘,渐致猜惧。

帝淫义宣诸女,义宣由是恨怒。质乃遣密信说义宣,以为:

南郡王之叛

宋孝武帝孝建元年（454）。当初，江州刺史臧质认为自己的才智足以称为一代英雄。太子刘劭弑父叛乱，臧质暗中有另外的图谋，他认为荆州刺史、南郡王刘义宣平庸愚昧，容易控制，想在表面上对刘义宣加以拥戴尊奉，再趁机推翻他。臧质对刘义宣来说是表哥，他到江陵以后，就自称名字拜见刘义宣。刘义宣非常惊讶，询问他为何这样做。臧质说："国家处于事变之中，应该这样。"当时刘义宣已经尊奉刘骏为皇帝，所以臧质的计划没有实现。等他到达新亭，又拜见江夏王刘义恭，说："现在天下艰难危急，礼仪也应该不同平常。"刘劭被诛灭以后，刘义宣与臧质的功劳都列为第一等，由此骄横恣纵，做事大多专断横行，凡是他们想要得到的东西，都被无条件地依从。刘义宣在荆州镇守十年，资财富裕，兵力强盛。朝廷所颁布的法令制度，刘义宣如有不同看法，就完全不遵守执行。臧质从建康前往江州，带了一千多艘船，兵士乘坐船上，前后相接达一百多里。当时，宋孝武帝正在亲自总揽大权，而臧质把孝武帝看作没有治理经验的年少的君主，有关行政、刑罚、庆贺、赏赐之类的事情，一律不报告奏请。臧质又擅自动用溢口和钧圻粮仓里的粮食，朝廷为此多次加以核查追问，逐渐使臧质产生猜疑恐惧。

宋孝武帝奸淫了刘义宣留在京城的所有女儿，刘义宣因此非常怨恨愤怒。臧质于是派遣密使前去劝说刘义宣，认为：

"负不赏之功,挟震主之威,自古能全者有几？今万物系心于公,声迹已著,见几不作,将为他人所先。若命徐遗宝、鲁爽驱西北精兵来屯江上,质帅九江楼船为公前驱,已为得天下之半。公以八州之众,徐进而临之,虽韩、白更生,不能为建康计矣。且少主失德,闻于道路。沈、柳诸将,亦我之故人,谁肯为少主尽力者？夫不可留者年也,不可失者时也。质常恐溘先朝露,不得展其旅力,为公扫除,于时悔之何及。"义宣腹心将佐谘议参军蔡超、司马竺超民等咸有富贵之望,欲倚质威名以成其业,共劝义宣从其计。质女为义宣子采之妇,义宣谓质无复异同,遂许之。超民,爰之子也。臧敦时为黄门侍郎,帝使敦至义宣所,道经寻阳,质更令敦说诱义宣,义宣意遂定。

豫州刺史鲁爽有勇力,义宣、质素与之相结。义宣密使人报爽及兖州刺史徐遗宝,期以今秋同举兵。使者至寿阳,爽方饮醉,失义宣指,即日举兵。爽弟瑜在建康,闻之,逃叛。爽使其众戴黄标,窃造法服,登坛,自号建平元年。疑长史韦处穆、中兵参军杨元驹、治中庾腾之不与己同,皆杀之。遗宝亦勒兵向彭城。二月,义宣闻爽已反,狼狈举兵。鲁瑜弟弘为质府佐,帝敕质收之,质即执台使,举兵。

"建树了无法奖赏的大功,享有震慑君主的威势,自古以来能够保全自己的有几个?现在万众一心归向您,您的声望和业绩已经显著,看到这样的机会不采取行动,恐怕要被别人抢先。如果您命令徐遗宝、鲁爽驱使西北的精兵前来屯驻在长江北岸,我臧质率领九江的船队作为您的前驱,这样就已经为您得到了天下的一半。您率领手下八个州的军队,慢慢推进而兵临建康城下,即使韩信、白起转世再生,也不能够为建康谋划了。况且少主刘骏丧失德行,丑行在道路上也可以听到。沈庆之、柳元景各位将领,也是我过去的朋友,还有谁肯为少主刘骏尽心出力呢?人世间不能够留住的是岁月,不可以失掉的是时机。我臧质经常担心如瞬息即逝的朝露一样性命不长,不能够施展力量和抱负,为您扫除前进中的障碍,在那时后悔也来不及了。"刘义宣的心腹将领僚佐谘议参军蔡超、司马竺超民等人都有荣华富贵的欲望,想要依仗臧质的威名以便成就自己的大业,一同劝说刘义宣听取臧质的建议。臧质的女儿是刘义宣的儿子刘采之的妻子,刘义宣认为臧质不会再有别的想法,于是接受了臧质的建议。竺超民是竺夔的儿子。臧质的儿子臧敦当时担任朝廷的黄门侍郎,宋孝武帝派臧敦到刘义宣那里办事,中途经过寻阳,臧质再次命令臧敦游说、劝诱刘义宣,刘义宣的决心终于下定。

豫州刺史鲁爽有勇气、有武力,刘义宣、臧质一向与他结交。刘义宣秘密派人把自己的决定报告鲁爽和兖州刺史徐遗宝,约定在今年秋季一同举兵起义。刘义宣的使者到达寿阳,鲁爽正好饮酒醉倒,听错了密使传达的刘义宣的旨意,当天就起兵反叛。鲁爽的弟弟鲁瑜正在建康,听到这个消息,逃走叛变。鲁爽命令他的军队戴上黄色标志,私下拟制皇室人穿的各种礼服,登上高坛誓师,自定年号为建平元年。鲁爽怀疑长史韦处穆、中兵参军杨元驹、治中庾腾之和自己志向不同,于是把这三人都杀了。徐遗宝也率军向彭城进发。二月,刘义宣听到鲁爽已反叛,仓促起兵响应鲁爽。鲁瑜的弟弟鲁弘是臧质的府佐,宋孝武帝命令臧质逮捕鲁弘,臧质却把朝廷的使者逮捕起来,举兵反叛。

义宣与质皆上表，言为左右所谗疾，欲诛君侧之恶。义宣进爽号征北将军。爽于是送所造舆服诣江陵，使征北府户曹版义宣等，文曰："丞相刘，今补天子，名义宣；车骑臧，今补丞相，名质；平西朱，今补车骑，名脩之：皆版到奉行。"义宣骇愕，爽所送法物并留竟陵，不听进。质加鲁弘辅国将军，下戍大雷。义宣遣谘议参军刘谌之将万人就弘，召司州刺史鲁秀，欲使为谌之后继。秀至江陵见义宣，出，拊膺曰："吾兄误我，乃与痴人作贼，今年败矣！"

义宣兼荆、江、兖、豫四州之力，威震远近。帝欲奉乘舆法物迎之，竟陵王诞固执不可，曰："奈何持此座与人？"乃止。

己卯，以领军将军柳元景为抚军将军。辛卯，以左卫将军王玄谟为豫州刺史，命元景统玄谟等诸将以讨义宣。癸巳，进据梁山洲，于两岸筑偃月垒，水陆待之。义宣自称都督中外诸军事，命僚佐悉称名。

丙申，以安北司马夏侯祖欢为兖州刺史。三月己亥，内外戒严。辛丑，以徐州刺史萧思话为江州刺史，柳元景为雍州刺史。癸卯，以太子左卫率庞秀之为徐州刺史。

义宣移檄州郡，加进位号，使同发兵。雍州刺史朱脩之伪许之，而遣使陈诚于帝。益州刺史刘秀之斩义宣使者，

刘义宣与臧质都上书朝廷,说自己受到皇帝左右谗毁疾恨,打算诛灭皇帝身边的邪恶之人。刘义宣进升鲁爽为征北将军,鲁爽于是把私制的皇帝御用的车子和衣服送到江陵,派征北府户曹向刘义宣呈递各方权宜授官者名单,文告说:"丞相刘,现在要递补为天子,名为义宣;车骑将军臧,现在要递补为丞相,名为质;平西将军朱,现在要递补为车骑将军,名为脩之;这些都请文告到达之日实行。"刘义宣看到后震骇惊愕,命令将鲁爽所呈送的皇室内的东西全部留在竟陵,不许进呈。臧质加授鲁弘为辅国将军,带兵士到大雷戍卫。刘义宣派遣谘议参军刘谌之带领一万人的军队到鲁弘那里增援,召回司州刺史鲁秀,想让他做刘谌之的后援。鲁秀到江陵,拜见刘义宣,出来后,捶胸顿足地说:"我哥哥贻误了我,我竟要与这种白痴一起当逆贼,今年必定败亡!"

刘义宣兼有荆州、江州、兖州、豫州四个州的军事力量,威名震慑远近各方。宋孝武帝准备奉上皇帝专用的车辆和其他器物迎接刘义宣。竟陵王刘诞坚持不让这样做,说:"你怎么能把帝位让给别人?"宋孝武帝才没有这样做。

己卯(十二日),宋孝武帝任命领军将军柳元景为抚军将军。辛卯(二十四日),又任命左卫将军王玄谟为豫州刺史,命令柳元景统领王玄谟等各位将领以讨伐刘义宣。癸巳(二十六日),柳元景进军占据梁山洲,在梁山洲两岸修筑月牙形阵地,水路、陆路同时准备,等待贼寇进攻。刘义宣自称是都督中外诸军事,命令僚佐彼此之间全都称呼名字。

丙申(二十九日),宋孝武帝任命安北司马夏侯祖欢为兖州刺史。三月己亥(初二),京师建康内外戒严。辛丑(初四),任命徐州刺史萧思话为江州刺史,柳元景为雍州刺史。癸卯(初六),任命太子左卫率庞秀之为徐州刺史。

刘义宣发布檄文到各州郡,给各州郡长官加官进爵,让他们一同发兵响应自己。雍州刺史朱脩之假意答应他,而派使者向宋孝武帝表达自己的忠诚。益州刺史刘秀之斩杀刘义宣派来的使者,

遣中兵参军韦棌将万人袭江陵。

戊申，义宣帅众十万发江津，舳舻数百里。以子恉为辅国将军，与左司马竺超民留镇江陵。檄朱脩之使发兵万人继进，脩之不从。义宣知脩之贰于己，乃以鲁秀为雍州刺史，使将万馀人击之。王玄谟闻秀不来，喜曰："臧质易与耳。"

冀州刺史垣护之妻，徐遗宝之姊也，遗宝邀护之同反，护之不从，发兵击之。遗宝遣兵袭徐州长史明胤于彭城，不克。胤与夏侯祖欢、垣护之共击遗宝于湖陆，遗宝弃众焚城，奔鲁爽。

义宣至寻阳，以质为前锋而进，爽亦引兵直趣历阳，与质水陆俱下。殿中将军沈灵赐将百舸，破质前军于南陵，擒军主徐庆安等。质至梁山，夹陈两岸，与官军相拒。

夏四月戊辰，以后将军刘义綦为湘州刺史。甲申，以朱脩之为荆州刺史。上遣左军将军薛安都、龙骧将军南阳宗越等戍历阳，与鲁爽前锋杨胡兴等战，斩之。爽不能进，留军大岘，使鲁瑜屯小岘。上复遣镇军将军沈庆之济江，督诸将讨爽，爽食少，引兵稍退，自留断后。庆之使薛安都帅轻骑追之，丙戌，及爽于小岘。爽将战，饮酒过醉，安都望见爽，即跃马大呼，直往刺之，应手而倒，左右范双斩其首。爽众奔散，瑜亦为部下所杀。遂进攻寿阳，克之。

派遣中兵参军韦崧率领军队一万人袭击江陵。

戊申（十一日），刘义宣率领军队十万人从江津出发，船只相继连绵数百里。刘义宣任命儿子刘恺为辅国将军，让他与左司马竺超民留下镇守江陵。刘义宣又传檄朱脩之让他发遣军队一万人随后进发，朱脩之没有听从。刘义宣知道朱脩之与自己不是一条心，于是任命鲁秀为雍州刺史，让他带领一万多人的军队攻击朱脩之。王玄谟听到鲁秀不会前来进攻自己，高兴地说："臧质容易对付了。"

冀州刺史垣护之的妻子是徐遗宝的姐姐，徐遗宝邀请垣护之同他一起反叛，垣护之没有听从，并调请军队攻击徐遗宝。徐遗宝派兵袭击徐州长史明胤所镇守的彭城，没有攻克。明胤与夏侯祖欢、垣护之合兵在湖陆攻击徐遗宝的军队，徐遗宝丢下他手下的军队，焚烧了湖陆城，投奔鲁爽。

刘义宣到达寻阳，将臧质率领的军队作为前锋而向前进发，鲁爽也率领军队直奔历阳，与臧质的军队一起，从水路、陆路一同东下。殿中将军沈灵赐率领一百艘船只，在南陵大破臧质的先头部队，生擒军主徐庆安等人。臧质率军抵达梁山，在两岸布下战阵，与朝廷的军队相抗衡。

夏季四月戊辰（初二），宋孝武帝任命后将军刘义綦为湘州刺史。甲申（十八日），任命朱脩之为荆州刺史。宋孝武帝派遣左军将军薛安都、龙骧将军南阳人宗越等率军戍守历阳，同鲁爽的前锋杨胡兴等率领的军队进行激战，斩杀了杨胡兴。鲁爽因此不能进兵，将军队留驻在大岘，派遣鲁瑜驻兵小岘。宋孝武帝又派遣镇军将军沈庆之渡过长江，督统各路将士讨伐鲁爽，鲁爽军队的粮食日益减少，率军队逐渐后退，自己留下殿后。沈庆之派薛安都率领轻装骑兵追击鲁爽，丙戌（二十日），薛安都在小岘追上了鲁爽。鲁爽将要迎战，因饮酒过多而醉，薛安都看见鲁爽，立即飞马上前，大声呼喊，径直向鲁爽刺去，鲁爽应声倒在马下，左右亲信范双斩下鲁爽的首级。鲁爽的军队奔逃溃散，鲁瑜也被他的部下所杀。朝廷的军队于是进攻寿阳，并攻克了寿阳。

徐遗宝奔东海,东海人杀之。

  李延寿评论曰:凶人之济其身,非世乱莫由焉。鲁爽以乱世之情,而行之于平日,其取败也宜哉!

  南郡王义宣至鹊头,庆之送爽首示之,并与书曰:"仆荷任一方,而虮生所统。近聊帅轻师,指往剿扑,军锋裁及,贼爽授首。公情契异常,或欲相见,及其可识,指送相呈。"爽累世将家,骁猛善战,号万人敌。义宣与质闻其死,皆骇惧。

  柳元景军于采石。王玄谟以臧质众盛,遣使来求益兵,上使元景进屯姑孰。

  太傅义恭与义宣书曰:"往时仲堪假兵,灵宝寻害其族;孝伯推诚,牢之旋踵而败。臧质少无美行,弟所具悉。今藉西楚之强力,图济其私。凶谋若果,恐非复池中物也。"义宣由此疑之。五月甲辰,义宣至芜湖,质进计曰:"今以万人取南州,则梁山中绝;万人缀梁山,则玄谟必不敢动。下官中流鼓棹,直趣石头,此上策也。"义宣将从之,刘谌之密言于义宣曰:"质求前驱,此志难测,不如尽锐攻梁山,事克然后长驱,此万安之计也。"义宣乃止。

  冗从仆射胡子反等守梁山西垒,会西南风急,质遣其将尹周

徐遗宝逃奔东海,东海人杀死了他。

　　李延寿评论说:凶恶之人,他们自身获得成功,不是世道混乱那是没有可能的。鲁爽依据乱世的处事方法,而实行于天下太平的日子,他自取失败是理所当然啊!

　　南郡王刘义宣进抵鹊头,沈庆之将鲁爽的首级送给他看,并致信说:"我肩负管理一方土地的责任,然而事端发生在我统辖的地区内。近日我聊且率少量的军队,前去消除平息事端,军队前锋刚刚及至,逆贼鲁爽便献出自己的首级。您与鲁爽情投意合异乎常人,可能您想见他一面,在他的面目还可以识别之前,我派人送来上呈于您。"鲁爽家族几代为将,骁勇悍猛,善于作战,号称万人敌。刘义宣与臧质听到他死去的消息,都惊骇恐惧。

　　抚军将军柳元景的军队驻扎在采石。豫州刺史王玄谟因为臧质的军队力量强大,派遣使者来京师请求增加兵力,宋孝武帝派柳元景进抵姑孰驻扎。

　　太傅刘义恭致信刘义宣说:"过去殷仲堪将兵权交给桓玄,桓玄不久杀害了殷仲堪全族;王孝伯对刘牢之推诚相待,刘牢之还没有站稳脚跟就背叛了王孝伯,从而导致了自己的失败。臧质从小就没有很好的德行,弟弟你全部知道。现在他凭借西方楚地的强大兵力,图谋实现他个人的私欲。这种凶恶的图谋如果得以实现,恐怕他不再是池中的一条鱼了。"刘义宣因此而怀疑臧质。五月甲辰(初八),刘义宣到达芜湖,臧质向他献计说:"现在以一万人的军队夺取南州,那么梁山就会被完全隔断;一万人的军队停在梁山把守,那么王玄谟必定不敢轻举妄动。下官我率军乘船沿着长江中流划行,直奔石头,这是上策。"刘义宣将要听从这一计划,谘议参军刘湛之秘密对刘义宣说:"臧质请求自己率军为前锋部队,其目的难以推测,不如以全部精锐攻打梁山,战事取胜之后,长驱直入建康,这才是万般安稳的计策啊!"刘义宣于是没有听取臧质的建议。

　　冗从仆射胡子反等率领军队在梁山西部的营垒进行据守,此时正好西南风刮得很急,臧质便派遣他的将领尹周

之攻西垒。子反方渡东岸就玄谟计事，闻之，驰归。周之攻垒甚急，偏将刘季之帅水军殊死战，求救于玄谟，玄谟不遣。大司马参军崔勋之固争，乃遣勋之与积弩将军垣询之救之。比至，城已陷，勋之、询之皆战死。询之，护之之弟也。子反等奔还东岸。质又遣其将庞法起将数千兵趋南浦，欲自后掩玄谟，游击将军垣护之引水军与战，破之。朱脩之断马鞍山道，据险自守。鲁秀攻之，不克，屡为脩之所败，乃还江陵，脩之引兵蹑之。或劝脩之急追，脩之曰："鲁秀，骁将也。兽穷则攫，不可迫也。"

王玄谟使垣护之告急于柳元景曰："西城不守，唯馀东城万人。贼军数倍，强弱不敌，退还姑孰，欲就节下协力当之，更议进取。"元景不许，曰："贼势方盛，不可先退，吾当卷甲赴之。"护之曰："贼谓南州有三万人，而将军麾下裁十分之一，若往造贼垒，则虚实露矣。王豫州必不可来，不如分兵援之。"元景曰："善！"乃留羸弱自守，悉遣精兵助玄谟，多张旗帜，梁山望之如数万人，皆以为建康兵悉至，众心乃安。

质请自攻东城。谘议参军颜乐之说义宣曰："质若复克东城，则大功尽归之矣，宜遣麾下自行。"义宣乃遣刘谌

之攻打梁山西部营垒。胡子反正好渡水到梁山东岸,在王玄谟那里计议军务,听到消息,立即赶回。尹周之攻打官军营垒,非常急切紧迫,偏将刘季之率领水军与之展开殊死搏斗,并派人到王玄谟那里求救,王玄谟没有派遣军队前去营救。大司马参军崔勋之竭力争取,王玄谟于是派崔勋之与积弩将军垣询之前往援救。等到他们到达时,西部营垒已经陷落,崔勋之、垣询之全部战死。垣询之是垣护之的弟弟。胡子反等人逃奔回到东岸。臧质又派遣他的将领庞法起率领数千名士卒,直奔南浦,想要从背后袭击王玄谟的军队,游击将军垣护之率领水军与之激战,击破了他们。雍州刺史朱修之切断了马鞍山的通道,依据险要自己坚守。鲁秀进攻朱修之,没有攻克,反而屡次被朱修之击败,于是鲁秀带兵退回江陵,朱修之率军追踪他们。有人劝朱修之急切地追赶,朱修之说:"鲁秀是一员骁勇的战将。野兽走投无路就能被抓住,不可以逼迫他们。"

王玄谟派遣垣护之向柳元景告急说:"现在西部营垒失守,只剩下东部营垒军队一万人。贼寇的军队是我们的好几倍,敌强我弱不能抵敌,我准备后退返回姑孰防守,想到您麾下与您同心协力抵挡贼寇的进攻,重新计议进军攻取的策略。"柳元景不许可,说:"贼寇气势正当旺盛,我们不可以先行后退,我必当披上铠甲直奔你们那里。"垣护之说:"贼寇认为南州有三万军队,而将军您旗帜下的军队只有三万人的十分之一,如果您亲自带兵前往,直接到贼寇营垒交战,那么兵力的虚实情况就会暴露出来。王玄谟必定不可退下来,不如分兵几路援救他。"柳元景说:"好!"于是留下老弱士卒在营中自守,调遣全部精锐士卒前去援助王玄谟,他们打着很多旗帜,梁山的守军望着他们,好像来了数万大军,都认为是建康的军队全部赶来援助,士卒的心里才安定下来。

臧质请求亲自率军攻打梁山东部营垒。谘议参军颜乐之劝刘义宣说:"臧质如果再次攻克梁山东部营垒,那么大功就要全部归到他身上,最好派遣您手下的军队自己前去。"刘义宣于是派遣刘谌

之与质俱进。甲寅,义宣至梁山,顿兵西岸,质与刘谌之进攻东城。玄谟督诸军大战,薛安都帅突骑先冲其陈之东南,陷之,斩谌之首。刘季之、宗越又陷其西北,质等兵大败。垣护之烧江中舟舰,烟焰覆水,延及西岸,营垒殆尽。诸军乘势攻之,义宣兵亦溃。义宣单舸进走,闭户而泣,荆州人随之者犹百馀舸。质欲见义宣计事,而义宣已去,质不知所为,亦走,其众皆降散。己未,解严。

六月,臧质至寻阳,焚烧府舍,载妓妾西走,使嬖人何文敬领馀兵居前,至西阳。西阳太守鲁方平给文敬曰:“诏书唯捕元恶,馀无所问,不如逃之。”文敬弃众亡去。质先以妹夫羊冲为武昌郡,质往投之,冲已为郡丞胡庇之所杀,质无所归,乃逃于南湖,掇莲实啖之。追兵至,以荷覆头,自沈于水,出其鼻。戊辰,军主郑俱兒望见,射之,中心,兵刃乱至,肠胃萦水草,斩首送建康,子孙皆弃市,并诛其党豫章太守乐安任荟之、临川内史刘怀之、鄱阳太守杜仲儒。仲儒,骥之兄子也。功臣柳元景等封赏各有差。

丞相义宣走至江夏,闻巴陵有军,回向江陵,众散且尽,与左右十许人徒步,脚痛不能前,倩民露车自载,缘道求食。

之率军与臧质一同进军。甲寅(十八日),刘义宣到达梁山,在梁山西岸安营扎寨,臧质与刘谌之率军进攻梁山东部营垒。王玄谟督率各路军队与之大战,薛安都率领突击骑兵,首先冲入贼寇阵地的东南,攻占了那里,斩下刘谌之的首级。刘季之、宗越率军又攻陷了贼寇阵地的西北,臧质等人率领的军队大败。垣护之等率军焚烧贼寇在长江中的船只,烟火覆盖江水,蔓延到梁山西岸,贼寇的营垒几乎全部化为灰烬。朝廷各路军队乘着声势攻击贼寇,刘义宣率领的军队也全部溃散。刘义宣只身一人乘着小艇逃走,他紧闭船窗哭泣,手下的荆州将士追随他的还有一百多艘船。臧质想要求见刘义宣计议战事,然而刘义宣已经离去,臧质不知道怎么办好,也逃走了,他的军队都投降溃散。己未(二十三日),朝廷下令解除戒严。

六月,臧质到达寻阳,焚烧州府房舍,带着他的妻妾歌妓向西逃走,派他最宠爱的亲信何文敬带领剩馀的军队在前面开路,到达西阳。西阳太守鲁方平欺骗何文敬说:"诏书上说只逮捕元凶,其馀的不再追问,你不如逃走。"何文敬抛弃他率领的军队逃跑而去。臧质原来让他的妹夫羊冲担任武昌郡守,臧质前往武昌投奔羊冲,羊冲已经被郡丞胡庇之所杀,臧质没有安身躲藏之所,于是逃跑到南湖,采摘湖里的莲子充饥。追兵赶到,他用荷叶覆盖自己的头,把自己沉到湖水里,只把鼻子露出水面吸气。戊辰(初三),军主郑俱儿望见臧质,用箭向他射击,射中他的心脏,兵士们挥刀乱砍,臧质的肠胃与湖中的水草缠在一起,首级被斩下送到建康,他的子孙都被拉到街市斩首,朝廷同时还诛杀了他的党羽豫章太守乐安人任荟之、临川内史刘怀之、鄱阳太守杜仲儒。杜仲儒是杜骥的侄子。朝廷对功臣柳元景等人按照他们功劳的大小进行了不同等级的封赏。

丞相刘义宣逃到了江夏,听到巴陵那里有朝廷的军队,便向江陵回逃,他的军队溃散,将要逃尽,刘义宣只得与跟随他的左右十几个人徒步逃命,刘义宣的脚疼得不能继续向前走,就租了百姓的没有顶篷的车子,载着自己继续走,沿路讨饭充饥。

至江陵郭外，遣人报竺超民，超民具羽仪兵众迎之。时荆州带甲尚万馀人，左右翟灵宝诫义宣使抚慰将佐，以："臧质违指授之宜，用致失利。今治兵缮甲，更为后图。昔汉高百败，终成大业。"而义宣忘灵宝之言，误云"项羽千败"，众咸掩口。

鲁秀、竺超民等犹欲收馀兵更图一决。而义宣悁沮，无复神守，入内不复出，左右腹心稍稍离叛。鲁秀北走，义宣不能自立，欲随秀去，乃携息慆及所爱妾五人，著男子服相随。城内扰乱，白刃交横，义宣惧，坠马，遂步进。竺超民送至城外，更以马与之，归而城守。义宣求秀不得，左右尽弃之，夜，复还南郡空廨。旦日，超民收送刺奸。义宣止狱户，坐地叹曰："臧质老奴误我！"五妾寻被遣出，义宣号泣，语狱吏曰："常日非苦，今日分别始是苦。"鲁秀众散，不能去，还向江陵，城上人射之，秀赴水死，就取其首。

诏右仆射刘延孙使荆、江二州，旌别枉直，就行诛赏，且分割二州之地，议更置新州。初，晋氏南迁，以扬州为京畿，谷帛所资皆出焉。以荆、江为重镇，甲兵所聚尽在焉，常使大将居之。三州户口，居江南之半，上恶其强大，故欲分之。癸未，分扬州浙东五郡置东扬州，治会稽；

抵达江陵城外,派人报告留守江陵的左司马竺超民,竺超民派出装饰有羽毛的仪仗军队迎接刘义宣。当时荆州一带武装的军队尚有一万多人,左右侍从翟灵宝劝告刘义宣,让他安抚慰劳手下的将士,让他这样说:"臧质违背我指令的正确安排,因而导致我们失利。现在我们整顿军队,修整武器,重新制订以后的计划。过去汉高祖刘邦百次失败,但最终成就了大业。"然而刘义宣忘记了翟灵宝对他说的话,误说成"项羽失败千次",他手下军队将士都掩口窃笑。

鲁秀、竺超民等人还想收集剩馀的士卒,再进行一场决战。然而刘义宣神情沮丧,魂不附体,进入内室后就不再出来见人,左右心腹也逐渐背叛。鲁秀向北逃走,刘义宣不能够自己独立维持,想跟随鲁秀逃走,于是携带儿子刘愔和自己喜欢的五个爱妾,穿着男子衣服随同鲁秀逃走。城内纷扰混乱,白刃相接,刀枪横飞,刘义宣恐惧,落下马来,于是徒步前进。竺超民把他们送到城外,再将一匹马送给刘义宣骑,然后自己回来守卫城池。刘义宣寻找鲁秀,没有找到,他的左右侍从全部抛弃了他,到了夜里,他又回到南郡太守空空的官署。第二天早晨,竺超民派人逮捕了他,并送交刺奸掾。刘义宣呆在监狱门口,坐在地上叹息说:"臧质这个老奴才害了我!"他的五个爱妾不久被押送出去,刘义宣悲号哭泣,对狱吏说:"平常日子不苦,今天我和她们分别才是苦啊!"鲁秀的部下溃散,不能继续向北前去,只好返回江陵,江陵城上的守军向鲁秀射箭,鲁秀投水而死,江陵守军就地斩下鲁秀的首级。

宋孝武帝下诏右仆射刘延孙前往荆、江二州,彰明辨别忠奸曲直,就地惩处和奖赏,并分割这两州的土地,拟再设置新州。当初,晋朝皇帝向南迁,把扬州作为京畿,朝廷所需粮食布帛都出自扬州。把荆州、江州作为军事重镇,精锐军队聚集区都在这里,经常派大将驻守这两个州。这三个州的户口占长江以南户口的一半,宋孝武帝厌恶这三个州势力强大,所以想分割他们。癸未(十八日),分割扬州的浙江以东五个郡设置东扬州,治所设在会稽;

分荆、湘、江、豫州之八郡置郢州,治江夏;罢南蛮校尉,迁其营于建康。太傅义恭议使郢州治巴陵,尚书令何尚之曰:"夏口在荆、江之中,正对沔口,通接雍、梁,实为津要。由来旧镇,根基不易,既有见城,浦大容舫,于事为便。"上从之。既而荆、扬因此虚耗。尚之请复合二州,上不许。

上恶宗室强盛,不欲权在臣下。太傅义恭知其指,故请省之。

上使王公、八座与荆州刺史朱脩之书,令丞相义宣自为计。书未达,庚寅,脩之入江陵,杀义宣,并诛其子十六人,及同党竺超民、从事中郎蔡超、谘议参军颜乐之等。超民兄弟应从诛,何尚之上言:"贼既遁走,一夫可擒。若超民反覆昧利,即当取之,非唯免愆,亦可要不义之赏。而超民曾无此意,微足观过知仁。且为官保全城府,谨守库藏,端坐待缚。今戮及兄弟,则与其馀逆党无异,于事为重。"上乃原之。

分割荆州、湘州、江州、豫州的八个郡设置郢州，治所在江夏；撤销南蛮校尉，将其所属军队调到建康。太傅刘义恭计议把郢州的治所设在巴陵，尚书令何尚之说："夏口位居荆州、江州的中间，正面对着沔口，通达连接雍州、梁州，确实为渡口要地。它从前代以来就是固有的军事重镇，根基稳固，不可移易，既有现存的城池，又有很大的港湾容纳船只，治所设在这里，对于治理政事最为便利。"宋孝武帝听从了何尚之的意见。不久，荆州、扬州因为这种变动而财力消耗一空。何尚之请求再把分割的土地合并于这二州，宋孝武帝不允许。

宋孝武帝厌恶宗室的力量强大，不想让权力把持在臣下手中。太傅刘义恭知道他的旨意，所以请求解除自己的职务。

宋孝武帝让王公、八座致信荆州刺史朱脩之，让朱脩之告诉丞相刘义宣，自己计议怎样处置。信还没有送到，庚寅（二十五日），朱脩之进入江陵，杀了刘义宣，同时诛杀刘义宣的十六个儿子，以及刘义宣的同党竺超民、从事中郎蔡超、谘议参军颜乐之等。竺超民的兄弟应该一同伏诛，何尚之上书说："贼寇刘义宣逃走以后，一个人就可以擒获他。如果竺超民反复无常，贪图小利，那就应当逮捕刘义宣，不仅可以免除罪过，而且可以得到不义的奖赏。然而竺超民不曾有这种想法，这一微小的事情足以使我们在观察他的过失时了解他的为人。况且他为朝廷保全江陵城池，谨慎地守卫着仓库府藏，端坐在那里等待被抓。现在这种诛杀株连到他的兄弟，那么与其馀的反叛逆党没有差别，对于处罚这件事来说是太重了。"宋孝武帝于是赦免了竺超民的兄弟。

竟陵王之叛

　　宋孝武帝孝建二年春二月辛巳，以尚书右仆射刘延孙为南兖州刺史。冬十月壬午，以竟陵王诞为司空，领南徐州刺史。

　　大明元年秋八月甲辰，徙司空、南徐州刺史竟陵王诞为南兖州刺史，以太子詹事刘延孙为南徐州刺史。初，高祖遗诏，以京口要地，去建康密迩，自非宗室近亲，不得居之。延孙之先虽与高祖同源，而高祖属彭城，延孙属莒县，从来不序昭穆。上既命延孙镇京口，仍诏与延孙合族，使诸王皆序长幼。

　　上闺门无礼，不择亲疏、尊卑，流闻民间，无所不至。诞宽而有礼，又诛太子劭、丞相义宣，皆有大功，人心窃向之。诞多聚才力之士，蓄精甲利兵，上由是畏而忌之，不欲诞居中，使出镇京口。犹嫌其逼，更徙之广陵。以延孙腹心之臣，故使镇京口以防之。

竟陵王之叛

宋孝武帝孝建二年(455)春季二月辛巳(二十日),任命尚书右仆射刘延孙为南兖州刺史。冬季十月壬午(二十四日),任命竟陵王刘诞为司空,兼任南徐州刺史。

大明元年(457)秋季八月甲辰(二十七日),宋孝武帝调任司空、南徐州刺史、竟陵王刘诞为南兖州刺史,任命太子詹事刘延孙为南徐州刺史。当初,高祖宋武帝刘裕留下遗诏,认为京口是个战略要地,距离都城建康非常近,除非皇室近亲,不得驻守在这里。刘延孙的先祖虽然与高祖宋武帝刘裕是同一宗族,但高祖刘裕属于彭城支系,而刘延孙属于莒县支系,从来没有排列过宗族血缘关系。宋孝武帝命令刘延孙镇守京口以后,才下诏与刘延孙合为一族,并让诸王和刘延孙之间都排列辈分和长幼。

宋孝武帝在深宫荒淫无礼,不管关系的亲疏,也不顾地位的尊卑,这种丑闻散播到民间,没有一个地方不知道的。竟陵王刘诞宽容而守礼制,并且在诛杀太子刘劭、丞相刘义宣的战事中都立有功,人们的心里暗暗地向往他。刘诞聚集了许多有才能、有勇力的人,蓄养了精锐的军队,收藏了锋利的武器,宋孝武帝因此畏惧而忌恨他,他不想刘诞留在朝廷,派他出京镇守京口。还嫌他离得太近,又调他到广陵。因为刘延孙是宋孝武帝的心腹大臣,所以派他镇守京口以防备刘诞。

　　三年夏四月，竟陵王诞知上意忌之，亦潜为之备。因魏人入寇，修城浚隍，聚粮治仗。诞记室参军江智渊知诞有异志，请假先还建康，上以为中书侍郎。智渊，夷之弟子也，少有操行，沈怀文每称之曰："人所应有尽有，人所应无尽无者，其唯江智渊乎？"

　　是时，道路皆云诞反。会吴郡民刘成上书称："息道龙昔事诞，见诞在石头城修乘舆法物，习唱警跸。道龙忧惧，私与伴侣言之，诞杀道龙。"又豫章民陈谈之上书称："弟咏之在诞左右，见诞疏陛下年纪姓讳，往巫郑师怜家祝诅。咏之密以启闻，诞诬咏之乘酒骂詈，杀之。"上乃令有司奏诞罪恶，请收付廷尉治罪。乙卯，诏贬诞爵为侯，遣之国。诏书未下，先以羽林禁兵配兖州刺史垣阆，使以之镇为名，与给事中戴明宝袭诞。

　　阆至广陵，诞未悟也。明宝夜报诞典签蒋成，使明晨开门为内应。成以告府舍人许宗之，宗之入告诞。诞惊起，呼左右及素所畜养数百人执蒋成，勒兵自卫。天将晓，明宝与阆帅精兵数百人猝至，而门不开，诞已列兵登陴，自在门上斩蒋成，赦作徒、系囚，开门击阆，杀之，明宝从间道逃还。诏内外纂严。以始兴公沈庆之为车骑大将军、开府仪同三司、南兖州刺史，将兵讨诞。甲子，上亲总

孝建三年(459)夏四月,竟陵王刘诞知道宋孝武帝猜忌他,也私下为此做了准备。他利用北魏军队入境掳掠的机会,修筑城墙,疏浚护城河,聚积粮食,整治武器。刘诞的记室参军江智渊知道刘诞有另外的打算,请假先回到建康,宋孝武帝任命他为中书侍郎。江智渊是江夷的侄子,从小就有很好的操行,沈怀文每每称赞他说:"作为一个人所应该具有的东西,他全都具有;作为一个人所应该没有的东西,他全都没有,恐怕就只有江智渊吧?"

　　当时,道路上来往的人都说刘诞反叛。正好吴郡平民刘成向宋孝武帝上书称:"我儿子刘道龙过去奉事刘诞,看到刘诞在石头城修治皇帝专用的车辆和仪仗器物,并且练习皇帝出入宫廷的仪式。刘道龙看到后,忧虑恐惧,私下向他的伙伴说了这事,刘诞杀死了刘道龙。"又有豫章平民陈谈之向宋孝武帝上书宣称:"我的弟弟陈咏之在刘诞左右任职,看到刘诞写下陛下的年纪、姓名等避讳的东西,前往巫师郑师怜家祷告诅咒。陈咏之秘密将此呈报,刘诞却诬陷陈咏之借饮酒之机辱骂皇帝,杀死了陈咏之。"宋孝武帝于是下令有关部门举奏刘诞的罪恶,有关部门请求把刘诞逮捕,交付廷尉,追究罪责。乙卯(十八日),宋孝武帝下诏贬降刘诞的爵位为侯,遣送他回到所在的封国。诏书还没有下达,宋孝武帝先将羽林禁卫军给兖州刺史垣阆配备好,让垣阆以前往镇守为名,与给事中戴明宝一道袭击刘诞。

　　垣阆抵达广陵,刘诞还没醒悟。戴明宝连夜告刘诞的典签蒋成,让他第二天早晨打开城门作为内应。蒋成把这事报告府舍人许宗之,许宗之进去报告刘诞。刘诞大惊而起,传唤左右人员及平时训练蓄养的士卒数百人,逮捕蒋成,统领军队自卫。天将破晓,戴明宝和垣阆率领精兵数百人突然抵达,然而城门没有打开,刘诞已经排列好军队,登上城墙,亲自在城门上斩杀蒋成,赦免了那些因罪罚做苦工的人和被关押的囚徒,打开城门,攻击垣阆,杀死了他,戴明宝从小路逃脱返回。宋孝武帝下诏京城内外戒严,任命始兴公沈庆之为车骑大将军、开府仪同三司、南兖州刺史,带领军队讨伐刘诞。甲子(二十七日),宋孝武帝亲自总领

禁兵顿宣武堂。

司州刺史刘季之，诞故将也，素与都督宗悫有隙，闻诞反，恐为悫所害，委官，间道欲赴朝廷。至盱眙，盱眙太守郑瑗疑季之与诞同谋，邀杀之。

沈庆之至欧阳，诞遣庆之宗人沈道愍赍书说庆之，饷以玉环刀。庆之遣道愍返，数以罪恶。诞焚郭邑，驱居民悉使入城，闭门自守，分遣书檄，邀结远近。时山阳内史梁旷家在广陵，诞执其妻子，遣使邀旷，旷斩使拒之。诞怒，灭其家。

诞奉表投之城外曰：“陛下信用谗言，遂令无名小人来相掩袭。不任枉酷，即加诛翦。雀鼠贪生，仰违诏敕。今亲勒部曲，镇扞徐、兖。先经何福，同生皇家？今有何愆，便成胡、越？陵锋奋戈，万没岂顾？戡定之期，冀在旦夕。”又曰：“陛下宫帏之丑，岂可三缄？”上大怒，凡诞左右、腹心、同籍、期亲在建康者并诛之，死者以千数，或有家人已死，方自城内出奔者。

庆之至城下，诞登楼谓之曰：“沈公垂白之年，何苦来此？”庆之曰：“朝廷以君狂愚，不足劳少壮故耳。”

上虑诞奔魏，使庆之断其走路，庆之移营白土，去城十八里，

朝廷禁兵驻扎在宣武堂。

司州刺史刘季之是刘诞以前的将领,他平时与都督宗悫有嫌隙,听到刘诞反叛,担心自己被宗悫所陷害,放弃官职,从小路想奔赴朝廷。到达盱眙时,盱眙太守郑瑗怀疑刘季之与刘诞是同谋,中途截杀了刘季之。

沈庆之率军抵达欧阳,刘诞派遣沈庆之的同族人沈道愍携带自己的亲笔信前往游说沈庆之,将一把玉环刀送给沈庆之。沈庆之遣送沈道愍返回,向沈道愍历数了刘诞的罪恶。刘诞下令放火焚烧附近的城邑、村落,驱赶居民让他们全部进入广陵城内,关闭城门,自行坚守,刘诞又分别派人送出书信、文告到各地,邀请连结远近人士起来响应。当时,山阳内史梁旷的家在广陵,刘诞派人逮捕他的妻子、儿子,并派遣使者邀请梁旷响应,梁旷斩杀了使者,拒绝了刘诞的邀请,刘诞大怒,杀了他全家。

刘诞把呈送给宋孝武帝的奏章扔到广陵城外,奏章说:"陛下听信谗言,于是下令无名的小人前来对我加以偷袭。我不能忍受冤屈和暴虐,于是对这些小人加以诛杀翦灭。麻雀老鼠尚且贪生,我抬头违背了你的诏书命令。现在我亲自统领部下家兵,镇守保卫徐州、兖州。先前,我经历什么福气,与你一同出生在皇室之家? 现在,我又有什么过失,同你便成为了胡、越那样的仇敌? 磨砺刀锋,举起戈矛,即使万死,怎能回头? 平定天下的时期,希望就在早晚之间。"又说:"陛下宫帷之内的丑事,我怎可以缄口不言?"宋孝武帝大怒,将凡是在建康城中的刘诞的左右随从、心腹下属、同一祖籍的人、穿孝服在一年以上的亲戚,全部杀死,杀死的人数以千计,有的家属已经杀死,而本人正从广陵城内逃奔出来。

沈庆之到达广陵城下,刘诞登上城楼对沈庆之说:"沈公已是白发下垂的年纪,何苦来到这里呢?"沈庆之说:"这是朝廷认为你狂妄愚蠢,不足以烦劳青壮年的缘故啊!"

宋孝武帝担心刘诞逃奔北魏,派沈庆之切断了刘诞逃往北魏的道路,沈庆之把军营移到白土,距离广陵城十八里,

又进军新亭。豫州刺史宗悫、徐州刺史刘道隆并帅众来会。兖州刺史沈僧明，庆之兄子也，亦遣兵助庆之。先是诞诳其众，云"宗悫助我"。悫至，绕城跃马呼曰："我，宗悫也！"

诞见众军大集，欲弃城北走，留中兵参军申灵赐守广陵。自将步骑数百人，亲信并自随，声云出战，邪趋海陵道，庆之遣龙骧将军武念追之。诞行十馀里，众皆不欲去，互请诞还城，诞曰："我还易耳，卿能为我尽力乎？"众皆许诺。诞乃复还，筑坛歃血以誓众，凡府州文武皆加秩。以主簿刘琨之为中兵参军，琨之，遵考之子也，辞曰："忠孝不得并。琨之老父在，不敢承命。"诞囚之十馀日，终不受，乃杀之。

右卫将军垣护之、虎贲中郎将殷孝祖等击魏还，至广陵，上并使受庆之节度。庆之进营，逼广陵城。诞饷庆之食，提挈者百馀人，出自北门。庆之不开视，悉焚之。诞于城上授函表，请庆之为送，庆之曰："我受诏讨贼，不得为汝送表。汝必欲归死朝廷，自应开门遣使，吾为汝护送。"

六月，上命沈庆之为三烽于桑里，若克外城，举一烽，克内城，举两烽，擒到诞，举三烽。玺书督趣，前后相继。庆之焚其东门，塞堑，造攻道，立行楼、土山并诸攻具。值久雨，

又进军到新亭。豫州刺史宗悫、徐州刺史刘道隆一同率领军队前来会合。兖州刺史沈僧明是沈庆之的侄儿,也派遣军队援助沈庆之。在此之前,刘诞欺骗他的部下,说"宗悫将可以帮助我们"。宗悫到达城下,驱马绕城一周,呼喊道:"我就是宗悫啊!"

刘诞看见各路军队大批聚集广陵城下,想放弃城池,向北逃跑,留下中兵参军申灵赐守卫广陵。自己带领步兵骑兵数百人,亲信一同跟随着他,声称出城作战,顺着斜路奔向通往海陵的道路,沈庆之派遣龙骧将军武念率兵追击他们。刘诞等走了十几里,大家都不想离去,交相请求刘诞返回广陵城,刘诞说:"我们返回是轻而易举的事,你们能够为我尽力吗?"大家都答应尽力。刘诞于是又回到广陵,他筑起高坛,与众将士歃血盟誓,凡是竟陵王府、南兖州的文武官员都加封官秩。任命主簿刘琨之为中兵参军,刘琨之是刘遵考的儿子,他推辞说:"忠义与孝道不得两全。我刘琨之的老父还在建康,实在不敢接受任命。"刘诞于是把刘琨之囚禁了十多天,刘琨之最终还是不肯接受,刘诞竟然杀死了刘琨之。

右卫将军垣护之、虎贲中郎将殷孝祖率军进击北魏后回师,到达广陵,宋孝武帝让他们一同接受沈庆之的调遣指挥。沈庆之移动营垒,逼近广陵城。刘诞让手下送给沈庆之军队食物,提着食物的有一百多人,从北门出到城外。沈庆之下令部下不准打开看,并下令全部烧了。刘诞在城楼上把给宋孝武帝的奏章给沈庆之看,请沈庆之为他呈送宋孝武帝,沈庆之说:"我接受诏书讨伐逆贼,不能替你呈送奏章。如果你一定要回到朝廷,接受死罪,自然应当打开城门,派遣使者,我为你护送前往。"

六月,宋孝武帝命沈庆之在桑里建造三座烽火台,如果攻克广陵外城,就燃起一座烽火,攻克内城就燃起两座烽火,擒获刘诞就燃起三座烽火。宋孝武帝用封口盖有皇帝印信的诏书督促催逼,一封接着一封。沈庆之的军队焚烧了广陵的东门,填平了护城河,修建了进攻的通道,竖起了攻城的楼车,造起了土山,制作了各种攻城的器具。这时广陵长期下雨,

不得攻城。上使御史中丞庾徽之奏免庆之官,诏勿问,以激之。自四月至于秋七月,雨止,城犹未拔。上怒,命太史择日,将自济江讨诞。太宰义恭固谏,乃止。

诞初闭城拒使者,记室参军山阴贺弼固谏,诞怒,抽刀向之,乃止。诞遣兵出战屡败,将佐多逾城出降。或劝弼宜早出,弼曰:“公举兵向朝廷,此事既不可从,荷公厚恩,又义无违背,唯当以死明心耳!”乃饮药自杀。参军何康之谋开门纳官军,不果,斩关出降。诞为高楼,置康之母于其上,暴露之,不与食,母呼康之,数日而死。诞以中军长史济阳范义为左司马。义母妻子皆在城内,或谓义曰:“事必不振,子其行乎?”义曰:“吾,人吏也,子不可以弃母,吏不可以叛君。必若何康之而活,吾弗为也。”

沈庆之帅众攻城,身先士卒,亲犯矢石。乙巳,克其外城。乘胜而进,又克小城。诞闻兵入,走趋后园,队主沈胤之等追及之,击伤诞,坠水,引出,斩之。诞母、妻皆自杀。

上闻广陵平,出宣阳门,敕左右皆呼万岁。侍中蔡兴宗陪辇,上顾曰:“卿何独不呼?”兴宗正色曰:“陛下今日正应涕泣行诛,岂得皆称万岁?”上不悦,诏贬诞姓留氏。广陵城中

不能攻城。宋孝武帝让御史中丞庾徽之上奏要求罢免沈庆之的官职，而宋孝武帝假装下诏说不予追究，以此刺激沈庆之决战。从四月直到秋季七月，大雨才停止，广陵城还没有攻下来。宋孝武帝大怒，命令太史选择日期，将亲自渡过长江征伐刘诞。太宰刘义恭反复劝阻，宋孝武帝才没有去。

　　刘诞当初关闭城门，拒绝朝廷的使者，记室参军、山阴人贺弼坚决劝阻，刘诞大怒，抽出佩刀对着贺弼，于是贺弼才不再劝阻。刘诞派遣军队多次出战，屡屡失败，手下的将领僚佐也多有翻越城墙出城投降的。有人劝贺弼最好及早出城投降，贺弼说：“刘诞公起兵反叛朝廷，这件事情我是不应该跟从的，然而我平时身负刘诞公的深恩厚德，又在大义上不能违离背叛他，只好以一死来表明自己的心迹了。”于是喝下毒药自杀。参军何康之等人密谋打开城门迎接朝廷的军队，没有成功，于是斩杀守关的士卒，出城投降。刘诞在城门口建起一座高楼，把何康之的母亲缚在上面，让她赤身露体，不给她饭吃，何康之的母亲呼喊着何康之的名字，几天以后才死。刘诞任命中军长史、济阳人范义为左司马。范义的母亲、妻子、儿子都在广陵城中，有人对范义说：“这件事必定不能成功，你怎么不走呢？”范义说：“我是人家的官吏，儿子不可以抛弃他的母亲，官吏不可以背叛他的君主，如果必定要像何康之那样而活下来，我不会这样做。”

　　沈庆之率军队猛攻广陵城，他身先士卒，亲自冒着飞箭和乱石，冲杀在最前面。乙巳这天，攻克广陵外城，又乘胜推进，进而攻克了广陵内城。刘诞听到朝廷军队攻入城内，逃走躲避到后面的花园。队主沈胤之等追上去，击伤了刘诞，刘诞落入水中，沈庆之等人把他拉上来，斩杀了他。刘诞的母亲、妻子都自杀而死。

　　宋孝武帝听说广陵已经平定，走出宣阳门，下令左右的人都高呼万岁。侍中蔡兴宗陪坐在辇车旁，宋孝武帝回过头来问他说：“你为什么独独不高呼呢？”蔡兴宗面色严肃地回答说：“陛下今天正应该对实行诛杀痛哭流涕，怎能让人都喊万岁呢？”宋孝武帝很不高兴，他下诏贬称刘诞姓留。广陵城中的

士民,无小大悉命杀之。沈庆之请自五尺以下全之,其馀男子皆死,女子以为军赏,犹杀三千馀口。长水校尉宗越临决,皆先刳肠抉眼,或笞面鞭腹,苦酒灌创,然后斩之。越对之,欣欣若有所得。上聚其首于石头南岸为京观,侍中沈怀文谏,不听。

初,诞自知将败,使黄门吕昙济与左右素所信者将世子景粹匿于民间,谓曰:"事若不济,思相全脱。如其不免,可深埋之。"各分以金宝赍送。既出门,并散走,唯昙济不去,携负景粹十馀日,捕得,斩之。临川内史杨璿坐与诞素善,下狱死。擢梁旷为后将军,赠刘琨之给事黄门侍郎。

蔡兴宗奉旨慰劳广陵。兴宗与范义素善,收敛其尸,送丧归豫章。上谓曰:"卿何敢故触王宪?"兴宗抗言对曰:"陛下自杀贼,臣自葬故交,何不可之有?"上有惭色。

士人百姓,不分小孩大人,全部下令杀死。沈庆之请求从身高五尺以下的人不杀,其馀的男子全部杀死,女子则把她们作为军队将士的赏赐,还是杀了三千多人。长水校尉宗越对那些被判决处死的人,都先挖出肠胃,挖出眼睛,有时用鞭子抽打要被杀死的人的脸部和腹部,在伤口上浇上苦酒,然后斩杀他们。宗越对被他杀死的这些人,欣欣然好像得到了什么。宋孝武帝把被杀的人的首级聚集在石头城南岸,堆成一座楼观,侍中沈怀文劝阻,宋孝武帝不听。

当初,刘诞自己知道即将败亡,派遣黄门吕昙济和左右平时最亲信的人,将世子刘景粹藏于民间,对他们说:"此事如果不成功,就想办法加以保全逃脱。如果真的不能幸免,可以把孩子的尸体深深地埋葬起来。"刘诞对他们各个分别赠以金银财宝。出了城门以后,这些人全都逃散,只有吕昙济不愿逃走,背着刘景粹走了十几天,被朝廷军队抓获,斩杀了他们。临川内史杨璩因与刘诞平时关系很好,逮捕入狱,被处死。宋孝武帝提升梁旷为后将军,追赠刘琨之为给事黄门侍郎。

蔡兴宗奉宋孝武帝之旨前往广陵慰劳将士。蔡兴宗平常与范义关系密切,他把范义的尸体收敛起来,护送到豫章安葬。宋孝武帝对他说:"你为什么胆敢故意触犯王法?"蔡兴宗顶撞说:"陛下您杀灭您的贼寇,我埋葬我的朋友,为什么不可以这样做?"宋孝武帝验上露出惭愧的神色。

卷第二十

废帝之乱

宋孝武帝大明二年。初,上在江州,山阴戴法兴、戴明宝、蔡闲为典签。及即位,皆以为南台侍御史兼中书通事舍人。是岁,三典签并以初举兵预密谋,赐爵县男。闲已卒,追赐之。时上亲览朝政,不任大臣,而腹心耳目,不得无所委寄。法兴颇知古今,素见亲待。鲁郡巢尚之,人士之末,涉猎文史,为上所知,亦以为中书通事舍人。凡选授、迁徙、诛赏大处分,上皆与法兴、尚之参怀,内外杂事,多委明宝。三人权重当时。而法兴、明宝大纳货贿,凡所荐达,言无不行,天下辐凑,门外成市,家产并累千金。

八年夏闰五月庚申,上殂于玉烛殿。是日,太子即皇帝位废帝,年十六,大赦。吏部尚书蔡兴宗亲奉玺绶,太子受之,傲惰无戚容。兴宗出,告人曰:“昔鲁昭不哀,叔孙知其不终。

废帝之乱

　　宋孝武帝大明二年(458)。当初,宋孝武帝在江州的时候,山阴人戴法兴、戴明宝、蔡闲担任典签。等到孝武帝即位,就让他们全都做了南台侍御史,兼中书通事舍人。这一年,三位典签都因为孝武帝最初举兵时参与了密谋,被赠爵为县男。蔡闲已死,也追赠他这一爵位。当时,孝武帝亲自处理朝政,而不任用大臣,这样,就不得不将一些政务委托给自己的心腹、耳目。戴法兴通晓古今,一向受到孝武帝的亲信和厚待。鲁郡人巢尚之出身微寒,涉猎文学和史学,得到孝武帝的赏识,也让他担任中书通事舍人。凡是官员的选任、升降以及奖惩等重大的人事安排,孝武帝都让戴法兴、巢尚之一起参与谋划,而宫廷内外杂务,则大多交给戴明宝处理。这三个人的权势,在当时最为显赫。戴法兴、戴明宝便大肆收受贿赂,凡是经过他们推荐的,说了话没有行不通的,天下人争相趋附,巴结他们,就像车辐条集中到车轴上一样,他们的家门之外,如同闹市一般,两人的家产也迅速累积到了千金。

　　八年(464)夏季闰五月庚申(二十三日),孝武帝死于玉烛殿。这天,太子刘子业即皇帝位(即废帝),时年十六岁,大赦天下。吏部尚书蔡兴宗亲自奉上皇帝的玺绶,太子接着,态度傲慢、惰怠,毫无悲哀的表情。蔡兴宗出来以后,对人说:"以前鲁昭公即位时,居丧不哀,叔孙穆子就知道他没什么好结果。

家国之祸,其在此乎!"

秋七月乙卯,罢南北二驰道,及孝建以来所改制度,还依元嘉。尚书蔡兴宗于都座慨然谓颜师伯曰:"先帝虽非盛德之主,要以道始终。三年无改,古典所贵。今殡宫甫撤,山陵未远,而凡诸制度兴造,不论是非,一皆刊削,虽复禅代,亦不至尔。天下有识,当以此窥人。"师伯不从。

太宰义恭素畏戴法兴、巢尚之等,虽受遗辅政,而引身避事,由是政归近习。法兴等专制朝权,威行近远,诏敕皆出其手。尚书事无大小,咸取决焉,义恭与颜师伯但守空名而已。

蔡兴宗自以职管铨衡,每至上朝,辄为义恭陈登贤进士之意,又箴规得失,博论朝政。义恭性恇挠,阿顺法兴,恒虑失旨,闻兴宗言,辄战惧无答。兴宗每奏选事,法兴、尚之等辄点定回换,仅有在者。兴宗于朝堂谓义恭、师伯曰:"主上谅暗,不亲万机,而选举密事,多被删改,复非公笔,亦不知是何天子意?"数与义恭等争选事,往复论执,义恭、法兴皆恶之,左迁兴宗新昌太守。既而以其人望,复留之建康。八月,王太后疾笃,使呼废帝。帝曰:"病人间多鬼,那可往?"太后怒,谓侍者:"取刀来,剖我腹,

如今家国之祸,难道就在这人身上吗?"

秋季七月乙卯(十八日),刘子业下令废除南北两条驰道,以及孝建以来所改革的各项制度,又恢复到元嘉时代的政制。尚书蔡兴宗在尚书都座慨然叹息,对颜师伯说:"先帝虽然不是品德十分高尚的君主,但他总算能以道义贯彻始终。三年无改于父之道,这是古代经典上所尊崇的事。如今先帝的灵堂刚刚撤去,新帝离开他的陵墓还不久,但是先帝的所有制度设施,不管是对是错,一并都进行删削更改,即使是改朝换代,也不至于革除到这种程度。天下的有识之士,应该从这件事上看出新帝是个什么样的人了。"颜师伯不同意他的看法。

太宰刘义恭素来畏惧戴法兴、巢尚之等人,虽然接受遗诏辅政,但遇事总是主动躲避,不愿多管,因此,朝政都落到了废帝的近臣亲信手里。戴法兴等人于是专擅朝政,独握大权,威震远近四方,皇帝的诏书、敕令,都由他们一手制定。尚书省的政务,事无大小,都要由他们决定,刘义恭、颜师伯等省台官,只不过挂个空名罢了。

蔡兴宗以为自己职掌铨选,所以每到上朝时,总要向刘义恭陈述举荐贤能人才的事,又常规谏劝戒人事得失,广泛地评论朝政。刘义恭生性怯懦、屈从,总是逢迎、顺从戴法兴,老是担心会违背对方的心意,一听到戴兴宗的话,就吓得浑身发抖,无言以对。蔡兴宗每次呈奏有关选举的事情,戴法兴、巢尚之等人就进行圈点删定和改换,很少能保存奏章原文。蔡兴宗在朝堂对刘义恭、颜师伯说:"主上正在居丧期间,不能亲自处理纷繁的朝政,然而选任官员这样的机密之事,多被删改,又不是你们二位的笔迹,也不知这是哪个天子的意思?"多次与刘义恭等人就铨选之事发生争执,反复与他们进行辩论,刘义恭、戴法兴都很讨厌他,于是就将蔡兴宗贬为新昌太守。不久,因为蔡兴宗的声望很高,不得不又把他留在建康。八月,王太后病重,派人去叫儿子废帝来。废帝说:"病人的房子里多鬼,我怎么能去?"太后一听大怒,对侍者说:"去拿把刀子来,剖开我的肚子看看,

那得生宁馨儿!"己丑,太后殂。

明帝泰始元年,废帝幼而猖暴。及即位,始犹难太后、大臣及戴法兴等,未敢自恣。太后既殂,帝年渐长,欲有所为,法兴辄抑制之,谓帝曰:"官所为如此,欲作营阳邪?"帝稍不能平。所幸阉人华愿儿,赐与无算,法兴常加裁减,愿儿恨之。帝使愿儿于外察听风谣,愿儿言于帝曰:"道路皆言宫中有二天子:法兴为真天子,官为赝天子。且官居深宫,与人物不接,法兴与太宰、颜、柳共为一体,往来门客恒有数百,内外士庶莫不畏服。法兴是孝武左右,久在宫闱。今与他人作一家,深恐此坐席非复官有。"帝遂发诏免法兴官,遣还田里,仍徙远郡。八月,辛酉,赐法兴死,解巢尚之舍人。

员外散骑侍郎东海奚显度,亦有宠于世祖。常典作役,课督苛虐,捶扑惨毒,人皆苦之。帝常戏曰:"显度为百姓患,比当除之。"左右因唱诺,即宣旨杀之。

尚书右仆射、领卫尉卿、丹杨尹颜师伯居权日久,海内辐凑,骄奢淫恣,为衣冠所疾。帝欲亲朝政,庚午,以师伯为尚书左仆射,解卿、尹,以吏部尚书王彧为右仆射,分其权任。师伯始惧。

初,世祖多猜忌,王公、大臣,重足屏息,莫敢妄相过从。世祖殂,太宰义恭等皆相贺曰:"今日始免横死矣。"

我怎么会生出这样的孩子!"己丑(二十三日),太后去世。

宋明帝泰始元年(465),废帝年幼时,性情急躁而凶暴。及至即位之后,开始时他还有点畏惧太后、大臣及戴法兴等人,还不敢放肆。太后死了以后,废帝的年龄渐渐大了,想要做点越轨的事,戴法兴总是加以抑制,对废帝说:"官家这样乱搞,是不是想当第二个营阳王?"废帝听后心里有点气。他所喜欢的一个宦官华愿儿,得到的赏赐不计其数,戴法兴经常加以裁减,华愿儿因此而恼恨。废帝派遣华愿儿到外面打听民风民谣,华愿儿回来报告废帝说:"沿途的人都说宫中有两个天子:戴法兴是真天子,官家为假天子。况且官家住在深宫,与外面的人和事没有接触,戴法兴与太宰刘义恭以及颜师伯、柳元景共同结为一体,往来联络的门客,常有数百人之多,朝廷内外的官民,没有一个不因畏惧而服从他们的。戴法兴原是孝武帝的左右亲信,在宫廷内掌权已经很久了,如今他又跟别人结为一伙,我很担心这皇帝的坐席不会再是官家所有。"废帝于是发出诏令罢免了戴法兴的官,将他遣送还乡,后来又将他流放到边远郡县。八月辛酉(初一),又赐令戴法兴自杀,解除巢尚之的舍人职务。

员外散骑侍郎、东海人奚显度,也曾受到孝武帝的宠爱。他经常掌管建筑方面的事务,监督苛刻、暴虐,经常毒打役工,百姓深受其害。废帝曾经开玩笑说:"奚显度是百姓的祸害,应当除掉他。"左右近臣趁机应声说好,随即传达圣旨,杀了奚显度。

尚书右仆射、兼卫尉卿、丹杨尹颜师伯掌权的时间很久,海内人趋附他,就像车辐条集中到车轴上一样,他又骄傲奢侈,荒淫恣肆,受到士族们的忌恨。废帝想要亲理朝政,所以在庚午(初十)任命颜师伯为尚书左仆射,解除了他的卫尉卿、丹杨尹的职务,又任命吏部尚书王彧为尚书右仆射,分割颜师伯的权任。颜师伯开始害怕。

当初,孝武帝为人多猜忌,王公、大臣们重足而立,屏息而处,小心谨慎,不敢随便互相交往。孝武帝死了以后,太宰刘义恭等人都彼此庆贺说:"直到今天,我们才可免遭横祸而死了。"

甫过山陵，义恭与柳元景、颜师伯等声乐酣饮，不舍昼夜，帝内不能平。既杀戴法兴，诸大臣无不震慑，各不自安。于是元景、师伯密谋废帝，立义恭，日夜聚谋，而持疑不能决。元景以其谋告沈庆之，庆之与义恭素不厚，又师伯常专断朝事，不与庆之参怀，谓令史曰："沈公，爪牙耳，安得预政事？"庆之恨之，乃发其事。

癸酉，帝自帅羽林兵讨义恭，杀之，并其四子。断绝义恭支体，分裂肠胃，挑取眼睛，以蜜渍之，谓之"鬼目粽"。别遣使者称诏召柳元景，以兵随之。左右奔告："兵刃非常。"元景知祸至，入辞其母，整朝服乘车应召。弟车骑司马叔仁戎服，帅左右壮士欲拒命，元景苦禁之。既出巷，军士大至。元景下车受戮，容色恬然。并其八子、六弟及诸侄。获颜师伯于道，杀之，并其六子。又杀廷尉刘德愿。改元景和，文武进位二等。遣使诛湘州刺史江夏世子伯禽。自是公卿以下，皆被捶曳如奴隶矣。

初，帝在东宫，多过失，世祖欲废之而立新安王子鸾，侍中袁顗盛称："太子好学，有日新之美。"世祖乃止。帝由是德之。既诛群公，欲引进顗，任以朝政，迁为吏部尚书，与尚书左丞徐爰皆以诛义恭等功，赐爵县子。

徐爰便僻善事人，颇涉书传，自元嘉初，入侍左右，豫参顾问。既长于附会，又饰以典文，故为太祖所任遇。

才从孝武帝的陵墓治丧回来,刘义恭、柳元景、颜师伯等人便歌舞饮宴,日夜不停,废帝心里忿忿不平。废帝杀了戴法兴后,大臣们无不感到震惊、害怕,人人自危。于是柳元景、颜师伯便密谋废黜废帝,立刘义恭为帝,他们日夜不停地相聚谋划,但总是迟疑不决。柳元景将其密谋告诉了沈庆之,沈庆之与刘义恭一向关系不好,此外,颜师伯又经常专断朝政,不让沈庆之一起参与商量,对尚书令史说:"沈公只不过是爪牙之臣罢了,怎么能够参与朝廷政事?"沈庆之怀恨在心,于是告发了他们密谋废立的事。

癸酉(十三日),废帝亲自率领羽林军讨伐刘义恭,杀了他,一并杀了他的四个儿子。砍断刘义恭的四肢,掏出肠胃割碎,挖出眼睛,用蜜糖泡浸,称之为"鬼目粽"。废帝又另外派遣使者口称诏命去召柳元景,并派兵跟在后面。柳元景的左右跑来报告说:"有兵刃跟随使者,非同寻常。"柳元景知道大祸将至,便进去辞别老母,将朝服穿戴整齐,乘车出来应召。他的弟弟车骑司马柳叔仁身着戎装,率领左右武士打算抗拒诏命,柳元景苦苦禁止他。柳元景走出巷口时,大批军士已经到达。柳元景下车受刑,神色十分平静。同时处死的有他的八个儿子、六个弟弟和所有的侄子。在路上抓到了颜师伯,杀了他,并杀了他的六个儿子。又杀了廷尉刘德愿。改元景和,文武官员都进位二级。派遣使者杀了湘州刺史、江夏王的世子刘伯禽。从此以后,公卿以下百官都经常遭受殴打折磨,如同奴隶一般。

当初,废帝在东宫时,多犯过失,孝武帝打算废黜他而立新安王刘子鸾为嗣,侍中袁顗却十分称赞说:"太子好学,有日求上进、改过自新的美德。"孝武帝才作罢。废帝因此很感激他。诛杀群臣之后,废帝就打算引进袁顗,让他掌管朝政,于是提升他为吏部尚书,他与尚书左丞徐爰都因为诛灭刘义恭等人的功劳,被赐给县子的爵位。

徐爰善逢迎取悦他人,也涉猎很多经书和史传,自元嘉初年入宫,成为皇帝的左右侍从,参与朝政,备顾问应对,为人既擅长附和逢迎,又常从经典文献中引些词句加以文饰,所以受到文帝的信任。

大明之世，委寄尤重。时殿省旧人多见诛逐，唯爱巧于将迎，始终无迕，废帝待之益厚，群臣莫及。帝每出，常与沈庆之及山阴公主同辇，爱亦预焉。

山阴公主，帝姊也，适驸马都尉何戢。戢，偃之子也。公主尤淫恣，尝谓帝曰："妾与陛下，男女虽殊，俱托体先帝。陛下六宫万数，而妾唯驸马一人，事太不均。"帝乃为公主置面首左右三十人，进爵会稽郡长公主，秩同郡王。吏部郎褚渊貌美，公主就帝请以自侍，帝许之。渊侍公主十日，备见逼迫，以死自誓，乃得免。渊，湛之之子也。

帝令太庙别画祖考之像，帝入庙，指高祖像曰："渠大英雄，生擒数天子。"指太祖像曰："渠亦不恶，但末年不免儿斫去头。"指世祖像曰："渠大齄鼻，如何不齄？"立召画工令齄之。

新安王子鸾有宠于世祖，帝疾之。九月辛丑，遣使赐子鸾死，又杀其母弟南海王子师及其母妹，发殷贵妃墓，又欲掘景宁陵，太史以为不利于帝，乃止。

废帝自即位以来，未尝戒严，因民间讹言义阳王昶反而讨之，昶奔魏。事见《元魏寇齐》。

吏部尚书袁顗，始为帝所宠任，俄而失指，待遇顿衰，使有司纠奏其罪，白衣领职。顗惧，诡辞求出。甲寅，以顗为督雍梁等四州诸军事、雍州刺史。顗舅蔡兴宗谓之曰："襄阳星恶，何可往？"顗曰："白刃交前，不救流矢。今者之行，

孝武帝大明之世,对他的委任更为加重。当时殿省的旧臣大多被诛杀、放逐,只有徐爱巧于送往迎来,自始至终没有违逆之处,所以废帝待他更好,群臣没有哪一个赶得上他。废帝每次外出,经常与沈庆之及山阴公主同车,徐爱也在其中。

山阴公主是废帝的姐姐,嫁给驸马都尉何戢。何戢是何偃的儿子。公主的生性特别淫荡,她曾经对废帝说:"妾与陛下,虽然有男女之别,但都是先帝所生。陛下六宫的美女数以万计,而妾只有驸马一个人,事体太不公平了。"废帝于是为山阴公主设置面首,左右三十人,进爵为会稽郡长公主,官秩相当于郡王。吏部郎褚渊貌美,山阴公主跑到废帝那里,请求让褚渊侍奉自己,废帝同意了。褚渊侍奉山阴公主十多天,备受公主的逼迫,褚渊誓死不从,才得幸免。褚渊是褚湛之的儿子。

废帝命令在太庙里分别画上祖先的图像,他进入庙中观看,指着武帝的像说:"他是个大英雄,活捉了几个天子。"又指着文帝的像说:"他也不错,只是晚年不免被儿子砍了头。"又指着孝武帝的像说:"他可是个大酒糟鼻子,为什么不画酒糟鼻?"说完立刻召来画工,命令他画上孝武帝的酒糟鼻子。

新安王刘子鸾受到孝武帝的宠爱,废帝很嫉恨他。九月辛丑(十一日),派遣使者赐刘子鸾自尽,又杀了他的同母弟南海王刘子师及其同母妹妹,又派人发掘、毁坏殷贵妃的陵墓,还要掘毁景宁陵,太史认为这样做对废帝不利,废帝才停止下来。

废帝自从即位以来,未尝戒过严,后来因为民间误传说义阳王刘昶谋反而兴兵讨伐,刘昶只好逃奔北魏。事情详见《元魏寇齐》。

吏部尚书袁颛开始时受到废帝的宠爱、信任,可是不久就不合废帝的旨意了,他受到的待遇一下子变差了,废帝并指使有关官吏弹劾他的罪行,让他以平民的身份担任现职。袁颛害怕,便编造了一套理由,请求调出京师。甲寅(二十四日),任命袁颛为督雍、梁等四州诸军事,雍州刺史。袁颛的舅舅蔡兴宗对他说:"襄阳分野星宿险恶,怎么可以前去?"袁颛说:"在白刃迎面刺来时,就无法解救流箭了。今日这次出行,

唯愿生出虎口耳。且天道辽远,何必皆验?"

是时,临海王子顼为都督荆湘等八州诸军事、荆州刺史,朝廷以兴宗为子顼长史、南郡太守,行府、州事,兴宗辞不行。颛说兴宗曰:"朝廷形势,人所共见。在内大臣,朝不保夕,舅今出居陕西,为八州行事,颛在襄、沔,地胜兵强,去江陵咫尺,水陆流通。若朝廷有事,可以共立桓、文之功,岂比受制凶狂、临不测之祸乎?今得间不去,后复求出,岂可得邪?"兴宗曰:"吾素门平进,与主上甚疏,未容有患。宫省内外,人不自保,会应有变。若内难得弭,外衅未必可量。汝欲在外求全,我欲居中免祸,各行其志,不亦善乎?"

颛于是狼狈上路,犹虑见追。行至寻阳,喜曰:"今始免矣。"邓琬为晋安王子勋镇军长史、寻阳内史,行江州事。颛与之款狎过常,每清闲,必尽日穷夜。颛与琬人地本殊,见者知其有异志矣。寻复以兴宗为吏部尚书。

帝舅东阳太守王藻尚世祖女临川长公主。公主妒,谮藻于帝。冬十月己卯,藻下狱死。

会稽太守孔灵符,所至有政绩。以忤犯近臣,近臣谮之,帝遣使鞭杀灵符,并诛其二子。

宁朔将军何迈,瑀之子也,尚帝姑新蔡长公主。帝纳公主

只求活着逃出虎口罢了。况且天道幽远难测,吉凶不一定都会应验。"

　　这时,临海王刘子顼担任都督荆湘等八州诸军事、荆州刺史,朝廷任命蔡兴宗为刘子顼的长史、南郡太守,并代理府州之事,蔡兴宗推辞不肯前去。袁颢劝说蔡兴宗道:"朝廷的形势,人人都看在眼里,在京城内的大臣,都朝不保夕,舅父如果出居荆州,身为八州行事,我袁颢在襄阳、沔水一带,地势险要,兵力强盛,距离江陵近在咫尺,水陆交通,十分便利。假如朝廷有事,我们可以共建齐桓公、晋文公那样的功业,难道不比在京城受那凶残、狂暴之人控制,老是面对不测之祸好吗?如今有了机会却不肯走,以后再想求外补,又怎么能得到呢?"蔡兴宗说:"我出身寒门,循序渐进,与主上甚为疏远,未必就会有祸患。宫禁内外,人人危惧,不能自保,这样肯定会触发变乱。假如在朝廷尚难消灾弭祸,那么在外地的祸患也难以预料。你要在外地寻求安全,我打算留在京城内避祸,我们各行其志,不也是很好的吗?"

　　袁颢于是仓皇上路,还担心受到追杀。走到寻阳时,才高兴地说:"如今才算免于大祸了。"邓琬当时担任晋安王刘子勋的镇军长史、寻阳内史,并代理江州府事。袁颢与他亲切交游戏乐,非比寻常,一有空闲,两人就一定要整日整夜地混在一起。袁颢与邓琬,两人的人品声望及出身地位本来不同,凡是见到他们交游的人,都知道他们有野心了。不久,朝廷又任命蔡兴宗为吏部尚书。

　　废帝的舅舅东阳太守王藻娶了孝武帝的女儿临川长公主为妻。临川长公主生性嫉妒,在废帝面前进谗言陷害王藻。冬季十月己卯(二十日),王藻被捕下狱而死。

　　会稽太守孔灵符,所任职的地方都有政绩。因为冒犯了废帝的近臣,近臣在废帝面前进谗言陷害他,废帝派遣使者用鞭子打死了孔灵符,还杀了他的两个儿子。

　　宁朔将军何迈,是何瑀的儿子,何迈迎娶了废帝的姑母新蔡长公主作为妻子。废帝却将新蔡长公主

于后宫,谓之谢贵嫔,诈言公主薨,杀宫婢,送迈第殡葬,行丧礼。庚辰,拜贵嫔为夫人。加鸾辂龙旂,出警入跸。迈素豪侠,多养死士,谋因帝出游,废之,立晋安王子勋。事泄,十一月壬辰,帝自将兵诛迈。

初,沈庆之既发颜、柳之谋,遂自昵于帝,数尽言规谏,帝浸不悦。庆之惧祸,杜门不接宾客。尝遣左右范羡至吏部尚书蔡兴宗所,兴宗使羡谓庆之曰:"公闭门绝客,以避悠悠请托者耳。如兴宗,非有求于公者也,何为见拒?"庆之使羡邀兴宗。

兴宗往见庆之,因说之曰:"主上比者所行,人伦道尽。率德改行,无可复望。今所忌惮,唯在于公;百姓喁喁,所瞻赖者,亦在公一人而已。公威名素著,天下所服。今举朝遑遑,人怀危怖,指麾之日,谁不响应? 如犹豫不断,欲坐观成败,岂惟旦暮及祸,四海重责将有所归? 仆蒙眷异常,故敢尽言,愿公详思其计。"庆之曰:"仆诚知今日忧危,不复自保,但尽忠奉国,始终以之,当委任天命耳。加老退私门,兵力顿阙,虽欲为之,事亦无成。"兴宗曰:"当今怀谋思奋者,非欲邀功赏富贵,正求脱朝夕之死耳。殿中将帅,唯听外间消息,若一人唱首,则俯仰可定。况公统戎累朝,旧日部曲,布在宫省,受恩者多,沈攸之辈皆公家子弟耳,何患不从?

留在后宫为妃，称她为谢贵嫔，并假称公主已死，而且杀了一个宫婢，把尸首送到何迈的府第安葬，按公主的级别举行丧礼。庚辰（二十一日），封谢贵嫔为夫人，赐给她坐龙旗鸾铃的御车，出称警，入称跸。何迈素来豪爽任侠，家里蓄养了许多死士，计划利用废帝出游的机会废黜他，立晋安王刘子勋为皇帝。但事机泄漏，十一月壬辰（初三），废帝亲自率兵诛杀了何迈。

当初，沈庆之既然告发了颜师伯、柳元景的逆谋，于是自己主动亲近废帝，多次直言规谏，废帝对他渐渐不高兴了。沈庆之害怕触祸，所以闭门不接待宾客。沈庆之曾经派遣左右亲信范美到吏部尚书蔡兴宗那里，蔡兴宗让范美对沈庆之说："您闭门谢客，只是为了躲避那众多的请托罢了。像我蔡兴宗，并不是有求于您的人，为什么要拒绝呢？"沈庆之于是派范美去邀请蔡兴宗来做客。

蔡兴宗去见沈庆之，趁机劝说他道："主上近来所作所为，人伦已经丧尽，要想使他改变德行，已经再没有什么指望了。如今他所畏忌的，就只有您了；老百姓喁喁向往、依赖的，也只有您一个人了。您一向威名远播，天下人全都敬服。现在举朝上下惶惶不安，人人自危，只要您出来一号召，谁不会响应呢？如果犹豫不决，想要坐观成败，那岂止自己早晚要遭受灾祸，四海之内的激烈指责，恐怕也会要集中在您身上了。我承蒙您不同寻常的厚爱，所以胆敢冒昧直言，希望您仔细考虑一下我的意见。"沈庆之说："我确实知道目前的忧惧与危机，已经不能再保全自己了，只是尽忠报国，则愿始终如一，一切听从天命的安排吧。加上我已年老，已退居私门，手中一下子没了兵权，尽管我想那样做，事情也不会成功。"蔡兴宗说："当前那些心怀谋虑企图奋起的人，并不是想要求取功名富贵，只是为了摆脱那早晚要降临的死亡罢了。殿中的将帅，只是等待着外边的动静，如果有一个人首倡大义，那么在俯仰之间，局势就可以确定。何况您统率大军有几朝了，旧日的那些部属遍布在宫禁之中，受您的恩惠的很多，像沈攸之等人，都是您沈家子弟，怎么会担心他们不听从？

且公门徒、义附,并三吴勇士。殿中将军陆攸之,公之乡人,今入东讨贼,大有铠仗,在青溪未发。公取其器仗以配衣麾下,使陆攸之帅以前驱,仆在尚书中,自当帅百僚案前世故事,更简贤明以奉社稷,天下之事立定矣。又,朝廷诸所施为,民间传言公悉豫之。公今不决,当有先公起事者,公亦不免附从之祸。闻车驾屡幸贵第,酣醉淹留。又闻屏左右,独入阁内。此万世一时,不可失也。"庆之曰:"感君至言。然此大事,非仆所能行。事至,固当抱忠以没耳。"

青州刺史沈文秀,庆之弟子也,将之镇,帅部曲出屯白下,亦说庆之曰:"主上狂暴如此,祸乱不久,而一门受其宠任,万物皆谓与之同心。且若人爱憎无常,猜忍特甚,不测之祸,进退难免。今因此众力,图之易于反掌。机会难值,不可失也。"再三言之,至于流涕。庆之终不从,文秀遂行。

及帝诛何迈,量庆之必当入谏,先闭青溪诸桥以绝之。庆之闻之,果往,不得进而还。帝乃使庆之从父兄子直阁将军攸之赐庆之药。庆之不肯饮,攸之以被掩杀之,时年八十。庆之子侍中文叔欲亡,恐如太宰义恭被支解,谓其弟中书郎文季曰:"我能死,尔能报。"遂饮庆之之药而死。弟秘书郎昭明亦自经死。文季挥刀驰马而去,追者不敢逼,遂得免。帝诈言庆之病薨,赠侍中、太尉,谥曰忠武公,

而且您的门徒、义附,都是三吴地区的勇士。殿中将军陆攸之,是您的老乡,如今他去东方讨贼,拥有大量兵器,停留在青溪,尚未出发。您搬取他的武器,用来装备部下,派遣陆攸之率领他们作为前锋,我在尚书省内,自当率领百官,依照前世旧例,另选贤明君主,以侍奉宗庙社稷,天下大事,立刻就会安定。此外,朝廷的所有措施,据民间传言,您都参与了。您如今还迟疑不决,那可能会有人抢在您之前起事,您也免不了被当作帮凶,牵连受祸。听说皇上车驾屡次去贵第,酣饮沉醉,逗留的时间很长,又听说皇上屏退左右,经常单独进入阃门。这可是万世难逢的好机会,不要丧失掉。"沈庆之说:"感谢您的肺腑之言,然而这是大事,不是我所能做到的。如果真有您所说的那种事情出现,我也只能怀着一片忠心死节而已。"

青州刺史沈文秀,是沈庆之的侄子,将要到自己的节镇去,率领部队驻扎在白下,他也劝说沈庆之道:"主上狂暴到这种程度,祸乱不久就会发生,我们一门受到他的宠信,那么天下众人都会以为我们与他是一个心眼。况且这个人爱憎无常,对人的猜忌、残忍特别厉害,我们面临的不测之祸,无论进退,都难以幸免。如今依靠大家的力量来对付他,是易如反掌的事。机会难逢,不可失去。"再三地和他说,以至伤心落泪。沈庆之始终不肯听从,沈文秀只好告辞而去。

等到废帝诛杀何迈时,他估计沈庆之肯定会入宫劝谏,于是预先关闭了青溪上的所有桥梁,断绝他的来路。沈庆之听说后,果然前去进谏,因无法进宫只得返回来。废帝于是派沈庆之堂叔的侄子、直阁将军沈攸之送毒酒给沈庆之喝,沈庆之不肯喝,沈攸之便用被子蒙上他,将他闷死,沈庆之死时年已八十岁了。沈庆之的儿子侍中沈文叔打算逃亡,但又担心父亲会像太宰刘义恭一样被肢解,就对他的弟弟中书郎沈文秀说:"我可以去死,你能报仇。"就喝了给沈庆之的毒酒死了。他的弟弟秘书郎沈昭明也自缢而死。沈文季挥刀纵马而去,追赶他的人不敢逼近,终于免于一死。废帝谎称沈庆之病故,并追赠侍中、太尉,谥号为忠武公,

葬礼甚厚。

领军将军王玄谟数流涕谏帝以刑杀过差,帝大怒。玄谟宿将,有威名,道路讹言玄谟已见诛。蔡兴宗尝为东阳太守,玄谟典签包法荣家在东阳,玄谟使法荣至兴宗所。兴宗谓法荣曰:"领军殊当忧惧。"法荣曰:"领军比日殆不复食,夜亦不眠,恒言收已在门,不保俄顷。"兴宗曰:"领军忧惧,当为方略,那得坐待祸至?"因使法荣劝玄谟举事。玄谟使法荣谢曰:"此亦未易可行,期当不泄君言。"

右卫将军刘道隆,为帝所宠任,专典禁兵。兴宗尝与之俱从帝夜出,道隆过兴宗车后,兴宗曰:"刘君!比日思一闲写。"道隆解其意,掐兴宗手曰:"蔡公勿多言!"

帝畏忌诸父,恐其在外为患,皆聚之建康,拘于殿内,殴捶陵曳,无复人理。湘东王彧、建安王休仁、山阳王休祐,皆肥壮,帝为竹笼,盛而称之,以彧尤肥,谓之"猪王",谓休仁为"杀王",休祐为"贼王"。以三王年长,尤恶之,常录以自随,不离左右。东海王祎性凡劣,谓之"驴王"。桂阳王休范、巴陵王休若年尚少,故并得从容。尝以木槽盛饭,并杂食搅之,掘地为坑,实以泥水,裸彧内坑中,使以口就槽食之,用为欢笑。前后欲杀三王以十数,休仁多智数,每以谈笑佞谀说之,故得推迁。

少府刘曚妾孕临月,帝迎入后宫,俟其生男,欲立为太子。或

葬礼特别隆重。

　　领军将军王玄谟多次流着眼泪劝谏废帝，说他刑杀过度，废帝大为恼怒。王玄谟是一位老将，很有威名，民间讹传，说王玄谟已被杀害。蔡兴宗曾经担任东阳太守，王玄谟的典签包法荣的老家在东阳，王玄谟派遣包法荣到了蔡兴宗那里。蔡兴宗对包法荣说："领军将军恐怕会特别的忧虑、恐惧。"包法荣说："领军将军近日来白天不想吃饭，夜晚睡不着觉，老是说抓自己的人已经到了门边，很快就保不住命了。"蔡兴宗说："领军将军如此忧惧，应该替他想想办法，怎么能够这样坐待大祸临头呢？"于是趁机要包法荣劝王玄谟起事。王玄谟派包法荣辞谢说："这事也不是容易办得成的，但我肯定不会泄漏您所说的话。"

　　右将军刘道隆，受到废帝的宠信，独掌禁兵。蔡兴宗曾与他一起跟废帝夜里出游，刘道隆从蔡兴宗的车后经过，蔡兴宗对他说："刘君，近日想找个清闲时间，咱们一道写字抒怀。"刘道隆理解他的用意，便掐了蔡兴宗的手一下，说："蔡公不用多说了。"

　　废帝畏忌他的叔父们，恐怕他们在京外造成祸患，所以将他们都集中到建康，拘禁在殿内，对他们殴打欺凌，不再讲人伦道德了。湘东王刘彧、建安王刘休仁、山阳王刘休祐，三人都长得很肥壮，废帝特制了一些竹笼，把他们装在里面，称他们的重量，以刘彧最肥，称他为"猪王"，称刘休仁为"杀王"，刘休祐为"贼王"。因为这三个王的年龄大，所以特别讨厌他们，常常把他们囚禁起来带在身边，不离左右。东海王刘祎生性凡劣，所以称他为"驴王"。桂阳王刘休范、巴陵王刘休若年纪还小，所以对两人比较放松。曾经用一个木槽盛饭，和一些杂食搅在一起，然后在地上挖一个坑，坑内放些泥水，将刘彧剥光衣服放在坑中，迫使他用口伸到槽里面去吃食物，以此来取笑。废帝前后几十次要杀掉三个年长的王，因为刘休仁特别机智，每次都靠着谈笑、谄媚来取悦废帝，以转移他的注意力，三王才苟延残喘，留得性命。

　　少府刘矇的妾怀孕将要临产了，废帝把她迎入后宫，预备等她生下了男孩，就打算立这个男孩为太子。刘彧

尝忤旨,帝裸之,缚其手足,贯之以杖,使人担付太官,曰:
"今日屠猪!"休仁笑曰:"猪未应死。"帝问其故。休仁曰:
"待皇太子生,杀猪取其肝肺。"帝怒乃解,曰:"且付廷尉。"
一宿,释之。丁未,矇妾生子,名曰皇子,为之大赦,赐为父
后者爵一级。

　　帝又以太祖、世祖在兄弟数皆第三,江州刺史晋安王子
勋亦第三,故恶之,因何迈之谋,遣左右朱景云送药赐子勋
死。景云至湓口,停不进。子勋典签谢道迈、主帅潘欣之、
侍书褚灵嗣闻之,驰以告长史邓琬,泣涕请计。琬曰:"身
南土寒士,蒙先帝殊恩,以爱子见托,岂得惜门户百口? 期
当以死报效。幼主昏暴,社稷危殆,虽曰天子,事犹独夫。
今便指帅文武,直造京邑,与群公卿士,废昏立明耳。"戊
申,琬称子勋教,令所部戒严。子勋戎服出听事,集僚佐,
使潘欣之口宣旨谕之。四座未对,录事参军陶亮首请效死
前驱,众皆奉旨。乃以亮为谘议参军,领中兵,总统军事;
功曹张沈为谘议参军,统作舟舰;南阳太守沈怀宝、岷山太
守薛常宝、彭泽令陈绍宗等并为将帅。初,帝使荆州录送
前军长史、荆州行事张悦至湓口,琬称子勋命,释其桎梏,
迎以所乘车,以为司马。悦,畅之弟也。琬、悦二人共掌内
外众事,遣将军俞伯奇帅五百人断大雷,禁绝商旅及公私使
命。遣使上诸郡民丁,收敛器械。旬日之内,得甲士五千

曾经违背废帝旨意,废帝剥光他的衣服,捆住他的手脚,用一根棍子从他手脚拱弯中穿过去,命人抬着他送到太官那里,说:"今天杀猪吃。"刘休仁笑着说:"这个猪暂时还不该杀。"废帝问他的缘故,刘休仁说:"等皇太子降生之后,再杀猪取他的肝肺。"废帝的怒气这才消了,说:"暂时交给廷尉处理。"过了一晚,把他放了。丁未(十八日),刘暧的妾生下一子,取名就叫皇子,为此大赦天下,凡是之后有了儿子的臣属也赐爵一级。

废帝又因为文帝、孝武帝在他们各自的兄弟中,都排行第三,而江州刺史晋安王刘子勋也是排行第三,所以讨厌他,于是利用何迈谋逆的事件,派遣左右亲信朱景云送毒药去赐刘子勋自杀。朱景云走到湓口时,停下来不前进了。刘子勋的典签谢道迈、主帅潘欣之、侍书褚灵嗣听到了这个消息,立即飞马报告长史邓琬,哭着请求他想办法。邓琬说:"我自己是南方的寒门子弟,蒙先帝深恩,把爱子托付给我,我怎么可以顾惜自家这百来口性命呢? 一定要以死相报。如今幼主昏庸残暴,国家危急,虽说他是天子,实际上是个独夫民贼。如今我就指挥率领文武百官,直奔京城,与各位公卿将士一道,废黜昏君,另立明主。"戊申(十九日),邓琬声称奉刘子勋的教令,命令他的所属部队戒严。刘子勋也身着戎装出来处理政事,召集僚属,派遣潘欣之口头传达刘子勋的旨意以晓喻他们。四座的人开始没有反应,录事参军陶亮便首先请求,愿意为国效死,作为前锋,大家也都愿意执行命令。于是以陶亮为谘议参军,领中兵,总管军事;以功曹张沈为谘议参军,总管制作船舰;南阳太守沈怀宝、岷山太守薛常宝、彭泽县令陈绍宗等都担任将帅。当初,废帝命令荆州逮捕传送前军长史、荆州行事张悦到湓口,邓琬宣称奉刘子勋的命令,去了他身上的刑具,以自己所乘之车迎接他,并任命他为司马。张悦是张畅的弟弟。邓琬、张悦两人共同掌管内外众事,又派遣将军俞伯奇率兵五百人切断大雷地区交通,禁绝商旅客人及公私使节的往来。又派遣使者登记各郡民丁,征发上来作为士兵,同时收集各种武器。十来天之内,就征集了甲士五千

人，出顿大雷，于两岸筑垒。又以巴东、建平二郡太守孙冲之为谘议参军，领中兵，与陶亮并统前军。移檄远近。

戊午，帝召诸妃、主列于前，强左右使辱之。南平王铄妃江氏不从，帝怒，杀妃三子南平王敬猷、庐陵王敬先、安南侯敬渊，鞭江妃一百。

先是民间讹言湘中出天子，帝将南巡荆、湘二州以厌之。明旦，欲先诛湘东王彧，然后发。

初，帝既杀诸公，恐群下谋己，以直阁将军宗越、谭金、童太一、沈攸之等有勇力，引为爪牙，赏赐美人、金帛，充牣其家。越等久在殿省，众所畏服，皆为帝尽力。帝恃之，益无所顾惮，恣为不道，中外骚然。左右宿卫之士皆有异志，而畏越等不敢发。时三王久幽，不知所为。湘东王彧主衣会稽阮佃夫、内监吴兴王道隆、学官令临淮李道儿与直阁将军柳光世及帝左右琅邪淳于文祖等阴谋弑帝。帝以立后故，假诸王阉人，彧左右钱蓝生亦在中，彧密使候帝动止。

先是帝游华林园竹林堂，使宫人倮相逐，一人不从命，斩之，夜，梦在竹林堂，有女子骂曰："帝悖虐不道，明年不及熟矣！"帝于宫中求得一人似所梦者斩之。又梦所杀者骂曰："我已诉上帝矣！"于是巫觋言竹林堂有鬼。是日晡时，帝出华林园。建安王休仁、山阳王休祐、会稽公主并从，湘东王彧独在秘书省，不被召，益忧惧。

帝素恶主衣吴兴寿寂之，见辄切齿，阮佃夫以其

人，于是让这支部队出发驻扎在大雷，在大雷两岸构筑工事。又任命巴东、建平两个郡的太守孙冲之为谘议参军，领中兵，与陶亮一起总管前军。又移送檄文，号召远近各郡响应。

戊午（二十九日），废帝召集所有的妃子、公主排列在自己前面，强迫左右侍从奸淫侮辱她们。南平王刘铄的妃子江氏不从，废帝大怒，杀了江妃的三个儿子南平王刘敬猷、庐陵王刘敬先和安南侯刘敬渊，并打江妃一百鞭。

起先，民间谣传，说湘中将出天子，废帝打算南巡荆、湘二州加以镇压。第二天早晨，想先杀了湘东王刘彧，然后才出发。

当初，废帝杀了很多大臣，恐怕臣属们谋害自己，因为直阁将军宗越、谭金、童太一、沈攸之等人有勇力，便安排到自己身边，作为爪牙，赏赐给他们的美人、金帛，充满他们的家宅。宗越等人久在殿省，大家都很畏服他们，他们都为废帝尽力效劳。废帝倚仗他们的保护，更加无所顾忌，任意干坏事，闹得宫廷内外，人心骚动。左右宿卫将士大多都有反叛的想法，但是因为害怕宗越等人而不敢起事。当时，刘彧等三个王被幽禁已经很久了，不知如何办才好。湘东王刘彧的主衣会稽人阮佃夫、内监吴兴人王道隆、学官令临淮人李道儿与直阁将军柳光世及废帝的左右侍从琅邪人淳于文祖等人暗地里谋画要杀死废帝。废帝因为册立皇后的缘故，就借用各王府的宦官入宫帮忙，刘彧的侍从钱蓝生也在里面，刘彧便暗中派遣他去观察废帝的动静。

在此之前，废帝游览华林园的竹林堂时，命令宫女赤身裸体互相追逐，有一个宫女不服从命令，就杀了她，夜里，废帝梦见自己在竹林堂，有一个女子骂他说："你狂悖淫虐，活不到明年禾熟了！"废帝在宫中找了一个与梦中女子相似的人杀了。后来又梦见那被杀者骂他说："我已经向上帝控告你了！"于是巫师们都说竹林堂有鬼。这天日晡时分，废帝出往华林园，建安王刘休仁、山阳王刘休祐，以及会稽公主都跟随他，只有湘东王刘彧一个人留在秘书省，未被征召，心里更加忧惧。

废帝一向讨厌主衣吴兴人寿寂之，见他就切齿，阮佃夫把他们的

谋告寂之及外监典事东阳朱幼、细铠主南彭城姜产之、细铠将晋陵王敬则、中书舍人戴明宝,寂之等闻之,皆响应。幼豫约勒内外,使钱蓝生密报休仁、休祐。时帝欲南巡,腹心宗越等并听出外装束,唯队主樊僧整防华林阁。柳光世与僧整,乡人,因密邀之,僧整即受命。凡同谋十馀人。阮佃夫虑力少不济,更欲招合,寿寂之曰:"谋广或泄,不烦多人。"其夕,帝悉屏侍卫,与群巫及彩女数百人射鬼于竹林堂。事毕,将奏乐,寿寂之抽刀前入,姜产之次之,淳于文祖等皆随其后。休仁闻行声甚疾,谓休祐曰:"事作矣!"相随奔景阳山。帝见寂之至,引弓射之,不中。彩女皆迸走,帝亦走,大呼"寂寂"者三,寂之追而弑之。宣令宿卫曰:"湘东王受太皇太后令,除狂主,今已平定。"殿省惶惑,未知所为。

休仁就秘书省见湘东王,即称臣,引升西堂,登御座,召见诸大臣。于时事起仓猝,王失履,跣至西堂,犹著乌帽。坐定,休仁呼主衣以白帽代之。令备羽仪,虽未即位,凡事悉称令书施行。宣太皇太后令,数废帝罪恶,命湘东王纂承皇极。及明,宗越等始入,湘东王抚接甚厚。废帝母弟司徒、扬州刺史豫章王子尚,顽悖有兄风。己未,湘东王以太皇太后令,赐子尚及会稽公主死。建安王休仁等始得出居外舍。释谢庄之囚。废帝犹横尸太医阁口。蔡兴宗谓尚书右仆射王彧曰:"此虽凶悖,要是天下之主,宜

密谋告诉了寿寂之以及外监典事东阳人朱幼、细铠主南彭城人姜产之、细铠将晋陵人王敬则、中书舍人戴明宝,寿寂之等人听后,全都响应。朱幼先在宫廷内外联络安排,派遣钱蓝生密报刘休仁、刘休祐。当时,废帝打算南巡,听任他的心腹将领宗越等人出外准备行装,只有队主樊僧整防守华林阁。柳光世与樊僧整是同乡,于是偷偷地邀请他参加,樊僧整当即答应了。同谋的一共有十多人。阮佃夫担心人力少不会成功,想另外再招聚一些人参加,寿寂之说:"谋画的面太广就难免泄漏机密,用不了那么多人。"这天晚上,废帝全部屏退侍卫,只与众巫师及采女数百人到竹林堂射鬼。射鬼结束,就打算奏乐,这时寿寂之抽出刀来当先冲上,姜产之为次,淳于文祖等人都紧随其后。刘休仁听到脚步声特别急促,对刘休祐说:"已经起事了。"于是两个人紧跟着奔向景阳山。废帝看到寿寂之追来了,就弯弓搭箭射他,没有射中。采女们都四散奔逃,废帝也逃跑,大叫"寂寂",只叫了三声,寿寂之就追上来杀了他。然后对宿卫将士宣布命令说:"湘东王受太皇太后的命令铲除暴君,现在已经平定了。"殿省之内人心惶惶,不知如何是好。

刘休仁到秘书省见湘东王,立马称臣,带着他到了西堂,登上御座,召见各位大臣。当时,因为事变来得太过于突然了,湘东王连鞋子都掉了,光着脚来到西堂,头上还戴着一顶黑纱帽。坐定之后,刘休仁招呼主衣给他换上一顶白纱帽。又下令准备好羽林仪仗,虽然还没有正式即位,但凡事都称令书,命臣下施行。又宣布太皇太后的命令,历数废帝的罪恶,命令湘东王继承皇位。等到天亮以后,宗越等人才宫殿,湘东王对他们好言抚慰、接待,甚为宽厚。废帝的同母弟司徒、扬州刺史、豫章王刘子尚,凶顽狂悖,有他哥哥的风气。己未(三十日),湘东王以太皇太后的命令,赐刘子尚及会稽公主自杀。建安王刘休仁等开始搬出宫去,住到自己的家里。把谢庄从牢里放出来。废帝的尸体还躺在太医阁口。蔡兴宗对尚书右仆射王彧说:"此人尽管凶残狂悖,总还是天下之主,应该

使丧礼粗足。若直如此,四海必将乘人。"乃葬之秣陵县南。

初,湘东王母沈婕妤早卒,路太后养之。王事太后甚谨,太后爱王亦笃。王既弑废帝,欲慰太后心,下令以太后弟子休之为黄门侍郎,茂之为中书侍郎。论功行赏,寿寂之等十四人皆封县侯、县子。

十二月庚申朔,以东海王祎为中书监、太尉。进镇军将军、江州刺史晋安王子勋为车骑将军、开府仪同三司。癸亥,以建安王休仁为司徒、尚书令、扬州刺史,以山阳王休祐为荆州刺史,桂阳王休范为南徐州刺史。

丙寅,湘东王即皇帝位,大赦,改元。其废帝时昏制谬封,并皆刊削。庚午,以右卫将军刘道隆为中护军。道隆昵于废帝,尝无礼于建安太妃。至是,建安王休仁求解职,明帝乃赐道隆死。

宗越、谭金、童太一等虽为上所抚接,内不自安。上亦不欲使居中,从容谓之曰:"卿等遭罹暴朝,勤劳日久,应得自养之地,兵马大郡,随卿等所择。"越等素已自疑,闻之,皆相顾失色,因谋作乱,以告沈攸之,攸之以闻。上收越等,下狱死。攸之复入直阁。

壬申,以尚书右仆射王景文为尚书仆射。景文,即彧也,避上名,以字行。

初,豫州刺史山阳王休祐入朝,以长史、南梁郡太守陈郡殷琰行府州事。及休祐徙荆州,即以琰为督豫司二州诸军事、豫州刺史。

江州佐吏得上所下令书,皆喜,共造邓琬曰:"暴乱既除,

为他举行简单的葬礼。如果就这样放着不管，天下的野心家一定会以此为借口起事。"于是将他安葬在秣陵县的南部。

当初，湘东王的母亲沈婕妤早死，由路太后抚养他。湘东王对太后十分恭谨，太后也很疼爱他。湘东王杀了废帝之后，为了安慰路太后的心，便下令任命太后的侄子路休之为黄门侍郎，路茂之为中书侍郎。论功行赏，寿寂之等十四人都被封爵为县侯、县子。

十二月庚申是初一，任命东海王刘祎为中书监、太尉。提升镇军将军、江州刺史晋安王刘子勋为车骑将军、开府仪同三司。癸亥（初四），任命建安王刘休仁为司徒、尚书令、扬州刺史，任命山阳王刘休祐为荆州刺史，任命桂阳王刘休范为南徐州刺史。

丙寅（初七），湘东王即皇帝位，是为明帝，大赦天下，改年号。那些废帝时代的荒唐制度和封赏，一并删除。庚午（十一日），任命右卫将军刘道隆为中护军。刘道隆曾经巴结废帝，又曾对建安王的太妃无礼。这时，建安王刘休仁请求解职，明帝于是只得赐刘道隆自杀。

宗越、谭金、童太一等人虽然受到明帝的安抚接纳，内心仍然恐惧不安，明帝也不想让他们留在宫中，于是从容地对他们说："诸位正碰上凶暴的朝代，辛苦这么久了，应该得到一个休养的地方，天下的兵马大郡，任凭诸位自己选择。"宗越等人平素就已疑心重重，听到这些话后，都相顾失色，于是图谋作乱，并把他们的计划告诉了沈攸之，沈攸之又报告了明帝。明帝于是逮捕宗越等人，下狱处死。沈攸之又入宫担任直阁将军。

壬申（十三日），任命尚书右仆射王景文为尚书仆射。王景文就是王彧，因为避明帝的名讳，所以称他的字。

当初，豫州刺史山阳王刘休祐入朝，便以其长史、南梁郡太守陈郡人殷琰代理府州事。等到刘休祐调任荆州，朝廷即任命殷琰为督豫、司二州诸军事、豫州刺史。

江州佐吏得到了明帝所颁下的令书以后，都非常高兴，于是约着一起跑到邓琬那里，对他说道："暴乱已经铲除了，

殿下又开黄阁,实为公私大庆。"琬以晋安王子勋次弟居三,又以寻阳起事与世祖同符,谓事必有成。取令书投地曰:"殿下当开端门,黄阁是吾徒事耳!"众皆骇愕。琬更与陶亮等缮治器甲,征兵四方。

袁顗既至襄阳,即与谘议参军刘胡缮修兵械,简集士卒,诈称被太皇太后令,使其起兵。即建牙驰檄,奉表劝子勋即大位。

辛巳,更以山阳王休祐为江州刺史,荆州刺史临海王子顼即留本任。

先是,废帝以邵陵王子元为湘州刺史,中兵参军沈仲玉为道路行事,至鹊头,闻寻阳兵起,不敢进。琬遣数百人劫迎之,令子勋建牙于桑尾,传檄建康,称:"孤志遵前典,黜幽陟明。"又谓上:"矫害明茂,篡窃天宝,干我昭穆,寡我兄弟。藐孤同气,犹有十三,圣灵何辜,而当乏飨?"

郢州刺史安陆王子绥承子勋初檄,欲攻废帝。闻废帝已陨,即解甲下标。既而闻江、雍犹治兵,郢府行事苟卞之大惧,即遣谘议、领中兵参军郑景玄帅军驰下,并送军粮。荆州行事孔道存奉刺史临海王子顼,会稽将佐奉太守寻阳王子房,皆举兵以应子勋。

二年春正月癸巳,征会稽太守寻阳王子房为抚军将军,以巴陵王休若代之。

甲午,中外戒严。以司徒建安王休仁都督征讨诸军事,车骑将军、江州刺史王玄谟副之。休仁军于南州,以沈攸之为寻阳太守,将兵屯虎槛。时玄谟未发,前锋

殿下又开黄阁,实在是件公私都值得隆重庆贺的事。"邓琬却以为晋安王刘子勋兄弟排行第三,又在寻阳起兵,与孝武帝当初发迹的形势相符,以为事情一定会成功。于是将令书丢到地下说:"殿下应当开端门为帝,开黄阁则是我们这些人的事。"众人听了,都惊骇不已。邓琬更进一步,与陶亮等人修理、制造武器,在四方征集兵马。

袁颉到达襄阳以后,即与谘议参军刘胡缮修兵仗器械,挑选征集士兵,假称奉太皇太后之命,要他起兵。随即建立牙旗,传送檄文,奉表劝进,要刘子勋登上皇帝大位。

辛巳(二十二日),朝廷改任山阳王刘休祐为江州刺史,荆州刺史临海王刘子顼仍然留任原职。

原先,废帝以邵陵王刘子元为湘州刺史,中书参军沈仲玉为道路行事,他们走到鹊头时,听说寻阳已起兵反叛,所以不敢前进了。邓琬派遣数百人劫持、迎接他们,要刘子勋在桑尾竖立牙旗,传檄告谕建康方面,声称:"我立志遵奉前世典则,废黜昏昧,拥戴贤明。"又对明帝说:"你假称太皇太后的命令,害死明德茂亲,篡窃皇帝的大印,违背祖宗法则,孤立我们兄弟。我们兄弟年纪虽小,但是还有十三人,神圣的灵魂有什么罪过,而竟要断绝他的香火?"

郢州刺史安陆王刘子绥接到刘子勋的第一道檄文,打算进攻废帝。后来听说废帝已死,就解除武装,停止招兵。不久又听说江州、雍州仍在准备作战,郢州行事苟卞之非常害怕,就派遣谘议、领中兵参军郑景玄率军赶下来,并运送军粮。荆州行事孔道存奉刺史临海王刘子顼之命,会稽将佐奉太守寻阳王刘子房之命,都举兵响应刘子勋。

二年(466)春季正月癸巳(初五),征召会稽太守寻阳王刘子房为抚军将军,以巴陵王刘休若代替他的职务。

甲午(初六),朝廷内外戒严。任司徒建安王刘休仁为都督征讨诸军事,车骑将军、江州刺史王玄谟为副。刘休仁驻南州,以沈攸之为寻阳太守,率兵屯驻虎槛。当时,王玄谟大军尚未出发,前锋部队

凡十军,络绎继至,每夜各立姓号,不相禀受。攸之谓诸将曰:"今众军姓号不同,若有耕夫、渔父夜相呵叱,便致骇乱,取败之道也。请就一军取号。"众咸从之。

邓琬称说符瑞,诈称受路太后玺书,帅将佐上尊号于晋安王子勋。乙未,子勋即皇帝位于寻阳,改元义嘉。以安陆王子绥为司徒、扬州刺史,寻阳王子房、临海王子顼并加开府仪同三司,以邓琬为尚书右仆射,张悦为吏部尚书,袁顗加尚书左仆射,自馀将佐及诸州郡,除官进爵号各有差。

丙申,以征虏司马申令孙为徐州刺史。令孙,坦之子也。置司州于义阳,以义阳内史庞孟虬为司州刺史。

徐州刺史薛安都、冀州刺史清河崔道固皆举兵应寻阳。上征兵于青州刺史沈文秀,文秀遣其将平原刘弥之等将兵赴建康。会薛安都遣使邀文秀,文秀更令弥之等应安都。济阴太守申阐据睢陵应建康,安都遣其从子直阁将军索儿、太原太守清河傅灵越等攻之。阐,令孙之弟也。安都婿裴祖隆守下邳,刘弥之至下邳,更以所领应建康,袭击祖隆。祖隆兵败,与征北参军垣崇祖奔彭城。崇祖,护之之从子也。弥之族人北海太守怀恭、从子善明皆举兵以应弥之,薛索儿闻之,释睢陵,引兵击弥之。弥之战败,走保北海。申令孙进据淮阳,请降于索儿。庞孟虬亦不受命,举兵应寻阳。

帝召寻阳王长史行会稽郡事孔觊为太子詹事,以平西司马庾业代之,又遣都水使者孔璪入东慰劳。璪说觊以:"建康虚弱,不如拥五郡以应袁、邓。"觊遂发兵,驰檄奉寻阳。吴郡太守顾琛、吴兴太守王昙生、义兴太守刘延熙、

共十路兵马，络绎不绝，相继到达。每天晚上，各用各的号令，谁也不听谁的。沈攸之对诸将说："现在各军营的号令都不相同，如果有农夫、渔夫夜间相互呵斥责问，便会引起惊骇，发生混乱，这是招致败亡的途径。我建议以一个军营的号令作为全军的号令。"大家都同意了。

邓琬宣扬符瑞应验之说，假称接受了路太后的玺书，率领将佐们向晋安王刘子勋奉上皇帝尊号。乙未（初七），刘子勋在寻阳即皇帝位，改年号为义嘉。任命安陆王刘子绥为司徒、扬州刺史，寻阳王刘子房、临海王刘子顼并为开府仪同三司，任命邓琬为尚书右仆射，其馀将佐及各州郡官吏，封官进爵，各有等差高下。

丙申（初八），明帝任命征房司马申令孙为徐州刺史。申令孙是申坦的儿子。在义阳设置司州府，任命义阳内史庞孟虬为司州刺史。

徐州刺史薛安都、冀州刺史清河人崔道固都举兵响应寻阳方面。明帝向青州刺史沈文秀征兵，沈文秀派遣他的部将平原人刘弥之等人率兵奔赴建康。正碰上薛安都派使者邀请沈文秀入盟，沈文秀便改派刘弥之等人响应薛安都。济阴太守申阐据守睢陵响应建康，薛安都派遣他的侄子直阁将军薛索兒、太原太守清河人傅灵越等攻打他。申阐是申令孙的弟弟。薛安都的女婿裴祖隆守下邳，刘弥之到达下邳后，改以所属部队响应建康，袭击裴祖隆。裴祖隆兵败，与征北参军垣崇祖逃奔彭城。垣崇祖是垣护之的侄儿。刘弥之的族人北海太守刘怀恭、侄儿刘善明都举兵响应刘弥之，薛索兒听说后，便放弃睢陵，领兵攻击刘弥之。刘弥之战败，逃奔北海自保。申令孙进据淮阳，请求向薛索兒投降。庞孟虬也不接受朝廷命令，举兵响应寻阳刘子勋。

明帝召来寻阳王的长史、行会稽郡事孔觊为太子詹事，以平西司马庾业代替他的职务，又派遣都水使者孔璪到东方慰劳将士。孔璪反而游说孔觊，以为："建康方面力量虚弱，不如据有东方五郡以响应袁颉、邓琬。"孔觊于是发兵，传檄各地，拥护寻阳刘子勋。吴郡太守顾琛、吴兴太守王昙生、义兴太守刘延熙、

晋陵太守袁标皆据郡应之。上又以庾业代延熙为义兴,业至长塘湖,即与延熙合。

益州刺史萧惠开,闻晋安王子勋举兵,集将佐谓之曰:"湘东,太祖之昭;晋安,世祖之穆;其于当璧,并无不可。但景和虽昏,本是世祖之嗣。不任社稷,其次犹多。吾荷世祖之眷,当推奉九江。"乃遣巴郡太守费欣寿将五千人东下。于是湘州行事何慧文、广州刺史袁昙远、梁州刺史柳元怙、山阳太守程天祚皆附于子勋。元怙,元景之从兄也。

是岁,四方贡计皆归寻阳,朝廷所保,唯丹杨、淮南等数郡,其间诸县或应子勋。东兵已至永世,宫省危惧,上集群臣以谋成败。蔡兴宗曰:"今普天同叛,人有异志,宜镇之以静,至信待人。叛者亲戚布在宫省,若绳之以法,则土崩立至,宜明罪不相及之义。物情既定,人有战心,六军精勇,器甲犀利,以待不习之兵,其势相万耳。愿陛下勿忧。"上善之。

建武司马刘顺说豫州刺史殷琰使应寻阳,琰以家在建康,未许。右卫将军柳光世自省内出奔彭城,过寿阳,言建康必不能守。琰信之,且素无部曲,为土豪前右军参军杜叔宝等所制,不得已而从之。琰以叔宝为长史,内外军事,皆叔宝专之。上谓蔡兴宗曰:"诸处未平,殷琰已复同逆。顷日人情云何?事当济不?"兴宗曰:"逆之与顺,臣无以辨。今商旅断绝,米甚丰贱,四方云合,而人情更安,以此卜之,清荡可必。但臣之所忧,更在事后,犹羊公言:

晋陵太守袁标都据郡响应。明帝又以庾业代替刘延熙做义兴太守,庾业到达长塘湖后即与刘延熙合流。

益州刺史萧惠开听说晋安王刘子勋举兵,便召集将佐对他们说:"湘东王是太祖的儿子,晋安王是世祖的儿子,无论是哪一个继承皇位,都没有什么不可以的。景和帝虽然昏暴,却本是世祖的儿子,他虽不能继续奉祀社稷,却还有很多弟弟。我受世祖的恩德,理当遵奉九江晋安王为帝。"于是派遣巴蜀太守费欣寿率兵五千人东下。这样,湘州行事何慧文、广州刺史袁昙远、梁州刺史柳元怙、山阳太守程天祚都拥护刘子勋。柳元怙,是柳元景的堂兄。

这一年,四方的贡赋和报告都送到寻阳去了,朝廷所保住的,只有丹杨、淮南等数郡,而这数郡中又间或有几县响应刘子勋。东方反朝廷的军队已经到达永世,宫危在旦夕,明帝召集群臣讨论国家的安危大计。蔡兴宗说:"如今全国各地一齐叛乱,人人都有异志,应该镇静自处,以诚待人。反叛者的亲戚,遍布宫省,如果都绳之以法,我们立即就会土崩瓦解,应当阐明父子兄弟罪不相及的大义。等到民心安定之后,人们便有斗志,朝廷的六军将士,精练勇敢,兵器坚利,用来对付那些未经训练的军队,兵势强盛,胜过一万倍。请陛下不要忧虑。"明帝认为分析得好。

建武司马刘顺劝豫州刺史殷琰,要他响应寻阳,殷琰认为自己家在建康,没有同意。右卫将军柳光世从宫省内出奔彭城,经寿阳,说建康肯定无法守住。殷琰相信了他的话,况且自己一向没有军队,受到土豪、前右军参军杜叔宝等人的挟制,不得已而服从刘子勋。殷琰任命杜叔宝为长史,内外军事都由杜叔宝专断。明帝对蔡兴宗说:"各地叛乱尚未平定,殷琰又已与他们同叛,近日民心如何?我们的事情会不会成功?"蔡兴宗说:"谁逆谁顺,我无法分辨。现在商旅断绝,而米粮很多,价格低贱,四方起事者风起云涌,人情反而更加安定,由此推断,扫平叛乱一定可以实现。只是我所忧虑的,更在平叛以后,正像羊祜所说的:

'既平之后，方当劳圣虑耳。'"上曰："诚如卿言。"上知琰附寻阳非本意，乃更厚抚其家以招之。

汝南、新蔡二郡太守周矜起兵于悬瓠以应建康。袁颛诱矜司马汝南常珍奇执矜，斩之，以珍奇代为太守。

上使冗从仆射垣荣祖还徐州说薛安都，安都曰："今京都无百里地，不论攻围取胜，自可拍手笑杀。且我不欲负孝武。"荣祖曰："孝武之行，足致馀殃。今虽天下雷同，正是速死，无能为也。"安都不从，因留荣祖使为将。荣祖，崇祖之从父兄也。

兖州刺史殷孝祖之甥司法参军颍川葛僧韶请征孝祖入朝，上遣之。时薛索兒屯据津迳。僧韶间行得至，说孝祖曰："景和凶狂，开辟未有。朝野危极，假命漏刻。主上夷凶翦暴，更造天地，国乱朝危，宜立长君。而群迷相煽，构造无端，贪利幼弱，竞怀希望。使天道助逆，群凶事申，则主幼时艰，权柄不一，兵难互起，岂有自容之地？舅少有立功之志，若能控济义勇，还奉朝廷，非唯匡主静乱，乃可以垂名竹帛。"孝祖具问朝廷消息，僧韶随方酬譬，并陈兵甲精强，主上欲委以前驱之任。孝祖即日委妻子于瑕丘，帅文武二千人，随僧韶还建康。时四方皆附寻阳，朝廷唯保丹杨一郡，而永世令孔景宣复叛，义兴兵垂至延陵，内外忧危，咸欲奔散。孝祖忽至，众力不少，并伧楚壮士，人情大安。

'既平之后,方当劳圣虑耳。'"明帝说:"确实如您所说的一样。"明帝知道殷琰归附寻阳并非本意,于是更加厚待安抚他的家属,召他反正。

汝南、新蔡二郡太守周矜在悬瓠起兵响应建康。袁顗引诱周矜的司马汝南人常珍奇抓住周矜,斩杀了他,以常珍奇代替他为太守。

明帝派遣冗从仆射垣荣祖返回徐州游说薛安都,薛安都说:"如今京都所控制的不到百里地,无论是想突围,还是想取胜,都让人拍手笑死。况且我不想辜负孝武帝。"垣荣祖说:"孝武帝的所作所为,足以给他的后代招致祸殃。如今虽然天下人一致附和叛军,但这只能招致死罪,不能有所作为的。"薛安都不听从,并趁机扣留垣荣祖,让他担任将领。垣荣祖是垣崇祖的堂兄。

兖州刺史殷孝祖的外甥司法参军颍川人葛僧韶请求征召殷孝祖入朝,明帝打发他去。当时薛索兒屯兵据守各渡口要道。葛僧韶从小路才走到,劝说殷孝祖道:"景和帝凶暴狂悖,自开天辟地以来从未有过。举国上下,无论朝野,危险到了极点,只是苟延残喘。主上剪除凶暴,重建天下,国家混乱,朝廷危殆,应该立年长者为君。然而一些混蛋互相煽动,无缘无故地制造事端,利用刘子勋的年幼无知,各人都有自己的目的。假使上天都助叛逆者,这些恶人得志,那么君主幼弱,时世艰难,权力不能集中,兵难事变交互出现,哪有我们的容身之地?舅父年轻时便有建立功业的大志,如果能够统率济水一带的义勇将士,回京事奉朝廷,不但可以扶助君主平定叛乱,还可以名垂青史。"殷孝祖详细询问朝廷的动静,葛僧韶随机应变,并陈述说,朝廷兵强马壮,主上打算任命他为前锋统帅。殷孝祖当天就把妻子儿女留在瑕丘,率领文武官员及士兵两千多人随葛僧韶回到建康。当时四方郡县都归附寻阳方面,朝廷仅保留有丹杨一郡,而永世县令孔景宣又叛变,义兴的兵马很快就要到达延陵了,朝廷内外,忧惧危险,都想要四散奔逃。殷孝祖却忽然到达,而且兵众不少,又都是北方及楚地的精壮战士,人心因而大为安定。

甲辰,进孝祖号抚军将军,假节、督前锋诸军事,遣向虎槛,宠赉甚厚。

初,上遣东平毕众敬诣兖州募人,至彭城,薛安都以利害说之,矫上命以众敬行兖州事,众敬从之,殷孝祖使司马刘文石守瑕丘,众敬引兵击杀之。安都素与孝祖有隙,使众敬杀孝祖诸子。州境皆附之,唯东平太守申纂据无盐,不从。纂,钟之曾孙也。

丙午,上亲总兵,出顿中堂。辛亥,以山阳王休祐为豫州刺史,督辅国将军彭城刘勔、宁朔将军广陵吕安国等诸军西讨殷琰。巴陵王休若督建威将军吴兴沈怀明、尚书张永、辅国将军萧道成等诸军东讨孔觊。时将士多东方人,父兄子弟皆已附觊。上因送军,普加宣示曰:“朕方务德简刑,使父子兄弟罪不相及,助顺同逆者,一以所从为断。卿等当深达此怀,勿以亲戚为虑也。”众于是大悦,凡叛者亲党在建康者,皆使居职如故。

孔觊遣其将孙昙瓘等军于晋陵九里,部陈甚盛。沈怀明至奔牛,所领寡弱,乃筑垒自固。张永至曲阿,未知怀明安否,百姓惊扰,永退还延陵,就巴陵王休若,诸将帅咸劝休若退保破冈。其日,大寒,风雪甚猛,塘埭决坏,众无固心。休若宣令:“敢有言退者斩!”众小定,乃筑垒息甲。寻得怀明书,贼定未进,军主刘亮又至,兵力转盛,人情乃安。亮,怀慎之从孙也。

殿中御史吴喜以主书事世祖,稍迁至河东太守。至是,请得精兵三百,致死于东。上假喜建武将军,简羽林勇士配之。

甲辰(十六日),提升殷孝祖,进号为抚军将军、假节、督前锋诸军事,派遣他进驻虎槛,恩宠赏赐特别优厚。

当初,明帝派遣东平人毕众敬到兖州去招募人马,抵达彭城时,薛安都以利害关系说服了他,并假称皇上的命令以毕众敬代行兖州事,毕众敬同意了,殷孝祖派遣司马刘文石守瑕丘,毕众敬领兵击杀了他。薛安都一向与殷孝祖有怨仇,于是派遣毕众敬杀了殷孝祖所有的儿子。兖州全境都归附了他,只有东平太守申纂据守无盐,不肯服从。申纂是申钟的曾孙。

丙午(十八日),明帝亲自统军,出宫停宿于中堂。辛亥(二十三日),任命山阳王刘休祐为豫州刺史,指挥辅国将军彭城人刘勉、宁朔将军广陵人吕安国等诸路军队西讨殷琰。巴陵王刘休若指挥建威将军吴兴人沈怀明、尚书张永、辅国将军萧道成等诸路军队东讨孔觊。当时,将士们多是东方人,父兄子弟都已归附孔觊。明帝趁着送他们出征的机会,向全军宣布说:"我正在力求广施恩德,简省刑罚,使父子兄弟罪不相及,无论是顺从或叛逆者,都以他现在的行为作为判断标准。诸位应当深刻理解我的用意,不要替亲戚担忧。"众将士于是非常高兴,凡是叛乱者留在建康的亲戚,都让他们像过去那样,保持原来的官职。

孔觊派遣他的部将孙昙瓘等驻屯在晋陵九里,军容盛大。沈怀明到达奔牛,所领的兵力既少,战斗力又弱,于是构筑营垒,自己固守。张永到达曲阿,不知道沈怀明安危如何,百姓又惊慌扰乱,张永只好退回延陵,靠拢巴陵王刘休若,将帅们都劝刘休若退保破冈。那天天气相当冷,风雪特别猛烈,很多池塘堤岸崩裂,军心动摇。刘休若宣布命令说:"有敢说要撤退的斩首!"大家稍微定下心来,于是构筑营垒,解甲休息。接着得到了沈怀明的军情报告,知道叛贼确实没有前进,而军主刘亮又来增援,兵力又增强了,人情才安定下来。刘亮是刘怀慎的侄孙。

殿中御史吴喜曾以主书的官职事奉世祖,渐渐升迁到河东太守。到这时,请求拨给他精兵三百人,到东边战场去为国效死。明帝让吴喜暂代建武将军,挑选羽林军的勇士配备给他。

议者以喜刀笔主者,未尝为将,不可遣。中书舍人巢尚之曰:"喜昔随沈庆之,屡经军旅,性既勇决,又习战陈,若能任之,必有成绩。诸人纷纭,皆是不别才耳。"乃遣之。喜先时数奉使东吴,性宽厚,所至人并怀之。百姓闻吴河东来,皆望风降散,故喜所至克捷。

永世人徐崇之攻孔景宣,斩之,喜版崇之领县事。喜至国山,遇东军,进击,大破之。自国山进屯吴城,刘延熙遣其将杨玄等拒战。喜兵力甚弱,玄等众盛,喜奋击,斩之。进逼义兴,延熙栅断长桥,保郡自守,喜筑垒与之相持。

庾业于长塘湖口夹岸筑城,有众七千人,与延熙遥相应接。沈怀明、张永与晋陵军相持,久不决。外监朱幼举司徒参军督护任农夫骁果有胆力,上以四百人配之,使助东讨。农夫自延陵出长塘,庾业筑城犹未合,农夫驰往攻之,力战,大破之,庾业弃城走义兴。农夫收其船仗,进向义兴助吴喜。二月己未朔,喜渡水攻郡城,分兵击诸垒,登高指麾,若令四面俱进者。义兴人大惧,诸垒皆溃,延熙赴水死,遂克义兴。

沈怀明、张永、萧道成等军于九里西,与东军相持。东军闻义兴败,皆震恐。上遣积射将军济阳江方兴、御史王道隆至晋陵视东军形势。孔觊将孙昙瓘、程捍宗等列五城,互相连带。捍宗城犹未固,王道隆与诸将谋曰:"捍宗城既未立,可以藉手,上副圣旨,下成众气。"辛酉,道隆帅所领急攻,拔之,斩捍宗首。永等因乘胜进击

评论的人认为吴喜是手拿刀笔的文官，从来没有担任过将领，不能派他去。中书舍人巢尚之却说："吴喜以前跟随沈庆之多次在军队里服务，生性既勇敢果断，又熟悉战阵，如果能够任用他，必定会干出成绩。众说纷纭，都是因为不识人才所致。"于是派他前去。吴喜过去多次奉使东吴，性情宽厚，所到之处，人们都怀念他。百姓听说吴河东来了，都望风归降溃散，所以吴喜所到之处都能取得胜利。

永世人徐崇之进攻孔景宣，杀了他，吴喜任命徐崇之代理永世县令。吴喜到达国山，碰到东方的叛军，即发起进攻，将敌人打得大败。又从国山进驻吴城，刘延熙派他的部将杨玄等人抵敌。吴喜兵力很弱，杨玄等兵力强盛，吴喜奋勇攻击，杀了杨玄。又进逼义兴，刘延熙立木栅拒马，阻断长桥，保郡自守，吴喜构筑营垒与之相持。

庚业在长塘湖口两岸构筑营垒，拥有兵众七千人，与刘延熙遥相呼应。沈怀明、张永与晋陵的叛军相持，很久没有决出胜负。外监朱幼举、司徒参军督护任农夫骁勇果决，又有胆力，明帝把四百人配备给他们，使他们援助东边的讨叛军。任农夫从延陵出击长塘，庚业筑城还没有完工，任农夫跑去进攻他们，奋力拼战，大败故军，庚业弃城逃奔义兴。任农夫收集故军的船只器械，开赴义兴援助吴喜。二月己未是初一，吴喜渡河进攻郡城，分派兵力攻击各个营垒，自己则登上高处指挥，好像要四面八方同时发起进攻似的。义兴人十分害怕，各个营垒都崩溃了，刘延熙投河自杀，吴喜于是攻克了义兴城。

沈怀明、张永、萧道成等人驻军在九里以西，与东方叛军相持。东方军队听说义兴方面失败，都非常恐惧。明帝派积射将军济阳人江方兴、御史王道隆到晋陵视察东方战场的形势。孔觊部将孙昙瓘、程捍宗等人构筑五城，使之互相连接。程捍宗的土城尚未坚固，王道隆与诸将商量："程捍宗城没修好，可以下手进攻，这样做上合圣旨，下可振奋士气。"辛酉（初三），王道隆率领所部兵众发动猛攻，攻克营垒，斩了程捍宗的头。张永等人于是乘胜进攻

昙瓘等,壬戌,昙瓘等兵败,与袁标俱弃城走,遂克晋陵。

吴喜军至义乡。孔璪屯吴兴南亭,太守王昙生诣璪计事。闻台军已近,璪大惧,堕床,曰:"悬赏所购,唯我而已,今不遽走,将为人擒。"遂与昙生奔钱唐。喜入吴兴,任农夫引兵向吴郡,顾琛弃郡奔会稽。上以四郡既平,乃留吴喜使统沈怀明等诸将东击会稽,召张永等北击彭城,江方兴等南击寻阳。

丁卯,吴喜至钱唐,孔璪、王昙生奔浙东。喜遣强弩将军任农夫等引兵向黄山浦,东军据岸结寨,农夫等击破之。喜自柳浦渡,取西陵,击斩庾业。会稽人大惧,将士多奔亡,孔觊不能制。戊寅,上虞令王晏起兵攻郡,觊逃奔嵠山,车骑从事中郎张绥封府库以待吴喜。己卯,王晏入城,杀绥,执寻阳王子房于别署,纵兵大掠,府库皆空。获孔璪,杀之。庚辰,嵠山民缚孔觊送晏,晏谓之曰:"此事孔璪所为,无预卿事,可作首辞,当相为申上。"觊曰:"江东处分,莫不由身。委罪求活,便是君辈行意耳。"晏乃斩之。顾琛、王昙生、袁标等诣吴喜归罪,喜皆宥之。东军主凡七十六人,临陈斩十七人,其馀皆原宥。

薛索儿攻申阐,久不下,使申令孙入睢陵说阐,阐出降,索儿并令孙杀之。

山阳王休祐在历阳,辅国将军刘勔进军小岘。殷琰所署南汝阴太守裴季以合肥来降。

邓琬性鄙暗贪吝,既执大权,父子卖官鬻爵,使婢仆出市道贩

孙昙瓘等，壬戌（初四），孙昙瓘等人兵败，与袁标一起弃城逃跑，于是攻下了晋陵城。

吴喜进军到义乡。孔璪屯驻在吴兴南亭，太守王昙生到孔璪处商量事情。听说建康官军已逼近，孔璪非常害怕，吓得从床上掉下来，说："他们悬赏购求的，只有我而已，现在不马上逃走，将会被人抓住。"于是与王昙生一起逃奔钱唐。吴喜进入吴兴，任农夫领兵向吴郡进攻，顾琛也丢弃郡城逃奔会稽。明帝认为这四郡已经平定，于是留下吴喜，使他统率沈怀明等将领们向东进攻会稽，召张永等人北上进攻彭城，江方兴等人南下进攻寻阳。

丁卯（初九），吴喜到达钱唐，孔璪、王昙生逃奔浙东。吴喜派遣强弩将军任农夫等人领兵向黄山浦进攻，东方叛军依凭岸边结寨，任农夫等人打败了他们。吴喜从柳浦渡河，攻取西陵，击杀庚业。会稽人非常害怕，将士大多奔逃，孔觊不能制止。戊寅（二十日），上虞县令王晏起兵进攻郡城，孔觊逃奔嵴山，车骑从事中郎张绥封存府库等待吴喜。己卯（二十一日），王晏入城，杀了张绥，在王府别署中抓了寻阳王刘子房，又放纵士兵大肆抢掠，府库都被洗劫一空。又抓获孔璪杀了他。庚辰（二十二日），嵴山村民捆住孔觊送给王晏，王晏对他说："这次反叛之事是孔璪搞起来的，跟你没有关系，你可以写一份自首书，我将替你向上面申诉。"孔觊说："江东方面的事情安排，没有哪一件不是我亲自搞的。推委罪责，只求苟活，便是你们这些人的做法和想法。"王晏于是杀了他。顾琛、王昙生、袁标等人到吴喜那里投降请罪，吴喜都宽恕了他们。东方叛军的主将一共七十六人，在战阵上被杀的十七人，其余的都予以原谅、宽恕。

薛索兒进攻申阐，很久打不下来，于是派申令孙入睢陵劝说申阐，申阐出来投降，薛索兒把他和申令孙一起杀掉了。

山阳王刘休祐在历阳，辅国将军刘勔进军小岘。殷琰所委任的南汝阴太守裴季献出合肥前来投降。

邓琬这个人生性粗鄙昏庸、贪婪吝啬，执掌了大权以后，父子俩卖官鬻爵，甚至派遣他的婢女、奴仆到街市上去贩

卖。酣歌博奕,日夜不休。大自矜遇,宾客到门,历旬不得前。内事悉委褚灵嗣等三人,群小横恣,竞为威福。于是士民忿怨,内外离心。

琬遣孙冲之帅龙骧将军薛常宝、陈绍宗、焦度等兵一万为前锋,据赭圻。冲之于道与晋安王子勋书曰:"舟楫已办,器械亦整,三军踊跃,人争效命,便欲沿流挂帆,直取白下。愿速遣陶亮众军兼行相接,分据新亭、南州,则一麾定矣。"子勋加冲之左卫将军,以陶亮为右卫将军,统郢、荆、湘、梁、雍五州兵合二万人,一时俱下。陶亮本无干略,闻建安王休仁自上,殷孝祖又至,不敢进,屯军鹊洲。

殷孝祖负其诚节,陵轹诸将,台军有父子兄弟在南者,孝祖悉欲推治,由是人情乖离,莫乐为用。宁朔将军沈攸之,内抚将士,外谐群帅,众并赖之。孝祖每战,常以鼓盖自随,军中人相谓:"殷统军可谓死将矣!今与贼交锋,而以羽仪自标显,若善射者十人共射之,欲不毙,得乎?"三月庚寅,众军水陆并进,攻赭圻。陶亮等引兵救之,孝祖于陈为流矢所中,死。军主范潜帅五百人降于亮。人情震骇,并谓沈攸之宜代孝祖为统。

时建安王休仁屯虎槛,遣宁朔将军江方兴、龙骧将军襄阳刘灵遗各将三千人赴赭圻。攸之以为孝祖既死,亮等有乘胜之心,明日若不更攻,则示之以弱。方兴名位相亚,必不为己下,军政不壹,致败之由也,乃帅诸军主

卖年利。唱歌下棋，日夜不休。又骄傲自大，宾客到了门外，十来天也见不到面。内部事务全部交给了褚灵嗣等三人处理，这一群小人横行霸道，为所欲为，竞相作威作福。于是官民痛恨，内外离心。

邓琬派遣孙冲之率领龙骧将军薛常宝、陈绍宗、焦度等士兵一万人为前锋，据守赭圻。孙冲之在进军途中给晋安王刘子勋写了一封信说："船只已经办好，武器也齐全，三军将士踊跃向前，人人都争着为国效命，现在就想要挂满风帆，顺流而行，直取白下。希望大王迅速派遣陶亮所属各军日夜兼行，前后相接，分别占据新亭、南州，这样一次攻击，便能平定天下。"刘子勋加孙冲之为左卫将军，以陶亮为右卫将军，统率郢、荆、湘、梁、雍等五州，士兵合共两万人，各军一时俱下。陶亮本来没有什么才干谋略，听说建安王刘休仁亲自率军上来了，殷孝祖的军队又已抵达，所以不敢前进，驻军鹊洲。

殷孝祖以诚节自负，常欺侮羞辱诸将，建康部队中有的父子兄弟在南方寻阳政权范围内，殷孝祖都要对他们进行审查治罪，因此人心涣散，不乐意为他所用。宁朔将军沈攸之，对内抚慰将士，对外团结各路将帅，大家对他都十分信赖。殷孝祖每次战斗，常常把战鼓和云盖带在身边，军队里的人都互相议论说："殷将军可说是死将了。如今他跟贼寇交战，却身带豪华羽仪，自己暴露自己，如果敌人集中十来个神射手一齐射他，他想不死，怎么可能呢？"三月庚寅(初三)，建康各军水陆并进，攻打赭圻。陶亮等人领兵救援，殷孝祖在战阵上被流矢射中，死去了。军主范潜率领五百人投降陶亮。人情震惊，都说沈攸之应该代替殷孝祖为统帅。

当时，建安王刘休仁进驻虎槛，派宁朔将军江方兴、龙骧将军襄阳人刘灵遗各率三千人赴援赭圻。沈攸之认为殷孝祖死后，陶亮等人一定有乘胜进攻的想法，明天如果不重新发起进攻，那就是向敌人示弱了。而江方兴的名望、地位都与自己相当，一定不愿屈居自己之下，而军政不统一，是招致失败的原因，于是率各位军主

诣方兴曰:"今四方并反,国家所保,无复百里之地。唯有殷孝祖为朝廷所委赖,锋镝裁交,舆尸而反,文武丧气,朝野危心。事之济否,唯在明旦一战。战若不捷,则大事去矣。诘朝之事,诸人或谓吾应统之,自卜懦薄,干略不如卿。今辄相推为统,但当相与戮力耳。"方兴甚悦,许诺。攸之既出,诸军主并尤之,攸之曰:"吾本以济国活家,岂计此之升降?且我能下彼,彼必不能下我,共济艰难,岂可自措同异也?"

孙冲之谓陶亮曰:"孝祖枭将,一战便死,天下事定矣,不须复战,便当直取京都。"亮不从。

辛卯,方兴帅诸将进战,建安王休仁又遣军主郭季之、步兵校尉杜幼文、屯骑校尉垣恭祖、龙骧将军济地顿生、京兆段佛荣等三万人往会战,自寅及午,大破之,追奔至姥山而还。幼文,骥之子也。

孙冲之于湖、白口筑二城,军主竟陵张兴世攻拔之。

壬辰,诏以沈攸之为辅国将军、假节,代殷孝祖督前锋诸军事。

陶亮闻湖、白二城不守,大惧,急召孙冲之还鹊尾,留薛常宝等守赭圻。先于姥山及诸冈分立营寨,亦悉散还,共保浓湖。

时军旅大起,国用不足,募民上钱谷者,赐荒县、荒郡,或五品至三品散官有差。军中食少,建安王休仁抚循将士,均其丰俭,吊死问伤,身亲隐恤。故十万之众,莫有离心。

邓琬遣其豫州刺史刘胡帅众三万、铁骑二千,东屯

跑到江方兴那里,对他说:"如今四面八方都起来反叛,朝廷所控制的不过百里之地。朝廷所依赖的,唯有殷孝祖一人,不料刚刚与敌人交锋,就要把他的尸体运回去,文武官员为之丧气,朝野上下提心吊胆。事情是否成功,全在于明天早上这一仗。如果战而不胜,大事可就完了。有关明早的战事,诸将有的说应由我来指挥,但我自问魄力不够,才干、谋略都不如您。我们现在就推举您为统帅,大家自当齐心合力去战斗。"江方兴非常高兴,答应了。沈攸之出来以后,各位军主都责备他,沈攸之说:"我只是以此来拯救国家,怎能计较个人职位高低。况且我能让他,他一定不肯让我,为了共济时艰,怎么可以自己内部先斗起来呢?"

孙冲之对陶亮说:"殷孝祖是一员猛将,只一仗就把他杀死,天下大事已成定局了,我们不必再战,应该直接夺取京师。"陶亮不同意。

辛卯(初四),江方兴率领各军发起进攻,建安王刘休仁又派遣军主郭季之、步兵校尉杜幼文、屯骑校尉垣恭祖、龙骧将军济地顿生、京兆人段佛荣等三万人前往助战,从凌晨战斗到中午,大败敌军,追击逃敌一直追到姥山才返回。杜幼文是杜骥的儿子。

孙冲之在湖口、白水口构筑两城,军主竟陵人张兴世攻下了它。

壬辰(初五),明帝下诏,任命沈攸之为辅国将军、假节,代替殷孝祖总督前锋诸军事。

陶亮听说湖口、白水口二城失守,非常害怕,急召孙冲之撤回鹊尾,只留下薛常宝等人守赭圻。原先在姥山及各山冈分别构筑的营寨也全部解散撤回,共同保卫浓湖。

当时,军队激增,国家用度不足,于是招募老百姓献纳钱谷,赐给他们荒远的郡县,或五品至三品的散官,各有等级标准。军中粮食很少,建安王刘休仁抚慰将士,平均分配物资,哀悼死者,慰问伤者,亲自照顾伤残,休戚与共。所以他的十万大军,没有背离之心。

邓琬派遣他的豫州刺史刘胡率兵三万、铁骑两千东进驻扎

鹊尾，并旧兵凡十馀万。胡，宿将，勇健多权略，屡有战功，将士畏之。司徒中兵参军冠军蔡那，子弟在襄阳，胡每战，悬之城外，那进战不顾。吴喜既定三吴，帅所领五千人，并运资实，至于赭圻。

薛索儿将马步万馀人自睢陵渡淮，进逼青、冀二州刺史张永营。丙申，诏南徐州刺史桂阳王休范统北讨诸军事，进据广陵，又诏萧道成将兵救永。

戊戌，寻阳王子房至建康，上宥之，贬爵为松滋侯。

上遣宁朔将军刘怀珍帅龙骧将军王敬则等步骑五千，助刘勔讨寿阳，斩庐江太守刘道蔚。怀珍，善明之从子也。

中书舍人戴明宝启上，遣军主竟陵黄回募兵击斩寻阳所署马头太守王广元。

前奉朝请寿阳郑黑，起兵于淮上以应建康，东扞殷琰，西拒常珍奇。乙巳，以黑为司州刺史。

殷琰将刘顺、柳伦、皇甫道烈、庞天生等马步八千人东据宛唐。刘勔帅众军并进，去顺数里立营。时琰所遣诸军，并受顺节度。而以皇甫道烈土豪，柳伦台之所遣，顺本卑微，唯不使统督二军。勔始至，堑垒未立，顺欲击之，道烈、伦不同，顺不能独进，乃止。勔营既立，不可复攻，因相持守。

沈攸之帅诸军围赭圻。薛常宝等粮尽，告刘胡求救。胡以囊盛米，系流查及船腹，阳覆船，顺风流下以饷之。沈攸之

鹊尾，和原来的士兵一起共有十多万。刘胡是一员老将，勇敢强健，富于谋略，又屡建战功，将士都敬畏他。司徒中兵参军冠军人蔡那，他的子弟在襄阳，刘胡每次作战都将蔡那的儿子悬挂在城外，蔡那照样进攻，全不顾及。吴喜平定三吴以后，率领所部五千人，并带着军用物资，来到了赭圻。

薛索兒率领步兵、骑兵共一万多人自睢陵渡过淮河，进逼青、冀二州刺史张永大营。丙申(初九)，明帝诏命南徐州刺史桂阳王刘休范统管北讨诸军事，进据广陵，又命令萧道成率兵援救张永。

戊戌(十一日)，寻阳王刘子房到达建康，明帝宽赦了他，贬爵为松滋侯。

明帝派遣宁朔将军刘怀珍率领龙骧将军王敬则等人的步兵、骑兵五千人帮助刘勔讨伐寿阳叛军，斩杀了庐江太守刘道蔚。刘怀珍是刘善明的侄子。

中书舍人戴明宝启奏明帝，派遣军主竟陵人黄回招募兵马进攻叛军，杀了寻阳方面所委任的马头太守王广元。

前任奉朝请寿阳人郑黑在淮河一带起兵，响应建康，东边阻挡住殷琰，西边则抵抗常珍奇。乙巳(十八日)，明帝任命郑黑为司州刺史。

殷琰的部将刘顺、柳伦、皇甫道烈、庞天生等马步军八千人，东向据守宛唐。刘勔率领各路人马同时并进，在距离刘顺几里路远的地方扎营。当时殷琰所派遣的各路军马都由刘顺统一指挥，然而因为皇甫道烈是当地土豪，柳伦又是台省所派，刘顺出身卑微，所以只有这两支军队不让他统率。刘勔刚到，营垒尚未修好，刘顺想要进攻他，皇有道烈、柳伦不同意，刘顺又不能单独去进攻，只好作罢。刘勔营垒修好后，就无法再攻了，所以两军互相对峙坚守。

沈攸之率领各路兵马围攻赭圻。薛常宝等人粮食已用尽，向刘胡求救，刘胡用布袋装米，捆在浮木和船腹上，然后假装船翻了，船底朝天顺流而下，以供应薛常宝的军粮。沈攸之

疑其有异，遣人取船及流查，大得囊米。丙辰，刘胡帅步卒一万，夜，斫山开道，以布囊运米饷赭圻。平旦，至城下，犹隔小堑，未能入。沈攸之帅诸军邀之，殊死战，胡众大败，舍粮弃甲，缘山走，斩获甚众。胡被疮，仅得还营。常宝等惶惧，夏四月辛酉，开城突围，走还胡军。攸之拔赭圻城，斩其宁朔将军沈怀宝等，纳降数千人。陈绍宗单舸奔鹊尾。建安王休仁自虎槛进屯赭圻。

刘胡等兵犹盛。上欲绥慰人情，遣吏部尚书褚渊至虎槛，选用将士。时以军功除官者众，版不能供，始用黄纸。

邓琬以晋安王子勋之命，征袁顗下寻阳，顗悉雍州之众驰下。琬以黄门侍郎刘道宪行荆州事，侍中孔道存行雍州事。上庸太守柳世隆乘虚袭襄阳，不克。世隆，元景之弟子也。

散骑侍郎明僧暠起兵，攻沈文秀以应建康。壬午，以僧暠为青州刺史。平原、乐安二郡太守王玄默据琅邪，清河、广川二郡太守王玄邈据盘阳城，高阳、勃海二郡太守刘乘民据临济城，并起兵以应建康。玄邈，玄谟之从弟；乘民，弥之之从子也。沈文秀遣军主解彦士攻北海，拔之，杀刘弥之。乘民从弟伯宗，合帅乡党，复取北海，因引兵向青州所治东阳城。文秀拒之，伯宗战死。僧暠、玄默、玄邈、乘民合兵攻东阳城，每战辄为文秀所破，离而复合，如此者十馀，卒不能克。

杜叔宝谓台军住历阳，不能遽进，及刘勔等至，上下震恐。刘顺等始行，唯赍一月粮，既与勔久相持，粮尽。叔宝发车千五百乘，载米饷顺，自将五千精兵送之。吕安国

怀疑其中有诈，便派人打捞翻船及浮木，得了很多袋大米。丙辰（二十九日），刘胡率领步兵一万人，趁着黑夜劈山开道，以布袋运米供应赭圻的军队。天将亮时，来到赭圻城下，但还隔着一条小沟，进不了城。沈攸之率领各路兵马拦截他们，拼死战斗，刘胡的人马大败，丢下粮食和铠甲，都往山上跑，被斩被俘的人很多。刘胡受了伤，只身回营。薛常宝等人很恐惧，夏季四月辛酉（初四），开城突围，逃回刘胡军营。沈攸之打下了赭圻城，杀了那里的宁朔将军沈怀宝等人，招降的有几千人。陈绍宗独乘一船逃奔鹊尾。建安王刘休仁由虎槛进驻赭圻。

刘胡等人的兵力仍然强盛。明帝想要安抚人心，派吏部尚书褚渊到虎槛，选拔有功将士。当时，由于军功而拜官的人很多，以致任用书版不够用，于是开始用黄纸。

邓琬根据晋安王刘子勋的命令，征召袁颛来寻阳，袁颛尽率雍州人马急速南下。邓琬以黄门侍郎刘道宪代行荆州事，侍中孔道存代行雍州事。上庸太守柳世隆乘虚袭击襄阳，没有取胜。柳世隆是柳元景的侄子。

散骑侍郎明僧暠起兵，进攻沈文秀以响应建康。壬午（二十五日），任命明僧暠为青州刺史。平原、乐安二郡太守王玄默占据琅邪，清河、广川二郡太守王玄邈占据盘阳城，高阳、勃海二郡太守刘乘民占据临济城，他们都起兵响应建康。王玄邈是王玄谟的堂弟；刘乘民是刘弥之的侄子。沈文秀派军主解彦士攻北海，打下了，杀了刘弥之。刘乘民的堂弟刘伯宗集结地方武装，又夺取了北海，于是领兵向青州府治东阳城攻击。沈文秀迎战，刘伯宗战死。明僧暠、王玄默、王玄邈、刘乘民合兵攻打东阳城，每次进攻都被沈文秀击败，士兵打散了又重新集结，这样反复十多次，但始终不能攻克。

杜叔宝认为官军驻扎在历阳，不能马上向前推进，及至刘勔等人到达后，部队上下都感到震惊。刘顺等开始出发时，只带了一个月的粮食，随后与刘勔长久相持，粮食就吃完了。杜叔宝派车一千五百辆，运米供应刘顺，自己率领五千精兵护送。吕安国

闻之,言于刘勔曰:"刘顺精甲八千,而我众不能居半。相持既久,强弱势殊,更复推迁,则无以自立。所赖者,彼粮行竭,我食有馀耳。若使叔宝米至,非唯难可复图,我亦不能持久。今唯有间道袭其米车,出彼不意,若能制之,将不战走矣。"勔以为然,以疲弱守营,简精兵千人配安国及龙骧将军黄回,使从间道出顺后,于横塘抄之。

安国始行,赍二日熟食。食尽,叔宝不至,将士欲还,安国曰:"卿等旦已一食。今晚米车不容不至,若其不至,夜去不晚。"叔宝果至,以米车为函箱陈,叔宝于外为游军。幢主杨仲怀将五百人居前,安国、回等击斩之,及其士卒皆尽。叔宝至,回欲乘胜击之,安国曰:"彼将自走,不假复击。"退三十里,止宿,夜遣骑参候,叔宝果弃米车走。安国复夜往烧米车,驱牛二千馀头而还。

五月丁亥朔,夜,刘顺众溃,顺走淮西就常珍奇。于是刘勔鼓行,进向寿阳。叔宝敛居民及散卒,婴城自守,勔与诸军分营城外。

山阳王休祐与殷琰书,为陈利害,上又遣御史王道隆赍诏宥琰罪。勔与琰书,并以琰兄瑗子邈书与之。琰与叔宝等皆有降意,而众心不壹,复婴城固守。

弋阳西山蛮田益之起兵应建康,诏以益之为辅国将军,督弋阳四山事。壬辰,以辅国将军沈攸之为雍州刺史。丁未,以尚书左仆射王景文为中军将军。庚戌,以宁朔将军刘乘民为冀州刺史。

张永、萧道成等与薛索儿战,大破之,索儿退保石梁,

听说后,对刘勔说:"刘顺有精兵八千人,而我们的人不到他们的一半。相持的时间一长,强弱的差距将会更大,如果再拖延下去,我们就不能自存。我们所依仗的,就是他们的粮食行将用完,而我们的粮食有馀。如果杜叔宝的米运来了,我们不但难以再战胜他们,自己也不能持久。如今只有从小道出发,袭击他们的米车,出其不意,如果能够克制对方,那么我们就可以不用再战而使之撤走。"刘勔认为很对,于是留下疲弱的士兵守营,而挑选精兵千人,配备给吕安国及龙骧将军黄回,要他们抄小路绕到刘顺的背后,在横塘包抄偷袭他们。

吕安国出发时,仅带两天熟食。熟食已经吃完,还不见杜叔宝到来,将士们想要回去,吕安国说:"诸位早上已吃了一餐。今晚米车不会不来,如果他们不来,我们夜里再走也不算晚。"这时,杜叔宝果然来了,把米车布成函箱阵,杜叔宝在阵外游动搜索。幢主杨仲怀率领五百人在前面开路,吕安国、黄回等人将他击杀,连同他的部下全杀了。杜叔宝到后,黄回打算乘胜攻击他,吕安国说:"他们会自己逃走的,不须再攻击了。"于是撤退三十里宿营,夜里派骑兵去侦察,杜叔宝果然丢下米车跑了。吕安国夜里又返回去,烧了他们的米车,赶着两千多头牛回来了。

五月丁亥是初一,这天夜里,刘顺的部队溃散,刘顺逃到淮西归附常珍奇。于是刘勔大张旗鼓地向寿阳进军。杜叔宝收聚居民及散兵据城自守,刘勔与各军分别驻扎在城外。

山阳王刘休祐给殷琰写信,分析利害得失,明帝又派御史王道隆带着诏书赦免殷琰的罪过。刘勔也写信给殷琰,并将殷琰的哥哥殷瑗的儿子殷邈的家书给他。殷琰与杜叔宝等人都有投降之意,但大家意见不一致,所以又据城固守。

弋阳西山蛮田益之起兵响应建康,明帝下诏任命田益之为辅国将军,督理弋阳四山事。壬辰(初六),任命辅国将军沈攸之为雍州刺史。丁未(二十一日),任命尚书左仆射王景文为中军将军。庚戌(二十四日),任命宁朔将军刘乘民为冀州刺史。

张永、萧道成等与薛索兒作战,将他打得大败,薛索兒退保石梁,

食尽而溃,走向乐平,为申令孙子孝叔所斩。薛安都子道智走向合肥,诣裴季降。傅灵越走至淮西,武卫将军沛郡王广之生获之,送诣勔。勔诘其叛逆,灵越曰:"九州唱义,岂独在我?薛公不能专任智勇,委付子侄,此其所以败也。人生归于一死,实无面求活。"勔送诣建康。上欲赦之,灵越辞终不改,乃杀之。

邓琬以刘胡与沈攸之等相持久不决,乃加袁顗督征讨诸军事。六月甲戌,顗帅楼船千艘,战士二万,来入鹊尾。顗本无将略,性又怯挠,在军中未尝戎服,语不及战陈,唯赋诗谈义而已,不复抚接诸将。刘胡每论事,酬对甚简。由此大失人情,胡常切齿恚恨。胡以南运米未至,军士匮乏,就顗借襄阳之资,顗不许,曰:"都下两宅未成,方应经理。"又信往来之言,云:"建康米贵,斗至数百。"以为将不攻自溃,拥甲以待之。

田益之帅蛮众万馀人围义阳,邓琬使司州刺史庞孟虬帅精兵五千救之,益之不战溃去。

安成太守刘袭、始安内史王识之、建安内史赵道生,并举郡来降。袭,道怜之孙也。

萧道成世子赜为南康赣令,邓琬遣使收系之。门客兰陵桓康担赜妻裴氏及其子长懋、子良逃于山中,与赜族人萧欣祖等结客得百馀人,攻郡,破狱出赜。南康相沈肃之帅将吏追赜,赜与战,擒之。赜自号宁朔将军,据郡起兵,与刘袭等相应。琬以中护军殷孚为豫章太守,督上流五郡以防袭等。

衡阳内史王应之起兵应建康,袭击湘州行事何慧文于

因粮食用尽，部队崩溃，而逃往乐平，被申令孙的儿子申孝叔所斩杀。薛安都的儿子薛道智逃往合肥，到裴季那里投降。傅灵越逃到淮西，武卫将军沛郡人王广之活捉了他，送到刘勔那儿。刘勔责问他为何叛变，傅灵越说："全国各地纷纷起义，难道只有我一人？薛安都不能任用智勇之士，只信任他的子侄，这就是失败的原因。人生总归是一死，实在没脸求活。"刘勔把他送到建康，明帝想要宽赦他，但傅灵越始终不肯改口，只得将他杀了。

邓琬因为刘胡与沈攸之等人相持很久，不分胜负，于是加授袁顗为督征讨诸军事。六月甲戌（十八日），袁顗率领楼船一千多艘，战士两万人，来援鹊尾。袁顗本无大将才智，生性又卑怯易屈服，在部队里从不穿军服，谈话也不涉及战阵，只会吟诗做赋、谈论礼义而已，更不会安抚、接待诸将。刘胡每次与他讨论军事，袁顗的回答都甚为简陋。因此袁顗大失人心，刘胡对他也切齿痛恨。刘胡因为南方运的米未到，兵士缺粮，到袁顗那里去借用襄阳的存粮，袁顗不肯，说："京师还有两处住宅没有完工，正依靠这笔财源。"又相信过路人的传言，说："建康米贵，一斗米高达数百钱。"以为建康可以不攻自溃，所以按兵不动，坐待胜利。

田益之率领蛮族军队一万多人围攻义阳，邓琬派司州刺史庞孟虬率领精兵五千人前往救援，田益之不能迎战，军队溃散逃去。

安成太守刘袭、始安内史王识之、建安内史赵道生都带着全郡投降朝廷。刘袭是刘道怜的孙子。

萧道成的世子萧赜担任南康郡赣县县令，邓琬派人逮捕了他。他的门客兰陵人桓康担着萧赜的妻子裴氏及其儿子萧长懋、萧子良逃到山中，与萧赜的族人萧欣祖等人集结门客一百多人进攻郡城，打开监狱，救出萧赜。南康相沈肃之率领将领官吏追击萧赜，萧赜与他交战，擒获了他。萧赜自号宁朔将军，据郡起兵，与刘袭等人相呼应。邓琬任命中护军殷孚为豫章太守，总管赣江上游五郡，防御刘袭等人。

衡阳内史王应之起兵响应建康，袭击湘州行事何慧文于

长沙。应之与慧文舍军身战,斫慧文八创,慧文斫应之断足,杀之。

始兴人刘嗣祖等据郡起兵应建康,广州刺史袁昙远遣其将李万周等讨之。嗣祖诳万周云"寻阳已平",万周还袭番禺,擒昙远,斩之。上以万周行广州事。

诸军与袁颚相拒于浓湖,久未决。龙骧将军张兴世建议曰:"贼据上流,兵强地胜,我虽持之有馀而制之不足。若以奇兵数千潜出其上,因险而壁,见利而动,使其首尾周遑,进退疑阻,中流既梗,粮运自艰,此制贼之奇也。钱溪江岸最狭,去大军不远,下临洄洑,船下必来泊岸,又有横浦可以藏船,千人守险,万人不能过。冲要之地,莫出于此。"沈攸之、吴喜并赞其策。会庞孟虬引兵来助殷琰,刘勔遣使求援甚急,建安王休仁欲遣兴世救之。沈攸之曰:"孟虬蚁聚,必无能为,遣别将马步数千,足以相制。兴世之行,是安危大机,必不可辍。"乃遣段佛荣将兵救勔,而选战士七千、轻舸二百配兴世。

兴世帅其众溯流西上,寻复退归,如是者累日。刘胡闻之,笑曰:"我尚不敢越彼下取扬州,张兴世何物人,欲轻据我上?"不为之备。一夕,四更,值便风,兴世举帆直前,渡湖、白,过鹊尾。胡既觉,乃遣其将胡灵秀将兵于东岸,翼之而进。戊戌夕,兴世宿景洪浦,灵秀亦留。兴世潜遣其将黄道标帅七十舸径趣钱溪,立营寨。己亥,兴世引兵进据之,灵秀不能禁。庚子,刘胡自将水步二十六军来攻钱溪。

长沙。王应之与何慧文丢开兵士单打独斗,砍伤何慧文八处,何慧文砍断了王应之的腿,杀了他。

始兴人刘嗣祖等人据郡起兵响应建康,广州刺史袁昙远派他的部将李万周等人讨伐他。刘嗣祖欺骗李万周说"寻阳叛乱已平",李万周于是还袭番禺,抓住袁昙远杀了。明帝任命李万周代行广州刺史事。

各路官军与袁颉在浓湖对峙,很久未决胜负。龙骧将军张兴世建议说:"贼寇占据上游,兵力强大,地形有利,我们若与之相持则力量有馀,要想制服他们则力量不足。如果我们派出数千奇兵潜到他们的背后,在险要处构筑营壁伺机发动进攻,就会使他们腹背受敌,进退两难,中游既被阻塞,运粮自然困难,这是制贼的奇妙良策。钱溪一带江岸最窄,离开大军又不远,水道曲折湍急,船只经过必来靠岸,那里又有天然港口,可以藏船,千人守险,万人也不能通过。天下的冲要之地,没有能胜过这里的了。"沈攸之、吴喜都赞成他的计策。正碰上庞孟虬领兵来援助殷琰,刘勔派使者求援,催得很紧,建安王刘休仁想派张兴世去救刘勔。沈攸之说:"庞孟虬的部队像一群蚂蚁,肯定没有什么作为,只须派一别将率马步兵数千,就足以制服。张兴世这次行动,是安危成败的关键,决不可半途而废。"于是派遣段佛荣率兵援救刘勔,而挑选七千名战士、两百条小船配备张兴世。

张兴世率领他的部队溯流西上,接着又返回,就这样来来回回,持续了几天。刘胡听到后,笑着说:"我还不敢越过他们下去夺取扬州,他张兴世是什么人,想要轻易地占领我的上游阵地?"于是不加防备。在一天晚上四更的时候,正碰上顺风,张兴世的船队扬帆直行,飘过湖口、白水口,经过鹊尾。刘胡发觉后,便派遣他的部将胡灵秀率兵在东岸,跟着船队平行前进。戊戌(十三日)晚上,张兴世停泊在景洪浦,胡灵秀也停在那里。张兴世暗中派他的部将黄道标率领七十条船直奔钱溪,设立营寨。己亥(十四日),张兴世率主力进据钱溪,胡灵秀无法阻止。庚子(十五日),刘胡亲自率领水、步兵二十六支军队来攻钱溪。

将士欲迎击之，兴世禁之曰："贼来尚远，气盛而矢骤，骤既易尽，盛亦易衰，不如待之。"令将士治城如故。俄而胡来转近，船入洄洑，兴世命寿寂之、任农夫帅壮士数百击之，众军相继并进，胡败走，斩首数百，胡收兵而下。时兴世城寨未固，建安王休仁虑袁颙并力更攻钱溪，欲分其势。辛丑，命沈攸之、吴喜等以皮舰进攻浓湖，斩获千数。是日，刘胡帅步卒二万、铁马一千，欲更攻兴世。未至钱溪数十里，袁颙以浓湖之急，遽追之，钱溪城由此得立。胡遣人传唱"钱溪已平"，众并惧，沈攸之曰："不然。若钱溪实败，万人中应有一人逃亡得还者，必是彼战失利，唱空声以惑众耳。"勒军中不得妄动。钱溪捷报寻至。攸之以钱溪所送胡军耳鼻示浓湖，袁颙骇惧。攸之日暮引归。

龙骧将军刘道符攻山阳，程天祚请降。

庞孟虬进至弋阳，刘勔遣吕安国等迎击于蓼潭，大破之，孟虬走向义阳。王玄谟之子昙善起兵据义阳以应建康，孟虬走死蛮中。

刘胡遣辅国将军薛道标袭合肥，杀汝阴太守裴季。刘勔遣辅国将军垣阆击之。阆，阅之弟；道标，安都之子也。

淮西人郑叔举起兵击常珍奇以应郑黑。辛亥，以叔举为北豫州刺史。

八月，皇甫道烈等闻庞孟虬败，并开门出降。

张兴世既据钱溪，浓湖军乏食。邓琬大送资粮，畏兴世，不敢进。刘胡帅轻舸四百，由鹊头内路欲攻钱溪，既而谓长史王念叔曰："吾少习步战，未闲水斗。若步战，恒在

将士们打算迎击他们，张兴世禁止他们说："贼寇离我们还远，气势旺盛，箭矢猛烈，箭矢太猛容易用尽，气势太盛也容易衰竭，不如等待一下。"命令将士仍旧修筑工事。不久，刘胡的部队靠近了，船只进入漩涡之中，张兴世命令寿寂之、任农夫率领壮士数百人先行攻击，各军相继并进，刘胡败逃，斩杀了几百人，刘胡收兵撤下。当时张兴世的城寨尚未修筑牢固，建安王刘休仁担心袁颛并力再攻钱溪，打算分散他们的势力。辛丑（十六日），命令沈攸之、吴喜等人用皮舰进攻浓湖，斩杀俘虏的人数以千计。这一天，刘胡率领步兵两万、备有铁甲的骑兵一千，想再攻张兴世。离钱溪还有几十里，袁颛因为浓湖危急，急忙将他追回去了，钱溪城因此得以修成。刘胡派人传布谣言说"钱溪已经平定"，大家听了都害怕，沈攸之说："不会。如果钱溪真的战败了，万把人中总会有一个人逃回来的，这一定是他们战斗失利，所以喊一些假话来迷惑众人。"下令军中不得妄动。钱溪的捷报不久就送来了。沈攸之把钱溪之战所送来的刘胡士兵的耳鼻给浓湖的守军看，袁颛很惊慌。沈攸之黄昏时率军返回。

龙骧将军刘道符进攻山阳，程天祚请求投降。

庞孟虬进军到弋阳，刘勔派吕安国等人在蓼潭迎击，把他打得大败，庞孟虬逃奔义阳。王玄谟之子王昙善起兵占据义阳以响应建康，庞孟虬逃跑，死在蛮族地区。

刘胡派遣辅国将军薛道标袭击合肥，杀死汝阴太守裴季。刘勔派辅国将军垣闳攻击他。垣闳是垣阆的弟弟，薛道标是薛安都的儿子。

淮西人郑叔举起兵攻击常珍奇以响应郑黑。辛亥（二十六日），明帝任命郑叔举为北豫州刺史。

八月，皇甫道烈等人听说庞孟虬失败了，都开门出降。

张兴世占据钱溪后，浓湖的军队缺乏粮食。邓琬运来大批物资粮食，但害怕张兴世，不敢前进。刘胡率领轻便船只四百艘，由鹊头内路想进攻钱溪，不久又对长史王念叔说："我从小就练习陆地步战，不熟悉水战。假如是步战，我总是处在

数万人中。水战在一舸之上,舸舸各进,不复相关,正在三十人中,此非万全之计,吾不为也。"乃托疟疾,住鹊头不进,遣龙骧将军陈庆将三百舸向钱溪,戒庆不须战:"张兴世吾之所悉,自当走耳。"陈庆至钱溪,军于梅根。

胡遣别将王起将百舸攻兴世,兴世击起,大破之。胡帅其馀舸驰还,谓颙曰:"兴世营寨已立,不可猝攻。昨日小战,未足为损。陈庆已与南陵、大雷诸军共遏其上,大军在此,鹊头诸将又断其下流,已堕围中,不足复虑。"颙怒胡不战,谓曰:"粮运鲠塞,当如此何?"胡曰:"彼尚得溯流越我而上,此运何以不得沿流越彼而下邪?"乃遣安北府司马沈仲玉将千人步趣南陵迎粮。仲玉至南陵,载米三十万斛,钱布数十舫,竖榜为城,规欲突过。行至贵口,不敢进,遣间信报胡,令遣重军援接。张兴世遣寿寂之、任农夫等将三千人至贵口击之,仲玉走还颙营,悉虏其资实。胡众骇惧,胡将张喜来降。

镇东中兵参军刘亮进兵逼胡营,胡不能制。袁颙惧曰:"贼入人肝脾里,何由得活?"胡阴谋遁去,己卯,诳颙云:"欲更帅步骑二万,上取钱溪,兼下大雷馀运。"令颙悉选马配之。其日,胡委颙去,径趣梅根。先令薛常宝办船,悉发南陵诸军,烧大雷诸城而走。至夜,颙方知之,大怒,骂曰:"今年为小子所误!"呼取常所乘善马"飞燕",谓其众曰:"我当自出追之!"因亦走。

庚辰,建安王休仁勒兵入颙营,纳降卒十万,遣沈攸之等追颙。

数万人中。水战则在一只船上，各条船单独行进，不能互相关照，只在一条船的三十来个人中间，这不是万全之计，我不干。"于是假托得了疟疾，停在鹊头不再前进了，只派龙骧将军陈庆率领三百条船向钱溪出发，并告诫陈庆："不须作战，张兴世我是熟悉的，他会自动逃走。"陈庆到达钱溪后，驻扎在梅根。

刘胡派别将王起率一百多条船进攻张兴世，张兴世迎击王起，把他打得大败。刘胡率领其馀的船只赶回来，对袁颛说："张兴世的营寨已经建好，不能仓促进攻。昨日那个小伎，他没有多少损失。陈庆已经与南陵、大雷各军一起扼制他的上游，我们的大军控制这里，鹊头诸将又切断他的下游，他已堕入我们的包围圈中，不必再担心了。"袁颛恼恨刘胡不与敌人作战，对他说："运粮线路被切断，对此我们应当怎么办？"刘胡说："他们还能越过我们逆流而上，我们这次运粮为什么不能越过他们顺流而下呢？"于是派安北府司马沈仲玉率领千人徒步奔向南陵迎粮。沈仲玉到南陵后，载米三十万斛，钱布数十船，让船工用木板钉成围墙，计划硬冲过去。走到贵口，不敢前进了，派人由小路报告刘胡，要他派重兵来增援迎接。张兴世派遣寿寂之、任农夫等率领三千人到达贵口进攻沈仲玉，沈仲玉逃回袁颛大营，于是全部缴获了他们的军用物资。刘胡惊骇恐惧，刘胡的部将张喜前来归降。

镇东中兵参军刘亮进兵逼近刘胡的大营，刘胡不能遏制。袁颛惊恐地说："贼寇侵入到人的肝脾里了，怎么能活命？"刘胡准备暗中逃走，己卯（二十四日），他欺骗袁颛说："我打算再率步兵、骑兵两万人上取钱溪，并运回积存在大雷的馀粮。"要袁颛挑选所有的好马配备给他。当天，刘胡丢下袁颛而去，直奔梅根。先让薛常宝置办船只，全部调发南陵各军，烧毁大雷各城而逃。到夜里，袁颛才知道这事，因而大怒，骂道："今年被这小子害苦了！"叫人找来他常骑的好马"飞燕"，对他的部属说："我要亲自出去追他。"也趁机逃了。

庚辰（二十五日），建安王刘休仁率领兵士进入袁颛的军营，接纳投降士卒十万人，派遣沈攸之等人前去追捕袁颛。

颛走至鹊头,与戍主薛伯珍并所领数千人偕去,欲向寻阳。夜,止山间,杀马以劳将士,顾谓伯珍曰:"我非不能死,且欲一至寻阳,谢罪主上,然后自刎耳。"因慷慨叱左右索节,无复应者。及旦,伯珍请屏人言事,遂斩颛首,诣钱溪马军主襄阳俞湛之。湛之因斩伯珍,并送首以为己功。

刘胡帅二万人向寻阳,诈晋安王子勋云:"袁颛已降,军皆散,唯己帅所领独返。宜速处分,为一战之资。当停据溢城,誓死不贰。"乃于江外夜趣浔口。

邓琬闻胡去,忧惶无计,呼中书舍人褚灵嗣等谋之,并不知所出。张悦诈称疾,呼琬计事,令左右伏甲帐后,戒之:"若闻索酒,便出。"琬既至,悦曰:"卿首唱此谋,今事已急,计将安出?"琬曰:"正当斩晋安王,封府库,以谢罪耳。"悦曰:"今日宁可卖殿下求活邪?"因呼酒,子洵提刀出斩琬。中书舍人潘欣之闻琬死,勒兵而至。悦使人语之曰:"邓琬谋反,今已枭戮。"欣之乃还。取琬子,并杀之。悦因单舸赍琬首驰下,诣建安王休仁降。

寻阳乱。蔡那之子道渊在寻阳被系作部,脱锁入城,执子勋,囚之。沈攸之等诸军至寻阳,斩晋安王子勋,传首建康,时年十一。

初,邓琬遣临川内史张淹自鄱阳峤道入三吴,军于上饶,闻刘胡败,军副鄱阳太守费晔斩淹以降。淹,畅之子也。

废帝之世,衣冠惧祸,咸欲远出。至是流离外难,百不一存,

袁颙逃到鹊头，与戍主薛伯珍及他所属数千人一起走了，想要前往寻阳。夜里宿营在山上，杀了马匹慰劳将士，回头对薛伯珍说："我并不是怕死，只是想去寻阳，在主上面前请罪，然后再自刎。"于是情绪激昂地呼喊左右取节来，但没有人理他。到了早上，薛伯珍请求屏退众人，与他单独讲事情，趁机砍下袁颙的头，前往钱溪见马军主襄阳人俞湛之。俞湛之又斩了薛伯珍，将两颗人头一并送上，作为自己的功劳。

刘胡率领两万人奔回寻阳，欺骗晋安王刘子勋说："袁颙已经投降，军队都散了，只有我率领我的部队单独返回来了。应采取紧急措施，做决一死战的准备。我暂时停据湓城，誓死效忠，没有二心。"于是沿着长江北岸外路，连夜赶往沔口。

邓琬听说刘胡走了，忧虑惶恐，无计可施，招呼中书舍人褚灵嗣等谋画对策，都不知如何是好。张悦假称有病，招呼邓琬到私宅商量大事，命令左右埋伏在甲帐之后，告诫说："听见我要酒，你们就出来动手。"邓琬来后，张悦说："你首先倡仪这样做，现在事情危急了，打算怎么办？"邓琬说："只要斩杀晋安王，封存府库，以此谢罪就行了。"张悦说："你今日难道可以出卖殿下，苟求活命吗？"于是叫拿酒来，他的儿子张淏提刀冲出，杀了邓琬。中书舍人潘欣之听说邓琬死了，率兵而至。张悦派人告诉他说："邓琬谋反，现已斩首。"潘欣之便撤回去，抓来邓琬的儿子一并杀了。张悦于是独自乘小艇带着邓琬的头急速东下，到建安王刘休仁那里投降朝廷。

寻阳大乱。蔡那之子蔡道渊原被囚禁在寻阳王制造兵器的作坊里，他挣脱枷锁入城，抓了刘子勋，囚禁起来。沈攸之等诸军进入寻阳，斩杀晋安王刘子勋，传首建康，刘子勋当时才十一岁。

当初，邓琬派遣临川内史张淹从鄱阳山路进入三吴，驻军上饶，听说刘胡失败，军副鄱阳太守费晔杀了张淹投降。张淹是张畅的儿子。

废帝时代，读书人或官员害怕受祸，都想远离京师在外就职。到这时流离失所，遭受外难，一百个里面没有留下一个，

众乃服蔡兴宗之先见。

九月壬辰，以山阳王休祐为荆州刺史。癸巳，解严，大赦。

庚子，司徒休仁至寻阳，遣吴喜、张兴世向荆州，沈怀明向郢州，刘亮及宁朔将军南阳张敬儿向雍州，孙超之向湘州，沈思仁、任农夫向豫章，平定馀寇。

刘胡逃至石城，捕得，斩之。郢州行事张沈变形为沙门，潜走，追获，杀之。荆州行事刘道宪闻浓湖平，散兵，遣使归罪。荆州治中宗景等勒兵入城，杀道宪，执临海王子顼以降。孔道存知寻阳已平，遣使请降。寻闻柳世隆、刘亮当至，众悉逃溃，道存及三子皆自杀。上以何慧文才兼将吏，使吴喜宣旨赦之。慧文曰："既陷逆节，手害忠义，何面见天下之士？"遂自杀。安陆王子绥、临海王子顼、邵陵王子元并赐死，刘顺及馀党在荆州者皆伏诛。诏追赠诸死节之臣，及封赏有功者各有差。

上既诛晋安王子勋等，待世祖诸子犹如平日。司徒休仁还自寻阳，言于上曰："松滋侯兄弟尚在，将来非社稷计，宜早为之所。"冬十月乙卯，松滋侯子房、永嘉王子仁、始安王子真、淮南王子孟、南平王子产、庐陵王子舆、子趋、子期、东平王子嗣、子悦并赐死，及镇北谘议参军路休之、司徒从事中郎路茂之、兖州刺史刘祗、中书舍人严龙皆坐诛。世祖二十八子于此尽矣。

刘勔围寿阳，垣阆攻合肥，俱未下。勔患之，召诸将会议。马队主王广之曰："得将军所乘马，判能平合肥。"幢主皇甫肃怒曰："广之敢夺节下马，可斩！"勔笑曰："观其意，必能立功。"即推鞍下马与之。广之往攻合肥，三日，

大家才佩服蔡兴宗有先见之明。

九月壬辰(初八),明帝任命山阳王刘休祐为荆州刺史。癸巳(初九),解除戒严,宣布大赦天下。

庚子(十六日),司徒刘休仁到达寻阳,派遣吴喜、张兴世往荆州,沈怀明往郢州,刘亮及宁朔将军南阳人张敬儿往雍州,孙超之往湘州,沈思仁、任农夫往豫章,去平定各地的残馀贼寇。

刘胡逃到石城,被捕获并斩首。郢州行事张沈易容扮作和尚,偷偷逃走,也被追获斩首。荆州行事刘道宪听说浓湖已经平定,便解散部队,派人向朝廷请罪。荆州治中宗景等人统兵入城,杀了刘道宪,抓了临海王刘子顼后投降。孔道存知道寻阳已经平定,也遣使请求投降。不久听说柳世隆、刘亮会来,部属都溃逃了,孔道存及他的三个儿子都自杀。明帝因为何慧文文武全才,所以派遣吴喜传旨赦免他。何慧文说:"我既已陷入叛逆,亲手杀害忠义之士,有何面目见天下之士呢?"于是自杀。安陆王刘子绥、临海王刘子顼、邵陵王刘子元都赐死,刘顺及其在荆州的馀党都被处死。明帝下诏追赠守节而死的臣子,封赏有功之臣,各按不同的等级标准授予。

明帝杀了晋安王刘子勋等人以后,对待世祖其他的儿子仍然如同平日。司徒刘休仁从寻阳回来,对明帝说:"松滋侯兄弟仍然留在人间,将来一定会对国家不利,应该及早处置。"冬季十月乙卯(初一),松滋侯刘子房、永嘉王刘子仁、始安王刘子真、淮南王刘子孟、南平王刘子产、庐陵王刘子舆、刘子趋、刘子期、东平王刘子嗣、刘子悦一并赐死,及镇北谘议参军路休之、司徒从事中郎路茂之、兖州刺史刘祗、中书舍人严龙等人都株连被杀。世祖的二十八个儿子,到这时被杀光了。

刘勔围攻寿阳,垣阆进攻合肥,都没攻下来。刘勔很忧愁,于是召集诸将讨论。马队主王广之说:"只要得到将军所乘坐的马,我一定能平定合肥。"幢主皇甫肃大怒道:"王广之敢夺节下之马,应该斩首!"刘勔笑着说:"看他的用意,一定可以立功。"就推鞍下马把坐骑给了他。王广之去进攻合肥,三天就

克之。薛道标突围奔淮西归常珍奇。勔擢广之为军主。广之谓肃曰："节下若从卿言，何以平贼？卿不赏才，乃至于此！"肃有学术，及勔卒，更依广之，广之荐于齐世祖为东海太守。

徐州刺史薛安都等遣使乞降。事见《宋明帝北伐》。

冬十二月，刘勔围寿阳，自首春至于末冬，内攻外御，战无不捷，以宽厚得将士心。寻阳既平，上使中书为诏谕殷琰，蔡兴宗曰："天下既定，是琰思过之日。陛下宜赐手诏数行以相慰引。今直中书为诏，彼必疑谓非真，非所以速清方难也。"不从。琰得诏，谓刘勔诈为之，不敢降。杜叔宝闭绝寻阳败问，有传者即杀之，守备益固。凡有降者，上辄送寿阳城下，使与城中人语，由是众情离沮。

琰欲请降于魏，主簿谯郡夏侯详说琰曰："今日之举，本效忠节，若社稷有奉，便当归身朝廷，何可北面左衽乎？且今魏军近在淮次，官军未测吾之去就，若遣使归款，必厚相慰纳，岂止免罪而已。"琰乃使详出见刘勔。详说勔曰："今城中士民知困而犹固守者，畏将军之诛，皆欲自归于魏。愿将军缓而赦之，则莫不相帅而至矣。"勔许诺，使详至城下，呼城中人，谕以勔意。丙寅，琰帅将佐面缚出降，勔悉加慰抚，不戮一人。入城，约勒将士，士民赀财，秋毫无所失。寿阳人大悦。魏兵至师水，将救寿阳，闻琰已降，乃掠义阳数千人而去。久之，琰复仕至少府而卒。

攻克了。薛道标突围逃奔淮西投归常珍奇。刘勔提升王广之为军主。王广之对皇甫肃说:"节下如果听从您的话,怎能平贼? 您不赏识人才,才有那种想法。"皇甫肃有学问,等到刘勔去世,改投王广之,王广之把他推荐给齐世祖,齐世祖任命他为东海太守。

徐州刺史薛安都等人派使者请求投降。事见《宋明帝北伐》。

冬季十二月,刘勔围攻寿阳,自初春到冬末,无论是向内进攻还是抵御外援,都战无不胜,因为他为人宽厚,深得将士的拥护。寻阳平定之后,明帝命中书省下诏书晓喻殷琰,蔡兴宗说:"天下已经平定,正是殷琰检讨自己错误的时候。陛下应该赐给他亲笔诏书,写几行字,加以宽慰、引导。如今直接由中书省做诏书,他一定怀疑不是真的,这不是迅速肃清一方灾难的办法。"明帝不听从。殷琰得到诏书,认为是刘勔伪造的,不敢投降。杜叔宝严密封锁寿阳失败的消息,有传递消息的就杀了他,所以守备更加牢固。凡是有投降的,明帝就把他们送到寿阳城下,要他们与城中的人对话,因此军心开始动摇。

殷琰打算投降北魏,主簿谯郡人夏侯详劝殷琰道:"我们今天的举动,本意是效忠皇家,假若社稷有人祀奉,就当归附朝廷,怎么能向前襟左掩的夷狄北面称臣呢? 况且现今魏军已接近淮河,官军不知我们的意向,如果派使者表示我们的诚心,朝廷肯定会厚加抚慰接纳,岂止免罪而已。"殷琰于是派夏侯详出城见刘勔。夏侯详劝刘勔说:"现在城中士民明知陷入困境,仍然固守,就是因为怕将军诛杀,都想自去降魏。望将军不要进攻,赦免他们,那他们没有哪个不会相率来归降的。"刘勔答应了,让夏侯详到城下,喊来城中人转告刘勔的意思。丙寅(十三日),殷琰率将佐自行反绑双手,出来投降,刘勔都加以抚慰,没有杀一个人。于是入城,约束将士,士民的资财秋毫无损,寿阳人非常高兴。魏兵到达师水,将要援救寿阳,听说殷琰已投降,于是掳掠义阳数千人而去。过了很久,殷琰又做官至少府时去世。

宋明帝北伐

宋明帝泰始二年，晋安王子勋之败于寻阳也，徐州刺史薛安都、益州刺史萧惠开、梁州刺史柳元怙、兖州刺史毕众敬、豫章太守殷孚、汝南太守常珍奇，并遣使乞降。上以南方已平，欲示威淮北。冬十月乙亥，命镇军将军张永、中领军沈攸之将甲士十五万迎薛安都。蔡兴宗曰："安都归顺，此诚非虚，正须单使尺书。今以重兵迎之，势必疑惧，或能招引北虏，为患方深。若以叛臣罪重，不可不诛，则向之所宥亦已多矣。况安都外据大镇，密迩边陲，地险兵强，攻围难克，考之国计，尤宜驯养。如其外叛，将为朝廷肘腋之忧。"上不从，谓征北司马行南徐州事萧道成曰："吾今因此北讨，卿意以为何如？"对曰："安都狡猾有馀，今以兵逼之，恐非国之利。"上曰："诸军猛锐，何往不克？卿勿多言！"安都闻大兵北上，惧，遣使乞降于魏，常珍奇亦以悬瓠降魏，皆请兵自救。

薛安都以其子为质于魏，魏遣镇东大将军代人尉元、镇东将军魏郡孔伯恭等帅骑一万出东道，救彭城，

宋明帝北伐

宋明帝泰始二年（466），晋安王刘子勋在寻阳失败时，徐州刺史薛安都、益州刺史萧惠开、梁州刺史柳元怙、兖州刺史毕众敬、豫章太守殷孚、汝南太守常珍奇，都派使者请求投降。宋明帝认为南方已平定，打算向淮北的叛军炫耀武力。冬季十月乙亥（二十一日），命镇军将军张永、中领军沈攸之率领披甲将士十五万人去迎降薛安都。蔡兴宗说："薛安都归顺朝廷，这确实不是假的，只需派一名使者带封书信去就行了。现在以重兵迎接他，他势必惊疑恐惧，甚至可能招引北方胡虏，造成的祸患势必更深重。如果以为叛臣的罪恶深重，不可不加诛杀，那么从前所宽赦的叛臣，也已经很多了。何况薛安都在外面占据一个大的节镇，靠近边陲，地势险要，兵力强盛，无论进攻还是围困，都难以取胜，为国家大计考虑，尤其应该用和平手段安抚。如果他叛降外国，那将成为朝廷日夜操劳的忧患。"明帝不同意，对征北司马行南徐州事萧道成说："我现在利用这个机会讨伐北方，你认为怎样？"萧道成回答："薛安都十分狡猾，现在用大军去逼迫他，恐怕对国家不利。"明帝说："各路兵马都很猛锐，哪次进攻不能取胜？你不用多说了。"薛安都听说大军北上，很害怕，便派使者请求投降北魏，常珍奇也以悬瓠献降北魏，都请求北魏发兵救援。

薛安都把他儿子派到北魏做人质，北魏派镇东大将军代郡人尉元、镇东将军魏郡人孔伯恭等率骑兵一万人向东出发援救彭城，

镇西大将军西河公石、都督荆豫南雍州诸军事张穷奇出西道，救悬瓠。以安都为都督徐兖等五州诸军事、镇南大将军、徐州刺史、河东公，常珍奇为平南将军、豫州刺史、河内公。

兖州刺史申纂诈降于魏，尉元受之而阴为之备。魏师至无盐，纂闭门拒守

薛安都之召魏兵也，毕众敬不与之同，遣使来请降，上以众敬为兖州刺史。众敬子元宾在建康，先坐他罪诛。众敬闻之，怒，拔刀斫柱曰："吾皓首唯一子，不能全，安用独生？"十一月壬子，魏师至瑕丘，众敬请降于魏。尉元遣部将先据其城，众敬悔恨，数日不食。元长驱而进，十二月己未，军于秺。

西河公石至上蔡，常珍奇帅文武出迎。石欲顿军汝北，未即入城，中书博士郑羲曰："今珍奇虽来，意未可量。不如且入其城，夺其管籥，据有府库，制其腹心，策之全者也。"石遂策马入城，因置酒嬉戏。羲曰："观珍奇之色甚不平，不可不为之备。"乃严兵设备。其夕，珍奇使人烧府屋，欲为变，以石有备而止。羲，豁之曾孙也。

淮西七郡民多不愿属魏，连营南奔。魏遣建安王陆馥宣慰新附，民有陷军为奴婢者，馥悉免之，新民乃悦。

是岁，张永、沈攸之进兵逼彭城，军于下磕，分遣羽林监王穆之将卒五千守辎重于武原。魏尉元至彭城，薛安都出迎。元遣李璨与安都先入城，收其管籥。别遣孔伯恭以精甲二千安抚内外，然后入。其夜，张永攻南门，不克而退。元不礼于薛安都，安都悔降，复谋叛魏，元知之，不果发。安都重赂元等，委罪于女婿裴祖隆而杀之。

镇西大将军西河公拓跋石、都督荆、豫、南雍州诸军事张穷奇向西援救悬瓠。任命薛安都为都督徐、兖等五州诸军事、镇南大将军、徐州刺史、河东公,常珍奇为平南将军、豫州刺史、河内公。

兖州刺史申纂诈降北魏,尉元受降,但暗中进行戒备。北魏军队到达无盐时,申纂紧闭城门防守。

当薛安都向北魏求兵时,毕众敬不与他相同,而派使者来宋请求归降,明帝任命毕众敬为兖州刺史。毕众敬的儿子毕元宾在建康,此前已因别的罪被杀。毕众敬听说后大怒,拔刀砍在柱子上说:"我白发苍苍,就只这个儿子,却不能保全,我怎么能独自活下去?"十一月壬子(二十九日),北魏的军队到达瑕丘,毕众敬请求投降北魏。尉元派部将先占据这座城池,毕众敬悔恨,几天不吃饭。尉元长驱直入,十二月己未(初六),驻扎在秅县。

北魏西河公拓跋石到达上蔡,常珍奇率文武官员前去迎接。拓跋石打算驻军汝水北岸,没有立即进城,中书博士郑羲说:"今天常珍奇虽然出来迎接,但他的用意难以预测。不如暂且进入他的城池,夺取他们的钥匙,占领府库,控制其要害,这是最周全的策略。"拓跋石于是策马入城,摆下酒席饮乐。郑羲说:"我见常珍奇的脸色,有些愤愤不平,不可以不加防备。"于是下令戒严。当天晚上,常珍奇派人去烧官府房屋,打算发动叛乱,因为拓跋石有了防备,只好作罢。郑羲是郑豁的曾孙。

淮西七郡民众大多不愿归附北魏,村与村联合向南逃。北魏派遣建安王陆馛前来抚慰这些新附的百姓,老百姓有被军队掠夺做奴婢的,陆馛全部赦免释放,新附百姓这才高兴起来。

这一年,张永、沈攸之进兵逼近彭城,驻军下磥,另派羽林监王穆之率兵五千在武原守备军用物资。北魏尉元到彭城,薛安都出来迎接。尉元派李璨和薛安都一起先入城,收了他的钥匙。另派孔伯恭带精兵两千人安抚内外,然后才进城。当晚,张永进攻城南门,不能攻克,退了回来。尉元对薛安都无礼,薛安都后悔投降,又打算背叛北魏,尉元知道了,因此薛安都的叛乱没实行。薛安都重重贿赂尉元等,而把罪责推到他的女婿裴祖隆身上,并杀了他。

元使李璨与安都守彭城,自将兵击张永,绝其粮道,又破王穆之于武原。穆之帅馀众就永,元进攻之。

　　三年春正月,张永等弃城夜遁。会天大雪,泗水冰合,永等弃船步走,士卒冻死者太半,手足断者什七八。尉元邀其前,薛安都乘其后,大破永等于吕梁之东,死者以万数,枕尸六十馀里,委弃军资器械不可胜计。永足指亦堕,与沈攸之仅以身免。梁、南秦二州刺史垣恭祖等为魏所虏。上闻之,召蔡兴宗,以败书示之曰:"我愧卿甚!"永降号左将军。攸之免官,以贞阳公领职,还屯淮阴。由是失淮北四州及豫州淮西之地。

　　　　裴子野论曰:昔齐桓矜于葵丘而九国叛,曹公不礼张松而天下分。一失豪厘,其差远矣。太宗之初,威令所被,不满百里,卒有离心,士无固色,而能开诚心,布款实,莫不感恩服德,致命效死,故西摧北荡,宇内寨开。既而六军献捷,方隅束手,天子欲贾其馀威,师出无名,长淮以北,倏忽为戎。惜乎!若以向之虚怀,不骄不伐,则三叛奚为而起哉?高祖虮虱生介胄,经启疆场,后之子孙,日蹙百里。播获堂构,岂云易哉?

　　魏尉元以彭城兵荒之后,公私困竭,请发冀、相、济、兖四州粟,取张永所弃船九百艘,沿河运载,以赈新民。魏朝从之。
　　沈文秀、崔道固为土人所攻,遣使乞降于魏,且请

尉元命李璨与薛安都一起守彭城,自己率兵进攻张永,切断了张永的粮道,又在武原打败了王穆之。王穆之率领残部投奔张永,尉元又进攻他们。

三年(467)春季正月,张永等人丢下城池,连夜逃跑。正碰上天下大雪,泗水冰封,张永等人丢弃船只,徒步逃走,士卒冻死的有一大半,手脚指头冻断的十有七八。尉元在前面堵截,薛安都在后面追杀,在吕梁的东面大败张永等人,死者数以万计,尸体狼藉,前后长达六十多里,丢弃的军用物资、器械,更是数不胜数。张永的脚趾也冻断了,与沈攸之都仅仅免于一死。梁、南秦二州刺史垣恭祖等被北魏俘房。明帝听说后,召来蔡兴宗把战败的报告给他看,对他说:"我很惭愧,对不起您。"贬张永为左将军。免除沈攸之的官,让他以贞阳公的身份领现职,退驻淮阴。从此以后,宋便失去了淮北四州以及豫州的淮西部分等地区。

南朝梁裴子野评论说:从前齐桓公在葵丘之会时态度傲慢导致九国的背叛,曹公对张松没有礼貌而使天下分裂。一时小小的疏忽,造成的差错可大了。太宗即位初期,政令所能推行的地区,不满百里,而士卒有离散之心,士人的情绪也不稳定,但他能够开诚心,吐真言,所以人们没有不感恩服德、为他拼命效死的,因此他能西摧强敌,北扫叛贼,荡开宇内。不久,六军捷报频传,四方割据势力束手就擒,此时天子想要炫耀馀威,但是师出无名,致使长淮以北的土地,一下子被北戎占领。可惜呀!如果能像当初那样虚怀若谷,不骄不躁,不轻率讨伐,那么三个叛贼又怎么会起兵对抗呢?高祖创业时,甲胄上都生了虮虱,辛苦开辟疆域,后世子孙,每天都要减少百里之地。祖先开创基业,难道说是容易的吗?

北魏尉元因为彭城兵荒马乱以后,公私用度困竭,所以请求调发冀、相、济、兖四州的粮食,用张永所丢弃的船只九百艘,沿河运载,以救济新附之民,北魏同意了。

沈文秀、崔道固受到当地人攻击,派使者到北魏请降,并请

兵自救。

二月，魏西河公石自悬瓠引兵攻汝阴太守张超，不克。退屯陈项，议还长社，待秋击之。郑羲曰："张超蚁聚穷命，粮食已尽，不降当走，可翘足而待也。今弃之远去，超修城浚隍，积薪储谷，更来恐难图矣。"石不从，遂还长社。

初，寻阳既平，帝遣沈文秀弟文炳以诏书谕文秀，又遣辅国将军刘怀珍将马步三千人与文炳偕行。未至，值张永等败退，怀珍还镇山阳。文秀攻青州刺史明僧暠，帝使怀珍帅龙骧将军王广之将五百骑、步卒二千人浮海救之，至东海，僧暠已退保东莱。怀珍进据朐城，众心凶惧，欲且保郁洲，怀珍曰："文秀欲以青州归索虏，计齐之士民，安肯甘心左衽邪？今扬兵直前，宣布威德，诸城可飞书而下，奈何守此不进，自为沮挠乎？"遂进，至黔陬，文秀所署高密、平昌二郡太守弃城走。怀珍送致文炳，达朝廷意，文秀犹不降。百姓闻怀珍至，皆喜。文秀所署长广太守刘桃根将数千人戍不其城。怀珍军于洋水，众谓且宜坚壁伺隙，怀珍曰："今众少粮竭，悬军深入，正当以精兵速进，掩其不备耳。"乃遣王广之将百骑袭不其城，拔之。文秀闻诸城皆败，乃遣使请降，帝复以为青州刺史。崔道固亦请降，复以为冀州刺史。怀珍引还。

沈攸之之自彭城还也，留长水校尉王玄载守下邳，积射将军沈韶守宿豫，睢陵、淮阳皆留兵戍之。玄载，玄谟之从弟也。时东平太守申纂守无盐，幽州刺史刘休宾守梁邹，

派兵救助自己。

二月，北魏西河公拓跋石自悬瓠领兵进攻汝阴太守张超，没有取胜。于是退驻陈项，计议要撤回长社，等到秋季再进攻。郑羲说："张超是乌合之众，已经走投无路，粮食也用完了，不投降就会逃走，我们踮起脚尖就可以看到结果了。现在如果放弃战机远远离去，等张超加固城墙，疏浚壕沟，积蓄粮草，那时再来进攻，恐怕更难对付了。"拓跋石不听，于是返回长社。

当初，寻阳平定以后，明帝派沈文秀的弟弟沈文炳用诏书晓谕沈文秀，又派辅国将军刘怀珍率领马兵、步兵三千人与沈文炳同行。还没走到，正碰上张永等人败退，刘怀珍便退回山阳镇守。沈文秀进攻青州刺史明僧暠，明帝命刘怀珍率龙骧将军王广之率领骑兵五百人、步兵两千人渡海前往救援，到达东海郡时，明僧暠已退守东莱。刘怀珍进入朐城据守，军心不安，大家都想暂且守住郁洲，刘怀珍说："沈文秀打算将青州归附索虏，我想齐地的士民，又怎么肯心甘情愿成为衣襟左掩的夷狄之民呢？如今我们驱兵直前，宣扬皇帝的威德，各城只要送一封书信，便可收复，为什么要守在这里，不肯前进，自己阻挠自己呢？"于是前进到黔陬，沈文秀所任命的高密、平昌二郡太守弃城逃跑。刘怀珍把沈文炳送去，传达朝廷旨意，沈文秀仍然不降。百姓听说刘怀珍来了，都很高兴。沈文秀任命的长广太守刘桃根率领数千人守不其城。刘怀珍驻扎在洋水，大家都认为暂时应该加固营壁，等待战机，刘怀珍说："如今我们人少粮竭，孤军深入，只能够以精兵迅速前进，趁他们没有防备进行突袭。"于是派遣王广之率领一百多名骑兵袭击不其城，将其攻克。沈文秀听说各城都失败了，便派使者请求投降，明帝又任命他为青州刺史。崔道固也请求投降，又任命他为冀州刺史。刘怀珍于是撤了回来。

当沈攸之从彭城返回时，留下长水校尉王玄载守下邳，积射将军沈韶守宿豫，睢陵、淮阳都留兵屯守。王玄载是王玄谟的堂弟。当时，东平太守申纂守无盐，幽州刺史刘休宾守梁邹，

并州刺史清河房崇吉守升城，辅国将军清河张谠守团城，及兖州刺史王整、兰陵太守桓忻、肥城、糜沟、垣苗等戍皆不附于魏。休宾，乘民之兄子也。

魏遣平东将军长孙陵等将兵赴青州，征南大将军慕容白曜将骑五万为之继援。白曜，燕太祖之玄孙也。白曜至无盐，欲攻之，将佐皆以为攻具未备，不宜遽进。左司马范阳郦范曰："今轻军远袭，深入敌境，岂宜淹缓？且申纂必谓我军来速，不暇攻围，将不为备。今若出其不意，可一鼓而克。"白曜曰："司马策是也。"乃引兵伪退。申纂不复设备，白曜夜中部分，三月甲寅旦，攻城，食时，克之。纂走，追擒，杀之。白曜欲尽以无盐人为军赏，郦范曰："齐，形胜之地，宜远为经略。今王师始入其境，人心未洽，连城相望，咸有拒守之志，苟非以德信怀之，未易平也。"白曜曰："善！"皆免之。

白曜将攻肥城，郦范曰："肥城虽小，攻之引日。胜之不能益军势，不胜足以挫军威。彼见无盐之破，死伤涂地，不敢不惧。若飞书告谕，纵使不降，亦当逃散。"白曜从之，肥城果溃，获粟三十万斛。白曜谓范曰："此行得卿，三齐不足定也。"遂取垣苗、糜沟二戍。一旬中连拔四城，威震齐土。

房崇吉守升城，胜兵者不过七百人。慕容白曜筑长围以攻之，自二月至于夏四月，乃克之。白曜忿其不降，欲尽坑城中人，参军事昌黎韩麒麟谏曰："今勍敌在前而坑其民，自此以东，诸城人自为守，不可克也。师老粮尽，外寇

并州刺史清河人房崇吉守升城，辅国将军清河人张谠守团城，而兖州刺史王整、兰陵太守桓忻，以及肥城、糜沟、垣苗等地的守军，都不归附北魏。刘休宾是刘乘民的侄子。

北魏派遣平东将军长孙陵等人进兵青州，征南大将军慕容白曜率领五万骑兵做后援。慕容白曜是燕太祖的玄孙。慕容白曜到达无盐，就要攻城，将佐都以为攻城器具尚未完备，不宜马上进攻。左司马范阳人郦范说：“我们用轻装部队远途偷袭，深入敌境，怎么可以滞留呢？况且申纂一定认为我军来得太快，还来不及围攻，将不会防备。现在如果出其不意，可以一鼓作气攻下来。”慕容白曜说：“左司马的计策是对的。”于是率兵假装退却。申纂便不再部署防备，慕容白曜在半夜分别部署进攻，三月甲寅（初三）凌晨攻城，吃早饭时就打下来了。申纂逃走，被追上擒获杀了。慕容白曜想要把无盐作为战利品赏赐部下，郦范说：“齐国是形势险要的地方，应该有长远经营的计划。如今王师刚刚入境，人心尚未归顺，城池相连，互相观望，都有固守不降的想法，假如不用恩德和信任去安抚他们，是不容易平定的。”慕容白曜说：“好。”便全部赦免了百姓。

慕容白曜将攻肥城，郦范说：“肥城虽小，攻打它却很费时日。胜了它不能增加我们的军势，失败了却足以挫伤我们的军威。他们看到无盐的失败，死伤遍地，不会不感到恐惧。假如我们送去一信，向他们说明道理，晓以利害，他们纵使不投降，也会逃散的。”慕容白曜听从了，肥城果然溃散，获得粮食三十万斛。慕容白曜对郦范说：“这次出征得到您的帮助，三齐地区就容易平定了。”于是夺取垣苗、糜沟两处驻防地。十天之内连取四城，威震齐地。

房崇吉守升城，能拿兵器作战的士兵不过七百人。慕容白曜构筑长围攻击他，自从二月直到夏季四月才攻克。慕容白曜恼恨他们不投降，打算全部活埋城中人，参军事昌黎人韩麒麟劝谏说：“如今强敌在前却坑杀他们的百姓，那么从这里往东，各城都会人自为守，不能攻克了。部队在外太久，粮食吃尽，外面的贼寇

乘之,此危道也。"白曜乃慰抚其民,各使复业。崇吉脱身走。

崔道固闭门拒魏。沈文秀遣使迎降于魏,请兵援接,白曜欲遣兵赴之。郦范曰:"文秀室家坟墓皆在江南,拥兵数万,城固甲坚,强则拒战,屈则遁去。我师未逼其城,无朝夕之急,何所畏忌而遽求援军?且观其使者,视下而色愧,语烦而志怯,此必挟诈以诱我,不可从也。不若先取历城,克盘阳,下梁邹,平乐陵,然后案兵徐进,不患其不服也。"白曜曰:"崔道固等兵力单弱,不敢出战。吾通行无碍,直抵东阳,彼自知必亡,故望风求服,夫又何疑?"范曰:"历城兵多粮足,非朝夕可拔。文秀坐据东阳,为诸城根本。今多遣兵则无以攻历城,少遣兵则不足以制东阳。若进为文秀所拒,退为诸城所邀,腹背受敌,必无全理。愿更审计,无堕贼觳中。"白曜乃止。文秀果不降。

魏尉元上表称:"彭城贼之要藩,不有重兵积粟,则不可固守。若资储既广,虽刘彧师徒悉起,不敢窥淮北之地。"又言:"若贼向彭城,必由清、泗过宿豫,历下邳;趋青州,亦由下邳、沂水经东安,此数者,皆为贼用师之要。今若先定下邳,平宿豫,镇淮阳,戍东安,则青、冀诸镇可不攻而克。若四城不服,青、冀虽拔,百姓狼顾,犹怀侥倖之心。臣愚以为,宜释青、冀之师,先定东南之地,断刘彧北顾之意,绝愚民南望之心。夏水虽盛,无津途可由;冬路虽通,无高城可固。如此,则淮北自举,暂劳永逸。兵贵神速,久

乘机进攻，这可是危险之道。"慕容白曜于是抚慰那里的老百姓，让他们各自恢复正常的生业。房崇吉只身逃走。

崔道固关闭城门抵抗北魏。沈文秀派使者迎接北魏军，请求投降，并请求派兵去援救接应。慕容白曜打算派兵前去，郦范说："沈文秀的家室和祖坟都在江南，他拥兵数万，城池坚固，武器精良，强大时就抗拒迎战，衰弱时就逃走。我军并未直逼他的城池，他也没有危在旦夕，他有什么畏忌的，而要求派援军呢？况且我观察他的使者，眼睛往下看，不敢正视，脸色惭愧，语言繁琐，心中害怕，这肯定是心怀奸诈的计策来引诱我们上钩，不可轻信。不如先夺取历城，攻克盘阳，拿下梁邹，平定乐陵，然后按兵慢慢推进，不怕他们不屈服。"慕容白曜说："崔道固等人兵力单薄，不敢出战。我们可以通行无阻，直抵东阳。沈文秀自知会灭亡，所以望风求降，这又有什么怀疑的？"郦范说："历城兵多粮足，不是一下子可以攻克的。沈文秀坐守东阳，是各城的根本。如今派兵过多，就无法攻打历城，派兵太少，就不足以制服东阳。如果前进时被沈文秀抵住，后退就会遭到各城的拦截，那时腹背受敌，肯定没有保全的可能。希望您再慎重考虑，不要落入贼寇的圈套。"慕容白曜这才作罢，沈文秀果然不投降。

北魏尉元上表说："彭城是贼寇的重要基地，如果不驻扎重兵，不积存粮食，就不能固守。如果物资储备很丰富，那即使刘彧率领军队全部出动，也不敢窥伺淮北之地。"又说："如果贼寇进攻彭城，一定要经由清水、泗水穿过宿豫，经过下邳；进攻青州也要由下邳、沂水经过东安，这几个地方都是贼寇用兵的要地。现在如果先平定下邳，攻取宿豫，镇抚淮阳，驻守东安，那么青、冀等各节镇可以不攻而破。如果下邳等四城不服，那么青、冀二州虽被攻克，老百姓仍有后顾之忧，怀有侥幸之心。以臣下愚见，应该撤除青、冀二州的军队，首先平定东南之地，断绝刘彧北伐的念头，打消愚民盼望南方的心理。夏季雨水虽盛，却没有河道可走；冬季陆路虽通，却没有高大的城墙可以固守。这样一来，淮北就可以占领，而且可以一劳永逸。兵贵神速，时间长了

则生变。若天雨既降,彼或因水通,运粮益众,规为进取,恐近淮之民翻然改图,青、冀二州猝未可拔也。"

五月,沈攸之自送运米至下邳,魏人遣清、泗间人诈攸之云:"薛安都欲降,求军迎接。"军副吴喜请遣千人赴之,攸之不许。既而来者益多,喜固请不已,攸之乃集来者告之曰:"君诸人既有诚心,若能与薛徐州子弟俱来者,皆即假君以本乡县,唯意所欲。如其不尔,无为空劳往还。"自是一去不返。攸之使军主彭城陈显达将千人助戍下邳而还。薛安都子伯令亡命梁、雍之间,聚党数千人,攻陷郡县。秋七月,雍州刺史巴陵王休若遣南阳太守张敬儿等击斩之。

上复遣中领军沈攸之等击彭城。攸之以为清、泗方涸,粮运不继,固执以为不可。使者七返,上怒,强遣之。八月壬寅,以攸之行南兖州刺史,将兵北出。使行徐州事萧道成将千人镇淮阴。

魏之入彭城也,垣崇祖将部曲奔朐山,据之,遣使来降,萧道成以为朐山戍主。朐山滨海孤绝,人情未安,崇祖浮舟水侧,欲有急则逃入海。魏东徐州刺史成固公成圂城,崇祖部将有罪,亡降魏。成固公遣步骑二万袭朐山,去城二十里。崇祖方出送客,城中人惊惧,皆下船欲去,崇祖还,谓腹心曰:"虏非有宿谋,承叛者之言而来耳,易诳也。今得百馀人还,事必济矣。但人情一骇,不可敛集,卿等可亟去此二里外,大呼而来云:'艾塘义人已得破虏,须戍军速往,

就会发生变故。如果进入雨季,他们就会利用水道的畅通,用来运送粮草,增派军队,规划进取,那时恐怕靠近淮河的百姓会突然改变主意,青、冀二州仓促之间也不容易攻下了。"

五月,沈攸之亲自运米来到下邳,北魏派遣清水、泗水一带的人去欺骗沈攸之,说:"薛安都要投降,请求派兵迎接。"军副吴喜请求派一千人去,沈攸之不同意。接着来的人越发多了,吴喜再三请求,沈攸之便召集来的人告诉他们说:"各位既有诚心,如果有能够与薛徐州的子弟一同来的人,我就代表皇上命你为本县县令,满足你们的意愿。如果不能这样做,那就不必空手跑来跑去了。"自此以后,那些人便一去不复返了。沈攸之派军主彭城人陈显达率领一千人帮助驻守下邳,然后自己返回镇治。薛安都的儿子薛伯令逃亡在梁、雍二州之间,聚集党羽数千人,攻陷郡县。秋季七月,雍州刺史巴陵王刘休若派南阳太守张敬兒等击杀了他。

明帝又派中领军沈攸之等进攻彭城。沈攸之以为清水、泗水现正干涸,粮草运输供应不上,坚持认为不行。使者往返了七次,明帝大怒,强迫派他去。八月壬寅(二十三日),任命沈攸之为代理南兖州刺史,率兵北击,让代理徐州刺史事的萧道成率兵千人镇守淮阴。

当北魏军进入彭城时,垣崇祖率领部属奔胊山,并占据了它,派使者请求投降,萧道成任命他为胊山戍主。胊山紧靠大海,孤立隔绝,人心不安,垣崇祖把船集中到海边,打算一有危急就逃入海中。北魏东徐州刺史成固公驻守团城,垣崇祖的部将有罪逃亡,投降北魏。成固公派步兵、骑兵两万袭击胊山,离城有二十里。垣崇祖正出来送客,城中人很惊慌恐惧,都下船要走,垣崇祖回来,对他的心腹说:"胡虏并不是有计划的行动,不过是听了叛贼的报告而临时发兵,所以容易欺骗。如今只要有一百多人回来,事情就可以成功。只是人心一受惊吓,就很难收拢,你们可以赶紧跑到二里以外,大声呼喊着奔回来,说:'艾塘义民已经打败了胡虏,等待着戍主赶快去,

相助逐之。'"舟中人果喜,争上岸。崇祖引入,据城。遣赢弱入岛,人持两炬火,登山鼓噪。魏参骑以为军备甚盛,乃退。上以崇祖为北琅邪、兰陵二郡太守。

垣荣祖亦自彭城奔朐山,以奉使不效,畏罪不敢出,往依萧道成于淮阴。

魏尉元遣孔伯恭帅步骑一万拒沈攸之,又以攸之前败所丧士卒瘃堕膝行者悉还攸之,以沮其气。上寻悔遣攸之等,复召使还。攸之至焦墟,去下邳五十馀里,陈显达引兵迎攸之至睢清口,伯恭击破之。攸之引兵退,伯恭追击之,攸之大败,龙骧将军姜彦之等战没。攸之创重,入保显达营。丁酉夜,众溃,攸之轻骑南走,委弃军资器械以万计,还屯淮阴。

尉元以书谕徐州刺史王玄载,玄载弃下邳走,魏以陇西辛绍先为下邳太守。绍先不尚苛察,务举大纲,教民治生御寇而已,由是下邳安之。

孔伯恭进攻宿豫,宿豫戍将鲁僧遵亦弃城走。魏将孔太恒等将千骑南攻淮阳,淮阳太守崔武仲焚城走。

慕容白曜进屯瑕丘。崔道固之未降也,绥边将军房法寿为王玄邈司马,屡破道固军,历城人畏之。及道固降,皆罢兵。道固畏法寿扇动百姓,迫遣法寿使还建康。会从弟崇吉自升城来,以母妻为魏所获,谋于法寿。法寿雅不欲南行,怨道固迫之。时道固遣兼治中房灵宾督清河、广川二郡事,戍磐阳,法寿乃与崇吉谋袭磐阳,据之,降于慕容白曜,以赎崇吉母妻。道固遣兵攻之,白曜自瑕丘遣将军

帮助他们追击敌人。'"坐在船里的人果然高兴,争着上岸。垣崇祖领他们回来,据守城池。而把老弱者送到海岛,每人拿两支火把,登上高山,擂鼓、呐喊。北魏参骑以为朐山的守备力量甚强,于是撤退。明帝任命垣崇祖为北琅邪、兰陵二郡太守。

垣荣祖也从彭城逃奔朐山,因为奉命游说薛安都无效,所以畏罪不敢露面,后来去淮阴投靠萧道成。

北魏尉元派孔伯恭率领步兵、骑兵一万人去抵抗沈攸之,又把沈攸之上次失败时所丧失的那些双脚冻烂、只能用膝盖爬行的士兵全部送还沈攸之,用以打击他的士气。明帝不久后悔派遣沈攸之等人,又召他们回来。沈攸之到达焦墟,离开下邳五十多里,陈显达率军迎接沈攸之到达睢清口,孔伯恭击败了他。沈攸之领兵退回,孔伯恭追击他们,沈攸之大败,龙骧将军姜彦之等人战死。沈攸之也身负重伤,逃入陈显达的营垒以求保护。丁酉(十八日)夜间,兵众溃散,沈攸之轻骑南逃,丢弃军用物资、器械数以万计,只好返回淮阴驻扎。

尉元写信晓谕徐州刺史王玄载,王玄载于是放弃下邳逃走,北魏任命陇西人辛绍先为下邳太守。辛绍先为政反对繁琐苛刻,只抓大纲,教老百姓搞生产、防御贼寇而已,因此下邳人安居乐业。

孔伯恭进攻宿豫,宿豫守将鲁僧遵也弃城逃跑。魏将孔太恒率领一千多骑兵向南进攻淮阳,淮阳太守崔武仲放火烧城后逃走。

慕容白曜进驻瑕丘。崔道固还未投降时,绥边将军房法寿做王玄邈的司马,屡次打败崔道固的军队,历城人都害怕他。等到崔道固投降后,双方都罢兵息战。但崔道固害怕房法寿煽动百姓,所以强行派遣房法寿返回建康。正碰上房法寿的堂弟房崇吉从升城逃回来,由于母亲和妻子被北魏俘虏,和房法寿商量对策。房法寿向来不愿到南方去,埋怨崔道固强迫他走。当时崔道固派遣兼治中房灵宾督理清河、广川二郡事,驻守磐阳,房法寿于是与房崇吉谋画袭击磐阳,占领了它,并向慕容白曜投降,以赎回房崇吉的母亲和妻子。崔道固派兵进攻他,慕容白曜从瑕丘派将军

长孙观救磐阳,道固兵退。白曜表冠军将军韩麒麟与法寿对为冀州刺史,以法寿从弟灵民、思顺、灵悦、伯怜、伯玉、叔玉、思安、幼安等八人皆为郡守。

白曜自瑕丘引兵攻崔道固于历城,遣平东将军长孙陵等攻沈文秀于东阳。道固拒守不降,白曜筑长围守之。陵等至东阳,文秀请降。陵等入其西郭,纵士卒暴掠。文秀悔怒,闭城拒守,击陵等,破之。陵等退屯清西,屡进攻城,不克。

冬十一月乙卯,分徐州置东徐州,以辅国将军张谠为刺史。十二月庚戌,以幽州刺史刘休宾为兖州刺史。休宾之妻,崔邪利之女也,生子文晔,与邪利皆没于魏。慕容白曜将其妻子至梁邹城下示之,休宾密遣主簿尹文达至历城见白曜,且视其妻子。休宾欲降,而兄子闻慰不可。白曜使人至城下呼曰:"刘休宾数遣人来见仆射约降,何故违期不至?"由是城中皆知之,共禁制休宾不得降,魏兵围之。

魏西河公石复攻汝阴,汝阴有备,无功而还。常珍奇虽降于魏,实怀贰心,刘勔复以书招之。会西河公石攻汝阴,珍奇乘虚烧劫悬瓠,驱掠上蔡、安成、平舆三县民,屯于灌水。

四年春正月,魏汝阳司马赵怀仁帅众寇武津,豫州刺史刘勔遣龙骧将军申元德击破之,又斩魏于都公阏于拔于汝阳台东,获运车千三百乘。魏复寇义阳,勔使司徒参军孙台瓘击破之。

淮西民贾元友上书,陈伐魏取陈、蔡之策,上以其书示刘勔。勔上言:"元友称'虏主幼弱,内外多难,天亡有期'。

长孙观救援磐阳，崔道固的军队撤退。慕容白曜表奏冠军将军韩麒麟与房法寿为冀州刺史，任命房法寿的堂弟房灵民、房思顺、房灵悦、房伯怜、房伯玉、房叔玉、房思安、房幼安等八人都为郡守。

慕容白曜从瑕丘领兵进攻历城的崔道固，派平东将军长孙陵等人向东阳进攻沈文秀。崔道固坚决抵抗，不投降，慕容白曜筑长围困守住他。长孙陵等人到达东阳，沈文秀请求投降。但长孙陵等人进入东阳城西郭时，放纵士兵残暴地抢掠。沈文秀后悔、愤怒，关闭城门，抵御敌人，进攻长孙陵等人，打败了他。长孙陵退驻清河以西，屡次进攻东阳城，都不能够攻克。

冬季十一月乙卯（初八），宋分出徐州一部分设置东徐州，任命辅国将军张谠为刺史。十二月庚戌这天，任命幽州刺史刘休宾为兖州刺史。刘休宾的妻子是崔邪利的女儿，生子刘文晔，与崔邪利都被北魏俘虏。慕容白曜带着他的妻子、儿子到梁邹城下给他看，刘休宾秘密派遣主簿尹文达到历城见慕容白曜，并探望他的妻儿。刘休宾打算投降，可他侄子刘闻慰不同意。慕容白曜派人到城下叫道："刘休宾多次派人来见仆射要投降，为什么过了约定时间还不来？"因此城中的人都知道了，一起禁止、制住刘休宾，使他无法投降，北魏兵于是包围了城池。

北魏西河公拓跋石再次进攻汝阴，汝阴早有防备，他无功而回。常珍奇虽然投降北魏，实际上怀有贰心，刘勔又写信招降他。正逢西河公拓跋石进攻汝阴，常珍奇便乘虚烧毁悬瓠城，劫掠百姓，并驱逐掳掠上蔡、安成、平舆三县百姓，屯驻灌水。

四年（468）春季正月，北魏汝阳司马赵怀仁率兵侵略武津，豫州刺史刘勔派龙骧将军申元德打败了他，又在汝阳台东斩杀了北魏于都公阗于拔，缴获运输车一千三百辆。北魏又入寇义阳，刘勔派司徒参军孙台瓘打败了他们。

淮西百姓贾元友上书明帝，陈述讨伐魏、夺取陈、蔡的策略，明帝把他的书奏拿给刘勔看。刘勔上言说："贾元友声称'索虏君主幼弱，内外交困，上天灭亡它的日子为期不远'。

臣以为虏自去冬蹈藉王土,磐据数郡,百姓残亡。今春以来,连城围逼,国家未能复境,何暇灭虏?元友所陈,率多夸诞狂谋,皆非事实,言之甚易,行之甚难。臣窃寻元嘉以来,伧荒远人,多干国议,负担归阙,皆劝讨虏,从来信纳,皆贻后悔。境上之人,唯视强弱:王师至彼,必壶浆候涂。裁见退军,便抄截蜂起。此前后所见,明验非一也。"上乃止。

魏尉元遣使说东徐州刺史张谠,谠以团城降魏。魏以中书侍郎高闾与谠对为东徐州刺史,李璨与毕众敬对为东兖州刺史。元又说兖州刺史王整、兰陵太守桓忻,整、忻皆降于魏。魏以元为开府仪同三司、都督徐南北兖三州诸军事、徐州刺史,镇彭城。召薛安都、毕众敬入朝,至平城,魏以上客待之,群从皆封侯,赐第宅,资给甚厚。

慕容白曜围历城经年,二月庚寅,拔其东郭;癸巳,崔道固面缚出降。白曜遣道固之子景业与刘文晔同至梁邹,刘休宾亦出降。白曜送道固、休宾及其僚属于平城。

辛丑,以前龙骧将军常珍奇为都督司北豫二州诸军事、司州刺史。魏西河公石攻之,珍奇单骑奔寿阳。

三月,魏慕容白曜进围东阳。
上以崔道固兄子僧祐为辅国将军,将兵数千从海道救历城。至不其,闻历城已没,遂降于魏。

夏四月,刘勔败魏兵于许昌。
秋七月,上以沈文秀之弟征北中兵参军文静为辅国将军,统高密等五郡军事,自海道救东阳。至不其城,

臣下以为索虏自去年冬天蹂躏王土,盘踞数郡,百姓大量伤亡。今春以来,城镇连续被围困、逼迫,国家尚未恢复原境,哪里顾得上消灭索虏?贾元友所陈述的意见,大多是夸大荒谬的狂妄想法,都不符合事实,说起来很容易,实行起来很难。臣私下考察自元嘉年代以来,微贱僻陋的远民多议国政,挑担归朝的贫夫都鼓励讨伐索虏,而我们一向都相信、采纳,结果都是留下后悔。边境上的人,只看人的强弱,王师到达那里,一定送茶送饭,等在路旁;才看到撤军,就群起包抄截劫。这是大家过去和现在都看到的,受到事实验证不只一次了。"明帝才作罢。

北魏尉元派使者劝说东徐州刺史张谠,张谠以团城为献投降北魏,北魏任命中书侍郎高闾与张谠一起做东徐州刺史,李璨与毕众敬一起做东兖州刺史。尉元又劝说兖州刺史王整、兰陵太守桓忻,王整、桓忻都投降北魏。北魏任命尉元为开府仪同三司,都督徐、南北兖三州诸军事、徐州刺史,镇守彭城。召薛安都、毕众敬入朝,到达平城时,北魏以上宾之礼接待他们,两人的侍从都封侯,赐给宅第,待遇相当优厚。

慕容白曜围攻历城已经一年,二月庚寅(十四日),攻陷东门外城;癸巳(十七日),崔道固自己反绑双臂出城投降。慕容白曜派崔道固的儿子崔景业与刘文晔一同到梁邹,刘休宾也出城投降。慕容白曜送崔道固、刘休宾及他们的僚属到平城。

辛丑(二十五日),宋任命前任龙骧将军常珍奇为都督司、北豫二州诸军事,司州刺史。北魏西河公拓跋石进攻他,常珍奇单骑逃奔寿阳。

三月,北魏慕容白曜进围东阳。

明帝任命崔道固的侄子崔僧祐为辅国将军,率兵数千人由海道救援历城。崔僧祐到达不其时,听说历城已沦陷,就投降了北魏。

夏季四月,刘勔在许昌打败魏兵。

秋季七月,明帝任沈文秀之弟征北中兵参军沈文静为辅国将军,统掌高密等五郡军事,从海道救东阳。沈文静到达不其城时,

为魏所断,因保城自固。魏人攻之,不克。辛卯,分青州置东青州,以文静为刺史。冬十月,发诸州兵北伐。十二月,魏人拔不其城,杀沈文静,入东阳西郭。

五年,沈文秀守东阳,魏人围之三年,外无救援,士卒昼夜拒战,甲胄生虮虱,无离叛之志。春正月乙丑,魏人拔东阳,文秀解戎服,正衣冠,取所持节坐斋内。魏兵交至,问:"沈文秀何在?"文秀厉声曰:"身是!"魏人执之,去其衣,缚送慕容白曜,使之拜,文秀曰:"各两国大臣,何拜之有?"白曜还其衣,为之设馔,锁送平城。魏主数其罪而宥之,待为下客,给恶衣、疏食。既而重其不屈,稍嘉礼之,拜外都下大夫。于是青、冀之地尽入于魏矣。

二月己卯,魏以慕容白曜为都督青齐东徐三州诸军事、征南大将军、开府仪同三司、青州刺史,进爵济南王。白曜抚御有方,东人安之。

魏自天安以来,比岁旱饥,重以青、徐用兵,山东之民疲于赋役。显祖命因民贫富为三等输租之法,等为三品:上三品输平城,中输他州,下输本州。又,魏旧制,常赋之外,有杂调十五,至是悉罢之,由是民稍赡给。

夏五月,魏徙青、齐民于平城,置升城、历城民望于桑乾,立平齐郡以居之。自馀悉为奴婢,分赐百官。

魏沙门统昙曜奏:"平齐户及诸民有能岁输谷六十斛入僧曹者,即为僧祇户,粟为僧祇粟,遇凶岁,赈给饥民。"又请:

被北魏截断去路,于是保住该城自己固守。北魏人进攻他,没能取胜。辛卯(十八日),分出青州一部分设置东青州,任命沈文静为刺史。冬季十月,征发各州军队北伐。十二月,北魏人攻下不其城,杀了沈文静,进入东阳城的西边外城。

五年(469),沈文秀坚守东阳,北魏人围了他三年,外无救援,士卒昼夜抗战,甲胄上都生了虮虱,尚无离叛之心。春季正月乙丑(二十四日),北魏攻陷东阳,沈文秀解下军服,整顿衣冠,手拿明帝颁发的符节坐在书斋内。北魏兵先后涌到,问道:"沈文秀在哪里?"沈文秀大声说:"本人就是!"北魏人抓住他,去掉他的衣服,缚送给慕容白曜,要他下拜,沈文秀说:"我们各自都是两国大臣,为什么要我下拜?"慕容白曜还给他衣服,替他准备了饭菜,戴上枷锁送他到平城。魏主数列他的罪过后宽赦了他,但待为下客,只给他穿粗衣,吃蔬食。后来又敬重他不屈的气节,渐渐礼敬他,任命他为外都下大夫。于是青、冀之地全部归属北魏了。

二月乙卯(初九),北魏任命慕容白曜为都督青、齐、东徐三州诸军事、征南大将军、开府仪同三司、青州刺史,进爵济南王。慕容白曜抚慰有方,东方人都安于他的统治。

北魏自天安年间以来,连年发生旱灾、饥荒,再加上青、徐地区用兵,山东的老百姓赋役负担非常沉重。显祖命令根据百姓的贫富制定分三等交纳租税的办法,每一等又分三品:上三品交送到平城,中三品交送到其他州,下三品交送到本州。又北魏旧制,在常赋之外,有杂调十五种,到这时全部废除,从此老百姓渐渐可以自给了。

夏季五月,北魏迁徙青州、齐州的百姓到平城,在桑乾河流域设置升城、历城、民望,设立平齐郡让他们居住。其馀的都做奴婢,分赐给百官。

北魏沙门统昙曜上奏魏主说:"平齐郡的民众以及其他百姓,如果有能够每年送谷六十斛给僧曹的,即为僧祇户,粮食也就是僧祇粮,遇到荒年,就把这些拿来救济饥民。"又请求:

"民犯重罪及官奴,以为佛图户,以供诸寺洒扫。"魏主并许之。于是僧祇户、粟及寺户遍于州镇矣。

"老百姓犯有重罪的以及官奴，让他们做佛图户，以供各寺庙洒扫之用。"魏主全都答应了，于是僧祇户、粟及寺户就遍及各个州镇了。

萧道成篡宋

宋明帝泰始三年秋八月,以征北司马行南徐州事萧道成镇淮阴。道成收养豪俊,宾客始盛。垣崇祖奔朐山,道成以为戍主,垣荣祖亦奔朐山,往依道成于淮阴。刘僧副避魏居海岛,道成亦召而抚之。

四年秋七月庚申,以萧道成为南兖州刺史。

先是,中书侍郎、舍人皆以名流为之,太祖始用寒士秋当,世祖犹杂选士庶,巢尚之、戴法兴皆用事。及上即位,尽用左右细人,游击将军阮佃夫、中书通事舍人王道隆、员外散骑侍郎杨运长等,并参预政事,权亚人主,巢、戴所不及也。佃夫尤恣横,人有顺迕,祸福立至。大纳货赂,所饷减二百匹绢,则不报书。园宅饮馔,过于诸王。妓乐服饰,宫掖不如也。朝士贵贱,莫不自结。仆隶皆不次除官,捉车人至虎贲中郎将,马士至员外郎。

六年,南兖州刺史萧道成在军中久,民间或言:“道成有异相,当为天子。”上疑之,征为黄门侍郎、越骑

萧道成篡宋

宋明帝泰始三年（467）秋季八月，宋任命征北司马行南徐州事萧道成镇守淮阴。这时萧道成收养豪杰之士，宾客开始多了起来。垣崇祖逃奔到朐山时，萧道成便任命他作为自己的戍主。垣荣祖也逃奔朐山，后来又到淮阴依附萧道成。刘僧副为了逃避北魏而住到海岛上，萧道成也把他召来，加以安抚。

四年（468）秋季七月庚申（十六日），宋任命萧道成为南兖州刺史。

在此之前，中书侍郎、中书舍人都以社会名流担任，到宋太祖才开始任用寒士秋当，世祖时仍然杂选名士和庶族，如巢尚之、戴法兴都曾执掌大权。到明帝即位，全用侍从小民，游击将军阮佃夫、中书通事舍人王道隆、员外散骑侍郎杨运长等人都参与政事，权力可匹人主，这是巢尚之、戴法兴他们所不及的。阮佃夫尤其骄恣横暴，有人如果顺从他，立刻受福；如果违逆他，则立刻遭祸。又大肆收受贿赂，送给他的礼物如果少于两百匹绢，就不给回信。他的园苑住宅以及饮食等，豪华程度超过了各位亲王。歌妓乐工、服饰用具，就是宫廷里也不如他。朝士无论贵贱，没有不结好他的。他的奴仆授官，都不依先后次序，以至于他的车夫当了虎贲中郎将，马夫也能官至员外郎。

六年（470），南兖州刺史萧道成在军中任职很久，民间有人传言："萧道成有异相，当为天子。"明帝疑忌他，召他回京任黄门侍郎、越骑

校尉。道成惧,不欲内迁,而无计得留。冠军参军广陵荀伯玉劝道成遣数十骑入魏境,安置标榜,魏果遣游骑数百履行境上。道成以闻,上使道成复本任。秋九月,命道成迁镇淮阴。

七年。初,上为诸王,宽和有令誉,独为世祖所亲。即位之初,义嘉之党多蒙全宥,随才引用,有如旧臣。及晚年,更猜忌忍虐,好鬼神,多忌讳,言语、文书,有祸败、凶丧及疑似之言应回避者数百千品,有则必加罪戮。改"骁"字为"弧",以其似祸字故也。左右忤意,往往有刳斫者。时淮、泗用兵,府藏空竭,内外百官,并断俸禄。而上奢费过度,每所造器用,必为正御、副御、次副各三十枚。嬖倖用事,货赂公行。

上素无子,密取诸王姬有孕者内宫中,生男则杀其母,使宠姬子之。至是寝疾,以太子幼弱,深忌诸弟。南徐州刺史晋平剌王休祐,前镇江陵,贪虐无度,上不使之镇,留之建康,遣上佐行府州事。休祐性刚很,前后忤上非一,上积不能平。且虑将来难制,欲方便除之。春二月甲寅,休祐从上于岩山射雉,左右从者并在仗后。日欲暗,上遣左右寿寂之等数人,逼休祐令坠马,因共殴,拉杀之,传呼:"骠骑落马!"上阳惊,遣御医络驿就视,比其左右至,休祐已绝,去车轮,舆还第。追赠司空,葬之如礼。

校尉。萧道成害怕，不想内迁，但又没有办法得以留下。冠军参军广陵人荀伯玉劝萧道成派数十名骑兵，深入北魏国境，张贴布告，号召起义，北魏果然派出流动骑兵数百人沿边境巡逻。萧道成把这个异常情况报告朝廷，明帝便让萧道成恢复了原职。秋季九月，命萧道成迁镇淮阴。

七年（471）。当初，明帝还在做藩王时，性情宽厚平和，有良好的声誉，各位藩王只有他受到世祖的亲爱。即位的初期，义嘉政权的馀党也大多受到他的宽宥、保全，而且根据他们的才能选用，就像对待旧臣一样。到了晚年，反而更加猜忌、残忍、暴虐，喜好鬼神，有很多忌讳，在言语、文书中有关祸败、凶丧以及与此疑似的语言文字应该回避的有数百上千条，如有触犯，一定要加以惩罚和诛杀。改"骟"字为"骓"，是因为它像"祸"字的缘故。左右如果冒犯了他的禁忌，常常有被开膛破肚、砍断手脚的。当时淮河、泗水一带正在打仗，府库空虚，朝廷内外百官，全都断了俸禄。但是明帝却过度奢侈浪费，每次制造器物用具，一定要按正御、副御和次副的规格各造三十件。嬖臣、亲信掌权，贿赂公开流行。

明帝一向无子，秘密地把那些怀有身孕的王姬接到宫中，生了男孩就杀了他的母亲，让自己的宠姬认他做儿子。到这时身患重病，因太子幼弱，所以疑忌自己的弟弟们。南徐州刺史晋平刺王刘休祐以前镇守江陵时，贪污暴虐，无法无天，明帝不许他去节镇，留在建康，而派原来的僚属代行府州事。刘休祐性情暴烈，前后冒犯明帝不只一次，明帝积怨在胸，难以忍受，又考虑到将来难以制服他，想找个有利的机会除掉他。春季二月甲寅（二十六日），刘休祐跟随明帝在岩山射野鸡，左右侍从都在车仗后面。天快黑时，明帝派寿寂之等几个人逼迫刘休祐，使他从马背上掉下来，大家趁机一顿乱打，将他拉杀，然后大声呼叫说："骠骑将军从马背上掉下来啦！"明帝假装惊慌，连忙派遣御医络绎不绝地来诊视，等到刘休祐的左右侍从赶到时，刘休祐已断气了，于是去掉车轮，用车子作担架将他抬回府第。然后追赠他为司空，按应有的丧礼安葬。

　　建康民间讹言,荆州刺史巴陵王休若有至贵之相,上以此言报之,休若忧惧。戊午,以休若代休祐为南徐州刺史。休若腹心将佐,皆谓休若还朝,必不免祸,中兵参军京兆王敬先说休若曰:“今主上弥留,政成省阁,群竖恟恟,欲悉去宗支以便其私。殿下声著海内,受诏入朝,必往而不返。荆州带甲十馀万,地方数千里,上可以匡天子,除奸臣,下可以保境土,全一身。孰与赐剑邸第,使臣妾饮泣而不敢葬乎?”休若素谨畏,伪许之。敬先出,使人执之,以白于上而诛之。

　　晋平剌王既死,建安王休仁益不自安。上与嬖臣杨运长等为身后之计,运长等亦虑上晏驾后,休仁秉政,己辈不得专权,弥赞成之。上疾尝暴甚,内外莫不属意于休仁,主书以下皆往东府访休仁所亲信,豫自结纳。其或在直不得出者,皆恐惧。上闻,愈恶之。五月戊午,召休仁入见,既而谓曰:“今夕停尚书下省宿,明可早来。”其夜,遣人赍药赐死。休仁骂曰:“上得天下,谁之力邪?孝武以诛锄兄弟,子孙灭绝。今复为尔,宋祚其得久乎?”上虑有变,力疾乘舆出端门,休仁死,乃入。下诏称:“休仁规结禁兵,谋为乱逆,朕未忍明法,申诏诘厉。休仁惭恩惧罪,遽自引决。可宥其二子,降为始安县王,听其子伯融袭封。”上虑人情不悦,乃与诸大臣及方镇诏,称:“休仁与休祐深相亲结,语休祐云:‘汝但作佞,此法自足安身,我从来颇得此力。’

建康民间讹传说:"荆州刺史巴陵王刘休若有至贵之相。"明帝把这些话告诉他,刘休若忧虑恐惧。戊午(三十日),以刘休若代替刘休祐为南徐州刺史。刘休若的心腹将佐都认为,刘休若如果回朝,就必定不能免除大祸,中兵参军京兆人王敬先劝说刘休若道:"如今主上处在弥留之际,政策由省阁决定,小人们纷纷骚动起来,打算把皇室宗支全部铲除,以满足他们的私欲。殿下声威闻名海内,如果受诏入朝,一定有去无回。荆州带甲将士十多万,土地方圆数千里,上可以辅佐天子,除去奸臣,下可以守住境土,保全自身性命。这与赐剑到你的宅第,逼你自杀,使你的臣妾饮泣吞声而不敢安葬你相比,哪种情况好些呢?"刘休若一向谨惧,于是假装答应。但等王敬先一出府,就立刻派人把他抓起来,将他的话报告给明帝,并将他处死。

　　晋平刺王被害死之后,建安王刘休仁更加恐惧不安。明帝与嬖臣杨运长等商议身后大计,杨运长等人也担心明帝死后,刘休仁执政,他们那些人不能专权,所以更加赞成明帝的意见。明帝的病曾一度特别严重,朝廷内外百官都希望刘休仁能执掌朝政,主书以下的官员,都到东府去拜访刘休仁的亲信,预先进行结交。有些正在值宿而不能出来的将官,都很恐惧。明帝听到了,更加讨厌他。五月戊午(初一),召刘休仁入宫朝见,接着又对他说:"今晚你就留在尚书下省住下,明天早点来。"当天夜里,派人送去毒药赐他自杀。刘休仁骂道:"皇上得到天下是靠谁的力量呢? 孝武帝就是因为诛杀兄弟,以至子孙灭绝。现在又这样搞,宋的国祚又怎么能长久呢?"明帝担心发生变故,于是带病勉强坚持坐车出端门坐镇,直到刘休仁死了,才进宫去。然后下诏说:"刘休仁暗中结交禁兵,阴谋叛乱,我不忍心明正法典,而只下诏严厉斥责,刘休仁愧对皇恩,畏惧罪责,于是服毒自尽。可以宽恕他的两个儿子,降为始安县王,允许他的儿子刘伯融沿袭封爵。"明帝又担心引起公愤,于是下诏给各位大臣及各地方长官,宣称说:"刘休仁与刘休祐长期暗中结纳,他对刘休祐说:'你只管奉承皇上,这法子足以安身,我一向很得益于这种办法。'

休祐之隙，本欲为民除患，而休仁从此日生娆惧。吾每呼令入省，便入辞杨太妃。吾春中多与之射雉，或阴雨不出，休仁辄语左右云：'我已复得今一日。'休仁既经南讨，与宿卫将帅经习狎共事。吾前者积日失适，休仁出入殿省，无不和颜，厚相抚劳。如其意趣，人莫能测。事不获已，反覆思惟，不得不有近日处分。恐当不必即解，故相报知。"上与休仁素厚，虽杀之，每谓人曰："我与建安年时相邻，少便款狎。景和、泰始之间，勋诚实重。事计交切，不得不相除，痛念之至，不能自已。"因流涕不自胜。

初，上在藩与褚渊以风素相善。及即位，深相委仗。上寝疾，渊为吴郡太守，急召之。既至，入见，上流涕曰："吾近危笃，故召卿，欲使著黄裲耳。"黄裲者，乳母服也。上与渊谋诛建安王休仁，渊以为不可，上怒曰："卿痴人，不足与计事！"渊惧而从命。复以渊为吏部尚书。庚午，以尚书右仆射袁粲为尚书令，褚渊为左仆射。

丙戌，追废晋平王休祐为庶人。

巴陵王休若至京口，闻建安王死，益惧。上以休若和厚，能谐缉物情，恐将来倾夺幼主，欲遣使杀之，虑不奉诏；欲征入朝，又恐猜骇。六月丁酉，以江州刺史桂阳王休范为南徐州刺史，以休若为江州刺史。手书殷勤，召休若使赴七月七日宴。

刘休祐之死，本想要为民除害，然而刘休仁却从此一天天产生烦扰、恐惧的心情。我每次叫他进宫，他便进去向杨太妃告别。我在春天经常与他一起打野鸡，有时阴天下雨，不能外出，刘休仁总是对左右说：'我今天又多活了一日。'刘休仁既然曾经南下讨敌，所以与禁卫军的将帅经常在一起共事，感情融洽、亲密无间。我前些日子好多天身体不适，刘休仁出入殿省，每次我没有不对他和颜悦色、好好地安抚慰劳的。就像他目前的用意和旨趣，没有哪一个可以猜测出来。事情出于不得已，我经过反复思考，不得不有近日的这项安排处置。恐怕你们不一定能了解内情，故此向你们通报告知。"明帝与刘休仁一向友情深厚，虽然杀了他，但常对别人说："我与建安王年纪差不多，幼年时就在一起玩耍嬉戏。景和、泰始年间，他的功劳确实很大，然而事关大计，交情就切断了，不得不除掉他，悲痛想念之至，不能控制自己。"说着便泪流满面，悲不自胜。

当初，明帝在藩府时，因为赏识褚渊的风度而与他的关系一向很好。及至即位，便特别重用和倚仗他。明帝病重时，褚渊担任吴郡太守，于是急忙召他入京。褚渊到京师以后，入宫进见，明帝流着眼泪说："我如今病重，所以召你来，要你穿黄袍上衣辅佐太子。"所谓"黄袍"，就是乳母的衣服。明帝与褚渊谋划杀害建安王刘休仁，褚渊以为不可，明帝发怒道："你是个书呆子，不能够和你计议国家大事！"褚渊害怕，只好从命。又任命褚渊为吏部尚书。庚午（十三日），任命尚书右仆射袁粲为尚书令，褚渊为尚书左仆射。

丙戌（二十九日），追废晋平王刘休祐为庶人。

巴陵王刘休若到达京口，听说建安王死了，更加害怕。明帝因为刘休若性情温和，为人宽厚，能使众人的心意协调一致，恐怕将来会争夺幼主的帝位，打算派遣使者去杀他，又恐怕他不奉诏；想要征召他入朝，又恐怕他猜疑惊惧。六月丁酉（初十），任命江州刺史桂阳王刘休范为徐州刺史，任命刘休若为江州刺史。并亲笔写信，情深意切，召刘休若，要他赴七月七日的宴会。

秋七月,巴陵哀王休若至建康。乙丑,赐死于第,赠侍中、司空。复以桂阳王休范为江州刺史。时上诸弟俱尽,唯休范以人才凡劣,不为上所忌,故得全。

沈约论曰:圣人立法垂制,所以必称先王,盖由遗训馀风,足以贻之来世也。太祖经国之义虽弘,隆家之道不足。彭城王照不窥古,徒见昆弟之义,未识君臣之礼,冀以家情行之国道。主猜而犹犯,恩薄而未悟,致以呵训之微行,遂成灭亲之大祸。开端树隙,垂之后人。太宗因易隙之情,据已行之典,翦落洪枝,不待顾虑。既而本根无庇,幼主孤立,神器以势弱倾移,灵命随乐推回改。斯盖履霜有渐,坚冰自至,所由来远矣。

裴子野论曰:夫噬虎之兽,知爱己子;搏狸之鸟,非护异巢。太宗保字螟蛉,剿拉同气,既迷在原之天属,未识父子之自然。宋德告终,非天废也。夫危亡之君,未尝不先弃本枝,妪煦旁孽,推诚嬖狎,疾恶父兄。前乘覆车,后来并辔。借使叔仲有国,犹不失配天;而他人入室,将七庙绝祀。曾是莫怀,甘心揃落。晋武背文明之托,而覆中州者贾后;太祖弃初宁之誓,而登合殿者元凶。祸福无门,奚其豫择? 友于兄弟,不亦安乎?

秋季七月，巴陵哀王刘休若到达建康。乙丑（初九），赐死于他的邸第，追赠侍中、司空。又任命桂阳王刘休范为江州刺史。当时明帝的弟弟们几乎杀光了，只有刘休范因为人才平凡、低劣，不为明帝所疑忌，所以能够保全。

南朝梁沈约评论说：圣人建立法规，确定制度，之所以一定要援引先王，其原因大概是由于先王的遗训和馀风，足以作为后世的榜样。太祖治国的意义虽然宏大，而齐家之道却有不足。彭城王照样不借鉴历史，他只看到兄弟之情，不懂得君臣之礼，希望把家庭中的亲情，用之于治国之道。人主已经猜疑，可他仍然冒犯；恩义已经浅薄，可他尚未醒悟，终于酿成了灭亲的大祸。刚刚开国就树立了猜忌嫌隙的先例，而把它流传给后人。太宗因袭猜忌的心理，根据已经实行过的旧典，剪落大枝，除去兄弟，自然不必顾忌。但不久国家的根本失去了保护，幼主孤立无援，神器因为势力单弱而倾侧转移到别人手里，皇室的命运也随着众人的推戴而改变。这大概就像踩到一点霜就开始寒冷，坚硬的冰块自然慢慢形成，其原因可以追溯到很久以前。

南朝梁裴子野评论说：吞食猛虎的野兽，也知道爱它的儿子；捕捉狐狸的大鸟，也不保护别的鸟的巢穴。太宗为了保护螟蛉之子，却屠杀他的同胞兄弟，既不懂得兄弟患难与共的天性，也不知道父子之间的自然伦常。刘宋德运的告终，并不是上天废弃的。凡是危亡的君主，没有哪一个不是先弃除本枝而养育旁枝，跟嬖幸亲信推心置腹，对父亲兄弟却深恶痛绝。前面的车子翻了，后面的车子仍重蹈覆辙。假使让兄弟继承帝位，祖先的灵位仍可配享上天；然而若让别人入室登位，那么天子七庙都断绝祭祀。这个道理都不想一下，而心甘情愿剪落本枝。晋武帝违背文明皇后的托付，结果贾后使中原沦陷；太祖违背当初宁陵的誓言，而导致元凶登上合殿。祸福本来没有固定在哪家哪门，怎能预先选择？兄弟相亲相爱，不是也很安全吗？

　　或谮萧道成在淮阴有贰心于魏,上封银壶酒,使吴喜自持赐道成。道成惧,欲逃,喜以情告道成,且先为之饮,道成即饮之。喜还朝,保证道成。或密以启上,上以喜多计数,素得人情,恐其不能事幼主,乃召喜入内殿,与共言谑甚款,既出,赐以名馔,寻赐死。

　　戊寅,以淮阴为北兖州,征萧道成入朝。道成所亲以朝廷方诛大臣,劝勿就征,道成曰:“诸卿殊不见事。主上自以太子稚弱,翦除诸弟,何预他人?今唯应速发,淹留顾望,必将见疑。且骨肉相残,自非灵长之祚,祸难将兴,方与卿等戮力耳。”既至,拜散骑常侍、太子左卫率。

　　泰豫元年夏四月己亥,上大渐,以江州刺史桂阳王休范为司空,又以尚书右仆射褚渊为护军将军,加中领军刘勔右仆射,诏渊、勔与尚书令袁粲、荆州刺史蔡兴宗、郢州刺史沈攸之并受顾命。褚渊素与萧道成善,引荐于上,诏又以道成为右卫将军,领卫尉,与袁粲等共掌机事。是夕,上殂。庚子,太子即皇帝位,大赦。时苍梧王方十岁,袁粲、褚渊秉政,承太宗奢侈之后,务弘节俭,欲救其弊。而阮佃夫、王道隆等用事,货赂公行,不能禁也。

　　冬十一月,中书通事舍人阮佃夫加给事中、辅国将军,权任转重。欲用其所亲吴郡张澹为武陵郡,袁粲等皆不同,佃夫称敕施行,粲等不敢执。

　　苍梧王元徽元年,桂阳王休范,素凡讷,少知解,不为诸兄所齿遇,物情亦不向之,故太宗之末得免于祸。

有人进谗言陷害，说萧道成在淮阴私通北魏，明帝用银壶装酒，加上封条，派吴喜亲自拿着送给萧道成。萧道成恐惧，打算逃跑，吴喜把实情告诉萧道成，而且自己先喝了一点，萧道成就喝了。吴喜回朝，向明帝保证萧道成忠心耿耿。有人秘密告诉明帝，明帝因为吴喜多计谋，又素得人心，恐怕他不能事奉幼主，于是召吴喜进入内殿，与他一起闲谈嬉笑，十分亲密，吴喜出来后，又赐给他名菜，接着又赐他自尽。

戊寅（二十二日），宋把淮阴划归北兖州，征召萧道成入朝。萧道成的亲信认为，朝廷正在诛杀大臣，劝萧道成不要应征前去，萧道成说："诸君很不了解当前的事态。主上自以为太子幼弱，才剪除群弟，这与别人有何相关？如今只有赶快出发才是，如果滞留观望，一定会受到猜疑。况且骨肉相残，国祚自然不能绵延长久，祸难将要出现，我正要与各位同心协力去奋斗。"到达京师之后，朝廷任命他为散骑常侍、太子左卫率。

泰豫元年（472）夏季四月己亥（十七日），明帝病危，于是任命江州刺史桂阳王刘休范为司空，又任命尚书右仆射褚渊为护军将军，加授中领军刘勔为右仆射，诏命褚渊、刘勔与尚书令袁粲、荆州刺史蔡兴宗、郢州刺史沈攸之一起接受天子的临终遗命。褚渊与萧道成素来关系很好，于是把他推荐给明帝，明帝又下诏任命萧道成为右卫将军、领卫尉，与袁粲等人共掌机密。当晚，明帝去世。庚子（十八日），太子即皇帝位，是为后废帝，大赦天下。当时苍梧王才十岁，由袁粲、褚渊执政，在太宗奢侈生活之后，力求弘扬节俭，想要挽救他的弊政。但是阮佃夫、王道隆等掌权，贿赂公开流行，袁粲、褚渊不能禁止。

冬季十一月，中书通事舍人阮佃夫加给事中、辅国将军，权力职责更为重要。他打算任用其亲信吴郡人张澹为武陵郡太守，袁粲等人都不同意，阮佃夫声称是按圣旨行事，袁粲等人不敢坚持。

苍梧王元徽元年（473），桂阳王刘休范素来凡庸木讷，愚昧无知，兄长们看不起他，人心也不归向他，所以在太宗末年能幸免于祸。

及帝即位,年在冲幼,素族秉政,近习用权。休范自谓尊亲莫二,应入为宰辅。既不如志,怨愤颇甚。典签新蔡许公舆为之谋主,令休范折节下士,厚相资给,于是远近赴之,岁中万计,收养勇士,缮治器械。朝廷知其有异志,亦阴为之备。会夏口阙镇,朝廷以其地居寻阳上流,欲使腹心居之。二月乙亥,以晋熙王燮为郢州刺史。燮始四岁,以黄门郎王奂为长史,行府州事,配以资力,使镇夏口。复恐其过寻阳为休范所劫留,使自太洑径去。休范闻之,大怒,密与许公舆谋袭建康。表治城隍,多解材板而蓄之。奂,景文之兄子也。

二年夏五月壬午,桂阳王休范反。掠民船,使军队称力请受,付以材板,合手装治,数日即办。丙戌,休范帅众二万,骑五百发寻阳,昼夜取道。以书与诸执政,称:"杨运长、王道隆蛊惑先帝,使建安、巴陵二王无罪被戮,望执录二竖,以谢冤魂。"

庚寅,大雷戍主杜道欣驰下告变,朝廷惶骇。护军褚渊、征北将军张永、领军刘勔、仆射刘秉、右卫将军萧道成、游击将军戴明宝、骁骑将军阮佃夫、右军将军王道隆、中书舍人孙千龄、员外郎杨运长集中书省计事,莫有言者。道成曰:"昔上流谋逆,皆因淹缓致败,休范必远惩前失,轻兵急下,乘我无备。今应变之术,不宜远出,若偏师失律,则大沮众心。宜顿新亭、白下,坚守宫城、东府、石头,以待

及至后废帝即位,年纪还幼小,由寒族官员执政,左右近臣掌权。刘休范自己以为,无论是社会地位还是血统关系,自己都是数一无二的,应该到朝廷担任宰辅,既然不能如愿,就特别地怨恨、愤怒。典签新蔡人许公舆做他的谋主,教刘休范改变志行,礼贤下士,给他们优厚的待遇,于是无论远近,大家都来投奔他,一年中招聚的人数以万计,并收养勇士,制造武器。朝廷知道他有野心,也在暗中作了防备。正碰上夏口缺少节镇,朝廷因为那里地处寻阳上游,想要派遣心腹亲信去镇守。二月乙亥(二十八日),任命晋熙王刘燮为郢州刺史。刘燮才四岁,便任命黄门郎王奂为长史,代行府州事,给他配备物资和人力,让他镇守夏口。又恐怕他经过寻阳时被刘休范劫持扣留,让他从太洑小路径直前去。刘休范听说后,勃然大怒,秘密地与许公舆谋画袭击建康。他上表朝廷,要求整修城池,却大量锯开建筑用的木板储藏起来。王奂是王景文的侄子。

二年(474)夏季五月壬午(十二日),桂阳王刘休范反叛。劫掠民船,要各军队根据各自人力的多少来申请船只,发给他们木板,大家一起装备船只,几天之内就办好了。丙戌(十六日),刘休范率领大军两万人、骑兵五百人,从寻阳出发,昼夜不停地前进。写信给朝廷各位执政官员,声称:"杨运长、王道隆蛊惑先帝,使得建安、巴陵二王无罪被杀,望逮捕这两个奸邪小人,用来向冤魂谢罪。"

庚寅(二十日),大雷戍主杜道欣飞驰东下报告事变,朝廷惶恐不安。护军褚渊、征北将军张永、领军刘勔、仆射刘秉、右卫将军萧道成、游击将军戴明宝、骁骑将军阮佃夫、右军将军王道隆、中书舍人孙千龄、员外郎杨运长汇集在中书省计议这一大事,没人肯先发言。萧道成说:"以前在长江上游发动的谋逆,都因为行动迟缓而导致失败,刘休范肯定会吸取前人失败的教训,率领轻装部队急速东下,乘我们没防备搞突袭。如今的应变之策,军队不必远出,因为只要有一支军队被击败,就会大大挫伤众军的士气。我们应该驻防在新亭、白下,坚守宫城、东府、石头,以等待

贼至。千里孤军，后无委积，求战不得，自然瓦解。我请顿新亭以当其锋，征北守白下，领军屯宣阳门为诸军节度。诸贵安坐殿中，不须竞出，我自破贼必矣。"因索笔下议，众并注"同"。孙千龄阴与休范通谋，独曰："宜依旧遣军据梁山。"道成正色曰："贼今已近，梁山岂可得至？新亭既是兵冲，所欲以死报国耳。常时乃可屈曲相从，今不得也。"坐起，道成顾谓刘勔曰："领军已同鄙议，不可改易。"袁粲闻难，扶曳入殿，即日，内外戒严。

道成将前锋兵出屯新亭，张永屯白下，前南兖州刺史沈怀古戍石头，袁粲、褚渊入卫殿省。时仓猝不暇授甲，开南北二武库，随将士意所取。

萧道成至新亭，治城垒未毕。辛卯，休范前军已至新林。道成方解衣高卧以安众心，徐索白虎幡，登西垣，使宁朔将军高道庆、羽林监陈显达、员外郎王敬则帅舟师与休范战，颇有杀获。壬辰，休范自新林舍舟步上，其将丁文豪请休范直攻台城。休范遣文豪别将兵趣台城，自以大众攻新亭垒。道成帅将士悉力拒战，自巳至午，外势愈盛，众皆失色，道成曰："贼虽多而乱，寻当破矣。"

休范白服，乘肩舆，自登城南临沧观，以数十人自卫。屯骑校尉黄回与越骑校尉张敬儿谋诈降以取之，回谓敬儿曰："卿可取之，我誓不杀诸王。"敬儿以白道成，道成曰：

贼寇的来犯。他们是千里而来的孤军,后面积蓄的军备物资供应不上,求战不得,自然会瓦解。我请求屯驻在新亭,首先抵挡叛军的前锋,征北将军守白下,中领军屯驻宣阳门作为诸军节度。其他诸位贵臣可以安坐殿中,不必争着出来,我们一定会打败贼寇的。"于是要来笔墨,让大家签署意见,大家都写上一个"同"字。孙千龄暗中与刘休范通谋,只有他说:"应该按照过去的办法,派遣军队据守梁山。"萧道成严肃地说:"贼寇现在已经逼近,我军到梁山怎么来得及? 新亭既是军事要冲,我只想以死报国。平时我可以委屈求全听从你的,今天就不行了。"萧道成说着从坐席上站起来,回头对刘勔说:"中领军已经同意我的浅见,不可改变了。"袁粲听说有兵祸,也让人扶着来到殿中,当天,朝廷内外戒严。

萧道成率领前锋部队出城进驻新亭,张永屯驻白下,前南兖州刺史沈怀古驻守石头,袁粲、褚渊进入宫禁守卫。当时,事出仓促,来不及发放武器,只好打开南北两个武库,由将士们任意挑选取用。

萧道成到达新亭,修筑工事尚未完毕。辛卯(二十一日),刘休范的前锋部队已经到达新林。萧道成正脱衣高枕而卧,以此安定军心,然后慢慢地找到白虎幡,登上西城墙,派宁朔将军高道庆、羽林监陈显达、员外郎王敬则率领水军与刘休范交战,杀伤、俘虏不少敌人。壬辰(二十二日),刘休范从新林丢弃船只上岸,他的部将丁文豪建议刘休范直接攻打台城。刘休范于是派丁文豪另外率兵直奔台城,而自己以大军进攻新亭的营垒。萧道成率领将士全力抵抗,从巳时到午时,外面军队的攻势越来越猛,部队都大惊失色。萧道成说:"贼寇虽然很多,可是杂乱无章,不久就可以攻破他们。"

刘休范身穿白服,坐着轿子,亲自登上新亭城的临沧观,并以数十人自卫。屯骑校尉黄回与越骑校尉张敬兒计划用诈降的办法谋取刘休范的性命,黄回对张敬兒说:"你可以去袭取他,我发誓不杀诸王。"张敬兒把这个计划报告萧道成,萧道成说:

"卿能办事,当以本州相赏。"乃与回出城南,放仗走,大呼称降。休范喜,召至舆侧。回阳致道成密意,休范信之,以二子德宣、德嗣付道成为质。二子至,道成即斩之。休范置回、敬儿于左右,所亲李恒、锺爽谏,不听。时休范日饮醇酒,回见休范无备,目敬儿,敬儿夺休范防身刃,斩休范首,左右皆散走。敬儿驰马持首归新亭。

道成遣队主陈灵宝送休范首还台。灵宝道逢休范兵,弃首于水,挺身得达,唱云"已平",而无以为验,众莫之信。休范将士亦不之知,其将杜黑骡攻新亭甚急。萧道成在射堂,司空主簿萧惠朗帅敢死士数十人突入东门,至射堂下。道成上马,帅麾下搏战,惠朗乃退,道成复得保城。惠朗,惠开之弟也,其姊为休范妃。惠朗兄黄门郎惠明,时为道成军副,在城内,了不自疑。

道成与黑骡拒战,自晡达旦,矢石不息。其夜,大雨,鼓叫不复相闻。将士积日不得寝食,军中马夜惊,城内乱走。道成秉烛正坐,厉声呵之,如是者数四。

丁文豪破台军于皂荚桥,直至朱雀桁南。杜黑骡亦舍新亭北趣朱雀桁。右军将军王道隆将羽林精兵在朱雀门内,急召鄱阳忠昭公刘勔于石头。勔至,命撤桁以折南军之势,道隆怒曰:"贼至,但当急击,宁言开桁自弱邪?"勔不敢复言。

"你如果能办成此事,就把本州赏给你。"张敬儿于是跟黄回奔出城南,丢下武器奔逃,大叫"投降"。刘休范很高兴,把他召到自己的轿子旁边。黄回假装传达萧道成的秘密旨意,刘休范相信了他,以自己的两个儿子刘德宣、刘德嗣交付萧道作为人质。刘休范的两个儿子一到,萧道成就将他们杀了。刘休范把黄回、张敬儿安置在自己身边,他的亲信李恒、锺爽劝谏,刘休范不听。当时,刘休范每天喝醇厚的白酒,黄回见刘休范没有防备,就用眼睛向张敬儿示意,张敬儿夺下刘休范的防身刀,砍了刘休范的头,左右侍卫都四散逃走。张敬儿骑马飞奔,手拿刘休范的头回到新亭。

萧道成派队主陈灵宝送刘休范的头回到京城去。陈灵宝在途中遇到刘休范的军队,惶急之间,把刘休范的头扔到水里去了,自己挺身搏斗,才得以到达京城,大声叫喊"贼寇已平!"但是没有刘休范的人头作为验证,大家都不相信。刘休范的将士也不知道这个消息,他的部将杜黑骡仍然对新亭进行猛烈的攻击。萧道成在射堂,叛军司空主簿萧惠朗率领敢死队员数十人冲入东门,来到射堂下。萧道成上马,率领部下搏斗,萧惠朗才退;萧道成又保住了城池。萧惠朗是萧惠开的弟弟,他的姐姐是刘休范的妃子。萧惠朗的哥哥黄门郎萧惠明当时为萧道成的军副,在城内,但是萧道成一点也不怀疑他。

萧道成与杜黑骡交战,自午后一直到次日天明,箭矢飞石,一直不停。那天夜里下大雨,连鼓声、呐喊声都听不见。将士们已经一整天没吃没睡,军中马匹夜里突然受惊,满城乱跑。萧道成点着蜡烛,正襟危坐,厉声进行呵斥,这样反复了三四次。

丁文豪在皂荚桥大败官军,一直打到朱雀桁的南面,杜黑骡也放弃了新亭往北去进攻朱雀桁。右军将军王道隆率领羽林军的精兵驻守在朱雀门里面,急忙去召在石头驻防的鄱阳忠昭公刘勔。刘勔到达以后,命令撤除朱雀桁,以阻止南军的攻击之势,王道隆大怒道:"贼兵来了应当奋力反击,怎么能拆除桥桁削弱自己的力量呢?"刘勔就不敢再说了。

道隆趣勔进战,勔度桁南,战败而死。黑骡等乘胜度淮,道隆弃众走还台,黑骡兵追杀之。黄门侍郎王蕴重伤,踣于御沟之侧,或扶之以免。蕴,景文之兄子也。于是中外大震,道路皆云"台城已陷",白下、石头之众皆溃,张永、沈怀明逃还,宫中传新亭亦陷,太后执帝手泣曰:"天下败矣!"

先是,月犯右执法,太白犯上将,或劝刘勔解职,勔曰:"吾执心行己,无愧幽明,若灾眚必至,避岂得免?"勔晚年颇慕高尚,立园宅,名为东山,遗落世务,罢遣部曲。萧道成谓勔曰:"将军受顾命,辅幼主,当此艰难之日,而深尚从容,废省羽翼,一朝事至,悔可追乎?"勔不从而败。

甲午,抚军长史褚澄开东府门纳南军,拥安成王准据东府,称桂阳王教曰:"安成王,吾子也,勿得侵犯。"澄,渊之弟也。杜黑骡径进至杜姥宅,中书舍人孙千龄开承明门出降。宫省恇扰。时府藏已竭,皇太后、太妃剔取宫中金银器物以充赏,众莫有斗志。

俄而丁文豪之众知休范已死,稍欲退散。文豪厉声曰:"我独不能定天下邪?"许公舆诈称桂阳王在新亭,士民惶惑,诣萧道成垒投刺者以千数。道成得,皆焚之,登北城谓曰:"刘休范父子昨已就戮,尸在南冈下。身是萧平南,诸君谛视之。名刺皆已焚,勿忧惧也。"

道成遣陈显达、张敬儿及辅师将军任农夫、马军主东平周盘龙等将兵自石头济淮,从承明门入卫宫省。袁粲慷慨谓诸将曰:"今寇贼已逼而众情离沮,孤子受先帝

王道隆催促刘勔进攻,刘勔渡过朱雀桁向南进攻,战败而死。杜黑骡等人乘胜渡过秦淮河,王道隆丢下军众向台城逃去,杜黑骡的士兵追上去将他杀了。黄门侍郎王蕴受了重伤,倒在御沟的旁边,幸而有人扶起他才逃得一命。王蕴是王景文的侄子。这时,朝廷内外大为震惊,道路传言都说京城已经沦陷,白下、石头的军队都崩溃了,张永、沈怀明逃回宫中,于是传言新亭也陷落了,皇太后拉着后废帝的手哭着说:"天下败了!"

　　在此之前,月亮侵犯右执法星,太白星侵犯上将星,有人劝刘勔解职,刘勔说:"我扪心自问,我的行为不愧天地神明,如果灾难一定要降临,又怎么躲得掉呢?"刘勔晚年十分仰慕高雅清闲的生活,建筑园宅,取名为"东山",遗忘弃置世俗杂务,遣散部属。萧道成对刘勔说:"将军接受先帝遗命,辅佐幼主,在这时局艰难的日子,却十分追求悠闲的生活,废弃省除自己的羽翼,一旦发生事变,那时再追悔,还来得及吗?"刘勔不听,终于败亡。

　　甲午(二十四日),抚军长史褚澄打开东府门迎纳南来的叛军,拥戴安成王刘准占据东府,宣称桂阳王的教令说:"安成王是我的儿子,不可侵犯。"褚澄是褚渊的弟弟。杜黑骡径直进入杜姥宅,中书舍人孙千龄打开承明门出来投降。宫省之内,惊慌扰乱。当时府库枯竭,皇太后、太妃只好搜剔宫中的金银器物以便作为赏赐,大家都没有斗志。

　　不久,丁文豪的部众知道刘休范已经死了,渐渐想要退散。丁文豪大声说:"难道我就不能平定天下吗?"许公舆假称桂阳王现在新亭,官民惶恐不安,跑到萧道成的营垒去投递名片的人数以千计。萧道成收到后,把它们全部烧毁,然后登上北城,对他们说:"刘休范父子昨天已经伏法,尸体在南冈下。本人是平南将军萧道成,诸君仔细看清楚。名片都已烧毁,大家不必担心害怕。"

　　萧道成派陈显达、张敬儿及辅师将军任农夫、马军主东平人周盘龙等率兵从石头渡过秦淮河,由承明门进来保卫宫省。袁粲慷慨激昂对诸将说:"现在贼寇已逼近而人情离散沮丧,孤子受先帝

付托，不能绥靖国家，请与诸君同死社稷！"被甲上马，将驱之。于是陈显达等引兵出战，大破杜黑骡于杜姥宅，飞矢贯显达目。丙申，张敬儿等又破黑骡等于宣阳门，斩黑骡及丁文豪，进克东府，馀党悉平。萧道成振旅还建康，百姓缘道聚观，曰："全国家者此公也！"道成与袁粲、褚渊、刘秉皆上表引咎解职，不许。丁酉，解严，大赦。

六月庚子，以平南将军萧道成为中领军、南兖州刺史，留卫建康，与袁粲、褚渊、刘秉更日入直决事，号为四贵。

桂阳王休范之反也，使道士陈公昭作《天公书》，题云"沈丞相"，付荆州刺史沈攸之门者。攸之不开视，推得公昭，送之朝廷。及休范反，攸之谓僚佐曰："桂阳必声言我与之同。若不颠沛勤王，必增朝野之惑。"乃与南徐州刺史建平王景素、郢州刺史晋熙王燮、湘州刺史王僧虔、雍州刺史张兴世同举兵讨休范。休范留中兵参军毛惠连等守寻阳，燮遣中兵参军冯景祖袭之。癸卯，惠连等开门请降，杀休范二子，诸镇皆罢兵。

三年，南徐州刺史建平王景素，孝友清令，服用俭素，又好文学，礼接士大夫，由是有美誉。太宗特爱之，异其礼秩。时太祖诸子俱尽，诸孙唯景素为长。帝凶狂失德，朝野皆属意于景素，帝外家陈氏深恶之。杨运长、阮佃夫等欲专权势，不利立长君，亦欲除之。其腹心将佐多劝景素举兵，镇军参军济阳江淹独谏之，景素不悦。是岁，防阁将军王季符得罪于景素，单骑亡奔建康，告景素谋反。

付托,不能安定国家,请让我与诸君一同拼死保卫社稷!"说完披甲上马,将纵马冲出。于是陈显达等人领兵出战,在杜姥宅大败杜黑骡,一支飞箭射中了陈显达的眼睛。丙申(二十六日),张敬兒等人又在宣阳门击破杜黑骡等,斩杀了杜黑骡及丁文豪,又进而攻克东府,叛军馀党全部平定。萧道成整顿大军,返回建康,百姓夹道聚观,说:"保全国家的就是这位将军呀。"萧道成与袁粲、褚渊、刘秉都上表引咎辞职,后废帝不同意。丁酉(二十七日),解除戒严,大赦天下。

六月庚子(初一),任命平南将军萧道成为中领军、南兖州刺史,留下守卫建康,与袁粲、褚渊、刘秉轮流进宫值宿,裁决大事,当时号称他们为"四贵"。

当桂阳王刘休范反叛时,命道士陈公昭作《天公书》,题号"沈丞相",送给荆州刺史沈攸之的看门人。沈攸之并不打开看,只推问送书人,捕得陈公昭,把他送交朝廷。等到刘休范谋反时,沈攸之对他的僚佐说:"桂阳王一定会声称我与他同谋。如果不起兵救援王朝,必定会增加朝野对我的误会。"于是与南徐州刺史建平王刘景素、郢州刺史晋熙王刘燮、湘州刺史王僧虔、雍州刺史张兴世一同起兵讨伐刘休范。刘休范留下中兵参军毛惠连等人守寻阳,刘燮派中兵参军冯景祖袭击他。癸卯(初四),毛惠连等开门请求投降,并杀了刘休范的两个儿子,各个节镇才罢兵。

三年(475),南徐州刺史建平王刘景素,孝敬父母,与兄弟友爱,有清静美好的名声,服饰用具节俭,又爱好文学,以礼仪接待士大夫,因此有美好声誉。太宗特别喜爱他,对他的礼遇俸秩特别不同。当时,太祖的儿子全死了,孙子中只有刘景素年纪最大。后废帝凶狂暴戾,丧失道德,朝野上下都寄希望于刘景素,后废帝的舅父陈家却非常讨厌他。杨运长、阮佃夫等想专权,不愿立年纪大的君主,所以也要除掉他。他的心腹将佐大多劝刘景素举兵,唯独镇军参军济阳人江淹劝谏他,刘景素不高兴。这一年,防阁将军王季符得罪了刘景素,单骑逃奔建康,告发刘景素谋反。

运长等即欲发兵讨之,袁粲、萧道成以为不可。景素亦遣世子延龄诣阙自陈。乃徙季符于梁州,夺景素征北将军、开府仪同三司。

四年夏六月乙亥,加萧道成尚书左仆射。

杨运长、阮佃夫等忌建平王景素益甚,景素乃与录事参军陈郡殷沵、中兵参军略阳垣庆延、参军沈颙、左暄等谋为自全之计。遣人往来建康,要结才力之士,冠军将军黄回、游击将军高道庆、辅国将军曹欣之、前军将军韩道清、长水校尉郭兰之、羽林监垣祗祖,皆阴与通谋,武人不得志者,无不归之。时帝好独出游走郊野,欣之谋据石头城,伺帝出作乱。道清、兰之欲说萧道成因帝夜出,执帝迎景素,道成不从者,即图之。景素每禁使缓之。杨、阮微闻其事,遣伧人周天赐伪投景素,劝令举兵。景素知之,斩天赐首送台。

秋七月,祗祖帅数百人自建康奔京口,云京师已溃乱,劝令速入。景素信之,戊子,据京口起兵,士民赴之者以千数。杨、阮闻祗祖叛走,即命纂严。己丑,遣骁骑将军任农夫、领军将军黄回、左军将军兰陵李安民将步军,右军将军张保将水军,以讨之。辛卯,又命南豫州刺史段佛荣为都统。萧道成知黄回有异志,故使安民、佛荣与之偕行。回私戒其士卒:“道逢京口兵,勿得战。”道成屯玄武湖,冠军将军萧赜镇东府。

始安王伯融,都乡侯伯猷,皆建安王休仁之子也,杨、阮忌其年长,悉称诏赐死。

杨运长等人立即要发兵讨伐他,袁粲、萧道成以为不可,刘景素派他的世子刘延龄到朝廷来说明真相。于是将王季符流放到梁州,同时又免去刘景素征北将军、开府仪同三司的官职。

四年(476)夏季六月乙亥(十七日),加授萧道成尚书左仆射的官职。

杨运长、阮佃夫等人对建平王刘景素的忌恨越来越厉害,刘景素就与录事参军陈郡人殷沵、中兵参军略阳人垣庆延、参军沈颙、左暄等人谋划保全自己的办法。派人往来于建康,寻访结交有才能、有实力的人士,冠军将军黄回、游击将军高道庆、辅国将军曹欣之、前军将军韩道清、长水校尉郭兰之、羽林监垣祗祖都暗中与他通谋,那些不得志的军人没有不归附他的。当时,后废帝喜欢独自到郊外去游玩,曹欣之图谋占据石头城,趁后废帝出游时作乱。韩道清、郭兰之打算劝说萧道成,利用后废帝夜间外出的机会,抓住后废帝,迎接刘景素,萧道成如果不听从,就图谋对付他。但刘景素却每每禁止他们这样做,让他们暂缓行动。杨运长、阮佃夫稍微听到了一点风声,所以派遣一个楚地人周天赐假装投靠刘景素,劝说他起兵。刘景素知道他是奸细,于是杀了周天赐,把人头送到朝廷。

秋季七月,垣祗祖率领数百人从建康逃奔京口,说京师已经大乱,劝刘景素赶快进入京城去。刘景素相信了他,戊子(初一),占据京口起兵,士民投靠他的数以千计。杨运长、阮佃夫听说垣祗祖叛变逃走的消息,便下令戒严。己丑(初二),派骁骑将军任农夫、领军将军黄回、左军将军兰陵人李安民率领步兵,右军将军张保率领水军,以讨伐他们。辛卯(初四),又命令南豫州刺史段佛荣为都统。萧道成知道黄回有二心,所以派遣李安民、段佛荣与他一起走。黄回暗中告诫他的士兵说:"如果在路上碰到京口的士兵,不要跟他们作战。"萧道成驻扎在玄武湖,冠军将军萧赜镇守东府。

始安王刘伯融、都乡侯刘伯猷,都是建安王刘休仁的儿子,杨运长、阮佃夫畏忌他们年长,所以都声称诏命赐他们自尽。

景素欲断竹里以拒台军，垣庆延、垣祗祖、沈颙皆曰："今天时旱热，台军远来疲困，引之使至，以逸待劳，可一战而克。"殷沵等固争，不能得。农夫等既至，纵火烧市邑。庆延等各相顾望，莫有斗志。景素本乏威略，恇扰不知所为。黄回迫于段佛荣，且见京口军弱，遂不发。

张保泊西渚，景素左右勇士数十人，自相要结，进击水军。甲午，张保败死，而诸将不相应赴，复为台军所破。台军既薄城下，颙先帅众走，祗祖次之，其馀诸军相继奔退，独左暄与台军力战于万岁楼下。而所配兵力甚弱，不能敌而散。乙未，拔京口。黄回军先入，自以有誓不杀诸王，乃以景素让殿中将军张倪奴。倪奴擒景素，斩之，并其三子，同党垣祗祖等数十人皆伏诛。萧道成释黄回、高道庆不问，抚之如旧。是日，解严。丙申，大赦。

八月庚午，以给事黄门侍郎阮佃夫为南豫州刺史，留镇京师。

顺帝升明元年。初，苍梧王在东宫，好缘漆帐竿，去地丈馀。喜怒乖节，主帅不能禁，太宗屡敕陈太妃痛捶之。及即帝位，内畏太后、太妃，外惮诸大臣，未敢纵逸。自加元服，内外稍无以制，数出游行。始出宫，犹整仪卫，俄而弃车骑，帅左右数人，或出郊野，或入市廛。太妃每乘青犊车，随相检摄。既而轻骑远走一二十里，太妃不复能追。仪卫亦惧祸不敢追寻，唯整部伍别在一处，瞻望而已。

刘景素想要切断竹里以抵抗官军,垣庆延、垣祇祖、沈颙都说:"如今天气干旱炎热,官军远来疲劳困顿,把他们引到这里来,我们以逸待劳,可以一战而胜。"殷沵等人坚决反对也不听。任农夫等人来到之后,便纵火焚烧城市和村镇,垣庆延等人互相观望,没有斗志。刘景素本来就缺乏威望和谋略,心慌意乱,不知如何是好。黄回受到段佛荣的胁迫,而且看到京口方面的军队很弱,所以就没有发动兵变。

张保的水军停泊在西渚,刘景素左右的勇士数十人自动邀集在一起进攻官军的水军。甲午(初七),张保战败阵亡,但京口方面诸将不响应支援,结果他们又被官军打败。官军逼近京口城下以后,沈颙率领他的人马先逃,垣祇祖也跟着走,其馀诸军也相继败逃,只有左暄与官军在万岁楼下苦战,然而他所配备的兵力很弱,所以不能抵敌而溃散了。乙未(初八),攻克京口。黄回的军队首先入城,因为自己有不杀诸王的誓言,于是把刘景素让给了殿中将军张倪奴。张倪奴擒获刘景素,将他斩首,并杀了他的三个儿子,同党垣祇祖等数十人都被处死。萧道成放过了黄回、高道庆不再追问,安抚他们就像往常一样。这一天解除了戒严。丙申(初九),大赦天下。

八月庚午(十三日),任命给事黄门侍郎阮佃夫为南豫州刺史,仍然留镇京师。

宋顺帝升明元年(477)。当初,后废帝在东宫时,喜欢爬漆帐竿,能爬到离地面一丈多高的地方。他喜怒无常,东宫斋内主帅无法禁止,太宗屡次命陈太妃痛打他。等到他即帝位时,对内畏惧太后,对外忌惮诸位大臣,仍不敢放纵逸乐。自从行过加冠礼以后,无论宫内宫外的人都渐渐无法控制他,他多次外出游玩。最初出宫时,还有仪卫随行,不久便抛开车仗人马,只率几个左右亲信,有时跑到荒郊野外,有时进入街市店铺。陈太妃每次都坐着青盖牛犊车尾随其后,监视约束他。接着他又与轻骑兵一道远走一二十里,陈太妃便不能再追了,仪仗卫士也害怕触祸而不敢追寻,只好整顿好队伍,聚在一个地方远远眺望着他而已。

初,太宗尝以陈太妃赐璧人李道儿,已复迎还,生帝。故帝每微行,自称"刘统",或称"李将军"。常著小裤衫,营署巷陌,无不贯穿。或夜宿客舍,或昼卧道傍,排突厮养,与之交易,或遭慢辱,悦而受之。凡诸鄙事,裁衣、作帽,过目则能。未尝吹篪,执管便韵。及京口既平,骄恣尤甚,无日不出,夕去晨返,晨出暮归。从者并执铤矛,行人男女及犬马牛驴,逢无免者。民间扰惧,商贩皆息,门户昼闭,行人殆绝。针、椎、凿、锯,不离左右,小有忤意,即加屠剖,一日不杀,则惨然不乐。殿省忧惶,食息不保。阮佃夫与直阁将军申伯宗等,谋因帝出江乘射雉,称太后令,唤队仗还,闭城门,遣人执帝废之,立安成王准。事觉,甲戌,帝收佃夫等杀之。

太后数训戒帝,帝不悦。会端午,太后赐帝毛扇。帝嫌其不华,令太医煮药,欲鸩太后。左右止之曰:"若行此事,官便应作孝子,岂复得出入狡狯?"帝曰:"汝语大有理!"乃止。

六月甲戌,有告散骑常侍杜幼文、司徒左长史沈勃、游击将军孙超之与阮佃夫同谋者,帝登帅卫士,自掩三家,悉诛之,剖解脔割,婴孩不免。沈勃时居丧在庐,左右未至,帝挥刀独前。勃知不免,手搏帝耳,唾骂之曰:"汝罪逾桀、纣,屠戮无日!"遂死。是日,大赦。

当初，太宗曾经把陈太妃赏赐给弄臣李道兒为妻，后来又把她接回来，于是生下了后废帝。所以后废帝每次微服出行，便自称刘统，或称李将军。常常穿着小裤小衫，军营、官署、街巷、田径，没有哪个地方不去串一串的。有时夜里就投宿旅舍，有时白天就睡在路边，喜欢与那些出苦力、地位低下的人交往，有时遭受他们的怠慢侮辱，也欣然接受。凡是那些下贱的事，像裁衣啦，做帽啦，只要看一眼就会做。从来没有吹过簏，拿到手里一吹，声音便合音律。到京口平定以后，骄横、放纵便尤其厉害了，没有哪一天不出去，晚上出去，就要第二天早上才回来；早上出去，就要晚上才回来。跟随他的人都手执小矛，路上行人不论男女，或者是犬、马、牛、驴，只要碰上就被杀死，无一幸免。民间惊扰、恐惧，商贩都停止营业，家门白天都要关起来，路上行人几乎绝迹。针、锥、凿、锯，不离左右，人们只要稍稍有点违背他的意旨，就要进行屠杀剖腹，如果有一天没有杀人，他就闷闷不乐。殿省忧虑惶恐，寝食不安。阮佃夫与直阁将军申伯宗等人，密谋利用后废帝外出到江乘射野鸡的机会，宣称奉太后的命令，传唤仪仗卫队回京，关闭城门，派人逮捕后废帝，拥立安成王刘准。因为密谋泄漏，甲戌（初二），后废帝逮捕阮佃夫等人，把他们杀了。

太后经常教训后废帝，后废帝不高兴。碰上过端午，太后赏赐给后废帝一把毛扇，后废帝嫌它上面没有画花，命令太医熬煎毒药，打算毒死太后。左右劝阻他说："如果做了这件事，官家就理应当孝子呆在家里，怎么还能够出入宫门玩小儿游戏呢？"后废帝说："你的话很有道理。"于是作罢。

六月甲戌（二十二日），有人告发散骑常侍杜幼文、司徒左长史沈勃、游击将军孙超之与阮佃夫同谋，后废帝登时率领卫士，亲自掩袭这三家，把他们全都杀了，然后破肚解肢，把肉一块块切下，连婴儿都不能幸免。沈勃当时正在倚庐守丧，左右没找到这里来，后废帝挥刀独自一人冲上前来。沈勃知道不能免难，便赤手空拳与他搏斗，用手抓住后废帝的耳朵，唾骂道："你的罪恶超过桀、纣，没有哪一天不杀人的！"于是被杀。这一天，下诏大赦。

帝尝直入领军府。时盛热,萧道成昼卧裸袒。帝立道成于室内,画腹为的,自引满,将射之。道成敛版曰:"老臣无罪。"左右王天恩曰:"领军腹大,是佳射埘,一箭便死,后无复射,不如以骲箭射之。"帝乃更以骲箭射,正中其齐,投弓大笑曰:"此手何如?"帝忌道成威名,尝自磨铤,曰:"明日杀萧道成。"陈太妃骂之曰:"萧道成有功于国,若害之,谁复为汝尽力邪?"帝乃止。

道成忧惧,密与袁粲、褚渊谋废立。粲曰:"主上幼年,微过易改。伊、霍之事,非季世所行。纵使功成,亦终无全地。"渊默然。领军功曹丹阳纪僧真言于道成曰:"今朝廷狷狂,人不自保。天下之望,不在袁、褚,明公岂得坐受夷灭?存亡之机,仰希熟虑。"道成然之。

或劝道成奔广陵起兵。道成世子赜,时为晋熙王长史,行郢州事,欲使赜将郢州兵东下会京口。道成密遣所亲刘僧副告其从兄行青、冀二州刺史刘善明曰:"人多见劝北固广陵,恐未为长算。今秋风行起,卿若能与垣东海微共动虏,则我诸计可立。"亦告东海太守垣荣祖。善明曰:"宋氏将亡,愚智共知。北虏若动,反为公患。公神武高世,唯当静以待之,因机奋发,功业自定,不可远去根本,自贻狷獗。"荣祖亦曰:"领府去台百步,公走,人岂不知?若单骑轻行,广陵人闭门不受,公欲何之?公今动足下床,恐即有叩台门者,公事去矣。"纪僧真曰:"主上虽

后废帝曾经径直闯入领军府。当时天气很热，萧道成白天正裸身躺在那里睡觉。后废帝让萧道成站在室内，在他肚子上画了一个箭靶，自己拉开了弓，就要射他。萧道成用手版挡住说："老臣无罪。"左右侍从王天恩说："萧领军的肚子大，是最好的射靶，如果一箭就射死了，以后就不能再射了，不如改用骨箭头射他。"后废帝就改用骨箭射，一箭正中肚脐，于是把弓扔到地上，大笑道："这手法怎么样？"后废帝忌恨萧道成的威名，曾经亲自磨快一把小矛，说："明日杀萧道成。"陈太后骂他说："萧道成对国家有功，如果害了他，谁会再为你尽力呢？"后废帝才作罢。

　　萧道成忧虑恐惧，秘密地与袁粲、褚渊图谋废旧立新之事，袁粲说："主上还年幼，一点微小的过失容易改正。伊尹、霍光的事，不是在末世行得通的。纵使成功了，最终也无全身之地。"褚渊默不作声。领军功曹丹阳人纪僧真对萧道成说："如今皇上凶残疯狂，人人都不能自保安全，天下百姓的希望，不在袁粲、褚渊，明公您怎么能够坐以待毙，受灭族之灾呢！事关生死存亡，敬希仔细考虑。"萧道成认为他说得有理。

　　有人劝萧道成逃奔广陵起兵。萧道成的世子萧赜当时担任晋熙王的长史，代理郢州事务，萧道成想要让萧赜率领郢州之兵东下京口会合。萧道成秘密地派遣他的亲信刘僧副告诉他的堂兄行青、冀二州刺史刘善明说："很多人劝我北上固守广陵，恐怕不是长远的打算。如今秋风将起，您若能与垣东海一道稍微挑动索虏，那么我的各种计划就可以成功。"也把这个意思告诉了东海太守垣荣祖。刘善明说："宋氏将要灭亡，这无论愚人还是智士，都看出来了。但北边的索虏如果出动，反而会成为您的祸患。您的神智勇武，高过当世，唯一可行的办法就是静静地等待，然后乘机奋发，功业自然会确立，而不可远离根本，自取灭亡。"垣荣祖也说："领军府距离台城仅百来步远，您若出逃，别人怎么会不知道？如果您单人独骑轻装而行，广陵人一旦闭门不纳，您又将逃往哪里去？您现在如果动足下床，恐怕就会有人敲宫城的门去告发您，您的大事可就完了。"纪僧真说："主上虽然

无道,国家累世之基犹为安固。公百口,北度必不得俱。纵得广陵城,天子居深宫,施号令,目公为逆,何以避之?此非万全策也。"道成族弟镇军长史顺之及次子骠骑从事中郎巅,皆以为:"帝好单行道路,于此立计,易以成功。外州起兵,鲜有克捷,徒先人受祸耳。"道成乃止。

东中郎司马、行会稽郡事李安民欲奉江夏王跻起兵于东方,道成止之。越骑校尉王敬则潜自结于道成,夜著青衣,扶匐道路,为道成听察帝之往来。道成命敬则阴结帝左右杨玉夫、杨万年、陈奉伯等二十五人于殿中,伺伺机便。

秋七月丁亥夜,帝微行至领军府门。左右曰:"一府皆眠,何不缘墙入?"帝曰:"我今夕欲于一处作适,宜待明夕。"员外郎桓康等于道成门间听闻之。

戊子,帝乘露车,与左右于台冈赌跳,仍往青园尼寺,晚,至新安寺偷狗,就昙度道人煮之。饮酒醉,还仁寿殿寝。杨玉夫常得帝意,至是忽憎之,见辄切齿曰:"明日当杀小子取肝肺!"是夜,令玉夫伺织女度河,曰:"见当报我,不见,将杀汝!"时帝出入无常,省内诸阁,夜皆不闭,厢下畏相逢值,无敢出者。宿卫并逃避,内外莫相禁摄。是夕,王敬则出外。玉夫伺帝熟寝,与杨万年取帝防身刀刜之。敕厢下奏伎,陈奉伯袖其首,依常行法,称敕开承明门出,以首与敬则。敬则驰诣领军府,叩门大呼,萧道成虑

无道，但国家几代建立起来的基业还算巩固。您一家百口，要过渡到北方去，肯定不能一起都去。纵使能得到广陵城，天子安居深宫，发号施令，把您当作叛逆，您有什么办法逃避？这不是万全之策。"萧道成的族弟镇军长史萧顺之及其次子骠骑从事中郎萧嶷都认为："后废帝喜欢一个人在路上走，在这上面来想办法，容易成功。从外州起兵，很少有能取胜的，只是使得自己比别人先遭祸殃罢了。"萧道成这才罢手。

东中郎司马行会稽郡事李安民，打算拥戴江夏王刘跻在东方起兵，萧道成制止了他。越骑校尉王敬则暗自结交萧道成，夜里穿上青色衣，匍匐在道路上，替萧道成察听后废帝的往来行踪。萧道成命令王敬则暗中勾结废帝左右杨玉夫、杨万年、陈奉伯等二十五人，在殿中窥探、等候有利的机会。

秋季七月丁亥（初六）夜里，后废帝微服潜行到领军府的门前。左右对他说："一府人都睡着了，怎么不爬墙进去？"后废帝说："我今晚要到另一个地方去玩个痛快，这里只好等明天晚上再来。"员外郎桓康等在萧道成的门内全听到了。

戊子（初七），后废帝乘坐敞篷车，与左右侍从到台冈赌跳高，又去青园尼姑庵，晚上到新安寺偷了一条狗，到昙度道人那里煮狗肉吃。喝醉了酒，便回仁寿殿睡觉。杨玉夫一向得到后废帝的宠爱，到这时后废帝却忽然憎恨他，一看到他就咬牙切齿，说："明天就要杀了你这小子，取出肝肺看看！"那天晚上，命令杨玉夫等着观察织女星渡过银河的情景，对他说："你看到了就要报告我，我如果看不见，就要杀了你！"当时，后废帝出入无常，宫禁之内各个阁门夜里都不关闭，负责保卫宫廷的官员，惧怕与后废帝碰面，都不敢出门。宿卫将士都逃避他，宫廷内外，没有谁敢查禁行人、追捕盗贼。这天晚上，王敬则出外等候消息。杨玉夫等后废帝睡熟了，与杨万年取下他的防身刀砍下了他的头。命令厢下负责奏乐的陈奉伯把他的头藏在衣袖里，按照常行的办法，宣称奉皇帝的命令，打开承明门出宫，把人头交给了王敬则。王敬则飞马来到领军府，敲着门大叫，萧道成担心

苍梧王诳之，不敢开门。敬则于墙上投其首，道成洗视，乃戎服乘马而出，敬则、桓康等皆从。入宫，至承明门，诈为行还。敬则恐内人觇见，以刀环塞窦孔，呼门甚急，门开而入。他夕，苍梧王每开门，门者震慑，不敢仰视，至是弗之疑。道成入殿，殿中惊怖。既而闻苍梧王死，咸称万岁。

己丑旦，道成戎服出殿庭槐树下，以太后令召袁粲、褚渊、刘秉入会议。道成谓秉曰："此使君家事，何以断之？"秉未答。道成须髯尽张，目光如电。秉曰："尚书众事，可以见付。军旅处分，一委领军。"道成次让袁粲，粲亦不敢当。王敬则拔白刃，在床侧跳跃曰："天下事皆应关萧公！敢有开一言者，血染敬则刀！"仍手取白纱帽加道成首，令即位，曰："今日谁敢复动？事须及热！"道成正色呵之曰："卿都自不解！"粲欲有言，敬则叱之，乃止。褚渊曰："非萧公无以了此。"手取事授道成。道成曰："相与不肯，我安得辞？"乃下议，备法驾诣东城，迎立安成王。于是长刀遮粲、秉等，各失色而去。秉出，于路逢从弟韫，韫开车迎问曰："今日之事，当归兄邪？"秉曰："吾等已让领军矣。"韫拊膺曰："兄肉中讵有血邪？今年族矣！"是日，以太后令，数苍梧王罪恶，曰："吾密令萧领军潜运明略。安成王准，宜临万国。"追封昱为苍梧王。仪卫至东府门，安成王

是后废帝骗他，不敢开门。王敬则从墙上把人头扔了进去，萧道成洗干净一看，知道是真的。于是穿上军服，乘马而出，王敬则、桓康等都跟在后边。直接入宫，到达承明门，假称皇帝外出后回宫。王敬则恐怕里面的人看见，就用刀环塞住窒孔，同时十分紧急地催促开门，于是开门进去了。平常夜晚，后废帝每次来了开门，守门人害怕，从不敢抬头看，所以在这个时候，就没有怀疑他们。萧道成入殿，殿中官员都惊慌恐惧，接着听说后废帝已死，都高呼万岁。

己丑（初八）日早晨，萧道成身着军服，出来走到庭外的槐树下，以太后的命令召袁粲、褚渊、刘秉入殿聚会商议国家大事。萧道成对刘秉说："这是使君家事，应该如何处理呢？"刘秉没有回答。萧道成大怒，胡子全都张开了，目露凶光，如两道闪电。刘秉说："尚书省的各种事情可以交给我，军事方面的安排处置，就全靠领军了。"萧道成又让给袁粲，袁粲也推辞不敢担当。王敬则拔出刀来，在座榻旁边跳起来说："天下大事，都要通过萧公！谁敢说一个不字，就让他血染我王敬则的刀口！"说着亲手拿来白纱帽戴在萧道成头上，要他即帝位，说："今日谁敢再乱动？办事要趁热打铁才行！"萧道成一本正经地呵斥他："你对这事全都不懂！"袁粲想说话，王敬则喝住他，袁粲就不敢说了。褚渊说："了结这些事情非萧公不行了。"就亲手将那些应处理的章奏事务交给了萧道成。萧道成说："既然大家相互推托，不肯接受，我又怎么能够推辞呢？"于是提议，准备天子法驾到东城去，迎接拥立安成王。于是萧道成的卫士以长刀为墙，挡住袁粲、刘秉的视线，两人大惊失色，急忙离去。刘秉在出来的路上，碰到堂弟刘韫，刘韫打开车门迎着他问道："今天的大事，商量的结果应当归哥哥你管吗？"刘秉说："我们已让给萧领军了。"刘韫捶胸叹道："哥哥的肉里还有血没有？今年我们将灭族了！"这一天，萧道成以皇太后的名义发布命令，列数后废帝的罪状，然后说："我密令萧领军暗中运用智谋除祸。安成王刘准，应当君临万国。"追封刘昱为苍梧王。皇帝的仪卫抵达东府门前，安成王

令门者勿开,以待袁司徒。粲至,王乃入居朝堂。壬辰,王即皇帝位,时年十一,改元,大赦。葬苍梧王于郊坛西。

甲午,萧道成出镇东府。丙申,以道成为司空、录尚书事、骠骑大将军;袁粲迁中书监,褚渊加开府仪同三司;刘秉迁尚书令,加中领军。以晋熙王燮为扬州刺史。刘秉始谓尚书万机,本以宗室居之,则天下无变。既而萧道成兼总军国,布置心膂,与夺自专,褚渊素相凭附,秉与袁粲阁手仰成矣。辛丑,以尚书右仆射王僧虔为仆射。丙午,以武陵王赞为郢州刺史,萧道成改领南徐州刺史。

八月癸亥,诏袁粲镇石头。粲性冲静,每有朝命,常固辞,逼切不得已,乃就职。至是知萧道成有不臣之志,阴欲图之,即时顺命。萧道成固让司空。庚辰,以为骠骑大将军、开府仪同三司。九月戊申,封杨玉夫等二十五人为侯、伯、子、男。

初,沈攸之与萧道成于大明、景和之间同直殿省,深相亲善,道成女为攸之子中书侍郎文和妇。攸之在荆州,直阁将军高道庆,家在华容,假还,过江陵,与攸之争戏槊,驰还建康,言攸之反状已成,请以三千人袭之。执政皆以为不可,道成仍保证其不然。杨运长等恶攸之,密与道庆谋遣刺客杀攸之,不克。会苍梧王遇弑,主簿宗俨之、功曹臧寅劝攸之因此起兵。攸之以其长子元琰在建康为司徒左长史,故未发。寅,凝之之子也。

时杨运长等已不在内,萧道成遣元琰以苍梧王刳斫之具示攸之。攸之以道成名位素出己下,一旦

命令守门人不要开门，以等待袁司徒的到来。袁粲来后，安成王才进入到朝堂去。壬辰（十一日），安成王即皇帝位，时年十一岁，改年号，大赦天下。把苍梧王安葬在郊坛之西。

甲午（十三日），萧道成出镇东府。丙申（十五日），任命萧道成为司空、录尚书事、骠骑大将军，袁粲改任中书监，褚渊加授开府仪同三司，刘秉升为尚书令、加授中领军。任命晋熙王刘燮为扬州刺史。刘秉原先以为尚书总理万机，本应以宗室担任，那么天下就不会发生变故。不久萧道成总兼军国大事，安插心腹耳目，一切独断专行，褚渊又一向依附萧道成，刘秉与袁粲拱手无事，只好一切照办了。辛丑（二十日），任命尚书右仆射王僧虔为尚书仆射。丙午（二十五日），任命武陵王刘赞为郢州刺史，萧道成改兼南徐州刺史。

八月癸亥（十二日），下诏命令袁粲出镇石头城。袁粲生性谦和淡泊，每次朝廷任命新官职，常常再三推辞，实在迫不得已，才就职。但这时，他知道萧道成有不愿做臣子的野心，想要秘密谋划对付他，所以立即服从命令。萧道成再三推辞司空的职位。庚辰（二十九日），任命他为骠骑大将军、开府仪同三司。九月戊申（二十八日），封杨玉夫等二十五人为侯、伯、子、男。

当初，沈攸之与萧道成在大明、景和年间同在殿省当值，关系非常亲密友好，萧道成的女儿是沈攸之的儿子中书侍郎沈文和的妻子。沈攸之在荆州，直阁将军高道庆家在华容，请假回家，经过江陵时，与沈攸之因为握槊戏发生争执，于是飞马赶回建康，说沈攸之谋反的迹象已很明显，请求朝廷拨给三千人去袭击他，执政大臣都以为不可这样做，萧道成又保证沈攸之不会谋反。杨运长等人痛恨沈攸之，秘密地与高道庆谋划，派遣刺客去刺杀沈攸之，没有成功。正碰上苍梧王被杀，主簿宗俨之、功曹臧寅劝沈攸之趁这机会起兵。沈攸之因为他的长子沈元琰在建康担任司徒左长史，所以没有发动。臧寅是臧凝之的儿子。

当时杨运长等已不在宫内，萧道成派沈元琰带苍梧王砍人的用具给沈攸之看。沈攸之因萧道成名望地位一向在自己之下，一时

专制朝权,心不平,谓元琰曰:"吾宁为王陵死,不为贾充生。"然亦未暇举兵。乃上表称庆,因留元琰。

雍州刺史张敬儿,素与攸之司马刘攘兵善,疑攸之将起事,密以问攘兵。攘兵无所言,寄敬儿马镫一只,敬儿乃为之备。

攸之有素书十数行,常韬在裲裆角,云是明帝与己约誓。攸之将举兵,其妾崔氏谏曰:"官年已老,那不为百口计?"攸之指裲裆角示之,且称太后使至,赐攸之烛,割之,得太后手令云:"社稷之事,一以委公。"于是勒兵移檄,遣使邀张敬儿及豫州刺史刘怀珍、梁州刺史梓潼范柏年、司州刺史姚道和、湘州行事庾佩玉、巴陵内史王文和同举兵。敬儿、怀珍、文和并斩其使,驰表以闻。文和寻弃州奔夏口。柏年、道和、佩玉皆怀两端。道和,后秦高祖之孙也。

十二月辛酉,攸之遣辅国将军孙同等相继东下。攸之遗道成书,以为:"少帝昏狂,宜与诸公密议,共白太后,下令废之。奈何交结左右,亲行弑逆,乃至不殡,流虫在户?凡在臣下,谁不愤骇?又,移易朝旧,布置亲党,宫闱管籥,悉关家人。吾不知子孟、孔明遗训固如此乎?足下既有贼宋之心,吾宁敢捐包胥之节邪?"朝廷闻之,恟惧。

丁卯,道成入守朝堂,命侍中萧嶷代镇东府,抚军行参军萧映镇京口。映,嶷之弟也。戊辰,内外纂严。己巳,以郢州刺史武陵王赞为荆州刺史。庚午,以右卫将军黄回为

竟然专断了朝政,所以心里愤愤不平,他对沈元琰说:"我宁可做王陵而死,不愿做贾充而生。"然而也没有来得及马上举兵,于是上表祝贺,并把沈元琰留下来。

雍州刺史张敬儿素来与沈攸之的司马刘攘兵要好,他怀疑沈攸之将要起事,秘密派人询问刘攘兵。刘攘兵没有说什么,只寄给张敬儿一只马镫,张敬儿于是进行戒备。

沈攸之有一封写在白绸上的有十几行字的信件,平常总是藏在背心衣角里,说是明帝与他的约誓。沈攸之将要举兵,他的妾崔氏劝谏他说:"官人年纪已老,哪能不为百口之家想一想?"沈攸之指着背心衣角给她看,而且宣称太后的使者来了,赐给沈攸之蜡烛,剖开蜡烛之后,得到了太后的手令,说:"国家之事,就全部委托给你了。"于是,沈攸之统勒军队,发布檄文,派使者邀请张敬儿及豫州刺史刘怀珍、梁州刺史梓潼人范柏年、司州刺史姚道和、湘州行事庾佩玉、巴陵内史王文和一同举兵。张敬儿、刘怀珍、王文和都斩杀了沈攸之的使者,飞马上表报告朝廷。王文和不久放弃本州逃奔夏口。范柏年、姚道和、庾佩玉都心怀两端。姚道和是后秦高祖的孙子。

十二月辛酉(十二日),沈攸之派遣辅国将军孙同等人相继东下。沈攸之写信送给萧道成说:"少帝昏暴疯狂,你应该与诸公一起秘密商议,共同报告太后,下令废黜他。你为什么要勾结他的左右侍从,亲自实行弑逆之事,甚至不肯入殓下葬,以至尸体生虫,爬到门上?凡是做臣下的,谁不感到惋惜震惊?你又赶走改变旧臣,安置自己的亲信党羽,宫禁阁门的钥匙,都交给你的家人。我真的不知道,霍子孟、诸葛孔明的遗训,难道就是这样的吗?足下既然有篡宋之心,我难道敢抛弃申包胥的节操吗?"朝廷听说了,非常惊恐。

丁卯(十八日),萧道成入朝堂坐镇,命令侍中萧嶷代替自己镇守东府,抚军行参军萧映镇京口。萧映是萧嶷的弟弟。戊辰(十九日),朝廷内外戒严。己巳(二十日),任命郢州刺史武陵王刘赞为荆州刺史。庚午(二十一日),任命右卫将军黄回为

郢州刺史,督前锋诸军以讨攸之。

初,道成以世子赜为晋熙王燮长史,行郢州事,修治器械以备攸之。及征燮为扬州,以赜为左卫将军,与燮俱下。刘怀珍言于道成曰:"夏口冲要,宜得其人。"道成与赜书曰:"汝既入朝,当须文武兼资与汝意合者,委以后事。"赜乃荐燮司马柳世隆自代。道成以世隆为武陵王赞长史,行郢州事。赜将行,谓世隆曰:"攸之一旦为变,焚夏口舟舰,沿流而东,不可制也。若得攸之留攻郢城,必未能猝拔。君为其内,我为其外,破之必矣。"及攸之起兵,赜行至寻阳,未得朝廷处分,众欲倍道趋建康,赜曰:"寻阳地居中流,密迩畿甸。若留屯湓口,内藩朝廷,外援夏首,保据形胜,控制西南,今日会此,天所置也。"或以为湓口城小难固,左中郎将周山图曰:"今据中流,为四方势援,不可以小事难之,苟众心齐壹,江山皆城隍也。"庚午,赜奉燮镇湓口,赜悉以事委山图。山图断取行旅船板以造楼橹,立水栅,旬日皆办。道成闻之,喜曰:"赜真我子也!"以赜为西讨都督,赜启山图为军副。时江州刺史邵陵王友镇寻阳,赜以为寻阳城不足固,表移友同镇湓口,留江州别驾豫章胡谐之守寻阳。

湘州刺史王蕴遭母丧罢归,至巴陵,与沈攸之深相结。时攸之未举兵,蕴过郢州,欲因萧赜出吊作难,据郢城。赜知之,不出。还,至东府,又欲因萧道成出吊作难,

郢州剌史,统率前锋各军以讨伐沈攸之。

当初,萧道成以世子萧赜为晋熙王刘燮的长史,代行郢州剌史事,修整器械,以防备沈攸之。及至征召刘燮为扬州剌史时,便任命萧赜为左卫将军,与刘燮一起东下。刘怀珍对萧道成说:"夏口是军事要冲,应该有适当的人镇守。"萧道成给萧赜写信说:"你入朝以后,应该找一个文武双全而又与你的政治见解相同的人,把你走后的事托付给他。"萧赜于是推荐刘燮的司马柳世隆接替自己。萧道成任命柳世隆为武陵王刘赞的长史,代行郢州剌史事。萧赜将动身时对柳世隆说:"沈攸之一旦叛变,焚烧夏口的船舰,顺流东下,就不可制服了。如果能使沈攸之留下来进攻郢州城,未必能一下子将它攻下来。那时,你在城内,我在城外,两面夹击,就肯定能打败他。"等到沈攸之起兵时,萧赜走到寻阳,还没有得到朝廷的指示安排,他的部众打算兼程奔赴建康,萧赜说:"寻阳地处长江中游,靠近京畿。如果留驻湓口,对内可以作为朝廷的屏藩,对外可以援助夏口,保住据守形胜之地,又可以控制西南地区,今日我们聚会在这里,真是上天的安排。"有的人认为:"湓口城太小,难以固守。"左中郎将周山图说:"如今我们占据中游,作为四方的声援,不可因为这种小事而犯难,假如大家齐心协力,那么我们的江山到处都是城池。"庚午(二十一日),萧赜拥奉刘燮镇守湓口,萧赜把日常事务全都委托给了周山图。周山图拦截掠取过往船只的船板制造战船,设立水栅,只十天时间,就全部办好了。萧道成听说后,高兴地说:"萧赜真不愧是我的儿子。"任命萧赜为西讨都督,萧赜启奏周山图为军副。当时,江州剌史邵陵王刘友镇守寻阳,萧赜以为寻阳城不够坚固,又上表朝廷,要刘友与他同镇湓口,留江州别驾豫章人胡谐之守寻阳。

湘州剌史王蕴碰上母亲去世,去职回家守丧,到巴陵时,与沈攸之深深结交。当时,沈攸之尚未举兵,王蕴经过郢州时,打算利用萧赜出来吊丧时发难,占领郢城。萧赜知道他的计谋,不肯出来。王蕴回来后,到东府,又打算利用萧道成出来吊丧时发难,

道成又不出。蕴乃与袁粲、刘秉密谋诛道成，将帅黄回、任候伯、孙昙瓘、王宜兴、卜伯兴等皆与通谋。伯兴，天与之子也。

道成初闻攸之事起，自往诣粲，粲辞不见。通直郎袁达谓粲不宜示异同，粲曰："彼若以主幼时艰，与桂阳时不异，劫我入台，我何辞以拒之？一朝同止，欲异得乎？"道成乃召褚渊，与之连席，每事必引渊共之。时刘韫为领军将军，入直门下省。卜伯兴为直阁，黄回等诸将皆出屯新亭。

初，褚渊为卫将军，遭母忧去职，朝廷敦迫，不起。粲素有重名，自往譬说，渊乃从之。及粲为尚书令，遭母忧，渊譬说恳至，粲遂不起，渊由是恨之。及沈攸之事起，道成与渊议之。渊曰："西夏衅难，事必无成，公当先备其内耳。"粲谋既定，将以告渊，众谓渊与道成素善，不可告。粲曰："渊与彼虽善，岂容大作同异？今若不告，事定便应除之。"乃以谋告渊，渊即以告道成。

道成亦先闻其谋，遣军主苏烈、薛渊、太原王天生将兵助粲守石头。薛渊固辞，道成强之，渊不得已，涕泣拜辞。道成曰："卿近在石头，日夕去来，何悲如是，且又何辞？"渊曰："不审公能保袁公共为一家否？今渊往，与之同则负公，不同则立受祸，何得不悲？"道成曰："所以遣卿，正为能尽临事之宜，使我无西顾之忧耳。但当努力，无所多言。"

萧道成又不出来。王蕴便与袁粲、刘秉密谋诛杀萧道成,将帅黄回、任候伯、孙昙瓘、王宜兴、卜伯兴等都与他通谋。卜伯兴是卜天与的儿子。

萧道成最初听说沈攸之起兵的消息时,亲自去拜访袁粲,袁粲谢绝不见。通直郎袁达认为袁粲不应该表示出两种态度,袁粲说:"他如果以主上年幼,时局艰难,与桂阳王起事时没有什么不同为借口,用武力挟持我入宫,我有什么理由拒绝他呢? 一旦与他同行同止,以后还想反对他,办得到吗?"萧道成于是又召褚渊,与他连席而坐,每件事都找褚渊共同商量。当时刘韫担任领军将军,在门下省值宿。卜伯兴担任直阁将军,黄回等诸将都出京驻扎新亭。

当初,褚渊担任卫将军,遇母亲去世而去职,朝廷敦促、强迫,他都不肯起复。袁粲素来有很高的声誉,亲自现身说法地去劝他,褚渊才听从。及至袁粲担任尚书令,也因母亲去世而去职,褚渊也现身说法的去劝他,恳切得很,袁粲却始终不肯起复,褚渊因此而怨恨他。及至沈攸之的事发生,萧道成与褚渊一起计议。褚渊说:"西夏挑起边难,一定不会成功,您应该先防备内部。"袁粲的谋划确定以后,打算告诉褚渊,大家都认为褚渊与萧道成素来友好,不能告诉他。袁粲说:"褚渊与他虽然很要好,难道我们就跟他彻底划清界线? 如今假若不先告诉他,事成后就会要杀掉他的。"于是以他们的计划告诉了褚渊,褚渊立即告诉了萧道成。

萧道成也早已知道了他们的计划,所以派军主苏烈、薛渊、太原人王天生率兵帮助袁粲驻守石头。薛渊再三推辞,萧道成强迫他去,薛渊不得已,流着眼泪拜辞。萧道成说:"你近在石头城,早上去晚上就可以回来,为什么这样悲伤,况且又何必辞行?"薛渊说:"不知您能不能保全袁公一家性命? 如今我薛渊前去,如果赞成他那就辜负了您,如果不赞成他则立即会受祸,怎么会不悲伤?"萧道成说:"之所以派你去,正是因为你能随机应变,使我无西顾之忧。只管努力去做,不要多说了。"

渊,安都之从子也。道成又以骁骑将军王敬则为直阁,与
伯兴共总禁兵。

粲谋矫太后令,使韫、伯兴帅宿卫兵攻道成于朝堂,回
等帅所领为应。刘秉、任候伯等并赴石头,本期壬申夜发,
秉恇扰不知所为,晡后即束装,临去,啜羹,写胸上,手振不
自禁。未暗,载妇女,尽室奔石头,部曲数百,赫奕满道。
既至,见粲,粲惊曰:“何事遽来?今败矣!”秉曰:“得见公,
万死何恨!”孙昙瓘闻之,亦奔石头。丹杨丞王逊等走告道
成,事乃大露。逊,僧绰之子也。

道成密使人告王敬则。时阁已闭,敬则欲开阁出,卜
伯兴严兵为备,敬则乃锯所止屋壁得出,至中书省收韫。
韫已成严,列烛自照。见敬则猝至,惊起迎之,曰:“兄何能
夜顾?”敬则呵之曰:“小子那敢作贼!”韫抱敬则,敬则拳殴
其颊仆地而杀之,又杀伯兴、苏烈等,据仓城拒粲。王蕴闻
秉已走,叹曰:“事不成矣!”狼狈帅部曲数百向石头。本期
开南门,时暗夜,薛渊据门射之。蕴谓粲已败,即散走。

道成遣军主会稽戴僧静帅数百人向石头助烈等,自仓
门得入,与之并力攻粲。孙昙瓘骁勇善战,台军死者百馀
人。王天生殊死战,故得相持。自亥至丑,戴僧静分兵攻府
西门,焚之。粲与秉在城东门,见火起,欲还赴府。秉与二子
俣、陔逾城走。粲下城,列烛自照,谓其子最曰:“本知一木

薛渊是薛安都的侄子。萧道成又任命骁骑将军王敬则为直阁，与卜伯兴共统禁兵。

　　袁粲计划假传皇太后的命令，派刘韫、卜伯兴率领宫廷宿卫兵，在朝堂攻击萧道成，黄回等率领自己的人马为内应。刘秉、任候伯等都奔赴石头，原本约定壬申（二十三日）的夜里起事，刘秉心慌意乱，不知该干什么，黄昏时分就开始整理行装，临走时，吃肉汤，倒在胸脯上，双手发抖，不能自我克制。天还未黑，就用车子载着妇女和全部财物运到石头，部属数百人，黑压压的一大片，挤满了道路。到达之后，去见袁粲，袁粲大惊道："究竟发生了什么事，就急急忙忙赶来？如今大事完了！"刘秉说："能够见到您，万死何恨！"孙昙瓘听说后，也逃奔到石头。丹杨丞王逊等跑去告诉萧道成，这事才彻底暴露。王逊是王僧绰的儿子。

　　萧道成秘密派人通知王敬则。当时宫殿门户已经关闭，王敬则打算打开阁门出去，而卜伯兴的部队已进入战前准备状态，王敬则便将他所停留的那间房子锯了一个洞，从那里爬出来，到中书省来抓刘韫。刘韫已经戒严，烛火通明。看见王敬则突然来了，大吃一惊，站起来迎上前去说："老兄怎么夜里来拜访？"王敬则骂道："好小子，竟敢做贼！"刘韫抱住王敬则，王敬则用拳头猛击他的面颊，将他打倒在地，杀了他，又杀了卜伯兴、苏烈等人，占据仓城抵抗袁粲。王蕴听说刘秉已逃，叹息说："事情不会成功了！"狼狈地率领部众几百人奔赴石头城。本来约定开南门进去，因为当时已经是黑夜，薛渊守在城门上，发箭乱射。王蕴以为袁粲已经失败，部众便四散逃走。

　　萧道成派遣军主会稽人戴僧静率领数百人奔向石头，前去援救苏烈等人，从仓门得以进入，与他们并力进攻袁粲。孙昙瓘骁勇善战，官军战死的有一百多人。王天生拼死作战，才能使双方处于相持的状态。从亥时一直坚持到丑时，戴僧静分兵进攻府西门，纵火焚烧。袁粲与刘秉在城东门，看见起火了，打算回府去。刘秉与两个儿子刘俣、刘陔跳墙逃跑。袁粲下城，手里拿着灯烛照路，对他的儿子袁最说："我本来知道，一根木头

不能止大厦之崩,但以名义至此耳。"僧静乘暗逾城独进,
最觉有异人,以身卫粲,僧静直前斫之。粲谓最曰:"我不
失忠臣,汝不失孝子。"遂父子俱死。百姓哀之,为之谣曰:
"可怜石头城,宁为袁粲死,不作褚渊生。"刘秉父子走至额
檐湖,追执,斩之。任候伯等并乘船赴石头,既至,台军已
集,不得入,乃驰还。

　　黄回严兵,期诘旦帅所领从御道直向台门攻道成。闻
事泄,不敢发。道成抚之如旧。王蕴、孙昙瓘皆逃窜,先捕
得蕴,斩之,其馀粲党皆无所问。

　　粲典签莫嗣祖为粲、秉宣通密谋,道成召诘之,曰:"袁
粲谋反,何不启闻?"嗣祖曰:"小人无识,但知报恩,何敢泄
其大事? 今袁公已死,义不求生。"蕴嬖人张承伯藏匿蕴,
道成并赦而用之。

　　粲简淡平素,而无经世之才。好饮酒,喜吟讽,身居剧
任,不肯当事。主事每往谘决,或高咏对之。闲居高卧,门
无杂宾,物情不接,故及于败。

　　　　裴子野论曰:袁景倩,民望国华,受付托之重。智
　　不足以除奸,权不足以处变,萧条散落,危而不扶。及
　　九鼎既轻,三才将换,区区斗城之里,出万死而不辞,
　　盖蹈匹夫之节而无栋梁之具矣。

　　乙亥,以尚书仆射王僧虔为左仆射,新除中书令王延
之为右仆射,度支尚书张岱为吏部尚书,吏部尚书王奂为

不能支撑住大厦的倒塌,只是为了名节和道义,才弄到今日这种地步。"戴僧静趁着黑暗翻过城墙,一个人偷偷前行,袁最发觉有外人,用自己的身体保卫袁粲,戴僧静窜上前来举刀砍向他们。袁粲对袁最说:"我不失为忠臣,你不失为孝子。"于是父子都被杀死。老百姓哀悼他们,替他们编了一首歌谣说:"可怜石头城,宁为袁粲死,不做褚渊生。"刘秉父子逃到额檐湖,被追上抓获,斩首。任候伯等人都乘船赴援石头城,到达之后,官军已经聚集在那里,无法进去,于是又跑回来了。

黄回让部队处于戒备状态,约定第二天早上率领他的部队由御道直奔宫门进攻萧道成。听说事机已经泄漏,不敢发动。萧道成对待他如同平常。王蕴、孙昙瓘都逃跑了,首先捕获了王蕴,斩首,其馀袁粲的党羽都没有查问。

袁粲的典签莫嗣祖为袁粲与刘秉的密谋充当联络,萧道成召他责问道:"袁粲谋反,你为什么不报告?"莫嗣祖说:"小人没有知识,只懂得报恩,怎么敢泄漏他的大事?如今袁公已死,我遵循大义,不想求生。"王蕴的弄臣张承伯窝藏王蕴,萧道成都赦免并任用他们。

袁粲办事简单,性情淡泊,生活朴素,然而没有治理国家的才能。喜欢饮酒,长于吟咏讽诵。身居重任,却不肯管事。尚书省主事每次去请示要事,让他裁决时,他有时甚至高声吟诵诗赋,作为答复。闲居时就高枕而卧,家里除了权贵之外,没有其他宾客,对于社会情况完全没有接触,所以导致失败。

南朝梁裴子野评论说:袁景倩是民众的希望、国家的精华,身负托孤的重任,但是才智不足以除奸,权谋不足以应变,政权萧条零落,他面对危机却无力扶持。等到刘氏九鼎已轻,天地人三才将要另换新局,他在这小小的斗大的城池内,面对万死,却不推辞,大概是要履行一个常人的节操,而没有栋梁的才干呀。

乙亥(二十六日),任命尚书仆射王僧虔为左仆射,新任中书令王延之为右仆射,度支尚书张岱为吏部尚书,吏部尚书王奂为

丹杨尹。延之，裕之孙也。

刘秉弟遐为吴郡太守。司徒右长史张瓌，永之子也，遭父丧在吴。家素豪盛，萧道成使瓌伺间取遐。会遐召瓌诣府，瓌帅部曲十馀人直入斋中，执遐，斩之，郡中莫敢动。道成闻之，以告瓌从父领军冲，冲曰："瓌以百口一掷，出手得卢矣。"道成即以瓌为吴郡太守。

道成移屯阅武堂，犹以重兵付黄回使西上，而配以腹心。回素与王宜兴不协，恐宜兴反告其谋，闰月辛巳，因事收宜兴，斩之。诸将皆言回握强兵必反，宁朔将军桓康请独往刺之，道成曰："卿等何疑？彼无能为也。"

沈攸之遣中兵参军孙同等五将以三万人为前驱，司马刘攘兵等五将以二万人次之，又遣中兵参军王灵秀等四将分兵出夏口，据鲁山。癸巳，攸之至夏口，自恃兵强，有骄色。以郢城弱小，不足攻，云"欲问讯安西"，暂泊黄金浦。遣人告柳世隆曰："被太后令，当暂还都。卿既相与奉国，想得此意。"世隆曰："东下之师，久承声问。郢城小镇，自守而已。"宗俨之劝攸之攻郢城，臧寅以为："郢城兵虽少而地险，攻守势异，非旬日可拔。若不时举，挫锐损威。今顺流长驱，计日可捷。既倾根本，则郢城岂能自固？"攸之从其计，欲留偏师守郢城，自将大众东下。乙未，将发，柳世隆遣人于西渚挑战，前军中兵参军焦度于城楼上肆言骂攸之，且秽辱之。攸之怒，改计攻城，令诸军登岸烧郭邑，

丹杨尹。王延之是王裕的孙子。

刘秉的弟弟刘遐担任吴郡太守。司徒右长史张瓌是张永的儿子，碰上父亲去世，在吴郡守丧。张家素来势力强盛，萧道成命张瓌伺机杀掉刘遐。正碰上刘遐召张瓌到他的郡府去，张瓌率领部下十多人径直奔入书斋，抓住刘遐杀了，郡中的人都不敢乱动。萧道成听说了，把这个消息告诉了张瓌的叔父领军张冲，张冲说："张瓌以百口之家作赌注，一出手就得胜了。"萧道成马上任命张瓌为吴郡太守。

萧道成移驻到阅武堂，仍然把重兵交付黄回，让他西上讨敌，但是安插自己的心腹暗中监视。黄回素来与王宜兴不和，恐怕王宜兴回来后告发他谋反，闰十二月辛巳(初二)，找个借口逮捕王宜兴，把他杀了。诸将都说黄回手握重兵，必定会谋反，宁朔将军桓康请求单独去刺杀他。萧道成说："你们不必多疑，他是没有什么作为的。"

沈攸之派遣中兵参军孙同等五位将军率领三万人为前锋，司马刘攘兵等五位将军率领两万人随后出发，又派遣中兵参军王灵秀等四位将军分兵出夏口，占据鲁山。癸巳(十四日)，沈攸之到达夏口，依仗着自己兵力强大，面有骄色。以为郢城弱小，不值得大军去进攻，只说"向安西将军问好"，暂时停泊在黄金浦。派人告诉柳世隆说："奉太后的命令，要暂回京都。你既然跟我一样效忠国家，想必你一定理解我的意思。"柳世隆说："东下军队的用意，我们早已听说。郢城一个小镇，只求自保而已。"宗俨之劝沈攸之攻郢城，臧寅以为："郢城兵力虽少，但地势险要，易守难攻，不是十天半月可以打下来的。如果不能马上攻下，就会挫伤锐气和声威。而今我们顺流而下，长驱直入，很快就会取得胜利。只要根本被推翻，那郢城又怎能独自固守？"沈攸之听从了他的计策，打算留下一支军队守郢城，自己率领大军东下。乙未(十六日)，即将出发，柳世隆派人在西渚挑战，前军中兵参军焦度在城楼上破口大骂沈攸之，而且用污秽的话侮辱他。沈攸之大怒，改变计划攻城，命令各军登岸焚烧城邑，

筑长围,昼夜攻战。世隆随宜拒应,攸之不能克。

道成命吴兴太守沈文秀督吴、钱唐军事。文秀收攸之弟新安太守登之,诛其宗族。

乙未,以后军将军杨运长为宣城太守,于是太宗嬖臣无在禁省者矣。

> 沈约论曰:夫人君南面,九重奥绝,陪奉朝夕,义隔卿士,阶闼之任,宜有司存。既而恩以狎生,信由恩固,无可惮之姿,有易亲之色。孝建、泰始,主威独运,而刑政纠杂,理难遍通,耳目所寄,事归近习。及觇欢愠,候惨舒,动中主情,举无谬旨。人主谓其身卑位薄,以为权不得重。曾不知鼠凭社贵,狐藉虎威,外无逼主之嫌,内有专用之效,势倾天下,未之或悟。及太宗晚运,虑经盛衰,权倖之徒,慑惮宗戚,欲使幼主孤立,永窃国权,构造同异,兴树祸隙,帝弟宗王,相继屠剿。宝祚夙倾,实由于此矣。

辛丑,尚书左丞济阳江谧建议假萧道成黄钺,从之。

乙巳,萧道成出顿新亭,谓骠骑参军江淹曰:“天下纷纷,君谓何如?”淹曰:“成败在德,不在众寡。公雄武有奇略,一胜也;宽容而仁恕,二胜也;贤能毕力,三胜也;民望所归,四胜也;奉天子以伐叛逆,五胜也。彼志锐而器

修筑长围,日夜攻战。柳世隆依据实际情况进行抵抗,沈攸之不能攻下来。

萧道成命令吴兴太守沈文秀督理吴、钱唐军事。沈文秀逮捕沈攸之的弟弟新安太守沈登之,诛灭他的家族。

乙未(十六日),任命后军将军杨运长为宣城太守,到这时,太宗的亲信宠臣没有一个留在宫禁之中了。

南朝梁沈约评论说:人君南面而坐,居于九重深宫,与外世隔绝,朝夕陪伴在身边的,依照礼义规定,要隔绝卿士;在阶下、宫闼服务的,有专门的侍从担任。时日一久,侍从们由于十分亲近而受恩宠,由于宠爱而受到信任,在君主眼里,他们的样子并不可怕,而使人觉得特别可亲。孝建、泰始两朝,君主虽然独掌大权,然而刑政纠结复杂,皇帝一个人自然很难全部统管,所以收发情报、整理资料,不得不交给左右近臣去处理。及至他们观察人主的好恶,伺候人主的喜怒,一举一动都合乎人主的心意,从不违背人主的旨意。人主也认为他们身份低贱,地位卑微,不可能专权。却不知鼠凭社贵,狐假虎威,外面他们虽然没有势逼君主的嫌疑,内部却有专权的实效,权威渐渐发展到超过天下所有的人,而人主或许还没有觉醒。及至太宗晚年,考虑到国家经过盛衰的变化,那些权幸之臣,都惧怕宗戚,想要让幼主孤立无援,好永远窃据国家的权力,于是他们制造派别,挑起矛盾,使皇帝的弟弟、皇家的亲王相继遭到屠杀。刘宋的国祚早就倾移了,实在是由于这个原因引起的。

辛丑(二十二日),尚书左丞济阳人江谧建议,授给萧道成黄钺,顺帝同意了。

乙巳(二十六日),萧道成出驻新亭,对骠骑将军江淹说:"天下纷纷,您以为形势如何?"江淹说:"成败在于恩德,不在人数多少。您雄武富奇谋,这是第一张胜券;宽容而仁恕,这是第二张胜券;贤能的人为您尽力,这是第三张胜券;民心归附,这是第四张胜券;尊奉天子以讨伐叛逆,这是第五张胜券。对方性情急躁而器量

小,一败也;有威而无恩,二败也;士卒解体,三败也;搢绅不怀,四败也;悬兵数千里而无同恶相济,五败也:虽豺狼十万,终为我获。"道成笑曰:"君谈过矣。"南徐州行事刘善明言于道成曰:"攸之收众聚骑,造舟治械,苞藏祸心,于今十年。性既险躁,才非持重,而起逆累旬,迟回不进。一则暗于兵机,二则人情离怨,三则有掣肘之患,四则天夺其魄。本虑其剽勇轻速,掩袭未备,决于一战。今六师齐奋,诸侯同举,此笼中之鸟耳。"萧赜问攸之于周山图,山图曰:"攸之相与邻乡,数共征伐,颇悉其为人,性度险刻,士心不附。今顿兵坚城之下,适所以为离散之渐耳。"

二年春正月己酉朔,百官戎服入朝。

沈攸之尽锐攻郢城,柳世隆乘间屡破之。萧赜遣军主桓敬等八军据西塞,为世隆声援。

攸之获郢府法曹南乡范云,使送书入城,饷武陵王赞牸一羫,柳世隆鱼三十尾,皆去其首。城中欲杀之,云曰:"老母弱弟,悬命沈氏,若违其命,祸必及亲。今日就戮,甘心如荠。"乃赦之。

攸之遣其将皇甫仲贤向武昌,中兵参军公孙方平向西阳。武昌太守臧涣降于攸之,西阳太守王毓奔溢城。方平据西阳,豫州刺史刘怀珍遣建宁太守张谟等将万人击之,辛酉,方平败走。平西将军黄回等军至西阳,溯流而进。

攸之素失人情,但劫以威力。初发江陵,已有逃者。及攻

狭小，这是第一个败因；只有威严而无恩德，这是第二个败因；军心离散，这是第三个败因；官宦人士不归附，这是第四个败因；深入敌境数千里而无同党相助，这是第五个败因。即使他有十万豺狼般凶狠的士卒，最终也会被我们擒获。"萧道成笑道："您说得过分了。"南徐州行事刘善明对萧道成说："沈攸之招兵买马，制造船只，修治器械，包藏祸心，至今已经十年了。性情既然险恶、急躁，又没有老成持重之才，造反已有数十天，而迟留不肯前进。一则不懂军事，二则人心离散怨愁，三则受到牵制，四则上天夺去了他的气魄。本来担心他剽悍勇敢，轻捷迅速，乘我们没有防备而进行突袭，一战决定胜负。如今我们已六师齐进，诸侯同发，他已是笼中之鸟了。"萧赜向周山图打听沈攸之的情况，周山图说："沈攸之是我的邻乡，我们多次一起征伐，我非常熟悉他这个人，他性情阴险刻薄，士心不附。如今把军队停驻于坚城之下，这正是导致军队离散的开始。"

二年(478)春季正月己酉是初一，百官身着军服入朝祝贺。

沈攸之出动全部精锐部队进攻郢城，柳世隆利用对方弱点屡次打败他。萧赜派遣军主桓敬等八军占据西塞，作为柳世隆的声援。

沈攸之俘虏了郢府法曹南乡人范云，命他送信入城，送给武陵王刘赞一只砍掉下头的牛犊，送给柳世隆三十条去掉了头的鱼。城中人要杀他，范云说："老母幼弟的性命，都掌握在沈攸之手中，如果违抗他的命令，灾祸一定会连及亲人。今天被杀，心甘情愿。"于是，城中的人赦免了他。

沈攸之派他的部将皇甫仲贤向武昌进攻，中兵参军公孙方平向西阳进攻。武昌太守臧涣投降沈攸之，西阳太守王毅逃奔滠城。公孙方平占据了西阳，豫州刺史刘怀珍派遣建宁太守张谟等率领一万多人进攻他，辛酉(十三日)，公孙方平败逃。平西将军黄回等军到达西阳，溯流而进。

沈攸之一向就失去了人心，只不过是依靠暴力来进行胁迫。刚刚在江陵出发的时候，就已经有逃跑的人。到进攻

郢城,三十餘日不拔,逃者稍多。攸之日夕乘马历营抚慰,而去者不息。攸之大怒,召诸军主曰:"我被太后令,建义下都。大事若克,白纱帽共著耳。如其不振,朝廷自诛我百口,不关餘人。比军人叛散,皆卿等不以为意,我亦不能问叛身,自今军中有叛者,军主任其罪。"于是一人叛,遣人追之,亦去不返,莫敢发觉,咸有异计。

刘攘兵射书入城请降,柳世隆开门纳之。丁卯夜,攘兵烧营而去。军中见火起,争弃甲走,将帅不能禁。攸之闻之,怒,衔须咀之,收攘兵兄子天赐、女婿张平虏,斩之。向旦,攸之帅众过江,至鲁山,军遂大散,诸将皆走。臧寅曰:"幸其成而弃其败,吾不忍为也!"乃投水死。攸之犹有数十骑自随,宣令军中曰:"荆州城中大有钱,可相与还取以为资粮。"郢城未有追军,而散军畏蛮抄,更相聚结,可二万人,随攸之还江陵。

张敬儿既斩攸之使者,即勒兵。侦攸之下,遂袭江陵。攸之使子元琰与兼长史江乂、别驾傅宣共守江陵城。敬儿至沙桥,观望未进。城中夜闻鹤唳,谓为军来,乂、宣开门出走,吏民崩溃。元琰奔宠洲,为人所杀。敬儿至江陵,诛攸之二子、四孙。

攸之将至江陵百餘里,闻城已为敬儿所据,士卒随之者皆散。攸之无所归,与其子文和走至华容界,皆缢于栎林。己巳,村民斩首送江陵。敬儿擎之以楯,覆以青伞,

郢城时，三十多天还没有攻下来，逃跑的人渐渐多了。沈攸之日夜乘马到各军营抚慰，而逃跑的仍然没有停息。沈攸之大怒，召集各军主，对他们说："我奉太后的命令，首倡大义，前往京都。大事如果成功，白纱帽跟大家共着戴。如果不成功，朝廷自会诛杀我家百来口人，跟其他人无关。近来背叛离散，都是你们不注意管束，我也无法去问那些已经逃跑的人，从今以后，军中如果有叛逃的人，由该军的军主承担责任。"于是，有一个人逃亡，就派人去追，而追捕逃兵的人自己也一去不复返，没有谁敢去报告沈攸之，全都各怀异心。

刘攘兵把降书射入城中，请求投降，柳世隆开门纳叛。丁卯（十九日）夜晚，刘攘兵烧毁营寨后逃去。军中发现营寨起了火，都争先恐后地弃甲逃跑，将帅无法禁止。沈攸之听说后大怒，气得狠狠地咬住自己的胡须咀嚼，逮捕了刘攘兵的侄子刘天赐、女婿张平虏，将他俩杀了。天色微明时，沈攸之率众过江，到达鲁山时，部队便彻底崩溃，诸将都纷纷逃命。臧寅说："侥幸地觉着他会成功就跟着他起事，而失败了就抛弃他自己逃走，我不忍心这样做。"于是投水自杀。沈攸之还有几十个骑兵跟着，他在军队中宣布命令说："荆州城中有很多钱，我们可以一起回去取来，作资粮。"郢城并没有追兵，而那些分散的军队害怕蛮族的袭击，又互相聚集结合在一起，大约有两万人，跟随沈攸之回江陵去。

张敬儿杀了沈攸之的使者后，就开始治兵备战。他侦察到沈攸之东下的消息后，就袭击江陵。沈攸之让他的儿子沈元琰与兼长史江义、别驾傅宣共同守卫江陵城。张敬儿到达沙桥，观望形势，没有前进。而江陵城中夜里听到鹤叫，以为有军队来了，江义、傅宣即开门逃走，官民因此崩溃了。沈元琰逃奔宠洲，被人杀死。张敬儿到达江陵，杀了沈攸之的两个儿子和四个孙子。

沈攸之离江陵一百多里，听说江陵城已被张敬儿占领，跟随他的士卒都溃散了。沈攸之走投无路，与沈文和逃到华容地界，都在栎树林中自缢而死。己巳（二十一日），村民斩下他们的首级送到江陵。张敬儿把他们的首级放在盾牌上，上面用青布伞遮盖着，

徇诸市郭,乃送建康。敬兒诛攸之亲党,收其财物数十万,皆以入私。

初,仓曹参军金城边荣,为府录事所辱,攸之为荣鞭杀录事。及敬兒将至,荣为留府司马,或说之使诣敬兒降,荣曰:"受沈公厚恩,共如此大事,一朝缓急,便易本心,吾不能也。"城溃,军士执以见敬兒,敬兒曰:"边公何不早来?"荣曰:"沈公见留守城,不忍委去。本不祈生,何须见问?"敬兒曰:"死何难得?"命斩之。荣欢笑而去。荣客太山程邕之抱荣曰:"与边公周游,不忍见边公死,乞先见杀。"兵人不得行戮,以白敬兒,敬兒曰:"求死甚易,何为不许?"先杀邕之,然后及荣,军人莫不垂泣。孙同、宗俨之等皆伏诛。

丙子,解严,以侍中柳世隆为尚书右仆射,萧道成还镇东府。丁丑,以左卫将军萧赜为江州刺史,侍中萧嶷为中领军。二月庚辰,以尚书左仆射王僧虔为尚书令,右仆射王延之为左仆射。癸未,加萧道成太尉、都督南徐等十六州诸军事,以卫将军褚渊为中书监、司空。道成表送黄钺。

夏四月,萧道成以黄回终为祸乱,回有部曲数千人,欲遣收,恐为乱。辛卯,召回入东府。至,停外斋,使桓康将数十人,数回罪而杀之。

秋八月乙未,以萧赜为领军将军,萧嶷为江州刺史。

九月,萧道成欲引时贤参赞大业。夜,召骠骑长史谢朏,屏人与语,久之,朏无言。唯二小儿捉烛,道成虑朏难之,仍取烛遣儿,朏又无言,道成乃呼左右。朏,庄之子也。

在各个市郭巡行示众,然后送往建康。张敬儿又诛杀沈攸之的亲戚、同党,没收他的财产数十万,都私吞了。

当初,仓曹参军金城人边荣被府录事所侮辱,沈攸之替边荣用鞭子打死了那个录事。到张敬儿快要进城时,边荣担任留府司马。有人劝说他到张敬儿那里去投降。边荣说:"受沈公的大恩,共同做这样的大事,现在一时之间有危急情况,就改变本心,我不能这样做。"江陵城崩溃以后,士兵抓了边荣来见张敬儿,张敬儿说:"边公为什么不早来?"边荣说:"沈公留我守城,我不忍心丢下城池离去。本来我就不想求生,何必多问。"张敬儿说:"想死有什么难?"命令杀了他。边荣大笑走去。边荣的门客太山人程邕之抱住边荣说:"我与边公周游各地,不忍心看着边公死,请求让我先死。"刽子手无法行刑,便去报告张敬儿,张敬儿说:"求死容易,为什么不同意?"于是先杀程邕之,然后杀了边荣,军人们没有不流泪的。孙同、宗俨之等人都被处死。

丙子(二十八日),解除戒严,任命侍中柳世隆为尚书右仆射,萧道成返回镇守东府。丁丑(二十九日),任命右卫将军萧赜为江州刺史,侍中萧嶷为中领军。二月庚辰(初二),任命尚书左仆射王僧虔为尚书令,尚书右仆射王延之为尚书左仆射。癸未(初五),加授萧道成太尉、都督南、徐等十六州诸军事,任命卫将军褚渊为中书监、司空。萧道成上表送还黄钺。

夏季四月,萧道成认为黄回终究是祸患,黄回有部属数千人,想要派使者去逮捕他,又恐怕他造反。辛卯(十四日),召黄回到东府来。黄回来后,停在外面的客斋里,萧道成派桓康率领数十人前去,列数黄回的罪状后杀了他。

秋季八月乙未(二十日),任命萧赜为领军将军,萧嶷为江州刺史。

九月,萧道成打算招时贤辅佐大业。夜晚,召骠骑长史谢朏,屏退左右谈话,过了很久,谢朏仍没说话。只有两个小孩在旁拿烛,萧道成以为谢朏仍有难处,于是自己拿烛,将小孩打发走,谢朏还是没说话,萧道成这才叫左右入内。谢朏是谢庄的儿子。

太尉右长史王俭知其指。他日,请间言于道成曰:"功高不赏,古今非一。以公今日位地,欲终北面,可乎?"道成正色裁之,而神采内和。俭因曰:"俭蒙公殊眄,所以吐所难吐,何赐拒之深?宋氏失德,非公岂复宁济?但人情浇薄,不能持久。公若小复推迁,则人望去矣。岂唯大业永沦,七尺亦不可得保。"道成曰:"卿言不无理。"俭曰:"公今名位,故是经常宰相,宜礼绝群后,微示变革。当先令褚公知之,俭请衔命。"道成曰:"我当自往。"经少日,道成自造褚渊,款言移晷,乃谓曰:"我梦应得官。"渊曰:"今授始尔,恐一二年间未容便移,且吉梦未必应在旦夕。"道成还,以告俭。俭曰:"褚是未达理耳。"

俭乃唱议加道成太傅,假黄钺,使中书舍人虞整作诏。道成所亲任遐曰:"此大事,应报褚公。"道成曰:"褚公不从,奈何?"遐曰:"彦回惜身保妻子,非有奇才异节,遐能制之。"渊果无违异。

丙午,诏进道成假黄钺、大都督中外诸军事、太傅、领扬州牧,剑履上殿,入朝不趋,赞拜不名,使持节、太尉、骠骑大将军、录尚书、南徐州刺史如故。道成固辞殊礼。

戊申,太傅道成以萧映为南兖州刺史。冬十月丁丑,以萧晃为豫州刺史。

齐高帝建元元年春正月甲辰,以江州刺史萧嶷为都督荆湘等八州诸军事、荆州刺史。

太傅道成以谢朏有重名,必欲引参佐命,以为左

太尉右长史王俭知道萧道成的用意。有一天,他请求单独与萧道成谈话,说:"功劳太高无法赏赐,从古到今,不只一例。以您今天这样高的地位,想要始终北面称臣,可能吗?"萧道成却一本正经地制止他,然而内心感到很高兴。王俭说:"我王俭承蒙您的特殊看重,所以说了难以说出口的话,您为什么拒绝得这样坚决呢?刘宋皇家失德,如果没有您,又怎么能够渡过难关,恢复安宁?只是人情浇薄,感恩之心无法持久。您如果再稍拖延时日,人心就会失去了。到那时哪里只是大业会永远地失去,就是七尺之躯也不能保住。"萧道成说:"您讲的不是没有道理。"王俭说:"您今天的名望地位,本是长久宰相,应该在礼节上和普通宰相不一样,稍微显示出变革的趋势。应该先让褚公知道,我王俭请求去执行这项命令。"萧道成说:"我应该亲自去。"过了没几天,萧道成亲自去拜访褚渊,气氛融洽,谈了很久,才对他说:"我梦见应升官。"褚渊说:"刚刚给你加的官,恐怕这一两年内不会就提升吧,况且吉祥的梦未必马上就会应验。"萧道成回来,把这些告诉了王俭。王俭说:"褚渊还没有开窍呀。"

王俭于是倡议加授萧道成为太傅,赐给黄钺,命中书舍人虞整撰写诏书。萧道成的亲信任遐说:"这是大事,应该告诉褚公。"萧道成说:"褚公如果不同意,那怎么办?"任遐说:"褚彦回珍惜生命,要保护妻子儿女,并没有什么奇异的才能和节操,我任遐能够制住他。"褚渊果然不表示反对。

丙午(初二),下诏进萧道成假黄钺、大都督、中外诸军事、太傅、领扬州牧,可以佩剑穿鞋上殿,入朝不必快步走,奏事时不传报姓名,使持节、太尉、骠骑大将军、录尚书、南徐州刺史等官职依旧保持。萧道成坚决推辞这种特殊的礼遇。

戊申(初四),太傅萧道成任命萧映为南兖州刺史。冬季十月丁丑(初三),任命萧晃为豫州刺史。

齐高帝建元元年(479)春季正月甲辰(初二),顺帝任命江州刺史萧嶷为都督荆、湘等八州诸军事、荆州刺史。

太傅萧道成因谢朏名声大,定要招他参与辅佐帝业,任他为左

长史。尝置酒与论魏、晋故事,因曰:"石苞不早劝晋文,死方恸哭,方之冯异,非知机也。"朏曰:"晋文世事魏室,必将身终北面;借使魏依唐、虞故事,亦当三让弥高。"道成不悦。甲寅,以朏为侍中,更以王俭为左长史。

丙辰,以给事黄门侍郎萧长懋为雍州刺史。

二月甲午,诏申前命,命太傅赞拜不名。

三月甲辰,以太傅为相国,总百揆,封十郡,为齐公,加九锡,其骠骑大将军、扬州牧、南徐州刺史如故。乙巳,诏齐国官爵礼仪,并仿天朝。丙午,以世子赜领南豫州刺史。

杨运长去宣城郡还家,齐公遣人杀之。凌源令潘智与运长厚善。临川王绰,义庆之孙也。绰遣腹心陈赞说智曰:"君先帝旧人,身是宗室近属,如此形势,岂得久全?若招合内外,计多有从者。台城内人常有此心,正苦无人建意耳。"智即以告齐公。庚戌,诛绰兄弟及其党与。

甲寅,齐公受策命,赦其境内。以石头为世子宫,一如东宫。褚渊引何曾自魏司徒为晋丞相故事,求为齐官,齐公不许。以王俭为齐尚书右仆射,领吏部。俭时年二十八。夏四月壬申朔,进齐公爵为王,增封十郡。甲戌,武陵王赞卒,非疾也。丙戌,加齐王殊礼,进世子为太子。

辛卯,宋顺帝下诏禅位于齐。壬辰,帝当临轩,不肯出,逃于佛盖之下。王敬则勒兵殿庭,以板舆入迎帝。

长史。曾经设置酒宴与他谈论魏晋间的旧事,乘机对他说:"石苞不及早劝说晋文王称帝,等他死后,才去痛哭,对比冯异,他不通晓机宜啊。"谢朏说:"晋文王世代事奉魏室,必定要终身北面称臣。假使曹魏依据唐、虞旧例,晋文王也应当经过三次推让,才显得更高尚。"萧道成不高兴。甲寅(十二日),任命谢朏为侍中,改任王俭为左长史。

丙辰(十四日),任命给事黄门侍郎萧长懋为雍州刺史。

二月甲午(二十二日),顺帝下诏重申以前的命令,命令太傅在奏事时,不必直接传呼他的名字。

三月甲辰(初二),任命太傅为相国,总领百官,封给十郡,号称齐公,加九锡,他的骠骑大将军、扬州牧、南徐州刺史依然如故,予以保留。乙巳这一天,下诏齐国的官爵、礼仪等,一并效仿中央政府。丙午(初四),任命世子萧赜兼任南豫州刺史。

杨运长离开宣城郡回家,齐公派人刺杀了他。凌源令潘智与杨运长交情很深。临川王刘绰,是刘义庆的孙子。刘绰派遣心腹陈赞劝说潘智道:"你是先帝的旧人,我是宗室近亲。在目前这种情况下,我们怎么能够长久保全呢?如果招聚廷内外的人参加,估计有很多人响应。宫廷内的人,也经常有这种想法,只是苦于没有人出来号召而已。"潘智立即把这些报告了齐公。庚戌(初八),齐公诛杀刘绰兄弟及其党羽。

甲寅(十二日),齐公接受策命,在其境内发布大赦。把石头城作为世子宫,规格与东宫一样。褚渊援引何曾由曹魏的司徒担任西晋丞相的旧例,请求担任齐官,齐公不同意。任命王俭为齐尚书右仆射,兼领吏部。王俭当时年仅二十八岁。夏季四月壬申是初一,进封齐公的爵位为王,增加封邑十个郡。甲戌(初三),武陵王刘赞去世,但他并不是病死的。丙戌(十五日),用特殊的礼节对待齐王,晋升其世子为太子。

辛卯(二十日),宋顺帝下诏禅位给齐王。壬辰(二十一日),顺帝应到殿前去会见百官,但他不肯出来,却逃到佛像宝盖底下。王敬则率兵到宫殿外的庭院中,用一辆木板车进去迎接顺帝。

太后惧,自帅阉人索得之,敬则启臂令出,引令升车。帝收泪谓敬则曰:"欲见杀乎?"敬则曰:"出居别宫耳。官先取司马家亦如此。"帝泣而弹指曰:"愿后身世世勿复生天王家!"宫中皆哭。帝拍敬则手曰:"必无过虑,当饷辅国十万钱。"是日,百僚陪位。侍中谢朏在直,当解玺绶,阳为不知,曰:"有何公事?"传诏云:"解玺绶授齐王。"朏曰:"齐自应有侍中。"乃引枕卧。传诏惧,使朏称疾,欲取兼人,朏曰:"我无疾,何所道?"遂朝服步出东掖门,仍登车还宅。乃以王俭为侍中,解玺绶。礼毕,帝乘画轮车,出东掖门就东邸。问:"今日何不奏鼓吹?"左右莫有应者。右光禄大夫王琨,华之从父弟也,在晋世已为郎中,至是,攀车獭尾恸哭曰:"人以寿为欢,老臣以寿为戚。既不能先驱蝼蚁,乃复频见此事!"鸣咽不自胜,百官雨泣。

司空兼太保褚渊等奉玺绶,帅百官诣齐宫劝进。王辞让未受。渊从弟前安成太守炤谓渊子贲曰:"司空今日何在?"贲曰:"奉玺绶在齐大司马门。"炤曰:"不知汝家司空将一家物与一家,亦复何谓?"甲午,王即皇帝位于南郊。还宫,大赦,改元。奉宋顺帝为汝阴王,优崇之礼,皆仿宋初。筑宫丹杨,置兵守卫之。宋神主迁汝阴庙,诸王皆降为公。自非宣力齐室,馀皆除国,独置南康、华容、萍乡三国,以奉刘穆之、王弘、何无忌之后。除国者凡百二十人。二台

太后害怕，自己率领宦官将他找到了，王敬则用甜言蜜语诱骗他，使他出来，领着他上了车。顺帝止住眼泪对王敬则说："会被杀掉吗？"王敬则说："只是搬出去，住到别的宫殿罢了。官家的祖先夺取司马氏家的政权时也是这样做的。"顺帝哭着，害怕得连双手都发抖了，说："但愿来生来世不要出生在帝王家中！"宫中的人都哭了起来。顺帝拍着王敬则的手说："不必担心，我会送给辅国将军十万钱的。"这一天，百官都来陪位。侍中谢朏正在当值，按例应当由他来解送皇帝玺绶，他却假装不知道，故意问道："有何公事？"有人传达诏命说："请你解下皇帝的玺绶授给齐王。"谢朏说："齐王自然应当有齐国的侍中。"于是拉过枕头睡下了。传诏的人害怕，要谢朏声称有病，打算去找个人兼代一下侍中，谢朏说："我没有病，怎么要说有病呢？"于是身穿朝服，徒步走出了东掖门，然后上车回家。萧道成便任命王俭为侍中，解下玺绶。仪式结束以后，顺帝乘坐画轮车，驰出东掖门，前往东府。顺帝问："今天为什么不演奏鼓吹乐？"左右没有哪一个人回答。右光禄大夫王琨是王华的堂弟，在晋代时已经任职郎中，到这个时候，攀着车的辋尾痛哭道："别人都为长寿高兴，老臣却为长寿悲哀。既然不能及早死，于是才屡次目睹今天这样的事。"他呜呜咽咽，不能自己，百官也泪如雨下。

司空兼太保褚渊等人奉上皇帝的玺绶，率领百官到齐王宫去劝进。齐王辞让，没有接受。褚渊的堂弟，前任安成太守褚炤对褚渊的儿子褚贲说："司空今天在哪里呢？"褚贲说："奉献玺绶到齐王府大司马门去了。"褚炤说："不知道你家那位司空将这一家的东西送到另一家，又有什么意思？"甲午（二十三日），齐王在南郊即皇帝位，然后回宫，大赦天下，改年号。奉宋顺帝为汝阴王，优待尊崇他的礼节，都效仿刘宋初年的做法。在丹杨给他修筑宫殿，并配置军队守卫。将刘宋的神主迁到汝阴庙，诸王都降爵为公。如果没有为齐室出力，其馀诸国都予以削除。只设置南康、华容、萍乡三国，以便奉养刘穆之、王弘、何无忌的后嗣。削除封国的共计一百二十人。宋、齐两朝

官僚，依任摄职，名号不同、员限盈长者，别更详议。

以褚渊为司徒。宾客贺者满座。褚炤叹曰："彦回少立名行，何意披猖至此？门户不幸，乃复有今日之拜。使彦回作中书郎而死，不当为一名士邪？名德不昌，乃复有期颐之寿！"渊固辞不拜。

奉朝请河东裴颠上表，数帝过恶，挂冠径去。帝怒，杀之。太子赜请杀谢朏，帝曰："杀之遂成其名，正应容之度外耳。"久之，因事废于家。

帝问为政于前抚军行参军沛国刘瓛，对曰："政在《孝经》。凡宋氏所以亡、陛下所以得者，皆是也。陛下若戒前车之失，加之以宽厚，虽危可安；若循其覆辙，虽安必危矣。"帝叹曰："儒者之言，可宝万世。"

夏五月己未，或走马过汝阴王之门，卫士恐。有为乱者奔入杀王，而以疾闻，上不罪而赏之。辛酉，杀宋宗室阴安公燮等，无少长皆死。前豫州刺史刘澄之，遵考之子也，与褚渊善，渊为之固请曰："澄之兄弟不武，且于刘宗又疏。"故遵考之族独得免。

丙寅，追尊皇考曰宣皇帝，皇妣陈氏曰孝皇后。丁卯，封皇子钧为衡阳王。六月甲子，立王太子赜为皇太子，皇子嶷为豫章王，映为临川王，晃为长沙王，晔为武陵王，暠为安成王，锵为鄱阳王，铄为桂阳王，鉴为广陵王，皇孙长懋为南郡王。

乙酉，葬宋顺帝于遂宁陵。

的官员依旧担任原职,对于那些名号不同、名额超编的情况,另外再详细讨论。

任命褚渊为司徒。宾客前来祝贺的挤满了座席。褚炤叹息说:"褚彦回少时便树立了名声与操行,有谁会料到他猖獗到这种地步?家门不幸,才又有今天这样的拜官之举,假使褚彦回在做中书郎的时候死去,不成了一位名士吗?名誉和道德都败坏了,却又享有百来岁的长寿。"褚渊再三推辞,故没有授官。

奉朝请河东人裴颙上表,列数齐高帝的罪行,然后挂冠而去。齐高帝大怒,杀了他。太子萧赜请求杀掉谢朏,齐高帝说:"若杀他正好成就了他的名声,我们偏要在法度之外将他宽容下来。"过了很久,谢朏终于被免职回家。

齐高帝向前任抚军行参军沛国人刘瓛询问如何为政,刘瓛回答说:"为政的原则都在《孝经》里。大凡刘宋灭亡、陛下得国的原因,都是这样的。陛下如果惩戒前车之失,再加上为政宽厚,那就虽危可安;如果重蹈覆辙,那就虽安必危了。"齐高帝叹息说:"儒者的话,可以作为万世之宝。"

夏季五月己未(十八日),有人纵马经过汝阴王的家门,卫士们感到恐惧。有些作乱的人跑进宫去杀了汝阴王,却以病故向上报告,齐高帝对他们不但没有治罪,反而奖赏了他们。辛酉(二十日),杀害宋宗室阴安公刘燮等人,无论老幼,都被杀死了。前任豫州刺史刘澄之,是刘遵考的儿子。由于他与褚渊友好,褚渊为他再三请求说:"刘澄之兄弟不懂军事,况且在刘氏宗族中又很疏远。"所以刘遵考的家族得免于难。

丙寅(二十五日),齐高帝追尊其亡父为宣皇帝,亡母陈氏为孝皇后。丁卯(二十六日),封皇子萧钧为衡阳王。六月甲子(十四日),立王太子萧赜为皇太子,皇子萧嶷为豫章王,萧映为临川王,萧晃为长沙王,萧晔为武陵王,萧嵩为安成王,萧锵为鄱阳王,萧铄为桂阳王,萧鉴为广陵王,皇孙萧长懋为南郡王。

乙酉(十五日),将宋顺帝安葬在遂宁陵。

魏迁洛阳

齐武帝永明十一年，魏主以平城地寒，六月雨雪，风沙常起，将迁都洛阳，恐群臣不从，乃议大举伐齐，欲以胁众。斋于明堂左个，使太常卿王谌筮之，遇《革》，帝曰："'汤、武革命，顺乎天而应乎人。'吉孰大焉！"群臣莫敢言。尚书任城王澄曰："陛下奕叶重光，帝有中土。今出师以征未服，而得汤、武革命之象，未为全吉也。"帝厉声曰："繇云'大人虎变'，何言不吉？"澄曰："陛下龙兴已久，何得今乃虎变？"帝作色曰："社稷我之社稷，任城欲沮众邪？"澄曰："社稷虽为陛下之有，臣为社稷之臣，安可知危而不言？"帝久之乃解，曰："各言其志，夫亦何伤？"

既还宫，召澄入见，逆谓之曰："向者《革》卦，今当更与卿论之。明堂之忿，恐人人竞言，沮我大计，故以声色怖文武耳。想识朕意。"因屏人谓澄曰："今日之举，诚为

魏迁洛阳

　　齐武帝永明十一年(493)，魏孝文帝因为平城气候寒冷，有时六月还在下雪，经常风沙满天，所以打算迁都洛阳，但又担心群臣不同意，于是商议大举伐齐，打算用这种方法胁迫大家南下。在明堂左侧的房子里斋戒之后，命令太常王谌占卜，得到《革》卦，孝文帝说："'汤、武革命，是上顺天命，而下符民心的。'没有比这更吉利的了。"群臣没有谁敢说什么。尚书任城王拓跋澄说："陛下继承几代积累下来的大业，并使之重新发扬光大，在中原地区为帝。如今出师去讨伐未能使之臣服的对象，而得到汤、武革命的卦象，恐怕并不是很吉利的事。"孝文帝厉声说："繇辞上说'大人创制立法，有如虎身花纹之斑驳多彩'，怎么说不吉利？"拓跋澄说："陛下龙兴已经很久了，怎么能说到今天才算是'虎变'？"孝文帝板起脸孔生气地说："社稷是我的社稷，你任城王想给大家泼冷水吗？"拓跋澄说："社稷尽管为陛下所有，但我也是社稷之臣，怎能明知有危险而不说出来呢？"孝文帝过了很久才缓和脸色，说："各人发表自己的看法，这又有什么关系呢？"

　　回宫以后，孝文帝召拓跋澄入见，迎头一句话就对他说："刚才关于《革》卦的事，现在应该重新向你说明。我在明堂里生气，是担心大家争先恐后地发言，破坏了我的大事，所以想用严厉的脸色来吓唬、压制文武官员罢了。我想你是会理解我的心意的。"于是屏退左右，对拓跋澄说："今日我要做的事，确实是

不易。但国家兴自朔土,徙居平城。此乃用武之地,非可文治。今将移风易俗,其道诚难,朕欲因此迁宅中原,卿以为何如?"澄曰:"陛下欲卜宅中土以经略四海,此周、汉之所以兴隆也。"帝曰:"北人习常恋故,必将惊扰,奈何?"澄曰:"非常之事,故非常人之所及。陛下断自圣心,彼亦何所能为?"帝曰:"任城,吾之子房也!"

六月丙戌,命作河桥,欲以济师。秘书监卢渊上表,以为:"前世承平之主,未尝亲御六军,决胜行陈之间。岂非胜之不足为武,不胜有亏威重乎!昔魏武以弊卒一万破袁绍,谢玄以步兵三千摧苻秦,胜负之变,决于须臾,不在众寡也。"诏报曰:"承平之主,所以不亲戎事者,或以同轨无敌,或以懦劣偷安。今谓之同轨则未然,比之懦劣则可耻,必若王者不当亲戎,则先王制革辂,何所施也?魏武之胜,盖由仗顺;苻氏之败,亦由失政。岂寡必能胜众,弱必能制强邪!"丁未,魏主讲武,命尚书李冲典武选。

秋九月戊辰,魏主济河;庚午,至洛阳。

魏主自发平城至洛阳,霖雨不止。丙子,诏诸军前发。丁丑,帝戎服,执鞭乘马而出。群臣稽颡于马前。帝曰:"庙算已定,大军将进,诸公更欲何云?"尚书李冲等曰:"今者之举,

很不容易的。只是我们的国家在北方兴起,后来又迁到平城。然而平城只是用武之地,不能实行文治。如今我打算移风易俗,这个事情实在很难办,我想借这个机会迁都到中原去,你以为怎么样?"拓跋澄说:"陛下打算迁都中原,以经略四海,这也是以前周朝、汉朝兴隆的原因。"孝文帝说:"北方人习惯于平常的生活方式,留恋故都,到时他们一定会惊恐、骚动不安的,那怎么办?"拓跋澄说:"不平凡的事,本来就不是平凡的人所能理解的。陛下的决定,是出自您的内心,他们又有什么办法呢?"孝文帝说:"任城王真是我的张子房呀!"

六月丙戌(初七),命令修筑黄河大桥,打算用来渡运军队。秘书监卢渊上表,认为:"以前太平时代的君主,从来没有亲自统率六军,在战场上与人决胜负的,难道不是因为即使胜了也没有什么可威风的,而一旦失败就会使自己的威望受到损失吗?以前魏武帝靠一万疲惫的士卒打败了袁绍,谢玄用三千步兵挫败了苻坚,是胜是败,须臾时间便能决定,不在于人数的多少呀。"孝文帝下诏回答说:"太平时代的君主之所以不亲自统率军队,有的是因为天下统一,没有了对手;有的则是因为懦弱无能,苟且偷安。现在若说统一,那实际上并不是这样的;若与懦弱无能的君主相比,那就可耻。如果说王者一定不能亲自管理军事,那么先王制造那些革车,是用来干什么的呢?魏武帝的取胜,大概是因为他倚仗名正言顺;苻坚的失败,也是因为政治混乱。难道说寡必能胜众、弱必能胜强吗?"丁未(二十八日),魏孝文帝讲习武事,命令尚书李冲掌管选择将士的事。

秋季九月戊辰(二十日),孝文帝渡过黄河;庚午(二十二日),到达洛阳。

孝文帝从平城出发直到洛阳,一路上连绵的大雨下个不停。丙子(二十八日),诏令各军继续前进。丁丑(二十九日),孝文帝身着军服,手拿马鞭,乘马而出。群臣拦在马前,不断地叩头。孝文帝说:"朝廷的计划已经决定了,大军要继续前进,各位还想要说什么吗?"尚书李冲等人说:"我们现在的行动,

天下所不愿,唯陛下欲之。臣不知陛下独行,竟何之也?臣等有其意而无其辞,敢以死请。"帝大怒曰:"吾方经营天下,期于混壹,而卿等儒生,屡疑大计。斧钺有常,卿勿复言!"策马将出,于是安定王休等并殷勤泣谏。帝乃谕群臣曰:"今者兴发不小,动而无成,何以示后?朕世居幽朔,欲南迁中土;苟不南伐,当迁都于此,王公以为何如?欲迁者左,不欲者右。"安定王休等相帅如右,南安王桢进曰:"'成大功者不谋于众。'今陛下苟辍南伐之谋,迁都洛邑,此臣等之愿、苍生之幸也。"群臣皆呼万岁。时旧人虽不愿内徙,而惮于南伐,无敢言者,遂定迁都之计。

李冲言于上曰:"陛下将定鼎洛邑,宗庙宫室,非可马上行游以待之。愿陛下暂还代都,俟群臣经营毕功,然后备文物、鸣和鸾而临之。"帝曰:"朕将巡省州郡,至邺小停,春首即还,未宜归北。"乃遣任城王澄还平城,谕留司百官以迁都之事,曰:"今日真所谓'革'也,王其勉之!"

帝以群臣意多异同,谓卫尉卿、镇南将军于烈曰:"卿意如何?"烈曰:"陛下圣略渊远,非愚浅所测。若隐心而言,乐迁之与恋旧,适中半耳。"帝曰:"卿既不唱异,即是肯同,深感不言之益。"使还镇平城,曰:"留台庶政,

天下人都不愿意,只有陛下一个人要这样做。臣下不知道陛下一个人走,究竟要到哪里去? 我们有报效陛下的心意,却无法表达出来,只好大胆地冒死请求陛下停止南下。"孝文帝大怒道:"我现在正要经营天下,希望统一全国,而你们这些儒生,却屡次怀疑我的重大决策。国家的斧钺常刑有明确的规定,你们不要再多说什么!"说罢,又纵马要走,这时,安定王拓跋休等人一齐殷勤恳切地流着眼泪劝谏。孝文帝于是晓谕群臣说:"这一次我们出动的规模不小,出动而没有什么成就,我们将拿什么给后人看呢? 我世世代代居住在幽朔,想要南迁中原。假如不再南伐,就应该把京都迁到这里,各位王公以为如何? 同意迁都的站在左边,不同意迁都的站到右边。"安定王拓跋休等一起往右边走,南安王拓跋桢走上前来说:"'成就大功业的人不向众人征询意见。'如今陛下假若放弃南伐的打算,迁都到洛阳,这也是臣下等人的愿望、天下苍生的幸运呀。"于是群臣都高呼万岁。当时,那些北魏的旧人虽然不想内迁,但是害怕南征,也就不敢再说什么了,于是确定了迁都大计。

李冲对孝文帝说:"陛下将要定鼎洛阳,但是宗庙、宫室这些建筑,我们总不能坐在马背上在外面行来游去,等待它们的建成。希望陛下暂时回到代都,等候群臣把这一切事情做好之后,陛下再乘坐法驾,在祥和的銮铃声中莅临新都。"孝文帝说:"我打算到各州郡巡察,到邺城稍微停留一下,明年一开春就返回,没有必要再回到北方去。"于是派遣任城王拓跋澄返回平城,向留在那里的官员们说明迁都的事,然后对任城王说:"今日可真是所谓的'革'了,任城王你好好的干吧!"

孝文帝因群臣中还有很多不同意见,所以对卫尉卿、镇南将军于烈说:"您的意见怎么样?"于烈说:"陛下的计划谋略意义深远,不是我这样愚笨、浅陋的人能窥测的。然而如果让我说心里话,那么乐意迁都的和留恋旧都的,正好各占一半。"孝文帝说:"您既然不表示反对,那就是肯定、赞同了,我深深感谢您不说话的好处。"于是派他回去镇守平城,对他说:"留守朝廷的所有政务,

一以相委。"

冬十月戊寅朔，魏主如金墉城，征穆亮，使与尚书李冲、将作大匠董尔经营洛都。己卯，如河南城。乙酉，如豫州。癸巳，舍于石济。乙未，魏解严，设坛于滑台城东，告行庙以迁都之意。大赦。起滑台宫。任城王澄至平城，众始闻迁都，莫不惊骇。澄援引古今，徐以晓之，众乃开伏。澄还报于滑台。魏主喜曰："非任城，朕事不成。"

乙巳，魏主遣安定王休帅从官迎家于平城。

魏主筑宫于邺西，冬十一月癸亥，徙居之。

明帝建武元年春正月乙亥，魏主如洛阳西宫。中书侍郎韩显宗上书陈四事：其一，以为："窃闻舆驾今夏不巡三齐，当幸中山。往冬舆驾停邺，当农隙之时，犹比屋供奉，不胜劳费。况今蚕麦方急，将何以堪命！且六军涉暑，恐生疠疫。臣愿早还北京，以省诸州供张之苦，成洛都营缮之役。"其二，以为："洛阳宫殿故基，皆魏明帝所造，前世已讥其奢。今兹营缮，宜加裁损。又，顷来北都富室，竞以第舍相尚。宜因迁徙，为之制度。及端广衢路，通利沟渠。"其三，以为："陛下之还洛阳，轻将从骑。王者于闱闼之内犹施警跸，况涉履山河而不加三思乎？"其四，以为："陛下耳听法音，目玩坟典，口对百辟，心虞万机，景昃而食，

全都托付给您了。"

冬季十月戊寅是初一,孝文帝到金墉城,征召穆亮,要他与尚书李冲、将作大匠董尔一起负责建设洛阳新都。己卯(初二),前往河南城。乙酉(初八),前往豫州。癸巳(十六日),住在石济。乙未(十八日),北魏下令解除戒严,在滑台城东边构筑祭台,向随行的祖宗神主牌位禀告迁都的想法。大赦天下。建筑滑台宫。任城王拓跋澄回到平城,人们才开始听说要迁都,没有哪一个不感到惊骇的。拓跋澄援引古今史事,慢慢地向他们说明、引导,大家才开窍、服从。拓跋澄回到滑台报告,孝文帝高兴地说:"如果没有任城王,我的大事就办不成。"

乙巳(二十八日),孝文帝派安定王拓跋休率领侍从官员,前往平城迎接皇家眷属。

魏孝文帝在邺城之西修建宫殿,冬季十一月癸亥(十六日),搬到那里居住。

齐明帝建武元年(494)春季正月乙亥(二十九日),孝文帝到了洛阳西宫。中书侍郎韩显宗上书陈述四件事情:其一认为:"我听说陛下舆驾今年夏天不巡视三齐,而是到中山。往年冬天舆驾停留在邺城,正在农闲之时,还是每家每户都来供奉,特别劳累破费。何况现在养蚕收麦的农事很紧急,百姓又怎么能忍受得了呢?况且六军冒着酷暑行进,恐怕会发生疠疫。臣下希望陛下早点回到北都,以节省各州张罗供奉的费用和痛苦,促使洛阳营建修缮工作早日完成。"其二认为:"洛阳宫殿的旧基,都是曹魏明帝时代所建造的,前世已经批评他太奢侈了。现在我们的营建修缮,应该加以缩减。又近来北都的富室大户,争相竞赛建造高大奢华的房舍,应该利用这次搬迁的机会,替他们做出相应的规定和限制。同时,京师的道路也要修得正直规范并予以拓宽,水沟渠道也要加以疏通。"其三认为:"陛下回洛阳时,仅以轻将跟随。王者即便是在宫廷之内,还要实行警跸,何况殿下是外出涉历山河之险,而可不加以三思吗?"其四认为:"陛下耳听雅乐,眼观典籍,口对百官,心虑万机,日头偏西才吃早饭,

夜分而寝。加以孝思之至,随时而深;文章之业,日成篇卷;虽叡明所用,未足为烦,然非所以啬神养性、保无疆之祚也。伏愿陛下垂拱司契而天下治矣。"帝颇纳之。显宗,麒麟之子也。

显宗又上言,以为:"州郡贡察,徒有秀、孝之名而无秀、孝之实。朝廷但检其门望,不复弹坐。如此,则可令别贡门望以叙士人,何假冒秀、孝之名也?夫门望者,乃其父祖之遗烈,亦何益于皇家?益于时者,贤才而已。苟有其才,虽屠钓奴虏,圣王不耻以为臣;苟非其才,虽三后之胤,坠于皂隶矣。议者或云'今世等无奇才,不若取士于门',此亦失矣。岂可以世无周、邵,遂废宰相邪?但当校其寸长、铢重者先叙之,则贤才无遗矣。

"又,刑罚之要,在于明当,不在于重。苟不失有罪,虽捶挞之薄,人莫敢犯。若容可侥幸,虽参夷之严,不足惩禁。今内外之官,欲邀当时之名,争以深酷为无私,迭相敦厉,遂成风俗。陛下居九重之内,视人如赤子;百司分万务之任,遇下如仇雠。是则尧、舜止一人而桀、纣以千百。和气不至,盖由于此。谓宜敕示百僚,以惠元元之命。

"又,昔周居洛邑,犹存宗周;汉迁东都,京兆置尹。案《春秋》之义,有宗庙曰都,无曰邑。况代京,宗庙山陵所托,王

半夜时分才睡觉。再加上陛下对文明太后的孝心，怀念日益加深；文章的写作，也每天坚持不懈；虽然以陛下的聪明睿智，做起来并不是很烦苦的，然而终非修心养性、保护圣体万寿无疆之福呀。希望陛下垂衣拱手，无为而治，只抓大纲，天下就会太平了。"孝文帝都采纳了。韩显宗是韩麒麟的儿子。

韩显宗又上书孝文帝，认为："各州郡的官员荐举考察，现在只有秀才、孝廉之名，而无秀才、孝廉之实。朝廷只检查一下他们的名第出身，而不再弹劾他们的违法行为而坐之以罪。如果这样做，那就可以另外按照门第资望来选举读书人，何必要假冒秀才、孝廉的名称呢？门第资望，是他们父亲辈的遗业，对皇家来说又有什么益处呢？对于现实社会有用的，只有贤才罢了。假使他真有才能，哪怕他是屠夫、钓叟、奴隶、俘虏，圣王也会用之为臣，不以为耻。如果他没有才能，即使他是三王的后裔，也要照样把他降到仆隶差役的行列。有的议论者可能会说，'当今世上没有奇才，不如按门第取士'，这也错了。难道可以因为世上没有周公、邵公那样的人才，就废除宰相吗？只要拿他与别人比较一下，能比别人强一点点，就优先录用他，那么贤才就不会遗漏了。

"又一方面，刑罚的关键，在于明确而适当，不在于苛重。假如能做到不放过有罪的人，虽然体罚很轻，人们也不敢犯法。倘若容忍罪人侥幸逃脱，那即使是夷灭三族的严刑，也不足以惩罚和禁止犯罪行为。如今朝廷内外的官员，想要求得当世的名声，争着以严刑酷法来表现自己的无私，互相敦促，越来越严厉，于是形成了一种风气。陛下住在九重深宫之内，把百姓当作婴儿一样加以保护；百官分别担当各种具体事务，却视百姓如仇敌。这样一来，当尧、舜的只有陛下一人，而做桀、纣的却有成百上千人，祥和的局面没有出现，大概是由于这个原因。我认为陛下应该告诉百官，要关心老百姓的生命。

"又一方面，以前周徙洛邑，仍然保存西周旧都；汉迁东都，还是在京兆置尹。按照《春秋》的大义，有宗庙的叫都，没有宗庙的叫邑。何况代京又是宗庙、祖先陵墓所在地，是创建王

業所基,其为神乡福地,实亦远矣,今便同之郡国,臣窃不安。谓宜建畿置尹,一如故事,崇本重旧,光示万叶。

"又,古者四民异居,欲其业专志定也。太祖道武皇帝创基拨乱,日不暇给,然犹分别士庶,不令杂居,工伎屠沽,各有攸处。但不设科禁,久而混殽。今闻洛邑居民之制,专以官位相从,不分族类。夫官位无常,朝荣夕悴,则是衣冠、皂隶不日同处矣。借使一里之内,或调习歌舞,或讲肄诗书,纵群儿随其所之,则必不弃歌舞而从诗书矣。然则使工伎之家习士人风礼,百年难成;士人之子效工伎容态,一朝而就。是以仲尼称里仁之美,孟母勤三徙之训。此乃风俗之原,不可不察。朝廷每选人士,校其一婚一宦以为升降,何其密也!至于度地居民,则清浊连甍,何其略也?今因迁徙之初,皆是公地,分别工伎,在于一言,有何可疑而阙盛美?

"又,南人昔有淮北之地,自比中华,侨置郡县。自归附圣化,仍而不改,名实交错,文书难辨。宜依地理旧名,一皆厘革,小者并合,大者分置。及中州郡县,昔以户少并省,今民口既多,亦可复旧。

"又,君人者以天下为家,不可有所私。仓库之储,以供军

业的地方，它作为一块神乡福地，意义实在深远，如今却把它等同于普通郡国，臣私下里感到不安。我认为应该在那里建立王畿，设置府尹，一切按照旧例办事，尊崇根本，重视故旧，给千秋万代做出光辉的榜样。

"又一方面，古时候士农工商，四民分开居住，要使他们业有专精，志向安定。太祖道武皇帝创立基业，拨乱反正，没有一点空闲时间，但是仍然区别士民和百姓，不让他们混杂住在一起，百工、伎艺、屠夫、沽客，各有他们的居住地。只是没有制订出科条禁令，所以时间一久，便又混杂在一起了。而今我听说洛阳市民的居住制度，专门按官职高低来分类，而不分职业种类。但是官位并不是固定不变的，有时早上还尊荣，可到晚上便憔悴衰落了，这就会使得缙绅衣冠和仆隶之徒，用不了几天就住到一起来了。假使在同一里弄之内，有的人调教、练习歌舞，有的人家讲读诗书，听任孩子们自己去选择，那就都放弃歌舞而去学习诗书了。然而若让百工伎艺人家去学习读书人的风范礼仪，就是一百年也学不会；而若让读书人子弟去效仿百工伎艺的举止形态，一个早上就能学会。所以孔子称赞居于仁者之里的好处，孟母三次迁徙，勤于择邻的教育。这是影响风俗的根源，不可以不加考察。朝廷每次选择人才，考察他们的婚姻、仕宦情况，作为升降的依据，是多么的严密呀！至于规划土地，安置居民，则清浊不分，又为什么这样简略呢？如今因为迁徙初期，都是公地，使百工伎艺的人分开居住，只须一句话便可以办到，还有什么可疑虑的，而使得这种很美好的制度处于欠缺呢？

"又一方面，南方人以前占有淮北之地，自比中华，在那里侨置郡县。自从这些地方归附圣朝教化之后，郡县名称沿袭未改，以致虚实交错，在文书中难以辨别。应该依照地理上的旧名，一并进行调整改革，小的合并，大的分置。及至中原地区的郡县，以前因为户口少而省并，如今人口多了，也应该复旧。

"又一方面，作为人民的君主应该是以全天下为家，全部一体对待，不可以有任何的偏私。仓库里的所有储蓄，是供军

国之用，自非有功德者不当加赐。在朝诸贵，受禄不轻。比来颁赉，动以千计。若分以赐鳏寡孤独之民，所济实多。今直以与亲近之臣，殆非周急不继富之谓也。"帝览奏，甚善之。

二月壬寅，魏主北巡。癸卯，济河。三月壬申，至平城。使群臣更论迁都利害，各言其志。燕州刺史穆罴曰："今四方未定，未宜迁都。且征伐无马，将何以克？"帝曰："厩牧在代，何患无马？今代在恒山之北，九州之外，非帝王之都也。"尚书于果曰："臣非以代地为胜伊、洛之美也。但自先帝以来，久居于此，百姓安之。一旦南迁，众情不乐。"平阳公丕曰："迁都大事，当讯之卜筮。"帝曰："昔周、邵圣贤，乃能卜宅。今无其人，卜之何益？且'卜以决疑，不疑何卜'？黄帝卜而龟焦，天老曰'吉'，黄帝从之。然则至人之知未然，审于龟矣。王者以四海为家，或南或北，何常之有？朕之远祖，世居北荒。平文皇帝始都东木根山，昭成皇帝更营盛乐，道武皇帝迁于平城。朕幸属胜残之运，何为独不得迁乎？"群臣不敢复言。罴，寿之孙；果，烈之弟也。癸酉，魏主临朝堂，部分迁留。

冬十月戊申，魏主亲告太庙，使高阳王雍、于烈奉迁神主于洛阳。辛亥，发平城。

十一月，魏主至洛阳。欲澄清流品，以尚书崔亮

国之用的,如果不是有功德的人,就不应当赏赐。朝廷中的各位贵臣,享受的俸禄已经不轻了,但近来对他们颁发的赠赐,动辄数以千计。如果把这笔资金用来分赐给那些鳏寡孤独的老百姓,就一定能够救济很多人。如今只是将资财赏赐给那些亲近之臣,大概不符合孔子所说的,君子周济人的急难而不帮助富人使之更富的意思吧。"孝文帝看了他的奏章,非常赏识他的意见。

二月壬寅(二十七日),孝文帝巡视北方。癸卯(二十八日),渡过黄河。三月壬申(二十七日),到达平城。命令群臣再次讨论迁都的利弊,各人都发表自己的看法。燕州刺史穆罴说:"如今四方还没有安定,尚不宜迁都。况且征伐时没有战马,又怎么能取胜呢?"孝文帝说:"养马场在代地,何必担心没有马匹?但代地在恒山之北,九州之外,不是帝王之都。"尚书于果说:"臣下并不是认为代地胜过伊、洛之地。只是自从先帝以来,住在这里很久了,老百姓习惯了,一旦南迁,恐怕大家不高兴。"平阳公拓跋丕说:"迁都是件大事,应当问问卜筮。"孝文帝说:"以前周公、邵公是圣贤,才能够卜定宅居。如今没有那样的人了,卜筮又有什么用处呢?况且‘卜筮是为了决疑,若没有疑难,又何必占卜’?黄帝占卜时,龟甲被烧焦了,天老解释说‘吉’,黄帝听从了。既然如此,那么德行最高的人知道未发生的事,对龟策之说算是很精通了。王者以四海为家,有时在南,有时在北,哪有什么固定的地方呢?我的远祖,世世代代居住在北方荒远之地。平文皇帝才开始建都东木根山,昭成皇帝又营建了盛乐,道武皇帝迁都于平城。我幸而遇上了废除刑杀的时运,为什么就不能迁都呢?"群臣不敢再说话了。穆罴是穆寿的孙子,于果是于烈的弟弟。癸酉(二十八日),孝文帝驾临朝堂,安排部署应迁应留人员。

冬季十月戊申(初七),孝文帝亲自去太庙祝告,派高阳王拓跋雍和于烈捧着祖宗神主迁到洛阳。辛亥(初十),魏孝文帝从平城出发。

十一月,孝文帝到洛阳。想澄清官员的流品,任命尚书崔亮

兼吏部郎。

十二月，魏主欲变易旧风。壬寅，诏禁士民胡服。国人多不悦。通直散骑常侍刘芳，缵之族弟也，与给事黄门侍郎太原郭祚，皆以文学为帝所亲礼，多引与讲论及密议政事。大臣贵戚皆以为疏己，怏怏有不平之色。帝使给事黄门侍郎陆凯私谕之曰："至尊但欲广知古事，询访前世法式耳，终不亲彼而相疏也。"众意乃稍解。戊申，诏代民迁洛者复租赋三年。

二年夏五月，魏主欲变北俗，引见群臣，谓曰："卿等欲朕远追商、周，为欲不及汉、晋邪？"咸阳王禧对曰："群臣愿陛下度越前王耳。"帝曰："然则当变风易俗，当因循守故邪？"对曰："愿圣政日新。"帝曰："为止于一身，为欲传之子孙邪？"对曰："愿传之百世。"帝曰："然则必当改作，卿等不得违也。"对曰："上令下从，其谁敢违！"帝曰："夫'名不正，言不顺，则礼乐不可兴'。今欲断诸北语，一从正音。其年三十已上，习性已久，容不可猝革。三十已下，见在朝廷之人，语音不听仍旧；若有故为，当加降黜。各宜深戒！王公卿士以为然不？"对曰："实如圣旨。"帝曰："朕尝与李冲论此，冲曰：'四方之语，竟知谁是。帝者言之，即为正矣。'冲之此言，其罪当死！"因顾冲曰："卿负社稷，当令御史牵下！"冲免冠顿首谢。又责留守之官曰："昨望见妇女犹服夹领小袖，卿等何为不遵前诏？"皆谢罪。帝曰："朕言

兼吏部郎。

十二月,孝文帝打算改变旧的风俗。壬寅(初二),下诏禁止官民穿胡服,国人大多不高兴。通直散骑常侍刘芳,是刘缵的族弟,他与给事黄门侍郎太原人郭祚都因为文学才华受到孝文帝的亲近和优礼,经常召他们一起讲论文学及密议政事。大臣、贵戚都认为这是疏远自己,心中闷闷不乐,面露不平之色。孝文帝派给事黄门侍郎陆凯私下里向他们解释说:"至尊只是想要多了解一些古代的事情,向他们询问前世的制度罢了,终究不会亲近他们而疏远你们。"大家的情绪才稍微缓和了一些。戊申(初八),下诏宣布,迁到洛阳的代地百姓都免除三年租税。

二年(495)夏季五月,孝文帝想要改变北方风俗,于是召见群臣,对他们说:"诸位是想要远追商、周呢,还是要我连汉、晋都赶不上呢?"咸阳王拓跋禧回答说:"群臣都希望陛下能够超越前王。"孝文帝说:"既然如此,那么我们是应当移风易俗呢,还是应当因循守旧呢?"咸阳王回答说:"希望圣政一天天更新。"孝文帝说:"只是我们自己实行呢,还是让它传给子孙后代呢?"咸阳王回答说:"但愿传之百世。"孝文帝说:"既然如此,那就必须改革,诸位不能违抗。"咸阳王说:"上令下从,谁敢违抗!"孝文帝说:"'名不正,言不顺,礼乐就不能振兴。'如今我要禁止各种北方话,全部都讲正音汉语。那些年纪在三十岁以上的人,由于习性已久,可以宽容他们不一下子改过来。凡是三十岁以下、现在朝廷供职的人,说话不允许用过去的语言。如果有故意讲的,就要给以降职贬黜的处分,各位应该特别注意。各位王、公、卿、士认为对不对?"大家都回答说:"确实如圣旨所言。"孝文帝说:"我曾经与李冲讨论过这个问题,李冲说:'四方的语言,怎知道谁的为对? 皇帝讲的话,就是正音。'李冲说这话,其罪行应当处死。"于是回头对李冲说:"你有负于社稷,应当让御史把你牵下去。"李冲脱下帽子,叩头谢罪。孝文帝又责备留守的官员说:"我昨天望见有的妇女还穿着夹领小袖的衣服,诸位为什么不遵奉我以前所发布的诏令呢?"留守官员都谢罪。孝文帝说:"我说的

非是,卿等当庭争。如何入则顺旨,退则不从乎?"六月己亥,下诏:"不得为北俗之语于朝廷,违者免所居官。"

戊午,魏改用长尺、大斗,其法依《汉志》为之。

秋八月,立国子、太学、四门小学于洛阳。
九月庚午,魏六宫文武悉迁于洛阳。
冬十二月甲子,魏主引见群臣于光极堂,颁赐冠服。

三年春正月,魏主下诏,以为:"北人谓土为拓,后为跋。魏之先出于黄帝,以土德王,故为拓跋氏。夫土者,黄中之色,万物之元也,宜改姓元氏。诸功臣旧族自代来者,姓或重复,皆改之。"
秋七月,魏太子恂不好学,体素肥大,苦河南地热,常思北归。魏主赐之衣冠,恂常私著胡服。八月戊戌,恂密谋召牧马轻骑奔平城。尚书陆琇启帝,帝引见恂,数其罪,杖之百馀下,囚于城西,废为庶人。

初,魏主南迁洛阳,所亲任者多中州儒士,宗室及代人往往不乐。穆泰与陆叡谋作乱。帝召任城王澄于凝闲堂,谓之曰:"穆泰谋为不轨,扇诱宗室。脱或必然,今迁都甫尔,北人恋旧,南北纷扰,朕洛阳不立也。此国家大事,非卿不能办。卿虽疾,强为我北行,审观其势。傥其微弱,直往擒之;若已强盛,可承制发并、肆兵击之。"对曰:"泰等愚惑,正由恋旧,为此计耳,非有深谋远虑。臣虽驽怯,足以制之,愿陛下勿忧。虽有犬马之疾,何敢辞也?"帝笑曰:"任城

如果不对,诸位就应当在朝廷内谏诤。为什么进入朝廷内就顺从我的旨意,退朝以后就不服从了呢?"六月己亥(初二),下诏说:"不能够在朝廷内讲北方俗话,违反的免除所任官职。"

戊午(二十一日),北魏改用长尺、大斗,其制法都是根据《汉书·律历志》的记载而制成的。

秋季八月,在洛阳设立国子、太学、四门小学。

九月庚午(初四),北魏六宫、文武百官都迁到洛阳。

冬季十二月甲子(三十日),孝文帝在光极殿召见群臣,颁赐冠服。

三年(496)春季正月,孝文帝下诏,认为:"北方人称土为拓,称后为跋。魏的祖先是黄帝的后代,以土德称王天下,所以姓拓跋氏。土是黄中之色,是万物产生的元始,所以应该改姓元。那些从代地迁来的功臣旧族,姓氏有的重复,都要改变。"

秋季七月,北魏太子元恂不好学,身体一向肥大,被河南地区的炎热天气所苦,常常想回到北方去。魏孝文帝赐给他衣冠,可元恂常常暗地里穿胡服。八月戊戌(初七),元恂密谋叫来马四,轻骑奔平城。尚书陆琇报告了孝文帝,孝文帝召见元恂,列数了他的罪过,打了他一百多棒,囚禁在城西,废为庶人。

当初,孝文帝南迁洛阳,所亲近、信任的大多是中州儒士,宗室及代地人常常不高兴。穆泰及陆叡图谋作乱。孝文帝在凝闲堂召见任城王元澄,对他说:"穆泰图谋不轨,煽动、诱骗宗室发动叛乱。或许这是出于必然,如今迁都还刚刚开始,北方人恋旧,如果南北纷扰,我在洛阳就站不住脚了。这是国家大事,不是你就不能办好。你虽然有病,也要勉强为我到北方去走一遭,审察那里的形势。倘若他们的势力微弱,就径直前往擒拿他们;如果势已强盛,就可以秉承我的命令征发并州、肆州的军队攻击他们。"元澄回答说:"穆泰等人愚昧无知,只是因为留恋旧都,才实行这样的叛乱计划,并没有什么深谋远虑。臣下尽管驽纯、胆怯,也足以制伏他,希望陛下不要担心。我虽然有一点小毛病,又怎么敢推辞呢?"孝文帝笑着说:"只要任城王

肯行,朕复何忧?"遂授澄节、铜虎、竹使符、御仗左右,仍行恒州事。

行至雁门,雁门太守夜告云:"泰已引兵西就阳平。"澄遽令进发。右丞孟斌曰:"事未可量,宜依敕召并、肆兵,然后徐进。"澄曰:"泰既谋乱,应据坚城。而更迎阳平,度其所为,当似势弱。泰既不相拒,无故发兵,非宜也。但速往镇之,民心自定。"遂倍道兼行。先遣治书侍御史李焕单骑入代,出其不意,晓谕泰党,示以祸福,皆莫为之用。泰计无所出,帅麾下数百人攻焕,不克,走出城西,追擒之。澄亦寻至。穷治党与,收陆叡等百馀人,皆系狱,民间帖然。澄具状表闻,帝喜,召公卿,以表示之曰:"任城可谓社稷臣也。观其狱辞,正复皋陶何以过之?"顾谓咸阳王禧等曰:"汝曹当此,不能办也。"

四年春二月癸酉,魏主至平城,引见穆泰、陆叡之党问之,无一人称枉者,时人皆服任城王澄之明。穆泰及其亲党皆伏诛;赐陆叡死于狱,宥其妻子,徙辽西为民。

初,魏主迁都,变易旧俗,并州刺史新兴公丕皆所不乐。帝以其宗室耆旧,亦不之逼,但诱示大理,令其不生同异而已。及朝臣皆变衣冠,朱衣满坐,而丕独胡服于其间,晚乃稍加冠带,而不能修饰容仪,帝亦不强也。

太子恂自平城将迁洛阳,元隆与穆泰等密谋留恂,因举兵断关,规据陉北。丕在并州,隆等以其谋告之。丕外虑

肯去,我还担心什么呢?"于是授给元澄节、铜虎符、竹使符以及带御仗在天子左右的卫士,仍然代行恒州刺史事。

元澄到达雁门时,雁门太守连夜跑来报告他说:"穆泰已经领兵西行投靠阳平王去了。"元澄于是命令部队前进。右丞孟斌说:"事情还难以估量,应该依照敕令召集并州、肆州的兵马,然后慢慢前进。"元澄说:"穆泰既然谋乱,就应占据坚城,然而却又去迎接阳平王,估计他这种行动,似乎是势力较弱。穆泰既然不与我们对抗,我们如果无故发兵,是不适宜的。只要迅速前往镇压,民心自会安定。"于是以加倍的速度日夜兼行。先派治书侍御史李焕单骑进入代地,出其不意地晓谕穆泰的党羽,给他们摆明安危利害关系,结果这些人都不替穆泰效劳了。穆泰无法可想,便率领部下数百人进攻李焕,没能取胜,于是逃出城西,被人追上抓住了。元澄不久也到了,彻底清查穆泰的党羽,逮捕陆叡等一百多人,都关到监狱里,民间服服帖帖的。元澄具表报告孝文帝,孝文帝很高兴,召集公卿,把元澄的奏表给他们看,说:"任城王可称得上社稷之臣呀。看他写的这些决狱之辞,即使是皋陶又怎么能超过他呢?"回头对咸阳王元禧说:"如果让你们这些人担当此事,是不能办好的。"

四年(497)春季二月癸酉(十六日),孝文帝到达平城,召来穆泰、陆叡的党羽审问,没有一个说冤枉,时人都叹服任城王元澄的明察。穆泰及其亲戚、同党都被处死。陆叡被赐死在狱中,宽赦了他的妻子儿女,迁到辽西为民。

当初,孝文帝迁都,改变旧的风俗,并州刺史新兴公元丕不乐意这样做。孝文帝因为他是宗室中的耆旧,也不逼他,只是用大道理加以诱导,进行说明,使他不产生离异心理而已。等到朝臣都改变了衣服,朝廷内朱衣满座,而元丕唯独穿着胡服坐在中间,后来才渐渐地加服冠带,但仍不修饰仪容,孝文帝也不强迫他。

太子元恂将从平城迁往洛阳,元隆与穆泰等人密谋把元恂留下来,趁机举兵切断关隘,计划占据陉北地区。当时元丕在并州,元隆等人把他们的计划告诉了他。元丕表面上忧虑

不成,口虽折难,心颇然之。及事觉,丕从帝至平城,帝每推问泰等,常令丕坐观。有司奏元业、元隆、元超罪当族,丕应从坐。帝以丕尝受诏许以不死,听免死为民,留其后妻二子,与居于太原,杀隆、超、同产乙升,馀子徙敦煌。

　　初,丕、叡与仆射李冲、领军于烈俱受不死之诏。叡既诛,帝赐冲、烈诏曰:"叡反逆之志,自负幽冥。违誓在彼,不关朕也。反逆既异馀犯,虽欲矜恕,如何可得?然犹不忘前言,听自死别府,免其孥戮。元丕二子、一弟,首为贼端,连坐应死,特恕为民,朕本期始终而彼自弃绝,违心乖念,一何可悲!故此别示,想无致怪。谋反之外,皎如白日耳。"冲、烈皆上表谢。

　　臣光曰:夫爵禄废置,杀生予夺,人君所以驭臣之大柄也。是故先王之制,虽有亲、故、贤、能、功、贵、勤、宾,苟有其罪,不直赦也,必议于槐棘之下,可赦则赦,可宥则宥,可刑则刑,可杀则杀。轻重视情,宽猛随时。故君得以施恩而不失其威,臣得以免罪而不敢自恃。及魏则不然,勋贵之臣,往往豫许之以不死,使彼骄而触罪,又从而杀之。是以不信之令诱之使陷于死地也。刑政之失,无此为大焉!

事情难以成功,口头上虽然反对,内心却非常赞成。等到叛乱事件被发觉以后,元丕跟随孝文帝到达平城,孝文帝每次审问穆泰等人时,常常让元丕坐在旁边看。有关主管官吏奏请孝文帝,说元业、元隆、元超罪当族诛,元丕也应该连坐治罪。孝文帝因为元丕曾经受许诺他免死之诏,就让他免除死罪,降为平民,留下他后妻生的两个儿子,与他一起住到太原。杀了元隆、元超,及其同母兄弟元乙升,其他的儿子都流放到敦煌。

当初,元丕、陆叡以及尚书仆射李冲、领军于烈都受到不死之诏。陆叡被杀后,孝文帝赐给李冲、于烈诏书,说:"陆叡有反叛之志,既自负又昏昧,违背誓言的是他,所以他的死与我无关。他的反逆行为虽然与其他罪犯有不同,尽管想要怜惜、宽恕他,又怎么可能呢?然而我还是不忘前言,允许他在别府自尽,并免除他妻子儿女的死罪。元丕的两个儿子、一个弟弟,最早策划谋反,按照连坐法,理应处死。我特别宽恕他们,只把他们降为平民。我本来期望始终如一,履行诺言,然而他们却自绝情义,违背良心,产生悖戾不轨的思想,又是多么可悲啊!所以将这事另外告诉你们一下,想必不会引起二位多心吧。除了谋反事件之外,我对他们一片真心,皎如日月。"李冲、于烈上表谢罪。

北宋史臣司马光评论说:爵禄的废置,生杀予夺权力的掌握,都是人君用来驾驭臣下的重要手段。所以先王的制度规定,虽然有亲、故、贤、能、功、贵、勤、宾等特殊情况,如果他们有罪,也不直接赦免他们,一定要与公卿共同商议,可赦免就赦免,可宽恕就宽恕,应该判刑就判刑,应该杀头就杀头。惩罚的轻重根据实际情况而定,处理的宽严随着时世的变化而定。因此君主既可以施行恩德但又不会失去他的威严,臣子既能得到免罪但又不敢自恃无恐。到了北魏却不是这样的,对于有功勋的、显贵的大臣,每每预先就许诺他们可以免死,这就使得他们骄傲自满而触法犯罪,接着就杀了他们。这等于是以不讲信用的命令去引诱他们,使他们陷于死地。刑法政令的失误,没有比这个更大的了。

萧鸾篡弑

齐高帝建元二年春三月丁酉朔，以侍中西昌侯萧鸾为郢州刺史。鸾，帝兄始安贞王道生之子也。早孤，为帝所养，恩过诸子。

四年夏六月甲申朔，立南郡王长懋为皇太子。

武帝永明十一年春正月丙子，文惠太子长懋卒。太子素恶西昌侯鸾，尝谓竟陵王子良曰："我意中殊不喜此人，不解其故，当由其福薄故也。"子良为之救解。及鸾得政，太子子孙无遗焉。

夏四月甲午，立南郡王昭业为皇太孙，东宫文武悉改为太孙官属，以太子妃琅邪王氏为皇太孙太妃，南郡王妃何氏为皇太孙妃。妃，戢之女也。

秋七月戊午，上不豫，诏竟陵王子良甲仗入延昌殿侍医药。子良以萧衍、范云等皆为帐内军主。子良日夜在内，太孙间日参承。

戊寅，上疾亟，暂绝。太孙未入，内外惶惧，百僚皆已变服。

萧鸾篡弑

齐高帝建元二年(480)春季三月丁酉是初一,任命侍中、西昌侯萧鸾为郢州刺史。萧鸾是齐高帝的哥哥始安贞王萧道生的儿子。他幼年丧父,被齐高帝收养,齐高帝对他的疼爱,超过了自己的那些儿子。

四年(482)夏季六月甲申是初一,高帝立南郡王萧长懋为皇太子。

武帝永明十一年(493)春季正月丙子(二十五日),文惠太子萧长懋去世。太子一向讨厌西昌侯萧鸾,曾经对竟陵王萧子良说:"我心里特别不喜欢这个人,也不知道是什么缘故,可能是因为他的福分浅薄吧。"萧子良替他救助劝解。等到萧鸾夺得政权以后,太子的子孙被杀得一个不留。

夏季四月甲午(十四日),武帝立南郡王萧昭业为皇太孙,东宫文武官员都改为皇太孙的官属,以太子妃琅邪人王氏为皇太孙太妃,南郡王妃何氏为皇太孙妃。何妃是何戢的女儿。

秋季七月戊午这天,武帝有病,下诏要竟陵王萧子良全副武装到延昌殿侍奉医病、喂药。萧子良任命萧衍、范云等人担任帐内军主。萧子良日日夜夜在宫禁,皇太孙却每隔一天才能去宫中问安、侍奉。

戊寅(三十日),齐武帝病急,曾一度休克。这时皇太孙萧昭业尚未入宫,宫廷内外人人惶恐不安,百官都已穿上了丧服。

中书郎王融欲矫诏立子良,诏草已立。萧衍谓范云曰:"道路籍籍,皆云将有非常之举。王元长非济世才,视其败也。"云曰:"忧国家者,唯有王中书耳。"衍曰:"忧国,欲为周、召,欲为竖刁邪?"云不敢答。及太孙来,王融戎服绛衫,于中书省阁口断东宫仗不得进。顷之,上复苏,问太孙所在,因召东宫器甲皆入,以朝事委尚书左仆射西昌侯鸾。俄而上殂,融处分以子良兵禁诸门。鸾闻之,急驰至云龙门,不得进,鸾曰:"有敕召我!"排之而入,奉太孙登殿,命左右扶出子良,指麾部署,音响如钟,殿中无不从命。融知不遂,释服还省,叹曰:"公误我!"由是郁林王深怨之。

遗诏曰:"太孙进德日茂,社稷有寄。子良善相毗辅,思弘治道,内外众事,无大小悉与鸾参怀,共下意!"

郁林王之未立也,众皆疑立子良,口语喧腾。武陵王晔于众中大言曰:"若立长,则应在我;立嫡,则应在太孙。"由是帝深凭赖之。

初,西昌侯鸾为太祖所爱,鸾性俭素,车服仪从,同于素士,所居官名为严能,故世祖亦重之。世祖遗诏,使竟陵王子良辅政,鸾知尚书事。子良素仁厚,不乐世务,乃更推鸾,故遗诏云:"事无大小,悉与鸾参怀。"子良之志也。

帝少养于子良妃袁氏,慈爱甚著。及王融有谋,遂深忌

中书郎王融想要假传诏命立萧子良为帝,诏书草稿已经写好了。萧衍对范云说:"民间已在议论纷纷,都说宫内将会发生非常的举动。王元长不是治理国家的人才,我们等着看他失败吧。"范云说:"忧虑国家的,也只有王中书了。"萧衍说:"说什么忧虑国家,是想要做周公、召公呢,还是想当竖习呢?"范云不敢回答。等到皇太孙到来时,王融身穿军服红衫,站在中书省厅前要道,拦住东宫卫队,不让他们进入。过了一会儿,武帝又醒转过来,问皇太孙在哪里,于是召唤东宫卫队全都入宫,把朝廷大事托付给尚书左仆射、西昌侯萧鸾。一会儿武帝便去世了,王融安排萧子良的军队禁卫宫廷各门。萧鸾听说后,急忙飞马跑到云龙门,但进不去。萧鸾说:"皇上有诏令召见我。"说着推开卫士闯了进去,拥戴皇太孙登殿即位,又命令左右挟扶着萧子良拉了出去,他指挥部署,声如洪钟,殿中的人没有一个不服从命令的。王融自知计划不能实行,便脱下戎服,回到中书省,叹道:"萧子良耽误了我!"从此郁林王萧昭业就非常怨恨他。

武帝遗诏说:"皇太孙的品德一天天高尚,社稷就有寄托了。萧子良要好好地进行辅佐,想想如何发扬光大治道,朝廷内外各种事情,无论大小,都要与萧鸾共同商议,听取大家的意见。"

当郁林王尚未被立为帝时,大家都猜疑将立萧子良,外面传言纷纷。武陵王萧晔曾在大庭广众之中大声地说:"如果立长,就应该立我,如果立嫡就应该立皇太孙。"因此郁林王对萧晔产生深深的依赖。

当初,西昌侯萧鸾受到太祖的宠爱,萧鸾生性节俭朴素,他的车马、衣服、仪仗随从,和一般士人一样,他所担任的官职又有严明、能干的名声,所以世祖也器重他。世祖遗诏交代,让竟陵王萧子良辅政,萧鸾知尚书事。萧子良一向仁爱宽厚,不喜欢涉足政务,于是又推荐给萧鸾,所以遗诏说:"事无大小,都要与萧鸾共同研究。"这也是萧子良的意愿。

郁林王萧昭业,从小就由萧子良的妃子袁氏抚养长大,袁氏对他特别慈爱关心。及至王融阴谋废立,郁林王就特忌恨

子良。大行出太极殿,子良居中书省,帝使虎贲中郎将潘敞领二百人仗屯太极西阶以防之。既成服,诸王皆出,子良乞停至山陵,不许。

壬午,称遗诏,以武陵王晔为卫将军,与征南大将军陈显达并开府仪同三司,尚书左仆射、西昌侯鸾为尚书令,太孙詹事沈文季为护军。癸未,以竟陵王子良为太傅。

郁林王性辩慧,美容止,善应对,哀乐过人,世祖由是爱之。而矫情饰诈,阴怀鄙慝,与左右群小共衣食,同卧起。

始为南郡王,从竟陵王子良在西州,文惠太子每禁其起居,节其用度。王密就富人求钱,无敢不与。别作钥钩,夜开西州后阁,与左右至诸营署中淫宴。师史仁祖、侍书胡天翼相谓曰:"若言之二宫,则其事未易。若于营署为异人所殴及犬物所伤,岂直罪止一身,亦当尽室及祸。年各七十,馀生宁足吝邪?"数日间,二人相继自杀,二宫不知也。所爱左右,皆逆加官爵,疏于黄纸,使囊盛带之,许南面之日,依此施行。

侍太子疾及居丧,忧容号毁,见者呜咽。裁还私室,即欢笑酣饮。常令女巫杨氏祷祀,速求天位。及太子卒,谓由杨氏之力,倍加敬信。既为太孙,世祖有疾,又令杨氏祷祀。时何妃犹在西州,世祖疾稍危,太孙与何妃书,

萧子良。武帝的遗体出居太极殿时,萧子良留在中书省,郁林王派虎贲中郎将潘敞带领两百人拿着武器驻守在太极殿西阶防备他。武帝遗体入棺时,各位王爷都走出来了,萧子良请求留下,等武帝下葬后再出来,郁林王不同意。

壬午(初四),郁林王声称受武帝遗诏,任命武陵王萧晔为卫将军,与征南大将军陈显达同为开府仪同三司,尚书左仆射西昌侯萧鸾为尚书令,太孙詹事沈文季为护军。癸未(初五),任命竟陵王萧子良为太傅。

郁林王生性聪明,巧于言辞,容貌美丽,举止高雅,善于应对,无论哀乐,都感情丰富,超过别人,世祖因此很喜欢他。然而,他又经常故意克制自己的感情,掩盖自己的奸诈目的,用心卑鄙邪恶,和左右那些小人共衣共食,同睡同起。

他开始做南郡王时,跟随竟陵王萧子良一起住在西州,文惠太子经常管束他的生活起居,节制他的开销用度。南郡王就秘密向富人借钱,没有哪一个敢不借给他的。他又另外做了一把钥匙,常在夜里打开西州后閤门,与左右的人到各营署中狂饮滥嚼。他的老师史仁祖、侍书胡天翼商量说:"如果把这件事报告给皇上和皇太子知道,那事情就不好办了。如果他在营署中被生人打了,或被狗咬伤了,那岂止我们本身有罪,恐怕全家都要牵连受祸。我们都有七十岁了,为了保全家室,馀生难道还有必要吝啬吗?"几天之内,两人相继自杀,皇上和皇太子都不知道。他所喜欢的左右亲信,都预先给他们加封官爵,分别写在黄纸上,让他们放在袋子里随身带着,答应在他南面称帝时,按照这些疏记实行封授。

他在侍奉太子养病及守丧期间,满面忧愁,大声号哭,甚至毁坏了身体,看见他的人都感动得哭起来。但是刚一回到家里,就欢笑开怀畅饮起来。他经常让女巫杨氏祈祷,让他迅速求得帝位。等到文惠太子去世,他认为是杨氏起的作用,于是加倍敬重和信任杨氏。被立为皇太孙以后,世祖有病,又命令杨氏祈祷。当时何妃还在西州,世祖的病渐渐危险时,皇太孙给何妃写信,

纸中央作一大喜字,而作三十六小喜字绕之。

侍世祖疾,言发泪下。世祖以为必能负荷大业,谓曰:"五年中一委宰相,汝勿措意。五年外勿复委人。若自作无成,无所多恨。"临终,执其手曰:"若忆翁,当好作!"遂殂。大敛始毕,悉呼世祖诸伎,备奏众乐。即位十馀日,即收王融下廷尉,使中丞孔稚珪奏融险躁轻狡,招纳不逞,诽谤朝政。融求援于竟陵王子良,子良忧惧,不敢救,遂于狱赐死。

明帝建武元年春正月,西昌侯鸾将谋废立,引前镇西谘议参军萧衍与同谋。荆州刺史、随王子隆,性温和,有文才。鸾欲征之,恐其不从。衍曰:"随王虽有美名,其实庸劣。既无智谋之士,爪牙唯仗司马垣历生、武陵太守卞白龙耳。二人唯利是从,若唉以显职,无有不来。随王止须折简耳。"鸾从之。征历生为太子左卫率,白龙为游击将军;二人并至。续召子隆为侍中、抚军将军。豫州刺史崔慧景,高、武旧将,鸾疑之,以萧衍为宁朔将军,戍寿阳。慧景惧,白服出迎,衍抚安之。

帝宠幸中书舍人綦毋珍之、朱隆之、直阁将军曹道刚、周奉叔、宦者徐龙驹等。珍之所论荐,事无不允。内外要职,皆先论价,旬月之间,家累千金。擅取官物及役作,不俟诏旨。有司至相语云:"宁拒至尊敕,不可违舍人命。"帝以龙驹

在纸的中央写上一个大喜字,又在大喜字的周围写了三十六个小喜字环绕它。

他在侍候世祖养病时,一开口说话眼泪就流了下来。世祖认为他一定能够承担起国家大业,对他说:"五年之内,国家大事都交给宰相处理,你不要去管。五年之外,就不要再交给别人了。如果你自己执政又干不出什么成就来,那也不必过多的遗憾。"临终前,世祖又拉着他的手说:"如果你还记得祖父,就要好好地干。"说完就死了。世祖的遗体刚刚入棺,他就把世祖的所有女乐都叫来,让她们演奏各种音乐。即位才十多天,就逮捕王融交付廷尉,并指使中丞孔稚珪上奏,控告王融阴险、浮躁、轻率、狡猾,招聚一些对现实不满的人,来诽谤朝政。王融向竟陵王萧子良求救,萧子良忧虑害怕,不敢救援,于是在狱中被赐死。

明帝建武元年(494)春季正月,西昌侯萧鸾将图谋废黜郁林王,另立新帝,于是找来前镇西将军的谘议参军萧衍与他同谋。荆州刺史随王萧子隆性情温和,有文才,萧鸾想要征召他来,又怕他不会听从。萧衍说:"随王虽然有美好的名声,其实平庸顽劣。他既没有智谋之士,爪牙武士也只倚仗司马垣历生、武陵太守卞白龙而已。这两个人唯利是从,如果以显要的官职加以引诱,他们没有不来的。至于随王,则只需修书一封就可以请到。"萧鸾听从了他的意见,征召垣历生担任太子左卫率,卞白龙担任游击将军,两人一同来了。接着又召萧子隆为侍中、抚军将军。豫州刺史崔慧景是高帝、武帝时的旧将,萧鸾疑忌他。于是任命萧衍为宁朔将军,驻守寿阳。崔慧景害怕,就身着白服出来迎接萧衍,萧衍好言安抚他。

郁林王宠幸中书舍人綦毋珍之、朱隆之、直阁将军曹道刚、周奉叔,以及宦者徐龙驹等人。綦毋珍之评论、推荐的人,没有郁林王不同意的。朝廷内外的要职,都是先论价,然后出售,旬月之间,家累千金。他还擅自取用官府的物资及役夫,不必等待郁林王的命令。有关主管官吏甚至互相告诫说:"宁可拒绝皇帝的诏敕,也不可违背中书舍人的命令。"郁林王任命徐龙驹

为后阁舍人，常居含章殿，著黄纶帽，被貂裘，南面向案，代帝画敕。左右侍直，与帝不异。

帝自山陵之后，即与左右微服游走市里，好于世宗崇安陵隧中掷涂、赌跳，作诸鄙戏。极意赏赐左右，动至百数十万。每见钱，曰："我昔思汝一枚不得，今日得用汝未？"世祖聚钱上库五亿万，斋库亦出三亿万，金银布帛不可胜计。郁林王即位未期岁，所用垂尽。入主衣库，令何后及宠姬以诸宝器相投击破碎之，用为笑乐。蒸于世宗幸姬霍氏，更其姓曰徐。朝事大小，皆决于西昌侯鸾。鸾数谏争，帝多不从，心忌鸾，欲除之。以尚书右仆射鄱阳王锵为世宗所厚，私谓锵曰："公闻鸾于法身如何？"锵素和谨，对曰："臣鸾于宗戚最长，且受寄先帝。臣等皆年少，朝廷所赖，唯鸾一人，愿陛下无以为虑。"帝退，谓徐龙驹曰："我欲与公共计取鸾，公既不同，我不能独办，且复小听。"

卫尉萧谌，世祖之族子也，自世祖在郢州，谌已为腹心。及即位，常典宿卫，机密之事，无不预闻。征南谘议萧坦之，谌之族人也，尝为东宫直阁，为世宗所知。帝以二人祖父旧人，甚亲信之。谌每请急出宿，帝通夕不寐，谌还乃安。坦之得出入后宫，帝褒狎宴游，坦之皆在侧。帝醉后，常裸袒，坦之辄扶持谏谕。西昌侯鸾欲有所谏，帝在后宫不出，

为后阁舍人，常常住在含章殿，戴着黄纶帽，披着貂皮袄，面向南边，坐在几案之前，代替郁林王披阅文件。左右侍奉当值，与郁林王没有什么不同的。

郁林王自从安葬世祖以后，就与左右穿上民服，在市肆里弄游玩，喜欢在世宗崇安陵的墓道中投掷泥巴，比赛跳高，做各种低贱下流的游戏。又任意赏赐左右侍从，动辄就是百几十万。每当见到钱时，就说："我以前想得到你一个都不能够，今天我能使用、支配你吗？"世祖积聚的钱，上库有五亿万，斋库也超过三亿万，金银布帛多得算也算不清。郁林王即位后，还没有一年，就差不多用完了。他曾进入主衣库，命令何皇后及宠妃们用各种宝器投向衣服，将衣服打烂，以此玩笑取乐。与世宗的宠姬霍氏淫乱，将她改姓徐，朝廷里的事情，无论大小都由西昌侯萧鸾来裁决。萧鸾多次谏诤，郁林王大多不听，心里还忌恨萧鸾，打算除去他。因为尚书右仆射鄱阳王萧锵受到世宗的厚待、信任，所以私下里对萧锵说："您以为萧鸾对待我怎么样？"萧锵为人一向平和谨慎，回答说："萧鸾在宗族中年辈最长，而且接受先帝的付托。臣下等人都年少，朝廷所依赖的，只有萧鸾一个人，希望陛下不要顾虑他。"郁林王出来后对徐龙驹说："我想与萧锵一起设计除掉萧鸾，萧公既不同意，我一个人又办不到，只好再等一段时间了。"

卫尉萧谌是世祖的本家侄子，自从世祖在郢州的时候，就已经成为他的心腹。等到世祖即位，萧谌常常掌管宿卫，凡是国家机密之事，他没有不参与的。征南将军的谘议萧坦之是萧谌的本家，曾经担任东宫直阁，为世宗所了解、信任。郁林王因为这两个人是祖父和父亲的旧臣，因此特别的亲近、信任他们。萧谌每有急事请假出去不值宿，郁林王就通晚睡不着觉，直到萧谌回来才安下心来。萧坦之可以出入后宫，郁林王做那些亵狎的游戏，饮宴游乐，萧坦之都在他身边。郁林王喝醉酒后，经常赤裸上身，萧坦之总是扶持着他，并就便劝谏、晓谕他。西昌侯萧鸾有事想要劝谏，但郁林王在后宫不出来，

唯遣谌、坦之径进，乃得闻达。

何后亦淫泆，私于帝左右杨珉，与同寝处如伉俪。又与帝相爱狎，故帝恣之。迎后亲戚入宫，以耀灵殿处之。斋阁通夜洞开，外内淆杂，无复分别。西昌侯鸾遣坦之入奏诛珉，何后流涕覆面，曰："杨郎好年少，无罪，何可枉杀？"坦之附耳语帝曰："外间并云杨珉与皇后有情，事彰遐迩，不可不诛。"帝不得已许之，俄敕原之，已行刑矣。鸾又启诛徐龙驹，帝亦不能违，而心忌鸾益甚。萧谌、萧坦之见帝狂纵日甚，无复悛改，恐祸及己，乃更回意附鸾，劝其废立，阴为鸾耳目，帝不之觉也。

周奉叔恃勇挟势，陵轹公卿。常翼单刀二十口自随，出入禁闼，门卫不敢诃。每语人曰："周郎刀不识君！"鸾忌之，使萧谌、萧坦之说帝出奉叔为外援。己巳，以奉叔为青州刺史，曹道刚为中军司马。奉叔就帝求千户侯，许之。鸾以为不可，封曲江县男，食三百户。奉叔大怒，于众中攘刀厉色。鸾说谕之，乃受。奉叔辞毕，将之镇，部伍已出，鸾与萧谌称敕，召奉叔于省中，殴杀之，启云："奉叔慢朝廷。"帝不获已，可其奏。

溧阳令钱塘杜文谦，尝为南郡王侍读，前此说綦毋珍之曰："天下事可知，灰尽粉灭，匪朝伊夕。不早为计，吾徒无类矣。"珍之曰："计将安出？"文谦曰："先帝旧人，多

只有派萧谌、萧坦之直接进去，才能把他的话转达上去。

何皇后也淫荡，与皇帝的侍从杨珉私通，和他同睡同处，如同夫妻。又与郁林王极尽亲热狎昵之能事，所以郁林王也听任她乱搞。又将何皇后的亲戚迎入宫中，让他们住在耀灵殿中。斋阁彻夜洞开，内外混杂，再没有什么区别。西昌侯萧鸾派萧坦之进宫启奏，请求诛杀杨珉，何皇后流着眼泪说："杨郎漂亮年轻，又没有什么罪过，怎么可以无缘无故的杀掉呢？"萧坦之附在郁林王的耳朵上对他说："外面都说杨珉与皇后有私情，事实昭彰，远近皆知，不可不杀。"郁林王不得已，只好答应了，但过了一会儿又命令宽恕他，然而这时已经行刑完毕了。萧鸾又启奏，请求诛杀徐龙驹，郁林王也不能违忤，但心里更加忌恨萧鸾。萧谌、萧坦之见皇帝狂悖、放纵，一天比一天厉害，不再悔改，恐怕祸患会连及自己，于是又反过来，改变主意依附萧鸾，劝萧鸾废旧立新，暗中充当萧鸾的耳目，郁林王并没有觉察。

周奉叔凭恃自己的勇武，依仗郁林王的权势，欺凌公卿。他经常把二十口单刀分列左右，带在身边，出入宫禁，门卫都不敢呵止他。他每每对别人说："我周某的刀可不认识你！"萧鸾忌恨他，便派萧谌、萧坦之劝说郁林王，让周奉叔出任地方官作为外援。己巳（二十三日），郁林王以周奉叔为青州刺史，曹道刚为中军司马。周奉叔到郁林王那里请求为千户侯，郁林王同意了。但萧鸾以为不可，只封他为曲江县男，食邑三百户。周奉叔大怒，在人群中挥刀乱舞，声色俱厉。萧鸾前往劝说晓谕，才肯接受。周奉叔告辞完毕，将往节镇，这时部下人马已经出发了，萧鸾和萧谌假称圣旨，把周奉叔召入尚书省内。把他打死了，却启奏郁林王说："周奉叔轻慢朝廷。"郁林王不得已，只好认可他们的奏章。

溧阳县令钱塘人杜文谦曾经担任南郡王的侍读，在此之前，他劝说綦毋珍之道："天下大事可以推知了，皇室灰飞烟灭，危在旦夕。如果不早作打算，我们这些人就要遭受灭族之灾了。"綦毋珍之说："那怎么办呢？"杜文谦说："先帝的旧臣，多数

见摈斥,今召而使之,谁不慷慨!近闻王洪范与宿卫将万灵会等共语,皆攘袂捶床,君其密报周奉叔,使万灵会等杀萧谌,则宫内之兵皆我用也。即勒兵入尚书,斩萧令,两都伯力耳。今举大事亦死,不举事亦死,二死等耳,死社稷可乎?若迟疑不断,复少日,录君称敕赐死,父母为殉,在眼中矣。"珍之不能用。及鸾杀奉叔,并收珍之、文谦,杀之。

秋七月,西昌侯鸾既诛徐龙驹、周奉叔,而尼媪外入者,颇传异语。中书令何胤,以后之从叔,为帝所亲,使直殿省。帝与胤谋诛鸾,令胤受事。胤不敢当,依违谏说,帝意复止。乃谋出鸾于西州,中敕用事,不复关咨于鸾。

是时,萧谌、萧坦之握兵权,左仆射王晏总尚书事。谌密召诸王典签,约语之,不许诸王外接人物。谌亲要日久,众皆惮而从之。

鸾以其谋告王晏,晏闻之,响应。又告丹杨尹徐孝嗣,孝嗣亦从之。骠骑录事南阳乐豫谓孝嗣曰:"外传籍籍,似有伊、周之事。君蒙武帝殊常之恩,荷托付之重,恐不得同人此举。人笑褚公,至今齿冷。"孝嗣心然之而不能从。

帝谓萧坦之曰:"人言镇军与王晏、萧谌欲共废我,似非虚传。卿所闻云何?"坦之曰:"天下宁当有此?谁乐无事废

受到排斥打击，如果把他们召回来加以使用，谁会不欣然受命、慷慨效劳呢？近来听说，王洪范与宿卫将领万灵会等一起谈到这些事时，都拊袖捶床，气愤得很，你去密报周奉叔，要万灵会等杀了萧谌，那么宫内之兵就都会为我们所用了。随即领兵进入尚书省，斩杀萧尚书令，这只需两个刽子手的力量而已。如今我们兴举大事是一死，不兴举大事也是一死，两种情况都是死，我们怎么不为国家而死呢？如果迟疑不决，用不了几天，那个录尚书事就会假称诏敕将我们赐死，父母也将连坐而死，这种情景已经近在眼前了。"綦毋珍之没有用他的计策。等到萧鸾杀周奉叔时，一并将綦毋珍之和杜文谦抓来，杀了他们。

秋季七月，西昌侯萧鸾杀了徐龙驹、周奉叔以后，一些从外面来的老尼姑，传播了不少小道消息。中书令何胤因为是皇后的堂叔，所以受到郁林王的亲近、信任，派他直宿殿省。郁林王与何胤图谋杀死萧鸾，命令何胤接受任务。何胤不敢担当，态度模棱两可，反而进行劝谏，郁林王又只好作罢。于是计划将萧鸾外放西州，这样，郁林王便可以直接发号施令，亲自掌权，不必再要通过萧鸾了。

这时萧谌、萧坦之掌兵权，尚书左仆射王晏总领尚书省的事情。萧谌秘密召来诸王的典签，交代他们，不准各藩王与外人接触。萧谌身居宠信显要之位时间很久，大家都害怕他，服从了他。

萧鸾把他的计划告诉王晏，王晏听后立即响应。又告诉了丹杨尹徐孝嗣，徐孝嗣也听从了。骠骑将军的录事南阳人乐豫对徐孝嗣说："外面传言纷纷，似乎有伊尹、周公那样摄政的事件发生。您蒙受武帝特殊的恩德，担负着受托辅政的重任，恐怕不能够同别人一样参预这项行动。人们讥笑褚渊帮助篡逆，至今还是议论纷纷。"徐孝嗣心里同意他的看法，但是身不由己，不能听从。

郁林王对萧坦之说："人们都说镇军将军与王晏、萧谌一起要废黜我，这个似乎不是虚假的传说。您听到人们说些什么？"萧坦之说："天下哪有这样的事？谁高兴无缘无故地废掉

天子邪？朝贵不容造此论，当是诸尼姥言耳，岂可信邪？官若无事除此三人，谁敢自保？"直阁将军曹道刚疑外间有异，密有处分，谋未能发。

　　时始兴内史萧季敞、南阳太守萧颖基皆内迁，谌欲待二人至，藉其势力以举事。鸾虑事变，以告坦之，坦之驰谓谌曰："废天子，古来大事。比闻曹道刚、朱隆之等转已猜疑，卫尉明日若不就事，无所复及。弟有百岁母，岂能坐听祸败？正应作馀计耳。"谌惶遽从之。

　　壬辰，鸾使萧谌先入宫，遇曹道刚及中书舍人朱隆之，皆杀之。直后徐僧亮盛怒，大言于众曰："吾等荷恩，今日应死报！"又杀之。鸾引兵自尚书入云龙门，戎服加朱衣于上，比入门，三失履。王晏、徐孝嗣、萧坦之、陈显达、王广之、沈文季皆随其后。帝在寿昌殿，闻外有变，犹密为手敕呼萧谌，又使闭内殿诸房闼。俄而谌引兵入寿昌阁，帝走趋徐姬房，拔剑自刺，不入，以帛缠颈，舆接出延德殿。谌初入殿，宿卫将士皆操弓楯欲拒战，谌谓之曰："所取自有人，卿等不须动。"宿卫素隶服于谌，皆信之。及见帝出，各欲自奋，帝竟无一言。行至西弄，杀之。舆尸出殡徐龙驹宅，葬以王礼。徐姬及诸嬖倖皆伏诛，鸾既弑帝，欲作太后令，徐孝嗣于袖中出而进之，鸾大悦。癸巳，以太后令追废帝为郁林王，又废何后为王妃，迎立新安王昭文。

天子呢？朝廷内的大臣不至于制造这样的言论,可能是那些老尼姑的谣言,怎么可以相信呢？官家如果无缘无故地除掉这三个人,谁又敢自保性命呢？"直阁将军曹道刚怀疑宫廷外情况反常,已有秘密安排以应付变故,但计划没能实行。

当时始兴内史萧季敞、南阳太守萧颖基都已内迁京都,萧鸾想等这两个人到达以后,借助他们的势力举事。萧鸾担心事情会发生变化,就把自己的想法告诉了萧坦之,萧坦之飞马跑去对萧谌说:"废天子,自古以来就是大事。近来听说曹道刚、朱隆之等人渐渐已经怀疑我们了,卫尉您明天如果还不开始行动,就来不及了。小弟有百岁老母,怎么能坐待失败受祸呢？只能想其他的办法了。"萧谌只好惊恐慌张地答应了。

壬辰(二十日),萧鸾派萧谌首先入宫,碰上曹道刚及中书舍人朱隆之,把他们都杀了。直后徐僧亮看见这种情形,异常恼怒,大声对人们说:"我们受皇上大恩,今日应该以死相报!"萧谌等人又把他杀了。萧鸾领兵从尚书省进入云龙门,在红色朝服外面套上军装,等到进门时,鞋子掉了三次。王晏、徐孝嗣、萧坦之、陈显达、王广之、沈文季都跟在他后面。郁林王在寿昌殿,听说外面发生变乱,还秘密写手令呼叫萧谌,又命人关闭内殿各个房阁。不久,萧谌领兵进入寿昌殿,郁林王急忙跑进徐姬的房里,拔剑自杀,刺不进去,于是萧谌用帛绸把他的脖子缠好,用轿子把他抬出了延德殿。萧谌刚刚入殿时,宿卫将士都操弓执盾打算抵抗,萧谌对他们说:"我们要对付的是别人,诸位请不要乱动。"宿卫将士一向隶属萧谌所管,都相信了他的话。等看到郁林王出来了,各人又都想奋起杀敌,保卫郁林王,郁林王却竟然一句话也不说。走到西弄时,就把他杀了。把他的尸体用轿子抬出来,停放在徐龙驹的房子里入殓,然后用王礼将他安葬。徐姬及郁林王的那些宠爱狎昵之臣都被处死。萧鸾杀了郁林王以后,想要伪造太后的命令,这时,徐孝嗣从衣袖中掏出了早已准备好的太后手令递了上去,萧鸾对此非常高兴。癸巳(二十一日),以所谓的太后令追废皇帝为郁林王,又废何皇后为王妃,迎立新安王萧昭文为帝。

　　丁酉，新安王即皇帝位，时年十五。以西昌侯鸾为骠骑大将军、录尚书事、扬州刺史、宣城郡公。大赦，改元延兴。

　　八月，以始安王遥光为南郡太守，不之官。遥光，鸾之兄子也。鸾有异志，遥光赞成之，凡大诛赏，无不预谋。戊申，以中书郎萧遥欣为兖州刺史。遥欣，遥光之弟也。鸾欲树置亲党，故用之。

　　郁林王之废也，鄱阳王锵初不知谋。及宣城公鸾势益重，中外皆知其蓄不臣之志。锵每诣鸾，鸾常屣履至车后迎之。语及家国，言泪俱发，锵以此信之。宫台之内皆属意于锵，劝锵入宫发兵辅政。制局监谢粲说锵及随王子隆曰："二王但乘油壁车入宫，出天子置朝堂，夹辅号令。粲等闭城门、上仗，谁敢不同？东城人正共缚送萧令耳。"子隆欲定计，锵以上台兵力既悉度东府，且虑事不捷，意甚犹豫。马队主刘巨，世祖时旧人，诣锵请间，叩头劝锵立事。锵命驾将入，复还内，与母陆太妃别，日暮不成行。典签知其谋，告之。九月癸酉，鸾遣兵二千人围锵第，杀锵，遂杀子隆及谢粲等。于时太祖诸子，子隆最壮大，有才能，故鸾尤忌之。

　　江州刺史晋安王子懋闻鄱阳、随王死，欲起兵，谓防阁吴郡陆超之曰："事成则宗庙获安，不成犹为义鬼。"防阁

丁酉(二十五日),新安王即皇帝位,时年仅十五岁。任命西昌侯萧鸾为骠骑大将军、录尚书事、扬州刺史、宣城郡公。大赦天下,改年号为延兴。

八月,任命始安王萧遥光为南郡太守,萧遥光没有去上任。萧遥光是萧鸾的侄子。萧鸾有废立的野心,萧遥光极力赞成他,凡属重大的诛杀或奖赏的行动,萧遥光没有不参预谋划的。戊申(初六),任命中书郎萧遥欣为兖州刺史。萧遥欣是萧遥光的弟弟。萧鸾要树立亲信,安置朋党,所以重用他们。

当郁林王被废黜的时候,鄱阳王萧锵开始时并不知道萧鸾他们的阴谋。等到宣城公萧鸾的权势日益加重,朝廷内外都知道他怀有不肯为人臣的野心。萧锵每次去见萧鸾,萧鸾常常是急急忙忙地拖着鞋子到车子后面去迎接他。谈到国家大事时,萧鸾总是声泪俱下,萧锵因此很相信他。宫廷省台之内的人都寄希望于萧锵,劝萧锵入宫,发兵镇守宫内,辅佐朝政。制局监谢粲劝说萧锵及随王萧子隆说:"两位王爷只需乘着油壁车进入宫中,把皇帝带出来,安置在朝堂之上,共同辅佐天子发号施令,我谢粲则和其他人关闭城门,带卫士前来声援,谁敢不赞同、听令呢?东城人当会一起捆绑萧鸾送过来呢。"萧子隆想要马上决定计划,萧锵则因为省台兵力已经转到了东府,且又担心事情不会成功,心里非常矛盾犹豫。马队主刘巨是世祖时的旧人,他跑到萧锵那里,请求和他单独说话,然后跪下磕头,力劝萧锵立刻采取行动。萧锵命人备好马车,将要入宫时,又返回内室,与母亲陆太妃告别,直到天黑了还没有出发。萧锵的典签知道了他们的计划,就向萧鸾告发了他。九月癸酉(初二),萧鸾派兵两千人围住了萧锵的府第,杀了萧锵,接着又杀了萧子隆及谢粲等人。当时,在太祖的儿子们当中,以萧子隆长得最为强壮高大,又有才能,所以萧鸾特别忌恨他。

江州刺史晋安王萧子懋听说鄱阳王、随王都死了,打算起兵讨伐,他对防阁吴郡人陆超之说:"事情若能获得成功,则宗庙社稷获得安守;如果不能成功,死了以后也能成为义鬼。"防阁

丹阳董僧慧曰：“此州虽小，宋孝武尝用之。若举兵向阙以请郁林之罪，谁能御之？”子懋母阮氏在建康，密遣书迎之，阮氏报其同母兄于瑶之为计，瑶之驰告宣城公鸾。乙亥，假鸾黄钺，内外纂严，遣中护军王玄邈讨子懋，又遣军主裴叔业与于瑶之先袭寻阳，声云为郢府司马。子懋知之，遣三百人守湓城。叔业溯流直上，至夜，回袭湓城，城局参军乐贲开门纳之。子懋闻之，帅府州兵力据城自守。子懋部曲多雍州人，皆踊跃愿奋。

叔业畏之，遣于瑶之说子懋曰：“今还都必无过忧，正当作散官，不失富贵也。”子懋既不出兵攻叔业，众情稍沮。中兵参军于琳之，瑶之兄也，说子懋重赂叔业，可以免祸。子懋使琳之往，琳之因说叔业取子懋。叔业遣军主徐玄庆将四百人随琳之入州城，僚佐皆奔散。琳之从二百人，拔白刃入斋，子懋骂曰：“小人！何忍行此？”琳之以袖鄣面，使人杀之。王玄邈执董僧慧，将杀之，僧慧曰：“晋安举义兵，仆实豫其谋，得为主人死，不恨矣！愿至大敛毕，退就鼎镬。”玄邈义之，具以白鸾，免死配东冶。子懋子昭基，九岁，以方二寸绢为书，参其消息，并遗钱五百，行金得达，僧慧视之曰：“郎君书也！”悲恸而卒。于琳之劝陆超之逃亡。超之曰：“人皆有死，此不足惧。吾若逃亡，非唯

丹阳人董僧慧说:"我们这个州虽然地域小一点,宋孝武帝就是利用这里为根据地讨伐逆贼的。我们如果举兵入朝,以讨伐萧鸾杀死郁林王的罪行,谁能抵抗我们呢?"萧子懋的母亲阮氏在建康,所以秘密派人送信去迎接她,阮氏又通知了她的同母哥哥于瑶之,要他想办法,但于瑶之却飞马报告了宣城公萧鸾。乙亥(初四),天子授给萧鸾黄钺,朝廷内外戒严,派遣中护军王玄邈讨伐萧子懋,又派军主裴叔业与于瑶之首先袭击寻阳,声称是郢府司马。萧子懋知道他们的计谋,派三百人守卫湓城。裴叔业溯流直上,到了夜晚,又返回袭击湓城,城局参军乐贲打开城门,迎接他们入城。萧子懋听说后,率领府州兵力据城自守。萧子懋手下的将士大多数是雍州人,都踊跃争先,愿意奋起一击。

裴叔业害怕他们,派于瑶之劝萧子懋道:"如今你若归降,回到京都,一定没什么过分忧虑的,只不过是做个散官,仍然不会失去富贵的。"萧子懋既然不能主动出兵攻打裴叔业,大家的高昂情绪便不免渐渐受到挫伤。中兵参军于琳之是于瑶之的哥哥,也劝萧子懋以重金贿赂裴叔业,以为这样就可免祸。萧子懋派于琳之前去和裴叔业联络,于琳之却乘机劝说裴叔业对付萧子懋。裴叔业派遣军主徐玄庆率领四百人跟随于琳之进入江州城,萧子懋的僚佐都跑散了。于琳之带领两百人,拔出兵器闯入萧子懋的住房,萧子懋骂道:"你这卑鄙小人!怎么能忍心干出这种事情呢?"于琳之用衣袖遮住自己的脸,命令别人杀了萧子懋。王玄邈抓住了董僧慧,打算杀了他,董僧慧说:"晋安王兴举义兵,我确实参预了他的谋划。我能够为主人而死,虽死无憾。希望让我在晋安王大殓之礼举行完毕之后,便就汤镬受死。"王玄邈被他的正义行为所感动,就把情况全部报告了萧鸾,结果免除他的死罪,发配去东冶。萧子懋的儿子萧昭基年仅九岁,他用二寸见方的丝绢写成一封信,打听董僧慧的情况,并留下五百钱,用这些钱行贿管制人员,才把信送到,董僧慧看了后说:"这是小郎君的信啊!"说完悲痛万分,气绝身亡。于琳之劝陆超之逃跑。陆超之说:"人人都有一死,这用不着害怕。我如果逃跑了,不但

孤晋安之眷,亦恐田横客笑人!"玄邈等欲因以还都,超之端坐俟命。超之门生谓杀超之当得赏,密自后斩之,头坠而身不僵。玄邈厚加殡敛。门生亦助举棺,棺坠,压其首,折颈而死。

　　鸾遣平西将军王广之袭南兖州刺史安陆王子敬。广之至欧阳,遣部将济阴陈伯之先驱。伯之因城开,独入,斩子敬。

　　鸾又遣徐玄庆西上害诸王。临海王昭秀为荆州刺史,西中郎长史何昌㝢行州事。玄庆至江陵,欲以便宜从事。昌㝢曰:"仆受朝廷意寄,翼辅外藩。殿下未有愆失,君以一介之使来,何容即以相付邪?若朝廷必须殿下,当自启闻,更听后旨。"昭秀由是得还建康。昌㝢,尚之之弟子也。

　　鸾以吴兴太守孔琇之行郢州事,欲使之杀晋熙王铼。琇之辞不许,遂不食而死。琇之,靖之孙也。

　　裴叔业自寻阳仍进向湘州,欲杀湘州刺史南平王锐。防阁周伯玉大言于众曰:"此非天子意。今斩叔业,举兵匡社稷,谁敢不从!"锐典签叱左右斩之。乙酉,杀锐。又杀郢州刺史晋熙王铼,南豫州刺史宜都王铿。

　　冬十月,以宣城公鸾为太傅、领大将军、扬州牧、都督中外诸军事,加殊礼,进爵为王。

　　宣城王谋继大统,多引朝廷名士与参筹策。侍中谢朏心不愿,

晋安王的家眷孤单而无人照料,而且恐怕还要受到田横门客的嘲笑。"王玄邈等人打算囚禁他押回京都,陆超之端端正正地坐着不动,等待别人来抓他。陆超之的一个门客以为杀了陆超之会得到赏赐,于是从后面偷偷地把陆超之斩了,但他的头虽然掉在地上,身子却不倒下。王玄邈对陆超之厚加殡殓,这个门客也来帮着抬举棺材,棺材却突然掉下来,正好压在他的头上,砸断了他的脖子,结果一命呜呼。

萧鸾派遣平西将军王广之袭击南兖州刺史安陆王萧子敬。王广之到达欧阳后,派遣部将济阴人陈伯之为先锋,前去偷袭。陈伯之趁城门洞开,独自入城杀了萧子敬。

萧鸾又派遣徐玄庆溯流西上去谋害各位藩王。临海王萧昭秀担任荆州刺史,西中郎长史何昌寓主持州中事务。徐玄庆到达江陵后,想在没有圣旨的情况下杀害萧昭秀。何昌寓说:"我受朝廷的委托,辅佐临海王。殿下没有什么过失,你只不过是别人派来的一个使者,两手空空,我怎么能就这样把殿下交给你呢?如果朝廷一定索要殿下,我当自己启奏皇上,再等着按以后的圣旨办事。"萧昭秀因此得以返回建康。何昌寓是何尚之弟弟的儿子。

萧鸾以吴兴太守孔琇之代行郢州府事,想让他去杀害晋熙王萧铼。孔琇之推辞,萧鸾不答应,孔琇之便绝食而死。孔琇之是孔靖的孙子。

裴叔业从寻阳继续向湘州前进,想要杀害湘州刺史南平王萧锐。防阁周伯玉大声对众人说:"这肯定不是天子的意思。如今我们杀了裴叔业,举兵保卫宗庙社稷,谁敢不从呢!"萧锐的典签喝令左右侍从杀了他。乙酉(十四日),杀了萧锐。接着又杀了郢州刺史晋熙王萧铼、南豫州刺史宜都王萧铿。

冬季十月,任命宣城公萧鸾为太傅,领大将军、扬州牧、都督中外诸军事,对他施加特殊的礼遇,晋升爵位为王。

宣城王图谋继承大统、登上帝位,所以就积极地多多招揽朝廷名士来参与筹谋策划。侍中谢朏心中非常不愿意,

乃求出为吴兴太守。至郡,致酒数斛,遗其弟吏部尚书瀹,为书曰:"可力饮此,勿豫人事!"

> 臣光曰:臣闻"衣人之衣者怀人之忧,食人之食者死人之事"。二谢兄弟,比肩贵近,安享荣禄,危不预知。为臣如此,可谓忠乎?

宣城王虽专国政,人情犹未服。王胛上有赤志,骠骑谘议参军考城江祏劝王出以示人。王以示晋寿太守王洪范曰:"人言此是日月相,卿幸勿泄!"洪范曰:"公日月在躯,如何可隐,当转言之!"王母,祏之姑也。

戊戌,杀桂阳王铄、衡阳王钧、江夏王锋、建安王子真、巴陵王子伦。

铄与鄱阳王锵齐名。锵好文章,铄好名理,时人称为鄱、桂。锵死,铄不自安,至东府见宣城王,还,谓左右曰:"向录公见接殷勤,流连不能已,而面有惭色,此必欲杀我。"是夕,遇害。

宣城王每杀诸王,常夜遣兵围其第,斩关逾垣,呼噪而入,家赀皆封籍之。江夏王锋,有才行,宣城王尝与之言:"遥光才力可委。"锋曰:"遥光之于殿下,犹殿下之于高皇。卫宗庙,安社稷,实有攸寄。"宣城王失色。及杀诸王,锋遗宣城王书,诮责之。宣城王深惮之,不敢于第收锋,使兼

于是请求外调地方,去担任吴兴太守。到达郡城之后,他派人送给他的弟弟吏部尚书谢瀹好几斛酒,并且附上一封信说:"只可使劲饮酒,不要参与人世间的事情。"

北宋史臣司马光评论说:我听说"穿了别人衣服的人要替别人分忧,吃了别人东西的人要为了别人的事情去死"。谢氏兄弟二人,一起作为皇帝的贵幸、近臣,只知道安享皇帝赐给的荣誉利禄,皇室倾危却不闻不问。做臣子的采取这种态度,可说是"忠"吗?

宣城王虽然专断国政,可是人心仍然未服。宣城王的肩胛上有颗红色的痣,骠骑将军的谘议参军考城人江祏劝宣城王亮出来给别人看。宣城王就露出红痣给晋寿太守王洪范看,对他说:"人们都说这颗痣是日月之相,你千万不要泄漏出去。"王洪范说:"您身上有日月之相,怎么能隐瞒呢? 应该互相传言,让别人都知道。"宣城王的母亲是江祏的姑母。

戊戌那天,萧鸾杀害了桂阳王萧铄、衡阳王萧钧、江夏王萧锋、建安王萧子真、巴陵王萧子伦。

萧铄与鄱阳王萧锵齐名。萧锵喜好文章,萧铄喜好名理,所以当时的人合称他们两人为"鄱桂"。萧锵被杀后,萧铄自己深感不安,于是到东府去见宣城王,回来后他对左右侍从说:"刚才萧录公见我时,接待的态度殷勤周到,一副流连不舍的样子,但面带愧色,心藏杀机,这说明他肯定要杀我。"当天晚上,萧铄就遇害了。

宣城王每当要杀害一个藩王时,经常是在夜里派兵围住他的府第,然后砍开关卡,翻越围墙,呼喊着冲进去,把他的家产全部查封没收。江夏王萧锋有才能,德行也好,宣城王曾经对他说:"以萧遥光的才干,可以付托重任。"萧锋对他说:"萧遥光与殿下的关系,犹如殿下与高皇帝的关系一样。保卫宗庙,安定社稷,确实可以寄托重任。"宣城王听后大惊失色。等到萧鸾杀害各位藩王,萧锋写信给宣城王萧鸾,严词谴责他。宣城王非常害怕萧锋,不敢到他的府第去逮捕他,于是设计让他到太庙兼任

祠官于太庙,夜,遣兵庙中收之。锋出,登车,兵人欲上车,锋有力,手击数人皆仆地,然后死。

宣城王遣典签柯令孙杀建安王子真,子真走入床下。令孙手牵出之,叩头乞为奴,不许而死。

又遣中书舍人茹法亮杀巴陵王子伦。子伦性英果。时为南兰陵太守,镇琅邪,城有守兵。宣城王恐不肯就死,以问典签华伯茂,伯茂曰:"公若以兵取之,恐不可即办。若委伯茂,一夫力耳。"乃手自执鸩逼之,子伦正衣冠,出受诏,谓法亮曰:"先朝昔灭刘氏,今日之事,理数固然。君是身家旧人,今衔此使,当由事不获已。此酒非劝酬之爵。"因仰之而死,时年十六。法亮及左右皆流涕。

初,诸王出镇,皆置典签,主帅一方之事,悉以委之。时入奏事,一岁数返,时主辄与之间语,访以州事,刺史美恶专系其口,自刺史以下莫不折节奉之,恒虑弗及。于是威行州部,大为奸利。武陵王晔为江州,性烈直,不可干。典签赵渥之谓人曰:"今出都易刺史!"及见世祖,盛毁之。晔遂免还。

南海王子罕戍琅邪,欲暂游东堂,典签姜秀不许。子罕还,泣谓母曰:"儿欲移五步亦不得,与囚何异?"邵陵王子贞

祀官，到夜里时，又派兵到庙中去抓他。萧锋跑出来爬上自己的车子，那些来杀他的士兵也想要上车，萧锋很有力气，赤手空拳与好几个人搏斗，都把他们打倒在地，而自己也被他们杀死了。

宣城王派典签柯令孙去杀害建安王萧子真，萧子真逃到床下躲起来。柯令孙用手把他拖出来，萧子真跪下叩头，请求免死为奴，柯令孙不同意，结果也被杀死。

又派遣道中书舍人茹法亮去杀巴陵王萧子伦。萧子伦生性英武、果断，当时担任南兰陵太守，镇守琅邪，郡城有守兵。宣城王恐怕他不肯就范领死，便以此事去征询典签华伯茂的意见，华伯茂说："您如果用兵力去收拾他，恐怕不能马上就办成。如果把这件事交给我华伯茂，只需一个人的力量就行了。"于是，华伯茂亲自拿着毒酒，假冒圣旨逼迫萧子伦喝下，萧子伦将衣服、帽子穿戴整齐，出来接受"诏命"，他对茹法亮说："先朝时我们曾经夷灭刘氏，篡夺政权，今日的事情，也是天理气数的安排，本该如此。你是我家的旧人，今天接受这个使命，当是身不由己。这酒并非一般敬酒。"说完便抬头仰脖，一饮而尽，壮烈受死，当时年仅十六岁。茹法亮及左右侍从都感动得掉下了眼泪。

当初，各藩王前往节镇时，都给他们配置了典签官，主管一个方镇的事，皇帝把所有的事务都交给了他们。典签官按时入京奏事，一年中有几次往返，当时的君主经常找他们个别谈话，询问州里的事情，刺史的好坏，全由他们一张嘴决定。所以从刺史以下的官员，没有哪一个不是毕恭毕敬、低声下气的侍奉他们，生怕巴结不上，于是典签官便在一州之内称王称霸，干尽奸利之事。武陵王萧晔担任江州刺史，他生性刚烈、正直，不可冒犯。典签赵渥之对别人说："如今我要出州郡到京都去换掉这个刺史。"等到他进京见到世祖时，就放肆毁谤萧晔，萧晔即被免职回家。

南海王萧子罕驻守琅邪，他想去东堂游玩一会儿，典签姜秀不准许。萧子罕回家以后，哭着对母亲说："孩儿想要离开四五步远都不行，这与被囚禁有什么两样呢？"邵陵王萧子贞

尝求熊白,厨人答典签不在,不敢与。

永明中,巴东王子响杀刘寅等,世祖闻之,谓群臣曰:"子响遂反!"戴僧静大言曰:"诸王都自应反,岂唯巴东?"上问其故,对曰:"天王无罪,而一时被囚,取一挺藕、一杯浆,皆谘签帅;签帅不在,则竟日忍渴。诸州唯闻有签帅,不闻有刺史,何得不反?"竟陵王子良尝问众曰:"士大夫何意谘签帅?"参军范云曰:"谘长史以下皆无益,谘签帅立有倍本之价,不谘谓何?"子良有愧色。及宣城王诛诸王,皆令典签杀之,竟无一人能抗拒者。孔珪闻之,流涕曰:"齐之衡阳、江夏最有意,而复害之。若不立签帅,故当不至于此。"宣城王亦深知典签之弊,乃诏:"自今诸州有急事,当密以奏闻,勿复遣典签入都。"自是典签之任浸轻矣。

> 萧子显论曰:帝王之子,生长富厚,朝出闺闼,暮司方岳,防骄翦逸,积代常典。故辅以上佐,简自帝心;劳旧左右,用为主帅,饮食游居,动应闻启,处地虽重,行己莫由。威不在身,恩未下及,一朝艰难总至,望其释位扶危,何可得矣?斯宋氏之馀风,至齐室而尤弊也。

海陵王在位,起居饮食,皆谘宣城王而后行。尝思食蒸鱼

曾经想吃熊白,但厨师回答他说"典签不在",所以不敢给他。

永明年间,巴东王萧子响杀了刘寅等,世祖听到这个消息以后,对群臣说:"萧子响竟然造反!"戴僧静大声说:"藩王们自然都会谋反,岂止一个巴东王?"武帝问他这是什么原因,戴僧静回答说:"藩王们又没有什么罪过,但一时之间都被囚禁起来。他们要一支藕、一杯水,都要问过签帅;签帅如果不在,就只能忍饥受渴。各州只知道有签帅,不知道有刺史,他们怎么会不反呢?"竟陵王萧子良曾经问大家说:"士大夫们为什么都要去拜访签帅?"参军范云说:"拜访长史以下的官员都得不到什么好处,而去拜访签帅,立刻就可以获得两倍于所送礼物的价值,这样好的地方不去,还去哪里?"萧子良听了,自叹不如,面有愧色。及至宣城王诛杀各位藩王,都是指使典签去杀的,藩王中竟然没有一个人能够抗拒。孔珪听说以后,流着眼泪说:"齐朝的衡阳王、江夏王最有意于辅佐帝室,然而又害了他们。如果不设立签帅,也不至于弄到这步田地。"宣城王也深知设置典签官的害处,于是下诏说:"从今以后,各州如果有急事,应当秘密地启奏朝廷知道,不要再派遣典签入京了。"从此以后,典签的权力便渐渐变轻了。

南朝梁萧子显评论说:帝王的儿子,生长在富贵的环境之中,早上才走出后宫闺房,晚上就要去担任地方长官,为了防止他们的骄傲情绪,去掉他们的淫逸作风,历代都制订了一些常用的制度和法则。所以派遣僚佐去辅助他们,这些僚佐都是按照皇帝的意思挑选的。而皇帝的功臣、旧人、左右亲信,则用作诸王的签帅,诸王的饮食起居,一举一动,都要报告典签知道,诸王所处的地位虽然很高,而行动却不能由自己做主。威权没有掌握在诸王自己的手中,恩德没有施及部下,一旦艰难一齐来到,而盼望他们离开王位来挽救皇室的危机,又怎么能够办得到呢?这是刘宋遗留下来的歪风,到萧齐时弊害就更大了。

海陵王在位时,起居饮食等各种日常生活事项,都要问过宣城王萧鸾以后才能进行。曾经有一次,海陵王想吃一道蒸鱼

菜,太官令答无录公命,竟不与。辛亥,皇太后令曰:"嗣主冲幼,庶政多昧。且早婴尪疾,弗克负荷。太傅宣城王,胤体宣皇,钟慈太祖,宜入承宝命。帝可降封海陵王,吾当归老别馆。"且以宣城王为太祖第三子。癸亥,高宗即皇帝位,大赦,改元。以太尉王敬则为大司马,司空陈显达为太尉,尚书令王晏加骠骑大将军,左仆射徐孝嗣加中军大将军,中领军萧谌为领军将军。

度支尚书虞悰称疾不陪位。帝以悰旧人,欲引参佐命,使王晏赍废立事示悰。悰曰:"主上圣明,公卿戮力,宁假朽老以赞惟新乎?不敢闻命。"因恸哭。朝议欲纠之,徐孝嗣曰:"此亦古之遗直。"乃止。

十一月,上诈称海陵恭王有疾,数遣御师瞻视,因而殒之,葬礼并依汉东海恭王故事。

菜,太官令回答说没有萧录公的命令,竟然没有给他吃。辛亥(初十),突然有皇太后的命令说:"新继位的皇帝由于年龄幼小,各种政务多不熟悉。而且他从小就疾病缠身,体质瘦弱,不能承担大任。太傅宣城王是宣皇帝的后代,又受到太祖皇帝的钟爱,所以应该入宫继承皇位。皇帝可以降爵封为海陵王,我也当告老,退居别馆。"而且以宣城王作为太祖的第三个儿子。癸亥(二十二日),明帝即皇帝位,宣布大赦天下,改年号。任命太尉王敬则为大司马,司空陈显达为太尉,尚书令王晏加授骠骑大将军,尚书左仆射徐孝嗣加授中军大将军,中领军萧谌为领军将军。

度支尚书虞悰假称有病,不肯陪位参加明帝的篡位仪式。明帝因为虞悰是过去的老人,想要招引他来辅助共创帝业,所以派遣王晏带着有关废黜海陵王而自立为帝的材料给虞悰看。虞悰说:"现在主上圣明,公卿士大夫们也齐心合力,难道还要借助老朽的面子来赞助维新吗? 实在不敢从命。"说罢,便放声大哭。朝廷中议论打算纠弹他,徐孝嗣说:"这也是古代正直耿介之士留下的遗风。"众人的议论才停止。

十一月,明帝假称海陵恭王有病,于是几次派遣御医前去看病,因而趁机害死了海陵王。海陵王的葬礼都按照汉代东海恭王下葬时的旧例进行。